专利代理人执业培训系列教程
ZHUANLI DAILIREN ZHIYE PEIXUN XILIE JIAOCHENG

专利申请代理实务
——机械分册

ZHUANLI SHENQING DAILI SHIWU JIXIE FENCE

中华全国专利代理人协会　中国知识产权培训中心／组织编写

吴观乐／主编

知识产权出版社
全国百佳图书出版单位

内容提要

　　本书由从业经验丰富的专利代理人和资深审查员共同编写，针对专利申请机械领域的专利代理和专利审查实践中的典型问题和常见问题，从相关重要法条解释、专利申请文件撰写流程、审查意见通知书的答复、专利申请文件的修改等方面作了详细阐述，并配置了丰富的案例。对读者而言，是从理论和实践两个层面的全面提升。

　　读者对象：专利代理行业从业人员，企事业单位从事专利工作的人员。

责任编辑：李　琳　崔　玲　　　　　责任校对：韩秀天

封面设计：独角鲸工作室 平面设计　　　责任出版：卢运霞

图书在版编目（CIP）数据

专利申请代理实务．机械分册/吴观乐主编．—北京：知识产权出版社，2013.1（2016.10 重印）

ISBN 978 - 7 - 5130 - 1861 - 6

Ⅰ.①专…　Ⅱ.①吴…　Ⅲ.①机械工程—专利申请—代理（法律）—中国—教材

Ⅳ.①D923.42

中国版本图书馆 CIP 数据核字（2013）第 017521 号

‖专利代理人执业培训系列教程‖

专利申请代理实务

——机械分册

吴观乐　主编

出版发行：知识产权出版社 有限责任公司

社　　址：北京市海淀区西外太平庄 55 号　　　　邮　　编：100081

网　　址：http://www.ipph.cn　　　　　　　　邮　　箱：bjb@cnipr.com

发行电话：010 - 82000860 转 8101/8102　　　　传　　真：010 - 82005070/82000893

责编电话：010 - 82000887　82000860 转 8121　　责编邮箱：lilin@cnipr.com

印　　刷：北京嘉恒彩色印刷有限责任公司　　　　经　　销：各大网络书店、新华书店及相关销售网点

开　　本：787mm×1092mm　1/16　　　　　　　印　　张：28.25

版　　次：2013 年 3 月第 1 版　　　　　　　　　印　　次：2016 年 10 月第 2 次印刷

字　　数：594 千字　　　　　　　　　　　　　定　　价：78.00 元

ISBN 978 - 7 - 5130 - 1861 - 6/D · 1681（4709）

序　言

目前，知识产权在推动经济社会发展中的作用和地位越来越凸显，已经成为世界各国竞争的一个焦点。温家宝总理曾经指出："世界未来的竞争，就是知识产权的竞争。"我国正处于转变经济发展方式、调整产业结构的转型期，全社会的研发投入大幅增加，知识产权保护意识不断提升，专利申请数量快速增长，我国知识产权事业正处于重要的战略发展机遇期，要求我们必须直面知识产权工作面临的巨大挑战。

随着国家知识产权战略的实施，企业创新行为更加活跃，创新主体对专利中介服务的需求增加，专利中介服务业务量激增，专利代理行业的市场需求逐年增大。2011年，我国年度专利申请量达到 1 633 347 件，其中委托代理机构代理申请的达到 1 055 247 件，自 1985 年专利代理制度成立以来年度代理量首次突破 100 万件。其中，代理国外申请 128 667 件、国内申请 926 580 件。以上各项数据充分表明，我国专利代理行业的主渠道作用越来越明显，已经成为实践知识产权制度的重要支柱之一。专利代理事业的蓬勃发展也促使了专利代理人队伍的不断壮大，截至 2012 年 10 月 31 日，全国执业专利代理人人数已增至 7 949 人，专利代理机构达到 909 家。作为"第二发明人"，专利代理人的工作是一项法律性、技术性都极强的工作，需要由经过专门培训的高素质人员来完成。目前，我国专利中介服务能力随着专利事业的发展取得了举世瞩目的成绩。

随着国际形势的变化和我国知识产权事业的发展，专利代理能力提升面临前所未有的机遇与挑战。申请量、代理量的不断增大，专利审查工作的严格细致，对专利代理工作提出了更加高效、更加准确、更加专业的工作目标。社会需求的不断扩大，发明人、企业发明的多样化，对专利代理人的能力和水平也提出了更高的要求，迫切要求专利代理人全面提升服务能力。应当说，全面提升专利代理能力是知识产权事业发展的必然要求。专利代理人执业培训，是全面提升专利代理人服务能力的重要途径。《国家知识产权战略纲要》对知识产权中介服务职业培训提出了明确要求："建立知识产权中介服务执业培训制度，加强中介服务职业培训，规范执业资质管理。"《专利代理行业发展规划（2009 年—2015 年）》则对专利代理服务执业培训作出了系统性的安排。

为此，中华全国专利代理人协会在上述国际、国内形势的背景下，深入贯彻落实《国家知识产权战略纲要》和《专利代理行业发展规划（2009 年—2015 年）》的要求，组织编写专利代理人执业培训系列教程，具有历史性的意义。中华全国专利代理

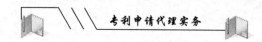

人协会精心组织，挑选在业界具有盛名的相关领域专家组成编写工作组，聘请来自国家知识产权局、最高人民法院知识产权审判庭、相关高校的资深专家与专利代理界的资深专家组成统稿及审稿工作组，并专门成立组织协调工作组承担大量的组织、协调工作。可以说，中华全国专利代理人协会对专利代理人执业培训系列教程编写工作的精心组织和有序推进，有力地保障了该系列教程的编写质量。作为专利代理人执业培训教材的垦荒者和实践者，他们为我国知识产权事业作出了重要贡献。

此次编写的专利代理人执业培训系列教程，内容涵盖专利代理职业道德、专利代理事务及流程、专利申请代理实务、专利复审及无效代理实务、专利侵权与诉讼、专利咨询服务等各个方面。这一套系列教程具有如下特点：开创性——编写专利代理人执业培训系列教程尚属首次，具有开创意义；实操性——此次编写的专利代理人执业培训系列教程在内容上注重贴合我国法律实践，对于实际操作具有重要指导意义；全面性——此次编写的专利代理人执业培训系列教程涵盖专利代理人中介服务的方方面面，能够全面提升专利代理人的服务能力；权威性——此次承担专利代理人执业培训系列教程编写任务的同志均是相关领域的专家，具有丰富的实务经验和理论水平。相信通过这样一套集开创、实操、全面、权威为一体的专利代理人执业培训系列教程的编写与出版，能够有效提高专利代理机构的服务质量以及专利代理人的业务能力，推动提高专利代理行业的业务水平。

专利代理能力的提升，是一个永恒的时代话题，一个永远跳跃着的音符。感谢为本套系列教程的组织、编写和出版付出心血的所有工作人员，大家的工作有利于提高全社会知识产权创造、运用、保护和管理能力。我相信，专利代理人执业培训系列教程的出版，对于推动专利代理能力的全面提升具有历史性的意义，必然有利于推动专利代理行业又好又快地发展，有利于服务和保障知识产权事业的发展大局。走过筚路蓝缕的岁月，迎接荆棘遍布的挑战，我相信随着专利代理能力的进一步提升，专利代理界将为我国创新型国家建设和经济发展方式的转变作出更大的贡献！

贺化

2012 年 12 月

前　言

　　当前，我国知识产权事业正处于重要战略发展机遇期，专利代理行业作为知识产权服务业的重要组成部分，对经济社会发展的贡献度日益凸显。2011 年，我国年度专利申请代理量首次突破百万件。但专利代理人才短缺，服务能力不足，已经成为制约我国专利事业发展的瓶颈。而专利代理人素质高低、能力强弱，关系专利代理行业发展，关系国家知识产权战略的实施。

　　为显著提升专利代理人的专利申请代理能力，国家知识产权局决定在国家"十二五"期间用五年的时间对所有执业专利代理人进行一次以提升专利代理人实务技能作为培训重点的执业轮训，并为配合这次轮训工作着手编写专利代理人实务技能培训教材。

　　专利代理人实务技能培训教材的编写工作分为两个阶段。第一阶段，从 2011 年 4月到 2011 年 8 月，作为这次专利代理人实务技能培训教材编写工作总牵头单位的中华全国专利代理人协会，与国家知识产权局审查业务管理部和人事教育部共同组织专利代理实务技能培训教材的教案和学员用讲义的编写，由中华全国专利代理人协会原副秘书长王启北具体负责组织工作，中华全国专利代理人协会在各专利代理机构的推荐与配合下选拔了由 18 名资深专利代理人，与从国家知识产权局选拔出的 18 名资深专利审查员和协会秘书处人员组成教案和讲义的编审队伍❶，于 2011 年 7 月底共同完成培训教材的教案和讲义初稿的编写，并在 8 月份国家知识产权局主办的两期专利代理人实务师资培训班上试讲和听取意见，在此基础上形成专利代理人实务培训教材教案和讲义的定稿。第二阶段，从 2012 年 2 月到 2012 年 9 月，中华全国专利代理人协会与中国知识产权培训中心共同承担将上述培训教材的教案和讲义初稿编写成正式出版稿，由中华全国专利代理人协会副秘书长徐媛媛负责具体组织工作，在这阶段，根据 2011 年年底北京知识产权局组织的三期专利代理人实务培训班以及 2012 年第一季度江苏省知识产权局和广东省知识产权局组织的专利代理人实务培训班的教学实践和听取到的意见对教材内容进行进一步完善，包括调整不合适的案例、增补必要的内容、采用规范化的表述，修订不严谨的说明，最后形成专利代理人执业培训系列教程之《专利申请代理实务》的三个分册：机械分册、电学分册和化学分册。

　　本书为专利代理人执业培训系列教程《专利申请代理实务》三个分册中的机械

---

　　❶　编审人员分成编写组和审稿组，编写组人员参见三个分册各章的编写者。

分册。

全书共分五章。第一章为相关重要法条解释，其中第一节和第二节由曲新兴❶编写，第三节和第四节中的实用性部分由沈嘉琦❷编写，第四节中的新颖性和创造性部分由吴观乐❸编写。该章从专利保护客体、说明书的撰写、权利要求书的撰写以及授予专利权的三个实质条件（新颖性、创造性和实用性）四个角度阐述了与专利申请文件撰写和审查意见通知书答复相关的重要法条的立法宗旨，并通过这些法条的应用案例向读者说明这些法条的内涵。

第二章为专利申请文件撰写流程，由吴贵明❹编写。该章介绍了专利代理人如何与申请人进行沟通获取技术交底书，如何拓展发明技术方案，如何进行权利要求布局，如何撰写权利要求书和说明书以及专利申请文件撰写与专利战略相结合等具体内容。

第三章为审查意见通知书的答复，由陈肖梅❺编写。该章介绍了如何向申请人转达审查意见通知书，如何理解审查意见通知书的内容和向申请人提出答复建议，以及如何完成审查意见通知的答复等工作。此外，为帮助读者更好地掌握答复审查意见通知书的具体实务工作，本章还给出了两个答复审查意见通知书的具体案例。

第四章为专利申请文件的修改，由周航❻编写。本章围绕专利代理实务中申请文件修改的重点、难点和热点，进行了相关理论介绍，并通过具体案例说明专利申请实践中如何正确理解《专利法》第 33 条的规定以及如何在修改专利申请文件时满足《专利法》第 33 条规定的要求。

第五章为案例部分，分为四节，通过四个具体案例介绍如何撰写机械领域专利申请文件和答复审查意见通知书，并可供读者学习时进行模拟练习。其中：第一节案例一为"油炸食品及其制作方法和制作设备"，由吴观乐根据 2008 年专利代理人资格考试专利代理实务科目试题改编而成，该案例要求保护的客体既涉及方法，又涉及由多个装置构成的产品，通过该案例具体介绍了如何认真阅读申请人所提供的技术交底书，以此为出发点考虑如何与申请人进行沟通以对发明创造进行挖掘，并结合与申请人沟通时进一步获得的信息撰写发明专利申请的权利要求书和说明书，本案例的重点是对涉及多个方面改进的技术主题如何确定独立权利要求的技术方案以及对多个实施方式的产品权利要求如何进行概括和如何进行权利要求布局。第二节案例二为"旋转

❶ 为方便读者与编写人员联系沟通，以下给出各编写人员所在单位。曲新兴：国家知识产权局专利局光电技术发明审查部。

❷ 沈嘉琦：国家知识产权局专利审查协作北京中心。

❸ 吴观乐：北京市柳沈律师事务所。

❹ 吴贵明：北京康信知识产权代理有限责任公司。

❺ 陈肖梅：中原信达知识产权代理有限责任公司。

❻ 周航：北京律诚同业知识产权代理有限公司。

脱水的拖把"，由韩龙❶编写，该案例素材来自于实际案例，涉及一种部件数量较多、结构较为复杂的产品，通过与申请人的沟通和对发明创造的挖掘，对原技术交底书中有关结构的具体技术内容、实施例的数量有了充分的了解，从而为申请人撰写出符合要求的权利要求书和说明书。本案例重点有两个：其一是让读者如何撰写说明书以清楚地描述该产品，从而提高专利代理人的文字描述能力；其二是为取得充分的保护应当如何撰写独立权利要求，该案例要求保护的客体仅涉及有形状构造的产品，既可作为发明专利申请文件的撰写案例，又可作为实用新型专利申请文件的撰写案例。第三节案例三为"按压式高速涡轮牙钻手机"，由张春❷编写，该案例素材来自于实际案例，申请人仅提供了不规范的图纸和简单文字描述（相当于提供实物并作简单说明的实际情况），该案例旨在说明面对这种实际情况如何通过与申请人的沟通引导启发申请人提供与发明创造有关的技术交底书，以对该发明创造作进一步挖掘，从而为后续专利申请文件的撰写打好基础，此外该案例的申请人又表述了想将一部分技术内容作为技术秘密保留的愿望，该案例另一个重点是说明在申请人意欲将一部分技术内容作为技术秘密保留时应当如何处理保留技术秘密和充分公开的关系，该案例同样既可作为发明专利申请文件的撰写案例，又可作为实用新型专利申请文件的撰写案例。第四节案例四为"自行车的电动驱动装置"，由徐晓明❸编写，该案例的内容包括"申请文件的撰写"和"审查意见通知书的答复"两个部分，申请文件撰写部分的重点是如何通过与申请人的沟通实现对发明创造技术内容的挖掘，答复审查意见通知书部分的重点在于如何认真分析通知书中引用的对比文件公开的内容与该申请的区别，以便在争取早日授权的同时又为申请人争取尽可能大的保护范围，读者可通过此案例学习如何在技术交底书的基础上撰写权利要求书和说明书，以及在答复审查意见通知书中如何分析审查员给出的审查意见，在此基础上考虑如何修改申请文件，并作出针对性的意见陈述。为提高本章的学习效果，建议读者采用动手练习的方式，通过动手练习的实践提高撰写申请文件和答复审查意见通知书的代理能力。

　　本书由教案和讲义到成书出版的编写阶段，组长为吴贵明；周航负责将各章节的编写稿按照出版社的出版要求进行整理；并同时由吴观乐、吴贵明负责组内第一次审稿、修改和统稿。本书成稿后由吴观乐、徐媛媛进行了二次审稿、修改和统稿。最后，由李超、吴观乐、姜晖、徐媛媛对《专利申请代理实务》的三个分册进行总审、最终修改和统稿。

　　在本书编写过程中，张长兴同志对许多章节提出了极有价值的修改建议，姜建成、寨伟、刘芳等多位资深专利代理人也对本分册提出了许多宝贵意见，此外在前期

---

❶ 韩龙：北京市浩天知识产权代理事务所。
❷ 张春：郑州中原专利事务所有限公司。
❸ 徐晓明：国家知识产权局专利局机械发明审查部。

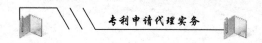

教案及讲义的准备过程中，刘世平、张阿玲、邱绛雯等同志也给出了相应的意见和建议。中华全国专利代理人协会徐媛媛、李海玲等同志在本书编写过程中所做的协调和沟通工作是本书最终得以成稿的重要保障，中国知识产权培训中心、知识产权出版社为本书的出版也做了大量工作，特此表示感谢！

本书在编写过程中得到国家知识产权局各业务部门与各专利代理机构的大力协助，各专利审查业务部门与各专利代理机构充分调动了机构集体力量，协助编写人员收集、汇总与专利申请文件撰写、审查意见通知书答复与申请文件修改以及撰写案例有关的资料，为编写人员顺利完成本次教材编写工作奠定了良好的基础。国家知识产权局贺化副局长、宋建华司长，中华全国专利代理人协会杨梧会长、李建蓉秘书长等领导和专家对本书的编著给予了许多指导和帮助。在此一并表示感谢！

由于作者的水平和实践经验所限，本书内容一定存在不少偏颇之处，敬请读者批评指正！

目　　录

第一章　相关重要法条解释

本章试图从专利保护客体、说明书的撰写、权利要求书的撰写以及授予专利权的三个实质条件（新颖性、创造性和实用性）四个角度阐述与申请文件撰写和审查意见通知书答复相关的重要法条的立法宗旨，并通过案例向读者说明这些法条的内涵。

第一节　专利保护客体

《专利法》第2条、第5条、第25条对专利保护客体作出了规定，本节主要针对其中涉及发明专利保护客体的法律条款作出解释。其中，《专利法》第2条第2款对可授予专利权的发明专利申请主题给出了定义，《专利法》第5条和第25条分别明确规定了一些不能授予专利权的主题。

1　《专利法》第2条第2款规定的可授予专利权的客体

我国《专利法》第1条阐明了专利法的立法宗旨，即，对发明创造授予专利权是为了保护专利权人的合法权益，鼓励发明创造，推动发明创造的应用，提高创新能力，促进科学技术进步和经济社会发展。那么，什么是专利法意义上的发明创造？在《专利法》第2条中进一步明确了"发明创造"的定义，即对可授予专利权的客体作出了规定，其中《专利法》第2条第2款和第3款分别对专利法意义上的"发明"和"实用新型"给出了明确的、正面的定义。

《专利法》第2条第2款规定："发明，是指对产品、方法或者其改进所提出的新的技术方案。"

《专利法》第2条第3款规定："实用新型，是指对产品的形状、构造或者其结合所提出的适于实用的新的技术方案。"❶

1.1　法条释义

由《专利法》第2条第2款和第3款对发明和实用新型的定义可知，发明和实用新型专利保护的发明创造都是"新的技术方案"，明显不同于外观设计专利的保护客体。为了帮助读者更清楚地理解和掌握什么是新的技术方案，下面从两个方面作出

---

❶　本书的重点是发明专利，对于实用新型专利本身的特点在本书中不涉及。

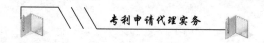

解释。

（1）专利法意义上的"技术方案"

在上述定义中，对发明专利权的保护客体产生限制作用的主要是"技术方案"这一措辞，产品或方法都是由技术方案来体现的。

技术方案是对要解决的技术问题所采取的包含利用了自然规律的技术手段的集合，也就是说，技术方案是针对所要解决的技术问题而采取的一系列技术手段的集合，而技术手段通常是由技术特征来体现的。反之，未采用技术手段解决技术问题以获得符合自然规律的技术效果的方案，不属于《专利法》第2条第2款规定的"技术方案"。其中，"利用了自然规律"并不是要求申请文件中必须指明具体应用了什么自然规律，只要技术方案本身符合自然规律、不与自然规律相违背即可。

一项技术方案应该同时具备技术手段、技术问题和技术效果三要素。技术手段通常体现于技术特征中，产品技术方案的技术特征可以是零件、部件、材料、器具、设备、装置的性质、结构、成分等；方法技术方案的技术特征可以是工艺、步骤、过程以及所采用的原料、设备、工具等。各个技术特征之间的相互关系也是技术特征。发明所要解决的技术问题，是指要解决的现有技术中存在的技术问题（即发明目的）。技术效果与为达到该效果而采用的技术手段密不可分。

在专利代理实践中，专利代理人经常需要判断申请人所想要保护的主题是否属于专利法意义上的技术方案。而判断一个方案是否为技术方案，应当将要求保护的方案作为一个整体来考虑，判断整个方案是否采用了技术手段，是否解决了技术问题并产生了技术效果。不应仅根据方案中存在技术特征即直接得出整个方案为技术方案的结论，还应判断方案中的技术特征对发明所要解决的问题和实现的效果能否起作用，并判断所要解决的问题和实现的效果是否为技术问题和技术效果。

（2）"新的技术方案"与新颖性要求的区别

本条款中出现的"新的"一词，是用于界定能够获得发明专利的技术方案的性质，若无"新的"一词，则将导致对产品、方法提出的任何技术方案都可以被称为"发明"，这显然有悖于立法宗旨和发明的基本概念，会导致公众产生误解。正因为如此，这里所说的"新的技术方案"，仅仅是对可申请专利保护的发明客体的一般性定义，而不是判断新颖性的具体审查标准。

1.2 法条应用

下面对专利代理实践和专利审查实践中所遇到的三类不属于《专利法》第2条第2款规定的案例（涉及声、光、电、磁、波等信号或能量的主题，涉及商业方法的发明和涉及图形、平面、曲面和弧线类的主题）进行分析说明，以帮助专利代理人进一步掌握对《专利法》第2条第2款规定的应用。

1.2.1 涉及声、光、电、磁、波等信号或能量的主题

这些主题不属于专利法意义上的产品发明，因而不符合《专利法》第2条第2款

的规定。

需要注意的是，只要权利要求的主题名称为上述主题，则无论该权利要求是否还包含其他技术内容，也不必区分该主题是否为天然存在的、还是人为干预获得的，均不属于《专利法》第2条第2款规定的发明保护客体。

但是，这类信号或能量的应用属于可授予发明专利权的保护客体，因此在专利代理实践中，面对这类专利申请，应当进一步向申请人了解具体技术内容，以便与申请人探讨可否以这类信号或能量的应用作为申请要求保护的主题。

【案例1-1】

在本案例中权利要求的主题为用于物质成分分析的光束，其权利要求1为：

1. 一种用于物质成分分析的光束，其特征在于：该光束的波长为484nm。

【分析】

该权利要求的保护主题是一种波长为484nm这一特性的光束，而光束本身不属于《专利法》第2条第2款规定的客体，因而即使该光束可用于解决技术问题（用于物质成分分析），该光束本身未构成专利法意义上的产品发明。

但是，由该主题的名称可知，如果改变对该主题的写法，就可成为发明专利的保护客体。就本案例来说，可以针对利用光束的性质解决技术问题这一点撰写出属于专利法保护客体的技术方案：一种物质成分分析方法，其特征在于采用波长为484nm的光束照射液体，并通过测定液体对光的吸收来进行物质成分测定。

【案例1-2】

在本案例中，权利要求的主题为稳频单频激光，其权利要求1为：

1. 一种由稳频单频激光器发出的稳频单频激光，其特征在于所述稳频单频激光器具有激光管和稳频器。

【分析】

该权利要求请求保护的主题是一种激光，虽然其特征部分对产生激光的激光器的具体构成部件例如激光管等进行了限定，但由于请求保护的主题是激光，因此该权利要求作为一个整体请求保护的是激光本身，而激光本身不属于专利法意义上的产品发明，因而该权利要求不符合《专利法》第2条第2款的规定。

同样，由该主题的名称和其特征部分的技术特征可知，如果改变对该主题的写法，将其主题名称改写为稳频单频激光器，就可成为发明专利的保护客体。

【案例1-3】

在本案例中权利要求的主题为γ射线探伤方法，其权利要求1为：

1. 一种γ射线探伤方法，其特征在于，采用γ射线对工件进行辐照处理，在位于该工件相对于γ射线的另一侧的图像接收成像仪上形成清晰图像。

【分析】

权利要求请求保护的主题是一种利用γ射线对工件进行探伤的方法，虽然该主题

涉及 γ 射线，但是利用了 γ 射线能透过工件形成图像的性能解决了工件探伤这样的技术问题，这样的方案通过所采用的技术手段，解决了技术问题，并产生了技术效果，构成了技术方案，因而该权利要求的保护主题符合《专利法》第 2 条第 2 款的规定。

1.2.2 涉及商业方法的发明

涉及商业方法的发明因其解决的问题和达到的效果均不是技术性的，不符合《专利法》第 2 条第 2 款关于技术方案的定义，不属于发明专利保护的客体。需要注意的是，商业方法主题的发明在不同国家对是否属于专利保护客体的规定有所不同，专利代理人在实际工作中应当注意各国在这方面的规定的差别。

【案例 1-4】

在本案例中，权利要求书中请求保护的主题是积分换奖系统，其中权利要求 1 为：

1. 一种积分换奖系统，由销售侧装置和积分换用服务器装置构成，可提供根据所支付的金额而积蓄得到的积分交换规定的奖品的服务，其特征在于：

所述积分换用服务器装置送回记载服务登录者专用 ID 的 ID 通知邮件、作为对来自希望服务登录者的登录邮件的应答；

所述销售侧装置具有控制商品的销售的基本控制部；用于输入所述 ID 的操作部；控制包括积分服务在内的附加价值的功能的应用控制部，所述应用控制部在能够确认来自希望购入商品者的商品购入所对应的金额的支付以及 ID 输入的阶段，将与本次支付金额对应的积分相加到前次收集处理以后的积分上，将该相加结果与所述 ID 有关联地储存；

所述积分换用服务器装置在任意的时间在与 ID 有关联的状态下收集所述积分的相加结果，按 ID 单位将收集的全部的积分积累，在积累后的积分达到可交换奖品的规定积分时，对持有该 ID 的服务登录者发送记载奖品申请格式的申请介绍邮件，此外，在可以确认收到记载顾客信息的申请邮件的阶段，对服务登录者返送记载与奖品交换有关的数字化内容的统一资源定位地址的奖品交换介绍邮件。

【分析】

本案例的权利要求 1 的积分换奖系统包括销售侧装置和积分换用服务器，现有积分换奖系统存在自动售货机需要内装读卡器读出卡中所记忆信息的问题，虽然本申请声称解决了在销售侧安装读卡器所带来麻烦的问题，但实际上依然是通过在销售侧装置上设置与读卡器相似功能的公知的用于输入所述 ID 的操作部，例如数字键盘或指纹传感器，将服务登录者输入的 ID 和根据购入金额的积分有关联地记忆，从而实现积分换奖服务。因此，本申请的积分换奖系统是利用公知的销售侧装置和服务器装置，通过计算机和惯用网络技术的简单叠加或者拼凑，以达到实现消费积累积分，进而通过所积累的积分兑换奖品的目的。由于本申请所解决的问题为如何更便捷地刺激消费者消费，从而促使商家获得更多利益这样的非技术问题，并且所取得的效果是向消费者提供根据所支付的金额而积蓄得到的积分交换规定的奖品的服务,这种效果也是非技术性的,其实际上是利用已有的技术手段来完成一种商业规则的运作。因此,上述的权利要求1不属于《专利法》第2条第2款规定的技术方案,不是专利保护的客体。

反之,如果一件申请采用了新的技术手段以解决技术问题而非仅仅使商家获得更多利益,并因此取得技术效果而不是运作商业规则,那么这样的方案属于专利法保护的客体。因此对于本案例来说,如果对该主题进行改写,在申请时就写成一种"可存储其使用记录的销售装置",这种减弱商业方法内涵的权利要求书和说明书的写法则有可能取得专利权。

【案例1-5】

在本案例中,权利要求书中请求保护的主题是生产现场物料监管系统,其中权利要求1为:

1. 一种生产现场物料监管系统,通过图形展示和列表说明,以整合分散于全球各据点的物料信息,其特征在于包括:

一中央数据库,用于汇总物料信息,储存经过整合的二维图形、三维图形及信息列表;

至少一据点数据库,用于储存备份该据点物料信息,同时定期进行资料更新,将更新的物料信息传送至中央数据库;

一物料监管网络服务器,用于根据客户端计算机的访问需求,读取中央数据库中物料信息,该服务器包括一应用程序,用于传递、整合、连接图形化资料及列表化资料,以图形的形式展现各据点生产现场的物料状况,以列表说明生产现场的物料信息;所述的应用程序包括数据整合模块,用于将接收到的各类资料进行整合分类,以列表形式显示于图形中,该数据整合模块包括数据选取子模块、数据传递子模块及列表输出子模块,其中所述的数据选取子模块用于根据不同层次图形对应需要不同种类数据的标准从中央数据库中选取与图形内容相对应的辅助资料,所述的列表输出子模块用于将整合的各种数据汇总成与图形内容相一致的列表,与图形同时显示,并反馈至中央数据库。

【分析】

该权利要求1要求保护的生产现场物料监管系统,包括中央数据库、至少一据点数据库和物料监管网络服务器。权利要求1所述的生产现场物料监管系统,是利用公知的数据库和网络服务器装置,来实现物料的管理,从而达到合理配置资源、降低市场风险、减少库存成本的目的。因此,本案中所要解决的问题是对存在多个不同生产现场的物料信息进行全面掌控管理,所述方案是一种人为规定的生产现场的物料监管规则,本案的发明目的和实施所述方案获得的效果都不是技术性的,其实际上是利用公知的技术手段来实现一种商业管理的规则。因此,该权利要求1不属于《专利法》

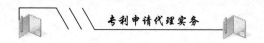

第 2 条第 2 款规定的技术方案，不是专利保护的客体。

和【案例 1-4】类似，如果对该主题进行改写，如在申请时就写成一种"可将分散在全球各地信息进行集中处理的方法"，则这种减弱商业方法内涵的权利要求书和说明书的写法就有可能取得专利权。

1.2.3　涉及图形、平面、曲面或弧线类的主题

以图形、平面、曲面或弧线等作为要求保护的主题与涉及声、光、电、磁、波等信号或能量的主题类似，不属于专利法意义上的产品发明，因而不符合《专利法》第 2 条第 2 款的规定。

【案例 1-6】

在本案例中，权利要求书中请求保护两项主题：供划线作业使用的划规和由该划规形成的等分圆，其中两项独立权利要求 1 和独立权利要求 2 分别为：

1. 一种供划线作业使用的划规，由两臂及铰轴组成，其特征在于……

2. 用权利要求 1 的划规所形成的等分圆。

【分析】

权利要求 2 请求保护的主题是一种等分圆，虽然权利要求 2 请求保护的等分圆用权利要求 1 的划规进行了限定，但其实质上请求保护的主题是一种图形，而图形本身不属于《专利法》第 2 条第 2 款意义上的产品发明，因此不属于发明专利保护的客体。

权利要求 1 请求保护一种划规，属于专利保护的客体。

2　因违反法律、社会公德或者妨害公共利益而不授予专利权的主题

《专利法》第 5 条第 1 款规定："对违反法律、社会公德或者妨害公共利益的发明创造，不授予专利权。"

2.1　法条释义

从维护国家和社会利益的角度出发，专利法还根据我国国情对可授予专利权的发明创造的范围作出了某些限制性规定。规定对违反法律、社会公德或者妨害公共利益的发明创造不授予专利权，目的在于防止对可能扰乱正常社会秩序、导致犯罪或者造成其他不安定因素的发明创造授予专利权。下面针对违反法律、违反社会公德和妨害公共利益三类不同情况进一步阐述《专利法》第 5 条第 1 款的内涵。

（1）违反法律

《专利法》第 5 条第 1 款所称的法律，是指全国人民代表大会或者全国人民代表大会常务委员会依照立法程序制定和颁布的法律，不包括行政法规、司法解释和规章，例如国务院颁布的各种条例等并不在《专利法》第 5 条第 1 款所称的法律的范畴内。

需要说明的是，法律是动态的，根据现实需要会颁布实施新的法律，修改、废止内容过时或者与社会现实情况不适应的原有法律，因此需要关注法律的变化。

违反法律的发明创造，是指发明创造为法律明文禁止或与法律规定相违背，这样的发明创造不能被授予专利权。

（2）违反社会公德

社会公德，是指公众普遍认为是正当的、并被接受的伦理道德观念和行为准则。它的内涵基于一定的文化背景，随着时间的推移和社会的进步不断发生变化，而且因地域不同而各异。也就是说，社会公德的内涵是不断变化的，既具有一定的文化背景，又与社会的发展、地域性的不同相关。中国专利法中所称的社会公德限于中国内地，不包括港澳台地区。

发明创造与社会公德相违背的，不能被授予专利权。例如克隆的人或克隆人的方法，人胚胎的工业或商业目的的应用等，这类发明创造违反社会公德，不能被授予专利权。

（3）妨害公共利益

妨害公共利益，是指发明创造的实施或使用会给公众或社会造成危害，或者使国家和社会的正常秩序受到影响。但是，如果发明创造因滥用而可能造成妨害公共利益的，或者发明创造在产生积极效果的同时存在某种缺点的，不会因"妨害公共利益"而被拒绝授予专利权。

2.2 法条应用

下面对专利代理和专利审查实践中经常遇到的三类案件（涉及赌博、可能对人体造成伤害、涉及滥用发明）进行分析说明，以帮助读者掌握对《专利法》第5条第1款的应用。

（1）涉及赌博的情形

赌博为我国法律明令禁止，与赌博相关的发明创造不应被授予专利权；但是，其本身并不是专用赌博器具而有可能被滥用的游戏设备仍然是专利保护的客体。

【案例1-7】

在本案例中，申请要求保护一种派利分成法赌博系统，说明书中写明的派利分成法赌博的系统包括一个吞币终端、一个控制装置和一个吐币终端，所述控制装置及两个终端可通信地相互连接。

【分析】

该申请请求保护一种赌博系统，而赌博是我国法律明令禁止的，因而不能授予专利权。

本案例如果删去说明书中与赌博相关的内容，且在权利要求书中请求保护一种单纯的游戏机就不会违反《专利法》第5条。

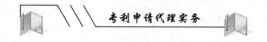

【案例1-8】

在本案例中，权利要求书中请求保护的主题为用于赌博的彩金分享系统，其权利要求1为：

1. 一种用于赌博的彩金分享系统，包括服务器和多个用户终端，多个用户终端通过网络与服务器通信连接；用户终端配置有语音识别单元，用户可以通过语音命令进行下注操作；服务器接收用户的语音命令，控制赌博游戏的进程。

【分析】

本案例要求保护的分享系统由服务器和多个用户终端构成，构成了技术方案，但是该分享系统是用于赌博的设备，违反我国的法律，因此属于《专利法》第5条第1款所规定的不授予专利权的情况。

【案例1-9】

在本案例中，权利要求书中请求保护的主题涉及由投入游戏币而启动的游戏机，其权利要求1为：

1. 一种游戏机，其包括：硬币接收部，硬币通过部，硬币送出部，以及硬币检测传感器，其中，硬币检测传感器进一步包括发光元件和光接收元件。

【分析】

在本案例中，由说明书记载的内容可知，权利要求书中的硬币为游戏币，其能识别游戏币的真假，如果是假游戏币，则由硬币送出部将假游戏币退出，且不能启动该游戏。由此可知该主题与"老虎机"不同，不涉及赌博，属于单纯的游戏机，不属于《专利法》第5条第1款规定的不授予专利权的情况。

（2）对人体造成伤害的情形

按照《专利审查指南2010》第二部分第一章3.1.3的规定，以致人伤残为手段的发明创造，不能被授予专利权。

【案例1-10】

在本案例中，申请要求保护一种防盗装置，如果盗窃者未按正常手段打开被关闭的门，该防盗装置会发出一种强激光而伤害盗窃者的眼睛，甚至可使盗窃者双目失明。

【分析】

本申请的发明要解决的技术问题是防盗，但是解决该技术问题的防盗装置的手段中包含有致人伤残的手段，不能被授予专利权。反之，如果该防盗装置没有采用致人伤残的手段，则不属于对人体造成伤害的情形，存在可被授予专利权的可能。类似的主题还有能喷出硝镪水的防盗门、能释放毒针的防盗器等。

（3）涉及滥用发明的情形

如发明创造本身并没有违反法律，但由于其被滥用而违反法律的，则不应当依据《专利法》第5条第1款的规定拒绝授予专利权。例如医疗用药物，其本身具有治疗某种疾病的用途，如镇痛等，而这些药物的药理特性可能会被一些吸毒人员用来作为毒品，在这种情况下吸毒人员将其作为毒品而吸毒是违反法律的，但不能因为该药物可能被吸毒人员滥用作为毒品而对这类药物本身不给予专利保护。类似的主题还有麻醉品、镇静剂、兴奋剂和用于娱乐的游戏机、棋牌等。

3 《专利法》第25条规定的不授予专利权的主题

按照《专利法》第25条的规定，对于发明和实用新型专利申请，对科学发现、智力活动的规则和方法，疾病诊断和治疗方法，动物和植物品种❶以及用原子核变换方法获得的物质等，不授予专利权。

3.1 法条释义

从各国专利法的规定以及专利法的实施情况来看，并非任何发明创造都可以获得专利保护，各国都根据国际上通用的规定以及本国的实际情况将其中一部分排除在专利保护之外，并且，不授予专利权的客体会随着科学与经济的发展而有所变化。

3.1.1 科学发现

科学发现，是指对自然界中客观存在的物质、现象、变化过程及其特性和规律的揭示。科学理论是对自然界认识的总结，是更为广义的发现。例如牛顿第二定律、万有引力定律、能量守恒定律等。

科学发现和科学理论都属于人们认识的延伸，这些被认识的物质、现象、过程特性和规律不同于改造客观世界的技术方案，不是专利法意义上的发明创造，因此不能被授予专利权。

发现与发明的区别在于，发现是一种对客观世界的认知，而发明则是一种对客观世界的改造；发现仅仅是揭示自然界原本就存在而人类尚未认识的事物，而发明是利用技术手段改造了自然界中客观存在的事物。

发明和发现虽有本质不同，但两者关系密切。通常，很多发明是建立在发现的基础之上的，进而发明又促进了发现。

3.1.2 智力活动的规则和方法

智力活动，是指人的思维运动，它源于人的思维，经过推理、分析和判断产生出抽象的结果，或者必须经过人的思维运动作为媒介，间接地作用于自然产生结果。智力活动的规则和方法是指导人们进行思维、表述、判断和记忆的规则和方法。

专利法为专利权人提供的权利是禁止未经专利权人许可而进行制造、使用、销售之类的生产经营活动，而不是用专利权来禁锢人的思想，智力活动的规则和方法涉及

---

❶ 考虑到涉及动物和植物品种的申请不属于机械领域，因此下面对法条的释义和应用部分不再对动物和植物品种作出说明。

的是在人的头脑中进行的活动，试图将这样的活动置于专利独占权的范围之内是不合理，也是不现实的。更重要的是，由于智力活动的规则和方法没有采用技术手段或者利用自然规律，也未解决技术问题和产生技术效果，因而不构成技术方案，不是专利法意义上的发明创造。基于这些原因，在《专利法》第 25 条中，将智力活动的规则和方法排除在可授予专利权的客体之外。

3.1.3　疾病的诊断和治疗方法

出于人道主义的考虑和社会伦理的原因，医生在诊断和治疗过程中应当有选择各种方法和条件的自由。另外，疾病的诊断和治疗方法直接以有生命的人体或动物体为实施对象，无法在产业上利用，不属于专利法意义上的发明创造，因此，不能被授予专利权。

疾病的诊断和治疗方法是指以有生命的人体或动物体为直接实施对象，进行识别、确定或消除病因或病灶的过程。

需要说明的是，疾病的诊断和治疗方法虽然不能被授予专利权，但是用于实施疾病诊断和治疗方法的仪器或装置，以及在疾病诊断和治疗方法中使用的物质或材料都可以给予专利保护。

（1）疾病的诊断方法

疾病诊断方法是指为识别、研究和确定有生命的人体或者动物体病因或病灶状态的过程。

判断涉及疾病诊断方法的权利要求时，应当关注两点：对象和直接目的，即判断该方法的对象是否为有生命的人体或动物体（包括离体样本），以及该方法的直接目的是否是为了获得疾病的诊断结果或健康状况。如果上述两个条件同时满足，那么该权利要求属于疾病的诊断方法。

（2）疾病的治疗方法

疾病治疗方法是指为使有生命的人体或者动物体恢复或获得健康或减少痛苦，进行阻断、缓解或者消除病因或病灶的过程。

疾病治疗方法包括以治疗为目的或者具有治疗性质的各种方法。

3.1.4　用原子核变换方法获得的物质

按照《专利法》第 25 条第 1 款第（五）项的规定，用原子核变换方法获得的物质不能被授予专利权。但是，《专利审查指南 2010》第二部分第一章 4.5.1 进一步明确原子核变换方法也不能被授予专利权。作出上述规定的原因在于：原子核变换方法以及用该方法所获得物质关系到国家的经济、国防、科研和公共生活的重大利益，不宜为单位或私人垄断。

原子核变换方法，是指使一个或几个原子核经分裂或者聚合，形成一个或者几个新原子核的过程。例如，磁镜阱法等，这些变换方法不能被授予专利权。但是，为实现核变换方法的设备、仪器及其零部件均属于可被授予专利权的客体。

用原子核变换方法所获得的物质，主要是指用加速器、反应堆以及其他核反应装置生产、制造的各种放射性同位素，这些同位素不能被授予发明专利权。但是，这些同位素的应用以及使用这些同位素的仪器、设备属于可被授予专利权的客体。

3.2　法条应用

下面结合案例对常见的涉及《专利法》第 25 条的四种情形（涉及计算机程序的发明专利申请、人为制定的规则和方法、以有生命的人体或动物为对象的疾病诊断和治疗方法、原子核变换方法和实现原子核变换方法的设备）进行说明，以使读者加深对《专利法》第 25 条法条应用的理解。

3.2.1　涉及计算机程序的发明专利申请

按照《专利审查指南 2010》第二部分第九章 2 中的规定，如果一项权利要求仅仅涉及一种算法或数学计算规则，或者计算机程序本身或者仅仅记录在载体上的计算机程序，或者游戏的规则和方法等，该权利要求属于智力活动规则和方法，不属于专利保护的客体。

由此可知，软件、补丁、程序、程序产品等本身属于智力活动的规则和方法，不授予专利权；数据经过系统处理后显示在显示器上的图形界面（介面）实质上是计算机程序的表现形式，属于智力活动的规则和方法，不授予专利权。

【案例 1 – 11】

在本案例中，权利要求书中请求保护的主题为影像撷取装置的使用界面，其权利要求 1 为：

1. 一种影像撷取装置的使用界面，包括：一影像预览窗口，用于图像预览及选取，以进行常态扫描；一影像分析资料显示框，用以显示常态扫描影像资料的分析结果；及一功能键显示框，用以显示至少一功能键。

【分析】

该权利要求的主题仅仅涉及"使用界面"，而"使用界面"是通过指令程序向用户传递程序运行的结果以及其他信息，是一种计算机程序的表现形式。因此，该权利要求的主题实质上是一种计算机程序，属于智力活动的规则和方法，不能授予专利权。

按照《专利审查指南 2010》第二部分第九章 2 中的规定，如果一项权利要求除其主题名称之外，对其进行限定的全部内容仅仅涉及一种算法或者数学规则，或者程序本身，或者游戏的规则和方法等，则该权利要求实质上仅仅涉及智力活动的规则和方法，不属于专利保护的客体，不能授予专利权。

【案例 1 – 12】

在本案例中，权利要求书中请求保护的主题为存储介质，其权利要求 1 为：

1. 一种存储介质，用于存储计算机可读程序，所述程序可使计算机执行下述

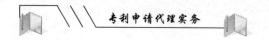
步骤：

检测交流电源适配器与计算机的连接或分离状态；

当所述适配器从分离状态转变成连接状态时，增加所述计算机的显示器的刷新率；以及

当所述适配器从连接状态转变成分离状态时，降低所述计算机的显示器的刷新率。

【分析】

该权利要求的主题虽然是一种作为有形物质的存储介质（软盘、光盘等），但介质本身的物理特性没有发生任何变化，申请主题的实质上是记录在该计算机存储介质中的计算机程序本身，即其实质上仅仅涉及智力活动的规则和方法，不授予专利权。

按照《专利审查指南 2010》第二部分第九章 2 中的规定，如果一项权利要求在对其进行限定的全部内容中既包含智力活动的规则和方法的内容，又包含技术特征，则该权利要求就整体而言并不是一种智力活动的规则和方法，不应当排除其获得专利权的可能性。

【案例 1-13】

在本案例中，权利要求书中请求保护的主题为微机数控车床绘图装置，其权利要求 1 为：

1. 一种微机数控车床绘图装置，由绘图板组件和绘图笔组件组成，其特征在于：绘图板组件位于数控车床的床头与尾座之间，绘图笔组件由笔杆夹持，固定在数控车床的刀架上，随刀架一起作纵、横向运动，在静止的绘图板上，按数控车床内的程序，自动绘图。

【分析】

该权利要求虽然涉及了计算机程序，但对其进行限定的全部内容既包含智力活动的规则和方法，又包含绘图笔等技术特征，因而该权利要求就整体而言不是智力活动的规则和方法，不属于《专利法》第 25 条第 1 款第（二）项不授予专利权的情形。

需要说明的是，在《专利审查指南 2010》第九章规定了涉及计算机程序的专利申请哪些可以授予专利权，哪些不能授予专利权，在实际工作过程中应根据案情，进行区分处理。

3.2.2 人为制定的规则和方法

在一些专利申请中，会涉及一些人为制定的规则和方法，如果仅针对这些规则和方法要求保护，就属于智力活动的规则和方法，不能授予专利权。

对于将标准专利化的专利申请，如果撰写得不合适，就可能属于这种情况，下面给出一个这样的案例。

【案例 1-14】

在本案例中，权利要求书中请求保护的主题为治疗妇科炎症的胶囊制剂的质量控

制方法，其权利要求 1 为：

1. 一种治疗妇科炎症的胶囊制剂的质量控制方法，其特征在于：质量控制方法由性状、鉴别、检查和含量测定组成，其中鉴别是对地稔、头花蓼、黄柏、五指毛桃和延胡索的鉴别，含量测定是用高效液相色谱法对胶囊制剂中没食子酸的含量测定。

【分析】

该权利要求涉及药品的质量控制方法。一般来说，对于质量控制方法，由于质量控制的项目和标准都是人为的规定，因此无论从质量控制方法的主题名称来看，还是其发明内容，均属于智力活动的规则和方法。就本案例来说，测定哪些成分，控制哪些指标，检测哪些项目，都是根据产品的特点由人为制定的规定。因此，质量控制方法的主题就是一种智力活动的规则和方法，不能授予专利权。

如果把该案例改写为一种胶囊制剂的生产方法，且其中测定哪些成分，控制哪些指标，检测哪些项目遵守了客观规律，采用技术手段，解决技术问题，并取得技术效果，就有可能授予专利权。

下面再给出一个其他方面有关人为制定的规则和方法的例子。

【案例 1 – 15】

在本案例中，权利要求书中请求保护的主题为麻将游戏中确定启牌方位的方法，其权利要求 1 为：

1. 一种麻将游戏中确定启牌方位的方法，其特征在于：首先使用两个骰子进行投掷，两个骰子停在桌面上后，对两个骰子上表面的点数求和，当其和值为 1、5 或 9，则确定为东；当其和值为 2、6 或 10，则确定为南；当其和值为 3、7 或 11，则确定为西；当其和值为 4、8 或 12，则确定为北。

【分析】

该权利要求请求保护的是麻将游戏中确定启牌方位的方法，该方法中根据两个骰子停止位置上表面点数的和值确定方位是人为制定的方法，这种人为制定的规则和方法属于典型的智力活动规则与方法，不能授予专利权。

3.2.3　以有生命的人体或者动物为对象的疾病诊断和治疗方法❶

在实际工作中，该主题的判断是个难点，下面从疾病诊断方法和疾病治疗方法两个方面对这一主题的判断进行说明。

（1）疾病诊断方法的判断

一般地，按照如下的标准判断一种方法是否属于疾病诊断方法，即一项与疾病诊断有关的方法如果同时满足以下两个条件，则属于疾病的诊断方法：

① 以有生命的人体或动物体为对象；

② 以获得疾病诊断结果或健康状况为直接目的。

———————————

❶ 机械领域实际上遇到这类案例较少。

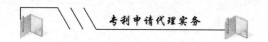

第一章

上述"健康状况"应当理解为患病风险度、健康状况、亚健康状况以及治疗效果预测和评估等。因此，患病风险度评估方法、健康状况（包括亚健康状况）的评估方法都属于疾病的诊断方法。

如果以上方法中包括了诊断全过程，即包括对检测结果进行分析、比较，以及得出诊断结果的过程，则该方法的直接目的是获得疾病的诊断结果或健康状况，属于疾病的诊断方法。

下面给出两个由于同时满足上述两个条件而属于疾病的诊断方法的案例。

【案例 1 – 16】

在本案例中，权利要求书中请求保护的主题为体内诊断骨质疏松症对患者骨的损伤情况的方法，其权利要求 1 为：

1. 体内诊断骨质疏松症对患者骨的损伤情况的方法，它包括：在患者骨相邻的皮肤表面设置一个声传感器，对骨施加应力使其产生声发射，利用声传感器检测声发射信号，并且分析声信号以确定骨质疏松症。

【分析】

该申请的权利要求请求保护一种诊断骨质疏松症对患者骨的损伤情况的方法，该方法直接以有生命的人体为实施对象，通过在患者的皮肤上设置声传感器，根据声信号的分析，以获取骨质疏松症诊断结果为直接目的，因此该权利要求请求保护的主题属于疾病诊断方法，属于《专利法》第 25 条规定的不授予专利权的客体。

【案例 1 – 17】

在本案例中，权利要求书中请求保护的主题为生成脑电向量图的方法，权利要求 1 为：

1. 一种生成脑电向量图的方法，包括如下步骤：

a. 信号采集；

b. 信号预处理；

c. 数学模型的建立与计算；

d. 生成脑电向量图；

e. 脑电向量图的统计分析，建立正常人群体和病人群体模型；

f. 鉴别诊断。

【分析】

该权利要求以有生命的人体的脑部为对象，通过信号的采集、处理、建立数学模型并生成脑电向量图，对其进行统计分析来获得正常人群体和病人群体模型，通过与正常模型的比较来获得疾病的诊断结果。这种方法以有生命的人体为实施对象，以获得大脑是否有功能性改变的诊断结果为直接目的，因此属于疾病诊断方法。

在这里，需要强调的是，上文提到的两个判断条件并非都必须同时在权利要求的技术方案中清楚地体现，如果在权利要求的表述上并未体现其中一个条件，但该方法实际上包含着这一条件（例如"离体样品从人体或动物直接取得"或者"能根据医学知识和申请公开的内容由检测结果而得知疾病诊断结果或健康状态"），仍认定为属于疾病诊断方法。

由《专利审查指南2010》第二部分第一章4.3.1.1中的规定可知，如果请求专利保护的方法中虽未包括诊断步骤但包括检测步骤，而根据现有技术中的医学知识和该专利申请公开的内容，只要知晓所说的诊断或检测信息（如通过检测获得的生理参数），就能直接获得疾病的诊断结果或健康状况，则该方法仍然不能被授予专利权。

《专利审查指南2010》第二部分第一章4.3.1.1还规定，如果一项发明从表述形式上看是以离体样品为对象的，但该发明是以获得同一主体疾病诊断结果或健康状况为直接目的，则该发明仍然不能被授予专利权。

但是，需要说明的是，有些方法实际上并非以有生命的人体或动物体为实施对象，或者，其直接目的不是获得诊断结果或健康状况，例如，仅仅是为了获取作为中间结果的检测信息，这些方法就不属于疾病的诊断方法。

为帮助专利代理人更好地理解《专利审查指南2010》的上述规定，下面给出四个案例加以说明，其中确定是否属于疾病的诊断方法的关键在于由该方法能否直接得知疾病的诊断结果。

【案例1－18】

在本案例中，权利要求书中请求保护的主题为利用脉波测量动脉血压的方法，其权利要求1为：

1. 一种利用脉波测量动脉血压的方法，包括：

a. 测量人体手掌置于心脏水平面上的动脉血压值及脉搏波传导时间；

b. 利用静流体力学方程及手掌离开心脏水平面的距离计算出人体手掌置于非心脏水平面上的脉搏波传导时间；

c. 由所得到的上述值计算出动脉血压与脉搏波传导时间之间线性关系的回归系数及常数；

d. 利用上述回归出的线性关系，测量人体的脉搏波传导时间以得到人体的血压值。

【分析】

该案例的利用脉波测量动脉血压的方法中包括检测步骤，而根据现有技术中的医学知识和该专利申请公开的内容，只要知晓检测获得的血压，就能直接获得疾病的诊断结果或健康状况，因此该方法不能被授予专利权。

【案例1－19】

在本案例中，权利要求书中请求保护的主题为皮肤纹理和皱纹的测定方法，其权利要求1为：

1. 一种皮肤纹理和皱纹的测定方法，包括皮肤硅胶复膜样品的制备和皮肤纹理与

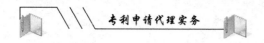

皱纹的测量，其中：

a. 皮肤硅胶复膜样品的制备依次为用超细硅胶在被测部位复膜，经固化稳定后作复膜横断面切片，切片的横断面按顺序排列，制得复膜样品待测；

b. 皮肤纹理与皱纹的测量为将以横断面按顺序排列的复膜样品的外形轮廓放大摄像并输入计算机，经计算机图像分析系统，逐个测量皮肤复膜样品近皮肤侧表面凸起的高度，测得皮肤纹理与皱纹的深度。

【分析】

该申请的直接目的不是为了获得疾病诊断结果或健康状况，而是测定皮肤纹理和皱纹，属于只是从活的人体获取的形体参数信息的方法，从所公开的内容看，所获得的信息本身不能直接得出疾病的诊断结果，也不能得出相关个体的健康状况，因而不属于疾病诊断方法。

【案例 1 - 20】

在本案例中，权利要求书中请求保护的主题为确定萎缩性胃炎的方法，其权利要求 1 为：

1. 一种用于确定萎缩性胃炎的方法，所述方法包括：测定样品中胃蛋白酶原 I 和胃泌素浓度，并测定幽门螺杆菌的标志物的浓度或有无；将得到的数据输入到数据处理器中，将分析物浓度测量值与该分析物的预定临界值进行比较，得出诊断结果。

【分析】

该申请涉及一种确定萎缩性胃炎的方法，通过对来自受试者的样品进行检测，来确定是否患有萎缩性胃炎。虽然在形式上并不满足以有生命的人体或动物体为实施对象这一条件，而是通过离体样品的检测处理来获取诊断结果或健康状况为直接目的，但是该申请仍然不能被授予专利权。

【案例 1 - 21】

在本案例中，权利要求书中请求保护的主题为测定唾液中酒精含量的方法，其权利要求 1 为：

1. 一种测定唾液中酒精含量的方法，该方法通过检测被测人唾液酒精含量，以反映出其血液中酒精含量。

【分析】

该方法涉及一种离体样本的检测方法，其直接目的是检测该样本主体的血液中的酒精含量，并不能最终确定患者是否酒精中毒，即不是为了获得疾病的诊断结果，因此该方法不属于疾病的诊断方法。

除上述两种情况外，还存在另一种虽未包含上文提到的两个条件中的一部分但仍被认为属于疾病诊断方法的情形：请求保护的方法中没有包括具体的诊断结果，但包括与正常值进行对照、比较的步骤，则该方法的直接目的也是为了获得疾病的诊断结果或健康状况，属于疾病的诊断方法，不能被授予专利权。

除上述例子外，涉及疾病诊断方法的专利申请有多种表述方式：诊断工具在疾病诊断中的应用，如人多囊蛋白－1定量检测试剂盒在疾病诊断中的应用；以分期、分型表述的疾病诊断方法，如一种急性白血病的分型方法；等等。

（2）疾病治疗方法的判断

治疗方法，是指为使有生命的人体或者动物体恢复或获得健康或减少痛苦，进行阻断、缓解或者消除病因或病灶的过程。治疗方法包括以治疗为目的的或者具有治疗性质的各种方法。应当注意的是，预防疾病或者免疫的方法视为治疗方法。对于既可能包含治疗目的，又可能包含非治疗目的的方法，应当明确说明该方法用于"非治疗目的"，否则不能被授予专利权。

《专利审查指南2010》第二部分第一章4.3.2.1和4.3.2.2中分别列举了属于或应当视为治疗方法的例子（包括外科手术治疗方法、以治疗为目的的针灸方法、为预防疾病为目的的各种免疫方法等）和不属于治疗方法的例子（包括制造假肢的方法、动物肉类质量提高方法、屠宰方法、对已经死亡的人体或动物体的遗容整理、杀灭动物体外部虱子和跳蚤的方法等等），在具体案例的分析时，建议根据《专利审查指南2010》中列举的内容进行对照，来确定其是否属于疾病治疗方法。

【案例1－22】

在本案例中，权利要求书中请求保护的主题为血液透析方法，其权利要求1为：

1. 一种血液透析方法，其中在透析过程中，在透析液中提供凝血酶抑制物，以及透析液和浓缩液中含有低分子量凝血酶抑制物。

【分析】

该申请涉及一种血液透析方法，通过将血液在体外进行透析的过程中，加入一种凝血酶抑制物来防止血液凝固，透析后的血液重新返回同一主体体内，来实现对肾脏功能障碍患者的治疗，因而属于疾病的治疗方法。

【案例1－23】

在本案例中，权利要求书中请求保护的主题为颈椎复位法，其权利要求1为：

1. 一种快速颈椎复位法，采用大夫在患者侧后方站姿一只手臂肘窝挂住患者下颚部，轻柔、快速上提到病变椎体上方，另一只手拇指瞬间推向生理位置，一次完成复位。

【分析】

该方法以一次完成颈椎复位从而达到治愈疾病的目的，属于疾病治疗方法，不应当授予专利权。

需要注意的是，对于请求保护美容方法的发明专利申请，如果该美容方法是单纯的美容方法，与治疗疾病无关，且未采用外科手术来完成，即该美容方法未使用器械对有生命的人体或动物实施创伤性或介入性治疗或处置，则不属于疾病治疗方法，例如在皮肤、毛发、指甲、牙齿外部等可视部位局部实施的、非治疗目的的身体除臭、保护、装饰或者修饰方法。但是，如果该美容方法具有治疗目的或治疗效果，并且该治疗目的或治疗效果与美容效果密不可分，则该美容方法属于治疗方法。

【案例 1 - 24】

在本案例中，权利要求中请求保护的主题为去除牙斑的方法。在说明书中明确写明该方法具有改善牙齿外观的美容效果，同时去除牙斑菌不可避免地具有预防龋齿和牙周病的治疗作用。

【分析】

由该申请说明书中记载的内容可知，本发明去除牙斑的方法的治疗效果与美容效果不可区分，因此属于疾病的治疗方法，不能授予专利权。

【案例 1 - 25】

在本案例中，权利要求书中请求保护的主题为防止皮肤晒黑的方法，采用此方法对于在游泳场合防止皮肤晒得过黑有特别好的效果，其权利要求 1 为：

1. 防止皮肤晒黑的方法，在人体暴露于环境的部位涂抹防晒霜，然后再在其上涂抹一层阻止水将防晒霜洗去的防溶剂。

【分析】

该方法以美化肤色为目的，不以治疗为目的，并且也不包括创伤性或介入性的处置过程，为单纯的美容方法，因此不属于治疗方法并且具备实用性，属于可授予专利权的主题。

3.2.4 与原子核变换方法及其所获得的物质有关的主题

正如前面法条释义部分所指出的，原子核变换方法和用原子核变换方法获得的物质常用于军事目的，关系到国家的重大利益，不宜为人垄断，不宜公开，因此不能被授予专利权。

原子核变换方法，例如完成核聚变反应的磁镜阱法、封闭阱法等直接变换方法则不受专利法保护。但是，为实现核变换而增加粒子能量的粒子加速方法，例如电子行波加速法、电子驻波加速法、电子对撞法、电子环形加速法是可以受到专利法保护的。

用原子核变换方法获得的物质，例如用加速器、反应堆以及其他核反应装置生产的各种同位素、化合物同样不受专利法保护。但是，原子核变换方法获得的物质的应用可以受到专利法保护。

此外，实现核变换方法的装置、设备、仪器等也是受专利法保护的。

【案例 1 - 26】

在本案例中，权利要求书中请求保护的主题为生产钼 99 的装置，其权利要求 1 为：

1. 一种用于生产钼 99 的装置，该装置借助同位素转换反应用钼 100 生产高放射性强度的钼 99，其特征在于包括：一个电子加速器；一个转换器，用于将电子束转换成高能高强度的光子束；以及一个钼100靶。

【分析】

本案例要求保护的主题是用原子核变换方法生产钼99的装置，它既不是原子核变换方法，也不是用原子核变换方法获得物质，而是实现核变换方法的装置，因此属于可被授予专利权的主题。

第二节　说明书的撰写

《专利法》第26条第3款和第4款对说明书的实质要求作出了规定，本节将结合具体案例对这两个法律条款作出说明，以帮助专利代理人更好地理解和掌握。

1　说明书应当充分公开发明

按照《专利法》第26条第3款的规定，说明书应当对发明或者实用新型作出清楚、完整的说明，以所属技术领域的技术人员能够实现为准。

1.1　法条释义

在专利制度的框架下，申请人通过说明书向社会公众公开其作出的具备新颖性、创造性和实用性的发明创造，以换取国家授予其一定时间期限之内的专利独占权，有利于鼓励其作出发明创造的积极性；公众获得了新的技术信息，既能在其基础上作出进一步改进，避免因重复研究开发而浪费社会资源，又能促进发明创造的实施，有利于发明创造的推广应用。对申请人和公众而言，这是一种双赢的结果，如果说明书没有达到所属技术领域的技术人员能够实现的程度，就会打破上述利益平衡，不会被授予专利权。如果说明书存在不满足《专利法》第26条第3款规定的缺陷，则很可能无法通过后续修改克服这样的缺陷，因此在提交专利申请的时候必须注意使说明书满足这一要求。

《专利法》第26条第3款中规定的"清楚"、"完整"和"能够实现"三者是一个整体的要求，并不是彼此并列的要求，其中以"能够实现"发明为核心，而对说明书的"清楚"、"完整"，要求其能达到本领域技术人员能够实现的程度。

在说明书有附图的情况下，说明书的文字说明部分与说明书附图的结合也应当满足这样的要求。在申请人对涉及的生物材料提交保藏的情况下，说明书的文字说明部分、说明书附图、被保藏的生物材料三者的结合也应当满足这样的要求。

1.1.1　所属技术领域的技术人员

根据《专利法》第26条第3款的规定，判断说明书是否"清楚"、"完整"地公开到"能够实现"发明（即判断说明书是否充分公开了发明）应当基于所属技术领域的技术人员的知识和能力来进行评价。

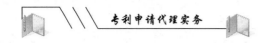

所属技术领域的技术人员，也可称为本领域的技术人员，是指一种假设的"人"，假定他知晓申请日或者优先权日之前发明所属技术领域所有的普通技术知识，能够获知该领域中所有的现有技术，并且具有应用该日期之前常规实验手段的能力，但他不具有创造能力。如果所要解决的技术问题能够促使所属技术领域的技术人员在其他技术领域寻找技术手段，他也应具有从该其他技术领域中获知该申请日或优先权日之前的相关现有技术、普通技术知识和常规实验手段的能力。

设定这一概念的目的，在于统一标准，尽量避免主观因素的影响。《专利法》第26条第3款规定，"以所属技术领域的技术人员能够实现为准"，其含义是所属技术领域的技术人员在阅读说明书的内容之后，就能够实现该发明或者实用新型的技术方案，解决发明或者实用新型要解决的技术问题，产生其预期的有益效果。

1.1.2　清楚、完整

作为清楚、完整这一要求的具体体现，说明书必须主题明确、表述准确并且完整。

主题明确指的是说明书应当从现有技术出发，明确地反映出发明想要做什么和如何去做，使所属技术领域的技术人员能够确切地理解该发明要求保护的主题。换句话说，说明书应当写明发明所要解决的技术问题以及解决其技术问题采用的技术方案，并对照现有技术写明发明有益效果。上述技术问题、技术方案和有益效果应当相互适应，不得出现相互矛盾或不相关联的情形。

表述准确指的是说明书应当使用发明或者实用新型所属技术领域的技术术语。说明书的表述应当准确地说明发明或者实用新型为解决技术问题所需采用的技术内容，不得含糊不清或者模棱两可以致所属技术领域的技术人员不能清楚、正确地理解该发明或者实用新型。

完整指的是，凡是与理解和实施发明或者实用新型有关，但所属领域的技术人员不能从现有技术中直接、唯一得到的内容，均应当在说明书中作出清楚、明确的描述。一份完整的说明书应当包含下列各项内容：理解发明或者实用新型不可缺少的内容；确定发明或者实用新型具备新颖性、创造性和实用性所需的内容；实现发明或者实用新型所需的内容。对于克服了技术偏见的发明或者实用新型，说明书还应当解释为什么该发明或者实用新型克服了技术偏见，新的技术方案和技术偏见之间的差别以及为克服技术偏见所采用的技术手段。

1.1.3　能够实现

所属技术领域的技术人员能够实现，是指所属技术领域的技术人员按照说明书记载的内容，就能够实现该发明或者实用新型的技术方案，解决其要解决的技术问题，产生其预期的有益技术效果。

说明书应当清楚地记载发明或者实用新型的技术方案，详细地描述实现发明或者实用新型的具体实施方式，完整地公开对于理解和实现发明或者实用新型必不可少的技术内容，达到所属技术领域的技术人员能够实现该发明或者实用新型的程度。

以下各种情况由于缺乏解决技术问题的技术手段而被认为无法实现：

① 说明书中只给出任务和/或设想，或者只表明一种愿望和/或结果，而未给出任何使所属技术领域的技术人员能够实施的技术手段；

② 说明书中给出了技术手段，但对所属技术领域的技术人员来说，该手段是含糊不清的，根据说明书记载的内容无法具体实施；

③ 说明书中给出了技术手段，但所属技术领域的技术人员采用该手段并不能解决发明或者实用新型所要解决的技术问题；

④ 申请的主题为由多个技术手段构成的技术方案，对于其中一个技术手段，所属技术领域的技术人员按照说明书记载的内容并不能实现；

⑤ 说明书中给出了具体的技术方案，但未给出实验证据，而该方案又必须依赖实验结果加以证实才能成立，例如，对于已知化合物的新用途发明，通常情况下，需要在说明书中给出实验证据来证实其所述的用途以及效果，否则将无法达到能够实现的要求。

1.1.4 《专利法》第 26 条第 3 款中"能够实现"与《专利法》第 22 条第 4 款中"能够制造或者使用"的区别

《专利法》第 22 条第 4 款要求，发明必须具备实用性，即"发明或者实用新型能够制造或者使用，并且能够产生积极效果"。具备实用性是授予专利权的基本条件之一，不具备实用性就不能被授予专利权。

一项发明创造要获得专利保护，首先必须能在产业中应用，而不能是理论的、抽象的、无实际意义的东西。"能够制造或者使用"意味着能在实践中实现，如果发明是产品，则该产品能够制造出来并且能够解决技术问题；如果发明是方法，则应能够在实际中予以使用并且能够解决技术问题。

《专利法》第 26 条第 3 款要求专利申请的说明书对发明或者实用新型作出清楚、完整的说明，以"所属技术领域的技术人员能够实现"为准。这是对专利申请说明书的要求，即通常所称的充分公开发明创造的要求。在这里，"所属技术领域的技术人员能够实现"是衡量说明书是否达到充分公开发明创造的要求的基准，是说明书清楚、完整地说明发明创造的结果。

不具备实用性的方案通常是因为违反客观规律、依赖随机因素或独一无二的自然条件等而无法制造或使用，这种固有的缺陷与说明书公开的程度无关，即使说明书公开得再详细，发明也不具备实用性。而一项实际上可能具备新颖性、创造性、实用性的发明，则有可能因说明书的撰写未能达到充分公开的要求，所属领域技术人员难以实现而不能获得专利权。

1.2 法条应用

《专利法》第 26 条第 3 款虽然是对说明书的要求，但实践中的重点在于考察权利

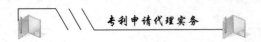
要求书中请求保护的技术方案在说明书中是否公开充分。因此，专利代理人在撰写申请文件时，对于希望通过权利要求书得到保护的技术方案一定要注意在说明书中对该技术方案作出清楚、完整的说明，以致本领域的技术人员根据说明书中记载的内容能够实现该技术方案。

在专利代理实践中，判断说明书是否充分公开发明可能会遇到各种不同的情况，下面仅就几类常见的情形举例说明如何判断说明书是否充分公开了发明，以帮助专利代理人更好地掌握《专利法》第26条第3款的应用。在下面给出的各种情形的案例中，多半说明书未充分公开发明，其目的是提醒专利代理人在今后撰写专利申请文件的实践中尽量避免出现类似的问题。

1.2.1　说明书中对发明技术内容的描述含糊不清

说明书中未清楚描述发明技术内容是实践中导致说明书未充分公开发明的一个主要原因。下面从发明关键部件的结构未作出清楚描述、产品各部件的位置关系或其他相互关系未交代清楚等三个方面作出说明。

（1）未清楚描述发明关键部件的结构

按照《专利审查指南2010》第二部分第二章2.2.6的规定，对最接近的现有技术或者发明或实用新型与最接近的现有技术共有的技术特征，一般来说可以不作详细的描述，但对发明或者实用新型区别于现有技术的技术特征以及从属权利要求中的附加技术特征应当足够详细地描述，以所属技术领域的技术人员能够实现该技术方案为准。由以上规定可知，属于发明改进点的技术特征应当作出详细描述，那么对于产品发明而言，应当对发明的关键部件作出清楚的描述，否则就可能导致说明书未充分公开发明。

【案例1－27】

在本案例中，权利要求书中请求保护一种光纤端面检测仪。本发明所采用的主要技术手段是在夹具302上的 x、y、z 向各设置一个旋钮304，这三个旋钮304可以分别调整夹具302在 x、y、z 三个方向的位移，从而实现能对多种端面大小的光纤进行检测的目的（参见图1－1）。

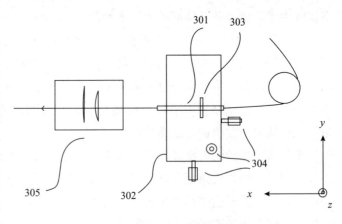

图1－1　光纤端面检测仪示意图

【分析】

根据说明书的记载，三个旋钮都安装在夹具本身上，旋轴也都在夹具上，没有相对固定件，在旋钮、夹具和旋轴为一体的情况下，旋转旋钮只能使旋钮的位置发生改变，不能使夹具整体的位置发生改变，因此无法解决通过三个旋钮 304 分别调整夹具 302 在 x、y、z 三个方向上分别移动的技术问题。说明书对本发明关键部件旋钮和夹具的结构未作出清楚描述，使得所属技术领域的技术人员根据说明书记载的内容无法实现发明，因此不符合《专利法》第 26 条第 3 款的规定。

本案例的说明书应当对旋钮和夹具的结构作出更清楚的描述，以使本领域的技术人员通过阅读说明书得知如何通过三个旋钮分别使夹具实现在三个方向上的移动。

【案例 1 - 28】

在本案例中，权利要求书中请求保护的发明是一种使用交流电的点烟器，其无需将交流电转换为直流电，而是直接使用交流电驱动点烟器。说明书中只记载了该点烟器可使用交流电，而没有记载该点烟器的具体结构。

【分析】

现有技术中的点烟器都采用直流电源来驱动，本发明的改进之处是该点烟器可以实现用交流电驱动点烟。由于说明书对该点烟器利用交流电驱动点火只给出了一种设想，而未针对该点烟器的改进之处给出该点烟器的具体结构，因而所属技术领域的技术人员按照说明书记载的内容无法得知本发明的点烟器如何实现用交流电驱动点烟器，因此本申请的说明书未能清楚、完整地对本发明作出说明，以致本领域的技术人员按照说明书的记载无法实现本发明。

【案例 1 - 29】

在本案例中，权利要求书中请求保护一种机械玩具动物。在独立权利要求中特征部分的一个区别特征为该机械玩具动物还包括一个动作控制机构和一个受控制机构控制而完成动物姿态改变的座杆。在本申请的说明书中指出："本发明的机械玩具动物除了采用现有技术中的动力、传动变速机构之外，主要是设计了一套控制机构和一对能支撑地面以移动重心而完成姿态改变的座杆。"但是，在说明书中没有描述保证动物玩具实现蹲下、坐立、趴下、站立、行走等一系列动作的控制机构和与该控制机械相配合的座杆的具体结构。

【分析】

对于本发明而言，该控制机构和座杆是本发明技术方案的关键技术措施，由于该关键技术措施未公开，从而无法得知该控制机构和座杆如何实现该机械玩具动物的姿态改变，也就是说，所属技术领域的技术人员根据说明书记载的内容无法实现该发明的技术方案，达到其技术效果，因而本申请的说明书未充分公开发明。

本案例应当在说明控制机构和座杆的具体结构的同时，还需要进一步说明两者如何配合以使机械动物玩具实现蹲下、坐立、趴下、站立、行走等一系列动作。

（2）未清楚写明各部件位置关系或其他相互关系

《专利审查指南 2010》第二部分第二章 2.2.6 规定，对于产品的发明或者实用新型，实施方式或者实施例应当描述产品的机械构成、电路构成或者化学成分，说明组

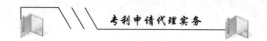

成产品的各部分之间的相互关系。对于可动作的产品，只描述其构成不能使所属技术领域的技术人员理解和实现发明或者实用新型时，还应当说明其动作过程或者操作步骤。

由上述规定可知，对于机械领域的产品发明，说明书具体实施方式部分应当写明各组成部件位置关系或其他相互关系，如果未写明与发明改进点密切相关的各部件的相互关系就可能导致说明书未充分公开发明。

【案例 1 – 30】

在本案例中，权利要求书中请求保护一种狗链，其要解决的技术问题是提供一种可随意调节其链条长度并且可以实现照明的多功能狗链，权利要求的技术方案的区别特征包括两个技术手段：其一，在狗链的圈体上设置照明装置进行照明；其二，通过设置线轮、连接件、弹簧和推块来调节狗链的链条长度。说明书中只给出该多功能狗链所包含的部件：圈体、链条、照明装置、线轮、连接件、弹簧、推块等部件，而未写明线轮、连接件、弹簧、推块和链条之间的位置关系和/或连接关系。

【分析】

根据说明书的记载，其第一个技术手段能够实现，而对于第二个技术手段调节链条长度只给出与该技术手段有关的部件的名称线轮、连接件、弹簧和推块，而对这些部件之间的位置关系和其他相互关系未作出任何说明，由于这些部件之间的位置关系和其他相互关系是实现调节链条长度的关键所在，未对这些关系作出说明将导致本发明中的第二个技术手段不能实现，因此说明书未充分公开本发明。

但对本案例来说，如果本发明要解决的技术问题是提供一种可以实现照明的多功能狗圈，与此相应，权利要求书中的独立权利要求的区别特征仅为第一个技术手段，而在其从属权利要求 2 限定部分的附加技术特征进一步写明了第二个技术手段中各部件的名称，但未写明各部件之间的相互关系，在此同时说明书中也未写明这些部件之间的相互关系，那么在这种情况下，应当认为独立权利要求的技术方案已在说明书中充分公开，但从属权利要求 2 的技术方案未被说明书充分公开。

【案例 1 – 31】

在本案例中，发明为一种同步组合列车，将现有每个车次的一列车增加到两列，成为每车次两列车的同步组合列车。其权利要求书中独立权利要求的技术方案是在前后两列火车驾驶台上装上微机遥控装置，由前面火车司机遥控前后两列火车同步前进、同步停止。说明书中没有写明遥控装置是如何与火车的驾驶台上的操作系统进行连接的。

【分析】

由说明书记载的内容可知，本发明想要解决的技术问题是使前后两列火车同步前进和同步停止。为此其技术方案是在前后两列火车的驾驶台上安装微机遥控装置，由前面火车司机遥控前后两列火车。但本专利申请的说明书中并没有说明该遥控装置如何安装在火车的驾驶台上，以及该遥控装置与现有火车的驾驶台上的操作系统如何进行连接，从而使得所属技术领域的技术人员无法根据说明书中的教导去理解和实施该发明。因而，本发明专利申请的说明书未充分公开发明，不符合《专利法》第26条第3款的规定。

（3）仅写明要求保护的产品的工作原理和所达到的效果而未清楚地写明产品的结构

对一些要求保护产品发明的专利申请，如果在权利要求的技术方案和说明书中仅仅写明其工作原理和/或其能达到的技术效果，而未清楚地描述该产品的结构，以致本领域技术人员根据说明书记载的内容不能得知该产品是如何实现其工作原理和如何达到该技术效果，这样的说明书（包括其权利要求书在内）未充分公开发明，不符合《专利法》第26条第3款的规定。

【案例1-32】

在本案例中，权利要求书中请求保护一种可制冷的空气压缩分离器，独立权利要求的技术方案和说明书记载的内容仅写明在空气压缩分离器内部使空气流分层形成温度差，利用其中的低温层使得空气压缩分离器出口的空气温度降低，以使提供给制冷器件散热的空气温度降低。但在权利要求书中的从属权利要求以及说明书中均未具体写明该空气压缩分离器实现上述工作原理和达到上述技术效果的具体结构。

【分析】

由于说明书中没有具体说明本发明的空气压缩分离器借助什么具体结构使空气流分层，也未说明通过什么具体结构来利用分层后的低温层降低空气压缩分离器出口的温度，因此所属技术领域的技术人员根据说明书的记载不清楚本发明借助什么技术手段来实现本发明的工作原理和达到相应的技术效果，不知道该空气压缩分离器究竟是如何工作的，因此说明书未充分公开发明，不符合《专利法》第26条第3款的规定。

1.2.2　未给出解决技术问题、达到技术效果的技术手段

《专利审查指南2010》第二部分第二章2.1.3中给出五种由于缺乏解决技术问题的技术手段而被认为无法实现发明的情形，其中第一种情形为"说明书中只给出任务和/或设想，或者只表明一种愿望和/或结果，而未给出任何使所属技术领域的技术人员能够实施的技术手段"。因而，专利申请属于上述情形时，就可认定其说明书未充分公开发明，不符合《专利法》第26条第3款的规定。

【案例1-33】

一项有关"风铃"的发明专利申请，其权利要求书中独立权利要求的区别特征为"该风铃装置具有音色能随气温上升而变高，随气温下降而变低的特征。"从属权利要求和说明书中记载的内容均未进一步说明该风铃装置通过什么具体结构或者采用何种材料来实现音色能随气温上升而变高、随气温下降而变低。

【分析】

由于说明书（包括权利要求书）中没有公开这种风铃装置的具体结构，也未说明

其通过采用何种材料、何种结构来实现音色能随气温上升而变高、随气温下降而变低，由此可知该说明书中只给出了发明的任务和设想，而没有记载任何技术手段，所属技术领域的技术人员根据说明书的记载不能制造出这种风铃，因此说明书未充分公开本发明中的风铃装置。

这类申请在我国专利制度设立数十年的今天依然零星出现，多半由于申请人害怕竞争对手仿制或出于其他原因未在说明书具体说明实现该任务或设想的技术手段从而造成说明书未充分公开发明，专利代理人应当充分注意这一点，引导申请人对技术方案进行必要的说明，并将其写在说明书中。例如本案例，申请人如果具体说明了采用什么样的技术手段来实现风铃音色的调节则就有可能满足说明书充分公开发明的要求。

【案例 1 – 34】

一件发明专利申请，权利要求书中请求保护一种制造陶瓷和半陶瓷产品的自动化转子生产线，其说明书中记载的技术内容写明这种自动化转子生产线采用压制法制造陶瓷和半陶瓷产品，该生产线能够使产品的连续运输和全部制造过程全盘自动化，从而提高产品的生产率，但未说明该生产线的具体构成。

【分析】

说明书中仅给出了这种生产线所要完成的任务，而未给出这种生产线的构成，所属技术领域的技术人员根据说明书的记载不能得知这种生产线包括哪些装置，也不知该生产线如何完成使产品的连续运输和全部制造过程全盘自动化，以提高产品的生产率的任务，因此说明书未充分公开发明，不符合《专利法》第 26 条第 3 款的规定。

1.2.3　说明书中给出的技术手段含糊不清或者不能解决发明要解决的技术问题

《专利审查指南 2010》第二部分第二章 2.1.3 给出的五种由于缺乏解决技术问题的技术手段而被认为无法实现发明的情形中的第二种情形为："说明书中给出了技术手段，但对所属技术领域的技术人员来说，该手段是含糊不清的，根据说明书记载的内容无法具体实施"。申请文件出现这种情况多半因为申请人怕竞争对手仿制产品而将其中部分技术手段作为技术秘密保留造成的。

【案例 1 – 35】

申请涉及一种水的净化工艺方法。说明书中写明本发明要解决现有工艺方法生产的各类水所存在的由于缺乏矿物质而导致的生理功能降低和水质退化等技术问题。

本申请说明书（包括权利要求书）中对本发明技术内容的描述归纳起来为：先采用石英沙预滤、活性碳过滤，再采用反渗透法精滤，以去除水中的重金属和放射性物质，然后用高频电脉冲激活水分子，使水电解，形成带 H^+ 的酸性水和带 OH^- 的碱性水，然后再采用加能器给水分子加能以增大水分子的核能量。

【分析】

对于所属技术领域的技术人员来说，利用加能器增大水分子的核能量不是现有技术，申请文本中没有具体记载，很可能是申请人将这种关键的加能器作为技术秘密而保留，由此可知说明书中仅给出了含糊不清的技术手段来解决其技术问题，本领域的技术人员根据说明书记载的内容无法具体实施，因此说明书未充分公开本发明，不符合《专利法》第 26 条第 3 款的规定。

【案例 1 - 36】

本申请的权利要求书中请求保护一种机械锻压设备，为解决说明书中写明的技术问题，在该机械锻压设备中装配了一种由特种钢制成的部件。虽然在该说明书中对机械设备的结构给出了详细的说明，但是并未公开对实现本发明起关键作用的特种钢的组成。

【分析】

在本案例中，申请人将本发明关键的技术特征"特种钢的组成"作为技术秘密而保留，说明书中仅给出了含糊不清的技术手段，致使所属技术领域的技术人员根据说明书的记载无法实现本发明的技术方案，因此说明书未充分公开本发明。

《专利审查指南 2010》第二部分第二章 2.1.3 给出五种由于缺乏解决技术问题的技术手段而被认为无法实现发明的情形中的第三种情形为："说明书中给出了技术手段，但所属技术领域的技术人员采用该手段并不能解决发明或者实用新型所要解决的技术问题。"例如，说明书中给出了技术手段，但此技术手段必须与其他技术手段相结合才能解决所述的技术问题，申请人在说明书中没有描述与之结合的其他技术手段，因此对所属技术领域的技术人员来说，仅根据说明书中给出的技术手段并不能解决说明书中所述的技术问题。

【案例 1 - 37】

本申请要求保护一种废气锅炉热交换器，本发明要解决的技术问题是提高废气锅炉的换热效率。在说明书的背景技术部分写明现有的废气锅炉热交换器中均采用不带肋片的热交换管，其原因在于废气锅炉中的空间较小，无法安装带肋片的热交换管。权利要求书中独立权利要求特征部分的技术特征是热交换管上带有肋片，且在说明书的发明内容部分说明由于在热交换管上设置有肋片，加大了换热面积，从而提高了换热效率。在权利要求书的从属权利要求以及说明书的具体实施方式中给出了这些热交换管上的肋片高度与热交换管直径尺寸之间的配合关系、肋片的各种形状以及肋片间的间隔，但未对热交换管相对于废气锅炉倾斜安装的内容作出说明。

【分析】

本案例中，在实质审查阶段申请人就本发明如何解决在较小的废气锅炉空间内安装带肋片的热交换管的困难作出了说明，从而得知本发明之所以成功是因为申请人通过实践得知将热交换管倾斜一个合适的角度安装就能实现将带肋片的热交换管安装到废气锅炉的炉膛中。由此可知，本发明为了能够实现提高换热效率是通过在热交换管上设置肋片、并将热交换管倾斜安装来实现的，也就是说"在热交换管上设置肋片"

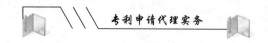

这一技术手段必须与另一技术手段"热交换管倾斜设置"相结合才能真正解决本发明的技术问题，而在说明书和权利要求书中并未对"热交换管倾斜设置"这一技术手段作出说明，因此本领域技术人员根据说明书中给出的技术手段并不能解决说明书中所写明的技术问题。这正是《专利审查指南 2010》第二部分第二章 2.1.3 中给出的五种由于缺乏解决技术问题的技术手段而被认为无法实现发明的情形中的第三种，因此本申请的说明书未充分公开发明，不符合《专利法》第 26 条第 3 款的规定。

对于这类申请，专利代理人在撰写专利申请文件时应当加强与申请人的沟通，善于发现申请人交底材料中是否缺少充分公开发明的技术手段，请申请人给予补充，以便把实现发明创造所必需的技术内容在说明书中充分公开。

1.2.4　引证方式导致公开不充分的情形

申请人在撰写说明书时，有时会引证其他文件说明发明的相关内容。此时，应当审视说明书作为一个整体是否符合《专利法》第 26 条第 3 款的规定。

（1）引证文件中的内容不能作为本申请文件记载的内容的情形

《专利审查指南 2010》第二部分第二章 2.2.3 中规定：引证文件满足所列三个要求时可以认为本申请说明书中记载了所引证文件中的内容，也就是说，若引证文件不满足这三个要求，就不能将引证文件中的内容作为本申请说明书中记载的内容。具体说来，在下述三种情形，就不能将引证文件中的内容作为本申请说明书中记载的内容。

① 如果说明书中没有对所引证的文件给出明确的指引，以致不能获得该文件，则不能将引证文件中的内容作为本申请说明书中记载的内容。

② 如果引证文件是中国专利文件，并且该文件的公开日晚于申请的公开日或者没有公开，则不能将该引证文件中的内容作为本申请说明书中记载的内容。

③ 如果引证文件是非专利文件或外国专利文件，并且该文件的公开日在申请的申请日（含申请日）之后，则不能将该引证文件中的内容作为本申请说明书中记载的内容。需提请注意的是，即使所引证的外国专利文件有中国同族专利文件，且该中国同族专利文件的公开日不晚于本申请的公开日，也不能将该引证的外国专利文件和中国同族专利文件中的内容作为本申请说明书中记载的内容。另外，申请人用中国同族专利文件替换外国专利文件作为引证文件的修改方式不能被接受。

在上述三种情形，如果所属技术领域的技术人员在说明书中缺少引证文件内容的情况仍能根据说明书的描述实现该发明或实用新型，则说明书符合《专利法》第 26 条第 3 款的规定。反之，说明书未充分公开发明，不符合《专利法》第 26 条第 3 款的规定。

【案例 1-38】

本申请涉及一种用于内燃机的高温催化剂组合物，权利要求 1 请求保护一种催化剂，其中提到该催化剂的一种组分是稳定的氧化铝载体颗粒。说明书中在描述如何使氧化铝载体颗粒稳定时仅提到"请参照美国专利申请 696，946 中描述的相关内容"，而并未描述该方法的具体步骤，但是在本申请的申请日之前该美国专利申请尚未被公开，而且现有技术中也不存在其他方法来稳定氧化铝载体颗粒。

【分析】

由于构成本申请技术方案的一个必不可少的组分采用了引证其他文件的方式撰写，然而该引用的外国专利文献在本申请的申请日之前尚未被公开，所属技术领域的技术人员在申请日之前得不到该引证文件，从而无法得知如何得到该组分，因此本申请的说明书是不完整的，从而导致所属技术领域的技术人员根据说明书中记载的内容不能实现本发明，因此不符合《专利法》第 26 条第 3 款的规定。

（2）引证文件中的内容可以作为本申请文件记载的内容时对"充分公开"的判断

当引证文件满足《专利审查指南 2010》第二部分第二章 2.2.3 中所列出的三个要求时，则引证文件中的内容可以作为本申请文件记载的内容。此时，如果引证文件中的内容是实现发明必不可少的部分，则应当将引证文件中的内容与明确记载在说明书中的内容结合起来作为整体看待。如果本领域技术人员根据说明书中记载的内容和引证文件中的内容能清楚地得知两者记载的内容如何结合，并且可以确认这种结合能够解决本发明要解决的技术问题并取得预期效果，则应当认为本申请的说明书充分公开了发明；相反，如果本领域的技术人员由说明书记载的内容难以将引证文件中的内容与说明书记载的内容相结合以解决技术问题和获得预期效果，则应当认为说明书没有充分公开发明。

【案例 1-39】

在本案例中，发明专利申请请求保护一种影像扫描的校正方法，这种校正方法不必采用手调校正即可获得真实的彩色影像。该方法包括用含有彩色板的影像扫描器进行扫描以读取数据，转换 R、G、B 计数值，加总取平均等步骤。

说明书中在描述"加总取平均步骤"时是通过"参见 CN1257093A 的说明书第 3 页第 2 段"的方式描述的。经核实 CN1257093A 的公开日早于本申请的申请日，但是该引证文件中公开的"加总取平均"方法只适用于白色校正，而本申请是要进行彩色校正。

【分析】

本申请文件中所引证的文件 CN1257093A 的公开日早于本申请的申请日，因此可以认为本申请文件中记载了所引证文件中的内容。但是，本发明涉及的是对扫描的彩色影像进行校正，而该引证文件中公开的"加总取平均"方法只适用于白色校正，由于彩色校正针对产生色差后需要进行校正处理的情况较白色校正更为复杂，因此 CN1257093A 所公开的适用于进行白色校正的"加总取平均"方法不能直接应用于本申请中的彩色校正处理，即 CN1257093A 所公开的"加总取平均"方法难以与本申请中的其他步骤相结合实现本申请请求保护的影像扫描校正方法，因此本申请的说明书

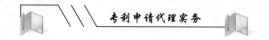

不符合《专利法》第 26 条第 3 款的规定。

【案例 1－40】

在本案例中，本申请的申请日为 1990 年 7 月 26 日，公开日为 1992 年 2 月 5 日。权利要求书中请求保护一种多池式静电准液膜分离装置，该装置包括静电式准液膜组合式挡板—电极组件，以及其他部件。另外，权利要求中还记载了各个部件的连接关系。申请人在说明书中描述静电式准液膜组合式挡板—电极组件时提到"参照本申请人向中国专利局提出的申请号为 89220196.7 实用新型专利申请文件中的'静电式准液膜组合式挡板—电极组件'"。该实用新型的申请日为 1989 年 11 月 29 日，公开日为 1991 年 9 月 25 日。

【分析】

虽然本申请说明书中未作详细说明的"静电式准液膜组合式挡板—电极组件"对于本专利申请请求保护的技术方案"多池式静电准液膜分离装置"是一个关键部件，其对本发明的充分公开是必不可少的内容，但是在本申请的说明书中，对该部件采用了引证文件的写法，因此需要核实这种引证文件的描述方式是否影响对本发明的充分公开。

由于在本申请的说明书中对引证文件的指引非常明确，公众根据其引证的实用新型专利申请号可以获得该引证文件，并且该引证文件是一件申请人本人在先提出的中国实用新型专利文件，其公开日在本专利申请的公开日之前，因此按照《专利审查指南 2010》第二部分第二章 2.2.3 中的规定，可以认为本申请文件中记载了所引证文件中的内容。进而，所属技术领域的技术人员根据说明书的记载很容易将引证文件中的"静电式准液膜组合式挡板—电极组件"结合到本发明的"多池式静电准液膜分离装置"中，因此应当认为本申请文件记载的内容充分公开了本发明，本申请符合《专利法》第 26 条第 3 款的规定。

2　说明书公开的内容应当足以支持权利要求

按照《专利法》第 26 条第 4 款的规定，权利要求书应当以说明书为依据。

2.1　法条释义

说明书是申请人公开其发明或者实用新型的文件，权利要求书是确定专利保护范围的文件。专利权人所获得的权利范围应当与其所作出的贡献相当，即权利要求的保护范围应当与说明书的公开内容相适应，为此《专利法》第 26 条第 4 款将说明书与权利要求书之间的这种关系表述为"权利要求书应当以说明书为依据"。也就是说，说明书充分公开的内容应当足以支持权利要求的保护范围，否则将导致权利要求的保护范围没有以说明书为依据，不能被允许。

由此可知，为使发明得到充分保护，需要在说明书中充分公开足以支持其权利要求保护范围的技术内容。如果说明书所充分公开的内容不能满足"概括得到"权利要求所请求的保护范围的需要，那么就导致权利要求得不到说明书的支持。

需要注意的是，说明书的全部内容均可用于支持权利要求，而不是仅限于具体实施方式部分的内容。如果说明书的其他部分也记载了与具体实施方式或实施例有关的内容，从而使得从说明书的全部内容来看，权利要求所作概括是适当的，则应当认为说明书公开的内容足以支持权利要求。

相反，说明书中仅有与权利要求保护范围相应的文字描述，如发明内容部分对应有一段与权利要求相同或相应的文字所表述的技术方案，但是说明书具体实施方式所公开的内容不足以支持说明书发明内容部分给出的技术方案的话，则仍然认为说明书公开的内容不足以支持权利要求。

2.2 法条应用

对于《专利法》第 26 条第 4 款有关"权利要求书应当以说明书为依据"的规定，从审查角度来说是判断权利要求书所要求保护的范围是否得到说明书的支持，但是从申请文件撰写角度、尤其是从说明书撰写角度来看，当申请人想要求保护一个较宽的保护范围时，作为专利代理人应当使说明书公开的内容足以支持权利要求的保护范围。如果说明书撰写不当，其公开的内容不足以支持权利要求的保护范围，则在审查期间将不允许本发明取得申请人所想要求保护的范围，从而会损害申请人的权益。当申请人想要求较宽的保护范围时，则应当尽量使说明书中公开的内容支持这一较宽的保护范围。

说明书应该有足够的实施方式来支持权利要求。具体实施方式是对发明或者实用新型的优选的技术方案进行展开说明。当一个实施方式或实施例足以支持权利要求所概括的技术方案时，说明书中可以只给出一个实施方式或实施例。当权利要求（尤其是独立权利要求）覆盖较宽的保护范围时，如果其概括的技术方案或其中的技术特征不能从一个实施方式或实施例中找到依据时，应当给出足够数量的实施方式或实施例，以支持权利要求的保护范围。

由《专利审查指南 2010》第二部分第二章 3.2.1 和 2.2.6 中规定的内容可知，权利要求中的技术特征采用概括方式表述或者相当于概括方式表述的类型主要有四类：上位概念概括、并列选择方式概括、数值范围概括以及产品权利要求的功能性限定。下面针对这四个方面通过案例来具体说明在撰写说明书具体实施方式时应当撰写足够的实施方式来支持权利要求的保护范围。

（1）上位概念概括

如果上位概念概括的内容涵盖了说明书充分公开的实施方式的所有等同替代方式或明显变型方式，且这些方式都能够解决相同的技术问题，并具有相同或相近的技术效果，则该权利要求的概括是合理的。

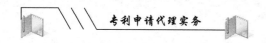

反之，如果上位概念概括的内容涵盖了如下内容，则这样的概括不合理，得不到说明书的支持：①所属技术领域的技术人员在说明书充分公开的实施方式的基础上，结合说明书记载的所有内容，通过常规的实验或者分析方法不能实施的技术方案；②不能解决本发明所要解决技术问题的技术方案；③产生不了预期技术效果或其效果难于确定的技术方案。

【案例1-41】

在本案例中，申请人想保护一种在日常生活中用于吸收对人体有害气体的家用空气净化器。鉴于日常生活中最常见的是由于家庭装修而产生的甲醛，申请人仅用该空气净化器对甲醛气体做了效果试验，与此相应在技术交底书也只提供了有关甲醛试验的测试结果。

【分析】

由于日常家庭生活中的有害气体不仅仅是甲醛，还有甲烷、乙烯、苯酚、硫化氢、二氧化硫、氯化氢、由煤气灶泄漏的燃气、由香烟产生的含有尼古丁的烟气等，而这些气体有不同的性质，因此用该空气净化器对吸收甲醛能带来良好的吸收效果，并不能证明其对其他有害气体也能同样带来好的效果。在这种情况下，应当与申请人进行沟通和查阅有关资料，了解日常生活中的有害气体主要有哪几种，并按其性能和被吸附的机理将这些有害气体分成几类，从这几类中至少各选出一种用该空气净化器进行试验，并提供相应的吸收效率试验数据，以便写入说明书中以支持申请人对该空气净化器所想要求保护的范围。

（2）并列选择方式概括

在机械领域中，对于并列选择方式概括的技术方案，最好针对每一个具体的并列选择的方式各给出一个实施方式，但对其中性能相近的具体并列选择方式可以只给出一个实施方式。

【案例1-42】

在本案例中，权利要求书中请求保护的主题为一种连接件的制造方法，其中权利要求1为：

1. 一种连接件的制造方法，首先采用锻造或铸造形成胚体，……

申请人在提供的技术交底书中仅给出了第一步为通过锻造制成钢胚的实施方式，并没有提供第一步通过铸造制成钢胚而制造连接件的实施方式。

【分析】

为了使撰写的说明书支持权利要求，就应当与申请人进行沟通，以了解采用铸造制成钢胚与采用锻造制成钢胚会否对制造连接件的后几步工艺流程和制成连接件的产品性能产生较大的影响。通过沟通得知，本发明所要解决的技术问题是提高连接件的抗弯强度，正是通过锻造制成钢胚而使最后制得的连接件具有较好的抗弯强度，而通过铸造形成胚体受其工艺条件的限制并不会有助于提高连接件的抗弯强度，由此可知这样的并列选择的概括方式不合适，应当建议申请人删去权利要求中的"铸造形成胚体"这一不合理的概括内容。

当然，如果在本案例中，权利要求书中两个并列选择特征是"通过锻造制成钢胚或通过精铸制成钢胚"，由于精铸制成钢胚也能有助于提高连接件的抗弯强度，对本发明要解决的技术问题能带来与"通过锻造制成钢胚"相类似的技术效果，则最好要求申请人再补充第一步通过精铸制成钢胚而制造连接件的有关内容，并将其作为另一个实施方式写入说明书中，以支持该权利要求包含有并列选择概括方式表征的特征的技术方案。

（3）数值范围概括

按照《专利审查指南2010》第二部分第二章2.2.6的规定，当权利要求相对于背景技术的改进涉及数值范围时，通常应给出两端值附近（最好是两端值）的实施例，当数值范围较宽时，还应当给出至少一个中间值的实施例。对于这类包含有采用数值范围概括的技术特征的权利要求，应当通过与申请人沟通来了解该数值范围对所属技术领域来说是较宽数值范围还是较窄数值范围，以确定最后写入到说明书中的具体实施例的数量。

【案例1-43】

本案例涉及不锈钢加工方法中，申请人提供的技术交底书中所记载的两个实施例A步骤的处理温度分别是305℃和398℃，申请人欲在权利要求请求保护的技术方案中将A步骤的处理温度的范围确定为"300～400℃"。

【分析】

通过与申请人的沟通，得知对于不锈钢加工方法，A步骤的处理温度范围300～400℃是一个较宽的范围区间，因而在说明书中仅记载两个在其端值附近的实施例是不够的，应当要求申请人再补充一个温度为该范围中间值附近（如340～360℃之间的任一温度）的实施例，从而支持申请人所想要求保护的权利要求的技术方案。

（4）产品权利要求的功能性限定

《专利审查指南2010》第二部分第二章3.2.1中对产品权利要求中采用功能性限定作出了具体规定，说明在什么条件下才允许采用功能性限定的技术特征，并指出在哪些情况下将认为这种功能性限定未得到说明书的支持（有关内容将在本章第三节2.2.3中作出说明，在此不再重复）。由上述规定可知，在撰写专利申请文件时，如果对产品权利要求拟采用功能性限定的技术特征，就应当分析解决该技术问题的关键是采取具体的结构来实现该功能或达到该效果，还是借助能实现该功能的部件与其他技术手段的结合，仅仅属于后者的情况采用此功能性限定的技术特征才是合适的。此外，一旦确定在产品权利要求中采用功能性限定的技术特征，在撰写说明书时就应当给出尽可能多的实施方式，一方面使其满足说明书应当支持权利要求的要求，另一方

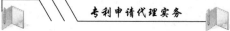

面在侵权诉讼时也处于主动地位。❶

【案例1-44】

本案例涉及一种打火机的点火装置,为防止儿童使用玩耍打火机而导致火灾,该打火机的点火装置在摩擦轮的两侧各设置一个按压轮,两按压轮的间隔较小,以致儿童的手指无法直接转动摩擦轮。与此同时,对按压轮和摩擦轮之间的结构采用这样的设计:在按压轮与摩擦轮之间具有一对可以分合的对置摩擦面,常态下这对摩擦面处于分离状态,当向按压轮向下施加一径向作用力时可以使这对摩擦面相接触,从而转动按压轮就可带动摩擦轮转动而与火石摩擦产生火花实现点火。申请人提供了两种结构的打火机,其中一种按压轮与摩擦轮之间的对置摩擦面位于径向,与此相应给出了按压轮和摩擦轮的结构以及它们之间的配合结构,另一种按压轮与摩擦轮之间的对置摩擦面位于轴向,也相应给出了它们各自的结构和配合结构。而这两种打火机点火装置中按压轮和摩擦轮的配合结构无法采用结构特征进行概括。

【分析】

对于这样的案例,由于无法用结构特征进行概括,就需要考虑可否对该产品权利要求采用功能性限定的技术特征进行概括。由于本发明相对于现有技术的改进是设置了一对按压轮,并使按压轮与摩擦轮之间形成一对可分合的对置摩擦面,在这种情况下,只要按压轮与摩擦轮之间形成一个在按压轮受径向向下作用力后就使这对对置摩擦面相接触的配合结构就可以实现本发明。由此可知,本发明的改进之处并不是在于由什么样具体配合结构来实现两对置摩擦面相接触的功能来解决本发明的技术问题,而是由一对按压轮、按压轮与摩擦轮的对置摩擦面以及上述可使两对置摩擦面相接触的配合结构来解决本发明的技术问题,加上对这种配合结构无法用结构特征概括,因此可以考虑采用功能性限定的技术特征:在按压轮和摩擦轮之间具有一个在按压轮受径向向下作用力而使两者之间彼此隔开的对置摩擦面相接触。在确定采用功能性限定的技术特征,就应当要求申请人进一步补充更多的实施方式,以便写入说明书中,就本实际案例来说,最后说明书中至少写入了五种具体实施方式,不仅满足了权利要求书以说明书为依据的要求,而且授权后的侵权诉讼程序中也更为有利。

第三节　权利要求书的撰写

《专利法》第26条第4款和第31条以及《专利法实施细则》第19条至第22条和第34条对权利要求书撰写的实质要求和形式要求作出了规定。鉴于篇幅所限,本

---

❶ 《最高人民法院关于审理侵犯专利权纠纷案件应用法律若干问题的解释》法释〔2009〕21号第4条规定:"对于权利要求中以功能或效果表述的技术特征,人民法院应当结合说明书和附图描述的该功能或者效果的具体实施方式及其等同的实施方式,确定该技术特征的内容。"由上述规定可知,说明书中针对该功能性限定的技术特征,给出越多的实施方式,则在侵权诉讼中就越有利。

节仅针对涉及权利要求书实体要求的法律条款（《专利法》第 26 条第 4 款、《专利法实施细则》第 20 条第 2 款、《专利法》第 31 条和《专利法实施细则》第 34 条）从法条释义和法条应用两个方面作出说明，以便更好地帮助专利代理人掌握这些法律条款的应用。

1 权利要求书应当清楚、简要地限定要求专利保护的范围

按照《专利法》第 26 条第 4 款的规定，权利要求书应当清楚、简要地限定要求专利保护的范围。

1.1 法条释义

鉴于权利要求书是用来确定专利权的保护范围的法律文件，就要求权利要求书能清楚地界定其要求专利保护的范围，以便所属技术领域的技术人员能清晰地确定该权利要求所要求保护的范围与不要求保护的范围之间的界限，并在实践中能够清楚地确定某一项技术方案是否落入该权利要求的保护范围。为此《专利法》第 26 条第 4 款中规定了"权利要求书应当清楚、简要地限定要求专利保护的范围"，从而可以明确地界定申请人所获得的权益范围。

权利要求书是否清楚、简要地限定要求专利保护的范围，应当由所属技术领域的技术人员从技术和法律含义的角度进行分析判断。

按照《专利审查指南 2010》第二部分第二章 3.2.2 中的规定，"权利要求书应当清楚"包含两层含义：其一是指每一项权利要求应当清楚；其二是权利要求书的所有权利要求作为整体也应当清楚。而对于每一项权利要求应当清楚来说，既要求每项权利要求的类型应当清楚，也要求每项权利要求所确定的保护范围应当清楚。

"权利要求书应当简要"也包含两层含义：其一，每一项权利要求应当简要；其二，构成权利要求书的所有权利要求作为整体也应当简要。

1.2 法条应用

下面，从四个方面（每项权利要求的类型应当清楚、每项权利要求所确定的保护范围应当清楚、权利要求书的所有权利要求作为整体应当清楚以及权利要求书应当简要）结合具体案例对本法条的应用展开说明，以便帮助专利代理人更好地理解和掌握《专利法》第 26 条第 4 款中有关"权利要求书应当清楚、简要地限定要求专利保护范围"的规定。

1.2.1 每项权利要求的类型应当清楚

按照性质划分，权利要求有两种基本类型，即物的权利要求和活动的权利要求，或者简单地称为产品权利要求和方法权利要求。

就每项权利要求的类型应当清楚而言，首先，权利要求的主题名称应当能够清楚地表明该权利要求的类型；其次，权利要求的主题名称应当与权利要求的技术内容相

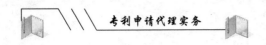

适应。

按照《专利法》第11条的规定，对授权后的产品权利要求和方法权利要求提供了不同的保护，因此在类型上区分权利要求的目的是为了更准确地确定权利要求的保护范围，为此，要求权利要求的主题名称能清楚地表明其类型是产品权利要求还是方法权利要求，不允许采用含糊不清的主题名称。下面，结合一个具体案例说明主题名称不清楚的常见情形。

【案例1-45】

在本案例中，权利要求书中请求保护的主题为全自动化转子生产线的改进方案，其权利要求1为：

1. 一种全自动化转子生产线的改进方案，用具有一个输入端和一个输出端的可编程逻辑控制器发送和接收相应的预定信号；还包括增加一个用于连续运输的传送单元。

【分析】

该权利要求的主题名称是"改进方案"，而改进方案既可以表示产品，也可以表示方法。由于申请人没有明确权利要求所要求保护的"改进方案"是产品还是方法，因此该主题名称采用了含糊不清的表达方式，造成该权利要求的类型不清楚，导致权利要求的保护范围不清楚。而由该权利要求的技术特征来看，应当将上述权利要求的主题名称修改为"一种全自动化转子生产线"，从而清楚地表明该权利要求的类型为产品权利要求。

同样，若将权利要求的主题名称表述为"一种……技术"、"一种……配方"、"一种……设计"、"一种……逻辑"都属于这种含糊不清的主题名称。此外，如果表述成既要求保护产品又要求保护方法的主题名称，如"一种……产品及其制造方法"也属于主题名称含糊不清、未清楚表明其类型的的情形。

就权利要求的主题名称与其技术内容相适应这一要求来说，《专利审查指南2010》第二部分第二章3.2.2中明确规定：

"产品权利要求通常应当用产品的结构特征来描述。特殊情况下，当产品权利要求中的一个或多个技术特征无法用结构特征予以清楚地表征时，允许借助物理或化学参数表征；当无法用结构特征并且也不能用参数特征予以清楚地表征时，允许借助于方法特征表征。使用参数表征时，所使用的参数必须是所属技术领域的技术人员根据说明书的教导或通过所属技术领域的惯用手段可以清楚而可靠地加以确定的。

方法权利要求适用于方法发明，通常应当用工艺过程、操作条件、步骤或者流程等技术特征来描述。"

下面，结合一个具体案例说明权利要求的主题名称与其技术内容不相适应的常见情形。

【案例 1－46】

在本案例中，权利要求书中请求保护的主题为数控机床的自调试方法，其权利要求 1 为：

1. 一种数控机床的自调试方法，其特征在于所述数控机床的控制单元由单片机、控制电路……组成。

【分析】

该权利要求请求保护一种自调试方法，申请人在描述该方法时，仅描述了控制单元，即产品的组成情况，而这些都是产品特征，却缺少对自调试方法的各个步骤及实施流程的描述，导致该权利要求所要求保护的技术方案不清楚，因而该权利要求的保护范围不清楚。就本案例而言，应当与申请人就发明的主要改进之处进行沟通，以便确定保护主题的类型，在此基础上撰写权利要求书。如果经沟通得知，本发明相对于现有技术的改进为之处在原有设备基础上实现了数控机床的自调试方法，则应当对该权利要求的技术特征进行改写，使其反映在数控机床上进行自调试的各个步骤，使该权利要求的技术内容与其主题名称相适应；相反，如果经沟通得知，本发明数控机床的自调试是通过其产品各部件的结构或者由其单片机和控制电路形成的功能模块来实现的，则应当将上述权利要求的主题名称修改为"一种数控机床"，使权利要求的主题名称与其技术内容相适应。

1.2.2　每项权利要求所确定的保护范围应当清楚

《专利审查指南 2010》第二部分第二章 3.2.2 中指出，"权利要求的保护范围应当根据其所用词语的含义来理解。一般情况下，权利要求中的用词应当理解为相关技术领域通常具有的含义。"由此可知，为使每项权利要求的保护范围清楚，权利要求中所用词语应当尽可能采用本技术领域的技术用语。即使说明书中写明了某自定义词具有特定的含义，也应当尽可能使得由权利要求的文字表述即可明确其含义，以避免不同人对同一项权利要求的保护范围的理解不一致；通常，不应当使用在所属技术领域中具有基本含义的词汇来表示其本意之外的其他含义，以免造成误解和语义混乱。

此外，权利要求中不得使用含义不确定的用语，不得出现"例如"、"最好是"、"尤其是"等导致权利要求中限定不同保护范围的类似用语，一般不得使用"约"、"接近"、"或类似物"等会导致权利要求范围不清楚的类似用语。

下面，结合具体案例来说明因权利要求中用语不当而造成权利要求保护范围不清楚的常见情形。

【案例 1－47】

在本案例中，权利要求书中请求保护的主题为一种动力装置，其权利要求 1 为：

1. 一种动力装置，其特征在于，包含一低压泵，……

说明书中将"低压泵"定义为"工作压力范围为 0.2～0.3MPa 的压力泵"。

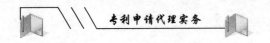

【分析】

由于对所属技术领域来说，低压泵是具有基本含义的词汇，指工作压力范围为小于 2.5MPa 的压力泵，而本权利要求中的低压泵在说明书中定义为工作压力范围为 0.2～0.3MPa 的压力泵，与其在所属技术领域中对该术语公认的含义不一样，因此低压泵这一词汇的使用导致权利要求的保护范围不清楚，无法确定该低压泵的工作压力范围是本领域公认的小于 2.5MPa 的范围，还是说明书自定义的工作压力范围。

为了克服这一缺陷，申请人应当根据说明书对"低压泵"工作范围的描述，将"低压泵"改为"工作压力范围为 0.2～0.3MPa 的压力泵"。

【案例 1-48】

在本案例中，权利要求书中请求保护的主题为一种透镜装置，其权利要求 1 为：

1. 一种透镜装置，包括左、右两个镜片，其特征在于左、右两个镜片上分别设有第一滤光区和第二滤光区，……

【分析】

在确定权利要求 1 的保护范围时，对其中提到的"左、右两个镜片上分别设有第一滤光区和第二滤光区"这一技术特征，由于其中的"分别"一词含义不清，从而对该技术特征可能有两种理解：一种是"左镜片上设有第一滤光区，右镜片上设有第二滤光区"；另一种是"左镜片和右镜片的每个镜片上都设有第一滤光区和第二滤光区"。也就是说，该权利要求 1 中采用"分别"这一词汇不能清楚表达"左镜片"、"右镜片"与"第一滤光区"、"第二滤光区"这几个要素之间的关系，从而导致权利要求的保护范围不清楚。

对本案例来说，根据说明书中的描述可知，左、右这两片镜片中每个镜片都设有第一滤光区和第二滤光区，因此应当将权利要求 1 写成：

1. 一种透镜装置，包括左、右两个镜片，其特征在于，每个镜片上都设有第一滤光区和第二滤光区，……

【案例 1-49】

在本案例中，权利要求书中请求保护的主题为一种××装置的减震系统，其从属权利要求 4 为：

4. 按照权利要求 2 或 3 所述××装置的减震系统，其特征在于，在所述底座与中间隔板之间设有一弹簧装置，最好是碟形弹簧。

【分析】

权利要求中出现的措词"最好是"造成该权利要求出现了不同的保护范围，其中上位概念弹簧装置概括的是一个较宽的范围，而下位概念碟形弹簧又限定出一个具体的较窄的范围，无法确定该权利要求的保护范围到底是哪个，从而造成该权利要求的保护范围不清楚。

如果申请人欲保留权利要求中"最好是碟形弹簧"的优选技术方案，可以将该权利要求修改为两项从属权利要求：

4. 按照权利要求 2 或 3 所述××装置的减震系统，其特征在于，在所述底座与中间隔板之间设有一弹簧装置。

5. 按照权利要求 4 所述××装置的减震系统，其特征在于，所述弹簧装置是碟形弹簧。

【案例 1-50】

在本案例中，权利要求书中请求保护的主题为一种用于刚性防爆板的夹紧装置，其从属权利要求 2 和 3 为：

2. 按照权利要求 1 所述刚性防爆板的夹紧装置，其特征在于：所述夹条可以是横断面呈 S 形的片簧。

3. 按照权利要求 1 所述刚性防爆板的夹紧装置，其特征在于：所述夹条可拆卸地安装在所述防爆板的连接件上。

【分析】

权利要求中出现"可以"之类的词语，并不一定会导致权利要求的保护范围不清楚，需要确定其中"可以"的含义是表示方案的选择还是对技术特征性质的描述，并根据此分析结果判断是否会导致权利要求保护范围不清楚。一般情况下，如果权利要求中出现的"可以"的含义为表示技术方案不确定的选择，就会导致权利要求的保护范围不清楚；如果其中"可以"的含义为对技术特征性质的描述，则不会导致权利要求保护范围不清楚。

在本案例中，权利要求 2 中出现了"可以"的文字表述，权利要求 3 中出现了"可"的文字表述。需要分析这两项从属权利要求中"可以"和"可"的含义。

在权利要求 2 限定部分中的"可以是横断面呈 S 形的片簧"表示的是不确定的选择情形，因此导致保护范围不清楚，正确的写法是将其中的"可以"两字删去，使其成为确定的选择，即将该权利要求 2 中限定部分的技术特征修改为"所述夹条是横断面呈 S 形的片簧"即可。如果申请人采用"可以"的表述是两种以上方案的选择，例如该权利要求 2 限定部分表述成"所述夹条可以是横断面呈 S 形的片簧，也可以是横断面成直线的片簧"，仍然包含有不确定选择的含义，应当将其修改成包括两个并列优选方案的从属权利要求，即将其限定部分修改成用确定选择的文字表述方式表征的特征："所述夹条是横断面呈 S 形的片簧或者是横断面成直线的片簧。"

在权利要求 3 限定部分中的"可拆卸地安装"所表示的是夹条与防爆板连接件之间采用一种可拆卸的安装方式，表示两者之间相对所处的状态，体现了"能够"的特性，如果将"可"字删去，则"拆卸"与"安装"就形成彼此矛盾的结合关系，由此可知，采用"可拆卸地安装"的表述比采用"拆卸地安装"更清楚地说明夹条与防爆板连接件之间的连接关系，因此该权利要求 3 的保护范围是清楚的。

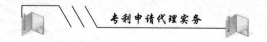

1.2.3 权利要求书的所有权利要求作为整体应当清楚

《专利审查指南2010》第二部分第二章3.2.2中指出，构成权利要求书的所有权利要求作为整体应当清楚是指权利要求之间的引用关系应当清楚。

在撰写权利要求书时，权利要求之间的引用关系应当正确，使得一项权利要求与其引用的权利要求之间在内容上要有连贯性，不能前后矛盾或无法衔接，例如从属权利要求中由"所述"等进一步限定的技术特征应当在其引用的权利要求中出现过，否则将造成该从属权利要求由于缺乏引用基础而导致保护范围不清楚。

【案例1-51】

在本案例中，权利要求书中请求保护的主题为一种计算机散热系统，其中权利要求1至3为：

1. 一种计算机散热系统，包含机箱壳体、散热装置、风扇，所述机箱壳体之间上开有出风口，其特征在于：所述散热装置位于所述风扇和出风口之间，……

2. 如权利要求1所述的计算机散热系统，其特征在于：在所述风扇和所述机箱出风口之间设置有风道。

3. 如权利要求1或2所述的计算机散热系统，其特征在于：所述风道包括第一段风道和第二段风道，第一段风道位于所述风扇的散热装置之间，……第二段风道位于所述散热装置和所述机箱出风口之间，……

【分析】

在本案例中，从属权利要求3中限定部分进一步限定的技术特征涉及的"所述风道"仅在其引用的权利要求2中出现过，而没有在其引用的权利要求1中出现过，因此，该从属权利要求3在引用权利要求1时，限定部分的"所述风道"缺乏引用基础，致使权利要求3引用权利要求1的技术方案的保护范围不清楚。为此，应当将权利要求3的引用部分仅引用权利要求2，即权利要求3的引用部分修改为"如权利要求2所述的计算机散热系统"，从而可消除原权利要求3引用关系不正确而导致权利要求未清楚地限定保护范围的缺陷。

【案例1-52】

本案例的权利要求书中有两项独立权利要求，其独立权利要求1和独立权利要求7分别为：

1. 一种汽车，包括发动机和安全装置，……

7. 如权利要求1所述的制造汽车的方法，……

【分析】

在本案例中，独立权利要求1请求保护的技术方案为一种汽车，而权利要求7请求保护的技术方案为制造汽车的方法，因而两者均为独立权利要求。在独立权利要求7的主题名称中采用了引用独立权利要求1的表述方式，由于其撰写不当，使其似乎成了一种主题名称为制造汽车方法的独立权利要求1的从属权利要求，而目前权利要求 1 的请求保护的主题名称是汽车，因此独立权利要求 7 中的主题名称所包含的对权利要求 1 的引用关系与权利要求 1 的主题不相适应，从而导致独立权利要求 7 的保护范围不清楚。对本案例来说，应当修改独立权利要求 7 的主题名称，使其中所包含的引用权利要求 1 的内容与权利要求 1 的主题相一致，通常可以采用下述两种表述方式之一："一种制造权利要求 1 所述汽车的方法"或者"一种如权利要求 1 所述汽车的制造方法"。

1.2.4　权利要求书应当简要

按照《专利审查指南 2010》第二部分第二章 3.2.3 中的规定：为满足构成权利要求书的所有权利要求作为整体应当简要的要求，不仅权利要求的数目应当合理，而且权利要求书中不得出现两项或两项以上保护范围实质上相同的同类权利要求；为满足每项权利要求应当简要的要求，在每项权利要求中不得对原因或者理由作不必要的描述，而且在可能的情形下应当尽量采取引用在前权利要求的方式撰写。

下面为一个权利要求书中存在两项保护范围实质相同的同类权利要求的案例，通过该案例以说明如何修改来使该权利要求书满足权利要求书应当简要的要求。

【案例 1 - 53】

在本案例中，权利要求书中请求保护的主题为刀，其中权利要求 1 至 3 为：

1. 一种刀，包括刀柄和刀片。

2. 如权利要求 1 所述的刀，还包括套在刀片外面的刀鞘。

3. 一种刀，包括刀柄、刀片，还包括套在刀片外面的刀鞘。

【分析】

从属权利要求 2 与独立权利要求 3 为两项保护范围实质相同的同类权利要求，导致权利要求书从整体上不简要，因此应当从从属权利要求 2 和独立权利要求 3 中删去一项权利要求。而对于从属权利要求 2 和独立权利要求 3，应当通过删去独立权利要求 3 来消除这一缺陷，一方面因为权利要求 2 采用了引用在前权利要求的方式撰写，保留该项权利要求同时满足了每项权利要求应当简要的要求，另一方面，这两项权利要求属于一项发明，按照《专利法实施细则》第 21 条第 3 款的规定，一项发明应当只有一个独立权利要求，因此删去独立权利要求 3 使本申请符合《专利法实施细则》第 21 条第 3 款的规定。

2　权利要求书应当以说明书为依据

按照《专利法》第 26 条第 4 款的规定，权利要求书应当以说明书为依据。

专利法的立法本意在于为专利权人提供与其所作出的贡献相适应的权利保护，获得权利的前提是专利权人充分公开了其发明创造，基于权利和义务对等的原则，权利要求请求保护的范围应当与专利权人公开的内容相适应，两者之间应当密切关联。专

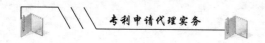

利法将这种关系表述为"权利要求书应当以说明书为依据"。如果权利要求的保护范围比说明书充分公开的内容要宽，则申请人可能获得的权利会大于其应尽的充分公开的义务，对社会公众是不公平的，因此不允许对这样的权利要求授予专利权。

2.1　法条释义

所谓"权利要求应当以说明书为依据"，是指权利要求应当得到说明书的支持。权利要求书中的每一项权利要求所要求保护的技术方案应当是所属技术领域的技术人员能够从说明书充分公开的内容中得到或者概括得出的技术方案，并且不得超出说明书公开的范围。

说明书公开的范围既包括说明书明确记载的内容，也包括本领域技术人员能够从说明书记载的内容概括得出的技术方案，因此，只要权利要求中所要求保护的技术方案没有超出这两部分内容就符合《专利法》第26条第4款有关权利要求书应当以说明书为依据的规定。

（1）"说明书记载"的含义

权利要求所要求保护的技术方案是说明书中明确记载的内容，是指权利要求的技术方案未对说明书中记载的内容进行扩展，其所要求保护的范围与说明书记载的内容一致，是说明书中明确记载的技术方案。

如果一项权利要求请求保护的技术方案就是说明书中明确公开的一个或多个技术方案，则该权利要求得到了说明书的支持。

（2）"由说明书概括得出"的含义

权利要求所要求保护的技术方案能够由说明书充分公开的内容概括得出是指，由说明书记载的一个或者多个实施方式或实施例概括而成的权利要求应当不超出说明书公开的范围。如果所属技术领域的技术人员可以合理预测说明书给出的实施方式的所有等同替代方式或明显变型方式都具备相同的性能或用途，则应当允许申请人将权利要求的保护范围概括至覆盖其所有的等同替代或明显变型的方式。如果权利要求的概括包含申请人推测的内容，而其效果又难以预先确定和评价，这种概括应当认为是超出了说明书公开的范围。对于权利要求概括得是否恰当，应当参照与之相关的现有技术进行判断。开拓性发明可以比改进性发明有更宽的概括范围，权利要求可以在说明书公开内容的范围内进行合理的扩展。

2.2　法条应用

由《专利审查指南2010》第二部分第二章3.2.1和2.2.6中规定的内容可知，权利要求中的技术特征采用概括方式表述或者相当于概括方式表述的类型主要有四类：上位概念概括、并列选择方式概括、产品权利要求的功能性限定和数值范围。下面针对这四类情形通过具体案例对《专利法》第26条第4款有关权利要求书应当以说明书为依据的规定的应用进行说明。

2.2.1　上位概念概括

对于发明和实用新型专利申请，如果其相对于现有技术作出的改进是利用了某技术特征某些下位概念的个性作出的，就不允许对该技术特征采用其上位概念来表述的方式；如果其相对于现有技术作出的改进是利用了某技术特征所有下位概念的共性作出的，只要在说明书中给出足够数量的实施例，就允许对该权利要求中这一技术特征采用上位概念概括的方式表述。在这里所提到的足够数量并非是一定要数量越多越好，只要根据说明书中给出的实施方式（甚至仅给出一个实施方式）就能合理地预测与所有下位概念相应的实施方式都能解决发明和实用新型所要解决的技术问题并达到相同的技术效果即可。

【案例 1 – 54】

在本案例中，权利要求书中请求保护的主题为一种变形固定板，其中权利要求 1 为：

1. 一种变形固定板，其具有一个由柔性材料构成的外层，……

说明书中仅描述了外层为"海绵"的变形固定板。

【分析】

该权利要求采用"柔性材料"这一上位概念描述固定板的外层。虽然说明书中仅描述了外层为"海绵"的变形固定板，但如果说明书中还描述了"海绵外层是用于防止固定板的内部材料擦伤皮肤的"。则所属技术领域的技术人员很容易想到其他多种可用作所述变形固定板外层的公知柔性材料，例如棉布、毡布、无纺布等，而并不局限于说明书中提及的海绵，并且这些柔性材料均能达到所述技术效果。因此，采用上位概念概括的上述权利要求能够得到说明书的支持，符合《专利法》第 26 条第 4 款有关"权利要求书应当以说明书为依据"的规定。

反之，如果根据说明书的描述，本发明仅使用的是"海绵"的特定性能，如良好的吸水性，而不是公知的柔性材料的"共性"，则采用上述上位概念概括限定无法得到说明书的支持。

【案例 1 – 55】

在本案例中，权利要求书中请求保护的主题为一种处理蔬菜种子的方法，其中权利要求 1 为：

1. 一种处理蔬菜种子的方法，将其置于低温 – 10℃ 至 0℃ 条件下冷冻 10 ～ 20 分钟，然后取出置于室温水条件下浸泡……

说明书中仅公开了处理一种芹菜种子的方法。

【分析】

由说明书记载的内容可知，这种处理方法是通过控制冷冻时间和冷冻程度来处理芹菜种子。鉴于说明书中仅公开了处理芹菜种子的实施例，未涉及处理其他种类蔬菜种子的实施例，且所属技术领域的技术人员（如园艺技术人员）知道不同蔬菜种子

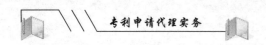

（如芹菜和冬瓜）具有不同厚度的外壳，因而难以预先确定将对芹菜种子进行控制冷冻时间和冷冻程度的处理方法用于对冬瓜的种子进行处理也能达到类似的效果，因此该权利要求中采用上述上位概念概括的技术特征无法得到说明书的支持。

反之，如果说明书中给出足够多的实施例，以使所属技术领域的技术人员可以确定该方法具有同样能起到影响其他蔬菜种子的类似效果，则该权利要求中采用上述上位概念概括的技术特征就能够得到说明书的支持。

2.2.2　并列选择方式概括

并列选择方式概括通常使用"或者"、"和"之类的词语来并列几个必择其一的具体特征。常见的并列选择概括通常采用"A、B、C或者D"或"由A、B、C和D组成的物质组中选择的一种物质"这两种方式进行撰写。

采用并列选择方式概括时，被并列选择的具体特征应当在解决本发明技术问题中起到相等或相应技术效果的作用。因此在分析时，可以将这些被并列选择的具体特征按其性质是否相近分为几类，如果对每一类具体特征都有一个实施方式和/或实施例，则通常认为所作并列选择方式概括是合适的，该权利要求得到说明书的支持；相反，如果其中有一类未给出实施方式或实施例，就会认为由其他类中的实施方式或实施例难以推测也适用于包含这一类具体特征的技术方案也能解决本发明要解决的技术问题和得到类似的技术效果，从而认为采用并列选择方式概括技术特征表征的权利要求得不到说明书的支持。

此外，在采用并列选择概括时还有一些形式上的要求，如不得将上位概念概括的内容用"或者"与下位概念并列。

【案例1-56】

在本案例中，权利要求书中请求保护的主题为一种图像处理设备，其中权利要求1为：

1. 一种图像处理设备，其特征在于：采用键盘、鼠标或触摸屏的输入装置，……
说明书中仅描述了采用键盘作为输入装置。

【分析】

虽然说明书中仅描述了采用键盘作为输入装置的图像处理设备，但由说明书中对本发明内容的描述可知，本发明相对于现有技术所作的改进与采用何种手段作为数据输入装置无关，而所属技术领域的技术人员知道，在发明的图像处理设备中鼠标及触摸屏可以起到与键盘等效的数据输入作用，因此，该权利要求可以采用并列选择概括方式限定其图像处理设备中的输入装置，即表述成"采用键盘、鼠标或触摸屏的输入装置"。由此可知，采用上述并列选择概括技术特征表征的权利要求能够得到说明书的支持。

反之，如果根据说明书的描述，本发明相对于现有技术的改进与所采用的数据输入装置有关，也就是说只有采用具有特定结构的"键盘"才能实现本发明目的，那么该权利要求采用上述并列选择方式概括的技术特征就没有得到说明书的支持。

【案例 1 – 57】

在本案例中，权利要求书中请求保护的主题为一种动力传送装置，其中权利要求 1 为：

1. 一种动力传送装置，包括：任一种的行星齿轮、曲柄架或皮带传送装置，……"

说明书中仅描述了行星齿轮作为传送装置。

【分析】

说明书中描述了采用特定的行星齿轮作为传送装置，并且所属技术领域的技术人员由说明书记载的内容可以确定，在本发明的动力传送装置中曲柄架或皮带无法起到与行星齿轮等效的传送作用，因此该权利要求采用并列选择概括方式"采用行星齿轮、曲柄架或皮带的任一种"表征其动力传送装置中的传送装置得不到说明书的支持。

如果说明书中虽然仅描述了行星齿轮作为传送装置，但所属技术领域的技术人员由说明书记载的内容可以确定，在本发明的动力传送装置中曲柄架或皮带同样能起到与行星齿轮等效的传送作用，则该权利要求采用并列选择概括方式"采用行星齿轮、曲柄架或皮带的任一种"表征其动力传送装置中的传送装置能够得到说明书的支持。

2.2.3 产品权利要求中功能性限定的技术特征

按照《专利审查指南 2010》第二部分第二章 3.2.1 中的规定，对于产品权利要求，只有当某一技术特征无法用结构特征来限定或者用结构特征限定不如用功能或效果特征限定更为恰当时，才允许使用功能或效果特征来限定发明。此外，还明确指出，如果权利要求中限定的功能是以说明书实施方式中记载的特定方式完成、且本领域技术人员不能明了此功能还可以有其他替代方式来完成，或者本领域技术人员有理由怀疑该功能性限定所包含的一种或几种方式不能解决发明所要解决的技术问题的话，则不得采用覆盖上述替代方式或者不能解决技术问题的方式的功能性限定的特征来表征发明。

【案例 1 – 58】

在本案例中，权利要求书中请求保护的主题为一种诱鸟器，其中权利要求 1 为：

1. 一种诱鸟器，由动力机构、传动机构及运动机构组成，其特征在于，该诱鸟器还包括一个能使其头、颈、腿摆动的控制机构。

说明书中只公开了一个使其头、颈、腿摆动的控制机构的具体实施方式。

【分析】

该权利要求特征部分的控制机构是用功能来限定的。因为说明书中仅给出了所述控制机构的一种具体实施方式，所属领域的技术人员根据说明书的内容不能想到其他具有相同功能的控制机构，即不能明了此功能还可以采用说明书中未提到的其他替代

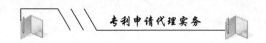

第一章

方式来完成，因此该权利要求得不到说明书的支持，尤其是该独立权利要求特征部分的技术特征仅仅是写明一种控制机构，对其所作功能的限定就是本发明要解决的技术问题，而由说明书公开的内容来看，其相对于现有技术所作的改进之处就是在于设计了一种能实现此功能的控制机构，因此说明书仅公开这一种实施方式与将其他能实现此功能的控制机构都纳入其保护范围的权利要求不相适应。

【案例 1 - 59】

在本案例中，权利要求书中请求保护的主题为一种显示器自动生产线，其权利要求 1 为：

1. 一种显示器自动生产线，包括：

传送装置，用于将屏幕传送至组装单元；

组装单元，用于将屏幕和框架以及背板组装在一起；

检测单元，用于检测各部件是否位于正确的组装位置；

……

说明书描述了其中组装单元采用一种特定的机器人手的结构配合相应的特定的控制程序以完成整个组装过程。

【分析】

该权利要求中限定了传送装置、组装单元和检测单元等装置，并对其中每一个装置都采用了在其名称之后加上"用于……"之类的功能性限定的方式替代对这些装置的具体结构构成的限定。然而，为了完成整个组装过程，本发明的组装单元采用了一种特定的机器人手的结构，并结合一种特定的控制程序，因此，所属领域技术人员无法预见除本发明具有特定的机器人手和特定的控制程序的组装单元外还能通过具有其他结构和控制程序的组装单元来解决本发明的技术问题，因而采用上述功能性限定的权利要求得不到说明书的支持，致使该权利要求不符合《专利法》第 26 条第 4 款有关权利要求书应当以说明书为依据的规定。

如果说明书描述了其中组装单元只是采用一种普通的机器人手的结构配合相应的公知的控制程序以完成整个组装过程，那么所属领域技术人员可以预见本发明中的组装单元采用其他一些惯用的机器人手及惯用的控制程序也能解决本发明的技术问题，则采用上述功能性限定的权利要求能够得到说明书的支持。

2.2.4　数值范围

按照《专利审查指南 2010》第二部分第二章 2.2.6 中的规定，当权利要求相对于背景技术的改进涉及数值范围时，通常应给出两端值附近（最好是两端值）的实施例，当数值范围较宽时，还应当给出至少一个中间值的实施例。

【案例 1 - 60】

在本案例中，权利要求书中请求保护的主题为一种制造金属防腐涂层的方法，其权利要求 1 为：

1. 一种制造金属防腐涂层的方法，……其特征在于，……其中各组分加入的温度范围为 50～200℃。

说明书中给出各组分加入的温度为 50℃、80℃、100℃、150℃、200℃的实施例。

【分析】

根据本发明说明书中给出的具体实施例的数值，本领域的技术人员能够合理地预见各组分加入的温度在 50～200℃范围内都能解决其技术问题，从而权利要求所限定的温度范围能够得到说明书的支持。

【案例 1-61】

在本案例中，权利要求书中请求保护的主题为一种装饰件的制备方法，其权利要求 1 为：

1. 一种装饰件的制备方法，先将基材制成装饰件的坯材，对其外表面进行清洗后电镀金属镍，其特征在于，将镀镍后的装饰件置入真空炉里冷却，冷却时间控制在 1～100 分钟，……

说明书中给出了两个实施例，其中第一个实施例中的冷却时间为 80 分钟，第二个实施例的冷却时间为 50 分钟。

【分析】

本发明涉及一种"装饰件的制备方法"，权利要求对装饰材料电镀金属镍后放入真空炉里的冷却时间限定为一个较宽的范围 1～100 分钟，而说明书中公开的两个实施例中的冷却时间分别为 50 分钟和 80 分钟。对本领域的技术人员来说，对电镀后的金属件仅冷却 1 分钟和冷却 50 分钟或 80 分钟的效果有明显的不同，因此不能从说明书中公开的两个实施例能预见到本制备方法中仅冷却 1 分钟能够达到本发明想要得到的效果，也就是说本领域的技术人员不能合理地预见冷却时间在 1～100 分钟的范围内都能解决其技术问题，从而权利要求所限定冷却时间范围得不到说明书的支持。

为克服上述缺陷，申请人应在说明书中给出足够多的实施例，如果想要取得权利要求书中所限定的保护范围，则应当在撰写申请文件时在说明书中再给出冷却时间为几分钟和九十几分钟的两个实施例，最好给出冷却时间分别为 1 分钟和 100 分钟的两个实施例，以使本领域的技术人员根据说明书中记载的内容能够合理地预见冷却时间在 1～100 分钟的范围内都能解决本发明的技术问题。

3 独立权利要求应当记载解决技术问题的必要技术特征

《专利法实施细则》第 20 条第 2 款规定："独立权利要求应当从整体上反映发明或者实用新型的技术方案，记载解决技术问题的必要技术特征。"

3.1 法条释义

《专利法实施细则》第 20 条第 2 款只适用于独立权利要求。

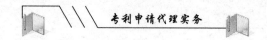

《专利审查指南2010》第二部分第二章3.1.2中对该条款所提到的必要技术特征给出了明确的界定：必要技术特征是指，发明或者实用新型为解决其技术问题所不可缺少的技术特征，其总和足以构成发明或者实用新型的技术方案，使之区别于背景技术中所述的其他技术方案。

由此可知，该必要技术特征是针对发明或者实用新型解决的技术问题来确定的，且这些必要特征的总和构成了本发明完整的技术方案。下面从"本发明解决的技术问题"和"完整的技术方案"这两方面作出进一步说明。

（1）本发明解决的技术问题

这里所称的"本发明解决的技术问题"应当是指由说明书中记载的内容能确定的本发明解决的技术问题。该技术问题可以是：

① 说明书中明确记载的技术问题；

② 通过阅读说明书能够直接确定的技术问题，例如，虽然说明书中没有写明"本发明要解决的技术问题是……"，但是，从申请人在背景技术部分提到的现有技术存在的缺陷，可以判断出发明要解决的技术问题是克服现有技术存在的缺陷；

③ 根据说明书记载的技术效果或技术方案能够确定的技术问题，需要注意不能从技术方案中的孤立技术特征带来的技术效果推导整个技术方案所要解决的技术问题。

（2）完整的技术方案

《专利法实施细则》第20条第2款的立法宗旨在于确保独立权利要求从整体上反映发明或者实用新型的技术方案，也就是说，该独立权利要求对于其所要解决的技术问题是一个完整的技术方案。由此可知，包括发明要解决的技术问题必备的所有必要技术特征，形成完整的技术方案是独立权利要求应当满足的条件之一，即独立权利要求中不能缺少解决其技术问题所必不可少的技术特征。

3.2 法条应用

根据以往的专利审查和专利代理的实践，为了使所撰写的独立权利要求包括解决技术问题的必要技术特征，对产品独立权利要求来说，不仅要写明解决该技术问题所必需具备的各个部件，还应当写明对解决该技术问题必不可少的部件之间的相互关系；对方法独立权利要求来说，不仅要写明解决该技术问题所必需的步骤，还应当写明对解决该技术问题必不可少的各步骤之间的顺序关系。

此外，在根据专利申请说明书中记载的技术特征来确定必要技术特征时，有时会遇到说明书中描述的所要解决的技术问题有多个，此时其说明书所描述的实施方式或实施例可能记载了能够解决所有技术问题的技术特征。在这种情况下，在判断必要技术特征时，应当判断其独立权利要求所限定的技术方案就某一个技术问题的解决来说是否是完整的，而不能要求独立权利要求所限定的技术方案能够同时解决多个技术问题。

根据《专利法实施细则》第 20 条第 2 款的规定，独立权利要求应当包括解决技术问题的全部必要技术特征，但并未规定独立权利要求中不得写入对解决技术问题来说是非必要的技术特征，因此当独立权利要求中包含了非必要技术特征时不会要求申请人对该独立权利要求进行修改。但是，从撰写申请文件的角度来看，独立权利要求中写入了非必要技术特征必定缩小了其要求保护的范围，会使本申请不能得到充分的保护，因此为了充分保护申请人的权益，在撰写权利要求书时，不要将非必要技术特征写入独立权利要求。

综上所述，为了帮助专利代理人更好地掌握《专利法实施细则》第 20 条第 2 款的法条应用，下面从四个方面（产品独立权利要求的必要技术特征、方法独立权利要求的必要技术特征、说明书中写明解决多个技术问题时必要技术特征的确定、避免将非必要技术特征写入到独立权利要求中）结合具体案例作出说明。

3.2.1 产品独立权利要求的必要技术特征

产品发明中为解决技术问题不可缺少的部件以及这些部件的必要连接关系、配合关系和位置关系等应当作为必要技术特征写入产品独立权利要求中。当独立权利要求中缺少其中某一必不可少的部件或者这些部件之间必要的相互关系时，就不能解决本发明的技术问题，该独立权利要求将会因不符合《专利法实施细则》第 20 条第 2 款的规定而不能授予专利权。

下面，结合两个具体案例来说明产品独立权利要求缺少各部件的相互关系时如何判断其是否符合《专利法实施细则》第 20 条第 2 款的规定。

【案例 1–62】

在本案例中，权利要求书中请求保护的主题为一种地埋式污泥分量式进料系统，其权利要求 1 为：

1. 一种地埋式污泥分量式进料系统，包括相连接的地埋式污泥储存料仓、高压活塞污泥泵系统和分量式污泥进料装置，其特征在于，分量式污泥进料装置包括电磁调速电机、弹性柱销连轴器、十字滑块连轴器、减速机和传动齿轮箱。

说明书所记载的本发明要解决的技术问题是：提供一种地埋式污泥分量式进料系统，可以在污泥储存方面节省用地空间，并且便于对污泥释放臭气的收集与控制，从而大大提高了污泥干化的效率和成粒的效果。

由说明书记载的内容得知，本发明相对于现有技术的改进是设计了一种新的分量式污泥进料装置的结构，说明书中详细记载了分量式污泥进料装置各部件的连接关系为：电磁调速电机依次与弹性柱销连轴器、减速机、十字滑块连轴器、传动齿轮箱相连接，……

【分析】

该独立权利要求中仅记载了该地埋式污泥分量式进料系统包括的各部分（地埋式污泥储存料仓、高压活塞污泥泵系统和分量式污泥进料装置）的名称以及本发明主要改进部分污泥进料装置的各部件名称，但没有记载污泥进料装置各部件之间的连接关系。对于地埋式污泥分量式进料系统来说，由于现有技术也包括同样的三个部分，因此仅在前序部分列出三个部分的名称和写明彼此相连接即可，而对于本发明的主要改进部分污泥进料装置来说，由说明书的记载可知，本发明正是通过对分量式污泥进料装置各部件的连接关系的合理设定，从而节省污泥储存用地空间，并且便于对污泥释放臭气的收集与控制，而现有技术中也不存在能够解决该技术问题的已知的连接关系，因此该权利要求由于缺乏必要的连接关系而无法解决本发明的上述技术问题，即该独立权利要求缺少解决其技术问题的必要技术特征，不符合《专利法实施细则》第20条第2款的规定。

【案例1-63】

在本案例中，权利要求书中请求保护的主题为一种物料进给系统，其权利要求1为：

1. 一种物料进给系统，包括一进料斗、进料阀门和控制阀门开启大小的控制电路，其特征在于，还包括一个检测进料斗物料进给量并将检测结果信号送至控制电路的检测装置。

说明书中所记载的本发明要解决的技术问题是：提供一种进料斗物料进给量的检测装置，可以防止进料过多导致的物料从进料斗排出时发生的堵塞现象。

说明书中的具体实施方式中还具体记载了进料斗物料进给量的检测装置是通过一固定装置固定安装在进料斗内部，并通过一个电路连接装置将检测结果信号送至控制电路。

【分析】

该独立权利要求中虽然没有记载进料斗物料进给量的检测装置是通过一固定装置安装在进料斗内部，也没有记载其通过一个电路连接装置将检测结果信号送至控制电路，但其已清楚地分别写明了该检测装置与进料斗以及该检测装置与控制电路的其他关系：用于检测进料斗物料进给量，将检测结果信号送至控制电路。通过说明书的记载可知，本发明正是通过增加一种进料斗物料进给量的检测装置并将检测结果送至控制电路来达到防止进料过多导致的物料从进料斗排出时发生的堵塞现象。至于该检测装置采用何种固定装置固定在何处以及通过何种装置将检测信号送至控制电路与本发明要解决的技术问题无关，因此该权利要求并不缺少解决其技术问题的必要技术特征，符合《专利法实施细则》第20条第2款的规定。

3.2.2 方法独立权利要求的必要技术特征

对方法独立权利要求来说，不仅要写明解决该技术问题所必需的步骤，还应当写明对解决该技术问题必不可少的各步骤之间的顺序关系。因为对方法发明来说，其各步骤的顺序关系往往与其所要解决的技术问题密切相关，因此当独立权利要求中缺少上述反映各步骤间顺序关系技术特征时，有些情况下会导致独立权利要求出现缺少必要技术特征的缺陷。

下面，结合一个具体案例来进一步分析方法独立权利要求中缺少各步骤顺序关系时如何判断其是否符合要求《专利法实施细则》第20条第2款的规定。

【案例1-64】

在本案例中，权利要求书中请求保护的主题为一种蛋糕制作方法，其权利要求1为：

1. 一种蛋糕的制作方法，包括以下步骤：

将生面粉平铺放入蒸面的大屉中制作熟面的步骤；

蒸熟的面取出用筛子筛出备用；

将鸡蛋和白糖混合搅拌成原混合物体积的两倍；

将生面和熟面混合均匀，加入打好的由鸡蛋和白糖混合搅拌而成蛋液里，搅拌成黏稠状；

装入刷好熟油的模具中，放入烤炉烘烤；炉温上下火都为220℃，烤制的蛋糕呈金黄色时出炉，

其特征在于，还包含在面上扎出通气孔的步骤。

说明书中记载的本发明要解决的问题是提供一种风味独特的蛋糕。

【分析】

本申请说明书中指出：蛋糕的风味有可能不仅取决于制造蛋糕的原料和添加成分，还取决于其具体的加工步骤。在许多情况下，制作蛋糕的原料和添加成分并没有什么不同，而通过增加一个加工步骤和/或改变原加工步骤的顺序而取得很好的效果。对于本发明来说，由于在生面上扎通气孔，并且加入打好的蛋液的顺序与以往不同，而使蛋糕的风味有了变化，不仅制出的蛋糕表面光滑，色泽金黄，口感柔软弹性好，并且存放时间长、不易变质。

由于该特定的加工顺序使得制作出的蛋糕与现有的普通蛋糕相比，具有独特的风味，因此上述独立权利要求中的方法步骤的顺序，尤其是在生面上扎通气孔是该权利要求必不可少的技术特征，上述独立权利要求缺少解决技术问题的必要技术特征。

为了克服上述缺陷，根据说明书记载的内容，应当将上述权利要求修改如下：

1. 一种蛋糕的制作方法，依照下列顺序制作：

将生面平铺放入蒸面的大屉中；

在铺平的生面上扎出通气孔后将生面蒸熟；

将蒸熟的面取出用筛子筛出备用；

将鸡蛋和白糖混合搅拌成原混合物体积的两倍；

将生面和熟面混合均匀，加入打好的由鸡蛋和白糖混合搅拌而成蛋液里，搅拌成黏稠状；

装入刷好熟油的模具中，放入烤炉烘烤；炉温上下火都为220℃，烤制的蛋糕呈

金黄色时出炉。

修改后的独立权利要求中用"依照下列顺序制作"明确限定了各步骤的顺序关系，尤其是将原权利要求中的技术特征"还包含在面上扎出通气孔的步骤"改写成"在铺平的生面上扎通气孔后将生面蒸熟"并作为本制作方法的第二步骤，这样改写之后既克服了原独立权利要求缺少解决技术问题必要技术特征的缺陷，也更清楚地限定了独立权利要求的保护范围。

3.2.3　说明书中写明解决多个技术问题时必要技术特征的确定

当一件专利申请的说明书中描述的所要解决的技术问题有多个时，需要分析这些要解决的技术问题之间的关联关系。如果由说明书记载的内容得知其中之一是关键技术问题，其他技术问题是在此基础上作出的进一步改进所带来的效果，则应当判断独立权利要求是否记载了解决该关键技术问题的必要技术特征。但在有些情况下，说明书记载的要解决的多个技术问题是彼此并列的，为解决这些技术问题各自采取了彼此无关的相应措施，在这种情况下只要独立权利要求所限定的技术方案就某一个技术问题的解决来说是完整的，就认为该独立权利要求记载了解决技术问题的必要技术特征。

下面，结合一个具体案例说明在后一种情况下如何判断该独立权利要求是否符合《专利法实施细则》第 20 条第 2 款的规定。

【案例 1 - 65】

在本案例中，权利要求书中请求保护的主题为一种雨伞，其独立权利要求 1 和从属权利要求 2 为：

1. 一种雨伞，其表面具有一涂层，涂层中包含组分 A。

2. 按照权利要求 1 所述的雨伞，所述涂层中还含有主要由荧光粉成分构成的组分 B。

说明书中发明内容部分写明本发明要解决的问题是提供一种有效预防紫外线照射的雨伞，并进一步写明本发明要解决的技术问题还包括提供一种可方便行人夜间行走的雨伞。

【分析】

由说明书中记载的内容可知，本发明所要解决的两个技术问题是彼此并列的两个技术问题，说明书具体实施方式部分明确写明雨伞表面涂层中包含的组分 A 可以很好地减弱阳光中的紫外线的强度，涂层中包含的组分 B 中由于包含有荧光粉成分，可以夜晚发光，从而方便行人在夜间行走。由此可知，本发明分别解决这两个技术问题的技术措施也是彼此独立的，在这种情况下独立权利要求只要其能解决其中一个技术问题就可以认为其符合《专利法实施细则》第 20 条第 2 款的规定。

由于本申请的独立权利要求中 1 已记载了组分 A，因而已经能够解决其中的"预防紫外线的照射"这一个技术问题，因此目前该权利要求并不缺少解决其技术问题的必要技术特征。

对于上述申请案来说，就目前提交的权利要求书来说，对于其所解决的第二个技术问题"方便行人夜间行走"在说明书发明内容部分按下述方式改写："作为本发明的改进，本发明进一步解决的技术问题是提供一种方便行人夜间行走的雨伞"，就不易被误认为独立权利要求缺少解决技术问题的必要技术特征了。❶

3.2.4 独立权利要求中不应写入非必要技术特征

独立权利要求中不应写入非必要技术特征，否则会限制独立权利要求的保护范围。如果这些非必要技术特征是一些能为本发明的创造性作出贡献的技术特征，则可以将这些技术特征作为附加技术特征写入到独立权利要求的从属权利要求中，使保护范围有层次地缩小。

下面结合一个具体案例来说明独立权利要求应当避免写入非必要技术特征的问题。

【案例1-66】

在本案例中，权利要求书中请求保护的主题是一种跑步机，其权利要求1为：

1. 一种跑步机，其特征在于，包括：

可监控人体生理反映的检测系统，……

根据检测结果调整跑步机皮带运转速度的控制电路，……

以及可播放音乐的音响设备。

说明书记载的本发明要解决的问题是提供一种专业跑步机，可以随时监控人体锻炼时的生理反映变化，从而更合理地对锻炼强度进行调整，以达到最好的锻炼效果。

在说明书的具体实施方式中，本发明的跑步机包括一台用于监控人体锻炼时生理反应变化的检测系统外，还包括一套音响设备，可以在锻炼者跑步的同时随着锻炼者人体生理反应变化的需要播放各种适合的音乐，以使锻炼者身心得到更好的放松。

【分析】

由说明书的具体实施方式中所描述的内容可知，根据人体锻炼时的生理反应变化来合理调整锻炼强度是通过在此跑步机上增设监控人体锻炼时生理反应变化的检测系统和根据检测结果调整跑步机皮带运转速度的控制电路实现的，而可播放音乐的音响设备虽然可随着锻炼者人体生理反应变化的需要播放各种适合的音乐，以使锻炼者身心得到更好的放松，但并非是解决本发明技术问题必不可少的技术特征。因此，独立权利要求中不应写入有关音响设备的技术特征，写入这一技术特征将缩小了本申请独

---

❶ 其实对于这样的申请案，还可以针对"方便行人夜间行走"这一技术问题撰写另一项独立权利要求，但这项独立权利要求与本申请的独立权利要求之间不满足单一性的要求，因此可以对这另一项独立权利要求的技术方案另行提出一件专利申请。

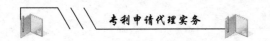

立权利要求的保护范围，将使本发明不能得到充分的保护。当然，在这种情况下，可以将其作为附加技术特征写成该独立权利要求的从属权利要求。

4 单一性

《专利法》第31条第1款规定："一件发明或者实用新型专利申请应当限于一项发明或者实用新型。属于一个总的发明构思的两项以上的发明或者实用新型，可以作为一件申请提出。"

4.1 法条释义

《专利法》第31条立法的主要原因有两方面：从经济角度考虑是为了防止申请人只支付一件专利的费用而获得几项不同发明或者实用新型专利的保护；从技术角度考虑是为了便于专利申请的分类、检索和审查。

《专利法》第31条规定的内容是各国专利制度中普遍采用的一个原则，也就是单一性原则。采用这一原则是为了防止申请人在一件专利申请中囊括内容上无关或者关系不大的多项发明创造，便于国家知识产权局对专利申请进行管理、检索和审查，便于授予专利权之后权利人行使权利、承担义务，便于法院和管理专利工作的部门审理或者处理专利纠纷，也便于公众有效地利用专利文献。

《专利法》第31条第1款对有关发明和实用新型专利申请的单一性作出了规定，第2款对有关外观设计专利申请的单一性作出了规定。

就《专利法》第31条第1款有关发明和实用新型专利申请单一性的规定来说，其包含两个方面的内容。首先，明确规定"一件发明或者实用新型专利申请应当限于一项发明或者实用新型"，这是单一性原则的基本含义："一件专利申请应当限于一项发明创造"，以充分体现给予申请人的权利与其所承担义务相适配。但是，对于两项以上密切相关的发明创造，允许将其合案申请更有利于审查、检索和保护，尤其是对一件专利申请中可以包含的发明创造的数量仅限于一项，不允许将技术上密切相关的多项发明创造合并在一起申请，会给申请人带来沉重的经济负担，也会降低专利审批和管理工作的效率。因此《专利法》第31条第1款还进一步规定了其基本含义之外的例外情况："属于一个总的发明构思的两项以上的发明或者实用新型，可以作为一件申请提出。"也就是说，只要符合《专利法》第31条第1款进一步规定的条件（即两项以上的发明或实用新型属于一个总的发明构思），一件专利申请中即使包含两项以上的发明或实用新型，也被认为符合单一性原则。

从性质上看，单一性要求是授予专利权的重要形式条件，而不是授予专利权的实质性条件。这体现在不符合第31条规定的，在授予专利权之前是国家知识产权局驳回专利申请的依据；在授予专利权之后，即使认为一项专利权不符合第31条规定，也不能以不具备单一性为理由请求宣告该专利权无效。

所谓"一件专利申请应当限于一项发明创造"，并不是指一件专利申请只能披露一项发明创造的内容，而是指一件专利申请只能要求保护一项发明创造。因此，对发明和实用新型专利申请而言，单一性的判断对象不是说明书及其附图，而是权利要求书。

《专利法实施细则》第 34 条进一步对《专利法》第 31 条第 1 款中的"两项以上发明属于一个总的发明构思"的含义作出进一步规定："可以作为一件专利申请提出的属于一个总的发明构思的两项以上的发明或者实用新型，应当在技术上相互关联，包含一个或者多个相同或者相应的特定技术特征，其中特定技术特征是指每一项发明或者实用新型作为整体，对现有技术作出贡献的技术特征。"上述规定提供了判断一件申请中要求保护两项以上的发明创造是否属于一个总的发明构思的方法。

由《专利审查指南 2010》第二部分第六章 2.1.2 作出的进一步规定可知，特定技术特征是体现发明或实用新型对现有技术作出贡献的技术特征，也就是从每一项要求保护的发明或实用新型的整体上考虑，使该发明或实用新型相对于现有技术具备新颖性和创造性的技术特征。其中，"每一项发明或实用新型作为整体"是指确定一项技术方案的特定技术特征时，不仅要考虑技术方案本身，还要考虑技术领域、所解决的技术问题和产生的技术效果。对于技术方案，应当将构成该技术方案的各个技术特征，包括技术特征之间的关系作为技术方案整体的组成部分来看待。

这里引入的"特定技术特征"是专门为评价专利申请单一性而提出的概念。通过引入"特定技术特征"概念，从现有技术的角度来评价单一性，就将判断不同的技术方案是否"属于一个总的发明构思"这样一个抽象的问题具体化为评价这些技术方案是否"具有一个或者多个相同或者相应的特定技术特征"，后者更具操作性，也更加客观。

4.2　法条应用

对于发明专利申请可能合案申请的两项以上的发明主要有四类情况：两项以上同一主题名称的产品发明或者方法发明；两项以上主题名称不同但彼此为配套关系的产品发明；两项以上主题名称不同但彼此形成组成关系的产品发明或方法发明；两项以上主题名称不同且为不同类型的发明。下面，针对上述四种情形并结合案例对《专利法》第 31 条第 1 款的应用作出说明。

4.2.1　两项以上同一主题名称的产品发明或者方法发明

两项以上同一主题名称的产品发明或者方法发明并不必然具备单一性，因此这些产品发明或方法发明合案申请时需要判断它们是否符合单一性的规定，即以它们之间是否包含了相同和/或相应的特定技术特征为判断基准。

下面，结合具体案例进一步分析同一主题名称的产品发明或者方法发明的权利要求之间判断单一性需要注意的问题。

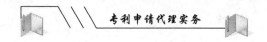

【案例1-67】

在本案例中，权利要求书中请求保护的主题为一种焊枪，其权利要求1、2、3分别为：

1. 一种燃烧器，具有一个可拆卸的喷嘴，该燃烧器上安装该喷嘴处有一卡住该喷嘴以防止喷嘴滑出的卡环，其特征在于：所述喷嘴的外轮廓形状为非轴对称的。

2. 一种燃烧器，具有一个可拆卸的喷嘴，其特征在于：在所述燃烧器上设置了一个固定销，该固定销前端穿过燃烧器的外壁卡在喷嘴外轮廓的表面上，其后端端头埋设在燃烧器表面上的凹槽中。

3. 一种燃烧器，具有一个可拆卸的喷嘴，其特征在于：所述喷嘴的外轮廓形状为非轴对称的；所述燃烧器上设置了一个固定销，该固定销前端穿过燃烧器的外壁卡在喷嘴外轮廓的表面上。

现有技术中已经出现过带可拆卸喷嘴的燃烧器，但其中的喷嘴外轮廓为轴对称的，因而喷嘴在工作过程中会发生转动，从而影响工作性能。现有技术中至今尚未出现过外轮廓形状为非轴对形状的喷嘴，也未出现过利用固定销将喷嘴固定在燃烧器上的结构。

【分析】

权利要求1中体现对现有技术中作出贡献的特定技术特征是"喷嘴的外轮廓形状为非轴对称的"，权利要求2中体现对现有技术作出贡献的的特定技术特征是"所述燃烧器上设置了一个固定销，该固定销前端穿过燃烧器的外壁卡在喷嘴外轮廓的表面上，其后端端头埋设在燃烧器表面上的凹槽中"，尽管这两项独立权利要求相对于最接近的现有技术所解决的技术问题都是为了防止喷嘴在燃烧器中转动，但由于两者采用了完全不同的技术手段来解决这一技术问题，因此这两项独立权利要求的特定技术特征既不相同又不相应，即两者没有一项相同的或者相应的特定技术特征，不属于一个总的发明构思，因此权利要求1和2不具有单一性。权利要求3中体现对现有技术作出贡献的的特定技术特征是"喷嘴的外轮廓形状为非轴对称的"和"所述燃烧器上设置了一个固定销，该固定销穿过燃烧器的外壁卡在喷嘴外轮廓的表面上"，因此其与权利要求1或者与权利要求2各有一个相同的特定技术特征，因此权利要求3与权利要求1或者权利要求3与权利要求2属于一个总的发明构思，即权利要求3与权利要求1之间具有单一性，权利要求3与权利要求2之间也具有单一性。

4.2.2　两项以上主题名称不同但彼此为配套关系的产品发明

形式上相互配套使用的产品发明并不必然具备单一性，这些配套使用的产品发明是否具备单一性以这些发明是否包含了相应的特定技术特征为判断基准。

下面，结合具体案例进一步分析形式上相互配套使用的权利要求之间判断单一性需要注意的问题。

【案例1-68】

在本案例中，权利要求书中请求保护的主题为两相三脚插头和两相三孔插座，其权利要求 1、2 分别为：

1. 一种两相三脚插头，其特征在于：所述插头的三个插销的横截面均为椭圆形，其中地线插销的长度比另两个插销的长度短，另两个插销具有相等的长度。

2. 一种两相三孔插座，其特征在于：所述插座的三个插孔的横截面均为椭圆形，其中地线插孔的深度比另两个插孔的深度浅，另两个插孔具有相同的深度。

现有技术中没有公开和暗示插销长度、插孔深度不等以及插销和插孔的横截面为椭圆形的插头及插座，本发明的两相三脚插头和两相三孔插座相对于现有技术是非显而易见的，因此具备创造性。

【分析】

在上述两项发明中，插头中三个插销具有不同的长度与插座中三个插孔具有不同的深度，以及插头中三个插销的横截面为椭圆形与插座中三个插孔的横截面为椭圆形是相互配合共同解决技术问题的相应的特定技术特征，因此这两项权利要求属于一个总的发明构思，两者之间有单一性。

【案例 1-69】

在本案例中，权利要求书中请求保护的主题也为插头和插座，其权利要求 1、2 分别为：

1. 一种安全电源插头，包括底座和插销，其特征在于：每个插销根部设置有一折叠式橡胶套。

2. 一种用于与权利要求 1 所述电源插头配套使用的安全电源插座，包括插座体，插座体上设有插孔，其特征在于：所述插座体上设有插孔的一侧罩有由四个侧壁构成的防护罩，其中两个相对的侧壁顶端设有滑槽，滑槽内活动设置有两个对称的挡板，所述挡板相邻的边缘处设有供电线引出的缺口。

现有技术中没有公开和暗示插销根部设置有折叠式橡胶套的电源插头，现有技术中插座上的防护罩为整体式，其中设有可在滑槽内移动的挡板，即本发明的电源插头和插座相对于现有技术是非显而易见的，具备创造性。

【分析】

尽管权利要求 2 在撰写形式写明电源插座是与权利要求 1 中的电源插头配套使用，其作出的改进都是为了使其使用更安全，但是这两项权利要求的技术方案采用了不同的构思，其中权利要求 1 电源插头相对于现有技术的特定技术特征是"在插销根部设置橡胶套"，而权利要求 2 电源插座相对于现有技术的特定技术特征是"在防护罩中两个相对的侧壁顶端设有滑槽，滑槽内活动设置有两个对称的挡板，该两挡板相邻的边缘处设有供电线引出的缺口"，两者既不相同，又不相应，因此这两项权利要求之间不属于一个总的发明构思，不符合《专利法》第 31 条有关单一性的规定。

4.2.3　两项以上主题名称不同但彼此形成组成关系的产品发明或方法发明

形式上属于相互包含等组成关系的产品发明或方法发明并不必然具备单一性，是

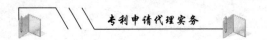

否具备单一性仍然以是否包含了相同或相应的特定技术特征为判断基准。

下面，结合具体案例进一步分析形式上为组成关系的权利要求之间判断单一性需要注意的问题。

【案例1-70】

在本案例中，权利要求书中请求保护的主题为一种灯泡、探照灯和应急灯，其权利要求1、2、3分别为：

1. 一种灯泡，其中灯丝为某种合金材料。

2. 一种探照灯，装有灯丝为某种合金材料的灯泡和具有强聚光效应的聚光装置。

3. 一种应急灯，装有灯丝为某种合金材料的灯泡和光源强度精细调节装置。

对于本案例来说，某种合金材料为现有技术中的已知材料，现有技术中未公开过具有强聚光效应的聚光装置，也未公开过光源强度精细调节装置。

【分析】

对于本案例来说，需要分析权利要求1的技术方案是否具备创造性。

如果本申请是利用某种合金已知的性质来作为灯泡的灯丝，则该灯泡相对于现有技术公开的灯泡不具备创造性，权利要求2的特定技术特征为具有强聚光效应的聚光装置，而权利要求3的特定技术特征为具有光源强度精细调节装置。这两个特定技术特征既不相同，又没有相应的关系，即权利要求2和3不具有相同或相应的特定技术特征，它们之间不属于一个总的发明构思，因此不具有单一性。

如果本申请利用某种合金新发现的性质而将其用作灯泡的灯丝以提高灯泡性能，例如新发现该合金在电流通过时能发出较强的光、且具有足够的强度从而用作灯泡的灯丝可大大提高白炽灯的寿命，那么权利要求1相对于现有技术具备新颖性和创造性，这样一来，权利要求2和权利要求3都包含有权利要求1的灯泡，则三项独立权利要求具有相同的特定技术特征，因此这三项发明属于一个总的发明构思，满足单一性的要求，可以合案申请。

4.2.4 两项以上主题名称不同且为不同类型的发明

对于两项以上主题名称不同且为不同类型的发明，在判断它们之间是否具有单一性时以它们之间是否存在相同或相应的特定技术特征❶为判断基准。

下面，结合具体案例进一步分析两项以上主题名称不同且为不同类型的发明之间判断单一性需要注意的问题。

【案例1-71】

在本案例中，权利要求书中请求保护的主题为消音板、消音板的制造方法以及制造消音板的专用模具，其权利要求1、2和3分别为：

1. 一种消音板，包括衬布和位于衬布之上的吸声层，其特征在于：所述吸声层的

---

❶ 在机械领域主要根据是否具有相应的特定技术特征作出判断。

表面为锯齿形，其中锯齿的顶角为 40°~85°。

2. 一种制造消音板的方法，包括如下步骤，先在该模具的锯齿状底壁上涂覆一层脱模剂，再将拌匀的含水吸声层原料注入开口的模具中，然后在其上粘结敷设衬布，待吸声层原料固结并干透后，将粘结在衬布上的吸声层从模具中取出。

3. 一种制造消音板的专用模具，该模具带有扁平的空腔，其特征在于：该模具的底壁为锯齿形表面，该锯齿的顶角为 40°~85°。

在本发明中，为提高消音板的吸声性能，对现有技术中消音板吸声层表面作出改进，由平表面改为锯齿形表面，与此相应，模具的底表面也做成相应的锯齿状，为了保持消音板脱模时其锯齿表面的的形状，在注模前先在模具底表面上涂覆一层脱模剂。

【分析】

由于现有技术中消音板的吸声层表面均为平的，且现有技术中也未暗示可以将其表面改成顶角为 40°~85° 的锯齿表面来提高吸声效果，因而消音板相对于现有技术具备创造性，与此相应权利要求 1 的特定技术特征为 "吸声层的表面为锯齿形，其中锯齿的顶角为 40°~85°"；而对于权利要求 3 要求保护的专用模具来说，其相对于现有技术中专用模具作出创造性贡献的特定技术特征为 "底壁为为锯齿形表面，该锯齿的顶角为 40°~85°"，其采用这一结构正是为了使制成的消音板表面具有顶角为 40°~85° 的锯齿表面，由此可知，权利要求 3 的特定技术特征与权利要求 1 的特定技术特征是相应的，因此这两项独立权利要求属于一个总的发明构思，符合单一性的规定。而对于权利要求 2 要求保护的制造消音板的方法来说，其相对于现有技术中消音板的制造方法作出创造性贡献的特定技术特征是 "在将拌匀的含水吸声层原料注入开口的模具之前先在该模具的锯齿状底壁上涂覆一层脱模剂"，采用这一步骤是为了确保所制得的权利要求 1 中的消音板具有锯齿状外表面，由此可知，权利要求 2 的特定技术特征 "先在该模具的锯齿状底壁上涂覆一层脱模剂" 与权利要求 1 的特定技术特征 "消音板的吸声层外表面具有锯齿状表面" 是相应的，由此说明三项独立权利要求的特定技术特征是相应的特定技术特征，因此这三项独立权利要求属于一个总的发明构思，具有单一性，可合案申请。

需要提请注意的是，对于两项以上主题名称不同且为不同类型的发明，如果两项独立权利要求之间不属于一个总的发明构思，即使在撰写权利要求书时对后一项独立权利要求采用了回引前一独立权利要求的写法，仍然不能消除其不符合单一性的缺陷，而且还可能导致独立权利要求 2 未清楚地限定要求专利保护的范围。例如，在本案例中，产品权利要求仍然为带有锯齿状外表面的消音板；而对于消音板的制造方法，为制得低成本的消音板，采用了容易取得且价格低廉的原料，其制备方法与常规的方法不同，需要将混合料置于密封容器中抽真空。若对这两项发明提出合案申请，写成如下两项独立权利要求 1 和 2：

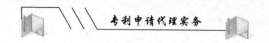

1. 一种消音板，包括衬布和位于衬布之上的吸声层，其特征在于：所述吸声层的表面为锯齿形，其中锯齿的顶角为40°~85°。

2. 一种制造权利要求1所述消音板的方法，包括混合备料、浇注、贴衬布、脱模工序，其特征在于：在混合备料工序中，先将硅橡胶生料与作为填料的天然砂和立德粉调和至无干料，再放入第三种填料蛭石粉调和至无干料，加入交联剂和催化剂调匀后置于密封容器中抽真空达1至5mm汞柱，待混合配料充分膨起再自行塌下就可以进行浇注工序。

由于权利要求2的特定技术特征是该混合备料工序中原料的选择和将混合料置于密封容器中抽真空并使混合配料充分膨起再自行塌下，与权利要求1中的特定技术特征"吸声层的表面为锯齿形，其中锯齿的顶角为40°~85°"既不相同，又不相应，因此两者不属于一个总的发明构思，不符合《专利法》第31条第1款的规定。当然，在实务中，还有可能会在实质审查意见通知书中指出独立权利要求2未清楚地限定其要求专利保护范围的缺陷。

第四节　授予专利权的实质条件——新颖性、创造性和实用性

《专利法》第22条第1款规定，"授予专利权的发明和实用新型，应当具备新颖性、创造性和实用性。"由此可知，发明和实用新型专利申请授予专利权的三个实质条件为新颖性、创造性和实用性。

1　新颖性

《专利法》第22条第2款对授予专利权的新颖性条件进一步作出了规定："新颖性，是指该发明或者实用新型不属于现有技术；也没有任何单位或者个人就同样的发明或者实用新型在申请日以前向国务院专利行政部门提出过申请，并记载在申请日以后公布的专利申请文件或者公告的专利文件中。"

1.1　法条释义

根据《专利法》第22条第2款的规定，如果一项发明或实用新型属于现有技术，则该发明或者实用新型不具备新颖性；如果存在申请在先、公布或公告在后且记载有同样发明或者实用新型内容的中国专利申请文件或专利文件（即存在该发明或者实用新型专利申请的抵触申请），则该发明或者实用新型也不具备新颖性。也就是说，在判断发明或者实用新型是否具备新颖性时将会涉及"现有技术"和"抵触申请"两个基本概念，因此对《专利法》第22条第2款的法条释义将从"现有技术"、"抵触申请"和"判断原则"三个方面加以说明。

1.1.1 现有技术

根据《专利法》第 22 条第 5 款的规定，现有技术是指申请日以前在国内外为公众所知的技术。现有技术包括申请日（有优先权的，指优先权日）前在国内外出版物上公开发表、在国内外公开使用或者以其他方式为公众所知的技术。

需要注意的是，在 2008 年修改《专利法》之后，现有技术的地理范围有了较大的变化，即这三种公开方式的地理范围都为世界范围，即按照现行《专利法》对于新颖性的规定是绝对新颖性；而修订前的《专利法》对于新颖性的规定是相对新颖性，即现有技术中对出版物的公开是世界范围的，而对使用及其他方式公开的范围仅限于国内（且不包括港澳台）。

现有技术的时间界限为"申请日以前"，需要特别提请注意的是，此处的"申请日以前"应当理解为"申请日前"，不包括申请日当天，即申请日当天公开的技术内容不在现有技术的范畴之内。

"为公众所知"是对现有技术状态上的要求。即现有技术应当在申请日前处于能够为公众获得的状态。处于保密状态的技术内容，由于并没有处于公众能够获得的状态，因而不属于现有技术。而公众所知的内容也应当是关于这项技术的实质性的内容。如，仅仅获得产品而无法得知其材料成分或制备方法，则不能认为该产品的材料成分和制备方法也属于现有技术。另外，需要特别提请注意的是，只需要存在"为公众所知"的这种可能性即可，并不要求事实上真正地被"知晓"，例如一件产品首次在某一商店陈列销售，即使该商品在一周之内一件也未售出，也未被任何顾客打听了解过，则仍应当认为该产品从陈列销售日起已处于可被公众购买得到的状态，也就是说通过该产品能获知的技术内容从该产品的陈列销售日起就已构成现有技术，而不应当认为从商店销售第一件产品之日才成为现有技术。

1.1.2 抵触申请

根据《专利法》第 22 条第 2 款的规定，在发明或者实用新型新颖性的判断中，由任何单位或者个人就同样的发明或者实用新型在申请日以前向专利局提出、并且在在申请日以后公布的专利申请文件或者公告的专利文件损害该发明或者实用新型的新颖性。在专利领域，将这种损害新颖性的专利申请，称为抵触申请。

需要注意的是，在 2008 年修改《专利法》之后，有关抵触申请的规定也有了比较大的变化：按照修改前的《专利法》，抵触申请仅限于由"他人"在先提出专利或专利申请，而 2008 年修订中将抵触申请的范围扩大到"任何单位或者个人"在先提出的专利或专利申请，即本人在先提出的专利或者专利申请也可能会构成抵触申请。

---

❶ 对于申请日（有优先权的，指优先权日）为 2009 年 10 月 1 日前的发明和实用新型申请适用修改前的《专利法》，现有技术为申请日（有优先权的，指优先权日）前国内外公开发表、在国内公开使用或者以其他方式为公众所知的技术，即出版物公开是世界范围的，而使用及其他方式公开的范围仅限于国内。

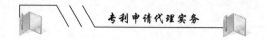

应当注意的是，构成抵触申请，需要同时满足三个条件：❶

① 该申请是一件中国专利申请；

② 该申请在本申请的申请日（本申请有优先权的，为优先权日）前提出、在申请日（本申请有优先权的，为优先权日）当天或之后公布或公告（以下简称"在先申请"或者"申请在先、公布或公告在后"）；

③ 该在先申请与本申请为同样的发明或者实用新型，对这一条件而言，不仅要查阅在先申请公布或公告的专利申请文件或专利文件的权利要求书，而且还要查阅其说明书（包括说明书附图），即便本申请的权利要求书中要求保护的技术方案与在先申请公布或公告的权利要求书中的任一项权利要求均不相同，但只要该技术方案已记载在在先申请公布或公告的说明书中，就认定该在先申请与本申请为同样的发明或者实用新型，即确定抵触申请是以已公布或公告的在先申请的全文内容为准，而不仅限于权利要求书。

1.1.3 判断原则

新颖性的判断是针对一件专利申请权利要求的技术方案作出的。一项权利要求的技术方案是否具备新颖性按照下述两个原则进行判断。

（1）同样的发明和实用新型

《专利法》第 22 条第 2 款前半段中有关"不属于现有技术"的规定，就是指专利申请权利要求所请求保护的技术方案与现有技术中的技术方案不是"同样的发明和实用新型"，而在《专利法》第 22 条第 2 款后半段中有关不存在抵触申请的规定，就是指专利申请权利要求所请求保护的技术方案与任何在先申请、且在后公布或公告的中国专利申请文件或专利文件不是"同样的发明或者实用新型"。因此，新颖性判断就是判断本专利申请权利要求所保护的技术方案与现有技术的技术方案或者与在先申请、在后公布或公告的中国专利申请文件或专利文件中的技术方案是否为"同样的发明或者实用新型"。

对于"同样的发明或者实用新型"，《专利审查指南 2010》规定了"四个实质相同"的判断原则，即发明或者实用新型的技术方案与现有技术或者申请在先、公布或公告在后的中国专利申请文件或专利文件公开的相关技术内容相比，技术领域、所解决的技术问题、技术方案和预期效果实质上相同，则认为两者为同样的发明或者实用新型。需要注意的是，在这"四个实质相同"中，"技术方案实质上相同"是关键。技术方案实质上相同，是指对比文件中明确记载的或者隐含且能直接、毫无疑义地确定的技术内容与本申请的技术方案相比实质上相同。当两者的技术方案实质相同时，

---

❶ 对于申请日（有优先权的，指优先权日）为 2009 年 10 月 1 日前的发明和实用新型申请适用修改前的《专利法》，构成抵触申请还有另一个条件：该专利申请是由他人提出的，如果该申请是由本人提出的，则不会构成抵触申请。

对技术领域、解决的技术问题、预期效果是否实质相同，所属技术领域的技术人员可以根据两者的技术方案进行判断。

（2）单独对比

在判断两者是否构成同样的发明或实用新型时，应当将发明或者实用新型专利申请的各项权利要求分别与每一项现有技术或者与每一件申请在先、公布或公告在后的中国专利申请文件或专利文件中的每个相关技术内容单独进行比较，不能将其与几项现有技术的组合进行比较，也不能将其与一项现有技术和一件申请在先、公布或公告在后的中国专利申请文件或专利文件中的某个相关技术内容的组合进行比较，也不能将其与几件申请在先、公布或公告在后的中国专利申请文件或专利文件中的相关技术内容的组合进行比较，也不能将其与一份对比文件中的多项技术方案的组合进行对比。即，对新颖性的判断中适用单独对比的原则。

1.2　法条应用

《专利审查指南2010》第二部分第三章3.2中给出了在判断是否构成同样的发明或者实用新型时常见的五种情形：

① 如果要求保护的发明或者实用新型与对比文件所公开的技术内容完全相同，或者仅仅是简单的文字变换，应当认定两者是相同内容的发明或者实用新型，则该发明或者实用新型不具备新颖性；上述相同的内容应该理解为包括可以从对比文件中直接地、毫无疑义地确定的技术内容。

② 如果要求保护的发明或者实用新型与对比文件相比，其区别仅在于前者采用一般（上位）概念，而后者采用具体（下位）概念限定同类性质的技术特征，则对比文件中包含具体（下位）概念的技术方案就使采用一般（上位）概念限定的发明和实用新型丧失新颖性。

③ 如果要求保护的发明或者实用新型与对比文件的区别仅仅是所属技术领域的惯用手段的直接转换，则该发明或者实用新型不具备新颖性。

④ 对于要求保护的发明或者实用新型与对比文件相比，其区别仅在于所采用数值或者以连续变化数值范围限定的技术特征不同的情形，如果前者中的数值在后者中被披露或为后者数值范围的一个端点值，或者前者为一连续变化数值范围而后者披露的数值或连续变化数值范围的端值落在前者连续变化数值范围（包括该数值范围的端值）中，则该发明或者实用新型不具备新颖性。

⑤ 对于包含性能、参数、用途或制备方法等特征的产品权利要求，如果本技术领域的技术人员根据该性能、参数、用途、制备方法无法将要求保护的产品与对比文件产品区分开，则推定要求保护的产品与对比文件产品相同，则该产品权利要求不具备新颖性。

下面结合一些具体案例来帮助读者加深对《专利法》第22条第2款在不同情况下如何应用的理解。

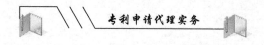

【案例 1 – 72】

在本案例中，权利要求书中请求保护的主题是一种动铁式交流弧焊机，其权利要求 1 为：

1. 一种动铁式交流弧焊机，由静铁心、动铁心、初级线圈、次级线圈、电源开关、壳体、底架及附件组成，其特征在于动铁心为一整体 H 形。

对比文件 1 为申请在先、公开在后的中国专利申请文件，其说明书第 1 页结合附图对带摇臂装置的电焊机进行了描述，由该段文字和附图 1 可清楚地看出该电焊机是一台动铁式交流弧焊机，它包括静铁心、动铁心、初级线圈和次级线圈，且该动铁心为一整体 H 形。

【分析】

通过将权利要求 1 的技术方案与对比文件 1 中说明书中公开的内容对比可知，尽管本申请要求保护的权利要求 1 技术方案的主题名称为"动铁式交流弧焊机"，对比文件 1 中公开了"带摇臂装置的电焊机"，但由其文字可知该电焊机就是一台动铁式交流弧焊机，只是文字的表述不同，应当认为上述"带摇臂装置的电焊机"就是"动铁式交流弧焊机"。本申请权利要求 1 的技术方案中未被对比文件 1 披露的技术特征仅仅是记载在权利要求 1 前序部分中的技术特征：该交流弧焊机还包括电源开关、壳体、底架及附件。对于本领域的技术人员来说，任何一台交流弧焊机必定包括电源开关、壳体、底架以及如电焊钳这类的附件，因此这些技术特征虽然未记载在该对比文件 1 中，但该对比文件 1 中的交流弧焊机必定包括这些部件，即这些技术特征属于可从该对比文件 1 中直接地、毫无疑义地确定的内容。由此可知，权利要求 1 请求保护的技术方案与对比文件 1 中所公开的技术内容完全相同，属于相同的技术领域，解决相同的技术问题，达到相同的技术效果，因此权利要求 1 相对于对比文件 1 不具备《专利法》第 22 条第 2 款规定的新颖性。❶

【案例 1 – 73】

在本案例中，权利要求书中请求保护的主题是一种补胎胶钉，其权利要求 1 为：

1. 一种补胎胶钉，由胶钉座及与之相连接的塞柱所组成，其特征在于：胶钉座与塞柱为一整体件，胶钉座为圆形或椭圆形，塞柱为圆柱、椭圆柱或棱柱状。

对比文件为一件申请日前公告的中国实用新型专利文件，该对比文件中披露了一种机动车外胎修补橡胶钉，该橡胶钉由钉盖和钉体组成，钉体和钉盖连为一体，钉盖为圆形，钉体为圆柱形。

【分析】

通过对比可知，对比文件中的橡胶钉由连成一体的钉盖和钉体组成，其中的钉盖

---

❶ 对于本案例来说，如果对比文件 1 是申请日前公开的现有技术，在实质审查时通知书中通常会给出更稳妥的审查意见：该权利要求 1 相对于对比文件 1 和本领域的公知常识不具备创造性。

就是本申请权利要求 1 中的胶钉座，钉体就是本申请权利要求 1 中的塞柱，钉盖为圆形，钉体为圆柱形。由此可知，对于权利要求 1 中胶钉座为圆形、塞柱为圆柱状的补胎胶钉与对比文件 1 中所公开的技术内容完全相同，因此权利要求 1 中的这一技术方案相对于对比文件 1 不具备《专利法》第 22 条第 2 款规定的新颖性。而对于权利要求 1 中胶钉座为椭圆形、塞柱为椭圆柱或棱柱状的技术方案，其与对比文件 1 所披露的机动车外胎修补橡胶钉相比，区别仅仅是以椭圆形胶钉座来代替对比文件 1 中的圆形钉盖，以椭圆柱或棱柱状塞柱来代替对比文件 1 中的圆柱状钉体，对于补胎胶钉这一技术领域来说，椭圆形胶钉座与圆形钉盖以及椭圆柱或棱柱状塞柱与圆柱状钉体属于本技术领域惯用手段的直接置换，因此权利要求 1 中胶钉座为椭圆形、塞柱为椭圆柱或棱柱状的技术方案相对于对比文件 1 所披露的机动车外胎修补橡胶钉也不具备《专利法》第 22 条第 2 款规定的新颖性。❶

【案例 1 - 74】

在本案例中，权利要求书中请求保护的主题是一种挂锁，其权利要求 1 为：

1. 一种挂锁，其特征在于：在金属锁体上套有护套。

对比文件是申请日前公开的 "ABUS" 品牌的锁产品宣传册，其公开了一种黄铜挂锁，在此挂锁锁体上套有吸引人视觉的保护性黑色乙烯基树脂护套。

【分析】

显然，本申请权利要求 1 中的挂锁与对比文件披露的黄铜挂锁相比，两者的区别在于权利要求 1 中的 "金属" 和 "护套" 为上位概念，而对比文件中的 "黄铜" 和 "乙烯基树脂护套" 为下位概念。由此可知，本实用新型专利权利要求 1 要求保护的挂锁与对比文件中所披露的挂锁相比，仅仅在于前者采用了上位概念的技术特征来代替现有技术的下位技术手段，因此权利要求 1 不具备《专利法》第 22 条第 2 款规定的新颖性。

【案例 1 - 75】

在本案例中，权利要求书中请求保护的主题是一种热处理台车窑炉，其权利要求 1 为：

1. 一种热处理台车窑炉，……其拱衬厚度为 100 ~ 400 毫米。

申请日前公开的对比文件中披露的热处理台车窑炉的形状结构与本申请权利要求 1 中所请求保护的热处理台车窑炉相同，两者的区别仅在于对比文件中公开的热处理

---

❶　在实质审查阶段，通常仅对于对比文件为申请在先、公告在后的中国专利申请文件或专利文件时，审查意见通知书中才会以该权利要求的技术方案与该对比文件公开的技术方案的区别为惯用手段的直接置换来认定该权利要求不具备新颖性。因此，对于本案的情况，在实质审查时通知书中会给出更稳妥的审查意见：该权利要求 1 的技术方案相对于对比文件 1 公开的方案是等效手段的替换，因而该权利要求 1 相对于该对比文件 1 和本领域的公知常识不具备创造性。但是，在无效程序中，对于本案例的情况，作为请求方的专利代理人，可以在请求书中指出：该权利要求 1 的技术方案相对于该对比文件 1 的区别为惯用手段的直接置换，因而不具备新颖性；至少该区别为等效手段的替换，因此该权利要求 1 的技术方案至少不具备创造性。

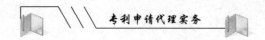

台车窑炉的拱衬厚度为180~250毫米。

【分析】

由于对比文件中拱衬厚度的连续变化数值范围（包括其两端值）落在权利要求技术方案中拱衬厚度的连续变化数值范围之内，即比权利要求技术方案中拱衬厚度连续变化的数值范围更窄，由此可以认定两者这一相应的技术特征相同，从而可以得出权利要求请求保护的热处理台车窑炉相对于对比文件公开的热处理台车窑炉不具备《专利法》第22条第2款规定的新颖性。

【案例1-76】

在本案例中，权利要求书中请求保护的主题是一种内燃机用活塞环，其权利要求1为：

1. 一种内燃机用活塞环，……其活塞环的直径为95毫米。

对比文件公开的内燃机用活塞环的形状结构与权利要求1中的形状结构相同，其区别仅在于对比文件中活塞环的直径为70~105毫米。

【分析】

虽然本申请1权利要求技术方案中活塞环的直径95毫米落在对比文件公开的内燃机用活塞环直径的连续变化数值范围70~105毫米之内，但其不同于对比文件公开的连续变化数值范围的两个端值，因而两者的这一技术特征应当认为不相同。由此可见，对比文件不能否定该权利要求的新颖性，也就是说权利要求请求保护的内燃机用活塞环相对于对比文件披露的内燃机用活塞环具有《专利法》第22条第2款规定的新颖性。在这种情况下，只能判断该对比文件是否能否定本申请权利要求1的创造性，若这种优选只是常规的选择，不能带来预料不到的技术效果，则该权利要求1的技术方案相对于对比文件和本领域的公知常识不具备《专利法》第22条第3款规定的创造性；若这种优选能带来预料不到的技术效果，则不能否定权利要求1的创造性。

【案例1-77】

在本案例中，权利要求书中请求保护的主题是一种无汞碱性扣式电池，其权利要求1为：

1. 一种无汞碱性扣式电池，包括负极盖、置于该负极盖内腔中的负极锌膏、正极外壳、置于该正极外壳内腔底部的正极活性材料、位于负极锌膏和正极活性材料之间的隔膜，以及密封胶圈，其特征在于：所述负极盖由不锈钢基片、电镀在该基片外表面上的镍层和电镀在该基片内侧的铜层构成，在该铜层内表面上电镀一层铟，所述负极锌膏为含铟的无汞锌膏。

对比文件为一篇在本申请的申请日前向国家知识产权局提出申请、申请日后公开的发明专利申请，其公开了一种无汞碱性扣式电池，该扣式电池也包括负极盖、负极锌膏、正极外壳、正极活性材料、隔膜、密封胶圈，负极盖的内侧也电镀了一层铟层，负极锌膏为含铟的无汞锌膏，该负极盖由压制而成的镍—不锈钢—铜层复合材冲压而成。

【分析】

通过分析对比可知，该对比文件中所披露的无汞碱性扣式电池与本申请权利要求1的无汞碱性扣式电池的区别仅仅在于两者的负极盖制备方法不同：对比文件的负极盖是压制而成的镍—不锈钢—铜层复合材，而本申请的负极盖由不锈钢基片、电镀在该基片外表面上的镍层和电镀在该基片内侧的铜层构成。尽管两者的区别仅仅体现在两者的制备方法特征不同，但正由于两者的方法特征不同而使两者在构造上体现出区别：对比文件中该三层的厚度为同数量级，而本申请中电镀镍层和电镀铜层与不锈钢基片相比厚度要小一个数量级；对比文件中的三层复合材在冲压成负极盖时会出现层间错位，从而导致电镀铜层与负极盖的结合强度不好，而本申请的铜层与不锈钢层结合紧密，冲压成负极盖时不会出现层间错位，因此电镀铟层与负极盖的结合强度好，这样一来本申请的无汞碱性扣式电池的防漏液效果比对比文件中的无汞碱性扣式电池要好得多。由上述分析可知，上述方法特征导致本申请的无汞碱性扣式电池产品在结构上与对比文件公开的无汞碱性扣式电池不同，而且该方法特征给本申请的无汞碱性扣式电池产品带来了不同于对比文件的无汞碱性扣式电池的性能，因此本申请权利要求1请求保护的无汞碱性扣式电池相对于对比文件公开的无汞碱性扣式电池具备《专利法》第22条第2款规定的新颖性。

2 创造性

《专利法》第22条第3款规定："创造性，是指与现有技术相比，该发明具有突出的实质性特点和显著的进步，该实用新型具有实质性特点和进步。"

由上述规定可见，发明专利创造性的标准要高于实用新型专利。但是，根据《专利审查指南2010》第四部分第六章4中的规定可知，两者在创造性的判断标准上有所不同，但在判断原则和判断方法上基本相同，因此本节在法条释义部分先重点讲述发明创造性的判断原则和判断基准，之后再对实用新型创造性判断中与发明的不同之处作一简单说明。

2.1 法条释义

根据《专利法》第22条第3款的规定，发明专利应当具有突出的实质性特点和显著的进步。所谓突出的实质性特点，是指对所属技术领域的技术人员来说，发明相对于现有技术是非显而易见的。如果发明是所属技术领域的技术人员在现有技术的基础上仅仅通过合乎逻辑的分析、推理或者有限的试验可以得到的，则该发明是显而易见的，也就不具有突出的实质性特点。即，突出的实质性特点是以是否显而易见作为判断标准的。

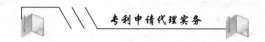

所谓显著的进步，是指发明与现有技术相比能够产生有益的技术效果。例如，发明克服了现有技术中存在的缺点和不足，或者为解决某一技术问题提供了一种不同构思的技术方案，或者代表某种新的技术发展趋势。

2.1.1 所属技术领域的技术人员

发明是否具备创造性，应当基于所属技术领域的技术人员的知识和能力进行评价。至于所属技术领域的技术人员的概念已在本章第二节 1.1.1 中作出说明。对所属技术领域的技术人员设定上述概念的目的在于统一创造性的判断标准，使创造性判断更为客观，避免受判断者主观因素的影响。

由对所属技术领域的技术人员设定的概念可知，所属技术领域的技术人员的能力和水平随着时间的推移而提高，例如二十年前有关计算机方面的知识和能力不属于除计算机以外其他领域技术人员所掌握的内容，而在二十年后的今天，有关计算机方面的基本知识应当属于所有技术领域技术人员的普通知识。正由于此，在判断创造性时不能以判断时所属技术领域技术人员的水平和能力进行分析，而应当以该专利申请或专利的申请日（有优先权的，指优先权日）时所属技术领域技术人员水平和能力作出是否具备创造性的判断。

2.1.2 判断原则

与新颖性判断一样，判断一件专利申请是否具备创造性，也是针对该专利申请权利要求技术方案作出的。

按照《专利审查指南2010》第二部分第四章3.1的规定，判断一件专利申请是否具备创造性应当遵照下述三个原则。

（1）应当同时满足"具有突出的实质性特点"和"显著的进步"两个条件

判断一项权利要求的技术方案是否具备创造性，应当同时判断该权利要求的技术方案是否具有突出的实质性特点和是否具有显著的进步。

为了与国际通用标准趋于一致，目前对创造性标准的两个条件是这样掌握的：当一件发明专利申请权利要求的技术方案相对于现有技术具有突出的实质性特点，则基本上可以认定其也具有显著的进步（至于此两方面的判断将在后面作进一步说明）；反之，当一项权利要求的技术方案相对于现有技术尚不能明确得出其具有突出的实质性特点的结论时，如果由于产生预料不到的技术效果而使该权利要求的技术方案相对于最接近现有技术具有突出的实质性特点和显著的进步，从而认定其具备创造性。

（2）对技术方案本身、解决的技术问题和有益效果作整体分析

在对发明的创造性进行判断时，同样不能仅考虑发明的技术方案本身，而且还要考虑发明所属技术领域、所解决的技术问题和所产生的技术效果，将发明作为一个整体看待。也就是说，在判断发明相对于现有技术是否具有突出的实质性特点和显著的进步时，不仅要分析构成技术方案本身的技术特征，还要分析其相对于最接近现有技术所解决的技术问题，以及分析其区别技术特征相对于最接近现有技术起什么样的作

用，产生什么样的有益效果（具体分析参见后面法条应用部分）。

（3）现有技术结合对比

与新颖性"单独对比"的判断原则不同，评价发明创造性时，可以将一份或者多份现有技术中不同的技术内容组合在一起对要求保护的发明进行评价。更确切地说，是将几项现有技术结合起来与专利申请要求保护的技术方案进行对比分析，例如：一篇对比文件（包括国内外的使用公开或以其他方式的公开）所披露的一项现有技术的内容与公知常识的结合，两篇或多篇对比文件（包括国内外的使用公开或以其他方式的公开）分别披露的几项现有技术的内容的结合，同一篇对比文件中所披露的几项现有技术的内容的结合，或者多篇对比文件（包括国内外的使用公开或以其他方式的公开）分别披露的几项现有技术与公知常识的结合等。

2.1.3　判断基准

《专利审查指南2010》第二部分第四章3.2.1和3.2.2中分别对发明专利申请给出了"突出的实质性特点"和"显著的进步"的判断基准。

（1）突出的实质性特点的判断基准

判断发明是否具有突出的实质性特点，就是判断要求保护的发明对本领域的技术人员来说是否显而易见：如果本发明要求保护的权利要求技术方案相对于现有技术是显而易见的，则不具有突出的实质性特点；反之，如果是非显而易见的，则具有突出的实质性特点。

为确定要求保护的发明的权利要求技术方案相对于现有技术是否显而易见，最通常的判断方法就是"三步法"，即按照下述三个步骤进行判断：

① 针对要求保护的发明的权利要求技术方案确定其最接近的现有技术；

② 确定该权利要求的技术方案与最接近的现有技术相比的区别特征，并根据该区别特征所能达到的技术效果确定其实际解决的技术问题；

③ 在此基础上，判断该权利要求的技术方案对本领域的技术人员来说是否显而易见，即现有技术中是否给出将上述区别特征应用到该最接近的现有技术以解决上述实际解决的技术问题的启示，如果现有技术存在这种技术启示，则该权利要求的技术方案显而易见，不具有突出的实质性特点；反之，如果现有技术不存在这种技术启示，则该技术方案非显而易见，具有突出的实质性特点。

（2）显著的进步的判断基准

.在判断发明要求保护的技术方案是否具有显著的进步时，主要应当考虑其是否具有有益的技术效果。通常，要求保护的技术方案属于下述情况之一，就认为其具有有益的技术效果，从而具有显著的进步：

① 与现有技术相比具有更好的技术效果，例如，质量改善、产量提高、节约能源、防治环境污染等；

② 提供了一种技术构思不同的技术方案，其技术效果能够基本上达到现有技术的

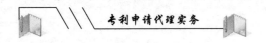

水平;

③ 代表某种新技术发展趋势;

④ 尽管其在某些方面有负面效果,但在其他方面具有明显积极的技术效果。

2.1.4 实用新型创造性的判断

实用新型和发明专利两者在创造性判断标准上的不同,主要体现在现有技术中是否存在"技术启示"。也就是说,在判断现有技术中是否存在技术启示时,两者存在区别,这种区别体现在下述两个方面。

(1) 现有技术的领域

对于发明,不仅要考虑其所属的技术领域,还要考虑其相近或相关的技术领域,以及该发明所要解决的技术问题能够促使本领域的技术人员到其中去寻找技术手段的其他技术领域。

而对于实用新型,一般着重于考虑该实用新型所属的技术领域;但是,现有技术中给出明确的启示,例如现有技术中有明确的记载,促使本领域的技术人员到相近或者相关的技术领域寻找有关技术手段的,可以考虑其相近或者相关的技术领域。

(2) 现有技术的数量

对于发明专利,可以引用一项、两项或者多项现有技术评价其创造性。

而对于实用新型专利,一般情况下可以引用一项或者两项现有技术评价其创造性;但是,对于由现有技术通过"简单的叠加"而成的实用新型专利,可以根据情况引用多项现有技术评价其创造性。

2.2 法条应用

由前面介绍的有关创造性的法条释义可知,在确定发明或实用新型是否具有突出的实质性特点时通常采用三步法加以判断,在此基础上得出是否具备创造性的结论,因而能否正确掌握三步法的判断方法对于审查员和专利代理人来说都是十分重要的,因此下面重点结合具体案例具体说明如何正确和熟练地运用三步法来判断创造性。

《专利审查指南2010》第二部分第四章除了给出创造性判断最经常采用的审查原则、审查基准和判断方法外,还在第二部分第四章4和5中还分别对几类不同类型的发明(开拓性发明、组合发明、选择发明、转用发明、已知产品的新用途发明和要素变更的发明)的创造性判断以及判断发明创造性时需要考虑的其他因素作出说明,考虑到本书篇幅有限,在《专利审查指南2010》第二部分第四章4已结合案例对几类不同类型的发明的创造性判断作出了较详细的说明,因此这一部分不再结合具体案例作具体说明,仅仅结合具体案例对创造性判断过程中需要考虑的其他因素作出说明。

2.2.1 三步法的运用

在创造性判断过程中能否正确运用三步法的关键在于其中的第三个步骤,即判断现有技术中有无给出将区别特征应用到该最接近的现有技术以解决实际解决的技术问题的启示。

《专利审查指南 2010》第二部分第四章 3.2.2.1 中指出,当出现下述三种情况之一,通常就可以认为现有技术中存在使本领域技术人员在面对所述技术问题时,有动机改进该最接近的现有技术并获得要求保护的权利要求技术方案的技术启示:

① 所述区别特征为公知常识,例如,本领域中解决该重新确定的技术问题的惯用手段,或教科书或者工具书等中披露的解决该重新确定的技术问题的技术手段;

② 所述区别特征为与最接近的现有技术相关的技术手段,例如,同一份对比文件其他部分披露的技术手段,该技术手段在该其他部分所起的作用与该区别特征在要求保护的发明中为解决该重新确定的技术问题所起的作用相同;

③ 所述区别特征为另一份对比文件中披露的相关技术手段,该技术手段在该对比文件中所起的作用与该区别特征在要求保护的发明中为解决该重新确定的技术问题所起的作用相同。

以上给出了三种通常认定为现有技术给出结合启示的情况;相反,在下述三种情形下可以认为现有技术未给出结合启示的情形:

① 该权利要求的技术方案相对于最接近现有技术的区别技术特征在其他现有技术中均未披露且又不是本领域公知常识❶;

② 该权利要求的技术方案相对于最接近现有技术的区别技术特征虽然在另一项现有技术中披露,但其在另一项现有技术中所起的作用与其在该权利要求技术方案中为解决所述问题所起的作用不同,则该另一项现有技术未给出将上述区别技术特征应用到最接近的现有技术中来解决上述技术问题的技术启示;

③ 该权利要求的技术方案相对于最接近现有技术的区别技术特征虽然在另一项现有技术中披露,但在本领域中已存在两者难以结合的偏见或者最接近现有技术中已明确指出两者难以结合的教导,就可认为现有技术未给出结合的启示❷。

关于现有技术是否给出结合启示,通常要结合具体案情进行分析,才能得到比较客观的结论。下面通过具体案例加以说明。

【案例 1-78】

在本案例中,权利要求书中请求保护的主题是一种曲轴的制造方法,其权利要求1 为:

1. 一种曲轴的制造方法,其包括下述几个步骤:在成形的曲轴产品上,先将曲轴上除曲颈以外的部分覆盖住,对该曲轴的轴颈部分先进行氟化处理,然后再在其上进

---

❶ 需要提请注意的是,对于审查意见通知书中认为某技术特征属于本领域的公知常识或者是本领域技术人员容易想到且未举证也未说理的情况,在答复时不要简单地认为审查意见通知书未举证或说明理由,最好从技术角度说明不是本领域的公知常识或者不易想到的理由,以便说服审查员改变观点。

❷ 需要提请注意的是,对于这种情形为了实现两者的结合必定采取了一定的技术措施,则相应的措施应当补入到该技术方案中。

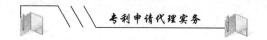

行氮化处理，从而在该曲轴的曲颈部分形成一硬质氮化层，最后除去曲颈以外部分的覆盖物。

最接近现有技术为一篇公开了在钢制件产品上渗氮以提高其耐磨性的对比文件，该对比文件所公开的渗氮方法为先对此钢制件产品进行氟化处理，然后再对其进行氮化处理。此外，《机械设计手册》中已经披露，对于工件上不需要进行诸如氮化这样的化学处理的表面，可以先将其掩盖而加以防护最后处理完后再除去掩盖物的技术手段。

【分析】

为提高曲轴的使用寿命，本发明在该曲轴的易磨损的曲颈部分形成硬质耐磨层。作为本发明最接近的现有技术的对比文件中已给出了在金属制品表面上先进行氟化处理再进行氮化处理而形成硬质耐磨层的技术教导，因而本申请权利要求 1 与该对比文件的区别是在进行氟化处理前将无需处理的部分（即曲轴不易磨损的部分）覆盖住，在氮化处理后再将覆盖物除去。鉴于公知常识性证据《机械设计手册》中已经披露了对于工件上不需要进行诸如氮化这样的化学处理的表面，可以先将其掩盖而加以防护最后处理完后再除去掩盖物的技术手段，因而本发明的曲轴制造方法与该对比文件的区别特征对本领域的技术人员来说是公知常识，由此可知，本发明的技术方案相对于该对比文件和公知常识是显而易见的，不具有突出的实质性特点。

【案例 1 - 79】

本案例涉及一种"用于货物集装箱的自动排水装置"。为了能及时将货物集装箱内部生成的凝结水及时排走，在货物集装箱的底部安装有自动排水装置，该自动排水装置的圆柱形外壳带有向下开口的管段，在该管段中设有一个带通道孔的隔板，一个可浮动的封闭件坐落在该隔板上侧的通道孔位置，当货物集装箱内部生成的冷凝水积存在该管段中时，就会使此可浮动的部件向上浮，从而生成的冷凝水就能及时经隔板的通道孔以及隔板下侧的管段排走。但是这样的自动排水装置也存在一个问题，当这样的集装箱置于海轮甲板上时，会因海浪导致的甲板积水而造成海水向该自动排水装置的排水管段倒灌，倒灌的海水也会使该可浮起的封闭件向上浮动，从而倒灌的海水将流入集装箱，影响运送产品的质量。为解决这一技术问题，本发明对现有技术中的"用于货物集装箱的自动排水装置"作出了改进，在该隔板下侧的管段内也设有一个可浮动的封闭件，从而当海水倒灌进，首先使隔板下侧的管段内的可浮动封闭件向上浮起，从隔板下侧将隔板通道孔堵住，从而阻止海水倒流到集装箱内，保证了运送货物的质量。反之，在正常运输状态未出现海水倒灌时，该隔板下侧的可浮动封闭件将坐落在该管段的排出口处上，此时若集装箱内出现冷凝水积存时，将会流入隔板上侧的管段，并使位于隔板上侧的可浮动封闭件浮起，则冷凝水就经隔板通道孔流入到隔板下侧管段，紧接着再使隔板下侧的可浮动封闭件向上浮起，离开排出口，从而冷凝水就可及时排走。本案例的权利要求 1 为：

1. 一种用于货物集装箱的自动排水装置，其圆柱形外壳中具有一个向下开口的管段，在该管段中设有一个带通道孔的隔板，一个可浮动的封闭件座落在该隔板上侧的通道孔位置，其特征在于，在该隔板下侧的管段内也设有一个可浮动的封闭件。

该权利要求的最接近的现有技术对比文件1为申请日前公开的美国专利文件，其公开了一种用于货运集装箱的自动排水装置，该自动排水装置的圆柱形外壳带有向下开口的管段，在该管段中设有一个带通道孔的隔板，一个可浮动的封闭件坐落在该隔板上侧的通道孔位置；另一篇对比文件2是申请日前公开的美国专利文件，其公开了一种带止回阀的下水管道，下水管顶端的开口与地面平齐，下水管下方设有一个 V 形托架，其上放置一个浮球，该浮球在下水管内污水回灌时将会浮起，并堵住下水管顶端的开口。

【分析】

本专利权利要求1的技术方案与该最接近的现有技术对比文件1的区别仅在于：在该隔板下侧的管段内也设有一个可浮动的封闭件。该技术方案相对于对比文件1实际解决了防止海水倒灌流入集装箱这一技术问题。在对比文件2中所公开的浮球也是一件可浮动的封闭件，当下水管内污水回灌时该浮球将会浮起并堵住下水管顶端的开口。由此可知，对比文件2披露了本专利权利要求1与对比文件1的区别技术特征：一个可浮动的封闭件，且该技术特征在对比文件2中所起的作用与其在本专利权利要求1技术方案中所起的作用完全相同，因此本领域的技术人员在面对对比文件1所存在的技术问题（防止海水倒灌流入集装箱）时有动机将对比文件2所披露的"在下水管顶端开口下方设置一个可浮动的封闭件"这一技术手段应用到对比文件1中来防止海水倒灌，也就是说，本领域技术人员由对比文件1和对比文件2分别披露的"用于货运集装箱的自动排水装置"和"在下水管顶端开口下方设置一个可浮动的封闭件"得到本发明专利权利要求1的技术方案是显而易见的，不具有突出的实质性特点。从而权利要求1相对于对比文件1和对比文件2不具备创造性。

【案例 1-80】

在本案例中，权利要求书中请求保护的主题是一种旋流平焰燃烧器，其权利要求1为：

1. 一种旋流平焰燃烧器，包括可燃气体喷嘴、吸入段、混合管、扩压管和旋流器，该可燃气体喷嘴伸入到该吸入段，从而当可燃气体从可燃气体喷嘴流入到吸入段时将可燃气体喷嘴周围空气吸入，其特征在于：在所述可燃气体喷嘴中设置了一根与高压气源相连通的中心管。

在其说明书中写明，现有技术中的旋流平焰燃烧器在应用于不同种类可燃气体时，需要更换可燃气体喷嘴，使用很不方便。本发明要解决的技术问题是提供一种能适用于不同种类可燃气体的旋流平焰燃烧器。为解决这一技术问题，本发明是通过在可燃气体喷嘴中设置一根与高压气源相连通的中心管来实现的：当一种可燃气体需要

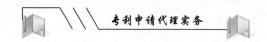

较多的空气才能充分燃烧时，就让中心管内通入较多的高压空气，其与可燃气体一起在吸入口处产生负压，从而在那里抽吸更多的低压空气，相反，当使用的可燃气体为达到充分燃烧只需要较少的空气时，则减少中心管的高压空气量，从而使空气与可燃气体之比降低，甚至关闭高压空气，得到最小的空气与可燃气体的流量比，这样本发明的平焰燃烧器对不同种类可燃气体都能实现充分燃烧。

检索到的最接近现有技术对比文件1与权利要求1的技术方案中的旋流平焰燃烧器均包括可燃气体喷嘴、吸入段、混合管、扩压管和旋流器，其唯一不同之处是该对比文件1中的可燃气体喷嘴是单层管，没有与高压气源相连通的中心管。

在实质审查过程中引用的另一篇相关对比文件2中公开了一种焊炬，它是一种可燃气体乙炔的燃烧器，在该焊炬的可燃气体喷嘴中也有一根与高压气源相通的中心管，且明确写明在可燃气体喷嘴中设置与高压气源相通的中心管是为了调节火焰长度，以适应不同焊接工艺的需要。

【分析】

权利要求1与该最接近现有技术的区别技术特征是"该可燃气体喷嘴中设置了一根与高压气源相连通的中心管"，从而可确定该权利要求1的技术方案相对于该最接近现有技术实际解决的技术问题是提供一种对不同可燃气体都能实现充分燃烧的旋流平焰燃烧器，从而该旋流平焰燃烧器适用于各种可燃气体。

那么，本领域技术人员在面对最接近现有技术对比文件1所存在的不能使各种可燃气体得到充分燃烧这个技术问题时，是否有动机使用另一篇对比文件2披露的焊炬的可燃气体喷嘴中与高压气源相通的中心管来解决上述技术问题呢？为此，应该分析"与高压气源相通的中心管"这一技术特征在焊炬对比文件2和在本发明中所起的作用是否相同。在本发明中，当高压气体从位于可燃气体喷嘴的中心管喷出时，其加大了由可燃气体引射的低压空气量，改变了可燃气体与空气的混合比，从而可使高热值可燃气体充分燃烧；而在此对比文件2中，该焊炬是焊接用的焰炬，其可燃气体始终是乙炔，无需变换可燃气体的种类，其在可燃气体喷嘴中设置与高压气源相通的中心管是为了调节火焰长度，需要细长火焰时在加大高压空气量的同时减少低压空气量，而需要短粗火焰时减小高压空气量，与此同时增加低压空气量，且在这两种情况下，空气与可燃气体的混合比基本保持不变。由此可知，"与高压气源相通的中心管"这一技术手段在另一篇对比文件2中所起的作用与在本申请权利要求技术方案中所起的作用不同，因而本领域技术人员从该对比文件2中得不到利用"与高压气源相通的中心管"来调节空气与可燃气体的混合比以解决本发明所要解决技术问题的启示，即本领域技术人员在面对最接近现有技术对比文件1所存在的不能使各种可燃气体得到充分燃烧这个技术问题时，没有动机利用对比文件2公开的焊炬的可燃气体喷嘴中与高压气源相通的中心管来解决上述技术问题。由此可知，由上述两篇对比文件得到权利要求1的技术方案对本领域技术人员来说是非显而易见的，即该权利要求1的技术方案相对于上述两篇对比文件具有突出的实质性特点。

由此实例可知,当该区别技术特征在发明中为解决技术问题所起的作用与对比文件中明确写明的该区别技术特征在其中所起的作用完全不同,也就是说根据该对比文件不能得知该区别技术特征能起到解决本发明技术问题的作用,就应当认为该对比文件未给出结合的启示,不能以该对比文件已公开该区别技术特征为依据来否定该发明的创造性。

【案例1-81】

在本案例中,权利要求书中请求保护的主题是一种用于预防和治疗颈椎病的枕头,其权利要求1为:

1. 一种用于预防和治疗颈椎病的枕头,由枕套和枕芯构成,其中间部位设有近似于头形的凹陷槽,凹陷槽下方为头枕,凹陷槽沿头枕宽度方向的两侧为颈枕,其特征在于:在头枕和颈枕的下方设置气囊,在颈枕内装有振动按摩器。

检索到的最接近现有技术公开的颈椎乐枕头也由枕套和枕芯构成,其中间部位设有近似于头形的凹槽,凹槽下方为头枕,在头的上下两侧为颈枕,在头枕和颈枕的下方设置气囊。在此最接近的现有技术中还写明该气囊不适宜与振动按摩器一起使用。

另一篇对比文件中披露了一种颈椎病治疗枕,包括由头枕和颈枕构成的枕芯,在枕芯中设置了振动按摩器,该振动按摩器的振动部件设置在颈枕内。

【分析】

权利要求1与该最接近现有技术相比的区别特征是"颈枕内装有振动按摩器",该区别技术特征在另一篇对比文件中已经披露,其在此对比文件中所起的作用是通过振动来按摩颈椎,与其在本发明中所起的作用相同,如果仅考虑这一点,本领域技术人员可以想到将其用到最接近的现有技术中来解决本发明权利要求1技术方案相对于最接近的现有技术所解决的技术问题。但是,由于最接近的现有技术中已经写明采用气囊的颈椎乐枕头不适宜于再采用振动按摩器,因此本领域的技术人员在面临最接近的现有技术所存在技术问题时不会有动机将另一篇对比文件披露的颈椎病治疗枕中的振动按摩器应用到最接近现有技术中来。需要说明的是,在这种情况下,不应当认为该权利要求1的技术方案就能授权,因为要同时采用气囊和振动按摩器必定采取了一定的技术措施来解决两者同时采用所带来的困难,并应当将这一技术措施写入到独立权利要求。由本案例的说明书中具体实施方式的内容可知,通过在气囊和振动按摩器之间设置隔板就可以克服气囊和振动按摩器同时采用所存在的困难,因此应当对权利要求1作出如下修改:

1. 一种用于预防和治疗颈椎病的枕头,由枕套和枕芯构成,其中间部位设有近似于头形的凹陷槽,凹陷槽下方为头枕,凹陷槽沿头枕宽度方向的两侧为颈枕,其特征在于:在头枕和颈枕的下方设置气囊,在颈枕内装有振动按摩器,在气囊和振动按摩器之间设置隔板。

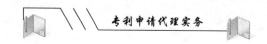

作出上述修改后，不仅最接近现有技术和另一篇对比文件中均未披露"在气囊和振动按摩器之间设置隔板"这一技术特征，而且另一篇对比文件也未给出将区别技术特征"在颈枕内装有振动按摩器"应用到最接近现有技术的启示，因此修改后的权利要求 1 相对于最接近现有技术和另一篇对比文件是非显而易见的，具有突出的实质性特点。

2.2.2　判断发明创造性时需要考虑的其他因素

在《专利审查指南 2010》第二部分第四章 4 对判断发明创造性时需要考虑的其他因素作出了说明，特别强调在下述四种情况下不应轻易作出发明不具备创造性的结论。

（1）发明解决了人们一直渴望解决、但始终未能获得成功的技术难题

如果在某科学技术领域中存在着人们长期渴望解决但始终未能获得成功的技术难题，经过发明者的努力给予解决了，则该发明具有突出的实质性特点和显著的进步，具备创造性。现结合一个案例加以说明。

【案例 1 - 82】

在本案例中，权利要求书中请求保护的主题是一种在打包扁带上印制标记的方法，其权利要求 1 为：

1. 一种在打包扁带上印制标记的方法，先将标记刻制成下凹的图案，凹纹中用印刷颜料填平，把平面上残余颜料刮去，再采用一块平整无纹且质地柔软的橡胶布，由其粘取凹纹处的颜料再打印在打包扁带上，产生清楚的标记图案。

第一次审查意见通知书中以《印刷机械概论》一书中凹板印刷机一章有关凹版印刷的描述内容和平板印刷中有关胶印机的描述内容相结合容易得到本申请独立权利要求的技术方案，从而认定该独立权利要求不具备创造性。

申请人在意见陈述书中从两个方面作了有力的争辩：首先，指出打包扁带自 20 世纪 50 年代就已经在国内普遍使用，由于其带面布满凹凸纹，人们采用模具热压使带面留下永久性变形的标记，但这种方法会损伤打包扁带，使其易断裂，为此人们一直寻求一种既在打包扁带表面可印制出完整标记，又不损害其带基质量和强度的方法，但三十多年来，一直没有得到解决，而本专利申请却成功地解决了这个难题；其次，指出用于印刷的纸张表面从微观上看是不平的，但与打包扁带的凹凸不平相比，还是相当平整的，尽管胶印机中的橡胶辊比铅印版略具弹性，印刷较粗糙的纸会显得清晰些，但是打包扁带表面具有宏观尺寸的明显凹凸纹，橡胶辊相对于这种凹凸不平来说仍然是太硬了，采用普通胶印技术中的橡胶辊仍无法在打包扁带表面上印制出完整的标记，而本发明中采用了质地柔软的橡胶布作为印体，从而才解决了这一长期渴望解决的难题。

【分析】

考虑到凹版印刷和胶印技术早已问世，自从 20 世纪 50 年代提出在打包扁带上印制清晰的标记且不致损伤打包扁带这个技术问题以来，本领域技术人员一直未想到采

用凹版印刷和胶印技术来解决这一技术难题，而本发明通过采用质地柔软的橡胶布解决了长期渴望解决的难题，从而认定本发明专利申请对于本领域技术人员是非显而易见的，具有突出的实质性特点和显著的进步，符合《专利法》第22条第3款有关创造性的规定。但是，需要强调的是，独立权利要求的技术方案中应当包含用于解决此长期渴望解决技术问题所采取的技术措施，就本案例而言，其中已写明采用"平整无纹且质地柔软的橡胶布"，体现出采用了与现有技术中"橡胶辊"不同的技术措施。

（2）发明克服了技术偏见

技术偏见是指在某段时间内、某个技术领域中，技术人员对某个技术问题普遍存在的、偏离客观事实的认识，它引导人们不去考虑其他方面的可能性，阻碍人们对该技术领域的研究和开发。如果发明克服了这种技术偏见，采用了人们由技术偏见而舍弃的技术手段，从而解决了技术问题，则这种发明具有突出的实质性特点和显著的进步，具备创造性。

【案例1-83】

在本案例中，权利要求书中请求保护的主题是一种用于轧钢机油膜轴承的套筒。说明书的背景技术部分中写明，现有技术中包括自锁套筒和非锁定套筒两种：对于自锁套筒，其通过胀紧配合与轧辊相结合，这种预张紧的胀紧配合可以增强其承受引起弹性变形的负载的能力，从而当采用薄壁自锁套筒时，可以补偿因采用薄壁而导致的强度降低；对于非锁定套筒，需要采用连接键和键槽将其旋转固定地锁定在辊颈上，因而非锁定套筒只能依靠自身的筒壁强度来承受引起弹性变形的负载，因而现有技术中的非锁定套筒均采用厚壁。紧接着，在说明书的技术方案部分明确写明，本发明的构思是将非锁定套筒也做成薄壁，利用其选定的壁厚范围产生的适当的弹性变形，增大了套筒壁与轴承内壁的接触面积，从而增大其承载区的宽度，进而实现提高承载能力。

最接近的现有技术是《轧机油膜轴承通用技术条件》的国家标准中披露的非锁定套筒结构，本发明专利权利要求技术方案与该最接近的现有技术的区别仅在于本发明中的套筒壁厚度的数值范围比最接近的现有技术薄。另一件对比文件为《现代大型轧机油膜轴承》一书中给出的德萨油膜轴承，其中套筒的最小壁厚落入在本发明专利技术方案中的套筒壁厚度的数值范围之内。

【分析】

本案例是一个克服技术偏见的典型例子。鉴于另一件对比文件为《现代大型轧机油膜轴承》一书中给出的德萨油膜轴承中的套筒为自锁套筒，而现有技术中存在着"非锁定套筒不能像自锁套筒那样采用薄壁"这一技术偏见，因此阻碍着本领域的技术人员将自锁套筒的薄壁应用到非锁定套筒中，即本领域的技术人员在看到薄壁自锁套筒时不会想到将其应用到非锁定套筒中得到本发明专利的技术方案。本发明专利克服了这种技术偏见，对"非锁定套筒"采用了人们由技术偏见而舍弃的"薄壁"这

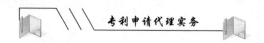

一技术手段，从而解决了技术问题，应当认为这种发明具有突出的实质性特点和显著的进步，符合《专利法》第 22 条第 3 款有关创造性的规定。

（3）发明取得了预料不到的技术效果

发明与现有技术相比，其技术效果产生"质"的变化，具有新的性能，或者产生"量"的变化，超出人们预期的想象，即这种"质"的或"量"的变化对本领域技术人员来说事先无法预测或推理出来，则认为该发明取得了预料不到的技术效果。此时，一方面认为该发明具有显著的进步，同时也反映发明的技术方案非显而易见，具有突出的实质性特点，因而该发明具备创造性。

【案例 1 – 84】

在本案例中，发明专利申请的权利要求书中请求保护的主题是一种粉状硝酸铵炸药，其权利要求 1 为：

1. 一种粉状硝酸铵炸药，由 85% ~ 93%（重量）轻质膨松硝酸铵、2.5% ~ 5.0%（重量）木粉、2.0% ~ 4.0%（重量）复合油和 0 ~ 6.0%（重量）TNT 组成。

说明书中针对现有技术粉状硝酸铵炸药存在的污染环境严重、爆炸性能低的缺陷，对本发明粉状硝酸铵炸药的有益效果作出了如下说明：

本发明粉状硝酸铵炸药的主要组分轻质膨松硝酸铵是用普通硝酸铵经表面活性剂预处理，用真空结晶法结晶获得，其晶形结构改变，得到多裂纹、多孔隙的轻质膨松硝酸铵，用这种轻质膨松硝酸铵代替传统的轻质膨松硝酸铵，再辅以高热值油相材料，使制得的炸药具有足够的空隙和较大的反应界面，达到在不含 TNT 或仅含少量 TNT 时具有优异的爆炸性能，并消除或减轻了环境污染。

检索到的最接近的现有技术中的粉状硝酸铵炸药为由 87.5%（重量）硝酸铵、4.0%（重量）木粉、7.0%（重量）TNT 和 1.5%（重量）复合油。

【分析】

最接近的现有技术中的粉状硝酸铵炸药中的组分硝酸铵和木粉的含量落在本发明专利申请权利要求的技术方案中相应组分的数值范围之内，应当认为两者的硝酸铵组分和木粉组分的含量相同，而本发明专利申请组分 TNT 含量的数值范围的上限 6.0% 与最接近的现有技术中公开的数值 7.0% 十分相近，本发明专利申请组分复合油含量的数值范围的下限 2.0% 与最接近的现有技术中公开的数值 1.5% 十分相近，因此本发明专利申请所请求保护的粉状硝酸铵炸药的组分和含量与最接近的现有技术公开的粉状硝酸铵炸药极为相近。

但是，最接近现有技术的粉状硝酸铵同样存在着污染环境严重、爆炸性能偏低、不稳定的缺陷；而本发明粉状硝酸铵炸药的主要组分轻质膨松硝酸铵是用普通硝酸铵经表面活性剂预处理，用真空结晶法结晶获得，其晶形结构改变，得到多裂纹、多孔隙的轻质膨松硝酸铵，用这种轻质膨松硝酸铵代替传统的轻质膨松硝酸铵，再辅以高热值油相材料，使制得的炸药具有足够的空隙和较大的反应界面，达到在不含 TNT 或仅含少量 TNT 时具有优异的爆炸性能，并消除或减轻了环境污染。由此可知，尽管本发明的粉状硝酸铵炸药的组分含量与最接近的现有技术十分接近，但由于其中一种组分的来源与最接近的现有技术不同，从而使其性能明显优于最接近的现有技术中粉状硝酸铵炸药，应当认为本发明专利申请不仅相对于最接近的现有技术具有显著的进步，而且对本领域技术人员来说是非显而易见的，具有突出的实质性特点，具有《专利法》第 22 条第 3 款规定的创造性。当然，需要说明的是，对本发明粉状硝酸铵炸药作出创造性贡献的技术特征"轻质膨松铵是用普通硝酸铵经表面活性剂预处理、且用真空结晶法结晶获得"应当写入到独立权利要求中。

（4）发明在商业上获得成功

当发明的产品在商业上获得成功时，如果这种成功是由于发明的技术特征直接导致的，则一方面反映发明具有有益效果，同时也说明了发明是非显而易见的，因而这类发明具有突出的实质性特点和显著的进步，具备创造性。

【案例 1 - 85】

在本案例中，发明专利申请的权利要求书中请求保护的主题是一种"微风吊扇"。该发明专利申请的微风吊扇由于体积小、风量小、耗电少，适用于夏天气候湿热的南方，一上市就受到人们的欢迎。鉴于此，不少厂家纷纷仿造，在此同时，其中好几家侵权厂家针对这件发明专利申请的审定文本向专利局提出了异议（类似于目前专利授权后的无效宣告请求）。专利权人在异议程序中争辩该专利申请具备创造性时，其中一条理由是该发明取得了商业上的成功，并在意见陈述书中作出具体说明：由于本发明在该微风吊扇上设置了一对平衡杆，儿童不小心将手碰到微风吊扇的叶片时，该微风吊扇会自动停转，因而这种微风吊扇的使用对儿童特别安全，特别适用于在夏天气候湿热的南方吊挂在儿童的蚊帐内，正由于该微风吊扇具有这种功能，受到了人们的青睐，销售量剧增，取得了商业上的成功。

【分析】

由专利权人的上述陈述可知，该发明专利申请商业上的成功是由于采取了"设置一对平衡杆"这一技术措施带来的，并非是仅仅通过广告宣传和采用促销手段带来的，因而专利权人的上述主张得到了认可。但是，导致其取得商业成功的技术措施"微风吊扇上设置了一对平衡杆"应当写入独立权利要求，最后通过将从属权利要求的这一附加技术特征补入到独立权利要求中后，该发明专利申请授予了专利权。

需要提请申请人或专利代理人注意的是，从上述四个方面论述专利申请具备创造性时应注意下述几个问题：

① 正如前面所指出的，创造性的判断是针对权利要求的技术方案进行的，因此，在争辩专利申请有创造性时应当将为发明带来上述效果的技术特征写入到独立权利要求中去，例如为解决长期渴望解决而未能解决技术问题所采用的、或者为克服技术偏见所采用的、或者使发明产生预料不到技术效果的、或者为发明带来商业上成功的技

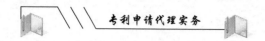

术手段应当写入到独立权利要求中去，例如前面【案例 1-82】中的"橡胶布"、【案例 1-83】中的"非锁定套筒"和选定的"套筒薄壁厚度的数值范围"，【案例 1-84】中的"轻质膨松铵是用普通硝酸铵经表面活性剂预处理、且用真空结晶法结晶获得"，【案例 1-85】中的"一对平衡杆"均应当写入到独立权利要求中去。

② 对于发明解决了人们一直渴望解决、但始终未能获得成功的技术难题来说，最好在说明书中已明确写明该发明所解决的技术问题是人们长期渴望解决的技术问题，此外还要求作为本发明最接近的现有技术与相关的现有技术距本发明专利的申请日已经有较长的时间，在这种情况下，以此为理由争辩本发明专利申请的技术方案具备创造性才有可能取得成功。此外，既然本领域的技术人员长期以来不能解决渴望解决的技术问题，作为本发明必定采用了人们不易想到的技术措施，应当将此技术措施写入说明书中，并写入独立权利要求中。

③ 对于发明克服技术偏见的情况，申请人或专利代理人应当在专利申请文件的原始说明书的背景技术部分写明这种技术偏见，并进一步在说明书的其他部分，如在发明内容部分写明为什么本发明克服了技术偏见，新的技术方案与偏见之间的差别以及克服偏见所采用的技术手段。如果原申请文件中未作出上述说明，则从上述角度论述本专利具备创造性时并不一定能争辩成功，因为按照《专利审查指南 2010》第二部分第二章 2.1.2 的规定，为使发明和实用新型专利满足《专利法》第 26 条第 3 款规定的"说明书应当对发明或者实用新型作出清楚、完整的说明，以所属技术领域的技术人员能够实现为准"这一要求，说明书中应当包含上述内容。

④ 对于产生预料不到技术效果的发明来说，只要将导致发明产生预料不到技术效果的技术特征写入到独立权利要求中去，则就可由此证明该独立权利要求的技术方案具有突出的实质性特点，当然发明具有预料不到的技术效果也就说明其具有显著的进步，从而就可得出其有创造性。然而，对于有突出实质性特点的发明来说，就不再要求其有预料不到的技术效果，只要其属于前面所指出的具有显著进步的四种情况之一，就可认定其有显著的进步，从而得出具备创造性的结论。

⑤ 当以发明在商业上获得成功作为发明具备创造性的依据时，不能仅仅以商业上的业绩作为商业上成功的证据，还必须说明该商业上的成功是由于发明技术方案的改进所取得的，因为商业上的成功还可能是由于其他原因所致，例如通过销售技术的改进或者广告宣传效果带来的，由这些非技术的原因带来的商业上的成功并不能证明发明专利申请具备创造性。

3 实用性

《专利法》第 22 条第 4 款规定："实用性，是指该发明或者实用新型能够制造或者使用，并且能够产生积极效果。"

3.1　法条释义

一项发明或者实用新型若想要获得专利权的保护，必须能适于实际应用。换言之，发明或实用新型不能是抽象的、纯理论性的、或仅存在于理想状态下的，它必须能够在实际产业中予以应用，并且该发明或实用新型付诸产业实践时，应当能够解决技术问题，产生预期的技术效果。

（1）能够在产业上制造或使用

上述实用性条款中所称"能够制造或者使用"是指：如果一件发明或实用新型专利申请要求保护一种产品，那么该产品必须在产业中能够制造，并且能够解决技术问题；如果一件发明专利申请要求保护一种方法（仅限发明），那么该方法必须在产业中能够使用，并且能够解决技术问题。这里提到的"能够解决技术问题"对于理解实用性条款中的"能够制造或者使用"的含义很重要，例如，对于"永动机"的情形，虽然就单纯的制造而言，所谓的"永动机"是完全可以制造出来的，但是由于这样的"永动机"不能够解决技术问题，因此这样的产品也是不符合实用性意义上的"产品必须在产业中能够制造，并且能够解决技术问题"的含义的。

所谓产业应当具有广义的含义，包括工业、农业、林业、水产业、畜牧业、交通运输业以及文化体育、生活用品和医疗器械等各行各业。

应当注意的是，"能够制造或者使用"并非要求该发明或者实用新型在申请时已经在产业上实际予以制造或者使用，只要存在着在产业中制造或使用发明或实用新型技术方案的可能性即可，也就是说只要申请人在说明书中对技术方案进行说明，使得所属技术领域技术人员结合其具有的技术知识就能够判断出该技术方案应当能够在产业上制造或者使用即可。

此外，因不能制或者使用而不具备实用性是由技术方案本身固有的缺陷引起的，与说明书公开的程度无关。

（2）能够产生积极效果

"能够产生积极效果"，是指发明或者实用新型制造或者使用后，能够产生预期的积极效果。这种效果可以是技术效果，也可以是经济效果或者社会效果。一项发明或者实用新型与现有技术相比即使谈不上有什么优点，但是仅从其为公众提供了更多选择余地的角度来看，也可以认为它具有了我国《专利法》的实用性条款所称的"能够产生积极效果"。

应当注意的是，要求发明或者实用新型"能够产生积极效果"，并不要求发明或者实用新型毫无缺陷。事实上，任何技术方案都不可能是完美无缺的，只要发明或者实用新型产生了正面的效果，而没有使技术整体上发生倒退或变劣，或者是明显无益、脱离社会需求、有害无益，那么就认为该发明或者实用新型"能够产生积极效果"。

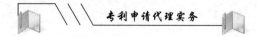

3.2 法条应用

《专利审查指南2010》第二部分第五章3.2中列出了六种被认定为不具备实用性的情况作为判断实用性的基准，现对其中在机械领域中出现相对较多的三种情况（违背自然规律、利用独一无二的条件、无积极效果）结合案例对该法条的应用作进一步说明。

3.2.1 违背自然规律

具备实用性的发明或者实用新型专利申请应当符合自然规律。违背自然规律的发明或者实用新型专利申请是不能实施的，因此，不具备实用性。

【案例1-86】

在本案例中，权利要求书中请求保护的主题为一种发电装置，其中权利要求1为：

1. 一种发电装置，由电力机车（1）、梯型平衡杠杆（2）、中心固定轴大伞轮（3）、加速机（4）、发电机（5）、输入输出循环控制室（6）组成，其特征在于：电力机车（1）通过梯型平衡杠杆（2）在4～2 000米直径范围内轨道上带动大伞轮（3），驱动加速机（4）推动4组发电机（5）发电，从而通过发电机（5）给电力机车（1）提供电力。

说明书中还记载有"在没有外界提供动力的情况下，电力机车能一直运行下去"的内容。

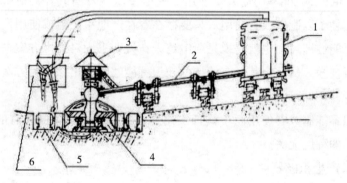

图1-2 发电装置示意图

【分析】

根据能量守恒定律，能量只能从一种形式转化成另一种形式，能量不能消失，也不能创造。因此，在系统内的机械能减少或增加的同时，必然有等值的其他形式的能量增加或减少。对于本发明，用电力带动机车沿环形轨道运行时具有转动动能，动能通过发电机转化成电能，电能又提供给电力机车，在不考虑任何其他损耗的情况下，电力机车能一直运行。但是，电力机车是一种消耗电力而行驶的交通工具，在这种能量转化过程中，还必然会有机车发动机的热能损失、车辆传动系统中的摩擦所消耗的能量损失以及车轮与铁轨之间的摩擦所消耗的能量损失等。因此，驱动电力机车所消耗的电能必然大于由该机车所产生的动能再转化而成的电能。也就是说，在没有外界提供动力的情况下，如果电力机车能一直运行下去，则不符合能量守恒定律，因此本发明不能在产业上制造，不具备实用性。

3.2.2 利用独一无二的自然条件

具备实用性的发明或者实用新型专利申请不得是由自然条件限定的独一无二的产品，因此利用特定的自然条件建造的自始至终都是不可移动的唯一产品不具备实用性。但是针对某一特定自然条件下建造、但还能适用其他类似自然条件的不可移动的产品或者利用特定自然条件的原材料所获得的产品不能被认为是利用独一无二的自然条件的产品，因而具备实用性；此外，即使利用独一无二自然条件的产品本身不具备实用性，由于该产品的构件还能适用于其他场合，不能认为这些构件本身也不具备实用性。

下面结合几个具体案例加以说明。

【案例 1 - 87】

某桥梁设计公司在完成一项在某宽阔江面某处架设桥梁的设计任务后，根据该桥梁的具体结构申请了一项发明专利申请，由于该处的江面接近 1 000 米，因此权利要求书中要求保护的主题为跨度为千米的桥梁。

【分析】

虽然该跨度为千米的桥梁的结构是针对此处江面宽度接近 1 000 米这一特定条件设计的，但由于还存在其他江面宽度大体为 1 000 米的场合，在这些地方也可以采用这种桥梁的结构，由此可知这种跨度为千米的桥梁不是独一无二的，可以在产业上制造和使用，因此以跨度为千米的桥梁作为专利申请的主题符合《专利法》第 22 条第 4款有关实用性的规定。

【案例 1 - 88】

本申请要求保护的主题是一种固定架设在珠峰第二台阶处的合金钢天梯，以方便登珠峰的登山者登上珠峰。

【分析】

由于珠峰第二台阶处的地理条件在全球是独一无二的，因此固定架设在该处的合金钢天梯产品是应用于特定条件下的唯一产品，以此作为专利申请要求保护的主题不符合《专利法》第 22 条第 4 款有关实用性的规定。但是，如果这种合金钢天梯是先生产出各个部件和/或构件，然后在珠峰第二台阶处现场组装成合金钢天梯，那么对于这些部件和构件来说，由于还可以在其他有陡壁处组装成适于当地条件的合金钢攀登梯，因此以这些部件或构件、甚至以组装式合金钢攀登梯作为要求保护的主题提出专利申请符合《专利法》第 22 条第 4 款有关实用性的规定。

【案例 1 - 89】

本申请要求保护的主题是利用喜马拉雅山上的无污染冰水制造的饮料和制造

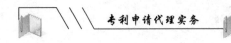

方法。

【分析】

虽然本申请要求保护的饮料和制造方法利用了特定地区的有限原材料，但是要求保护的饮料产品不是独一无二的，可以在产业上制造，生产这种饮料的方法也可以在产业上使用，因此不能以其原料是特定地区有限的原材料就认为该专利申请不符合《专利法》第 22 条第 4 款有关实用性的规定。

3.2.3　无积极效果

具备实用性的发明或者实用新型专利申请的技术方案应当能够产生预期的积极效果，因此明显无益、脱离社会需要的专利申请的技术方案不具备实用性。但是，对于那些技术方案本身效率很低却能适用特定场合使用的专利申请，不能认为其明显无益或脱离社会需要而不授予专利权。

【案例 1 - 90】

在本案例中，权利要求书中请求保护的主题为一种能量储存装置，其中权利要求 1 为：

1. 一种能量储存装置，其具有可以将输入的电能进行储存的能量储存单元，该能量储存单元可以在脱离输入电能的情况下，持续释放相当于 10% 输入的电能的能量。

【分析】

对于本申请要求保护的能量储存装置来说，尽管其最终输出的能量相对于输入的能量损失了 90% ，但可以在没有能量输入的情况下，继续持续一段时间输出能量，这在很多紧急情况下仍然具有有益的技术效果，因而不能因为其能量损失较多而认为本申请明显无益或脱离社会需要。由此可知，本申请符合《专利法》第 22 条第 4 款有关实用性的规定。

【案例 1 - 91】

在本案例中，权利要求书中请求保护的主题为一种牙斑净化剂，其中权利要求 1 为：

1. 一种牙斑净化剂，其中含有 1% ~99% （重量）的浓度为 1% ~36% 的盐酸和 1% ~99% （重量）的双氧水。

【分析】

对于本申请要求保护的牙斑净化剂来说，由于其含有浓盐酸组分和双氧水组分，浓盐酸会对牙釉质造成不可修复的损伤，且浓盐酸和双氧水都会对人的皮肤和粘膜组织造成严重损伤，因此，可以认为该权利要求请求保护的牙斑净化剂对人体有害而无益，不能产生预期的积极效果。由此可知，本申请不符合《专利法》第 22 条第 4 款有关实用性的规定。

第二章　专利申请文件撰写流程

熟练掌握专利申请文件撰写工作的技巧、高效率地撰写出质量较好的专利申请文件，是专利代理人必须具备的专利代理业务技能，也是每位专利代理人十分关心的问题。由多年来专利申请文件撰写的实践可知，要想撰写出一份高质量的专利申请文件，必须做好以下几方面的工作：通过与申请人、尤其是与其发明人的沟通帮助其提供充分反映发明创造内容的技术交底书，认真阅读和仔细分析技术交底书以正确理解发明创造内容和申请人提出专利申请的意图，根据发明创造内容的特点确定专利申请的保护主题与类型，对权利要求进行合理布局等，只有这样才能撰写出合格的专利申请文件，为后续专利申请的审查、专利权无效宣告及专利侵权诉讼程序奠定良好的基础。为帮助专利代理人提高专利申请文件撰写工作的能力，本章在前四节中分别对"技术交底书的获得"、"理解和挖掘发明技术内容"、"权利要求的布局"和"专利申请文件的撰写"四方面的工作加以具体说明。此外，本章在第五节中进一步介绍了"专利申请文件撰写与专利战略的结合"方面的内容。

第一节　技术交底书的获得

技术交底书是专利代理人获得发明基础信息、理解发明构思和撰写专利申请文件的基本素材。申请人所提供的技术交底书的好坏在很大程度上影响到专利申请文件的撰写质量和工作效率，作为专利代理人应当与其发明人进行必要的沟通，以帮助申请人提供能充分反映发明创造内容的技术交底书。

1　与发明人的初步沟通

在一些专利代理机构中，技术交底书是发明人在专利代理人的指导下完成的。还有一些专利代理机构，在与客户接触的初期，专利代理人并不介入，而由市场开发人员或客户服务人员与发明人进行沟通，并向发明人提供技术交底书模板，请发明人按照技术交底书模板的格式提供技术交底书。这两种方式各有利弊。第二种获得技术交底书的方式由于不需要专利代理人前期介入，因而省去了专利代理人的工作，节约了专利代理机构的成本；但是，由于受市场开发人员或客户服务人员专业知识面的限制，这种获取技术交底书的方式可能存在一定的问题，例如技术交底书基本部分不完

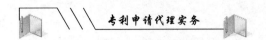

整，某些不能申请专利的主题被写进了技术交底书等。由专利代理人与发明人进行沟通，指导发明人提供合格的技术交底书，通常能够避免上述不足，并且使专利代理人对案件有初步的了解，便于后续专利申请文件撰写的工作。

专利代理人在接到申请人委托办理的专利申请事务后，需要及时与其发明人进行联系和沟通。在很多情况下，发明人初期提供的资料往往不齐全，只有简单的描述，甚至有些情况下，发明人仅提供了一幅草图而无任何文字说明，或仅提供了一件实物，告知专利代理人要求保护该产品，因此，专利代理人与发明人通过沟通获取完整、全面的技术交底书显得尤为重要。

而另有一些发明人出于对本单位技术秘密或技术诀窍的保护目的，不愿提供涉及发明技术方案的一些细节。这时，需要专利代理人向这些发明人说明专利制度是通过申请人公开其发明来换取国家对其技术方案的法律保护。因此，对实施发明必不可少的相关内容必须提供，以避免后续撰写的申请文件出现未充分公开发明或实用新型内容的缺陷。为此，专利代理人应当明确告知发明人下述两方面内容：

① 在技术交底书中所写明的技术内容至少应当构成一个完整的、可实施的技术方案，且该技术方案应当相对于（检索的）现有技术具备新颖性和创造性；

② 保留技术秘密的利与弊，在上述技术方案具备新颖性和创造性的前提下，不公开技术诀窍的好处在于能保留技术秘密，从而使己方在市场竞争中处于有利地位；而其弊端在于一旦上述技术方案不具备新颖性和创造性时，就不能通过将申请时所保留的技术诀窍在审查过程或专利无效过程中补入专利申请文件或专利文件中使本专利申请或本专利相对于现有技术具备新颖性和创造性。

1.1 沟通途径及沟通技巧

通常情况下，专利代理人在专利申请代理过程中需要与申请人方的发明人及负责审核专利申请文件的知识产权经理联系。而在技术交底书获取阶段，主要是与发明人联系，下面对专利代理人与发明人的沟通途径和沟通技巧分别作进一步说明。

1.1.1 沟通途径

专利代理人与发明人之间的沟通途径主要包括电话沟通、邮件沟通、传真沟通、即时消息沟通与面谈沟通五种方式。

（1）电话沟通

电话沟通是专利代理人日常工作中常见的一种沟通方式，适合非正式通知、了解问题以及解答常规性问题等。对于一些比较复杂且需要发明人具体说明的技术方案问题，也可以采用电话沟通的方式，此时注意，因涉及技术较为复杂，可能在电话沟通中出现思路不清的局面，应当注意在电话沟通前将希望通过本次沟通弄清楚的问题逐一列出。

电话沟通的优点是省时、快捷，可与发明人详细讨论。缺点是非正式性、针对具体图纸内容进行沟通时较困难、对发明人在电话沟通中回答的问题缺少思考的时间。

由于发明人可能担任着繁重的科技研发任务，工作很忙，因此专利代理人与发明人的沟通应尽量少占用发明人的时间，提高沟通效率，尽可能通过一两次来回的联络即可获取所需要的全部信息、图纸、资料。

通过电话与发明人沟通时应注意文明礼貌，通话中语速要平缓，不宜过快或过慢，不要轻易打断对方的话语，认真聆听对方对技术方案的描述并作好电话记录。如遇电话沟通中对方不方便接听时或多谈时，可与其约定一个双方方便的时间再次进行电话联系。

电话沟通具体注意事项如下：

① 准备工作：在电话沟通前，如果需要询问的内容比较多，可以事先将需要询问的内容作一个列表，做到有条理有顺序，避免在沟通时条理性不强而导致需要沟通的事项没有一次性沟通完，从而给发明人留下不好的印象。

② 通话时间：上午9：30～11：00，下午14：30～16：00，这两个时间段是较佳的时段。通常各单位上班时间多在8：30～9：00，因而上午在9：30后打电话会是一个较好的时间，在打完电话后，对方还有一段充分处理的时间。同样地，考虑到中午有用餐与休息的时间，在下午14：30之前不宜打电话给发明人。至于16：00之后，由于临近下班且缺少给对方处理的时间，此时与发明人沟通，效果也许比较差。对于对方发明人身居国外而与中国存在时差的情况下，也可以在电话沟通之前，事先用电子邮件与发明人约定方便的时间。

③ 用词用语：接通电话后，首先要自报家门。如果对方的电话是手机，还要询问一下对方是否方便接电话。例如：您好！我是××公司专利代理人×××，您现在方便接电话吗？（如果对方回答方便，则继续）关于××案件……。如果对方的电话是座机，在报完家门后加一句"请问是××先生/女士/老师吗"。如果不是，则询问发明人是否方便接电话；若不方便，可以约一下例如十分钟或半个小时候后再打电话。或者必要的时候，可以留下自己的电话，让发明人方便的时候回电话，最后要感谢接听电话的人。在电话沟通的时候，要保持语速正常、清晰，面带微笑，使对方感受到你的饱满热情与诚意。

④ 接听电话：接电话应当在电话铃响起的第一声结束到第二声结束前接起来，最迟不要超过第三声。让呼叫方长时间地等待可能会影响呼叫方的心情，误认为接听方效率低。在接听电话的时候，应当做好随时记录的准备，将电话内容的重点记录下来，避免遗忘或者反复询问对方。对于重要的内容，应当向对方复述一遍，以保证记录的内容准确无误。在接听电话时，尽量不要打断电话交谈。如果有事情确需打断电话交谈，则必须先向对方道歉，然后告知对方等候的原因。例如，可以向对方解释说："对不起，我有个电话过来，先接一下，请您稍等一下。"然后，迅速接听第二个电话，并告知第二个通话方："我正在电话中，一会儿给您打过去。"之后，迅速返回

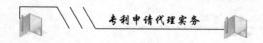

与第一个通话方的电话交谈。

⑤ 电话沟通结束后：应当将本次沟通中需要存档的内容以电话记录单的形式记录下来，尤其是应当详细写明在电话中已经确认过的事项。表 2 – 1 为一种常用的电话记录单。

表 2 – 1　电话记录单

通话时间		年　月　日　时　分
联络人	单位及部门	
	电话号码	
	姓　　名	
要点记录	我方卷号	
记录人		

（2）邮件沟通

邮件沟通也是专利代理人日常应用最多的沟通方式之一，其优点是比较正式，有充足的时间准备，表达准确，条理性强。缺点是沟通效率较低，与发明人缺少语言上的交流，不易传递感情，与发明人的距离感较大。

邮件沟通适合正式的通知、需要较长时间准备的内容、以及需要对方确认的内容等。

目前电子邮件已非常普及。大部分情况下，电子邮件已经取代了传统的纸质邮件通信方式。因此，下文中，"邮件"一般指电子邮件。

需要注意的是，有些人并没有每天查收邮件的习惯，发邮件后最好以短信或者电话的形式通知发明人查收邮件，以免耽误时间。

通过电子邮件沟通，需要注意如下事项：

① 邮件主题栏中务必写清本次沟通事项的主题、案卷号。

② 邮件正文部分，首先要称呼对方联系人名字，并使用适当的问候语，例如："尊敬的张老师：您好！"邮件通篇语气要友好。正文中应写明希望收信方配合的事项及希望回复的时间。

③ 邮件正文要有条理和层次，要适当地使用回车和空行，以便于阅读。

④ 正文结尾要有进一步联系方面的语言与联系信息。例如：若您有任何疑问，请您随时与我联系。我的联系电话是×××××××，手机号码是×××××××××××。

⑤ 邮件签名中写明单位、姓名、日期等事项。

⑥ 在发送邮件之前，应当通读邮件，进行必要的检查。例如，检查是否有拼写错误，是否忘记添加附件等；在回复邮件的时候，还应当核实回复是否与来信一样抄送相同的联系人（例如全部回复的情况）。

⑦ 如果在一天或者更长时间无法阅读或者回复邮件，应当将邮箱设置成自动回复；在回复留言中，告知可能何时处理来信。

⑧ 最后需要注意的是，与发明人之间的往来沟通邮件中的附件必须加密处理，尤其是涉及技术内容的往来稿件。当然，在申请人明确不要求加密的情况时除外。

（3）传真沟通

传真沟通的优点是能够将原件的信息准确地传达给对方。当然这一部分功能也可以通过邮件方式来代替。使用传真沟通的缺点是容易遗失，不方便接收、回复和转送等。

传真适合法律文件的传送。对于不会使用邮件的人而言，也可以是一种替代工具。

传真沟通需要注意如下事项：

① 写明收件人是谁。

② 标注所发传真文件的总页数供对方核实。

③ 写明己方联系方式，包括己方传真等。

④ 请对方回传真或通过电话确认收讫。

（4）即时消息沟通（QQ、MSN、视频会议）

现代科技的发展使我们不但能使用电子邮件这种方便的通信方式，还能使用一些更先进的即时消息沟通工具。例如，包括基于互联网的 QQ、MSN 点对点即时通信工具，这种即时沟通方式可在语音沟通的同时传送文字资料与图片。具有传送信息容量大、效率高的优点，但操作相对复杂一些，且仅适合一对一的沟通。对于即时通信工具的使用要慎重，因为可能存在通信内容泄露的风险。即时通信工具提供的视频会议能很好地解决多人同时参与沟通的问题，尤其是当某一发明技术方案需要同时与多人同时进行沟通时，可采用视频会议的方式进行，通过视频会议还可以进行一些实物的演示。这种方式同样能通过视频会议软件来传送文字或图片资料，缺点是需要专用设备或软件来支持，且视频会议设备的设置与操作比较复杂。

即时消息沟通注意事项：

① 需在沟通前与对方约定沟通时间，使用视频会议时需提前通知所有参会人员。

② 视频会议沟通前做好相应的设备调试准备，有实物演示时需提前备好实物。

③ 以即时消息沟通方式进行沟通后，应当将本次沟通中需要存档的内容以会谈记录的形式记录下来，尤其是在会谈中确认过的事项应详细写明。

（5）面谈沟通

一般情况下，通过电话、邮件等不能有效沟通的情况下，可以与发明人当面沟通。例如，在发明人需要演示实物、需要专利代理人查看现场实物、进行专利申请挖掘等情况下，当面沟通是十分必要的沟通手段。

面谈沟通的优点是即时、高效，沟通内容多样，能一次性解决多个方面的问题。通过面对面的沟通，可以就发明的技术方案细节、希望保护的核心内容等进行充分的交流。但是面谈沟通的缺点是成本高，需要考虑交通与时间成本。对于面谈沟通，要事先征询对方是否有时间并愿意当面进行沟通，并与对方约定具体时间。另外，面谈沟通要求专利代理人有较高的专业素质、较好的外在形象、谈吐等。这些更高的要求可能会影响到当面沟通的效果。

面谈沟通需要注意如下事项：

① 沟通前做好资料准备，简单地搜索一下可能涉及的技术主题以及技术发展趋势，做到有准备、有目的地去沟通。

② 穿着要得体，给客户以信任感，体现出大气、自信的专业形象和素质。沟通开始时需要适当的寒暄，第一次见面需向对方简单介绍自己。

③ 沟通中要避免不适当的小动作，例如抖腿、转笔、挠腮等，同时注意聆听，并适时提出自己的观点。

④ 做好沟通内容记录。也可以在征得对方同意的情况下，进行录音或摄像。

⑤ 最后需要简单复述核心内容，并请对方确认。

上面对与发明人沟通的几种主要方式进行了介绍，专利代理人可根据具体情况选择合适的沟通方式。例如对于技术交底书以及需要发明人进行核实或者修改的，最好使用电子邮件。这样，一方面可以方便发明人对初稿进行文字修改或者标注，另一方面可以把往来邮件留存备案，便于以后查阅该案的信函往来历史。在经过充分沟通，了解了技术方案并开始撰写的情况下，如果在撰写过程中遇到一些无法确定的小问题，可以考虑通过电话和即时沟通工具、传真，随时与发明人交流，以提高工作效率。

1.1.2 沟通技巧

在与发明人的沟通技巧方面，综合上面介绍的内容可归纳为耐心、虚心、诚心六个字。

耐心：发明人通常只对技术内容了熟于心，对专利知识了解较少。因此，在沟通过程中专利代理人的耐心就显得非常必要。这里说的耐心包括两个方面：一是要耐心聆听发明人对技术的解释，尽快习惯发明人的表述方式，以尽可能贴近于发明人的思维进行沟通，避免使用发明人不理解的专利术语；另一方面是要耐心引导发明人讲述尽可能多的在专利申请说明书中需要公开的技术细节，有时可能需要向发明人介绍一些专利的基本常识，让发明人理解专利的特殊要求以及专利申请公开与获得专利保护之间的关系。

虚心：这里所说的虚心，是指避免对发明人的创新成果进行主观臆断，要虚心地向发明人请教技术问题、具体的技术手段、能够实现的技术效果。沟通是一个双向的过程，专利代理人一定要注意在沟通过程中充分表达自己对技术方案的看法以及自己的理解，并让发明人对你的理解进行确认或者修正。有些情况下，发明人所研发的发明项目的技术领域并非与专利代理人所学专业技术领域完全契合，这时候专利代理人充分表达出自己的理解尤为重要。对技术内容未完全理解时，绝不可以碍于情面或者不好意思，而不向发明人求教，否则写出来的专利申请往往会造成技术方案或者保护范围上的偏差，甚至出现公开不充分的情况，给申请人带来难以弥补的损失。

诚心：在沟通过程中，专利代理人应该表现出充分的诚意，充分理解和认可发明人的观点，尽可能从发明人的角度去考虑问题，致力于解决发明人所关心的问题。这样，才能取得发明人的信任，为有效的沟通奠定基础。

1.2 提前准备需要询问的内容

无论是通过哪种沟通形式与发明人沟通，都需要明确沟通的目的是为了了解清楚该发明的技术方案、发明改进点，为下一步进行专利申请文件的撰写做好充分的准备。因此，在沟通联络前，应根据已经知道该专利申请的大致技术领域和内容以及对方已提供的材料，准备好需要询问的内容，以了解作出该发明的基础，即现有技术等情况。专利代理人也可以先提前进行粗略的检索，了解相关方面的技术发展情况和趋势。另外，专利代理人还可以检索一下客户的业务领域、有无既往专利申请或者论文等，尽可能地弥补专利代理人在专业技术知识上的不足。只有充分了解了申请人方较多的信息，才有可能在沟通中高效地进行交流。

1.2.1 准备与发明技术内容直接相关的问题

在针对发明的具体技术方案进行沟通时，可事先准备如下一些问题：

① 发明属于哪个技术领域、涉及什么主题？

② 现有技术存在怎样的缺陷？您提出的技术方案的出发点是什么？

③ 您是否有相关的现有技术文献资料，例如专业期刊、专利文献？

④ 您是否有现有产品的可编辑图片？电路图、流程图？或实验数据？

⑤ 本发明的技术效果是通过方案中哪一个或哪些部件或机构实现的？

⑥ 图×中示出的××结构的作用是什么？部件间的配合关系是怎样的？×××机构的运动过程如何？

如果委托申请的的发明涉及机械类的产品而未提供附图的，应当要求对方提供相应的附图。有些情况下，所提供的附图为不可编辑格式，应当要求对方提供可编辑格式的附图，以便于在撰写专利申请文件时对附图进行调整、修改。

1.2.2 准备与提交专利申请相关的有关问题

除了上面所述与发明技术内容本身有关的问题外，还需要向申请人了解以下与本发明相关的情况：

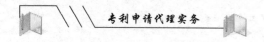

① 本发明有无相关的专利申请。

② 在此之前是否出现过申请本发明新颖性等方面的事项，例如已经由发明人发表过文章、已经参加过展览、作过会议报告等。

③ 申请专利的目的与用途是什么，例如：

（i）产品将投放市场，需要取得保护；

（ii）需要先取得专利申请优先权，然后到国外申请专利；或者对在先申请作出的改进，拟要求优先权并放弃在先申请；

（iii）公司上市、技术入股；

（iv）产品进入国外市场；

（v）防备竞争对手就相同主题申请专利，造成对己方不利的竞争局面；

（vi）显示企业技术实力；

（vii）参加评奖等客观需求。

④ 是否后续阶段需要向国外提出专利申请，如果属于需要向国外申请专利的情况，则应同时考虑到向国外申请专利保护的主题。

对于申请人不同的需求，在对案件的处理上可以区别对待。例如，申请人旨在用该案来取得优先权基础，则在案件处理上并不是要尽善尽美，而是在确保能够取得相应优先权的基础上，尽快将案件提交至专利局。再如，对于申请人需要进入到外国进行保护的专利申请，在撰写时就不能只考虑在国内可授予专利权的主题，还需要考虑进入到其他国家可能授予专利权的主题，从而避免申请人的利益受损。

如果有向国外申请的可能，需要考虑其他国家对专利申请文件的要求。此时，更应当注意用语尽量规范，用词、句式简单，语法关系清楚，以方便后续翻译。

由于申请人申请专利的目的不同，很多情况下是出于企业专利战略上的需求，读者可参考本章第五节"专利申请文件撰写与专利战略的结合"部分的内容。

1.3 排除或避免不授予专利权的主题

在专利代理人拿到申请人提供的相关材料后，进行沟通前应该大致了解发明的技术领域和基本技术内容，应当判断申请人在该项委托的专利申请中准备要求保护的内容是否涉及不能授予专利权的主题，即是否属于《专利法》第 2 条、第 5 条以及第 25 条中规定的不能授予专利权的主题，以避免做无效的劳动。

1.3.1 完全不可以申请专利保护的主题

有些发明主题属于完全不可以申请专利保护的主题，包括：

① 申请人欲要求专利保护的发明属于人为制定的商业方法；

② 申请人欲要求专利保护的发明为违反能量守恒定律的永动机；

③ 申请人欲要求专利保护的发明为违反法律、社会公德或者妨害公共利益的，例如专门用于赌博的设备、吸毒的器具等；

④ 申请人欲要求专利保护的主题涉及动植物品种的，此种情况下可以告知申请人，植物品种可以要求保护植物新品种权，而动物品种在中国暂时没有知识产权方面的保护；与此同时，应当告知申请人，育种方法可以通过发明专利申请保护；

⑤ 申请人欲要求专利保护的主题为疾病的诊断或治疗方法，此种情况，应当告知申请人，在我国疾病的诊断或治疗方法目前是不给予专利保护的，并适当解释在我国不给予专利保护的原因；但在此同时，告知申请人可通过保护检测试剂、仪器、药物以及制药用途等方式来进行变相的保护。

如遇有上述的情况，需要及时与申请人进行沟通，并说明情况，在专利申请中排除或避免这些我国《专利法》明确规定不授予专利权的主题。有时申请人会比较难以理解为何不能申请专利（尤其是涉及单纯商业方法和计算机软件），并会举出若干公开、授权的实例。这时可以解释一下大部分类似主题只是发明专利申请的公布，发明专利申请公布以后还需要进行实质审查，那时包含这样的主题的专利申请将会被驳回；此外，实践中审查员对这方面标准的掌握会略有偏差，可能会出现极个别类似主题的专利申请获得授权的情况，但是在后续的程序中，这些专利权会在他人提出专利无效宣告请求后被专利复审委员会宣告专利权无效。

1.3.2　可通过改变形式来申请的主题

有些情况下，申请人欲要求专利保护的发明涉及《专利法》中规定不授予专利权的主题，但是可以通过改变形式来得到专利保护。对于这种情况下，可以告知其发明人，需要通过改变申请主题的形式来提出专利申请，但同时应当告知对方，即便以改变申请主题的形式提出专利申请，仍然还存在不能被授予专利权的风险。

【案例2－1】

申请人欲要求专利保护的发明为一种"投币式弹子游戏机"，游戏者如果达到一定的分数，机器则抛出一定数量的钱币。对于这样的发明，专利代理人应当告知其发明人，需要将抛出钱币的有关内容删除或对其进行修改，使之成为一个单纯的投币式游戏机。

【案例2－2】

申请人欲要求专利保护的发明为一套贞操内衣，包括由他人采用特定工具才能开启的锁。专利代理人应当明确告知其发明人，需要将涉及贞操部分删除或对其进行修改，使内衣脱离该特定用途。

2　技术交底书的获得

在进行沟通时，应当有目的地引导和协助发明人提供能充分反映发明内容的技术交底书。为此，建议通过提供技术交底书模板的方式来进行。

2.1　技术交底书模板的构成

为提高专利代理人与申请人之间的沟通效率，专利代理机构通常备有技术交底书

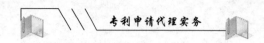

模板以提供给其发明人填写。该技术交底书模板中列出了需要发明人提供的各方面内容。

技术交底书模板主要包括基本信息、技术领域、背景技术、现有技术缺陷与存在的问题、本发明要解决的问题、本发明的技术方案、技术效果、本发明的替代方案等。

表2-2为一种常用的技术交底书模板，但是这种模版不是固定的，其形式和内容可以依据技术领域和发明人对专利的认知程度灵活调整模版的形式和内容。

表2-2　技术交底书

发明名称：＿＿＿＿＿＿＿＿＿＿＿＿＿＿＿＿＿＿＿＿＿＿＿＿＿＿＿＿＿＿＿＿＿＿＿

技术问题联系人：＿＿＿＿＿＿＿＿＿＿＿＿＿＿＿＿＿＿＿＿＿＿＿＿＿＿＿＿＿

联系人电话：＿＿＿＿＿＿＿＿＿　E-mail：＿＿＿＿＿＿＿＿＿　Fax：＿＿＿＿＿＿

术语解释：＿＿＿＿＿＿＿＿＿＿＿＿＿＿＿＿＿＿＿＿＿＿＿＿＿＿＿＿＿＿＿＿＿＿

＿＿＿＿＿＿＿＿＿＿＿＿＿＿＿＿＿＿＿＿＿＿＿＿＿＿＿＿＿＿＿＿＿＿＿＿＿＿＿

一、要求保护的发明创造主题名称

写明发明人所认为的本专利申请想要保护的发明创造主题名称。

二、技术领域

写明本专利申请中的发明创造属于何技术领域，可以在哪些领域应用。

三、技术背景

详细介绍本发明创造的技术背景，即背景技术，尤其要描述已有的与本发明最接近的背景技术。

1. 介绍在所述技术领域内的技术现状，尤其是与本发明欲改进的核心技术有关的技术现状。

2. 可从大的技术背景和小的技术背景两个方面进行介绍。大的技术背景主要是指该技术领域的总体状况，小的技术背景是指与本发明改进的具体技术密切相关的技术状况。

3. 技术背景介绍的详细程度，以不需再去看文献即可理解该技术内容为准，如果现有技术出自专利文献、期刊、书籍，则提供出处。现有技术有相关附图的，最好一并提供并结合附图说明。

注意：附图请尽可能提供可编辑格式的版本，例如 Visio，CAD，PPT 等格式的图。

四、现有技术存在的问题

介绍现有技术存在的缺点是什么？针对这些缺点，说明本发明要解决的技术问题，即本发明的目的。

1. 客观评价现有技术的缺点，会带来哪些问题，这些缺点是针对本发明的优点来说的，本发明正是要解决这些问题的缺点。本发明无法解决的技术问题不必描述，本发明不能解决的缺点也不必写。

2. 如果找不出对比技术方案及其缺点，可用反推法，根据本发明的优点来找出对应的缺点，还可以从结构角度推导出现有相近产品的缺点。

3. 缺点可以是成本高、结构复杂、性能差、工艺繁琐等类似问题。

4. 针对前面现有技术的所有缺点，逐一正面描述本发明所要解决的技术问题。

五、本发明技术方案的详细阐述

本部分所提供的内容涉及专利申请文件中最重要的部分，越详细越好。

1. 对于发明和实用新型专利要求保护的主题是一个技术方案，因而在这部分应当阐明本发明要解决的技术问题（即发明目的）是通过什么样的技术方案来实现的，不能只有原理，也不能只做功能介绍，应当详细描述本发明的各个发明改进点及相应的技术方案。

2. 技术方案是指为解决上述技术问题（即达到上述发明目的）而采取的技术措施（即由技术手段构成的技

术构思）。因此，本发明的技术方案应当通过清楚、完整地描述本发明的技术特征（如构造、组织、形状等）以及作用、原理而将其公开到使本专业技术领域中的普通技术人员能够实施本发明为准。

3. 对于不同类型的发明，需要采用不同的描述方式来说明其技术方案。例如：对于设备发明，应当具体说明其零部件的结构及其连接关系，必要时结合附图加以说明；而对于方法发明，应当具体说明其工艺方法、工艺流程和条件（如时间、压力、温度、浓度）；涉及机电一体化的发明，对于其中与电路有关的内容应当提供电路图、原理框图、流程图或时序图，并应当结合附图进行具体说明；对于部分内容涉及软件、业务（商务）方法的专利申请，除提供流程图外，还应提供相关的系统装置。

4. 所有附图都应当有详细的文字描述，尽量以本领域技术人员不看附图即可明白技术方案为准；同时附图中的关键词或方框图中的注释都尽量用中文。附图中的方框图以黑白方式提供即可，不必提供彩色图；所有英文缩写都应有中文注释。

六、本发明创造的关键改进点

针对本发明创造相对于现有技术所作出的改进给出其关键改进点，即说明其中哪些发明改进点是本专利申请重点想要保护的创新内容。

1. 本发明技术方案的详细描述部分提供的是完整的技术方案，在本部分是提炼出技术方案的关键改进点，列出1、2、3……以提醒专利代理人注意，便于专利代理人撰写权利要求书。

2. 简单点明即可，通常可以根据下面第七项能给本发明带来的有益效果给出其关键改进点。

七、本发明的有益效果

本部分写明本发明与第三项所述的背景技术相比的优点，尤其是与最接近的背景技术相比的优点。

1. 本部分简单介绍即可。但是，不要仅仅列出各个优点，应当结合技术方案中的各个发明改进点作出具体说明，即以推理方式具体分析各个改进点如何带来这些优点，使得对优点的说明做到有理有据。

2. 可以对应第四项所要解决的技术问题或发明目的作出具体说明，即分析上述各个发明改进点如何解决这些技术问题或实现这些发明目的。

八、本发明的替代方案

针对第五项中的技术方案，写明是否还有别的替代方案同样能解决上述技术问题或实现上述发明目的。

1. 如果有替代方案，请详尽写明，以提供足够多的具体实施方式。此部分内容的提供有助于撰写保护范围更宽的权利要求，防止他人绕过本技术方案去解决同样的技术问题或实现同样的发明目的。

2. 所述替代方案可以是部分结构、器件、方法步骤的替代，也可以是完整的技术方案的替代，例如：在本发明具体技术方案中两个部件的连接为卡式连接，但铰链连接也可能实现本发明，因此铰链连接即为替代方案。

九、其他相关信息

本部分给出其他有助于专利代理人理解本发明内容的资料，从而向专利代理人提供更多的信息，以便专利代理人更好更快地完成专利申请文件的撰写。

2.2　引导并协助发明人完成技术交底书

虽然技术交底书模板全面地列出了需要发明人提供的各部分内容，但由于专利申请所需要的技术文件与相关内容不同于研发人员写科技论文或写产品说明书，因而发明人提供的技术交底书尚不能满足专利申请文件撰写的需要。在这种情况下，专利代理人应当引导并协助发明人提供能充分反映发明内容的技术交底书。

下面先针对发明人提供的技术交底书所存在的三类主要缺陷说明如何协助发明人消除这样的缺陷，然后对发明人提供的技术交底书中的常见具体问题作出进一步说明。

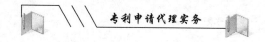

（1）发明人未按技术交底书模板进行填写

在提供技术交底材料的阶段，部分发明人可能不太清楚对技术交底书的具体要求，例如选用技术术语的原则、提供材料应详尽到什么程度、核心技术可否加以保密、实例需要如何提供、附图可否采用照片、可否直接将工程制图用作说明书附图等，因而未按技术交底书的模板进行填写，甚至仅寄来一个实物，要求保护该产品。在这种情况下，专利代理人应当向其说明技术交底书中各部分内容的具体含义与填写要求，以引导并协助发明人完成技术交底书的填写。

（2）发明人提供的技术交底书缺少相应内容

在部分技术交底书中，虽然按照技术交底书模板填写了相关内容，但对其中某些部分的内容填写得十分简单，甚至未填写这一部分内容，导致所提供的技术交底书中缺少某一部分相应内容的情况。例如，有的发明人在研发时并未对现有技术进行检索和调研，仅根据自身对现有技术的了解进行研发，因此在技术交底书第三项"技术背景"部分对现有技术的描述很简略甚至未写。在这种情况下，可以引导发明人对本领域的现有技术进行检索，请发明人提供现有技术文献、现有产品的结构图、现有工艺流程图等；如果发明是对现有某一专利的改进，则可以让发明人提供相应的专利文献信息与资料。又如，有的发明人仅仅针对其研发出的具体产品要求给予专利保护，因此未考虑过还有哪些替代方案，因此未填写第八项"本发明的替代方案"。在这种情况下，可以针对本发明所涉及的各个改进点向发明人逐个了解有无替代的技术手段，从而引导发明人填写这一部分内容。

（3）发明人提供的技术交底书不符合需要

在部分技术交底书中，虽然按照技术交底书的模板填写了各项内容，但其中某些部分内容不够详细或者不符合要求。例如，发明人在技术交底书第五项"本发明技术方案的详细阐述"部分仅给出发明的相应图纸，但文字描述部分过于简单，对其具体结构及工作原理未作详细说明。或者发明人在技术交底书第七项"本发明的有益效果"部分仅给出其具有哪些技术效果或带来哪些优点，但是未写清楚所采用的技术方案与实现的技术效果之间的关系，也就是说既未具体分析本发明的各个改进点如何实现相应的技术效果，也未通过本发明与现有技术试验数据的对比来说明其带来哪些技术效果。在上述情况下，可能会使专利代理人难以清楚地理解发明，因而需要有的放矢地要求发明人对这些部分进一步补充相关内容以完善技术交底书。

（4）发明人提供的技术交底书中常见具体问题

下面针对技术交底书中最常见的具体问题作出说明。为了帮助读者理解，针对其中部分情况结合案例加以说明。

（i）仅给出局部信息，缺少全局信息

对于仅给出局部信息的技术交底书，专利代理人难以对发明内容建立全面的认知，因而难以正确理解该发明的技术方案。

【案例 2 - 3】

某一产品发明创造，在技术交底书中只给出改进部分的图纸，缺少产品的整体结构图，缺少关联部分与该改进部分之间的关系说明。

在这种情况下，专利代理人可以通过与申请人沟通来引导其发明人补充技术交底书中所缺少的内容。在沟通时可以用提出问题的方式让其发明人逐项对发明内容作出具体说明。

【案例 2 - 4】

一件有关加工工具的发明创造，技术交底书中仅给出加工工具的视图，未给出被加工工件在加工时与该加工工具的相对位置关系的图，这样就可能导致专利代理人不能正确理解技术方案及该技术方案所带来的技术效果。在这种情况下，应当明确要求补充反映被加工工件在加工时与该加工工具的相对位置关系的附图。

【案例 2 - 5】

申请人拟要求保护一种测量设备，技术交底书中提供了该测量设备的装配图，对测量设备技术方案的说明部分仅针对该装配图中的一部分结构进行了描述，对装配图其他部分未进行描述。

上述技术交底书中对装配图的其他部分未进行描述，仅以此撰写专利申请文件极有可能会存在未充分公开发明的实质性缺陷，专利申请将无法获得授权。在这种情况下，需要引导其发明人根据不同的情况进行修改：如果描述的一部分结构可以独立出来，且能独立起作用，这时需要对装配图进行修改，删除不相关的部分；如果描述的一部分结构与其他部分关联较大，需要协调工作，即使对其他部分没有进行改进，也应当增加其他部分的文字描述。

(ⅱ) 附图以照片方式提供

在部分技术交底书中，未提供按照机械制图规范绘制的附图，而仅提供了照片。鉴于《专利审查指南 2010》第一部分第一章 4.3 中明确规定，除显示金相结构、组织细胞或者电泳图谱这些特殊情况外，不得使用照片作为附图。在这种情况下，对于不属于上述特殊情况的附图，应当向发明人说明《专利审查指南 2010》中的有关规定，并要求对这些照片提供按照机械制图规范绘制的附图。

(ⅲ) 附图中缺少有关部件的附图标记

在部分技术交底书中，虽然提供了附图，但这些附图中缺少有关部件的文字或标记，即未反映文字部分提到的各个结构或部件与附图中实际给出的各个结构或部件之间的关联关系，从而使专利代理人在结合附图阅读技术交底书时，不清楚其中提到的部件或说明是针对附图中哪个部分所说的，造成专利代理人对发明内容和技术方案的理解困难。在这种情况下，可以通过沟通请发明人另行提供加上有关部件的文字或标记的附图，也可以在沟通时根据发明人所作说明自行标注后请发明人确认。

(ⅳ) 提供产品项目申报书或者提供说明书性质的操作说明或使用指南等作为技术

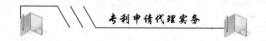

交底书

部分申请人将其研发产品的项目申报书或者将其即将生产上市产品的产品说明书性质的操作说明或使用指南作为技术交底书提供，这样的技术交底书未将发明的内容及其技术方案披露。对于这种情况，专利代理人除了向其提供技术交底书的模板外，最好同时向其提供一个比较详细的与该产品领域相接近的技术交底书实例，请其发明人参照该实例提供技术交底书及相关材料。

【案例2-6】

申请的主题是一种阀门，技术交底书中仅罗列了阀门的项目申报书中的内容，同时提供了阀门的装配图。

产品的项目申报书是一种产品立项文件，其中涉及核心技术及创新点。然而，项目申报书的创新内容仅涉及其创新之处是什么，并没有涉及这种创新是如何实现的。这样一来，所提供的技术交底书中只给出该产品所取得的技术效果，而没有详细描述技术方案本身。这种情况多半是因为发明人在填写技术交底书时对技术内容的充分公开存在消极抵触思想造成的，因此，专利代理人最好用本领域的已公开的专利申请文件来引导发明人以文字对其发明内容及技术方案作出具体描述。

【案例2-7】

申请的主题是一种新的、与冰箱和冰柜不同的、用于低温储存的产品，为制冷行业开创了一个新领域，尤其适合在客厅中使用。技术交底书记载了产品的开发过程，设计团队想开发一种新产品，首先进行了市场调查，将众多消费者所期待的产品功能进行汇总、整理和决策，随后将确定的功能物化，顺利开发出所需的产品，并描述了产品的结构和视图。

上述技术交底书类似于该产品的研发报告，虽然描述了产品的结构和视图，但是没有明显写明要解决的技术问题，其中提到的有关为确定该产品需要"什么样的功能"的各种努力和尝试并不是专利法意义上的技术问题。目前市场上有不少新产品也是类似上述用于低温储存的产品的开发步骤推出的，如此写出的技术交底书的技术问题很隐蔽，同时该技术问题明显没有存在于现有技术之中。事实上，本发明实际上是解决了技术问题的，使该产品具有上述各个功能就是要解决的技术问题，因此应当引导发明人具体说明该新开发的产品具有哪些功能或者根据技术交底书的内容推定其要解决的技术问题后请发明人确认。

【案例2-8】

申请人拟要求保护一种防水衣，在技术交底书中提供了与专利局出版的说明书格式相似的图片格式说明书。专利代理人通过对该技术主题进行了检索，得知申请人已就相同的技术主题申请过专利且该专利说明书已经公开。

经过与申请人的沟通，得知在先申请且已经公开的说明书中，未对几个重要的关键技术改进点作出记载，也未要求保护有关的技术方案，因此想再另行申报一件专利申请。此时，专利代理人首先应当分析这几个关键技术改进点能否为新申请带来新颖性和创造性；对于该新申请具备新颖性、创造性而有可能被授权的情况，应当引导其发明人围绕这几个重要的技术改进点作出具体说明，以区别于在先专利申请，最好补充更多的实施方式和/或实施例，对进一步改进的方案作充分描述。

第二节　理解和挖掘发明技术内容

专利的核心是创新，因而在理解技术交底书中的发明内容时，应当把握该项发明中反映其创新内容的改进点，这是专利代理人撰写出质量较高的专利申请文件的先决条件。作为专利代理人，在理解和确认发明创造的发明改进点后，还应当与申请人一起对发明创造进行分解和挖掘，在此基础上针对各个要求保护的主题进行合理的概括，包括请申请人针对概括的技术方案补充必要的技术内容，从而使申请人作出的发明创造能得到更充分的保护。

1　技术交底书的阅读与发明改进点的确认

为了从技术交底书提供的发明内容中准确地确定该发明的改进点，专利代理人首先应当做好三方面的工作：理解发明人的发明意图；通过与提供的现有技术的对比，初步确认发明改进点；必要时进行补充检索，依据进一步找到的现有技术最后确定发明的改进点。

（1）理解发明人的发明意图

在获得申请人提供的完整的技术交底书后，专利代理人首先要做的工作就是仔细阅读技术交底书，理解发明人的发明意图，也即确认本发明希望保护什么主题，其基于怎样的现有技术上作出的改进，要解决的技术问题是什么。

只有准确地理解了发明人的发明意图，也就是发明人通过该专利申请希望保护什么，才能准确地把握发明改进点，围绕发明改进点去组织和补充撰写专利说明书和权利要求书所需要的资料。

此外，专利代理人除了通过阅读技术交底书初步了解发明人的发明意图外，还应当在后续的沟通和撰写申请文件的过程中进一步确认发明人的发明意图和特殊要求。

（2）通过与现有技术的对比初步确认本发明要求保护的主题及发明改进点

在充分理解技术交底书中介绍的发明内容后，首先着手分析该发明可能涉及哪些可给予专利保护的主题，即除了技术交底书中明确写明的要求保护的主题外，是否还包含着其他有可能取得专利保护的主题。只要这些要求保护的主题相对于所提供的现有技术具备新颖性和创造性，就可以初步考虑将这些主题确定为本发明要求保护的

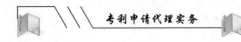

主题。

在初步确认了本发明要求保护的主题后，针对各个要求保护的主题与所提供的相应现有技术进行比较，以确认其解决了哪些技术问题，在此基础上分别针对这些要求保护的主题分析其相对于各自的最接近现有技术作出了哪些改进，以找出其各个改进点，并对这些发明改进点作出分析，即分析这些改进点作出了什么样的技术贡献，从中确定最主要的改进点是什么。

【案例 2-9】

如图 2-1 和图 2-2 所示的两种现有技术的肥皂盒中，第一种肥皂盒 20 侧壁 22 太高，取拿肥皂 200 不方便。另一种肥皂盒 30 具有向上突起的肋条 32，肋条的高度接近肥皂盒 31 侧壁的高度，但肥皂 300 易从肥皂容器中滑落。

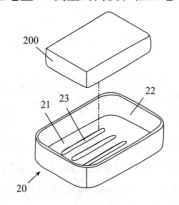

图 2-1　第一种现有肥皂容器结构图

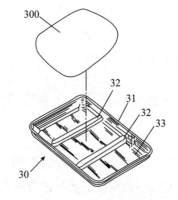

图 2-2　第二种现有肥皂容器结构图

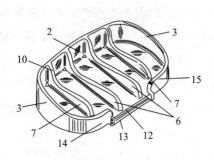

图 2-3　针对上述现有肥皂容器的改进结构

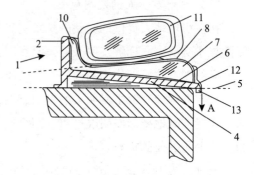

图 2-4　肥皂容器改进结构侧视图

由图 2-3 和图 2-4 所示的本发明肥皂盒的立体图和侧视图可知，申请人对现有的肥皂容器作出了多处改进，通过分析对比，可以得知本发明的改进点有以下三个方面：

① 在肥皂容器 1 的前侧壁上形成开口 12 以方便取拿肥皂；

② 设置在肥皂容器 1 的底部上的肋条 7 设计成从前到后（从开口 12 到后侧壁 2）略向下倾斜，以防止肥皂 11 从肥皂容器 1 中滑落；

③ 肥皂容器 1 底壁内表面从后至前略向下倾斜、并由肋条 7 构成了排水通道 6，

且在肥皂容器前方开口 12 处设置一个垂直向下延伸的唇板 13，就可以及时将从肥皂上淋落到肥皂容器内的污水引流到盥洗器具内。

（3）进一步了解本发明现有技术状态

在准确理解了发明人的发明意图并且针对各个要求保护的主题找出发明改进点后，专利代理人有必要对本发明的现有技术作进一步补充检索，以便确认上述发明改进点是否被现有技术公开。

补充检索的主要目的是获得相似技术，以促使申请人进一步补充关键的技术内容。若补充检索时对某个要求保护的主题找到破坏新颖性的对比文件，应当告知申请人，并请求其发明人就该主题的内容作出补充或者对该主题的内容进行技术变更，以体现本发明与该对比文件的区别，并就两者的区别作出更多的分析，否则在本专利申请中就要放弃对该主题的专利保护。若补充检索时对某个主题的某个或某些实施方式或实施例找到影响其新颖性或明显不具备创造性的对比文件，那么就该主题来说，应当将这些实施方式或实施例排除在要求专利保护的范围之外，即仅针对其他仍具备新颖性和创造性的实施方式和实施例要求专利保护。

对于如何进行专利申请前的查新检索，涉及许多专门的知识与技能，读者可参照其他介绍专利检索知识的相关书籍。

2　技术方案的分解和挖掘

通过对申请人所提供的技术交底书中技术方案的理解，专利代理人还应当对发明的技术方案进行充分的分解与挖掘。也就是说，一方面，与其发明人一起进一步分析所作出的发明创造中还存在哪些可以单独产生技术效果的发明改进点，可否考虑针对这些发明改进点也用独立权利要求、甚至用单独的专利申请进行保护；另一方面，通过与发明人的沟通，了解该发明创造的发明构思，对其提供的具体技术方案进行挖掘和扩展，尤其是与发明人一起分析其所提供的产品类发明中有哪些机构、部件可用其他机构、部件替换？所提供的方法类发明中的参数、工艺条件可否进行改变或者可否扩大数值范围？所提供的产品类发明或方法类发明可否应用于其他相近或不同的技术领域等。

2.1　技术方案的分解

当技术交底书中提供的一项发明创造涉及多个发明改进点时，应当充分分析这些发明改进点之间的关系，必要时考虑这些发明改进点单独存在时，是否能够形成具备创造性的技术方案。如果可以，则应当将相关发明改进点分别总结或组合总结，并构成不同的技术方案。

【案例 2 - 10】

仍以前面【案例 2 - 9】中的肥皂容器为例加以说明。如图 2 - 3 和图 2 - 4 所

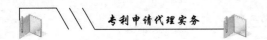

示，申请人对现有的肥皂容器作出的发明改进可以分解出三个不同的发明改进点，这些发明改进点对应解决的是不同的技术问题，而这三个技术方案是可以单独存在的：

① 肥皂容器前方侧壁上形成开口的发明改进点解决了"取拿肥皂不方便"这一现有技术缺陷；

② 设置在肥皂容器底部上的肋条设计为从前到后略向下倾斜解决的是"肥皂易从肥皂容器中滑落"这样的技术缺陷；

③ 肥皂容器底壁内表面从后至前略向下倾斜、并由肋条构成了排水通道，且在肥皂容器前方开口处设置一个垂直向下延伸的唇板解决的是"及时将从肥皂上流到肥皂容器中的肥皂水排走且不会弄脏盥洗器具表面"这样的现有技术缺陷。

对于第三个技术方案，可以分拆成两部分，其中前一部分"肥皂容器底壁内表面从后至前略向下倾斜、并由肋条构成了排水通道"这两个技术特征可以作为在第一个技术方案的基础上作出的改进，但也可以在前侧壁下方开一窄缝，以此来实现及时将从肥皂上流到肥皂容器中的肥皂水排走而不致泡软肥皂；而后一部分"在肥皂容器前方开口处设置一个垂直向下延伸的唇板"这一技术特征是在前一部分所作改进的基础上作出的进一步改进，或者作为第一个技术方案的进一步改进，从而使肥皂容器中的污水流经前方开口后从唇板直接落入盥洗器具内，从而保持盥洗器具表面干净整洁。也就是说，对第三方面的改进点，经过分解还可以分拆成多个技术方案。

通过这些分解出的技术方案，专利代理人可与申请人沟通确认以哪一个技术方案作为主要的保护方案，其他发明改进点是否作为对该要求保护的技术方案的进一步改进；对于其他发明改进点是否还要针对其相应的技术方案另行撰写独立权利要求或者另行单独提交申请加以保护。这将关系到后续权利要求的布局与撰写。

2.2 技术方案的挖掘

在专利代理实践中，经常会遇到申请人要求对其所发明的一件具体产品和/或具体方法提出专利申请，与此相应在技术交底书中仅仅针对该具体产品或具体方法作出说明，在这种情况下就需要帮助申请人对其作出的发明创造进行挖掘。挖掘的目的是为了找出发明的全部发明点，找出可能获得专利保护的全部主题，找出希望获得保护的全部技术方案，从而扩展发明的内容以便获得更大范围的专利保护。就一项具体的发明创造进行挖掘通常可以从三个方面着手：对要求保护的主题进行挖掘；从发明构思出发加以挖掘；从发明改进点出发加以挖掘。除此之外，如果申请人所提供的发明创造是为完成一项任务新开发出的产品时，还应当帮助申请人从项目任务出发加以分解和挖掘。下面从这四个方面展开说明。

（1）对要求保护的主题进行挖掘

在本节之1"技术交底书的阅读与发明改进点的确认"中，就曾指出在充分理解技术交底书中的发明内容并着手分析可能涉及哪些可给予专利保护的主题时，除了分析技术交底书中明确写明的要求保护的主题外，还应当帮助申请人一起分析是否存在其他有可能取得专利保护的主题，这一项工作就是对申请人提供的发明内容从要求保护的主题角度进行挖掘。

现以本书第五章第一节的撰写案例一"油炸食品及其制作方法和制作设备"为例加以说明。

【案例2－11】

申请人在技术交底书中明确要求保护三个主题：油炸食品、其制作方法和其制作设备。通过与现有技术对比分析，其油炸方法主要涉及两个发明改进点：离心脱油在真空条件下进行；向油炸工序中使用的油脂中添加一种由申请人新组配的由防粘剂、消泡剂和风味保持剂组成的组合物。在这种情况下，如果新组配的由防粘剂、消泡剂和风味保持剂组成的组合物相对于现有技术具备新颖性和创造性，就应当与申请人一起进行分析，确定是否需要针对该新组配的组合物补充必要的实施例和实验数据后作为一项要求专利保护的主题。该主题虽然与以真空离心脱油为主要改进点的油炸食品制作方法之间不属于一个总的发明构思，但该主题与以向油脂中添加新组配的组合物为主要改进点的油炸食品制作方法之间属于一个总的发明构思，因而可以建议申请人将此新组配的组合物和以向油脂中添加新组配的组合物为主要改进点的油炸食品制作方法一起另行提出一件专利申请。

（2）从发明构思出发加以挖掘

在专利代理实务中，申请人往往会要求专利代理人针对其发明的一件具体产品或一个具体方法提出专利申请，在这种情况下，应当很好地理解该发明的技术内容，弄清楚其发明构思是什么，帮助申请人从发明构思出发挖掘发明的具体实施方式，使发明得到充分的保护。

下面以"内置调味材料的瓶盖组件"为例加以说明。

【案例2－12】

现有技术中的内置调味材料的瓶盖如图2－5所示。在现有技术中的内置调味材料的瓶盖中，由其顶壁、侧壁和固定粘结于侧壁的环状凸缘上的隔挡片构成用于放置调味材料的容置腔室，该顶壁由弹性材料制成，且带有向下延伸的尖刺部。当需要饮用饮料时，就可向下按压顶壁，由尖刺部刺破隔挡片，调味材料就会落入装有纯净水或矿泉水的瓶体内，混合后就能得到所需要的饮料。但是，这样的瓶盖在运送或销售过程中，会存在由于误按压顶壁而刺破隔挡片而过早使调味材料与水混合的缺陷。

图2－5 现有技术内置调味材料
瓶盖结构示意图

　　申请人为克服现有技术中内置调味材料的瓶盖所存在的缺陷，发明了一种如图2-6所示的内置调味材料的瓶盖组件，包括瓶盖和盖栓，在该瓶盖中，由其顶壁、侧壁和固定粘结于侧壁的环状凸缘上的隔挡片构成用于放置调味材料的容置腔室，且在其顶壁上有一个带内螺纹的中空套管，该中空套管在容置腔室内向着隔挡片方向延伸、但与其有一段间隔，该盖栓由盖帽和可旋入中空套管内的带尖刺前端的栓体组成，

图2-6　本发明内置调味材料瓶盖
组件结构示意图

该栓体的长度略大于隔挡片到顶壁的距离与顶壁的厚度之和。在组装瓶盖组件时，仅将盖栓的栓体的一部分拧入中空套管，然后将瓶盖组件旋装在饮料瓶上。平时运送和销售过程中，即使向盖栓施加一个向下的作用力，由于中空套管螺纹的阻挡作用，不会使栓体前端刺破隔挡片；而在饮用饮料前，只需要向下旋拧盖栓，就可使栓体前端刺破隔挡片，调味材料就会落入装有纯净水或矿泉水的瓶体内，混合成所需要的饮料。采用这样的结构既可在饮用时方便地刺破隔挡片又不会在运送和销售过程中因误按压顶壁而刺破隔挡片而过早使调味材料与水混合的缺陷。

　　针对这样的具体产品，在理解技术方案时，就不应当局限于申请人提供的产品的具体结构，而应当与申请人一起来分析该发明的构思，以便扩展该发明以得到具有相同发明构思的其他实施方式。就该内置调味材料的瓶盖组件而言，其发明构思为该盖体组件有一个在饮用时用于刺破隔挡片的部件（在技术交底书的瓶盖组件产品中为栓体），平时运送和销售过程中能阻止该部件的尖刺部向着隔挡片方向运动而不会刺破隔挡片，而在饮用时可以使该部件的尖刺部刺破隔挡片（在技术交底书的瓶盖组件产品中由带内螺纹的中空套管和带外螺纹的栓体起到这一作用）。从该发明构思出发就可以进一步挖掘出如图2-7中的两种具体实施方式。在图2-7中左侧的实施方式中，其用于刺破隔挡片的部件仍然为栓体，而平时运送和销售过程中阻止该部件尖刺部向着隔挡片方向运动的是位于盖帽与顶壁之间的卡环；而在图2-7中右侧的实施方式中，其用于刺破隔挡片的部件为饮料瓶体的瓶口，而平时运送和销售过程中阻止该部件尖刺部向着隔挡片方向运动的是位于瓶盖侧壁下方的拉环。

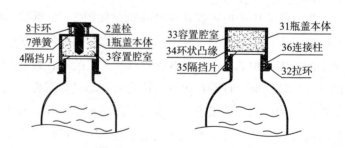

图2-7　本发明从发明构思出发挖掘出的两种内置调味材料
瓶盖组件实施方式的结构示意图

（3）从发明改进点出发加以挖掘

对于技术交底书中仅给出一件具体产品和/或具体方法的情况，专利代理人还可以通过向申请人了解其发明改进点的替代手段来帮助申请人挖掘发明。

从发明改进点的替代手段加以挖掘，通常可以按照下述思路进行：首先，分解该发明改进点涉及哪些关联因素；针对各关联因素与申请人一起确定其可采用的替代手段；针对各关联因素及其替代手段进行合理概括，得到扩展的关联因素（这一步相当于本节之3中对"多个实施方式中的各种替代手段进行合理的概括"），以使发明得到更充分的保护。

为帮助理解，用图2-8示出此挖掘过程。

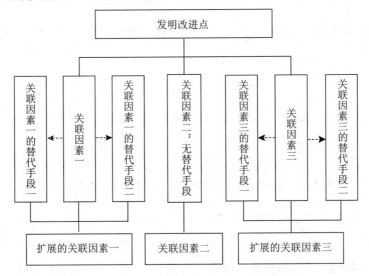

图2-8 从发明改进点出发对发明进行挖掘的示意图

下面以本书第五章第三节的撰写案例三"高速涡轮牙钻手机"为例对从发明改进点出发的挖掘方式加以说明。

【案例2-13】

该项发明创造"高速涡轮牙钻手机"的一个主要发明改进点为用硅胶按压盖取代现有技术中的金属按压盖与复位弹簧，既简化了产品结构，又使牙钻手机的成本大幅降低（可参阅第五章第三节中的图J-2及相应的文字说明）。专利代理人从硅胶按压盖这一发明改进点出发，通过与申请人沟通，确定其各关联因素的替代手段，对各关联因素进行合理概括，从而更充分地保护发明。

对于硅胶按压盖这一发明改进点，其关联因素包括该按压盖采用的材料以及该按压盖在牙钻手机壳体上的安装方式。在与申请人一起分析这两个关联因素时得知：就按压盖的材料来说，技术交底书中的按压盖材料为硅胶，但还可采用其他具有恢复原形状自弹力性质的聚氨酯、乳胶等医用橡胶材料；就按压盖在壳体上的安装方式来说，除了技术交底书中给出的通过螺纹卡环将按压盖旋紧固定在壳体上，还可以考虑

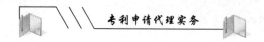

用卡套卡环将按压盖卡紧固定到壳体上，或者直接将按压盖粘接固定到壳体上等。了解到上述两个关联因素的各种替代手段后，针对这两个关联因素及其各自的替代手段分别进行合理概括，最后这两个经扩展的关联因素分别为："橡胶按压盖"和"其周边固定在机壳的顶部"。上述挖掘的具体过程如图2-9所示。

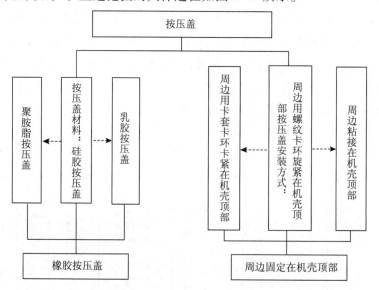

图2-9 从硅胶按压盖发明改进点出发的专利挖掘示意图

上述从发明改进点出发通过分析其关联因素的替代手段进行挖掘的方式，同样也适用于对发明其他非改进点的组成部分分析其替代手段进行挖掘。下面以本书第五章第二节的撰写案例二"旋转脱水的拖把"为例说明对发明的改进点通过寻找替代手段进行挖掘时还可以同时对其非改进部分进行替代手段的挖掘。

【案例2-14】

该项发明"旋转脱水的拖把"从"驱动致动机构"和"上下杆的锁合机构"两方面作出了改进，参见第五章第二节中的图J-1及相应的文字说明。在这两方面的改进中，以"驱动致动机构"为主，现针对这一方面的改进作出说明。现有技术中旋转式脱水拖把的驱动致动机构由驱动件、导向件和单向轴承三个部件组成，驱动件为固定在上杆中的螺旋片，其与导向件的导向槽相配合，将螺旋片随着上下杆之间的相对移动而进行的上下直线运动转换成导向件的来回转动，导向件支承于固定在下杆中的单向轴承中，由于单向轴承只能作单向转动，从而使下杆也只能单向转动，从而将位于下杆下端的拖把头甩干。本发明中的旋转式脱水拖把的驱动致动机构由驱动件、致动件（相当于现有技术中的导向件）和卡合件三个部件组成，其中驱动件带动致动件的结构与现有技术中驱动件带动导向件的结构相同，本发明与现有技术的不同之处是由致动件底表面向下的棘齿和卡合件内腔底表面向上的棘齿构成的单向啮合机构来代替单向轴承，以起到使下杆仅作单向转动的作用。因此就驱动致动机构这一方面的改进来说，其改进点是设置在致动件和卡合件相对底表面上的棘齿啮合机构，而由驱动件带动致动件的结构并未作出改进。

在对本发明从改进点进行挖掘时，可向申请人了解还有无其他同样实现致动件和卡合件之间单向啮合的替代手段；除此之外，还可向申请人了解有无其他结构来实现将驱动件的上下直线移动转换为致动件的来回转动。就本发明来说，申请人对于实现致动件和卡合件之间单向啮合机构还给出了另两种替代结构：由设置在致动件和卡合件底表面上的凸起构成单向啮合机构，或者由设置在致动件内侧表面和卡合件外侧表面上的凸齿构成单向啮合机构；而对于非改进点部分（驱动件为螺旋片，其与致动件的导向槽相配合实现将驱动件的上下直线移动转换为致动件的来回转动），申请人还给出了另两种替代手段：驱动件形状为螺纹柱状或者驱动件为螺纹杆。

对上述发明改进点部分和非改进部分通过挖掘了解到其各自的替代手段后，就可针对各自的替代手段进行合理的概括，就改进点部分可概括为"位于致动件底部的主动啮合件和位于卡合件内腔底部的从动啮合件构成使卡合件单向转动的离合机构"，对非改进部分可概括为"由驱动件的螺旋形作用面带动致动件转动"。这样一来，对申请人在技术交底书中所说明的驱动致动机构进行挖掘后，使本发明得到更充分的保护。

上述对旋转式脱水拖把的驱动致动机构的具体挖掘过程如图2-10所示。

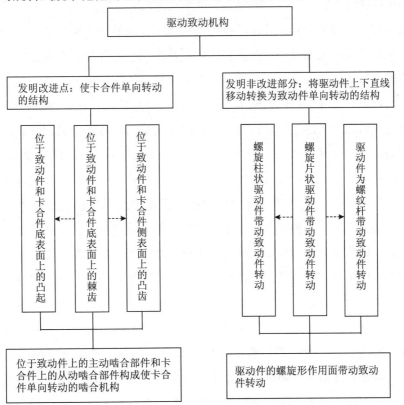

图2-10　对旋转式脱水拖把的驱动致动机构从发明改进点出发的专利挖掘示意图

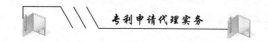

（4）从项目任务出发加以挖掘

在专利代理实务中，有时会遇到申请人所提供的发明创造是为完成一项任务新开发出的产品，在这种情况下，在按照上述三种方式进行专利挖掘之前，首先应当帮助申请人从项目任务出发进行专利挖掘，以确定如何使该项发明创造能得到充分的保护。

从项目任务出发进行挖掘的途径是通过对该整体项目的任务进行分析研究来完成的，通常按以下顺序进行：首先，确定该发明创造为完成该项整体任务的核心内容，并由此核心内容分析本发明创造为完成该任务可能涉及的构成技术因素；在确定构成技术因素后，针对各构成技术因素分析其中哪些相对于现有技术作出技术改进、并有可能取得专利保护的主题；最后，再针对各技术主题按照前面所述的三种方式对专利进行挖掘。

这种方式由于是从完成项目任务所涉及的各构成技术因素（也即各技术层面）出发来进行专利挖掘，需要对技术背景和技术现状都非常了解，适合以申请人方的研发人员为主、专利代理人主动配合来进行。

为帮助理解，下面以无氟冰箱为例加以说明。

【案例 2 - 15】

申请人根据环保的需要设计出一种无氟冰箱，要求给予专利保护。对于这样一项为达到环保要求新开发出来的无氟冰箱，除了从发明构思和发明改进点两个方面对该无氟冰箱进行挖掘以得到充分保护外，还应当与申请人方的研发人员一起对该无氟冰箱进行分析研究。首先，可以确定本发明创造的核心内容是采用一种新的环保的冷却介质。通过与研发人员的进一步沟通得知，研发人员为在冰箱中采用这种冷却介质进行了四方面的开发研究：冷却介质本身、冰箱制冷循环系统、电路系统和箱体结构，这四个方面就成为本发明所涉及的构成技术因素。在此基础上，专利代理人应当进一步与研发人员一起分析在这四个方面构成技术因素中相对于现有技术作出了哪些改进，例如：研发出两至三种可以作为无氟冰箱冷却介质的材料；为适用最后选定的冷却介质材料，该冰箱制冷循环系统中的压缩机、冷凝器、蒸发器和膨胀阀相对于现有技术从结构上作了很大的改进；电路系统和箱体结构虽然作了相应的修改，但相对于现有技术变化不大。在这种情况下，就可以与申请人一起确定是否除了申请一项有关无氟冰箱的专利申请外，还可以将这两三种新研发出来的冷却介质材料以及冰箱制冷循环系统中的压缩机、冷凝器、蒸发器和膨胀阀各作为一项要求专利保护的申请主题。此外，考虑到冰箱与空调机是十分相近的领域，新研发出的冷却介质很可能也适用于空调机，因此应当进一步与申请人一起分析可否针对采用这种冷却介质的空调机以及相应的制冷循环系统的各个部件提出专利申请。在与申请人确定了各项要求专利保护的技术主题后，就可从发明构思和发明改进点这两个方面再分别对这几项技术主题进行挖掘。

3　技术方案的概括

对技术交底书中提供的很具体的技术方案（即一个很具体的实施方式或实施例）与申请人一起进行挖掘后，可以得到较多的具体实施方式或实施例，或者申请人在技术交底书中就给出了多个具体的实施方式和实施例。在这两种情况下，专利代理人应当根据发明要解决的技术问题，也即根据发明对现有技术作出的贡献，对这些具体实施方式中的技术手段采用合理的概括，找出其发明的本质所在，使发明能得到充分的保护。

按照《专利审查指南 2010》第二部分第二章 3.2.1 的规定，在机械领域，对于多个具体实施方式中的技术手段进行概括的方式主要有三种：上位概括、并列选择方式概括、产品发明中采用功能性或效果性限定的技术特征。下面针对这三种情况作进一步说明。

（1）上位概念概括

当一项发明中的某一技术手段在多个实施方式中分别为下位概念，而该项发明正是利用这些下位概念的共性来解决技术问题，则对这一技术手段就可以采用这些下位概念的上位概念进行概括，因为该发明不仅对具有这些下位概念的具体实施方式适用，而且对于具有该上位概念的其他下位概念的实施方式也同样适用。例如，就前面给出的【案例 2-13】中的硅胶按压盖这一技术手段而言，申请人说明还可采用聚氨酯、乳胶材料，而本发明正是利用了这些材料所具有的恢复原形状自弹力性质来解决本发明的技术问题，因而对按压盖这一技术手段来说，可以将硅胶、聚氨脂、乳胶材料概括为橡胶材料，因为恢复原形状自弹力性质是橡胶材料的共性，由此可知本发明不仅适用于由硅胶、聚氨酯或乳胶材料制成的按压盖，还同样适用于除硅胶、聚氨酯和乳胶材料以外的其他橡胶材料制成的按压盖，即可将这一技术手段概括为"橡胶按压盖"。

由于上位概念概括是机械领域中采用较多的技术手段，下面再举一例加以说明。

【案例 2-16】

申请人提出了一种用常温常压下的等离子体处理黄瓜种子以提高其发芽率及其活力指数的方法。

对于这种情况，通过沟通得知，该方法仅适用于黄瓜、小白菜、生菜的种子，但不适用于小麦、水稻、花卉的种子，则可以考虑概括成处理蔬菜种子；相反，如还适用于小麦、水稻，则可考虑采用并列选择方式概括，即概括成蔬菜和粮食种子。

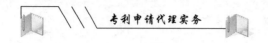

（2）并列选择方式概括

在机械领域，对技术特征采用并列选择方式概括的情形不如化学领域那样普遍，但在某些情况下也可以采用并列选择方式的概括。如果技术交底书中给出了多个实施方式或者通过挖掘得到多个实施方式，其中的某一技术手段不属于同一上位概念的下位概念，例如分属于两个或三个不同的上位概念，而且又无法对这两个不同的上位概念作进一步概括，在这种情况下就可以采用并列选择方式概括。除上面给出的【案例2-16】外，再结合一个案例加以说明。

【案例2-17】

申请人提供的技术交底书中对其技术方案所采用的激光源可以是氦氖激光器、氩离子激光器、二氧化碳激光器等气体激光器，也可以是红宝石激光器、钇铝石榴石激光器、钕玻璃激光器等固体激光器。在这种情况下，无法对气体激光器和固体激光器采用更上位的概括方式来表述，因此对该激光源可采用并列选择的概括方式：气体激光器或固体激光器。

（3）产品发明中采用功能性或效果性限定的技术特征

产品发明中通常应当用形状和结构特征来描述其技术方案，也就是说其技术方案通常采用形状特征和结构特征进行限定。但是，在专利实践中，经常遇到一些具有多个实施方式的产品，对这多个实施方式中的一些相应的技术手段，无法用结构特征进行概括，或者用功能或效果性限定技术特征进行概括比采用结构特征进行概括更为恰当，在这种情况下就允许采用功能性或效果性限定的技术特征来概括该产品多个不同实施方式中的某些技术手段。在前面提到的【案例2-12】"内置调味材料的瓶盖组件"中，对于三个实施方式中的"带内螺纹的中空套管和带外螺纹的栓体"、"位于盖帽与顶壁之间的卡环"和"位于瓶盖侧壁下方的拉环"这些相应的技术手段，无法用上位概念或并列选择概括方式这样的结构特征进行概括，因此可以采用功能性限定的技术特征进行概括："用于限制刺破部件与隔挡片之间相对运动的结构"。

需要提请注意的是，在对技术方案进行概括时，并不是将其保护范围概括得越宽越好，关键在于使其保护范围与其通过挖掘得到的实施方式相适应。采用上位概念进行概括时，不合适的过宽的概括不仅不会被授权，而且由于在审批阶段进行了权利要求的修改会使专利侵权诉讼期间受到禁止反悔原则的影响。例如，在前面所给出的【案例2-16】中，申请人想将该发明的主题确定成用常温常压等离子体处理植物种子的方法，这种对技术方案的概括方式明显不合适，因为该方法仅适用于黄瓜、小白菜、生菜、小麦、水稻的种子，至少难以认定该常温常压等离子处理方法也适用于果树的种子，因此这样的技术方案不会被授权，即使被授权该技术方案也会在无效程序中被宣告专利权无效。此外，对于采用功能性限定技术特征来概括产品发明中多个实

第二章

施方式的结构的情况，一定注意不要将本发明要解决的技术问题作为功能来限定，即将本发明与最接近的现有技术的改进写成为"要解决的技术问题"加"结构"或"部件"。例如发明要求保护的主题是一种热饮料容器，其相对于最接近的现有技术来说是手握持时不会感到烫手，即要解决的技术问题是提供一种隔热的热饮料容器，若在技术交底书中给出了多种不同结构的热饮料容器，则不应当将权利要求技术方案相对于最接近现有技术的区别仅仅写成"该饮料容器具有隔热结构"，这种以要解决的技术问题作为功能性限定的概括是不合适的，因为未清楚地写明该技术方案采用什么样的产品结构来达到隔热，这样写成的权利要求即使被授权也将会因其未清楚地限定要求专利保护的范围而会被宣告无效。

在对技术方案进行概括时，还应当注意使技术方案形成多层次的概括，从而为审批期间对申请文件的修改创造条件；最好在权利要求书中通过从属权利要求的技术方案反映出多层次的概括，以便为无效程序建立能争取较宽保护范围的防线。

4 补充、完善技术交底书中的技术内容

通过对技术方案的分解、挖掘、概括之后，对技术交底书中所提供的发明内容有了更充分的了解，此时还应当再审读一下技术交底书，考虑是否还需要对本发明的内容给予补充和完善。

在此时，往往需要申请人补充如下几方面的内容：使发明充分公开的内容；用于支持拟要求专利保护范围的内容；有助于更清楚理解发明的内容。

对于技术交底书未充分公开发明的情况，应当明确地指出目前的技术交底书中缺少哪些技术内容，从而导致本领域的技术人员根据目前提供的发明内容无法实现本发明，如果不补充这方面的内容，所提出的专利申请将会被驳回。造成这种情况可能有两种原因，其一是申请人想将本发明的一些关键内容作为技术秘密保留起来，其二是发明人的水平高于本领域的技术人员，认为其中一部分内容属于本领域的公知常识，因而不再作出具体说明。

对于前一种情况，应当告知申请人，解决本发明技术问题的必要技术手段不能作为技术秘密保留，否则该专利申请将会因其未充分公开发明而不能被授权，在审查阶段也不能采用将这些技术内容补充到申请文件中的修改方式来消除这一缺陷，因为将这些技术内容补充到说明书中将会导致专利申请文件的修改超出原说明书和权利要求书记载的范围，致使本专利申请处于无法消除实质性缺陷的尴尬处境，最后该专利申请将被驳回或者在无效程序中被宣告专利权无效。在告知上述内容的基础上要求申请人补充有关内容，以便将那些会影响发明充分公开的内容写入到专利申请文件中。而对于后一种情况，应当告知申请人，按照目前《专利审查指南2010》的规定，仅仅记载在教科书、技术字典、技术手册或类似资料中的内容才属于本领域的公知常识，

对于那些不属于本领域公知常识而又与本发明充分公开有关的技术内容必须记载在原始的说明书中，请其发明人核实一下原先认为属于公知常识的内容是否在教科书、技术字典、技术手册或类似资料中有记载，若未能发现记载上述具体内容的公知常识性证据，则应当在技术交底书中对有关内容作出详细说明，以便在撰写专利申请文件时将有关内容记载在说明书中。

此外，还存在部分发明内容未充分公开的情况，此时就应当要求申请人将所缺少的这部分内容补充到说明书中。例如，在技术交底书中列出了多个要解决的技术问题，但所介绍的发明内容并不能解决所列出的全部技术问题，在这种情况下，对于目前的技术交底书介绍的内容尚不能解决的技术问题，按照技术交底书所撰写的说明书就未对本发明作出清楚完整的说明，本领域的技术人员按照所记载的内容就无法实现该发明，因此应当要求其发明人针对目前提供的发明内容尚不能解决的技术问题补充相应的技术手段。

对于所提供的实施方式或实施例不足以支持申请人所想要保护的技术方案的情况，应当要求其发明人补充足够的实施方式或实施例，例如本书第五章第一节的撰写案例一"油炸食品及其制作方法和制作设备"中原技术交底书中仅给出油炸马铃薯薄片的实施例，而申请人要求保护油炸食品的制作方法和制作设备，就应当向其发明人了解该制作方法的所有步骤是否对所有的油炸食品都适用，此外，为使所撰写的权利要求请求保护的范围与说明书中公开的内容相适应，应当要求其发明人补充除油炸马铃薯片以外的其他油炸食品的实施例。前面所提到的借助常温常压等离子体处理蔬菜和粮食作物种子的发明中，在最初的技术交底书中仅给出处理黄瓜种子的实施例，而却要求常温常压等离子体处理蔬菜和粮食作物种子的方法，显然原技术交底书中所给出的实施例不支持其所想要求保护的范围，因此应当要求其发明人补充其他蔬菜种子和一部分粮食作物种子的实施例，在该案例中，申请人在补充的技术交底书中又补充了小白菜、生菜、小麦和水稻种子的实施例。

对于技术交底书中所提供的发明内容对要求保护的产品仅给出一种能实现某种功能的具体结构，而通过对技术交底书的分析得知，本发明最主要的改进并不是借助该特定结构来实现该功能，而是借助具有该功能的部件或结构与其他部件或结构结合起来解决技术问题，在这种情况下可考虑对该部件或结构采用功能性限定的技术特征，这时就应当要求其发明人提供尽可能多的、能实现同样功能的其他结构，只有这样才会在该专利申请的审批过程以及授权后侵权诉讼过程中让己方均处于主动地位。当然，对于发明的技术方案将涉及数值范围的情况，应当要求其发明人针对该数值范围补充必要的实施例，即至少给出两个与该数值范围两端值相应的实施例，最好再给出一个中间值的实施例。

对于技术交底书中给出的发明内容中存在不清楚的情况，应当要求其发明人就其中的不清楚之处作出具体说明。例如在本书第五章第一节的撰写案例一"油炸食品及其制作方法和制作设备"中，专利代理人不清楚对食品原料进行油炸时所处的真空条件和油炸温度之间是否存在对应关系，则应当通过沟通让其发明人对此作出补充说明。

5 确定本发明要解决的技术问题与技术方案

通过上述与申请人、尤其是与发明人的充分沟通，专利代理人对申请人想要提出专利申请的发明内容已有了全面理解：本发明涉及哪些可给予专利保护的主题，每一项要求保护的主题的发明构思、各个改进点、尤其是其中最主要发明改进点，以及每一项要求保护主题的技术方案的具体内容。

在此基础上，专利代理人就应当针对每一项要求保护的主题确定本发明是针对哪一个现有技术及其存在的缺陷作出的改进，并针对每一项主题确定其相对于该项现有技术（即最接近的现有技术）要解决的技术问题是什么。但是，为体现这几项要求保护的主题符合专利申请单一性的要求，这些主题所要解决的问题应当属于一个总的发明构思。否则，应当告知申请人这几项要求保护的主题不符合专利申请单一性的规定，然后与申请人一起就这几项不符合专利申请单一性规定的主题商定专利申请的策略：申请时就分案申请还是先合案申请待审查员发出审查意见通知书中指出本专利申请不具有单一性时再确定是否提出分案申请。

对于每一项要求保护的主题，其各个改进点有可能分别解决不同的技术问题，也就是说其解决的技术问题可能不止一个，此时应当根据其最主要的改进所带来的有益技术效果来确定其首选要解决的技术问题，而将其他改进所带来的技术效果作为进一步解决的技术问题。

通常可以从下述四个方面来确定最主要的改进：其一，这些改进之间是否存在依从关系；其二，从市场需求确定最接近现有技术所存在的哪一缺陷更急待解决；其三，从提供的技术交底书中对发明内容的介绍判断申请人对该主题更侧重于何者为最重要的改进；其四，对于涉及多项要求保护的主题时，将何者作为最主要的改进时能使这几项要求保护的主题满足专利申请单一性的要求。

在针对每一项主题确定各个要解决的技术问题的同时，需要针对这些技术问题来确定与其相应的技术方案。为此，最好将"要解决的技术问题"与相应的"发明改进点"或相应的"技术手段"一一对应清楚地列出，在此基础上得到与各个要解决的技术问题相应的技术方案。

针对每一项主题确定其最接近的现有技术、理清本发明所要解决的技术问题（尤其是首选的要解决的技术问题）及其相应技术方案的过程是非常重要的，尤其是在具有多个要解决的技术问题和相应的技术方案（即具有多个不同的发明改进点）时，这一过程更为关键，因为通过这一分析过程将有助于在后续撰写权利要求书的过程中对其各项权利要求作出合理的布局。

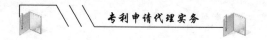

第三节　权利要求的布局

权利要求的布局与申请人在该专利申请中可能获得的专利保护范围的大小、专利权的稳定性、维权的可行性等多个重要方面相关，是体现一个专利代理人案件处理能力的重要方面。通常，专利代理人在动手撰写专利申请文件应当先完成权利要求的布局，包括"确定专利申请保护主题类型"、"安排权利要求的次序和层次"和"平衡权利要求的保护范围与专利权的稳定性"三方面的工作。

1　确定专利申请保护主题类型

发明专利的主题类型包括产品发明和方法发明（含用途发明）两类。对于一件专利申请，往往需要专利代理人与申请人一起来确定保护主题类型。在专利代理实践中，需要确定保护主题类型的，主要有两种情况：其一，对于要求保护的一项发明，是采用产品发明加以保护还是采用方法发明加以保护；其二，对于涉及不同类型的两项以上的发明，应当以产品发明为主还是以方法发明为主。

前一种是指这样的情况：对于一项发明，如果所要求保护的主题既可以写成产品发明，也可以写成方法发明，此时应当选择产品发明给予保护还是选择方法发明给予保护，还是对产品发明和方法发明同时要求保护。对于这种选择要根据具体案情的情况加以确定，通常应当考虑四方面的因素：①本发明的改进实质上是对产品作出改进还是对方法作出改进；②产品发明或方法发明何者能够取得更宽的保护范围；③产品发明或方法发明何者无法与现有技术明显地区别开来或者相对于现有技术明显不具备创造性；④选择何种发明更有利于在出现侵权诉讼时便于维权。

就上述第四方面便于维权而言，通常能用产品类型权利要求进行保护的，尽可能写成产品类型权利要求，原因在于：其一，对产品发明更容易搜集侵权行为的直接证据，而对方法类发明，由于涉及与制造产品或者执行处理有关的方法步骤、工艺条件等特征，取证相对困难；其二，对产品发明的侵权行为，既可以选择直接生产侵权产品的厂家作为被告，也可以选择使用、销售、许诺销售、进口该侵权产品的单位作为被告，而对于产品使用方法类型的发明，则仅能以使用者为直接被告，对该产品的生产单位只能作为共同被告。此外，针对一项发明，如果既可要求保护产品发明、又可要求保护方法发明，且两者实质上保护了不同的保护范围，且相对于现有技术都具备新颖性和创造性，则从便于维权和争取更充分的保护两方面考虑，则应当对产品发明和方法发明同时要求保护。

【案例2－18】

发明人从传统的暖气片安装不方便出发对暖气片的结构作出了改进，从而其安装方法也与传统的安装方法不同，如果该暖气片的结构相对于现有技术有很大的改进，在这种情况下应当选择该暖气片的产品，还是选择该暖气片的安装方法，还是将两者都作为要求保护的主题？

就本案例来说，尽管发明人本意想简化暖气片的安装，但实际上是通过改变暖气片的结构来实现安装方便，因此本发明实质上是对暖气片产品作出的改进，而其安装方法的变化是由暖气片的结构决定的。而从维权角度看，真正的侵权者是暖气片的制造商，而不是安装暖气片的施工单位，因此应当以制造商为被告，加上产品发明更容易取证，在这种情况下以暖气片作为专利要求保护的主题更便于维权；即使为选择专利侵权诉讼的法院，如果想以安装施工单位和用户为被告，则可用他们使用该专利产品为由提起专利侵权诉讼。

相反，如果以暖气片安装方法作为专利保护的主题，从专利侵权诉讼的法院选择来看，只能以安装施工单位作为直接被告，对制造商只能作为共同被告，而不能只针对制造商提出专利侵权诉讼。那么，对于本案情况，是否有必要同时要求保护暖气片产品和暖气片的安装方法呢？由于两者相对于现有技术均具备创造性，当然可以对两者均要求保护，但是必要性不大，因为这两项主题从表面上看保护范围不一样，但实质上没有区别，该暖气片得到了保护，该暖气片的安装方法也必然得到了保护，而由前面对专利权维权的分析可知，多增加一项暖气片安装方法的主题并不会为专利侵权诉讼带来有利之处，鉴于这种情况，对本专利申请来说，只需要将暖气片产品作为本专利申请要求保护的主题。

在前面提到的第二种需要确定保护主题类型的情况中，当该专利申请既涉及产品发明，又涉及方法发明，且两者同时要求保护更便于维权或更能得到充分保护时，专利申请应当以哪一项发明为主呢，即以哪一项作为第一个要求保护的主题呢？这往往与要求保护的方法主题是什么方法有关。对于产品和制造方法而言，如果该产品还可以用其他方法制得，而该制造方法是一种优选的制造方法，通常应当采用产品及其制造方法两项主题加以保护，即以产品发明作为第一项要求保护的主题，而将产品的制造方法作为另一项要求保护的主题，在这种情况下对该产品而言，用其他方法制得的该产品也落在保护范围之中。如果制造该产品的方法还可以生产其他结构的类似产品，则应当将制造方法作为第一项要求保护的主题，然后再将该产品作为另一项要求保护的主题。如果该产品的制造方法所得到的必然是该产品，则只需要将制造方法作为要求保护的主题，而不必再将产品作为另一项要求保护的主题，因为按照《专利法》第11条的规定，对制造方法的保护将延伸到由该制造方法直接获得的产品。

对于设备（或仪器）和反映其工作原理的方法两项发明，则需要看反映该设备（或仪器）的工作原理的方法是什么性质的方法：如果以该设备（或仪器）的操作方法和运行方法作为要求保护的主题，则其往往与该设备（或仪器）的具体结构有关，该操作方法或运行方法通常由其结构决定，因而最后写成的权利要求中必然会出现涉

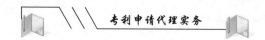

及该设备（或仪器）具体结构的特征，在这种情况下再将该设备（或仪器）的运行方法或操作方法作为要求保护的主题的必要性不大；如果针对该设备（或仪器）的工作原理要求保护的是一种检测方法、处理方法或者制备其他产品的方法，则可以将该方法作为要求保护的主题，但在该方法权利要求中尽量避免写入与该设备（或仪器）具体结构有关的技术特征，然后再将实现该方法的设备作为另一项要求保护的主题。

【案例2-19】

某申请人购买了一件国外的专利产品，对于其中的烟气现场监测分析系统作出了改进。该监测分析系统的管道因为积灰而需要清洗，但原产品中的清洗效果不太理想，申请人对其清洗机构作出了改进，通过在其管路上增加一个阀门而使清洗由常压冲刷成为高压气释放冲刷，取得了良好的清洗效果。

对于这样一个案例，其涉及两个主题：清洗方法和清洗机构。首先，该技术改进的实质是清洗方法，而不是运行方法，为实现该清洗方法对该清洗机构作出相适应的结构改进。在这两个主题中，清洗方法从其工作原理上有着本质的改进，由常压冲刷成为高压气释放冲刷，而清洗机构相对于现有技术仅仅增加了一个阀门，因而该清洗方法和清洗机构两者相比，前者相对于现有技术的创造性高度更高，因此应当将清洗方法作为第一项要求保护的主题。鉴于清洗方法不是制造方法，并不能延伸到保护清洗机构，而从维权方便考虑，产品更容易取证，因此还应当要求保护清洗机构。通过上述分析可知，对本案来说，应当既要求保护产品，又要求保护方法，且应当将清洗方法作为第一项要求保护的主题，而另一项要求保护的主题为实现前一主题清洗方法的清洗机构。

【案例2-20】

由申请人提供的技术交底书得知，其发明人针对飞行器的需要研发出一种真空玻璃以及这种真空玻璃的制造方法。

就本案例来说，本发明主要针对真空玻璃作出了改进，因此应当以"真空玻璃"作为最主要的申请主题要求保护。此外，当该真空玻璃的制造方法相对于现有技术具备新颖性和创造性时，还应当将该真空玻璃的制造方法作为另一项要求保护的主题，这样一来对本发明进行了比较全面的保护。

2　安排权利要求的次序和层次

在确定了要求保护的主题类型以及各个要求保护主题的顺序之后，就需要针对各个要求保护的主题安排权利要求的次序和层次，通常将针对各个要求保护的主题作出的最主要的改进作为第一层次，即针对该最主要的改进撰写独立权利要求，而将其他次要的改进方面作为较低层次撰写从属权利要求；而对于这些次要的改进，还需要根据他们之间是并列关系还是存在依从关系来确定这些从属权利要求的层次，对于彼此为并列关系的改进，可针对这些改进写成同级的从属权利要求，而具有依从关系的，即其中一个改进是针对另一改进作出的进一步改进，则应当针对进一步的改进撰写更低层次的从属权利要求，即作为针对另一改进写成的从属权利要求的下一级从属权利要求。

2.1 确定独立权利要求的保护范围

在针对最主要的改进撰写独立权利要求时，应当写入尽可能少的技术特征，除必要技术特征之外，其他技术特征尽可能不要写入独立权利要求中，以使所撰写的独立权利要求具有尽可能宽的保护范围。

必要技术特征是与要解决的技术问题密切相关的、为解决技术问题不可缺少的技术特征。确定必要技术特征时，可先将涉及某个技术主题的所有技术特征——列出，进行分析，确定哪些是必要技术特征，哪些可作为附加技术特征。也可以采用反向检查的方法，当写完独立权利要求后，可以将独立权利要求中的每一个技术特征分别抽出来，针对每个特征的作用和功能进行分析，看看是否可以去除掉该特征仍可构成完整技术方案并解决本发明的技术问题。如果去掉该特征后，技术方案仍然完整，仍能解决本发明的技术问题，则该技术特征属于非必要技术特征。

【案例2－21】

一件关于"钢笔"的专利申请，技术交底书中有关的发明内容写明：该钢笔包括笔尖、开有墨水流动通道的笔舌、安装笔尖和笔舌的笔杆连接部分、存放墨水的橡皮贮囊、挤压橡皮贮囊的弹性挤压部件、笔帽、笔帽上的笔夹，并写明上述这些部件之间的结构关系。

发明的必要技术特征需要根据本发明相对于最接近的现有技术所解决的技术问题来确定。对本案例，现针对两种不同的最接近现有技术情况进行分析。

在第一种情况中，最接近的现有技术为蘸水笔，即现有技术中还未出现过钢笔。则本发明要解决的技术问题是提供一种能够贮存墨水、且墨水不会漏出来的钢笔，在使用时，不需要蘸墨水。

相对于上述本发明要解决的技术问题，独立权利要求应当包括的必要技术特征有：笔尖、开有墨水流动通道的笔舌、安装笔尖和笔舌的笔杆连接部分、存放墨水的贮囊以及上述这些部件之间的结构关系。而说明书中提到的"挤压橡皮贮囊的弹性挤压部件"以及"笔帽和笔帽上的笔夹"为非必要技术特征，因为上述这些技术特征与本发明要解决的技术问题无关。

在第二种情况，现有技术中已经公开了钢笔，即本发明最接近的现有技术钢笔包括第一种情况的所有必要技术特征以及笔帽，其缺点在于：不便携带，容易丢失。因此本发明要解决的技术问题提供一种便于携带且不易丢失的钢笔。

为了解决上述技术问题，独立权利要求除了包括前一种情况的所有必要技术特征

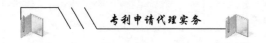

外，还应当包括"笔帽"和"笔帽上的笔夹"这两个必要技术特征。也就是说，"笔帽上的笔夹"是解决该技术问题的必要技术特征，必须记载到独立权利要求中；"笔帽"是与解决上述技术问题密切相关的技术特征，是本发明与最接近现有技术共有的必要技术特征，也应写入独立权利要求中。

【案例 2－22】

一件"用直流电压产生高压脉冲的电路"专利申请，在其说明书中记载了该电路的组成部分技术特征，还记载了反映各部分之间联系的技术特征——"电阻器连接在晶体管放大器的输入和控制电路的输出之间，晶体管放大器的输出连接到开关晶体管的基级，电容器连接到变压器的初级绕组，……"对于这样的专利申请，独立权利要求1中不仅应当记载该电路的各组成部件：变压器、分压器、晶体管放大器、开关晶体管、电阻器和电容器，而且应当将各部件之间的连接关系也写入独立权利要求，因为各部件的连接关系也是本发明的必要技术特征。

为了尽可能减少独立权利要求中的特征，撰写时可将个别不能确定是否为必要技术特征的作为附加技术特征写入直接从属于该独立权利要求的从属权利要求，如果在实质审查过程中审查员给出独立权利要求缺少必要技术特征的审查意见时，还可以很方便地进行修改，直接将该技术特征加入到独立权利要求中。同样，在发明或实用新型的无效程序中，若请求人以此独立权利要求缺少必要技术特征为无效理由，那么由于该技术特征已写入直接从属于该独立权利要求的从属权利要求中，该从属权利要求就不再存在这一缺陷，专利复审委员将会维持该从属权利要求有效。

另外，在得到说明书支持的前提下，在撰写独立权利要求时，应当尽可能采用上位概括的技术特征或者使用合适的功能性限定技术特征等，以扩大保护范围。与此同时，应当将更为具体的技术特征、尤其是优选的技术特征作为附加技术特征，写入到其从属权利要求中，以便在后续审查以及无效程序中有足够的修改余地。

2.2　同一组权利要求中从属权利要求之间的层次和顺序

从属权利要求的撰写层次和顺序同样重要。有些专利代理人不太注意从属权利要求的撰写，往往在确定了独立权利要求的内容后，对其他的技术特征，随意地写入从属权利要求中，甚至出现独立权利要求1的保护范围很宽，而从属权利要求2立即落到一个很窄的保护范围，原因在于没有认真分析反映其他次要改进的各个附加技术特征彼此之间的关系，从而没有对从属权利要求的层次和顺序进行合理安排。

合理安排从属权利要求限定的保护范围，需要从两个方面考虑。一是技术特征的概括，应该从上位到具体，逐步进行。其次是从属权利要求的引用关系，从上一个层级到下一个层级，逐级引用。

具体来说，考虑到专利申请实质审查程序以及可能的后续专利权无效程序中，为了增加修改的余地，各层级的从属权利要求的保护范围应该逐级缩小，技术特征应该由上位到具体、由一般到特殊，逐步、依次展开。同时，将权利要求设置多个层级，下级权利要求引用上级权利要求，同级权利要求还可以设置多个并列的权利要求。最后，在最低层级的从属权利要求中，才涉及最具体的附加技术特征。

对于同一组的从属权利要求，引用同一权利要求的从属权利要求尽可能放在一起。在此前提下，尽可能将描述相同或者相关技术特征的从属权利要求集中放置在一起，便于阅读，同时也可以使条理更清晰，避免因权利要求项数较多造成逻辑错乱。

除此之外，对于从属权利要求的引用关系，还需要注意，有意设置作为必要技术特征退路的从属权利要求中，一定要有直接引用独立权利要求的技术方案，不能仅仅设为在某个从属权利要求中间接引用独立权利要求，否则在专利无效宣告程序中作删除或合并权利要求修改时会不得不带上不必要的技术特征，影响修改后权利要求专利权的有效保护范围。

对于可能申请PCT或者到国外申请专利的情况，从属权利要求可以考虑采用多项从属权利要求引用多项从属权利要求的撰写方式。但是对于仅仅申请国内专利的情况，由于我国《专利法》及《专利法实施细则》的限制，不能采用多项从属权利要求引用在前多项从属权利要求的撰写方式，这时就需要适当增加从属权利要求的数量，例如需要针对同一附加技术特征撰写引用多项在前的权利要求、且其中一项在前的权利要求本身是多项从属权利要求时，为了避免出现多项从属权利要求引用另一项在前多项从属权利要求，就需要将该项从属权利要求分成几项限定部分相同而引用的权利要求不同的从属权利要求。

至于需要向国外申请的专利，由于欧洲、美国、日本等几个专利大国在多项从属权利要求之间可否引用的的规定有明显差异，建议专利代理人在实践中采用撰写一份说明书和几份不同权利要求书的有效做法：

在欧洲和日本，允许多项从属权利要求引用多项从属权利要求，而且对这种多项从属权利要求只收取一项权利要求的费用，值得好好利用，不需要修改多项从属权利要求相互引用的关系。

在美国，不建议采用多项从属权利要求引用多项从属权利要求的撰写方式（独立权利要求间的简单多项引用也一样有会问题），因为针对这种权利要求，美国专利商标局（USPTO）会按照多项并且重复累计计费，并且还有一份针对该情形出现的基本收费，增加了申请成本。所以美国专利律师都会针对该情形做个"Preliminary Amendment"（预先修正），但是这样节省下的官费又被美国昂贵的律师费抵消，因此建议专利代理人另写一套权利要求书主动消除这一引用情形，为申请人节省费用。

而且另写几套权利要求书可以同时考虑不同国家的其他规定，例如美国专利商标局要求将用途权利要求（其他国家可以接受）必须改为有主动步骤的方法权利要求才能接受等，这样操作能向申请人充分展示专利代理人的专业水平。

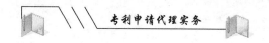

2.3 不同组权利要求之间的排布次序

对于不同组的权利要求的次序，即不同独立权利要求之间的次序，也应当做统一的布局和安排。通常，在同时具有产品、制备方法及用途的独立权利要求的情况下，先写产品权利要求，再写制备方法权利要求，然后是用途权利要求。

在有多个具备单一性的产品权利要求时，先写仅包括重要发明点的核心权利要求（通常包括的发明点应当最少），再逐步放大，增加发明点。例如，对于机械领域，可以先写部件，再写使用该部件的机构，再到安装有该机构的设备或装置。

3 平衡权利要求的保护范围与专利权的稳定性

在进行权利要求的布局时，不但要考虑撰写出保护范围尽可能宽的权利要求，还需要注意平衡权利要求的保护范围与专利权的稳定性两者之间的关系，以提高获权和维权的可行性。对于保护范围越宽的权利要求，在专利申请审查阶段获得授权的难度越大，无效宣告请求程序中被宣告专利权无效的可能性也越大。反之，虽然撰写的权利要求保护范围越窄，其越容易授权，但在用该项权利要求进行维权时可能无法覆盖涉嫌侵权产品。因此，在权利要求布局中需要综合考量获得专利权与专利维权的可行性，充分利用独立权利要求和从属权利的布局关系，在权利要求的保护范围和专利权的稳定性两者之间取得平衡。

权利要求的保护范围并非越大越好，而是要概括一个合理的范围，此范围要能够得到说明书的充分支持，否则即使授权也会造成权利稳定性差，使得申请人不敢维权、维权时会被轻易宣告无效或增大维权的成本。另外，概括一个合理的保护范围也是使专利申请能够顺利获得授权的前提以及提高专利申请审查效率的前提，这就需要在撰写时平衡好权利要求的保护范围和专利权的稳定性。要做好两者的平衡并不容易，需要通过多年的专利代理实践经验、尤其是通过无效宣告案件和专利侵权案件中所体会到的专利申请文件撰写不当的教训来加深这方面的体会，从而在撰写专利申请文件时提高这方面的驾驭能力。

例如，对于一项产品加工工艺的改进发明，温度参数为一重要技术特征。如果专利代理人一味追求该参数的最大范围，未合理安排好权利要求的层次和合理的参数设定范围，最后可能会因该工艺的实用性或者说明书不能充分支持权利要求而导致专利申请无法授权，或者即使获得授权但其权利稳定性差。

第四节　专利申请文件的撰写

专利申请文件撰写的好坏将直接影响该专利申请授权后能否得到充分的保护，甚至会影响该专利能否授权。在实践中，有些具有商业价值的发明创造，由于申请文件撰写存在缺陷，失去了取得专利保护的机会；或者虽然获得了专利授权，但由于撰写上的失误，不能有效地保护发明创造。在上述情况中，申请人不但丧失了商业上的竞争优势，还为此花费了为数不小的申请、审查、诉讼、宣告专利权无效费用以及代理费用。一份质量好的专利申请文件，应该是保护范围适度、有尽量大的保护范围（独立权利要求）和较小的保护范围（从属权利要求），能够经受得住专利权无效宣告的考验，并且在判断涉嫌侵权行为是否构成专利侵权时，易于作出客观的判断，从而减少影响判断侵权的人为因素。也即申请文件质量的高低将影响专利申请的成败，影响保护范围的大小及影响专利侵权纠纷、诉讼的结果。

专利申请文件主要包括请求书、权利要求书、说明书（发明专利申请必要时包括说明书附图、实用新型专利申请必须包括说明书附图）及其摘要（说明书有附图的应当包括摘要附图）。说明书用来对发明作出清楚、完整的说明，充分公开发明的技术方案。而权利要求书是用来确定专利权保护范围的法律文件，权利要求书应当以说明书为依据，也即权利要求书中每一项权利要求所限定的技术方案都需要得到说明书的支持。说明书附图是说明书的一个组成部分，以图的形式补充说明发明或实用新型的每个技术特征（具体零部件、机构、装置、流程等）和整个技术方案。而说明书摘要与摘要附图一起提供专利技术信息，主要用作对公开的专利文献进行检索的工具。

由专利申请文件上述各部分之间的作用可得知这些申请文件之间的逻辑关系：说明书（尤其是其具体实施方式部分）是充分公开发明的基础法律文件，而权利要求书是在说明书、尤其是在其具体实施方式所记载内容的基础上概括而成、用于确定其专利保护范围的法律文件，而说明书摘要是说明书记载内容的概述。

1　申请文件的撰写顺序

在专利申请文件中，权利要求书与说明书的各部分之间有很强的法律关系及逻辑上的关联性，说明书中各部分之间也有着严格的逻辑顺序关系。因此，安排好撰写顺序有利于更好地、更高效地工作。

下面先对专利申请文件的撰写顺序（即说明书和权利要求书两者之间的撰写顺序）作出说明，然后再对说明书各部分之间的常见撰写顺序作一简单介绍。

1.1　说明书与权利要求书之间的撰写顺序

对于说明书和权利要求书这两个专利申请文件来说，其撰写顺序有以下两种：最常见的方式是在充分理解发明内容的基础上先撰写权利要求书；如果专利代理人不很熟悉该申请的技术领域，且通过阅读技术交底书并与申请人进行必要沟通后，还未能充分理解发明，在这种情况下，可以先撰写说明书，尤其是通过撰写说明书具体实施方式部分来更好地理解发明，在此基础上再撰写权利要求书。

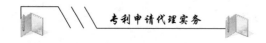

（1）先撰写权利要求书

由于权利要求书是专利申请文件中的核心部分，是确定专利保护范围的重要法律文件，所以在专利代理人已经充分了解发明内容时，应当先撰写权利要求书。如果申请人提供的技术交底书中说明了该专利申请欲保护的关键技术改进点以及大致的技术方案，但技术细节或者实施方式明显不足时，专利代理人也可以根据其发明意图理出权利要求书的大致框架，然后再与其发明人作进一步沟通，一起补充具体的技术细节和实施方式、附图等。然后再对权利要求书中的各项权利要求作出合理的布局和安排，在此基础上着手撰写权利要求书。完成权利要求书后，再着手撰写说明书。

对于这种情况，经过与其发明人的沟通、并通过技术交底书充分了解发明技术内容后，可以先准备说明书附图，尤其是涉及机械类产品的发明，将所有附图制作准备齐全更为重要；在准备好附图后，按照所考虑的权利要求布局，先撰写独立权利要求；在完成各项独立权利要求的撰写后，再对发明各项要求保护的主题中的次要改进（相当于从属权利要求的附加特征）确定彼此之间的层次，并按照此层次对从属权利要求作出布局安排，依次撰写出各项从属权利要求；最后再撰写说明书，说明书的撰写可按技术领域、背景技术、发明内容、附图说明、具体实施方式的顺序来写。其中需注意发明内容部分与权利要求之间的对应关系。

先撰写权利要求书的方式有利于从整体上搭建保护架构，做到纲举目张，更清晰地确定权利要求的保护层次，但是对专利代理人的综合、概括能力有较高的要求。

（2）先撰写说明书

当申请人提供了最接近的现有技术、本专利申请欲保护的具体关键技术改进点以及相当数量的具体实施方式和实施例，但是专利代理人由于不很熟悉该技术领域而未能很好地理解发明时，也可以考虑先撰写说明书的背景技术部分和说明书的具体实施方式部分，在初步完成说明书这两部分的撰写后再着手安排权利要求书的布局和撰写各项权利要求。

在先撰写说明书时，由于说明书的发明内容部分与最后完成的权利要求书有着对应的关系，这一部分应当在完成权利要求书后再撰写。基于技术交底书中的材料较为详细，因此通常可以着手先撰写说明书的背景技术、附图说明和具体实施方式部分，其中说明书的背景技术部分多半可以一次性完成，而说明书的具体实施方式部分只能是初步完成。在对这几个部分的撰写过程中，专利代理人有可能通过对说明书具体实施方式部分的描述对本发明所要求保护主题的各个改进点形成更准确、更清楚的了解，这样就可以对权利要求书的布局作出更合理的安排，从而可以更容易地完成各项主题独立权利要求和从属权利要求的撰写。其中，在撰写独立权利要求时，可根据确定的最接近的现有技术及其所存在的缺陷，将各要求保护主题有关的所有必要技术手段（即相当于其独立权利要求中的必要技术特征）与最接近的现有技术的技术内容进行比较，将两者共有的必要技术特征写入独立权利要求的前序部分，将区别于现有技术的其他必要技术特征写入特征部分，构成独立权利要求所要求保护的技术方案。在完成独立权利要求之后，再针对其他改进点撰写从属权利要求。

在完成权利要求书的撰写后，再依据所撰写的权利要求书确定说明书的发明名称，撰写说明书的技术领域和发明内容部分。此外，还应当根据所撰写的权利要求书对具体实施方式部分进行修改和完善，必要时还需要申请人进一步补充相应的具体实施方式或实施例以及其他有关内容。

需要说明的是，无论是先撰写权利要求书，还是先撰写说明书，其撰写顺序都不是绝对的。首先，专利代理人在实际撰写过程中可能出现交叉撰写的情况，例如前面所给出的两种撰写方式中就出现了交叉撰写：在先撰写权利要求书的方式中，首先完成的是说明书附图；而在先撰写说明书的方式中，说明书发明内容部分的撰写可以放在完成权利要求书的撰写之后。而且，在完成后一部分的撰写内容后，往往需要对前一部分完成的撰写内容进行必要的修改与完善，例如在先撰写权利要求书时，在完成说明书的撰写、尤其是完成说明书具体实施方式的撰写后，会对在先完成的权利要求书进行必要的修改，而对于先撰写说明书的具体实施方式的情况，在完成权利要求书的撰写后还需要对说明书具体实施方式部分进行必要的补充和完善。

1.2　说明书各部分常见撰写顺序

根据《专利法实施细则》第17条的相关规定，说明书除发明名称外，还应当包括技术领域、背景技术、发明内容、附图说明和具体实施方式五个部分，各部分应当按顺序撰写，并在每一部分前面写明标题。虽然《专利法实施细则》第17条中规定了说明书中各部分的先后排列顺序，但专利代理人在实际撰写工作中，可根据个人习惯以及申请人所提供的技术交底书的完善程度，确定合适的撰写顺序。

例如，如果技术交底书中提供的技术细节、附图等非常全面，可考虑先撰写具体实施方式部分，根据具体实施方式撰写的情况概括总结发明内容部分，在确定了一个适当外延的保护范围之后，再回过头来审视具体实施方式是否足以支持已进行适当外延的保护范围，如果不足，则需继续补充实施方式和/或实施例。最后再次对发明内容部分的布局和层次进行二次加工。

另外需要注意，说明书中发明内容部分包括三方面的内容，其一是本发明要解决的技术问题，其二是本发明的技术方案，其三是有益技术效果。在描述有益效果方面，建议在撰写具体实施方式部分时，每引出一个技术手段，都可以相应对其作用与达到的有益效果进行说明，这样的撰写方式对后续答复专利申请审查意见通知书，尤其是针对涉及创造性的审查意见陈述意见时会有一定的帮助。

1.3　说明书附图的布置顺序与附图标记编号

值得注意的是，在机械领域专利申请中，经常会有较多的附图，对这些附图也应当作出合理的布置。

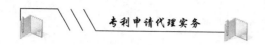

在附图的布置顺序上，通常先是反映发明整体技术方案的图，该图与独立权利要求的技术方案相对应，然后是反映某一局部或部件的图，这些图根据所涉及技术特征的重要程度依序布置，并与各从属权利要求的附加技术特征相对应。

另外，当附图较多时，说明书附图需要标注零部件的附图标记，具体实施方式部分需要记载这些附图标记，权利要求书中可能也出现附图标记，附图标记在申请文件各部分中必须保持一致性。而附图标记的编号方式应体现出规律性与逻辑性，通常可以按如下方法来编号附图标记：

首先，将本发明的产品或装置划分成几个大的部分或部件，各部分作为第一层级编为10、30、50……

然后，将各第一层级部分或部件上的小部件或其上的技术特征作为第二层级进行相对应的编号。例如将部件10上的各个特征编号为11、13、15……部件30上的各个特征编号为31、33、35……以下类推。

按这种编号方式，全部编号体系整体逻辑性与从属关系上比较清晰，从任一编号即可知其结构关系。例如将"涡轮轴"部件编为60，看到编号61（涡轮轴孔）、63（锥形孔）即知是与"涡轮轴"相关的技术特征。

需要说明的是，在各层级进行编号时可以采用隔号编号，以便于撰写过程中发现有某一部件或技术特征遗漏编附图标记时可方便地插入一个编号。

2 几类特殊专利申请的撰写

下面对三类特殊专利申请撰写时需要注意的问题作出说明。这三类特殊专利申请分别为：该专利申请可能包含有不符合单一性规定的主题而有可能需要分案；该专利申请涉及优先权；该专利申请包含有本申请人在先申请已记载的主题。

2.1 可能需要分案的专利申请的撰写

当申请人委托的专利申请中有多个要求保护的主题时，一旦专利局针对该专利申请发出的审查意见通知书中认定为本专利申请不符合《专利法》第31条第1款有关单一性的规定，该专利申请就很有可能要涉及分案的问题。

作为专利代理人，在撰写时就应当对这几项要求保护的主题分析其是否符合专利申请单一性的规定。如果通过分析，初步认定其存在不符合单一性规定的问题，则应当向申请人说明有可能涉及分案的情况，即一般情况下应当将不符合专利申请单一性规定的几项主题分别提交专利申请。但有些情况下，出于策略上的考虑，也可以在征得申请人的同意后，先将包含多个发明主题的申请写在一件专利申请文件中，等收到专利局发出的分案通知后再进行分案。

这种将不符合专利申请单一性规定的主题先合案提出申请的情况下，在撰写权利要求书时尤其要注意安排各个要求保护主题的几组权利要求的顺序，应当将比较重要的一组放在前面。这是因为目前专利局审查员对不符合专利申请单一性要求的多组权利要求，通常首先在第一次审查意见通知中指出其存在着不符合单一性规定的缺陷，并直接仅仅审查权利要求书中的第一组权利要求。

此外，国家知识产权局专利局对分案申请是否超出原申请的说明书和权利要求书的记载范围的标准掌握更趋严格，因此在该专利申请的说明书中，对于有可能需要分案的主题进行描述时，凡是在分案中需要加以概括的技术特征，在本专利申请的说明书中也尽量要出现这些概括的技术特征的文字。此外，具体实施方式部分涉及这些主题的文字描述应当分出层次，以将该主题的必要技术特征和附加技术特征很方便地区分出来，必要时这些附加技术特征也应当反映出处于不同的层次。

2.2 涉及优先权的专利申请的撰写

下面分别就本专利申请是作为优先权基础的在先申请和本专利申请是要求优先权的在后申请两种情况作出说明。

2.2.1 作为优先权基础的专利申请

有些情况下，申请人委托的专利申请是一件基础申请，后续将以此为在先申请，要求其优先权而再提交 PCT 申请或普通国外申请。由于专利申请文件的修改不能超出原始提交申请文件中记载的范围，故对于要求优先权的专利申请的撰写要格外注意尽可能详细地披露发明技术方案和各种不同的具体实施方式和/或实施例，以避免在后续申请中要求优先权时出现不能享受优先权的问题。

需要特别提醒的是，对于有些在中国不能被授权的主题，例如以存储的有关计算机程序的内容为特征的存储介质、纯粹商业方法、疾病诊断或治疗的方法以及动植物品种，如果申请人有向国外申请专利的计划，则需要在首次提交国内申请时包含这些内容，否则再以该专利申请作为优先权基础向国外提出申请，就会由于该专利申请未包含这方面的内容而在向国外申请想以这些内容作为要求保护的主题时可能造成优先权的损失，即这些主题不能再享受优先权。

2.2.2 要求优先权的在后专利申请

在以下几种情况，专利代理人可能或者需要为申请人撰写要求在先申请优先权的在后专利申请：

① 申请人自发明或者实用新型在外国第一次提出专利申请之日起十二个月内，又依照该外国同中国签订的协议或者共同参加的国际条约在中国就相同主题提出专利申请；

② 在先申请仅阐述具体的技术方案，但缺乏相应技术效果的数据；

③ 在先申请的技术方案粗略，需进行细节补充；

④ 在先申请权利要求中仅限定了很具体的技术方案，专利保护范围太窄。

因此在专利申请文件的撰写过程中，需要注意到以下几种情况的在后申请不能享

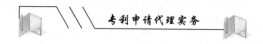

受在先申请的优先权：

（1）在后申请与在先申请中的某个（些）特征属于上、下位的关系

在后申请要求保护的主题中所采用的某个（些）特征与在先申请的说明书和权利要求书中记载的特征为上、下位关系，则在后申请所要求保护的主题不能享有优先权。

【案例 2 - 23】

在先申请记载了一种以螺旋弹簧来实现压紧功能的机构。在后申请请求保护一种以弹性件来实现压紧功能的机构。

在后申请以弹性件来实现压紧功能的技术方案在在先申请中并没有记载，尽管在先申请中记载了以螺旋弹簧来实现压紧功能的机构的技术方案，并且螺旋弹簧是弹性件的下位概念，但也不能由在先申请直接和毫无疑义地确定出以弹性件实现压紧功能的机构的技术方案，所以在后申请请求保护的以弹性件来实现压紧功能的机构不能享受在先申请的优先权。

如果在先申请记载的是以弹性件来实现压紧功能的技术方案，没有记载以螺旋弹簧来实现压紧功能的技术方案，则在后申请请求保护以螺旋弹簧来实现压紧功能的技术方案同样不能享受在先申请的优先权。

（2）惯用手段的直接置换

如果在后申请要求享受在先申请的优先权，但在后申请中的某个（些）技术特征是在先申请中某个（些）技术特征的惯用手段的直接置换，则在后申请不能享受在先申请的优先权。

【案例 2 - 24】

在先申请记载了一种采用钉子进行固定的装置。在后申请要求享受在先申请的优先权，但其请求保护一种采用螺栓进行固定的装置。

尽管用螺栓固定与用钉子固定属于惯用手段的直接置换，但由在先申请采用钉子进行固定的装置并不能直接和毫无疑义地确定在后申请的采用螺栓进行固定的装置，因此，在后申请中采用螺栓进行固定的装置不能享受在先申请的优先权。

（3）数值范围部分重叠

如果在后申请请求保护的技术方案中包含数值范围，而该数值范围与在先申请记载的数值范围不完全相同，而是部分重叠，则该在后申请不能享受在先申请的优先权。

【案例 2 - 25】

在先申请为一种金属热处理方法，为获得钢件的特定机械性能，其钢件在淬火后的回火温度为 $180 \sim 250℃$，在后申请金属热处理方法中，其钢件在淬火后的回火温度为 $220 \sim 300℃$。

由于在后申请的回火温度与在先申请部分重叠，因此在后申请中回火温度为 $220 \sim 300℃$ 的金属热处理方法不能享受在先申请的优先权。

（4）在后申请的技术方案增加了技术特征

在后申请要求保护的主题中有一个或者部分技术特征未记载于在先申请记载的方案中，即在后申请要求保护的主题相对于在先申请记载的技术方案增加了技术特征，则该在后申请不能享受在先申请的优先权。

【案例 2 – 26】

在先申请记载了技术方案 A 和实施例 a1、a2，在后申请记载了技术方案 A 和实施例 a1、a3，其中在后申请实施例 a3 相对于在先申请的实施例 a2 增加了技术特征，且该增加的技术特征并不是该技术方案必定包括的技术特征。

在后申请记载的技术方案 A 和实施例 a1 可以享有在先申请的优先权；但是在后申请中相应于实施例 a3 的技术方案由于包含有在先申请没有记载的技术特征，且该技术特征并不是该技术方案必定包括的技术特征，因此由在先申请的实施例 a2 不能直接和毫无疑义地确定在后申请的实施例 a3，因此在后申请中相应于实施例 a3 的技术方案不能享有在先申请的优先权。

需要提请专利代理人注意的是，在某些特殊情况下，在后申请与在先申请相比增加了技术特征，但其仍然可以享有在先申请的优先权，现举一例加以说明。

【案例 2 – 27】

在先申请记载了一种手机，但未记载手机包括天线这一技术特征；在后申请请求保护一种手机，其中增加了包括天线这一技术特征，其他未变，并且也未涉及天线与手机其他技术特征之间的关系。

尽管在先申请文件中没有记载手机包括天线，但是本领域技术人员可以直接地、毫无疑义地确定手机必定包括天线，并且在后申请也未涉及天线与手机其他技术特征之间的关系。因此，在后申请中要求保护的手机可以享受在先申请的优先权。

2.3 可能涉及抵触申请的撰写

经常有这样的情况，申请人先前针对某一发明项目已提交过专利申请，该申请尚处于未公开状态。其后发明人对该发明作出了一些改进，还想再提出一件专利申请，但是距先前提交的专利申请已超过 12 个月，因而不能再要求先前提交的专利申请的优先权。在这种情况下，在撰写后一项专利申请的申请文件时，需要注意使其权利要求的技术方案在前一申请的整个专利申请文件中均未披露过，也即前一申请的权利要求书、说明书及附图中均没有披露过后一申请权利要求书中任何一项权利要求的技术方案，以免使前一申请构成后一申请中某些权利要求的抵触申请。

【案例 2 – 28】

一种完成某功能的设备，包括新开发的油缸和液压控制油路，其中，油缸和液压控制油路均有独立的用途。申请人将该设备、油缸和液压控制油路均申请专利。

这三件申请的技术关联性比较强，在任一件专利申请的撰写中，可能涉及另一项

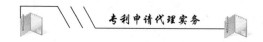

专利申请的技术内容，此三件专利申请通常应当同时提交，若不同时提交时，就有可能出现先提出的专利申请构成后提出申请的抵触申请的隐患。

当提出国内发明或实用新型专利申请时，如果相同或基本相同的主题的技术方案已申请了 PCT 申请，且两者没有要求相同的优先权或彼此不存在优先权要求的，同样需注意抵触申请冲突的问题。

如果相同或基本相同的主题的技术方案同时提交了国内发明专利申请和 PCT 申请时，通常为防止重复授权，建议的做法是在 PCT 申请进入中国国家阶段时再做一次选择：保留该国内发明专利申请还是选择在 PCT 申请进入中国国家阶段的同时放弃国内发明专利申请。由于 PCT 申请有国际检索和修改的几次机会，除为了早日取得授权而选择国内发明专利申请外，一般会选择在 PCT 申请进入中国国家阶段时放弃国内发明专利申请，因为那件经过国际检索和作过修改的 PCT 申请的质量较高，当然此时国内发明专利申请应当还未授权，因为若国内发明专利申请已经授权，则按照现行《专利审查指南 2010》第二部分第三章的规定，就不能再做选择了，因而进入国家阶段的 PCT 申请不会再授予专利权。

3 专利申请文件的定稿和专利申请信息的核实

在撰写出保护范围适当的专利申请文件后，就需要为申请人提出专利申请做好最后的准备工作：核实专利申请信息，请申请人对最后完成的专利申请文件进行确认。

下面先简单介绍一下此阶段要做的几项工作。

（1）申请信息的核实

专利代理人在接受申请人委托后，一方面要尽快撰写出相应的权利要求书、说明书、说明书摘要，并准备好说明书附图与摘要附图。另一方面还需要申请人提供并核实相应的专利申请信息。这些信息包括申请人名称、地址，发明人姓名、地址，发明专利是否要求提前公开，是否同时提交实质审查请求等，从而为提出专利申请做好准备。

（2）请申请人确认专利申请文件

一般情况下，专利代理人在为申请人准备专利申请文件的过程中需要与申请人方的发明人和知识产权经理进行多次沟通，尤其是在最终完成专利申请文件向专利局提交之前将双方确认的定稿提供给申请人进行书面确认。最后向国家知识产权局专利局提交的专利申请文件应当是由申请人确认过的专利申请文件文本，且需将申请人确认函归档备查。请申请人书面确认专利申请文件时可采用下述简单的格式信函：

尊敬的 ×××：

您好！

附件为我公司最终确定的专利申请文件定稿，请认真核对相关的申请文件，如无异议，请将附件回传并请注明"同意提交国家知识产权局"字样。

××××事务所×××

××××年×月×日

（3）涉及专利代理风险案件的处理

当遇有专利代理人与申请人方知识产权经理或发明人意见不一致，并且对方坚持不采用专利代理人合理建议会造成案件风险时，对于这些争议点的往来信函一定要入卷备查并作出醒目标示，以便事后专利代理人的合理处理和责任分辨。尤其是对于处于磨合期的新客户，特殊情况下可以考虑请他们签字确认知晓风险和愿意承担相应后果。这主要是基于这样的理念：专利代理人有尽到告知申请人的义务，但是没有违背申请人意愿的权利。采用上述处理方式后，一旦若干年后此项专利申请或专利案件风险显现后申请人来追究责任时，可以作为己方已尽责任告知而对方坚持才造成此后果的证据，尤其是申请人方的原先联系人已更换，而新接手人不了解情况的情形，出示这样的往来信函十分必要。

（4）其他需要核对的工作

提交专利申请时应当再次核对申请人给予的各项具体指示。例如对发明专利申请是否要求了提前公开，是否表示在申请同时提出实质审查请求，是否要求办理费用减缓等。对于申请人提供的委托书，应核对其委托书中加盖的公章是否与指示函中指示的申请人名称一致，是否与请求书中申请人栏中名称一致。不一致的，应当要求给予统一。例如，申请人是单位的，指示函或请求书中申请人为"中国农科院×××所"，而公章是"中国农业科学院×××所"；或者请求书中申请人为"北京××环保技术有限公司"，而其提供的委托书中公章显示为"北京××环保技术有限责任公司"。此时应更改请求书中申请人的名称，使其与公章上名称相一致。对于同一发明创造既申请发明专利又申请实用新型专利的，应当注意必须在同一天提交并在请求书中作出声明。

此外，对于有可能后期要将该专利申请向外国申请专利的，应当提醒申请人注意及时办理保密审查手续。

第五节　专利申请文件撰写与专利战略的结合

当今世界，现代企业之间的竞争体现为自主创新与核心技术上的竞争，并且相应地体现为专利上的竞争。众多跨国企业纷纷利用专利制度建立起层层技术壁垒和贸易壁垒，并在全球发起一轮又一轮的专利战。中国企业申请人必须面对这种全球知识经济一体化的新特点，只有充分熟悉并运用好专利制度这一市场竞争中的游戏规则，才能在残酷的市场竞争中立于不败之地。

2008年6月5日国务院《国家知识产权战略纲要》的正式发布，明确提出了本国

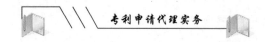

申请人发明专利年授权量进入世界前列，对外专利申请大幅度增加，到 2020 年实现我国自主知识产权的水平和拥有量能够有效支撑创新型国家建设的目标。专利申请量和授权量日益被各级政府重视，其中一些地方政府已将该地方的专利申请量和授权量纳入当地创新型社会建设的考核指标中。全国各省市地方政府也纷纷出台了各种类型的专利资助政策。由此，极大地激发了我国众多的企业申请专利并运用专利制度这一市场竞争武器的热情。

从专利的产生角度出发，专利战略大致可分为专利申请策略以及涉及许可、维权、交易等专利运用策略。专利申请策略与专利运用策略相互关联，专利申请策略的设计有赖于专利运用策略的目标指向。专利运用策略往往基于专利的状态、种类、有效期、地域布局和权利要求保护主题的构架不同而不同，即专利运用策略有赖于专利申请策略的匹配。而专利申请策略在一定程度上与撰写技巧相关，即某些专利申请策略或者战略的体现有赖于专利申请文件的撰写策略。

因此，专利代理人在接受申请人的委托撰写专利申请文件时，需要准确理解申请人的专利策略、专利申请的真实目的和实际需求，才能提供高质量、切合申请人需要的专业服务，从而协助申请人提升知识产权创造、运用、保护和管理能力，增强我国自主创新能力，建设创新型国家。

本节总结了在专利申请文件撰写中需要考虑的几种专利申请策略，分别一一进行了介绍。

1 占领技术制高点、保护核心技术的专利申请策略

随着我国大力鼓励科技创新活动，越来越多的企业在不同的技术领域拥有了该技术领域在国内外具有领先地位的创新成果。

基于我国和大多数国家的专利制度均采用先申请原则的前提下，配合研发进程，应该尽早地对科技创新成果提出专利申请。特别是在竞争者众多、竞争者与本企业研发实力相当、产品市场需求强或者产品容易被模仿的情况下，对于特定的技术问题一旦有了可达到相应效果的完整技术解决方案，就应当及早提出专利申请。对于企业在科技研发中的各项成果，即使是阶段性的成果，也应该及时申请专利进行保护。

对于这种目的的专利申请，专利代理人在撰写申请文件时，应注意按照前面几节中介绍的内容，仔细斟酌权利要求的布局、维权的可行性、后续程序中权利要求的稳定性等，以期获得尽可能宽的保护范围，并具有更多的针对性，从而为企业争取更大的权益。

对于这种企业研发中抢占时机的专利申请特点，最重要的是及时提出申请，专利代理人应高效率地抢时间完成专利申请文件的撰写，尽早将技术研发中产生的创新成果转化为专利申请。

考虑到企业产品研发的特点，也可以采取对阶段性成果陆续提交发明专利申请的做法，即在后续随着研发进程使产品项目更加完善时，在要求这些在先申请的多项优先权的基础上再次提交能全方位保护创新成果的发明专利申请。

另外，必要时还应考虑企业产业链形态或者技术发展周边延伸的可能形态，扩展其创新成果体现形式：通过一件专利申请中布局多项独立权利要求、匹配多种实施方式进行保护，或者通过多件专利申请进行保护；或者采取后续程序中主动分案等方式进行保护，基于说明书的记载的内容、并根据专利审查或者市场变化的情形调整权利要求书的内容。

2 系列申请逐步推进的专利申请策略

对于在某领域内处于技术领先地位的企业，可能会考虑其在该领域内提交专利申请的节奏，以期在该领域长期保持技术领先优势。由于专利申请文件中必须公布其技术方案，在企业技术秘密管理机制健全的情况下，对于所完成的发明创造，可以考虑逐步分时提出专利申请，以延长自身在该领域技术领先地位，同时在该领域持续拥有具备竞争力的专利技术。

对于这种申请策略，专利代理人在撰写中，应重点考虑系列专利内容的前后衔接、技术方案公开的程度等。即，在保证本申请技术方案完整以及拥有专利新颖性、创造性和实用性的同时，还要给后来继续申请留有空间。另外，要注意出于此目的的专利申请提交后，应尽可能放缓步伐，例如不要求提前公开等，以便有足够的时间考虑此后进一步研发和专利申请的策略。

3 增加专利数量、构建基本专利池的申请策略

在当代，衡量一个企业的经济实力、竞争能力已不是仅依据一些经济指标，更主要的是看该企业在技术上拥有的实力。大量事实证明，专利申请拥有量的多少是衡量一个企业经济实力的重要标志。众多跨国企业之所以对其技术成果大规模申请专利，就在于当前的企业之间的竞争从表面上看表现为市场的竞争，从实质上看则表现为技术的竞争，而技术的竞争实际上是争夺专利权的竞争。谁拥有的专利多，谁的技术力量就强，谁就掌握了生存的主动权，谁就能在市场竞争中处于优势。

【案例2-29】

2011年4月爱立信在中兴通讯的欧洲手机销售重镇——德国、英国和意大利分别起诉中兴通讯侵犯其数项专利权。而2012年2月双方宣布握手言和，同意相互撤销针对对方的所有专利侵权诉讼，并签署了全球范围内的专利交叉许可。

此案实际上也是国内电子通信企业反诉老牌跨国企业专利侵权并且最终双方握手言和的第一案。由于中兴通讯在近些年来，高度重视专利工作，经过多年的积累，已

构建起强大的以大量专利权为基础的知识产权保护网络。据统计，截至 2011 年年底，包括中国移动、大唐在内的中国通讯行业国内外专利申请达 12 万件，中兴通讯以超过 4 万件国内外专利申请占中国通讯业的 1/3，已经授权的国内外专利超过 1.1 万件，成为全球通讯产业主要专利持有者之一。2012 年 3 月世界知识产权组织（WIPO）公布的 2011 年全球专利申请榜单上，中兴通讯凭借 2 826 件 PCT 国际专利申请一举超越拥有 2 463 件专利申请的日本松下，跃居全球企业国际专利申请量第一位。

正是基于这样一个背景，在获悉成为专利侵权被告的第一时间，中兴通讯当下就决定在中国向爱立信提出反诉。最终由于专利较量上的势均力敌，双方握手言和。

从争夺市场份额，到专利诉讼，再到和解以及专利的交叉许可，专利拥有量都是无可争辩的筹码。对于大量的中国企业申请人而言，尚处于专利制度运用的初始阶段，即以发展专利申请数量为主，将发明改进点进行拆分，申请多件专利，增加专利申请量；然后才是成本控制期，以有限的经济资源获得数量更多、质量更高的专利权；之后才可能进入创造利润期，通过专利授权和许可，实现专利权的商业价值。

这种通过拆分技术改进点和技术方案来增加专利数量的专利申请策略，除了快速增加专利申请的数量外，也使得说明书和权利要求书的内容具有很好的针对性，容易清楚地界定所保护的技术内容。因此，在专利许可贸易中，便于准确地定位专利许可贸易的对象。另外，按照惯例，在专利价值评估中也是按每件专利进行单独价值评估的，这也有利于提升企业申请人的整体知识产权资产价值。

对于这种申请策略，专利代理人在撰写专利申请文件时，应当对创新成果的发明改进点进行单项拆分，即使在多个发明改进点构成的技术方案符合专利申请单一性的条件，也尽可能将各个发明改进点独立申请专利，以增加专利申请数量，扩大申请人专利权的持有量。另外，在撰写时还应注意多件专利申请的说明书、权利要求书相互之间的匹配，以及申请时间的掌控，避免出现各件专利申请相互成为抵触申请的情况。

4 外围式专利申请策略

在现代市场竞争中，经常会遇到这样的情况，某一企业发现竞争对手形成以基本技术为核心的专利网使自己难以开发新产品。此时该企业可以绕过对方的基本专利网，发掘出针对对方的"空隙"技术，积极开发外围技术构建自己的专利网，与竞争对手的基本专利网分庭抗礼。这种情形即属于外围式专利申请策略。

例如国内诸如打印机、复印机等打印设备市场基本被国外几家大企业所占有，包括佳能、惠普等，这些企业作为打印设备生产商，不仅掌握着打印技术的制高点，同时还拥有大量的专利，形成了一个专利保护壁垒，其中惠普公司在全球的专利总数即达数万项。技术和专利的优势，形成了这些企业特殊的销售策略：低价销售打印设

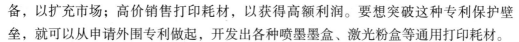

备，以扩充市场；高价销售打印耗材，以获得高额利润。要想突破这种专利保护壁垒，就可以从申请外围专利做起，开发出各种喷墨墨盒、激光粉盒等通用打印耗材。

作为外围式专利申请的申请文件撰写，专利代理人需要与申请人方的发明人一同分析，能够从哪些产品外围挖掘出专利申请的主题，或拓展出相应的专利申请技术方案。例如竞争对手推出一种折叠式自行车，并申请了专利保护，可以从各种轻便金属材料上进行研究考虑，将这些材料运用于这种折叠式自行车的技术方案申请外围专利。

5　公开技术、排除自身风险的专利申请策略

随着专利制度的发展与不断演进，专利申请已成为一种可多方位运用的有效工具，通过申请专利阻击他人先于自己完成同类技术的研发并获得专利，已经成为企业在市场竞争中利用专利制度的一种有效策略。因此，在有些情况下，企业申请某些专利并不是为了开发，而是为了通过公开技术来阻止他人开发同类产品、相同产品的不同方法、相同功能的不同产品等，以免给本企业造成不利的风险。具体来说，有以下几种情况：

① 企业自身在申请专利时并未完成技术研发，但是已经明确了该技术研发的方向和一些关键点、重要参数等，此时尽快提交专利申请，以期在技术发展方向上获得先机，避免因竞争对手获得该技术的专利，而限自身于被动，在这种情况下，申请专利的目的并非一定要获得该专利权；

② 企业出于排除竞争对手可能的潜在周边技术专利导致对于其主业的影响，需要就其非核心技术采取公开的方式贡献社会，申请专利是最佳方式之一；

③ 企业主动通过专利申请公开信息，迷惑或者误导竞争对手，让竞争对手不清楚本企业的技术发展方向从而无法跟踪自己的发展，而不是考虑如何获得这些专利权或者在将来会使用这些专利权。

对于以上几种情况的专利申请策略，专利代理人在撰写申请文件时，可不必过多考虑权利要求的布局、层次以及保护范围的宽窄等。撰写出的专利申请文件也不一定需要完全符合《专利法》及《专利法实施细则》的要求。例如需要多个具体实施方式和/或实施例来支持权利要求中的技术方案等，这类申请的最终目的不是为了获得授权，只要达到公开了某一技术构思即可，可以将更多的内容放置在说明书中而实现公开。即专利代理人应该把撰写工作的重点放在内容公开是否充分上，应当尽可能多地公开涉及该技术的发展方向、横向或者纵向的一些关联技术等，至少要达到公开了某一技术构思全部信息的目的。

6　与标准关联的专利申请策略

技术专利化、专利标准化的战略越来越被国内企业所接受和运用。

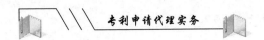

将专利纳入到行业、国家或国际标准中，在一定程度上有助于专利技术的推广，也有助于确立申请人在行业的技术地位，有助抵御或减少申请人的知识产权风险，当然也有助于申请人通过许可等方式获得更大的知识产权利益。许多发达国家、跨国公司和产业联盟都力求将自己的专利技术提升为标准，以求掌握市场的主动权，拥有行业竞争的话语权，从而获取最大的经济利益。

【案例 2-30】

2006 年 11 月 27 日，海尔的"防电墙"热水器成功击败洋标准，成为我国电热水器的国家新标准，并于 2007 年 7 月 1 日实施。在制定该新的国家标准时，国内企业与国外企业就"是否要将防电墙列入标准"问题上发生了激烈的争论。以海尔、帅康为代表的国内企业认为，防电墙是根据中国国情提出的，而且关系到千万消费者的生命安全，必须列入。而一些国外企业认为，目前电热水器伤人事故都是由于用电环境造成的，电热水器本身无质量问题，反对列入。最终通过提交专家委员会投票表决的方式，"防电墙"热水器国家标准获得通过。

对于这样的涉及标准化的专利申请，专利代理人应该与申请人一起，全方位地挖掘可申请专利的创新点。例如，本案中海尔"防电墙"热水器，累计申请 12 项发明专利，涵盖了防电墙技术的所有领域。

但是，由于标准的功效与专利不同，且标准制定的程序和表述规则与专利不同，因此如何将专利与标准相关联是问题的关键。有时在一定程度上与专利申请文件的撰写相关。

在专利申请与标准相结合方面，一些专利管理体制完善的企业，在专利申请委托阶段，即将拟提交的申请分为标准专利申请和普通专利申请。而对于涉及标准专利申请文件的撰写，专利代理人需要注意以下三个撰写特点。

① 专利申请文件中技术用词、技术内容的表述尽可能与技术标准相一致。

② 在撰写权利要求书时，技术手段、技术特征的上位概括或功能性限定应当适度，不能一味追求保护范围的宽泛，而应当在布局和安排时通过逐步限定建立保护范围逐渐缩小的多项权利要求，以提高授权和确权的可能性，进而提高被认定为涉及标准的必要专利的概率。由于作为标准专利的申请一般都是企业的核心基础项目，必须以确保能获得授权为前提，如果盲目追求保护范围最宽来撰写权利要求书，会造成该项专利申请无法获得专利授权的风险。

③ 专利代理人应尽可能对拟纳入国家标准或国际标准的专利申请多作布局与拓展，由于涉及标准的技术项目其后续走向与发展结局往往存在很多不确定因素，专利代理人应当在权利要求书中通过布局多给出一些拓展性技术方案，尤其是对于拟纳入国际标准的专利申请，更需要在说明书中给出各种可能的实施方式，以便后续以此中国专利申请为优先权提交 PCT 申请或向外国提交专利申请时，可以增加这些实施方式的权利要求。

另外需注意的是，对于纳入国家标准的专利技术，如何界定侵权行为，以及侵权赔偿标准、许可费标准等，也存在权利行使方面的风险。最高人民法院认为，专利权人参与了标准的制定或者经其同意，将专利纳入国家、行业或者地方标准的，视为专利权人许可他人在实施标准的同时实施该专利，他人的有关实施行为不属于《专利法》第11条所规定的侵犯专利权的行为。专利权人可以要求实施人支付一定的使用费，但支付的数额应明显低于正常的许可使用费（见《最高人民法院关于朝阳兴诺公司按照建设部颁发的行业标准《复合载体夯扩桩设计规程》设计、施工而实施标准中专利的行为是否构成侵犯专利权问题的函》，颁布时间：2008－07－08，发文字号：[2008] 民三他字第4号）。因此，对于涉及与标准相关联的专利申请较保险的做法是，围绕该标准专利大量申请外围专利和衍生专利，使得在实施该行业标准的过程中，在该标准的上下游产品或技术上获取较大的专利收益。

7　"走出去"战略的专利申请策略

随着我国国家知识产权战略的实施推进，亦随着我国企业更多地进入国际市场，越来越多的企业申请人的专利申请项目在后续会申请国外专利，这种情况下，专利代理人在撰写阶段即应考虑好与国外专利申请的衔接问题，主要涉及如何确保优先权成立以及这类申请在撰写方面的特点。

7.1　确保优先权成立

在涉及后续需要申请国外专利的专利申请时，首先需要考虑如何确保后续向国外提出的专利申请能享受本专利申请的优先权，具体需要注意以下两方面的要求。

（1）提前考虑要保护的主题

对于有些在中国不能被授予专利权的主题，例如以存储的有关计算机程序的内容为特征的存储介质、纯粹商业方法、疾病诊断或治疗的方法等，在其他国家是有可能通过专利权的形式给予保护的。如果申请人针对这些主题有向国外申请专利的计划，则需要在首次提交中国专利申请时包含这些内容，以免造成优先权的损失。例如在撰写专利申请文件时，可在说明书中充分写入相关主题保护的技术方案、实施方式和/或实施例。在基于该申请作为优先权提出国际专利申请或者向目标国提出专利申请时，这些内容应该包含在权利要求中。对于在中国直接提交国际专利申请的情况，在所撰写的权利要求书中仍可包含这些在中国不能被授予专利权的主题，说明书的撰写也可包括相应的实施方式和/或实施例等，直到在该国际专利申请进入中国国家阶段时，再删除这些在中国不能被授予专利权的主题。

（2）尽可能详细地披露发明技术方案以及各种不同的具体实施方式和/或实施例

尽可能详细地披露发明技术方案以及各种不同的具体实施方式和/或实施例是为了避免在后续国外申请中要求中国专利申请优先权时出现不能享受优先权的问题。在

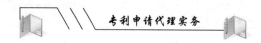

知识产权保护领域，无论是一些国际公约，还是各个国家的专利法规，都对要求优先权的专利申请提出了前后两份申请需保护主题相同的要求，因此在撰写的前后两份专利申请文件中，如果出现保护主题的变化，即要求保护的技术内容及具体实施方式和/或实施例不相同，势必会影响到优先权的成立。

7.2 作为优先权基础的申请在撰写上的特点

如何在提交中国专利申请时考虑后续的在国外的专利保护问题，虽然可从申请时机、选择进入的国家、申请策略等多方面进行综合考虑，但撰写好一份作为优先权基础的中国专利申请文件无疑是最重要的方面之一。

出于申请人费用成本方面的考虑，应尽可能使专利代理人写出的中国专利申请文件直接用在欧美等主要国家申请专利，也即中国专利申请文件仅需翻译和外国专利律师极少改动就达到外国申请要求，而这些极少改动又不至于影响优先权的成立。

（1）满足申请文件清楚并充分公开发明的总体要求

清楚和充分公开发明是对专利申请文件撰写的最基本要求，也是确保优先权成立的必备条件。所谓清楚即要求避免在申请文件中有不明确的陈述。

【案例 2 - 31】

在一份专利代理人撰写的专利申请文件中，出现了"至少两个放射器和接收器"的文字表述，就会导致申请文件存在未清楚描述发明的问题，因为不知道这是表示一个放射器和一个接受器还是表示两个放射器和两个接受器？中文专利申请文件的不当撰写有可能对后面的英文翻译形成限制，进而对申请人日后的国外专利申请造成不利影响，甚至有可能会影响到后续的专利侵权诉讼中专利权是否能有效发挥作用的问题。

（2）权利要求的撰写

在撰写权利要求时，首先应当将那些虽然在中国被明确排除但在国外有可能被授予专利权保护的主题作为独立权利要求写入权利要求书中。此外，在撰写从属权利要求时，要使其能成为本申请具备创造性前景的后盾。

具体来说，由于申请人选择向国外申请的项目，多半是考虑到该项目的商业价值和市场竞争的需要，因此，所撰写的权利要求书应尽可能体现满足以下各方面的要求：

① 至少有一项从属权利要求体现商业上最重要的实施方式；

② 增大竞争者直接侵犯权利要求技术方案的可能性；

③ 避免撰写成只可能被消费者侵犯的权利要求；

④ 考虑保护总体发明的某个部分；

⑤ 避免仅以现有技术中已有的特征作为某项从属权利要求的限定部分而导致权利要求项数过多；

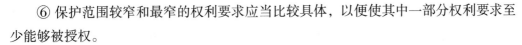

⑥ 保护范围较窄和最窄的权利要求应当比较具体，以便使其中一部分权利要求至少能够被授权。

（3）说明书的撰写

就专利申请说明书的组成部分来说，各个国家与地区的规定基本上相同。在具体撰写中国专利申请说明书时，需要考虑以下一些与国外专利申请相关联的注意点。

发明名称上尽可能采用技术方面的术语。例如：对于一种商品分类的方法和装置，建议写成"一种数据分类的方法和装置"。

在技术领域方面，同样尽可能采用技术层面的术语。例如：申请人提供的技术领域为"本申请涉及电子商务领域，特别涉及一种商品分类的方法及装置"，建议换成另一种写法："本申请涉及数据处理领域，特别涉及一种数据分类的方法及装置"。

在说明书中列举本专利申请的优点时需注意用词，避免引起各权利要求、尤其是独立权利要求必须达到所有优点的误解。

例如：将"本发明具有以下优点"改为："本申请包括以下优点……当然，实施本发明的任一产品并不一定需要同时达到以上所述的所有优点。"

撰写后续会涉及欧洲专利申请的中国国家申请时，撰写实施方式时尽可能使其包括所有技术特征，但说明这些技术特征都是可选择的，从而为这些技术特征的组合与分开提供依据。

8 与技术秘密保护相结合的专利申请策略

专利代理人在接受申请人的专利申请委托后，会出现申请人对专利申请项目本身或其中的部分技术内容要求保密而不公开的情形。关于采用专利保护与采用技术秘密保护的各自利与弊，本章第一节与第二节均有说明，此处不再赘述。为了满足申请人的实际需求，也为了更好地保护申请人的经济利益，专利代理人可以对专利申请项目进行具体的分析，采用申请专利保护与技术秘密保护相结合的策略。常见的形式有以下两种：

① 申请人将其发明创造中符合专利授权条件的大部分内容申请专利，但对其中的关键、核心部分作为技术秘密来保护；

② 对申请人发明创造中的某个相对独立的部分或某个配件申请专利，发明创造的整体作为技术秘密保护。

在前一种情况下，竞争对手虽然能够依据专利说明书等资料实施该专利技术，但要达到较为理想的实施效果，仍然需要获取该技术秘密。这样就能够提高专利权人在签订专利许可或转让合同中的地位，实现更大的经济效益。在后一种情况下，即使技术秘密被竞争对手获悉，由于专利仍控制着产品部分细节，他人要生产完整的产品，仍然需要和专利权人签订专利许可合同。

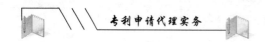

采用专利申请与技术秘密相结合的保护策略，即保留发明创造的部分技术内容作为技术秘密给予保护，部分内容通过公开申请专利的形式独占市场，在一定程度上发挥了申请专利和给予技术秘密保护两方面的优势，避免了各自的不足，不失为一种较好的模式。原则上，专利代理人可以与申请人一同确定，对发明创造中容易为竞争对手仿造且不容易保密的部分申请专利保护，而对发明创造中技术难度较大且不容易仿造的部分作为技术秘密保护。

【案例 2 - 32】

本书第五章机械领域撰写案例三涉及一种"高速涡轮牙钻手机"，其主要发明改进点在于用硅胶按压盖替代现有技术中的金属按压盖和按压盖复位弹簧、用碟簧代替进口弹簧、用塑胶材料制造涡轮轴与夹爪。申请人提出不想公开涡轮轴与夹爪的材料以及碟簧的弹力数值范围。

专利代理人与申请人方发明人进行了沟通，由于碟簧的弹力是能够用弹簧测试仪进行测定的，而涡轮轴的材料和夹爪的材料如果是自制的改性塑料而不是外购塑料，同时通过反向工程不能获取该技术的情况下，可用技术秘密保护。由此确定：对碟簧弹力的数值范围通过专利申请进行保护，而对涡轮轴的材料和夹爪的材料采用技术秘密的方式进行保护。这种处理即属于运用申请专利保护与技术秘密保护相结合策略的实例。

9 同时申请发明和实用新型策略

对于既有长期市场效益又会在近期很快上市的产品，申请人会希望将该发明创造申请发明专利以获得较长时间的保护，但同时又希望该发明创造能尽快获得授权，这种情况下专利代理人可以向申请人建议，在撰写发明专利申请的同时再撰写一份实用新型专利申请文件，在同一天向国家知识产权局提交发明与实用新型专利申请。

在我国，实用新型专利申请不需要进行实质审查，申请后经过初步审查即公布并授予专利权。虽然我国不允许发明和实用新型重复授权，但是根据我国现行《专利法》《专利法实施细则》和《专利审查指南 2010》的规定，在申请时申请人可对同一发明创造同时申请发明专利和实用新型专利，并在专利申请的请求书中作出相关声明。在实用新型专利权被授予后，对发明专利申请授权之前，允许申请人通过放弃之前授权的实用新型专利权的方式来获得对发明专利权的保护。

由此，实现了就同一发明创造分两个阶段进行较长时间分别保护的目的。也即在第一阶段：先获得实用新型专利授权，使用实用新型专利权进行保护。目前国家知识产权局采用了电子申请与电子审查系统，对于实用新型专利申请，一般一年左右即可授权，有些甚至在几个月内即可获得授权，从而实现申请人所期望的发明创造尽快被保护的目的。然后是第二阶段：在发明专利申请的实质审查阶段，放弃在先的实用新型专利权，获得发明专利授权，在此后的发明专利保护期限中使用发明专利权进行保护。

在这种情况下，专利代理人在撰写时需要同时写出发明和实用新型两份专利申请文件，使得发明专利申请与实用新型专利申请均有获得授权的可能。当然，利用同时申请发明与实用新型的策略时，专利代理人也可以为申请人撰写出不同权利要求保护范围的发明专利申请文件与实用新型专利申请文件，使得发明专利申请与实用新型专利申请均可获得授权。这种情况下，专利代理人需要加强与申请人的沟通，以确定将哪些技术方案写进发明专利申请中进行保护，以及哪些技术方案写进实用新型专利申请中进行保护。利用同时申请发明和实用新型策略的限制在于：当发明创造仅涉及方法、新物质类型时无法运用该策略。

需要说明的是：由于技术领域不同、技术创新程度不同、市场环境不同、企业发展阶段不同，导致各企业包括专利申请策略和专利运用策略在内的专利战略不尽相同，这就要求专利代理人能够根据申请人不同的专利申请策略，撰写出相应的专利申请文件。

上述介绍的专利申请策略并未穷尽当前或未来的所有与撰写有关的个性化专利申请策略，但任何申请策略在专利申请过程中需要考虑的事项无外乎就是如何发挥申请时间、程序、说明书、权利要求书各自的功效以及如何相互配合实现其申请目的。另外，上述几种策略本身可能需要同时在专利申请上体现，因此上述各种策略所对应的撰写特点或者注意事项可相互交叉、综合使用。本节内容希望能够起到对专利申请策略与专利申请文件撰写的启示作用。

第二章

第三章　审查意见通知书的答复

答复审查意见通知书是专利代理实务中重要业务之一。对于审查意见通知书的答复，专利代理人应当根据申请人的委托处理相关业务：及时转达审查意见通知书，根据审查意见通知书的具体内容确定答复的方式并协助或负责审查意见的答复，必要时依法、客观地修改专利申请文件；即采用陈述意见和/或修改申请文件的方式克服通知书中指出的问题，帮助申请人获得恰当的专利权。本章第一节和第二节的内容分别讲述如何向申请人转达审查意见通知书、如何理解审查意见通知书的内容和向申请人提出答复建议，以及如何完成审查意见通知书的答复等工作；此外，为帮助读者更好地掌握答复审查意见通知书的具体实务工作，在第三节中给出两个答复审查意见通知书的案例。

第一节　审查意见通知书的理解与转达

正确理解审查意见通知书的内容、及时向申请人转达审查意见通知书、并根据具体情况向申请人提供适当的答复建议，是专利代理人在完成审查意见通知书答复工作中的第一个环节。

1　阅读和理解审查意见通知书

根据审查进程的不同，可以将审查意见通知书分为第一次审查意见通知书和中间审查意见通知书。每次审查意见通知书均由通知书表格和通知书正文组成。通知书表格中会指出本审查所依据的文本，如果通知书正文引用了对比文件，通知书表格中就会列明对比文件的基本信息。通知书正文中给出具体的审查意见。下面讨论如何阅读和理解审查意见通知书。

1.1　核实审查所针对的文本

审查所依据的文本通常在审查意见通知书表格中体现。如果文本组成比较复杂，有时在审查意见通知书正文中还会进一步述及。

依据请求原则，申请人递交的最后一个文本通常会被作为审查所依据的的文本。但是，如果申请人所期望作为审查基础的文本的提交时机和方式不符合《专利法实施细则》第51条第1款或第3款的相关规定，则国家知识产权局审查部门将依据之前提交的符合上述规定的最后文本进行审查，并会在审查意见通知书正文中说明理由。

如果专利代理人发现审查意见通知书未针对申请人所期望的审查文本进行审查，在通知书中又未对此作出说明，则需要核实审查员对审查文本的认定是否有误。

如果确实存在审查文本认定错误，则进一步分析该审查文本认定的错误是否会对答复审查意见通知书造成实质上的困难，并根据具体情况采取不同的处理方式。

（1）审查文本认定错误未对答复造成实质上的困难

在有些情况下，虽然审查意见通知书中所认定的审查文本有误，但是该认定错误并未对答复造成实质上的困难，则专利代理人可以继续做转达和答复工作；必要时，与审查员进行电话沟通。下面例举三种这样的情况：

① 申请人应专利局初步审查部门的要求提交了说明书附图的修改替换页，初步审查部门接受了该修改，但在实质审查过程中，审查依据的文本仍然是原始提交的说明书附图；

② 对一件 PCT 申请，申请人依据《PCT 条约》第 28 条或第 41 条的规定对说明书第××页进行了修改，并在进入中国国家阶段后时要求在该文本的基础上进行审查，但审查意见通知书依据的审查文本仍为进入中国国家阶段时提交的原始国际申请文件的中文译文；

③ 申请人在收到申请进入实质审查阶段通知书之日起的三个月内先后提交了两个修改文本，后一文本仅删除了前一文本中修改超范围的某权利要求，而第一次审查意见通知书中仍然依据前一文本进行审查，并对该权利要求进行了评述。

（2）审查文本认定错误对答复造成实质上的困难

审查意见通知书所认定的审查文本有误并对答复造成了实质困难时，专利代理人可与审查员通过电话沟通，说明情况，根据沟通情况决定如何处理；在沟通有困难时可以在意见陈述书中，向审查员说明审查意见通知书所针对的审查文本有误，指出应当以哪一文本作为审查文本，并说明理由。在这种情况下，在转达审查意见通知书时，应该向申请人作出清楚解释。

1.2　审查意见通知书中对申请的倾向性意见

审查意见通知书表格中的一项重要内容是给出对该申请的倾向性意见，其体现了审查员经过实质审查后，对该申请的总体评价，在某种程度上反映了该申请可能的前景，但并不代表申请通过审查的最终结果。倾向性意见在通知书表格的第二页中间部分，该倾向性意见与审查意见通知书正文部分的内容相对应。

倾向性意见可以分为三大类。

第一类是具有授权前景的倾向性意见，这是指审查意见通知书通篇没有引用《专利法实施细则》第 53 条规定的任何一个驳回条款，也没有任何假设性评述涉及可驳回的理由。其对应着表格中倾向性意见中的第一栏"申请人应当按照通知书正文部分提出的要求，对申请文件进行修改"。

第二类是无授权前景的倾向性意见，这是指审查意见通知书针对全部权利要求都用《专利法实施细则》第53条规定的驳回条款进行了评述；审查意见结尾部分往往会出现"说明书也没有任何可以授权的实质内容"、"不具备授权前景"等语句。其对应着表格中倾向性意见中的第三栏"专利申请中没有可被授予专利权的实质性内容，如果申请人没有陈述理由或陈述的理由不充分，本申请将被驳回"。

第三类是授权前景不确定的意见，即，除上述两种情形之外的其他情形。其对应表格中倾向性意见中的第二栏"申请人应当在意见陈述书中论述其专利可被授予专利权的理由，并对通知书正文部分中指出不符合规定之处进行修改，否则不能被授予专利权"。

实务中，专利代理人可以根据审查意见通知书中的表格结论栏和正文结尾语段的内容，对收到的审查意见通知书按照上述三类进行粗分，然后安排相应的工作计划和进度。

对不同的倾向性意见，答复方式有所不同。对于第一类情形以及第三类中偏重于具有授权前景情形的意见答复，均可定位为"修改即可被授权"的情形，除非另有合理考虑，对审查意见通知书中所指出的申请文件所存在的缺陷逐一修改加以克服即可。对于第二类情形以及第三类中偏重于无授权前景情形的意见答复，事关该专利申请"能不能被授权"，此时需要视情形来确定是采用意见陈述、修改申请文件还是结合采用其他方式来完成。以下将对上面三种情形分别进行详细论述。

（1）对于具有授权前景的倾向性意见

通常专利申请文本仅存在形式缺陷，明显有授权前景，此时只要按照通知书指出的审查意见对申请文本进行修改，克服所存在的缺陷，即有望被授予专利权。例如，《专利法实施细则》第17条至第23条等涉及的说明书、权利要求书等的形式缺陷。

（2）对于无授权前景的倾向性意见

当审查意见通知书指出申请文件中公开的所有技术方案均存在《专利法实施细则》第53条所规定的可导致申请被驳回的缺陷时，倾向性意见通常是无授权前景。无授权前景的倾向性意见是审查员对一份专利申请的最严厉的否定性评价。如果申请人对申请文件不作任何修改或陈述的理由不充分，该申请将面临被驳回的风险。下面例举几种具体的情形加以说明：

① 全部权利要求存在不具备新颖性和/或创造性缺陷：专利申请的全部权利要求都不具备新颖性和/或创造性，同时说明书中也没有记载其他任何可以授予专利权的实质性内容，因而即使申请人对权利要求进行重新组合或者根据说明书记载的内容作进一步的限定，该申请也不具备被授予专利权的前景；

② 说明书对要求保护的全部主题公开不充分缺陷：专利申请因为说明书未对发明作出清楚、完整的说明而不能被授予专利权；

③ 全部主题属于不授予专利权的客体：专利申请要求保护的内容所涉及的主题全部属于《专利法》第5条或第25条所规定的不授予专利权的客体；

④ 全部主题不构成《专利法》第2条第2款所规定的技术方案：专利申请要求

保护的主题都不属于《专利法》第2条第2款所规定的技术方案，而且说明书中也没有记载其他任何可获得专利权的实质性内容；

⑤ 全部主题不具备实用性的缺陷：专利申请要求保护的所有主题都不能够在产业上制造或使用，不能够产生积极效果，如永动机等。

（3）对于授权前景不确定的意见

如果申请人对申请文本进行的修改克服了通知书中所指出的实质性缺陷和/或给出了理由充分的陈述，有望获得授权；如果申请人不对申请文本进行任何修改或者所作修改未能克服通知书中所指出的实质性缺陷，且陈述的理由又不充分，该申请将面临被驳回的风险。现例举几种具体的情形：

① 某项或某几项权利要求未清楚限定要求专利保护的范围，但这些权利要求的从属权利要求或说明书中已清楚地记载了相应的技术方案；

② 某项或某几项权利要求未以说明书为依据，即这些权利要求的技术方案得不到说明书支持；

③ 独立权利要求缺少必要技术特征，但所缺少的必要技术特征已记载在其他权利要求和/或说明书中；

④ 部分权利要求不具备新颖性和/或创造性，且有可能通过修改申请文件克服这一实质性缺陷；

⑤ 虽然全部权利要求不具备新颖性和/或创造性，但是本申请说明书中记载的技术方案中还包含有与现有技术或抵触申请文件相区别的技术特征，通过将上述区别的技术特征补入到独立权利要求中，缩小独立权利要求的保护范围，就可能克服专利申请不具备新颖性和/或创造性的缺陷；或者通过将不同权利要求的技术方案进行组合可克服通知书中所指出的专利申请不具备新颖性和/或创造性的缺陷；

⑥ 申请文件的修改超出原说明书和权利要求书的记载范围，但该实质性缺陷有可能通过再次修改申请文件加以克服；

⑦ 部分发明主题涉及不授予专利权的客体和/或不构成《专利法》第2条所规定的技术方案，且该实质性缺陷可通过删除这部分发明主题来克服；

⑧ 专利申请权利要求书中所要求保护的多项主题之间不具有单一性，该缺陷可以通过删除或者修改部分独立权利要求加以克服，对删除的发明可另行提交分案申请。

1.3　对通知书中引用的对比文件的分析

当审查意见通知书中引用了对比文件时，在通知书表格的第一页的相关栏中可以看到该对比文件的基本信息。对比文件通常是判断发明是否具备新颖性或创造性引用的文献。有时对比文件也会被用来作为说明权利要求之间不具有单一性的依据。引用的对比文件可以是一份，也可以是数份。对比文件的类型可以是专利文献，也可以是非专利文献。对于通知书中所引用的这些对比文件，通常需要先对这些对比文件在形

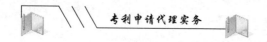

式上是否合格以及它们与本专利申请的相关度作出初步判断。

1.3.1　是否满足构成本申请现有技术或抵触申请的形式要件

如果审查意见通知书中引用了对比文件，首先要确定这些对比文件是否在形式上满足构成现有技术或抵触申请的条件。如果其中某一对比文件不满足上述形式条件，则无需对该对比文件的内容作进一步分析。

对于用作现有技术的对比文件，其形式要件是该对比文件的公开日在本申请的申请日（如果本申请能享有优先权的，为优先权日）之前。

对于用作抵触申请的对比文件，其形式要件包括：该对比文件是否为中国专利文献，该对比文件的申请日是否在本申请的申请日（如果本申请能享有优先权的，为优先权日）之前，公开日是否在本申请的申请日（如果本申请能享有优先权的，为优先权日）之后。应该注意，抵触申请还包括满足以下条件的进入了中国国家阶段的国际专利申请，即本专利申请的申请日（如果本申请能享有优先权的，为优先权日）前由任何单位或者个人提出且在该申请日（如果本申请能享有优先权的，为优先权日）前尚未作出国际公布、并在申请日（如果本申请能享有优先权的，为优先权日）当天或之后由国家知识产权局专利局作出公布或公告的涉及同样的发明或者实用新型的国际专利（PCT）申请。需要提请注意的是，对于国家知识产权局专利局作为受理局受理并以中文公布的 PCT 申请文件，其公开文本不属于中国专利文献，其公开号的国别标记是"WO"，只有在该国际申请进入中国后并由国家知识产权局专利局作出公布或公告，才满足构成抵触申请的形式要件。

1.3.2　对引用的对比文件中技术内容的分析

对于审查意见通知书中引用对比文件指出权利要求不具备新颖性和/或创造性的情况，如果专利代理人初步判断这些对比文件满足构成本申请现有技术或抵触申请的形式要件，就需要对这些对比文件所披露的技术内容作进一步分析以判断通知书中关于新颖性/创造性的评述是否合理，在此基础上考虑有无争辩的余地，以便在下一步转达审查意见时告知申请人。

专利代理人对引用的对比文件的内容进行分析可遵循以下步骤：

① 如果通知书中引用了多篇对比文件，通常可以先选择用于评述本申请新颖性的对比文件或者在独立权利要求创造性评述中用作最接近现有技术的对比文件，分析该对比文件公开的内容与本申请权利要求所要求保护的技术方案相关的程度。

② 如果评述创造性时作为最接近的现有技术的对比文件确实与本发明相关程度很高，确定本申请要求保护的技术方案与该最接近的现有技术相比的区别特征，与此同时阅读、理解用于评述创造性的其他对比文件，确定现有技术中是否给出将上述区别特征应用到该最接近的现有技术以得到本发明要求保护的技术方案的结合启示。

③ 在专利代理人对上述对比文件和本申请技术内容的理解没有困难的情况下，不仅要将权利要求书中的各技术方案与对比文件进行对比分析，必要时还要将说明书具

体实施方式部分记载的技术方案与对比文件进行对比分析。

2　审查意见通知书的转达及对答复的建议

专利代理人在收到审查意见通知书后，在认真解读、全面理解审查意见通知书的基础上，需尽快地或在与申请人商定的时限内向申请人转达审查意见通知书，并向申请人提供答复审查意见的建议，除非申请人明确指示无需提供建议。下面分别对审查意见通知书转达时间的掌控和如何提供答复建议作出说明。

2.1　审查意见通知书转达的时间掌控

在正确理解审查意见后，专利代理人应当尽快向申请人转达审查意见通知书。特别是当审查意见通知书的内容涉及例如说明书未充分公开发明、权利要求的技术方案不具备创造性等问题时，专利代理人更应在收到审查意见通知书后尽早向申请人转达审查意见通知书，以便给申请人留有充裕的时间收集相关文献资料和/或准备对比实验数据，从而更好地克服审查意见通知书中指出的问题。

对于具体的转达时限，不同的专利代理机构以及不同的申请人通常会有不同的具体规定和要求。一般而言，对于第一次审查意见通知书，专利代理人向申请人转达的时限应控制在 2 至 3 周以内。对于中间审查意见通知书，由于指定的答复期限短，专利代理人向申请人转达的时限应控制在 1 至 2 周以内。

专利代理人在转达审查意见通知书时，通常应在转达函中向申请人提供答复审查意见的建议，除非申请人事先声明不必提供建议。下面针对审查意见通知书中的三种倾向性意见，即具有授权前景的倾向性意见、无授权前景的倾向性意见和授权前景不确定的意见，分别说明专利代理人应当如何提供具体的答复建议。

（1）针对具有授权前景的倾向性意见的答复建议

对于具有授权前景的倾向性意见，在转达时可告知申请人，通知书中所指出的缺陷基本上都属于形式缺陷，不会影响到专利保护范围，建议按照通知书的要求作出修改，以便早日获得授权。

（2）针对无授权前景的倾向性意见的答复建议

对于无授权前景的倾向性意见，通过对审查意见通知书的仔细分析（包括将申请文件的内容与通知书所引用的对比文件进行对比分析）可能会出现三种情况：同意审查意见；部分同意审查意见；以及不同意审查意见。

① 第一种情况是同意审查意见，认为通知书的意见正确，该专利申请的确不符合《专利法》或《专利法实施细则》的有关规定，而且也无法通过修改申请文件克服有关缺陷，无授权前景。在此情况下，在向申请人转达审查意见通知书时，可向申请人讲明通知书的审查意见观点符合《专利法》和《专利法实施细则》的相关规定，由申请人自行决定如何处理。为帮助申请人理解，可以对审查意见作些具体补充说明，

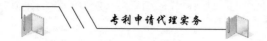

但不要向申请人提出不妥当的建议,至多告知申请人若不同意上述审查意见时需要提出足够的、有说服力的理由。

② 第二种情况是部分同意审查意见。对其中同意的部分,即认为通知书中所指出的实质性缺陷的确存在、但通过修改申请文件能加以克服的审查意见,除了向申请人转达审查意见通知书并给出对审查意见理解的说明外,还应当向申请人指出申请文件修改方向的建议,供申请人修改时参考;必要时还应当要求申请人从技术角度提供相关分析,以便在答复审查意见通知书时,对修改后的申请文件为何消除了通知书指出的实质性缺陷进行说明。对其中不同意的部分,即认为通知书所指出的部分实质性缺陷并不存在或有可商榷之处,可以向申请人说明专利代理人的观点,提供相关部分的陈述意见,并请申请人从技术角度对陈述意见加以补充。

③ 第三种情况是不同意审查意见,即认为通知书中指出的实质性缺陷实际上并不存在,对于这种情况在转达审查意见时应向申请人详细说明自己的观点和具体分析意见,以供申请人在确定本申请后续处理方案时作为参考,从而作出合理的决断。需要说明的是,在这种情况下应当慎重,应在客观依据充分的前提下确认审查意见确属有误时,再提出此建议。例如,对于有优先权要求的申请案,审查意见通知书中用于评述本专利申请不具备创造性的对比文件的公开日虽早于本申请的申请日,但晚于本申请的优先权日,且审查意见通知书未说明相关的权利要求不能享受优先权,而相关权利要求明显可以享受优先权的情况。

(3) 针对授权前景不确定的意见的答复建议

对于授权前景不确定的意见,通过对审查意见通知书的仔细分析(包括将申请文件的内容与通知书所引用的对比文件进行对比分析),同样可能出现与无授权前景的倾向性意见相类似的三种情况,即同意、部分同意以及不同意审查意见,但在转达审查意见通知书时采取的作法与转达无授权前景的倾向性意见时基本相同,但也存在一些不同之处。

例如,有时需在转达审查意见通知书时告知申请人,若完全按照审查意见修改权利要求书会导致保护范围过窄,而未完全按照审查意见修改则会导致延长审批程序甚至在某些情况下有被驳回的风险,请申请人作出抉择。

又例如,对于权利要求书中存在多项从属权利要求引用多项从属权利要求这类形式缺陷的处理方法,必要时应当征求申请人的意见,了解这些权利要求各个技术方案中哪些比较重要,以便通过将这些权利要求分拆成几项权利要求以保留其全部技术方案或者通过删除其中一些不重要的技术方案来消除这一形式缺陷。

第二节 答复审查意见通知书的原则与策略

本节涉及专利代理人在答复审查意见通知书时所应遵循的一些答复原则,并结合具体案例针对十种最常见的审查意见所涉及的情形论述了在答复这些审查意见时可以采取的一些答复策略。

1　审查意见通知书的答复原则

在答复审查意见通知书时，专利代理人不仅要从《专利法》、《专利法实施细则》和《专利审查指南2010》的相关规定出发协助申请人克服审查意见中指出的各种缺陷，使申请尽快获得授权，而且还要考虑如何为申请人争取稳定并且尽可能宽的保护范围，使申请人的发明得到更好的专利保护。具体说来，专利代理人在答复审查意见通知书时应当遵循下述四个答复原则。

（1）以《专利法》《专利法实施细则》和《专利审查指南2010》为依据的原则

专利申请的审查和批准以及专利权的保护均以《专利法》和《专利法实施细则》为依据，因此在答复审查意见通知书时，应当以《专利法》和《专利法实施细则》规定的内容为依据进行争辩，指出专利申请符合《专利法》和《专利法实施细则》有关规定的理由。此外，《专利审查指南2010》是国家知识产权局的部门规章，对《专利法》和《专利法实施细则》各条款的内容作出进一步具体的规定，是专利局和专利复审委员会依法行政的依据和标准，也是有关当事人在上述各个阶段应当遵循的规章。因此，在撰写意见陈述书时，专利代理人也可以借助《专利审查指南2010》规定的内容作为争辩的依据。

（2）全面答复原则

对于那些不属于无授权前景的申请案，审查员将依据程序节约原则，在发出的审查意见通知书中会同时指出申请文件中所存在的各种缺陷。例如，在同一份审查意见通知书中，同时指出同一权利要求或不同权利要求不具备新颖性/创造性的问题，权利要求得不到说明书支持的问题以及权利要求不清楚的问题等，甚至还指出申请文件所存在的形式缺陷。在针对这样的审查意见通知书进行答复时，专利代理人应当遵循全面答复原则，即针对审查意见通知书中所指出的所有缺陷，特别是针对驳回条款所对应的缺陷逐一进行答复。这样，既有助于专利审查程序向前推进，使专利申请尽可能早日获得专利权，又可以避免该专利申请在作出答复后因仍然存在审查意见通知书中所指出的实质性缺陷而被驳回。

在对审查意见通知书中所指出的申请文件的缺陷进行答复时，对于同意的意见，应当对申请文件进行修改，并在意见陈述书中写明为克服该缺陷对申请文件作出哪些修改，对其中的实质性缺陷还应当说明修改后的权利要求如何克服了审查意见通知书中所指出的这些缺陷；对于不同意的意见，则应当在意见陈述书中充分论述理由，必要时提供对比实验数据、相关的现有技术或者其他证明文件作为支持所论述理由的证据，绝对不要只给出主观断言或者简单地指出审查意见的观点不成立。

第三章

（3）维护申请人利益原则

在答复审查意见通知书时，专利代理人要充分考虑申请人的利益，在修改申请文件和陈述意见时必须要慎重，既要为申请人争取早日授权，又要为申请人争取稳定并且尽可能宽的保护范围，使申请人的发明能够得到更好的专利保护。

有时审查意见通知书中虽然初步指出了一些实质性缺陷，如说明书未充分公开发明、权利要求书未以说明书为依据、权利要求未清楚限定要求专利保护的范围等，但这并不代表对该申请最终的审查结论，申请人应当通过提交意见陈述书或修改申请文件的方式，来澄清相关技术内容或者克服上述缺陷，以便于后续审查。因此，专利代理人在答复审查意见通知书时，不要盲目地完全按照通知书的内容对申请文件进行修改，而应当认真研究审查意见通知书以及专利申请文件的内容，对审查意见的正确性进行判断，必要时寻求申请人在技术上的支持。若经过仔细分析，确实认为申请的权利要求可以取得比审查意见通知书中明示或暗示的修改结果更宽一些保护范围的话，则应当为申请人作积极争取并在意见陈述书中充分论述理由，不必单纯地追求加快审查进程而导致发明得不到更恰当的保护范围。

此外，对于审查意见通知书中指出的权利要求的单一性缺陷，专利代理人也要根据申请说明书的内容进行充分的分析，将尽可能多的发明在同一件专利申请中获得保护，而不要完全按照审查意见通知书中认定的事实盲目地对权利要求进行修改和分案，造成申请人经济上或者时间上的损失。

（4）适度原则

专利代理人在答复实质审查意见通知书的过程中，不仅要立足于实质审查程序，完成答复通知书的任务，使得专利申请获得授权，还要综合考虑授权的权利要求的保护范围大小以及稳定性，例如要考虑到答复通知书过程中的各种行为对将来在维权阶段司法机关对最终权利要求范围解释的影响，确保自身的答复和修改行为适度，既维护了当前利益，又兼顾了长远的考虑。

例如，根据禁止反悔原则，申请人、专利权人在专利授权或者无效宣告程序中，通过对权利要求、说明书的修改或者意见陈述而放弃的技术方案，专利权人在侵犯专利权纠纷案件中又将其纳入专利权保护范围的，人民法院不予支持。

根据该原则，在专利申请审查过程中对权利要求书所进行的限制其保护范围的修改以及在意见陈述书中所作的限制性解释均会成为专利侵权诉讼中确定其专利权保护范围的依据，在专利侵权诉讼中就不能再对其作出与此相反的扩大性解释。因此，在专利申请的审查过程中，专利代理人在答复审查意见通知书时一定要把握适度的原则，不要为了急于获得授权而过度地限制权利要求的保护范围，并且注意在陈述意见时不要作出不必要的限制性解释。

2 对各类审查意见的答复策略

专利代理人应当认真阅读国家知识产权局发出的审查意见通知书，全面、准确地理解审查意见通知书的内容及其所引用的对比文件的技术内容，理解专利申请的内容及其要求保护的主题，针对具体情形作出正确的前景判断，在此基础上确定答复审查意见通知书的策略。

为了正确拟定答复审查意见通知书的策略，需要注意下述两点：理解审查意见并分析其是否正确时按两步法进行判断；针对不同分析结果灵活运用答复手段。

（1）按照两步法来理解和分析审查意见

在理解审查意见并分析其是否正确时，应当采用符合逻辑分析的判断过程和思路。推荐的判断过程和思路可以归纳为两步法：第一步，先核实"事实认定"；第二步，在事实认定基础上判断其"法律适用"是否正确。这也是本节2.1到2.10中针对各种情形确定答复策略普遍适用的一个"通则"。

推荐采用这样的两步判断方法是因为审查意见的作出通常采用这两个步骤。前文中提到"理解审查意见"，实质上理解的就是审查意见的论据、论点和论证过程。审查意见的内容都涉及本申请的某项或某些事实不符合《专利法》和《专利法实施细则》的相关规定，所以其判断过程必然包括对事实的查明和认定以及在查明和认定的事实基础上适用《专利法》和《专利法实施细则》的相关规定两个步骤，在此基础上得出审查结论。因此，采用上述"事实认定"和"法律适用"的两步法判断审查意见是否正确，将有助于专利代理人在针对该审查意见陈述意见时有理有据地针对争议焦点说明己方的观点，以提高工作效率和陈述意见的说服力。具体说来，在上述两步法判断中，如果分析后认为审查意见通知书中的"事实认定"有误，则可以在意见陈述书重点说明审查意见通知书中所认定的事实与客观事实不符；如果分析后认为审查意见通知书中的"法律适用"不当，则在意见陈述书中重点论述本申请符合法律有关规定的理由。

（2）针对不同分析结果灵活运用答复手段

在答复审查意见意见通知书时，可供采用的答复手段通常有三种：意见陈述书、修改申请文件和提供证据。在答复时，可以根据分析结果仅采用意见陈述书的答复方式，也可以采用修改申请文件并提交意见陈述书的答复方式；必要时，还可以在采用上述两种答复方式的同时提供证据或证明材料来支持意见陈述书中的主张。

专利代理人可以在意见陈述书中进行充分的解释、说明或论证，但在意见陈述时需要注意前面提到的"适度原则"，不要对发明内容作出一些不必要的限制性说明和解释。

修改申请文件也是答复审查意见时通常采用的手段，尤其分析结果认为该审查意见正确或基本正确时，只能通过修改申请文件来克服通知书中所指出的缺陷。对申请文件的修改同样需要注意以上提到的"适度原则"，不要为了急于获得授权而过度地限制权利要求的保护范围。

提供证据包括提供现有技术证据、公知常识证据、对比实验数据、商业销售数

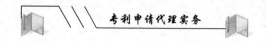

据等。

在实践中，专利代理人可以根据不同的案情和时机确定单独采用或者综合采用上述答复手段。

以下列举了十种最常见的审查意见所涉及的情形，并针对每种具体情形讲述了如何在两步法判断过程和思路的指导下，根据各案情形选择适用的答复手段。本节的示例和讨论重点在于如何答复审查意见通知书，因此对于各案例中所作出的修改为什么符合《专利法》第 33 条的规定不作重点阐述。

2.1　涉及新颖性的审查意见

针对涉及申请文件新颖性的审查意见，首先进行"事实认定"，分析审查意见通知书中引用的对比文件的形式要件是否满足用于评述新颖性的要求，即判断对比文件是否满足构成现有技术或抵触申请的形式要件；如果形式要件满足，则进一步按照单独对比原则将权利要求中要求保护的一个技术方案作为整体与对比文件中公开的一个方案进行比较。比较时，通常要对构成权利要求的技术特征进行分解，逐一比较权利要求中的每一个技术特征是否确实在对比文件的同一个方案中被公开，以确定该权利要求保护的技术方案是否被对比文件公开。

然后进行"法律适用"，如果确定该权利要求保护的技术方案被对比文件公开，再判断对比文件公开的方案能否适用于与权利要求的技术方案相同的技术领域，能否解决相同的技术问题，获得相同的技术效果。如果能够适用于与权利要求的技术方案相同的技术领域，能解决相同的技术问题，获得相同的技术效果，则权利要求的技术方案不具备新颖性。

如果确定该权利要求保护的技术方案未被对比文件公开，则说明权利要求的技术方案具备新颖性。

确定答复手段：对于本申请不具备新颖性的审查意见，通常可根据上述分析结果采用意见陈述或者修改权利要求并结合意见陈述的答复方式，必要时提供相关的证据。也就是说，如果分析不同意审查意见，可通过意见陈述的方式进行答复；如果同意审查意见，则需要修改权利要求，同时还需要在修改的权利要求的基础上进行意见陈述。在这种情况下，即使审查意见中未涉及相应权利要求的创造性问题，在意见陈述中还应该对该权利要求相对该对比文件具备创造性的理由进行论述。

《专利审查指南 2010》中规定了新颖性判断 5 种常见的情形，即相同内容的发明或者实用新型，具体（下位）概念与一般（上位）概念，惯用手段的直接置换，数值和数值范围，以及包含性能、参数、用途或制备方法等特征的产品权利要求。以下通过具体案例来说明答复缺乏新颖性的审查意见时的常见情形。

【案例 3 - 1】

本案例涉及相同主题的发明，经核实部分同意审查意见，通过修改权利要求克服其缺乏新颖性的缺陷。

发明内容

一件名称为"便携终端的充电托架"的发明专利申请，其独立权利要求 1 和权利要求2的内容如下：

1. 一种便携终端的充电托架（120），包括：本体（121），为放置便携终端而形成有放置部（121a）；电路板（127），设置有容纳于所述本体（121）的内部的充电端子（122），使其电气连接于所述便携终端（110）并进行充电；电路板移动装置（130），根据所述便携终端（110）的放置与否移动所述电路板（127），使所述充电端子（122）向所述本体（121）的外部凸出并连接于所述便携终端（110）或者容纳于所述本体（121）的内部。

2. 根据权利要求 1 所述的充电托架（120），其特征在于，所述电路板移动装置（130）包括：操作杠杆部（131），在所述本体（121）的内部以一端为中心可旋动结合，另一端则凸出设置于所述放置部（121a），使在所述便携终端（110）放置时加压并进行旋动；动作杠杆部（132），一体连接于所述操作杠杆部（131）并设置在所述电路板（127）的底部，使在所述操作杠杆部（131）旋动时一同进行旋动，同时可用于移动所述电路板（127），使所述充电端子（122）向所述本体（121）的外部凸出或者容纳于所述本体（121）的内部。

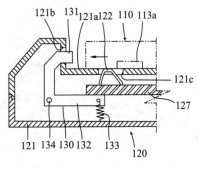

图 3-2　本申请充电端子安装结构图

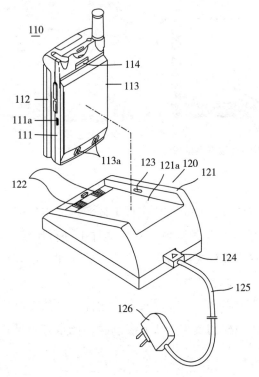

图 3-1　本申请立体图

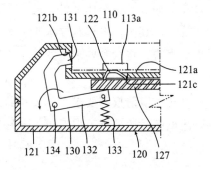

图 3-3　本申请充电端子动作结构图

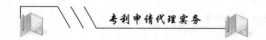

根据说明书记载，本申请的便携终端的充电托架可防止充电端子的破损，提高产品的可靠性。

审查意见内容

审查意见中指出，对比文件 1 公开了一种充电器的电池槽，该电池槽包括用于充电电池的槽体（3）；设置有端头（6）的电路板，端头（6）容纳于槽体（3）内部，使端头（6）电气连接电池进行充电；移动装置簧勾（1），当充电电池放入槽体时，顶柱（5）在电池的侧压下向左移动，端头（6）向外突出，与电池底部的电极点接触。由此可见，对比文件 1 公开了该权利要求的全部技术特征，并且所属同一技术领域，解决相同的问题，并能产生相同的技术效果，因此，该独立权利要求 1 不具备新颖性。

权利要求 2 被对比文件 1 公开：簧勾（1）通过弹性圆柱销（2）于槽体形成支点连接，安装于簧勾（1）上部横端头的顶柱弹簧（4）和与之连接的顶柱（5）构成侧接触点，簧勾（1）下部位于槽体（3）底部的端头（6）构成底部接触点；当充电电池放入槽体（3）时，顶柱（5）在电池的侧压下向左移动，同时下部的端头（6）向外突出，与电池底部的电极点接触，因此，当其引用的权利要求 1 不具备新颖性时，该权利要求 2 要求保护的技术方案也不具备新颖性。

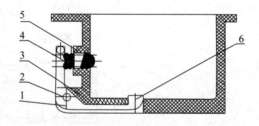

图 3-4　对比文件 1 的充电器电池槽

事实认定和法律适用

首先，通过核实对比文件 1 的公开日和申请日，确定对比文件 1 确实构成本发明的现有技术。其次，将权利要求 1 保护的技术方案作为整体与对比文件 1 进行比较，为了更加直观，将权利要求 1 的技术方案与对比文件 1 的方案以列表方式对比，如表 3-1 所示：

通过对本申请权利要求 1 的便携终端的充电托架（120）与对比文件 1 中的充电器的电池槽的对比分析可以看出，通知书中认为权利要求 1 不具备新颖性的审查意见是正确的。

表 3–1　权利要求 1 的技术方案与对比文件 1 方案的对比

	本申请权利要求 1	对比文件 1	对比分析
主题名称	便携终端的充电托架	充电器的电池槽	正确
特征 1	本体（121）	电池槽	对比文件 1 的电池槽是本申请充电托架的下位概念，同意审查意见
特征 2	放置便携终端的放置部（121a）	充电电池的槽体（3）	对比文件 1 的特征 2 相当于本申请权利要求 1 的特征 2
特征 3	电路板（127），设置容纳于本体内部的充电端子（122）	设置端头（6）的电路板	对比文件 1 的特征 3 相当于本申请权利要求 1 的特征 3
特征 4	电路板移动装置（130），根据便携终端的放置与否移动电路板（127），使充电端子（122）向外部凸出并连接于便携终端或容纳于本体（121）内	移动装置簧勾（1），当充电电池放入槽体时，顶柱（5）在电池的侧压下向左移动，端头（6）向外突出，与电池底部的电极点接触	对比文件 1 的特征 4 相当于本申请权利要求 1 的特征 4

再将权利要求 2 的技术方案与对比文件 1 的方案以列表方式对比，如表 3–2 所示：

表 3–2　权利要求 2 的技术方案与对比文件 1 的方案对比

	本申请权利要求 2	对比文件 1	对比分析
特征 1	操作杠杆部（131），在本体（121）内部以一端为中心可旋动结合，另一端则凸出设置于放置部（121a），使在便携终端（110）放置时加压并进行旋动	簧勾（1）通过弹性圆柱销（2）于槽体（3）形成支点连接，安置于簧勾（1）上部横端头的顶柱弹簧（4）和与之连接的顶柱（5）构成侧接触点	本申请权利要求 2 的特征 1 与对比文件 1 的特征 2 不同
特征 2	动作杠杆部（132），一体连接于操作杠杆部（131）并设置在电路板（127）的底部，使在操作杠杆部（131）旋动时一同进行旋动，同时可用于移动电路板（127），使充电端子（122）向本体（121）的外部凸出或容纳于本体（121）的内部	簧勾（1）下部位于槽体（3）底部的端头（6）构成底部接触点；当充电电池放入槽体（3）时，顶柱（5）在电池的侧压下向左移动，同时下部的端头（6）向外突出，与电池底部的电极点接触	本申请权利要求 2 的特征 2 与对比文件 1 的特征 2 不同

本申请权利要求 2 的电路板移动装置（130）的具体结构未被对比文件 1 公开，

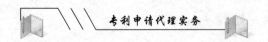

因此，审查意见中对权利要求 2 的新颖性的评述不正确，权利要求 2 具备新颖性。

答复手段：修改权利要求书并结合意见陈述

针对通知书所指出的权利要求 1 缺乏新颖性的审查意见，需要对权利要求 1 的内容进行修改。仔细研究本申请和对比文件 1 可知，本申请中电路板移动装置（130）的具体结构未全部被对比文件 1 揭示，该电路板移动装置（130）中未被对比文件 1 揭示的具体结构在原从属权利要求 2 中体现，但审查意见指出权利要求 2 的上述技术特征已被对比文件 1 公开，因而该审查意见是可以商榷的。基于这一分析结果，可通过将从属权利要求 2 的技术特征补入权利要求 1 中来克服本申请不具备新颖性的实质性缺陷，同时在意见陈述书中具体说明修改后的权利要求 1 的技术方案未被对比文件 1 公开从而具备新颖性的理由。

此外，意见陈述书中，在论述修改后的权利要求 1 具备新颖性的基础上，还需要进一步简单论述修改后的权利要求 1 具备创造性的理由：指出修改后的权利要求 1 的技术方案相对于对比文件 1 和本领域的公知常识具有突出的实质性特点，并结合本申请说明书的内容指出该技术方案可防止充电端子的破损以提高产品的可靠性，因而具有显著的进步。

需要注意的是，既然已经修改了权利要求书，那么在意见陈述书中就不必过于强调通知书中关于本申请原权利要求 2 不具备新颖性的审查意见不成立，对此作出反驳。另外，为了节约程序，在有把握的情况下，专利代理人可以针对修改后的技术方案相对于对比文件 1 具备创造性的理由进行简单的陈述，但陈述时需要注意前面提到的"适度原则"，避免对发明作出一些不必要的解释和限定。

此外，专利代理人修改权利要求书时也不能仅仅考虑所作修改是否克服本申请不具备新颖性的缺陷，还需要综合考虑到修改后的权利要求是否符合《专利法》第 33 条的规定等内容，但对本申请而言，无需对此作出考虑，因为修改后的独立权利要求 1 为原权利要求 2 的技术方案。

【案例 3-2】

本案例涉及相同主题的发明，经核实不同意有关权利要求缺乏新颖性的审查意见，只进行意见陈述。

发明内容：

一件名称为"微雾滴产生装置"的专利申请，其权利要求 1 的内容如下：

1. 一种微雾滴产生装置，包括：

一本体（10），其内部具有一容纳室（11），可供容纳欲雾化的流体，该本体（10）的一侧面具有一开口（12），容纳室（11）内部的流体可流动到该开口位置；

一喷孔片（20），装置于该本体（10）的开口（12）处，该喷孔片（20）上具有密布的微小喷孔（21），且其具有一面向该本体（10）的容纳室（11）并与该容纳室（11）内部的流体相接触的内侧面（22）；

第三章

一振荡元件（30），与该喷孔片（20）相互粘结，且驱动该喷孔片（20）往复振动；及

一凸块（40），设置于该本体（10）的容纳室（11）内部，凸块（40）的顶面（41）平行地贴近于该喷孔片（20）的内侧面（22）；

通过以上元件组合，该振荡元件（30）驱动该喷孔片（20）时，在喷孔片（20）与凸块（40）间形成一小腔体（50），可使得该小腔体（50）因喷孔片（20）的内侧面（22）与该凸块（40）顶面（41）的间距变化而放大或缩小，当该小腔体（50）的体积放大时，使容纳室（11）内部的流体进入到该小腔体（50）之中，而当该小腔体（50）体积缩小时，使该小腔体（50）内部的流体受到压缩而从该喷孔片（20）的喷孔（21）喷射而出，形成微雾滴（51）。

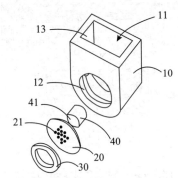

图 3-5　本申请分解图

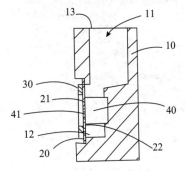

图 3-6　本申请剖面图

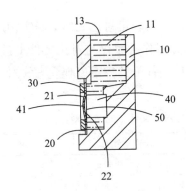

图 3-7　本申请工作状态之一

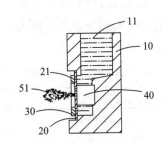

图 3-8　本申请工作状态之二

审查意见内容：

审查意见指出，对比文件 1 公开了一种微雾滴产生装置，包括：一本体 21′，其内部具有一容纳室，可供容纳欲雾化的流体，该本体的一侧面具有一开口，容纳室内部的流体可流动到该开口位置；一喷孔片，装置于该本体的开口处，该喷孔片上具有密布的微小喷孔 12′，且具有一面向该本体的容纳室、并与该容纳室内部的流体相接触的内侧面；一振荡元件 13′，与该喷孔片相互粘结，且驱动该喷孔片往复振动；及

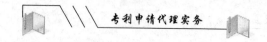

一凸块，设置于该本体的容纳室内部，凸块的顶面设有一凹槽60，平行地贴近于该喷孔片的内侧面；通过以上元件组合，该振荡元件13′驱动该喷孔片时，在喷孔片与凸块间形成一小腔体，可使得该小腔体因喷孔片的内侧面与该凸块顶面的间距变化而放大或缩小，当该小腔体的体积放大时，使容纳室内部的流体进入到该小腔体之中，而当该小腔体体积缩小时，使该小腔体内部的流体受到压缩而从该喷孔喷射而出，形成微雾滴。由此可见，对比文件1公开了该权利要求的全部技术特征，并且所属同一技术领域，解决相同的问题，并能产生相同的技术效果，因此，该独立权利要求不具备新颖性。

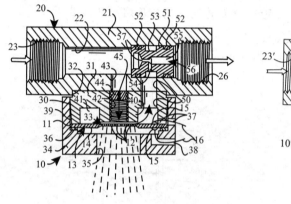

图3-9 对比文件1结构之一　　　　图3-10 对比文件1结构之二

事实认定和法律适用：

首先，通过核实对比文件1的公开日和申请日，确定对比文件1确实构成本发明的现有技术。其次，将权利要求1保护的技术方案作为整体与对比文件1进行比较，为了更加直观，将权利要求1的技术方案与对比文件1的方案以列表方式对比，如表3-3所示：

表3-3 权利要求1的技术方案与对比文件1的方案对比

主题名称	本申请权利要求1 微雾滴产生装置	对比文件1 微雾滴产生装置	对比分析 正确
特征1	本体（10），其内部具有一容纳室（11），可供容纳欲雾化的流体，该本体（10）的一侧面具有一开口（12），容纳室（11）内部的流体可流动到该开口位置	本体（21，21′），具有贯通的通道，该通道一端（23，23′）连接液体供应线（24），另一端（26，26′）连接线路（27）	对比文件1的特征1与本申请权利要求1的特征1不同
特征2	喷孔片（20），装置于该本体（10）的开口（12）处，该喷孔片（20）上具有密布的微小喷孔（21），且其具有一面向该本体（10）容纳室（11）并与容纳室（11）内部的流体相接触的内侧面（22）	喷孔片（即振荡元件13，13′）设置于喷嘴（10，10′）的部件帽体（34）的内腔中，其上具有为微小喷孔（12，12′）	对比文件1的特征2与本申请权利要求1的特征2不同

· 156 ·

	本申请权利要求1	对比文件1	对比分析
主题名称	微雾滴产生装置	微雾滴产生装置	正确
特征3	振荡元件（30），与该喷孔片（20）相互粘结，且驱动该喷孔片（20）往复振动	振荡元件（13，13′）的中心凹部设置微孔（12，12′）	对比文件1的特征3与本申请权利要求1的特征3不同
特征4	凸块（40），设置于该本体（10）的容纳室（11）内部，凸块（40）的顶面（41）平行地贴近于该喷孔片（20）的内侧面（22）	突起部分（40，40′）设置于壳体（30，30′）内	对比文件1的特征4与本申请权利要求1的特征4不同
特征5	通过以上元件组合，该振荡元件（30）驱动该喷孔片（20）时，在喷孔片（20）与凸块（40）间形成一小腔体（50），可使得该小腔体（50）因喷孔片（20）的内侧面（22）与该凸块（40）顶面（41）的间距变化而放大或缩小，当该小腔体（50）的体积放大时，使容纳室（11）内部的流体进入到该小腔体（50）之中，而当该小腔体（50）体积缩小时，使该小腔体（50）内部的流体受到压缩而从该喷孔片（20）的喷孔（21）喷射而出，形成微雾滴（51）	无	对比文件1未公开本申请权利要求1的特征5

第三章

　　由上述分析对比可知，本发明权利要求1的技术方案与对比文件1公开的微雾滴产生装置相比具有明显区别：所用零部件更少，具体结构更为简洁，两者区别点较多。例如，本发明的主体为一本体，喷孔片20直接设置在本体10一侧的开口12上，振荡元件30与该喷孔片20相互粘结，凸块40设置于该本体10的容纳室11内部，其顶面41贴近该喷孔片20的内侧面，从而与喷孔片20形成上述小腔体50；而对比文件1的结构要复杂得多，其设有本体21，21′、构成喷嘴的壳体30，30′和帽体34等许多零部件，而且，其中喷孔片（即振荡元件13，13′）并非设置于本体21，21′的开口处，而是设置于喷嘴10，10′的部件帽体34的内腔中，且直接在振荡元件13，13′的中心凹部设置微孔12，12′，通知书中所说的对比文件1的凸块也并非形成于本体的容纳室内部，而是设置于本体21，21′外，等等。

　　除上述区别外，权利要求1与对比文件1的一重要区别在于，本发明的凸块40与喷孔片20间形成有小腔体50，该小腔体50具有较高的密封性，从而使得本发明的喷孔片20在解压小腔体50内的液体时，腔内压力不易散失到周围液体中，雾化效果更

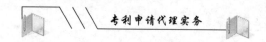

好。而对比文件1中，由于通孔45，45′的存在，使其不能形成密闭空间，从而使得压力会从该处泄出，而且在体积变化率（喷孔片振动的体积/小腔体空间）方面，由于本发明的小腔体50的喷孔片20相对于凸块40的顶面41形成振动，当挤压时小腔体50的空间会因喷孔片20拍打到凸块40的顶面41而不复存在，即整个体积变化率几乎能达到1；而对比文件1在凸出部（projecton）40，40′形成有较大的腔体（bore）42，42′，由此，会使喷孔片13，13′拍打的压力散失到这个较大的腔体内，从而难以达到预期的雾化效果；此外，也正因为较大腔体（bore）42，42′的影响，导致其体积变化率会远小于本发明。

由上所述可知，审查意见认定的事实不正确，权利要求1具备新颖性。

答复手段：意见陈述

在进行意见陈述时，需要详细说明权利要求1的微雾滴产生装置与对比文件1的装置的结构不同之处，在此基础上说明权利要求1的技术方案相对于对比文件1具备新颖性。

此外，在意见陈述书中，在论述权利要求1具备新颖性的基础上，还应当简单论述权利要求1具备创造性的理由：一方面，指出权利要求1的技术方案相对于对比文件1和本领域的公知常识具有突出的实质性特点；另一方面通过分析说明书的内容指出上述权利要求1的技术方案的雾化效果比对比文件1好，以此说明该技术方案具有显著的进步；在此基础上，得出权利要求1的技术方案具备创造性的结论。

2.2 涉及创造性的审查意见

针对涉及创造性的审查意见，在分析审查意见是否正确或者是否有可商榷之处时，也应当从"事实认定"和"法律适用"两个方面加以考虑。

对于审查意见中所作的"事实认定"，需要对两方面的内容进行核实：其一，核实审查意见通知书中引用的对比文件的形式要件是否满足评述创造性的要求，即判断对比文件是否为现有技术，尤其要注意满足构成抵触申请形式要件的申请在先、公开在后的中国专利申请文件不能用来评述创造性；其二，引用的对比文件满足构成现有技术的形式要件时，需要核实审查意见通知书中对本发明和对比文件中有关实质内容的认定是否正确，即核实通知书中认定的对比文件所披露的内容是否在这些对比文件公开（如通知书中所认定的公开的技术特征是否被相应的对比文件披露，通知书中对某对比文件所公开的区别技术特征在该对比文件中所起作用的认定是否正确等），核实通知书中对本发明技术方案的认定是否正确（如通知书中是否正确理解权利要求中的技术特征，通知书中对区别技术特征在本发明中所起作用的认定是否正确，通知书中对本发明技术效果的认定是否正确等）。

对于涉及创造性的审查意见，在分析审查意见所作出的"事实认定"是否正确之后，就需要在此基础上进一步考虑其"法律适用"是否合适。就法律适用错误来说，主要包括两方面的情况：其一，审查意见中存在由事实认定错误导致其法律适用错误；其二，审查意见中的事实认定虽然正确，但由于其对《专利法》第 22 条第 3 款的法律条文理解不正确而导致法律适用错误。

按照《专利法》第 22 条第 3 款的规定，创造性是指该发明与现有技术相比具有突出的实质性特点和显著的进步。《专利审查指南 2010》第二部分第四章 3.1 中明确了创造性的判断原则与新颖性的单独对比原则不同，可采用组合对比的方式，即将一份或者多份现有技术中的不同的技术内容组合在一起与要求保护的权利要求的技术方案进行比较。《专利审查指南 2010》第二部分第四章 3.2.1 又给出了创造性中"具有突出的实质性特点"的判断方法，明确了通常采用三步法进行判断：第一步，确定与本发明最接近的现有技术（通常是对比文件 1）；第二步，找出权利要求的技术方案中与最接近的现有技术之间的区别特征，以确定该权利要求保护的技术方案实际要解决的技术问题；第三步，判断现有技术中是否存在结合启示，即判断要求保护的发明对本领域技术人员来说是否显而易见，以确定权利要求的技术方案是否具有突出的实质性特点。

对于由事实认定错误导致的法律适用错误，通常在给出正确的事实认定的基础上说明审查意见不符合相关法律法规规定或者本申请符合相关法律法规规定，由此得出法律适用错误的结论。例如，经核实认定通知书中用于否定本申请创造性的对比文件相对于本申请是申请在先、公开在后的中国专利文件，就可认定该对比文件不属于《专利法》第 22 条第 3 款中规定的可用于评价本申请创造性的现有技术，由此得知以该对比文件来否定本申请创造性的审查意见的法律适用错误；又如，通知书中认定本申请的区别技术特征所起的作用不正确，从而错误地认定该区别特征在另一篇对比文件中所起的作用与其在本申请中的作用相同，则就可在正确认定本申请中的这一区别特征在本发明中所起作用的基础上，依据《专利审查指南 2010》第二部分第四章 3.2.1 的规定，说明现有技术未给出将此区别特征应用到最接近的现有技术中而得到本申请要求保护的技术方案的结合启示，以此证明本申请具有突出的实质性特点，符合《专利法》第 22 条第 3 款的规定，在此基础上说明审查意见的法律适用错误。

通知书中因法律理解错误而得出的法律适用错误，多半是未正确理解《专利审查指南 2010》的规定造成的。例如，对于一件能产生有益技术效果的申请，审查意见通知书中仅从本发明未能产生预料不到的技术效果得出本申请不具有突出的实质性特点和显著的进步，从而认定本申请不具备创造性，就属于法律适用错误的情况。因为按照《专利法》第 22 条第 3 款的规定，对于一件发明，只要具有突出的实质性特点和显著的进步就具备创造性；按照《专利审查指南 2010》第二部分第四章 3.2.2 和 6.3 中的规定，如果一项发明具有突出的实质性特点，则当其相对于现有技术具有有益技术效果就可以认定其具有显著的进步，并不要求其具有预料不到的技术效果。由此

第三章

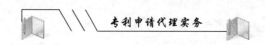

可知，该通知书未能正确理解《专利审查指南 2010》相关章节对《专利法》第 22 条第 3 款作出的进一步规定，导致其得出的有关本申请不具备创造性的审查意见的法律适用错误。

需要说明的是，在实务中，对通知书中有关申请不具备创造性的审查意见进行分析时，对事实认定和法律适用的分析往往会结合起来进行，不必明显地将两者加以区分。

确定答复手段：对于本申请不具备创造性的审查意见，通常可根据上述分析结果采用意见陈述或者修改权利要求并结合意见陈述的答复方式，必要时提供相关的证据。答复方式选择的基本原则与前面有关申请不具备新颖性的审查意见的答复方式选择的原则相似。

有关创造性的审查意见中，通常会按照《专利审查指南 2010》第二部分第四章 3.2.1 中之（3）所规定的几种不具备创造性的典型情形进行分析：

① "区别特征为公知常识"（一篇对比文件结合公知常识），例如，对于区别特征所实际解决的技术问题来说，该区别特征是本领域为解决该技术问题的惯用手段，或者教科书或工具书等中披露的解决该技术问题的技术手段。

② "区别特征为与最接近的现有技术相关的技术手段"（一篇对比文件中两个技术方案的结合），例如，区别特征为同一份对比文件其他部分披露的技术手段，该技术手段在该其他部分所起的作用与该区别特征在要求保护的发明中为解决其实际解决的技术问题所起的作用相同。

③ "区别特征为另一份对比文件中披露的相关技术手段，该技术手段在该对比文件中所起的作用与该区别特征在要求保护的发明中为解决其实际解决的技术问题所起的作用相同。"（两篇或多篇对比文件的结合）

在答复审查意见通知书时，对于有关构成现有技术的形式要件不存在事实认定错误的情况下，针对上述三种情形分别作如下处理。

① 对于区别特征为公知常识的情形，即对比文件结合公知常识的情形，需要判断审查意见中认定的公知常识或惯用技术手段是否确实是本领域解决该技术问题的公知常识或惯用技术手段。如果审查意见中认定的事实正确，只能修改权利要求，甚至删除权利要求，在修改权利要求时还应当在意见陈述书中论述修改后的权利要求具备创造性的理由；如果审查意见中对公知常识或惯用技术手段的认定不正确（包括未充分举证），则在答复时可以不修改权利要求，此时最好充分说明该区别特征不是公知常识的理由（包括必要的举证），甚至可以要求审查员对区别特征是公知常识进行举证。

② 区别特征为与最接近的现有技术相关的技术手段的情形，需要确认在该对比文件的另一个技术方案中是否披露了该区别特征以及该区别特征在该技术方案中所起的作用是否与其在本发明中为解决该技术问题所起的作用相同。如果审查意见中认定的

事实正确，只能修改权利要求，甚至删除权利要求，在修改权利要求时还应当在意见陈述书中论述修改后的权利要求具备创造性的理由；如果审查意见中对上述事实的认定错误，则在答复时可以不修改权利要求而在意见陈述书中充分论述原权利要求具备创造性的理由。

③ 区别特征为另一份对比文件中披露的相关技术手段的情形，需要确认在另一份对比文件中是否披露了该区别特征以及该区别特征在另一份对比文件中所起的作用是否与其在本发明中为解决该技术问题所起的作用相同。如果审查意见中认定的事实正确，只能修改权利要求，甚至删除权利要求，在修改权利要求时还应当在意见陈述书中论述修改后的权利要求具备创造性的理由；如果审查意见中对上述事实的认定错误，则在答复时可以不修改权利要求而在意见陈述书中充分论述原权利要求具备创造性的理由。

以下结合几个具体案例来说明如何针对缺乏创造性的审查意见进行答复。

【案例3－3】

本案例涉及通知书中引用一篇对比文件并结合公知常识评述本申请不具备创造性的情形，经核实认为可以通过修改权利要求来克服审查意见通知书所指出的问题。

发明内容

一件名称为"投影型图像显示装置"的发明专利申请，其独立权利要求1和从属权利要求2、3的内容如下：

1. 一种投影型图像显示装置，其具有：

屏幕单元（103），其具有屏幕，图像投影到该屏幕上；

投影单元（2），其从背面将图像投影到所述屏幕上；

左右一对的滑动机构，其以使得所述屏幕单元（103）能够在相对于所述屏幕为大致法线的方向上移动的方式来支承所述屏幕单元（103）；以及

联杆轴（141），其分别连结所述左右一对的滑动机构，并使它们同步移动。

2. 根据权利要求1所述的投影型图像显示装置，其特征在于，该投影型图像显示装置还具有：

转动机构，其按照使得所述屏幕单元（103）能够以相对于所述屏幕大致平行的旋转轴为中心进行转动的方式来支承所述屏幕单元（103）；以及

弹性单元（118），其与所述转动机构连接，产生用于使所述屏幕单元（103）转动的弹力，并且该弹性单元（118）的至少一端的安装位置能够变更。

3. 根据权利要求2所述的投影型图像显示装置，其特征在于，

所述转动机构具有转动板（115），该转动板（115）具有配合孔（115a），该配合孔（115a）形成为能够与形成在所述滑动机构上的钩形突出部进行配合，

所述弹性单元的一端安装在所述转动板上，另一端安装在所述屏幕单元上。

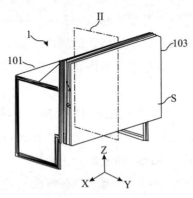

图 3 - 11　本发明立体图

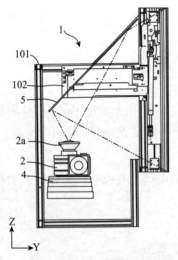

图 3 - 12　本发明内部结构断面图

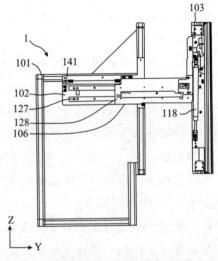

图 3 - 13　本发明屏幕单元伸出时的侧视断面图

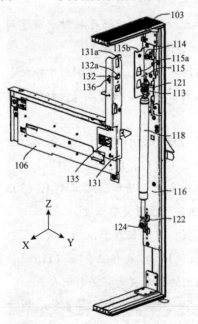

图 3 - 14　本发明转动机构的立体图

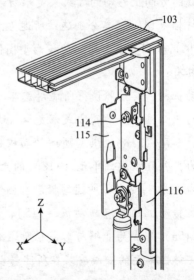

图 3 - 15　本发明转动机构局部放大图

审查意见内容

审查意见通知书指出：对比文件1公开了一种投射式图像显示装置，具有屏幕部件103（相当于权利要求1中的屏幕单元），其具有投影图像的屏幕S，图像投影到该屏幕上，以及投影部件2（相当于权利要求1中的投影单元）从背面将图像投影到屏幕S上，以及左右一对滑动座106，在可投影图像的状态的前述屏幕S的大致法线方向可移动地支撑前述屏幕部件。权利要求1与对比文件1相比，其区别在于权利要求1中投影型图像显示装置还具有联杆轴，其分别连接所述左右一对滑动机构，并使它们同步移动，其所要解决的技术问题也是为了使左右滑动机构同步移动。而众所周知，在一对滑动机构之间添加一个固定的连接杆（即所述联杆轴）就可以使左右滑动机构同步移动，就可以解决所述技术问题，其是本领域的一种常规技术手段，因此，本领域技术人员在对比文件1的基础上结合本领域的常规技术手段就可以解决相应的技术问题从而获得本申请权利要求1的技术方案，因此，本申请权利要求1不具有突出的实质性特点和显著的进步，因此不具备创造性。

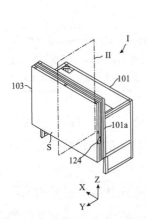

图3-16　对比文件1立体图

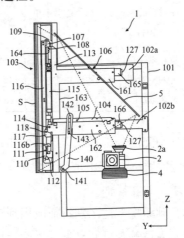

图3-17　对比文件1内部结构断面图

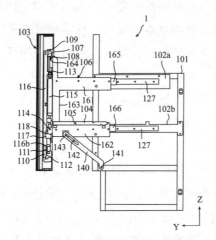

图3-18　对比文件1屏幕部件伸出时的侧视断面图

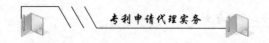

事实认定和法律适用

首先，通过核实对比文件1的申请日，确定对比文件1确实构成本发明的现有技术。其次，在审查员所认定的最接近的对比文件（对比文件1）的基础上来确定权利要求1的技术方案与对比文件1的区别。为了更加直观，以列表方式进行对比：

表3-4　权利要求1的技术方案与对比文件1的区别

主题名称	本申请权利要求1 投影型图像显示装置	对比文件1 投射式图像显示装置	对比分析 正确
特征1	屏幕单元（103），其具有屏幕，图像投影到该屏幕上	具有屏幕部件103	对比文件1公开了本申请权利要求1的特征1
特征2	投影单元（2），其从背面将图像投影到所述屏幕上	投影部件2	对比文件1公开了本申请权利要求1的特征2
特征3	左右一对的滑动机构，其以使得所述屏幕单元（103）能够在相对于所述屏幕为大致法线的方向上移动的方式来支承所述屏幕单元（103）	左右一对滑动座106，在可投影图像的状态的前述屏幕S的大致法线方向可移动地支撑前述屏幕部件103	对比文件1公开了与本申请权利要求1的特征3相当的内容
特征4	联杆轴（141），其分别连结所述左右一对的滑动机构，并使它们同步移动	通过支轴141、摆动杆140和沟142使得一左一右的滑动底座106同步移动	同意审查意见，本申请权利要求1的特征4是本领域的一种常规技术手段

通过仔细阅读分析对比文件1可知，对比文件1公开了本申请权利要求1的特征1、特征2和特征3。本申请权利要求1相对于对比文件1的区别技术特征在于：本申请权利要求1的联杆轴。

其次，判断将上述区别特征应用到对比文件中来实现其左右滑动机构同步移动对本领域技术人员是否显而易见，以确定权利要求的技术方案是否具有突出的实质性特点和显著的进步。因为在一对滑动机构之间添加一个固定的连接杆（即所述联杆轴）就可以使左右滑动机构同步移动是本领域的一种常规技术手段，对于本领域技术人员来讲为公知常识。因此，审查员对权利要求1的创造性的评述正确，权利要求1不具备创造性。

答复手段：修改权利要求并结合意见陈述

针对审查员所指出的权利要求1缺乏创造性的审查意见，需要通过对权利要求1的内容进行修改，并在修改的基础上进行意见陈述。

通过仔细阅读本申请说明书可知，原权利要求2相对于对比文件1和本领域公知常识具备创造性的理由尚不够充分，而权利要求3限定部分的技术特征未被对比文件1公开，因此，采用删去权利要求1和权利要求2并将权利要求3改写成独立权利要求的修改方式，即采用将权利要求2和权利要求3的技术特征补入独立权利要求1的修改方式。

在意见陈述中，应当指出修改后的权利要求1相对于对比文件1的区别技术特征，以确定修改后的权利要求1实际所解决的技术问题；并有理有据地陈述修改后的权利要求1与对比文件1相比具备创造性的理由。

下面针对上述权利要求1的修改给出可供参考的意见陈述方式。

修改后的权利要求1具备创造性。

对比文件1没有公开本发明修改后的权利要求1的以下技术特征："所述转动机构具有转动板，该转动板具有配合孔，该配合孔形成为能够与形成在所述滑动机构上的钩形突出部进行配合，所述弹性单元的一端安装在所述转动板上，另一端安装在所述屏幕单元上。"

由本发明的说明书第7页第19~24行可知，"转动板115具有能够与形成在滑动机构上的钩形突出部进行配合的配合孔"，通过这样的结构，使得屏幕单元103能够借助滑动底座106在收纳位置和伸出位置之间移动，而无需改变在上下左右方向（X方向以及Y方向）上所调节的位置。

并且，由说明书第8页第10~21行可知，"在屏幕单元103上设有气压弹簧118（弹性单元），气压弹簧118的一端安装在转动板115上，另一端安装在屏幕单元103上。并且该气压弹簧118的至少一端的安装位置能够变更。"通过这样的结构，通过安装位置，能够应对多种尺寸、重量的屏幕单元103。

由此可知，修改后的权利要求1相对于对比文件1实际解决的技术问题是提供一种能够方便地调节其各种尺寸和重量屏幕单元的投影型图像显示装置。

鉴于修改后的独立权利要求相对于对比文件1的区别特征并不是解决上述技术问题的惯用技术手段，即不属于本领域的公知常识，与此同时也没有其他证据证明其他现有技术已披露了上述区别特征，因而可认为现有技术（包括本领域的公知常识在内）中没有给出将上述区别特征应用到对比文件1中来解决上述技术问题以得到修改后的权利要求1技术方案的结合启示，因此，修改后的权利要求1具有突出的实质性特点；此外，采用本发明修改后的权利要求1的技术方案，无需改变其在上下左右方向上所调节的位置就可以使屏幕单元借助滑动底座在收纳位置和突出位置之间移动，而且能够应对多种尺寸、重量的屏幕单元，也就是说修改后的权利要求1具有显著的进步。综上所述，修改后的权利要求1具备创造性。

【案例3-4】

本案例涉及通知书中引用两篇对比文件和本领域惯用技术手段相结合评述本申请不具备创造性的情形，经核实两篇对比文件并未披露该权利要求的全部技术特征，其中未被这两篇对比文件披露的技术特征不属于本领域解决技术技术问题的公知手段，在此基础上认为本领域技术人员根据这两篇对比文件公开的内容加上公知常识得到本发明权利要求的技术方案是非显而易见的，因此未修改权利要求，只进行意见陈述。

第三章

发明内容

一件发明名称为"可悬挂及桌放两用的计算机装置"的发明专利申请，其权利要求1的内容如下：

1. 一种可悬挂及桌放两用的计算机装置，该装置包括：一输入装置（30）；一主机（10），其一侧具有一显示屏幕（11），且该主机（10）的一端设有一凹槽（12），该凹槽（12）可供容纳输入装置（30）于主机（10）内；二枢设部（40），分别设于主机（10）对应的两侧，各枢设部（40）内设有可支撑主机（10）的一弹性组件（41）；一提把（20），其两端与所述二枢设部（40）相枢设，该提把（20）可活动地于主机（10）的两端上转动，该提把（20）朝该主机（10）的显示屏幕（11）的另一面方向转动并支撑该主机（10）于一平面上。

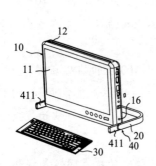 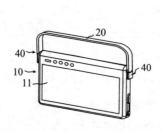 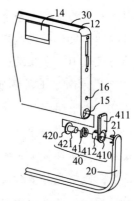

图3-19 本申请结构示意图　　图3-20 本申请使用示意图　　图3-21 本申请枢设部结构图

审查意见内容

审查意见中指出，权利要求1保护一种可悬挂及桌放两用的计算机装置，对比文件1公开了一种具有提把的笔记本电脑，与对比文件1相比，区别在于：① 权利要求1中的主机（10）的一端设有凹槽（12），该凹槽（12）可供容纳输入装置（30）于主机（10）内；而对比文件1中的笔记本电脑机体（10）一面设有显示屏另一面设有键盘，属于一体成形；② 权利要求1中的各枢设部（40）内设有可支撑主机（10）的一弹性组件（41），而对比文件1中的椭圆形枢转孔（35）是通过一螺钉将提把安装到该笔记本电脑机体（10）上以实现支撑和提携作用。

基于上述区别技术特征①，权利要求1实际解决的技术问题是将台式电脑的输入装置容纳到主机凹槽中。

对比文件2公开了一种便携台式计算机，其键盘（30）以可脱离方式与该主机（10）结合在一起，从图中可看出，结合时键盘（30）容纳到主机（10）的凹槽（组装空间11）中，这些特征相当于上述区别技术特征①，其在对比文件2中所起的作用与其在本申请权利要求1中为解决上述技术问题所起的作用相同，都是用于将台式计算机的键盘容纳到主机中。

对于区别技术特征②，采用弹性组件还是螺钉支撑定位都属于所属领域技术人员的惯用技术手段。因此，在对比文件1的基础上结合对比文件2和惯用技术手段得到权利要求1的技术方案，对本领域技术人员来讲是显而易见的，因此，权利要求1不具有突出的实质性特点和显著的进步，不具备创造性。

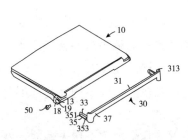

图 3 – 22　对比文件 1 示意图

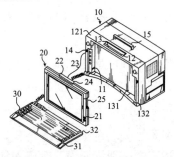

图 3 – 23　对比文件 2 示意图

事实认定和法律适用

首先，在审查员所认定的最接近的对比文件（对比文件1）的基础上来确定权利要求1的技术方案与对比文件1的区别。为了更加直观，以列表方式进行对比，如表3–5所示：

表 3 – 5　技术方案对比

	本申请权利要求1	对比文件1	对比分析	对比文件2	对比分析
主题名称	可悬挂及桌放两用的计算机装置	具有提把的笔记本电脑	正确	便携台式计算机	正确
特征1	一输入装置（30）	笔记本电脑机体（10）一面设有显示屏，另一面设有键盘，属于一体成形	对比文件1未公开本申请权利要求1的特征2后半部分的内容	键盘（30）	对比文件2公开了本申请权利要求1的特征1和特征2
特征2	一主机（10），一侧具有一显示屏幕（11），<u>一端设有一凹槽（12），该凹槽（12）可容纳输入装置（30）于主机（10）内</u>			一主机（10），键盘（30）可容纳于主机的组装空间（11）	
特征3	一提把（20），其两端与二枢设部（40）相枢设，该提把（20）可活动地于主机（10）的两端上转动，<u>该提把（20）朝该主机（10）的显示屏幕（11）的另一面方向转动并支撑该主机（10）于一平面上</u>	一提把（30），具有手提部（31）和枢转设置于笔记本电脑两侧的两枢接部（33），以实现提把的支撑和提携作用	对比文件1未公开本申请权利要求1的特征2后半部分的内容		
特征4	二枢设部（40），分别设于主机（10）对应的两侧，<u>各枢设部（40）内设有可支撑主机（10）的一弹性组件（41）</u>	椭圆形枢转孔（35）是通过一枢转螺钉（50）将提把（30）安装到笔记本电脑机体（10）以实现支撑和提携作用	对比文件1未公开本申请权利要求1的特征3后半部分的内容		

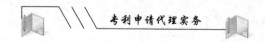

通过上表对本申请权利要求1的技术方案与对比文件公开的内容分析对比可知，权利要求1中未被对比文件1公开的区别技术特征应当包括三个部分：①主机（10）的一端设有凹槽（12），该凹槽（12）可供容纳输入装置（30）于主机（10）内；②提把朝主机的显示屏幕的另一面方向转动并支撑该主机于一平面上；③各枢设部（40）内设有可支撑主机（10）的一弹性组件（41）。

由上述区别特征可知，本发明相对于对比文件1带提把的笔记本电脑所解决的技术问题是提供一种可悬挂和桌放的两用计算机装置。为解决这一技术问题，从可悬挂角度考虑，其输入装置与主机可拆分，从而在此主机一端设有可容纳该输入装置的凹槽；而从可桌放角度考虑，将提把以枢设方式设置在显示屏下侧并使其可绕显示屏下端转动后对主机起支撑作用。

在上述三个区别特征中，对比文件2仅披露了其中第①个技术特征，设置在主机一侧的组装空间（相当于权利要求1中的凹槽），其用于容纳与主机分开的键盘（即本发明中的输入装置），从而其键盘能以可拆分的方式组装到主机上，就此而言，其所起的作用与本申请权利要求1中的区别特征①为解决上述技术问题所起的作用相同，即对比文件2给出了将上述区别特征应用到对比文件1中来解决其部分技术问题（实现悬挂使用）的结合启示。但对比文件2并未披露另外两个区别技术特征，其中的区别特征②所涉及的提把在手提式笔记本电脑中是为了方便提携，并不能起到支撑其显示屏的作用，本发明将该提把设计成以枢设（其中装有弹性组件）方式设置在显示屏下侧并使其可绕显示屏下端转动后对主机起支撑作用，从而解决了其处于桌放使用时主机的支撑问题。显然，这种利用提把来支撑计算机装置的技术手段（相当于上述区别特征②和③）在计算机领域中并未出现过，不能将其认定为本领域解决上述技术问题的公知手段，因此由这两篇对比文件所公开的内容加上本领域的公知常识得到权利要求1的技术方案对本领域的技术人员来说是非显而易见的，也就是说权利要求1具有突出的实质性特点。此外，由于这种结构的计算机能够实现悬挂和桌放两用，因而具有有益的技术效果，即具有显著的进步。

通过上述分析，认为审查意见中有关权利要求1不具备创造性的评述不正确，权利要求1具备创造性。

答复手段：意见陈述

由于认定审查意见通知书中关于权利要求1不具备创造性的审查意见不正确，因此不修改权利要求，而在意见陈述书中充分论述原权利要求1相对于通知书中引用的两篇对比文件和本领域的公知常识具备创造性的理由。

具体陈述意见如下：

本申请权利要求1与通知书中引用的最接近的现有技术对比文件1中的手提笔记本电脑相比具有三个区别技术特征：①主机（10）的一端设有凹槽（12），该凹槽（12）可供容纳输入装置（30）于主机（10）内；②提把朝主机的显示屏幕的另一面方向转动并支撑该主机于一平面上；③各枢设部（40）内设有可支撑主机（10）的一弹性组件（41）。虽然对比文件2披露了上述第①个技术特征，但并未披露上述第②个和第③个特征，这样当将对比文件2中的上述第①个技术特征应用于手提笔记本电脑时，仅仅通过输入装置与主机可拆分方式连接的方式实现以可悬挂方式使用电脑，而在此同时又会出现在采用桌放使用方式时如何支撑该计算机装置的问题。本发明正是借助权利要求1的另两个区别特征来解决这部分存在的技术问题，也就是将手提笔记本电脑的提把的两端通过带弹性组件的枢设部枢轴连接在主机显示屏的下侧，从而该提把能朝着该主机的显示屏的另一面方向转动而成为主机的支撑件。显然，上述两个区别技术特征②和③（即利用提把来支撑计算机装置的技术手段）在计算机领域中并未出现过，并不是本领域解决上述技术问题的公知手段，因此在对比文件1和对比文件2的基础上并利用本领域的公知常识得到权利要求1的技术方案对本领域的技术人员来说是非显而易见的，由此可知权利要求1相对于上述两篇对比文件和本领域的公知常识具有突出的实质性特点。此外，由于这种结构的计算机能够实现悬挂和桌放两用，因而具有有益的技术效果，即具有显著的进步。综上所述，权利要求1保护的技术方案相对于通知书中引用的两篇对比文件1和2以及本领域的公知常识具备创造性。

2.3　涉及专利保护客体的审查意见

相对于其他领域，机械领域专利申请有关专利保护客体的审查意见主要涉及不属于《专利法》第2条第2款规定的技术方案和属于《专利法》第25条第1款第（二）项规定的"智力活动的规则和方法"而不授予专利权的情形。

2.3.1　涉及不属于技术方案的审查意见

《专利法》第2条对可授权的客体作了规定。《专利法》第2条第2款规定，发明是指对产品、方法或其改进所提出的新的技术方案。《专利审查指南2010》对技术方案作了进一步说明，即，技术方案是对要解决的技术问题所采取的利用了自然规律的技术手段的集合。技术手段通常是由技术特征来体现。未采用技术手段解决技术问题以获得符合自然规律的技术效果的方案，不属于《专利法》第2条第2款规定的客体。

当审查意见指出权利要求不属于《专利法》第2条第2款规定的技术方案时，首先仍是进行"事实认定"，通常可以从问题、手段和效果三个方面是否满足"技术性要求"来判断审查意见所认定的事实是否正确，即，权利要求的方案是否解决了技术问题、利用了符合自然规律的技术手段、产生了技术效果，三者同时满足，则权利要求保护的技术方案属于《专利法》第2条第2款规定的技术方案，否则不属于技术方案。

如果权利要求所要保护的技术方案确实不属于《专利法》第2条第2款规定的技

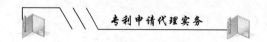

术方案，则审查意见正确。在这种情况下，需要进一步分析申请文件当中是否存在技术内容，可否通过修改权利要求克服审查意见所指出的缺陷。如果因为权利要求撰写不当，并且说明书中确实公开了技术内容，则可以修改权利要求并进行意见陈述；否则只能删除不属于《专利法》第2条第2款规定的技术方案的权利要求。当然，如果认为权利要求所要保护的技术方案属于《专利法》第2条第2款规定的技术方案，不同意审查意见，则可以通过意见陈述的方式据理力争。

进行争辩时，通常也从问题、手段和效果三方面是否满足"技术性要求"的思路进行分析，即，权利要求解决了什么技术问题、利用了什么符合自然规律的技术手段、产生了什么技术效果。

【案例3-5】

本案例涉及不属于《专利法》第2条第2款规定的技术方案。

发明内容

一件名称为自动化记账系统的发明专利申请，其权利要求1的内容如下：

1. 一种自动化记账系统，用以接受、储存及修正账务资料，并依据账务资料产生所需的账务、会计或财务表报，其特征在于，包括：一个使用者接口，包括多个账务资料编辑接口，以供使用者输入、修改及删除各种所需的账务资料；一个账务数据库，包括多个账务资料文件，用以储存各种所需的账务资料；一个表报产生模块，包括多个账务表报的格式定义，用以依据特定表报格式，在该账务数据库中取得所需的资料，自动形成账务表报；及一个数据文件连结模块，以在使用者输入一笔账务资料后，自动依据该账务资料的特性，连结相关的账务资料文件，产生一笔或以上的账务资料。

审查意见内容

在审查意见中指出，权利要求1请求保护一种自动化记账系统。该申请所要解决的问题是：如何记账、产生报表。该问题属于非技术问题，因此权利要求的解决方案不构成《专利法》第2条第2款所说的技术方案，不属于专利法保护的客体。

事实认定和法律适用

审查意见中的事实认定正确，该权利要求不属于《专利法》第2条第2款规定的技术方案，不能被授予专利权。

答复手段：放弃该申请

自动化记账系统本身不属于技术方案，此时可进一步看说明书的内容是否还存在其他一些技术内容，比如所述自动化记账系统是否依附一定的硬件设施，且该硬件设施在现有技术基础上存在一定改进，如果存在，可考虑将硬件系统纳入权利要求的保护范围之内，使得权利要求具有技术特征，并陈述修改后权利要求属于技术方案的理由，即，这些硬件系统相对于现有技术的改进是什么，其解决了什么样的技术问题，取得了什么样的技术效果。相反，如果说明书中没有公开其他技术内容，就可以考虑放弃该专利申请。

对于本申请而言，由于全部主题都不属于《专利法》第 2 条第 2 款规定的技术方案，且说明书中没有公开技术内容，因此，建议申请人放弃该申请以节省答复费用。

【案例 3 - 6】

本案例根据一件实际案例改编而成，其审查意见涉及不属于《专利法》第 2 条第 2 款规定的技术方案，但经过分析不同意该审查意见，以意见陈述书的方式作出答复。

发明内容

一件名称为浅色绘图方格纸的发明专利申请，其权利要求 1 的内容如下：

1. 一种绘图方格纸，其特征在于，其上方格线条的颜色为浅色。

审查意见内容

在审查意见中指出，权利要求 1 请求保护一种绘图方格纸，所采用的手段是对色彩进行选择，并不是一种技术手段。因此，权利要求的解决方案不构成《专利法》第 2 条第 2 款所说的技术方案，不属于专利法保护的客体。

事实认定和法律适用

审查意见中对事实的认定是正确的，所采用的手段是对色彩进行选择，即采用米黄、淡绿、浅蓝色来代替原有的橙黄色和深蓝色。但是，将这种色彩的选择认定为不是技术手段是不正确的，因为作出这种色彩的选择是利用了复印机对米黄、淡绿或浅蓝色不敏感的特性，在这样的绘图方格纸上绘图就可以直接用复印机复印而得到供工厂车间使用的加工图纸，而不再需要用描图纸描图后再晒制成蓝图，应当将这种颜色的选择认定为一种技术手段，因此该权利要求属于《专利法》第 2 条第 2 款规定的技术方案，属于可授予专利权的保护客体。

答复手段：陈述意见

根据上述分析结果，不需要修改权利要求，而在意见陈述书中充分论述权利要求 1 要求符合《专利法》第 2 条第 2 款规定的理由：现有技术中的方格纸为橙黄包或深蓝色，为得到车间生产用的加工图纸，可以在这种绘图方格纸上方便地绘制，然后用描图纸覆盖在其上描绘，再用晒制方式得到车间使用的蓝图。本发明将绘图方格纸的颜色改为米黄、淡绿或浅蓝色，这种颜色的变化或选择利用了复印机对米黄、淡绿和浅蓝色不敏感的特征，从而可将在这种绘图方格纸上绘制而成的加工用图直接用复印机复印而得到车间所需要的图纸，而不再需要用描图纸描图，更不必进行会对人体嗅觉产生强烈刺激的晒图工艺。由此可知，这种绘图方格纸颜色的变化和选择是利用复印机的感光部件对米黄、淡绿和浅蓝色不敏感这一自然规律来解决原有晒制蓝图工艺复杂且会影响人体健康这一技术问题，产生了节省人力、物力和保护环境的技术效果，因此是一项技术方案。综上所述，这种浅色绘图方格纸属于《专利法》第 2 条第 2 款规定的可授予发明专利权的保护客体。

第三章

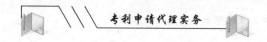

2.3.2 涉及智力活动规则的审查意见

在《专利审查指南 2010》中，明确规定了如果一项权利要求仅仅涉及智力活动的规则和方法，则不应当被授予专利权。如果一项权利要求，除其主题名称以外，对其进行限定的全部内容均为智力活动的规则和方法，则该权利要求实质上仅仅涉及智力活动的规则和方法，也不应当被授予专利权。

除了上述所描述的情形之外，如果一项权利要求在对其进行限定的全部内容中既包含智力活动的规则和方法的内容，又包含技术特征，则该权利要求就整体而言并不是一种智力活动的规则和方法，不应当依据《专利法》第 25 条排除其获得专利权的可能性。

因此，在审查意见涉及属于《专利法》第 25 条第 1 款第（2）项规定的智力活动的规则和方法时，首先进行"事实认定"，即从解决的技术问题、利用的符合自然规律的技术手段、产生的技术效果三个方面来判断专利申请保护的技术方案是否确实属于《专利法》第 25 条第 1 款第（2）项规定的智力活动的规则和方法。

然后在"事实认定"的基础上，进行"法律适用"。如果所要求保护的技术方案确实属于智力活动的规则和方法，则同意审查意见，在这种情况下，如果因为权利要求撰写不当，并且说明书中确实公开了技术内容，则可通过修改权利要求消除缺陷并陈述意见的方式进行答复，否则只能删除属于《专利法》第 25 条第 1 款第（2）项规定的智力活动的规则和方法的权利要求。如果专利申请所要保护的技术方案不属于《专利法》第 25 条第 1 款第（2）项规定的智力活动的规则和方法，则不同意审查意见，在这种情况下，可通过意见陈述的方式进行答复。

【案例 3 - 7】

本案例涉及属于《专利法》第 25 条第 1 款第（2）项规定的智力活动的规则和方法而不能授予专利权的情形。

发明内容

一件名称为"用于安全地转换档案的计算机程序对象"的发明专利申请，其包含多项权利要求，其权利要求 1 的内容如下：

1. 一种用于安全地转换档案的计算机程序对象，其用于网络中，将一档案由一发送者安全地转换到至少一个接收者，该计算机程序对象包括一计算机可读取媒体，其特征在于，该计算机可读取媒体包括有：

A）至少一用于呈送该档案至一接收位置的指令，该档案为该发送者所持有；

B）至少一用于压缩该档案的指令；

C）至少一用于储存该档案的一辨识码的指令，该辨识码为该档案的唯一辨识码；

D）至少一用于产生一加密钥匙的指令，该加密钥匙用于加密该档案；

E）至少一加密档案的指令；

F）至少一用于注册该加密钥匙的指令；

G) 至少一将一策略应用在该受加密档案的指令；

H) 至少一用于发送该受保护档案到至少一接收者的指令；

I) 至少一用于认证该至少一接收者的指令；

J) 至少一用于检视该受保护档案的指令，该受保护档案由一受认证的接收者的存取权所检视，该存取权被指派至该受认证的接收者；

K) 至少一用于追踪该受保护档案存取动作的指令，该受保护档案通过该至少一接收者所存取；以及

L) 至少一用于记录事件的指令，该事件为该受保护档案的存取，该受保护档案被至少一接收者所存取。

自动方法包含下列步骤：呈送该档案至一接收位置，其中该档案为该发送者所持有；保护该档案；以及将该受保护的档案发送到至少一接收者。

审查意见内容

审查意见指出，独立权利要求 1 请求保护一种用于安全地转换档案的计算机程序对象，其要求保护的是计算机程序本身，因此，权利要求 1 保护的技术方案属于《专利法》第 25 条第 1 款第（2）项规定的智力活动的规则和方法，不属于专利法保护的客体。

事实认定和法律适用

审查员认定的事实正确，该权利要求明显属于智力活动的规则和方法，属于《专利法》第 25 条第 1 款第（2）项所规定的智力活动的规则和方法，不能被授予专利权。

答复手段：删除与该主题相应的权利要求

由于权利要求 1 属于《专利法》第 25 条第 1 款第（2）项规定的智力活动的规则和方法，不能被授予专利权，因此，删除权利要求 1。

2.4 涉及说明书未充分公开发明的审查意见

《专利法》第 26 条第 3 款规定，说明书应当对发明或实用新型作出清楚、完整的说明，以所属领域的技术人员能够实现为准。《专利审查指南 2010》进一步规定了由于缺乏解决技术问题的技术手段，或者所提出的技术问题未能够解决，或者声称的技术效果未得到证实而被认为无法实现的几种情形：

① 说明书中只给出任务和/或设想，或者只表明一种愿望和/或结果，而未给出任何使所属领域的技术人员能够实施的技术手段；

② 说明书中给出了技术手段，但对所属技术领域的技术人员来讲，该手段是含糊不清的，根据说明书记载的内容无法具体实施；

③ 说明书中给出了技术手段，但所属技术领域的技术人员采用该手段不能解决所要解决的技术问题；

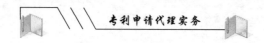

④ 申请的主题为由多个技术手段构成的技术方案，对于其中一个技术手段，所属技术领域的技术人员按照说明书记载的内容不能实现；

⑤ 说明书中仅给出了具体的技术方案，但未给出实验数据，而该方案又必须依赖实验结果加以证实才能成立。

在收到涉及说明书未充分公开发明的审查意见后，首先要确定说明书是否确实存在未充分公开发明的问题，如果说明书全部主题或部分主题公开不充分，审查意见成立，则考虑放弃申请或者删除公开不充分的部分主题；如果认为审查意见不成立，审查意见体现出对技术背景理解不够或者未正确理解发明创造，则应充分陈述说明书公开充分的理由，必要的时候对背景技术进行举证。

在提供现有技术证据时，需要注意以下几点：

① 对于用于证明未公开的内容属于本领域公知常识的证据，使用时应当慎重，避免其成为证明本发明不具备创造性中的公知常识性证据。

② 以现有技术公开的内容作为证据来证明本申请已充分公开发明时，最好这些证据是本申请说明书中已记载的引证文件。其中，引证文件是外国专利和非专利文献时，其公开日应当早于本申请的申请日；而引证文件是中国专利文献时，其公开日不晚于本申请的公开日。只有满足这一条件时，才可认为本申请说明书中记载了这些引证文件中的内容。

③ 一个或多个证据记载的内容不应相互矛盾，否则依然无法确认请求保护的技术方案的内容。

④ 若一个或多个证据表明某一技术特征具有多种含义，而这些含义并非都能实现本发明，则依然无法确认请求保护的技术方案的内容。

⑤ 即使提交的证据证明某一技术手段属于现有技术，但该技术手段不能直接与申请说明书中记载的内容相结合，则依然无法确认请求保护的技术方案的内容。

以下结合具体案例说明，审查意见为说明书未充分公开发明时应当采取的答复策略。

【案例 3 - 8】

本案例用于说明审查意见未充分了解现有技术的现状而指出公开不充分的情形，可以通过意见陈述作出澄清性说明。

发明内容

一项名称为"具有平板蒸发器结构的回路式热管"的专利申请，其权利要求 1 内容如下：

1. 一种具有平板蒸发器结构的回路式热管，在一热源（4）上设置一蒸发区段（L1），并以一传导区段（L3）连结一冷凝区段（L2）组成，其中，

该蒸发区段（L1）为一密闭容置结构（5），设置于该热源（4）上，以一盖体（51）及一盒体（52）组合成一密闭容置空间（521），该密闭容置结构（5）包括一

设置于该密闭容置空间（521）内、且与该密闭容置结构（5）底面（522）呈水平配置的毛细结构（6），一设置于该盒体（52）侧缘、用以注入一工作流体（3）、并连通于该毛细结构（6）的液体入口（54），以及一设置于该液体入口（54）对应的盒体（52）侧缘（523）、用以导出受热源（4）蒸发的工作流体（3）产生的蒸气的气体出口（55）；

　　该传导区段（L3）包括一连接于该密闭容置结构（5）的气体出口（55）的气体流道（551）和一连接于该密闭容置结构（5）的液体入口（54）的液体流道（541）；

　　该冷凝区段（L2）包括一分别经由该传导区段（L3）的气体流道（551）及液体流道（541）连接于该密闭容置结构（5）的气体出口（55）及液体入口（54）的冷凝装置（7），且该气体流道（551）是与该液体流道（541）以对向设置于该冷凝装置（7）一选定位置；

　　当该密闭容置空间（521）注入一工作流体（3）时，该工作流体（3）受该热源（4）蒸发为蒸气（31），并通过该气体出口（55）和气体流道（551）导入该冷凝区段（L2）的冷凝装置（7），待该蒸气（31）冷却回复为原形态的工作流体（3）后，再经由该液体流道（541）导回该密闭容置空间（521）中，并进行反复的循环动作。

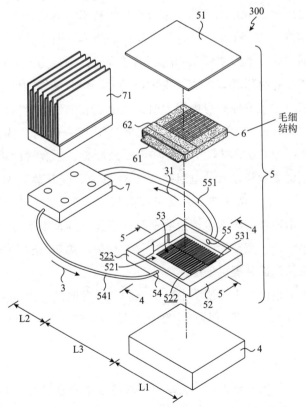

图 3-24　本申请回路式热管的部件分解图

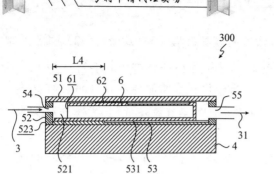

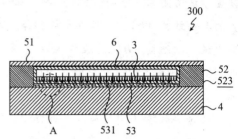

图 3 – 25　密闭容置结构的正视断面图　　　图 3 – 26　密闭容置结构的侧视断面图

审查意见内容

在审查意见中质疑说明书中未充分公开发明的依据是：说明书未对毛细结构（6）的具体构造作出说明，以致如何使毛细结构（6）阻挡蒸汽（31）回流的手段含糊不清，导致发明不能实现。

事实认定和法律适用

从本申请的说明书可以看出，本申请的目的在于提供一种迷你平板式热管，以解决现有技术中存在的"内部电子元件随电子产品功能增强而提高功率产生高温但没有良好散热装置加以冷却"的技术问题。审查员认为技术方案公开不充分之处在于说明书没有记载毛细结构（6）的具体构造，导致其阻挡蒸汽回流的原理不清楚。而通过与申请人进行沟通得知，本发明所采用的毛细结构及其原理为本领域的公知常识，即毛细结构的管壁或多孔材质具有形成"毛细推动力"吸收液体的性质，当液体与管壁或孔洞之间的附着力大于液体本身内聚力时，管壁或孔洞便会吸附液体，使气体无法通过细管或孔洞。此外，结合本申请说明书第 8 页第 12 ~ 17 行的描述："该毛细结构 6 可为各种具有强大毛细力的材料构成，如金属网堆叠、非金属网堆叠……形成一高毛细推动力，其不但紧紧抓住水分也阻挡蒸气 31 回流，使其蒸气 31 能以单一方向进入气体流道 551 中"，本领域的技术人员可以清楚地了解对应的技术方案，并可以实施该发明。因此，审查意见对本申请说明书公开不充分的理由不能成立，本申请说明书已对本发明作出清楚、完整的说明，符合《专利法》第 26 条第 3 款的规定。

答复手段：意见陈述并提供证据

在意见陈述书中论述本申请说明书已经充分公开发明的理由：从说明书记载的内容和现有技术的现状出发，充分说明毛细结构阻挡蒸汽回流的原理，澄清审查员的疑惑。

具体陈述意见如下：

本申请提供一种迷你平板式热管，以解决现有技术中存在的"内部电子元件随着电子产品功能增强而提高功率产生高温但没有良好的散热装置加以冷却"的技术问题。

本发明的说明书第 8 页第 12 ~ 17 行已描述："该毛细结构 6 可为各种具有强大毛

细力的材料构成，如金属网堆叠、非金属网堆叠……形成一高毛细推动力，其不但紧紧抓住水分也阻挡蒸气 31 回流，使其蒸气 31 能以单一方向进入气体流道 551 中"，所谓的"毛细推动力"为本领域技术人员所熟知，指毛细结构的管壁或多孔材质吸收液体的性质，当液体和固体（管壁或孔洞）之间的附着力大于液体本身内聚力时，便会吸附液体，使气体无法通过细管或孔洞，本发明所采用的毛细结构原理即在于此。另外，在附于本意见陈述书之后证据一《××××技术手册》第××页第×行至第×行中就对上述毛细结构原理作了详细介绍，由此可知有关毛细结构的具体构造属于本领域技术人员的公知常识，无需在本申请的说明书中作出详细说明。综上所述，申请人认为，根据说明书的描述和技术手册公开的内容，本领域的技术人员已经可以清楚地了解对应的技术方案，并可以实施该发明，因此，本申请说明书符合《专利法》第 26 条第 3 款的规定。

2.5 涉及权利要求或说明书不清楚的审查意见

权利要求书应当清楚，一是指每一项权利要求应当清楚，二是指构成权利要求书的所有权利要求作为一个整体也应当清楚。

"每项权利要求应当清楚"包含两方面的含义：权利要求的类型清楚；权利要求的用语清楚地限定了保护范围。

就权利要求的类型清楚来说，首先要求权利要求的主题名称能够清楚地表明该权利要求的类型是产品权利要求还是方法权利要求。不允许采用模糊不清的主题名称，例如，"一种……技术"，或者"一种……机制"，这会导致本领域技术人员无法确定以上权利要求要求保护的是产品还是方法。当审查意见中指出上述缺陷时，可以通过例如将权利要求的主题修改为"一种……装置"、"一种……方法"等来克服。其次，权利要求的主题名称还应当与权利要求的技术内容相适应。例如，产品权利要求通常由产品的结构特征组成，除非产品权利要求中的一个或多个技术特征无法用结构特征并且也不能用参数特征予以清楚地表征时，才允许借助于方法特征表征。

就权利要求的用语应当清楚地限定权利要求的保护范围来说，首先，要求权利要求中的用词采用相关技术领域通常具有的含义。即使在特定情况下，如果说明书中指明了某词具有特定的含义，此时也应当尽可能在该权利要求中将该特定含义限定清楚，使得根据权利要求的表述即可明确其含义。其次，还要求每个权利要求的所有技术特征清楚地界定了该权利要求的保护范围，例如独立权利要求应当反映出其为解决技术问题所采取的技术措施，不能在其特征部分仅仅写明还包括一个解决此技术问题的结构或部件，从属权利要求中应当将两个密不可分的技术措施写入同一项从属权利要求，而不要将其分拆成两项从属权利要求。

最后，构成权利要求书的所有权利要求作为一个整体也应当清楚，这是指权利要求之间的引用关系应当清楚（参见《专利审查指南 2010》第二部分第二章第 3.1.2

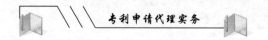

和3.3.2）。

如果说明书仅仅是形式上不清楚，即说明书的撰写方式和顺序不符合《专利法实施细则》第17条、第18条的规定，则很容易通过修改克服缺陷。例如，当发明名称为"一种改良的感测放大器"时，应当删除"改良的"宣传用语。

针对涉及权利要求或说明书不清楚的审查意见，同样先进行"事实认定"，确定权利要求和说明书是否存在不清楚的缺陷，在事实认定的基础上进行"法律适用"。

确定答复方式：对于审查意见中指出的确实存在的不清楚的问题，通常需要以修改的方式来克服缺陷。例如，当权利要求中使用了自定义的技术特征时，尽管说明书中已经对该技术特征的含义进行了说明，有时仍需要根据说明书中对该技术特征给出的含义在该权利要求中补入适当的内容，以使权利要求本身就已清楚地限定其保护范围。如果审查意见是由于不理解技术术语而指出权利要求的保护范围不清楚的问题，专利代理人则应当进行解释说明，必要时可以提供证据加以证明。

【案例3－9】

本案例涉及独立权利要求和从属权利要求技术术语不一致而造成权利要求未清楚限定要求专利保护范围的问题。

发明内容

一件名称为"电子产品监视装置"的专利申请，其权利要求1、2内容如下：

1. 一种电子产品监视装置，其包括具有密闭顶板和底板的直立壳体，该底板具有限制中央底板开口的连续周边部分，所述壳体具有与所述中央底板开口连通的内腔，电子产品监视标记布置在所述壳体内腔中，所述壳体还具有从所述顶板向所述连续周边底板部分延伸的侧壁，该侧壁为锥形从而使所述壳体形成具有V形截面的周边；其中，所述连续周边底板部分为弓形构造，且在所述连续周边底板部分的内表面上固定有底部闭合件。

2. 根据权利要求1所述的装置，其中，还包括布置在所述底部闭合件和所述连续周边底板部分上的粘合剂层。

审查意见内容

审查意见指出，权利要求1中出现"所述连续周边底板部分"，权利要求1还出现"连续周边部分"，两者是否为相同的技术特征？若是，则相同技术特征所采用的技术术语不一致；若不是，则权利要求2中的"所述连续周边底板部分"无引用基础，造成该权利要求保护范围不清楚。

事实认定和法律适用

据说明书第3页第12～17行、第24～25行，第4页第17～19行的内容，"连续周边底板部分"和"连续周边部分"为相同技术特征，因此，审查员认定相同技术特征采用不同的技术术语的事实认定正确。

答复手段：修改权利要求

根据说明书第 3 页第 12～17 行、第 24～25 行，第 4 页第 17～19 行的内容，将权利要求 1 中的"连续周边部分"改为"连续周边底板部分"。在本案例中，通过仔细阅读权利要求的所有技术特征，能理解权利要求 1 中所涉及的两种说法的含义相同，实际上还是清楚的；但是，进行技术名词统一的修改并不影响该权利要求的保护范围，且修改后有助于对权利要求技术方案的理解，在这种情况下，应当建议申请人不进行争辩，还是作出上述修改为妥。

【案例 3－10】

本案例属于因不理解技术术语而误认为权利要求未清楚限定要求专利保护范围的情形。

发明内容

一件名称为"一种移动通信系统中的无线接口方法"，其权利要求 1 中步骤 b 为"将无线帧在复帧范围内进行分类"。

审查意见内容

审查意见指出：权利要求 1 未采用本领域技术规范用词，其中的"复帧"一词含义不清楚，是表示多个帧还是一个超级帧，因此，权利要求 1 未清楚地限定其要求专利保护的范围。

事实认定和法律适用

复帧是本领域的技术规范用词，是指在数字调制系统中一组相继的帧。因此审查员认定的事实不正确，权利要求 1 清楚地限定要求专利保护的范围，符合《专利法》第 26 条第 4 款的规定。

答复方式：意见陈述

在意见陈述中指出"复帧"是 GSM 系统中最基本的概念，一般 GSM 的时帧结构有 5 个层次，分别是高帧、超帧、复帧、TDMA 时帧和时隙。其中，时隙是构成物理信道的基本单元，8 个时隙构成一个 TDMA 时帧；TDMA 时帧构成复帧，复帧是业务信道和控制信道进行组合；复帧构成超帧，超帧构成高帧。由上述基本概念可知，本发明中，由多个无线帧构成复帧，也就是说，对于本领域的技术人员来说，复帧的含义是清楚的，是本领域的技术规范用词。由此可知，对于这样的审查意见，可以不修改申请文件，而仅采用陈述意见的方式进行答复。

2.6　涉及独立权利要求缺少必要技术特征的审查意见

必要技术特征是指，发明或者实用新型为解决其技术问题所不可缺少的技术特征，其总和足以构成发明或者实用新型的技术方案，使之区别于背景技术中所述的其他技术方案。判断某一技术特征是否为必要技术特征，应当从所解决的技术问题出发并考虑说明书描述的内容。

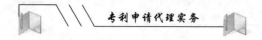

针对涉及独立权利要求缺少必要技术特征的审查意见，也是先进行事实认定，从说明书中记载的本发明的目的或者要解决的技术问题出发，分析独立权利要求是否能够解决其技术问题；然后看法律适用，如果独立权利要求的技术方案能解决其提出的技术问题，则不缺少必要技术特征，否则缺少必要技术特征。

至于答复方式，根据上述分析结果加以确定：如果认为独立权利要求缺少必要技术特征的审查意见不正确，则可以不修改独立权利要求而仅陈述原权利要求的技术方案为什么能解决说明书中所写明的技术问题；相反，如果认为审查意见正确，则应当将必要技术特征补入独立权利要求，并在意见陈述书中论述修改后的独立权利要求已消除通知书中所指出的缺少必要技术特征这一缺陷的理由。需要说明的是，若说明书中记载的要解决的技术问题有多个，而该独立权利要求能解决其中一个问题，则也可以不修改独立权利要求，而将说明书中所写明的多个要解决的技术问题有层次地分开，将独立权利要求能解决的技术问题作为本发明要解决的技术问题，将其他几个技术问题作为本发明进一步解决的技术问题。

【案例 3 – 11】

本案例为审查意见通知书对独立权利要求缺少必要技术特征的认定有误的情形。

发明内容

一件发明名称为"印刷电路板"的专利申请，其权利要求 1 的内容如下：

1. 一种印刷电路板，包括主印刷电路板和辅助印刷电路板；所述辅助印刷电路板设置在所述主印刷电路板的辅助边或缺角处，所述辅助印刷电路板与所述主印刷电路板之间设置有邮票孔；所述邮票孔之间设置有连接主印刷电路板和辅助印刷电路板的连线。

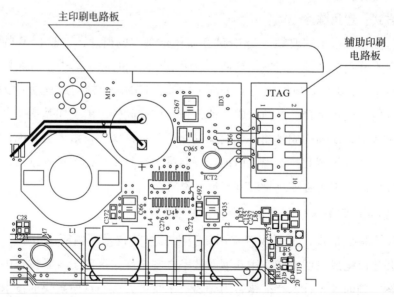

图 3 – 27　印刷电路板结构图

审查意见内容

在第一次审查意见通知书中指出，上述技术方案不能解决使印刷电路板节约成本、充分利用空间、缓解高密度布局紧张的问题。因此，权利要求1缺少必要技术特征，还需要增加"在所述主印刷电路板加载、调试或研究后，去除所述辅助印刷电路板"的技术特征。

事实认定和法律适用

通过阅读本申请的说明书可以看出，本发明所要解决的技术问题是减少板材浪费：通常，产品成形后不规则部分被直接剪去，如果印刷电路板PCB的外形与方形相比相差越大则意味着板材浪费越大，若对被剪掉的板不再加以利用，就造成板材浪费。在本发明中，解决上述技术问题的方法在于：通过利用这些被剪掉的板材作为辅助印刷电路板，例如，将一些程序加载电路、调试电路、冗余设计电路或者布线和过孔特性研究电路设置于被废弃的板材上作为辅助印刷电路板，并置于主印刷电路板的缺角处。这样，可充分利用被剪掉的板材，避免板材的浪费，从而解决了现有技术中板材浪费的问题。因此，审查意见中事实认定不正确，本发明权利要求1不缺少必要技术特征，符合《专利法实施细则》第20条第2款的规定。

答复手段：意见陈述

经分析后，认定审查意见不正确，因此未对独立权利要求1进行修改，仅在意见陈述书中依据说明书中记载的内容具体说明不需要采取通知书中所认定为的必要技术特征"在所述主印刷电路板加载、调试或研究后，去除所述辅助印刷电路板"就能解决本发明技术问题的理由。具体陈述意见如下：

由本申请说明书第×页第×行至第×行可知，本发明要解决的技术问题是充分利用被剪掉的印刷电路板板材以减少板材的浪费。本发明权利要求1的技术方案是将一部分电路设置在被剪裁下来的印刷电路板的余料上而成为辅助印刷电路板，从而可以节省主印刷电路板的板材。至于本申请说明书第×页第×行至第×行记载的内容："通常在印刷电路板内均存在一些冗余设计电路或研发调试阶段的一些电路，这些电路在产品批量生产后通常都不再使用，但这些电路却在印刷电路板PCB上占用了宝贵的器件布局空间"指的是本发明特别适用的一种情况，在这种情况下可以将那些仅仅在研发调试阶段所需要的电路设置在辅助电路板上，从而在调试或研究后再将该辅助电路板去除，由此可知，技术特征"在所述主印刷电路板加载、调试或研究后，去除所述辅助印刷电路板"仅仅为本发明的优选方案，并不是解决本发明技术问题减少板材浪费的必要技术特征。也就是说，本发明不包含这些技术特征的技术方案（即本发明独立权利要求1的技术方案）就能解决本发明的技术问题，因此独立权利要求1的技术方案已记载了解决本发明技术问题的必要技术特征，符合《专利法实施细则》第20条第2款的规定。

第三章

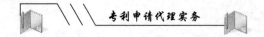

【案例3-12】

本案例为审查意见通知书对独立权利要求缺少必要技术特征的认定正确的情形。

发明内容

一件名称为"便携式太阳能膜蒸馏海水淡化装置"的专利申请，其权利要求1、2、7如下：

1. 一种便携式太阳能膜蒸馏海水淡化装置，其特征在于包括：

海水容器（1），所述海水容器（1）的底面为疏水性膜（2），与海水容器（1）的周边密封连接，所述疏水性膜（2）的下方相隔一定的间隙设置一冷却板（3），该冷却板（3）上有淡水出口（5），所述间隙为空气隙，海水容器（1）设有进水管（6），该海水容器（1）设有太阳能加热装置。

2. 根据权利要求1所述的装置，其特征在于，所述太阳能加热装置包括聚光板（7）和集热板（8），其中所述集热板（8）形成海水容器（1）的一个壁面，所述聚光板（7）在集热板（8）上方，与集热板（8）间隔一定距离。

......

7. 根据权利要求1所述的装置，其特征在于，在海水容器（1）和冷却板（3）的外侧设有壳体（9），该壳体上设有排气口（10），与所述空气隙相通。

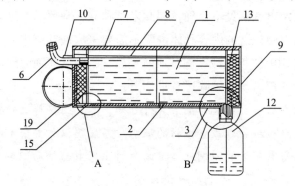

图3-28　本申请结构示意图

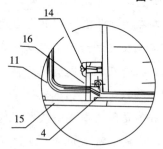

图3-29　A处放大图

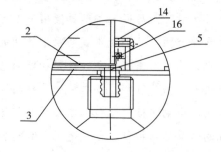

图3-30　B处放大图

审查意见内容

在审查意见中指出：为解决"现有的膜分离装置结构复杂、庞大、不便携带等"

问题，采用的技术手段是应用空气隙膜蒸馏原理，因此，疏水性膜的冷热壁面的组成及位置为不可缺少的必要技术特征。权利要求1缺少上述必要技术特征，不符合《专利法实施细则》第20条第2款的规定。

事实认定和法律适用

审查意见认定的事实正确，权利要求1没有记载本发明解决技术问题的全部必要技术特征，不符合《专利法实施细则》第20条第2款的规定。

答复手段：修改权利要求并作意见陈述

对于这种审查意见通知书中只指出独立权利要求缺少的必要技术特征为哪一方面的技术特征而未明确指出哪些技术特征的情况，如果分析后认为审查意见正确的话，在修改独立权利要求时就应当仔细分析应当将哪些技术特征加入到独立权利要求中以消除这一缺陷，但也不要将一些非必要技术特征写入独立权利要求，以避免损害申请人的权益。就本申请而言，本申请要解决的技术问题是提供一种结构简单且便于携带的太阳能膜蒸馏海水淡化装置，为此现记载在权利要求2和权利要求7限定部分中的技术特征正是解决上述技术问题的必要技术特征，应当将其写入独立权利要求。假如这两个权利要求的限定部分还有其他技术特征不是必要技术特征，则不应补入到独立权利要求中。与此同时，在意见陈述书中论述修改后的独立权利要求已记载了解决技术问题的必要技术特征的理由。修改后的独立权利要求1为：

1. 一种便携式太阳能膜蒸馏海水淡化装置，其特征在于包括：

海水容器（1），所述海水容器（1）的底面为疏水性膜（2），与海水容器（1）的周边密封连接，所述疏水性膜（2）的下方相隔一定的间隙设置一冷却板（3），该冷却板（3）上有淡水出口（5），所述间隙为空气隙，海水容器（1）设有进水管（6），该海水容器（1）设有太阳能加热装置，所述太阳能加热装置包括聚光板（7）和集热板（8），其中所述集热板（8）形成海水容器（1）的一个壁面，所述聚光板（7）在集热板（8）上方，与集热板（8）间隔一定距离；在海水容器（1）和冷却板（3）的外侧设有壳体（9），该壳体上设有排气口（10），与所述空气隙相通。

2.7　涉及权利要求未以说明书为依据的审查意见

权利要求书应当以说明书为依据，是指权利要求应当得到说明书的支持。权利要求书中的每一项权利要求所要求保护的技术方案应当是所属技术领域的技术人员能够从说明书充分公开的内容中得到或概括得出的技术方案，并且不得超出说明书公开的范围。

权利要求通常由说明书记载的一个或者多个实施方式或实施例概括而成。权利要求的概括不应超出说明书公开的范围。如果所属技术领域的技术人员可以合理预测说明书给出的实施方式的所有等同替代方式或明显变型方式都具备相同的性能或用途，则应当允许申请人将权利要求的保护范围概括至覆盖其所有的等同替代或明显变型的

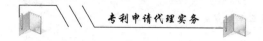

方式。

《专利审查指南2010》对包含有上位概念概括或并列选择方式概括技术特征的权利要求和对包含有功能性或效果限定技术特征的产品权利要求，分别规定了权利要求得不到支持的几种情形：

（1）对于用上位概念概括或用并列选择方式概括的权利要求，如果权利要求的概括包含了申请人推测的内容，而其效果又难于预先确定和评价，应当认为这种概括超出了说明书公开的范围。如果权利要求的概括使所属技术领域的技术人员有理由怀疑该上位概括或并列概括所包含的一种或多种下位概念或选择方式不能解决发明或者实用新型所要解决的技术问题，并达到相同的技术效果，则应当认为该权利要求没有得到说明书的支持。

（2）对于产品权利要求中所包含的功能性限定的技术特征，应当理解为覆盖了所有能够实现所述功能的实施方式。如果权利要求中限定的功能是以说明书实施例中记载的特定方式完成的，并且所属技术领域的技术人员不能明了此功能还可以采用说明书中未提到的其他替代方式来完成，或者所属技术领域的技术人员有理由怀疑该功能性限定所包含的一种或几种方式不能解决发明或者实用新型所要解决的技术问题，并达到相同的技术效果，则权利要求中不得采用覆盖了上述其他替代方式或者不能解决发明或实用新型技术问题的方式的功能性限定；如果说明书中仅以含糊的方式描述了其他替代方式也可能适用，但对所属技术领域的技术人员来说，并不清楚这些替代方式是什么或者怎样应用这些替代方式，则权利要求中的功能性限定也是不允许的；另外，纯功能性的权利要求得不到说明书的支持，因而也是不允许的。

针对涉及权利要求未以说明书为依据的审查意见，在阅读和理解审查意见通知书的基础上明确该审查意见是针对哪一种情况（上位概念概括、并列选择概括、功能或效果限定的技术特征、甚至指涉及数值范围的技术特征）指出这一缺陷，在此基础上首先核实该审查意见作出上述结论所依据的事实认定（如一种或几种下位概念或选择方式不能解决本发明要解决的技术问题等）是否正确，然后在事实认定的基础上判断其法律适用是否正确。

在分析这类审查意见是否正确时，对于通知书中所针对的不同情况应当采用不同的分析方式。对于采用上位概念概括的权利要求，主要分析本发明是利用该上位概念的各个下位概念的共性还是仅利用某下位概念的个性来解决技术问题，如果利用共性解决技术问题则可以重点考虑审查意见的事实认定或法律适用在什么方面存在不合适之处，以便作出意见陈述，反之，应当认定审查意见正确；对于采用并列选择方式概括的权利要求，应当将这些并列选择方式按照其性质相近的分成几组，若各组中都至少给出一个实施例，则重点考虑审查意见的事实认定或法律适用在什么方面存在不合适之处，以便作出意见陈述，反之，应当认定审查意见正确；对于采用功能或效果限定的产品权利要求，应当分析解决该技术问题的关键是采取具体的结构来实现该功能或达到该效果，还是借助能实现该功能的部件与其他技术手段的结合；若是通过实现该功能的部件与其他手段的结合解决本发明的技术问题，就可重点考虑审查意见的事实认定或法律适用在什么方面存在不合适之处，以便作出意见陈述，反之，解决该技术问题的关键是由具体的结构来实现该功能或达到该效果，就应当认为审查意见正确。

在分析审查意见是否正确时，需要提请注意的是，当要求保护的技术方案的部分或全部内容在原始申请的权利要求书中已经记载而在说明书中没有记载时，允许将其补入说明书。但是权利要求的技术方案在说明书中存在一致性的表述，并不意味着权利要求必然得到说明书的支持。只有当所属技术领域的技术人员能够从说明书充分公开的内容中得到或概括得出该项权利要求所要求保护的技术方案时，记载该技术方案的权利要求才被认为得到了说明书的支持。

答复方式同样依据对审查意见的分析结果来确定：认为审查意见正确，则应当在修改相应权利要求的基础上陈述意见，具体说明修改后的权利要求已消除通知书中所指出上述缺陷的理由；认为审查意见不正确，则可以仅作出意见陈述。

【案例 3 – 13】

在本案例中，对于权利要求书未以说明书为依据的审查意见，提供公知常识性证据，以此作为意见陈述书中论述权利要求得到说明书支持的基础。

发明内容

一件名称为"电压转换电路"的专利申请，其权利要求 1 和 2 的内容为：

1. 一种电压转换电路，将以第一电源作为动作电源的一输入信号与一反相输入信号转换为以第二电源作为动作电源的一输出信号；其特征在于，该电压转换电路包括：一电压转换单元，以所述第二电源作为动作电源并接收所述输入信号与反相输入信号后产生所述输出信号，该电压转换单元具有一输出节点与一互补输出节点；一闩锁单元，以所述第二电源作为动作电源，并分别电连接至所述输出节点、互补输出节点与一接地端；其中所述闩锁单元在所述第一电源关掉时，用于将所述输出节点与互补输出节点的电压位准闩锁在所述第一电源关掉前的状态。

2. 如权利要求 1 所述的电压转换电路，其特征在于，所述闩锁单元包括：

一第一 n 沟道晶体管，其漏极电连接至所述互补输出节点、栅极电连接至所述输出节点以及源极接地；一第二 n 沟道晶体管，其漏极电连接至所述输出节点、栅极电连接至所述互补输出节点以及源极接地。

审查意见内容：

在第一次审查意见通知书指出，闩锁单元说明书中只给出了特定的实施方式（如权利要求 2），因此，该权利要求得不到说明书支持。

事实认定和法律适用

说明书中确实仅给出了一个实施方式，但是不能认定为特定的实施方式。因为对于本领域技术人员来讲，闩锁单元（又可称作闩锁器、闩锁电路）是本领域熟知的技术名词，这样的闩锁电路有多种，都能实现这一功能，而对于权利要求1的技术方案来说，只要能实现其闩锁单元的功能即可解决本发明的技术问题，无需借助其具体电路，也就是说本发明是通过将电压转换单元与闩锁单元相结合而构成的技术方案。正由于权利要求1中的闩锁单元还可以采用说明书中未提到的其他替代方式来实现"将互补输出节点111与输出节点112的电压闩锁在第一电源关掉前状态（即具备相同的性能或用途）"，权利要求2和说明书中给出的闩锁单元只是其中的一种，因此，审查意见认定说明书中给出的一种实施方式为特定的实施方式这一事实不正确。通过上述分析可知，权利要求1得到说明书支持，符合《专利法》第26条第4款的规定。

答复手段：意见陈述 + 提供证据

根据上述分析结果，将采用陈述意见的答复手段。但是为了证明闩锁单元是本领域熟知的技术名词，应当提供相应的公知常识性证据：《韦式网络字典》的有关内容。下面给出参考的意见陈述：

根据韦式网络字典（Webster's Online Dictionary）中闩锁器（latch）的定义为："a latching circuit, especially an externally – simple variety used as a one-bit temporary store."事实上，本发明闩锁单元54就是这种用作储存一个位数据两个状态的闩锁电路。

所属技术领域的技术人员均知，若要实施权利要求1的技术方案，只要闩锁单元能起到储存一个位数据两个状态的作用即可。鉴于此，对于权利要求1中的闩锁单元，除了可以采用本申请权利要求2限定部分的的NMOS 605、607（二个非门）电路（即第6图或第7图中示出的闩锁单元的构成）之外，也可以采用本领域公知的其他闩锁电路（例如两个与非门NAND或两个或非门NOR等电路）来实现将互补输出节点111与输出节点112的电压闩锁在第一电源关掉前状态，因为从本发明要解决的技术问题来看，这些闩锁电路对本发明来说具备相同的性能或用途，由此可知，尽管本申请说明书中对于闩锁单元仅记载了一种实施方式，但具有相同性质和用途的其他闩锁电路都能与独立权利要求1中的电压转换单元结合起来解决本发明要解决的技术问题，因此采用闩锁单元来概括该技术特征是合适的，由此可知权利要求1的技术方案得到了说明书的支持。

综上所述，根据《专利审查指南2010》的相关规定以及本领域技术人员公知常识，权利要求1记载的闩锁单元得到了说明书的支持，符合《专利法》第26条第4款规定。

【案例3-14】

在本案例中，对于权利要求书未以说明书为依据的审查意见，提供现有技术证据，以此作为意见陈述书中论述权利要求得到说明书支持的基础。

发明内容

一件名称为"具有抗静电功能的滑动式指纹感测芯片"的专利申请，其权利要求

1 内容如下：

1. 一种具有抗静电功能的滑动式指纹感测芯片，包括一半导体基板和一形成于所述半导体基板上的滑动式指纹感测芯片；所述滑动式指纹感测芯片包括一滑动式指纹传感器和一周边电路层；其中，所述滑动式指纹传感器具有裸露的一指纹感测区，用以感测滑动通过其上的一手指的多个片段指纹图像；所述周边电路层，形成于所述半导体基板上并位于所述滑动式指纹传感器旁，用以控制所述滑动式指纹传感器的运作；在所述周边电路层上设置一具有平坦化表面的高分子材料层；在所述高分子材料层的平坦化表面上设置一静电放电金属层，该静电放电金属层接地，用以供静电放电用。

说明书中记载：

高分子材料层 30 具有一平坦化表面 31。本实施例的作法是在滑动式指纹感测芯片 20 上旋转涂布一高分子材料，然后使该高分子材料硬化以形成所述高分子材料层 30，以使所述高分子材料层 30 具有平坦化表面，接着移除部分的所述高分子材料层，以露出所述指纹感测区 21A。

……

静电放电金属层 40 的形成方式有很多种。以下仅以一例说明：首先，在所述高分子材料层 30 的平坦化表面 31 及所述指纹感测区 21A 上沉积金属层 40。然后，移除位于所述指纹感测区 21A 上的部分的所述金属层 40，以留下其余的所述金属层 40 作为所述静电放电金属层以供静电放电用。

审查意见内容

审查意见指出：对于权利要求 1 中的技术特征"在所述周边电路层上设置一具有平坦化表面的高分子材料层"和"在所述高分子材料层的平坦化表面上设置一静电放电金属层，……用以供静电放电用"，在说明书中均只给出了特定的实施方式，因此，该权利要求 1 得不到说明书支持，不符合《专利法》第 26 条第 4 款规定。

事实认定和法律适用

鉴于"高分子材料层"和"静电放电金属层"为本领域公知的技术术语，本发明的改进点是在周边电路上设置高分子材料层，并在高分子材料层上设置静电放电金属层，并不在于采用何种方式将这两材料层设置上去，因此在说明书中只要各给出一种制备方式就足以支持该权利要求。更何况本领域技术人员已熟知这两层材料的设置方式，因此审查意见认定的事实不正确，权利要求 1 能得到说明书支持，符合《专利法》第 26 条第 4 款的规定。

答复手段：意见陈述并提供相应的证据

现有技术中的滑动式指纹感测芯片在滑动式指纹感测芯片上铺满一接地的金属层。这种结构的滑动式指纹感测芯片会因芯片表面的不平坦又因 ESD 干扰产生尖端放电而破坏读取及控制电路。此外，接地金属层与读取及控制电路间会有严重的寄生电容，因此要直接在读取及控制电路的保护层的上方设置金属薄膜层会出现不少问题。

本发明为解决上述问题，在静电放电金属层与滑动式指纹感测芯片的介电层之间设置一高分子材料层，这样一来，由于静电放电金属层与周边电路层的模拟电路的间距变大而降低寄生电容。此外，将高分子材料层形成相当平坦的表面，因此金属层与高分子材料层的表面间也不易产生尖端放电的问题，增加了电路抗静电的能力。由此可知，本发明相对于现有技术的改进是通过在滑动式指纹传感器的周边电路层与静电放电金属层之间设置一层具有平坦化表面的高分子材料层来解决本发明要解决的技术问题，而不在于采用何种方式来制备这种"高分子材料层"和"静电放电金属层"。

此外，"具有平坦化表面的高分子材料层"和"静电放电金属层"在本技术领域为公知的技术术语，因而无需在说明书中给出多个制备方法。至于说明书中提到的其具体制备方法，仅为本发明的优选实施例而已，本发明并不限于上述实施方式，还可采用其他方式来制备"具有平坦化表面的高分子材料层"和"静电放电金属层"。

为了证明"具有平坦化表面的高分子材料层"和"静电放电金属层"在本技术领域为公知的技术术语，现提交如下证据：

1. 关于具有平坦化表面的高分子材料层

（1）美国专利第 5231751 号，授权公告日为 1993 年 8 月 3 日

说明书第 4 栏，第 8～10 行提到"（h）补偿器之金属箔之上表面之平坦化可以使用任何一种标准之抛光技术"；第 8 栏，第 61～65 行提到"被使用的平坦化方法应是能使导电金属镶入层 41 与 42 以及高分子材料层 25 的上表面维持共面状态。一般而言，这种平坦化是例如化学机械抛光的抛光技术利用而达成。"

（2）美国专利第 5759906 号，授权公告日为 1998 年 6 月 2 日

说明书第 4 栏第 6～14 行提到"利用第二实施例之方法，由至少四个低介电常数（k）的高分子材料（以下称为低 k 的高分子材料）层所构成的多层结构，是可被使用以取代旋涂式玻璃的多层结构。每个低 k 高分子材料层在旋转涂布之后烘烤。第三绝缘层是由低 k 硅玻璃（譬如掺氟的硅玻璃（FSG））所构成。然后，FSG 被局部地化学/机械抛光，以形成广大的平坦表面。"

由上述可知，获得平坦化表面的方法，除了本发明所述的方法以外，所属技术领域的技术人员还可以预见其他的现有技术方法。

2. 关于静电放电金属层

美国专利第 5970321 号，授权公告日为 1999 年 10 月 19 日。

说明书第 6 栏第 37～38 行提到"举例而言，一金属片或金属层可以置放于一基板上，或沉积于基板上。"

由此可知，形成静电放电金属层的方法，除了本发明所述之方法以外，所属技术领域的技术人员还可以预见其他的现有技术方法。

综上所述，本发明相对于现有技术所做的改进是通过在滑动式指纹传感器的周边

电路层与静电放电金属层之间设置一层具有平坦表面的高分子材料层来解决本发明要解决的技术问题，与采用何种方式来制备这种"具有平坦化表面的高分子材料层"和"静电放电金属层"无关，而权利要求 1 中的技术特征"具有平坦化表面的高分子材料层"和"静电放电金属层"是本领域公知的技术术语，因此在说明书中仅给出一种制备方法就足以支持权利要求 1 的技术方案，也就是说权利要求 1 能够得到说明书的支持，符合《专利法》第 26 条第 4 款的规定。

2.8 涉及修改超出原说明书和权利要求书记载范围的审查意见

《专利法》第 33 条规定，申请人可以对专利申请文件进行修改，但是，对发明和实用新型专利申请文件的修改不得超出原说明书和权利要求书记载的范围。

针对涉及修改超范围的审查意见，首先进行事实认定，将修改后的技术内容与原始说明书和权利要求书记载的技术内容进行比较，以此来判断是否修改超范围。如果申请文件修改时增加的内容或者修改后的内容能够从原说明书和权利要求书记载的内容直接地、毫无疑义地确定的内容，则所作修改符合《专利法》第 33 条的规定；否则，修改就超出原说明书和权利要求书记载的范围。特别需要注意的是，权利要求是否得到说明书的支持并不是判断对权利要求的修改是否超出原始公开范围的标准。

根据上述分析结果确定答复方式：通过分析认为申请文件修改的内容确实超出原说明书和权利要求书记载范围的情况，只能通过再次修改申请文件（将超出原说明书和权利要求书记载范围的内容删去，或者将有关内容按照说明书和权利要求书的记载方式作出修改）来消除这一缺陷，并在意见陈述书中作出说明。对于能够确定未超出原说明书和权利要求书记载范围的修改内容，需要在意见陈述书中充分陈述上次修改后的内容可以根据原说明书和权利要求书记载的内容以及说明书附图直接地、毫无疑异地确定的理由。

关于修改是否超出原说明书和权利要求书记载范围的判断原则和典型案例参见本书第四章的内容，在此不再结合案例作进一步说明。

2.9 涉及属于同样的发明创造的审查意见

《专利法》第 9 条第 1 款规定了同样的发明创造只能授予一项专利权。其中"同样的发明创造"是指两件或两件以上申请（或专利）中存在保护范围相同的权利要求。

在专利代理实务中，可能会导致重复授权的情况主要有两种：就同样的发明创造于同日提交了发明和实用新型专利申请；分案申请的权利要求书中保留了与母案申请某一或某些权利要求保护范围相同的权利要求。

在答复审查意见时，先进行事实认定，核实审查意见中指出的相同的发明创造的权利要求的保护范围是否相同，在事实认定基础上进行法律适用。

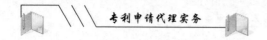

在确定答复方式时,对于涉及同样发明的审查意见,需要先确定导致两件申请具有相同保护范围的权利要求属于前述哪一种情况。

对于分案申请与母案申请出现保护范围相同权利要求的情况,答复方式比较简单,如果通过分析认为审查意见正确,两者之间的确存在保护范围相同的权利要求,则对尚未授权的那件申请的权利要求书进行修改,删去与另一件申请或专利中的某项权利要求保护范围相同的权利要求,或者将该权利要求修改成与另一件申请或专利中的权利要求书中任何一项权利要求保护范围均不相同,然后在意见陈述书中说明所作修改已消除了通知书中所指出的上述缺陷,符合《专利法》第 9 条第 1 款的规定;如果通过分析认为两者之间不存在相同保护范围的权利要求,则可以仅在意见陈述书中陈述两者不是同样的发明,即具体说明相应权利要求之间的保护范围不相同的理由。

对于同日提交发明和实用新型专利申请的情况,由于此时实用新型专利已经授权,因而还可以有另一种答复方式,声明放弃已授权的实用新型专利。也就是说,当通过分析认为审查意见正确时,除了可以采取对发明专利申请的权利要求书进行修改以使其所有权利要求在保护范围上与已授权实用新型专利的权利要求有区别并作出意见陈述的答复方式外,还可以采用声明放弃已授权实用新型专利而对发明专利申请的权利要求书不作修改的答复方式。当然,如果在发明实质审查过程中由于为消除审查意见通知书指出的缺陷而使发明专利申请权利要求书中的所有权利要求均与已授权的实用新型专利的所有权利要求的保护范围不同,此时可不必再声明放弃已授权的实用新型专利,而只需要在意见陈述书中论述目前提交的发明专利申请的权利要求书与已授权的实用新型专利不再是同样的发明创造的理由。

此外,需要提请注意的是,修改后的《专利法》第 9 条第 1 款规定:"同样的发明创造只能授予一项专利权。但是,同一申请人同日对同样的发明创造既申请实用新型专利又申请发明专利,先获得的实用新型专利权尚未终止,且申请人声明放弃该实用新型专利权的,可以授予发明专利权。"修改后的《专利法实施细则》第 41 条第 2 款规定"同一申请人在同日(指申请日)对同样的发明创造既申请实用新型专利又申请发明专利的,应当在申请时分别说明对同样的发明创造已申请了另一专利;未作说明的,依照专利法第 9 条第 1 款关于同样的发明创造只能授予一项专利权的规定处理。"

根据上述两条款的规定,也就是说,对于同日对同样的发明创造既申请了实用新型专利、又申请发明专利的,如果申请人申请时提交了说明,即在请求书中对此作出说明(参见发明专利请求书第 21 项,实用新型专利请求书表格第 18 项),那么申请人在实用新型专利权尚未终止的情况下可以通过声明放弃实用新型专利权的方式,获得发明专利权。但是,如果申请人没有在申请日时进行说明,那么就不允许申请人通过放弃实用新型专利权的方式获得发明的授权,而只能修改待审的发明专利申请的权利要求书，使其与已授权的实用新型专利不构成同样的发明创造。

【案例 3 – 15】

在本案例中，分案申请与母案申请的独立权利要求的保护范围不同，因此以陈述意见的方式作出答复。

发明内容

母案申请和分案申请均要求保护一种内窥镜球囊控制装置，母案申请的权利要求 1 如下：

1. 一种内窥镜球囊控制装置，具有：

泵，其向安装在<u>内窥镜的插入部前端部的外周部</u>的固定用球囊供给气体以及从所述球囊排出气体；

时间检测部，其检测对上述球囊的供气和吸气时间；

控制部，其测定……则停止上述泵；以及

倒流防止用箱，其具有上述球囊用的箱，……以防止上述液体的倒流。

分案申请的权利要求 1 如下：

1. 一种内窥镜球囊控制装置，具有：

泵，其向安装在<u>使内窥镜插通的外套管的前端部外周部</u>的固定用球囊供给气体，并且从上述球囊排出上述气体；

时间检测部，其检测对上述球囊的供气以及吸气时间；

控制部，其测定……则停止上述泵；以及

倒流防止用箱，其具有上述球囊用的箱，……以防止上述液体的倒流。

审查意见内容

审查意见指出：分案申请的权利要求 1 与母案申请的权利要求 1 保护范围相同，为同样的发明，不符合《专利法》第 9 条第 1 款的规定。

事实认定：

在母案的权利要求 1 中，固定用球囊安装在内窥镜的插入部前端部的外周部；而在分案申请的权利要求 1 中，固定用球囊安装在使内窥镜插通的外套管的前端部外周部。这两个技术特征是不相同的，因此母案申请的权利要求 1 和分案申请的权利要求 1 的保护范围是不同的，因此审查意见中认定的事实不正确。

答复手段：仅作意见陈述

鉴于审查意见不正确，母案申请的权利要求 1 与分案申请的权利要求 1 的保护范围不同，因此不必修改申请文件，而仅在意见陈述书中说明两者保护范围不同的理由，即在指出两者权利要求 1 之间存在差异的基础上，论述了这一表述差异明确体现了两者权利要求 1 的保护范围不同，因此本申请符合《专利法》第 9 条第 1 款的规定。

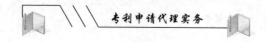

2.10 涉及申请文件不满足单一性要求的审查意见

单一性，是指一件发明或者实用新型专利申请应当限于一项发明或实用新型，属于一个总的发明构思的两项以上的发明或实用新型，可以作为一件申请提出。即如果一件申请包括几项发明或实用新型，则只有在所有这几项发明或实用新型之间属于一个总的发明构思的情况下才被允许。

针对涉及单一性的审查意见，也是对事实认定和法律适用进行判断。按照《专利法实施细则》第 34 条和《专利审查指南 2010》第二部分第六章的规定，在判断合案申请的几项发明是否满足单一性要求时，主要分析几项发明的独立权利要求相对于现有技术是否存在一个或多个相同或相应的特定技术特征，只要具有一个相同或者相应的特定技术特征，则满足单一性的要求；相反，若他们之间既没有一个相同的特定技术特征，又没有一个相应的特定技术特征，则这几项发明之间不具有单一性，不符合《专利法》第 31 条的规定。

答复方式根据对审查意见的分析结果来确定：若审查意见正确，则修改申请文件并陈述意见；若审查意见不正确，可以仅陈述意见而不修改申请文件。具体说来，如果通过分析，认为本申请的几项独立权利要求之间不具有单一性，可删除不具有单一性的权利要求或技术方案，也可对与其他发明不具有单一性的独立权利要求进行修改，使之与其他几项独立权利要求具有相同或相应的特定技术特征，在此基础上说明经过修改的权利要求书已消除审查意见通知书中所指出缺陷的理由，其中对于采取删除方式消除缺陷的，可以只作简单说明，而通过修改独立权利要求具体技术特征来消除缺陷的，则应当充分说明修改后的权利要求书中不再存在不满足单一性缺陷的理由。若通过分析认为本申请的所有独立权利要求之间具有单一性，则可以仅进行意见陈述而不修改权利要求书。

【案例 3 - 16】

在本案例中，两项发明之间满足单一性要求，因而在答复时仅陈述意见而未对权利要求书进行修改。

发明内容

一件名称为"侧端入光型背光模块"的专利申请，其独立权利要求 1、2 的内容如下：

1. 一种侧端入光型背光模块，包括：

一基板（321），具有一第一面（321a）、一第二面（321b）和一孔洞（321c），所述孔洞（321c）贯通所述第一面（321a）和所述第二面（321b）；一导光板（34），设置于所述第一面（321a），且不覆盖所述孔洞（321c），所述导光板（34）具有一入光面（341）；一发光二极管（42），通过所述孔洞（321c）组合于所述基板（321）；一金属片（45），与导光板（34）的所述入光面（341）形成一空间，以罩覆

所述发光二极管（42）于其中，将二极管（42）产生的光线反射到导光板（34）。

2. 一种侧端入光型背光模块，包括：

一底座（32），具有一第一面（321a）和一第二面（321b）；一导光板（34），设置于所述底座（32）的所述第一面（321a）上，所述导光板（34）具有一入光面（341）；一金属片（45），与所述导光板（34）的所述入光面（341）形成一小于90度的夹角，并形成一空间；一发光二极管（42），位于所述导光板（34）的所述入光面（341）与所述金属片（45）之间，具有一主发光方向与所述导光板（34）的入光面（341）平行。

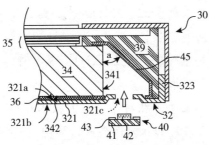

图3-31　本发明背光模块示意图

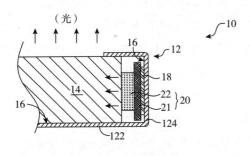

图3-32　现有技术图1

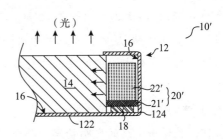

图3-33　现有技术图2

审查意见内容

审查意见指出：独立权利要求2的特定技术特征"发光二极管具有一主发光方向与导光板的入光面平行"与独立权利要求1的特定技术特征"发光二极管通过导光板上的空洞组合于基板"之间没有任何相关内容，两者不是相同或相应的特定技术特征，因此两独立权利要求之间不具有单一性。

事实认定和法律适用

在现有技术中，发光二极管22、22′的发光面贴近导光板14设置，将产生热堆积并由此引起其他一些问题。因而，权利要求1相对于现有技术作出创造性贡献的技术特征，即权利要求1的特定技术特征为"金属片与导光板的入光面形成一空间，该空间罩覆发光二极管，将二极管产生的光线反射到导光板"；同理权利要求2的特定技术特征为"发光二极管位于导光板的入光面与金属片之间，其中金属片与导光板的入光面形成小于90度的夹角，并形成一空间"。这两个权利要求的特定技术特征中的发

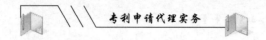

光二极管都位于由导光板的入光面和金属片形成的空间内,可知这两项独立权利要求1和权利要求2至少具有一个相同的特定技术特征。通过上述分析可知,审查意见中认定的事实(两个独立权利要求的特定技术特征)不正确,从而审查意见通知书由权利要求1和权利要求2之间没有相同或相应特定技术特征而认定两者之间不具有单一性的结论是错误的。

答复手段:仅作意见陈述

鉴于分析结果认为审查意见不正确,因此未对申请文件进行修改,仅在意见陈述书中说明两项独立权利要求满足单一性要求的理由。具体的陈述意见如下:

现有技术中,由于发光二极管22、22′的发光面贴近导光板14设置,将产生热堆积,并由此引起其他一些问题。在本发明中,为消除现有技术中所存在的上述技术问题,将二极管的入光面与导光板分开设置,通过金属片将二极管发出的光线反射到导光板的入光面,从而避免了热堆积。

由此可知,本发明权利要求1相对于该现有技术作出创造性贡献的技术特征为"金属片(45)与导光板(34)的入光面形成(341)一空间,该空间罩覆发光二极管(42),将二极管(42)产生的光线反射到导光板(34)";同理,权利要求2相对于该现有技术作出创造性贡献的技术特征"发光二极管(42)位于导光板(34)的入光面(341)与金属片(45)之间,其中金属片(45)与导光板(34)的入光面(341)形成小于90度的夹角,并形成一空间",这两个权利要求的上述技术特征就是这两项权利要求的相应的特定技术特征。显然,在这两个权利要求的上述特定技术特征中,都包含有一个相同的技术特征"发光二极管都位于由导光板的入光面和金属片形成的空间内",由此可知权利要求1和权利要求2之间至少具有一个相同的特定技术特征,属于一个总的发明构思,符合《专利法》第31条有关单一性的规定。

第三节 答复审查意见通知书的案例

为帮助读者更好地理解答复审查意见通知书全过程的工作,本节通过两个具体案例综合讲述在接到审查意见通知书后如何向申请人转达审查意见,如何根据申请人的指示对审查意见进行答复,以及在陈述意见和修改权利要求时所要注意的问题。

1 案例一:瓦斯燃料吹风机

本案例是一件名称为"瓦斯燃料吹风机"的发明专利申请,先后收到两次审查意见通知书,通过对申请文件的修改并陈述意见而授权。

1.1 申请案情况简介

本申请涉及一种瓦斯燃料吹风机,其主要结构如图3-34所示。

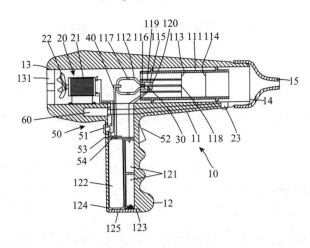

图 3－34　本发明附图

本申请的原权利要求书中共有 23 项权利要求：独立权利要求 1 和 22 项从属权利要求。

1. 一种瓦斯燃料吹风机，其特征在于，包括：

一本体（10），本体（10）内设有一送风机（20）和一喷嘴（40），该本体（10）包括一管部（11）和一柄部（12），管部（11）内设有一加热室（111）和一混合室（112），柄部（12）内设有一电池组（121）和一瓦斯罐（122）；

一点火装置（30），装设于管部（11）内；

一开关组（50），其设于本体（10）上，该开关组（50）包括一电源开关（51）和一点火开关（53）；

一安全切换器（60），其与开关组（50）电性连接，可于设定的情况下遮断电池组（121）的电源或阻绝瓦斯罐（122）供气；

由此，电源开关（51）启动安全切换器（60），使喷嘴（40）喷出瓦斯于混合室（112）内，而混合室（112）内的气体流入加热室（111），以点火开关（53）启动点火装置（30）引燃气体形成热源，送风机（20）将加热室（111）的热量送出本体（10）外。

2. 如权利要求 1 所述的瓦斯燃料吹风机，其中，管部（11）尾端开设有通孔，可供气体流入。

3. 如权利要求 1 所述的瓦斯燃料吹风机，其中，管部（11）前端可装设一集风罩，以有效集中高温气体输出。

4. 如权利要求 1 所述的瓦斯燃料吹风机，其中，柄部（12）内设有一第一容室和一第二容室，该电池组（121）装设于柄部（12）的第一容室，该瓦斯罐（122）装设于柄部（12）的第二容室。

5. 如权利要求 1 所述的瓦斯燃料吹风机，其中，该瓦斯罐（122）可采用充填式瓦斯罐。

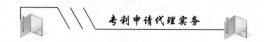

6. 如权利要求4所述的瓦斯燃料吹风机，其中，柄部（12）设有一可活动的盖子，可使第一容室与第二容室形成开启或闭合状态。

7. 如权利要求1所述的瓦斯燃料吹风机，其中，该开关组（50）还包括一调节阀。

8. 如权利要求1所述的瓦斯燃料吹风机，其中，该开关组（50）设置于本体（10）的柄部（12）上。

9. 如权利要求1所述的瓦斯燃料吹风机，其中，该电源开关（51）电性连接于送风机（20）和电池组（121），且该电源开关（51）设有一磁控杆以控制瓦斯罐（122）的启闭。

10. 如权利要求1所述的瓦斯燃料吹风机，其中，该点火开关（53）电性连接于点火装置（30）。

11. 如权利要求7所述的瓦斯燃料吹风机，其中，该调节阀可控制瓦斯罐（122）的流量。

12. 如权利要求1所述的瓦斯燃料吹风机，其中，加热室（111）与混合室（112）相连通。

13. 如权利要求1所述的瓦斯燃料吹风机，其中，加热室（111）设置于管部（11）的前端，混合室（112）设置于加热室（111）靠近管部（11）尾端的一侧。

14. 如权利要求1所述的瓦斯燃料吹风机，其中，该混合室（112）靠近加热室（111）的一端形成一缩口，其口径比靠近喷头的一端为小。

15. 如权利要求14所述的瓦斯燃料吹风机，其中，混合室（112）周围开设有多个吸入口，以使空气流和瓦斯燃料达到更佳的混合比。

16. 如权利要求14所述的瓦斯燃料吹风机，其中，加热室（111）装设有一金属薄片（113），有良好的热交换率与导热率，可快速地加热或冷却，并有整流的功效。

17. 如权利要求1所述的瓦斯燃料吹风机，其中，加热室（111）装设有一触媒（114），可帮助混合气体充分地完全燃烧，减少一氧化碳的产生，使气体温度提高，并有效避免明火的产生。

18. 如权利要求16所述的瓦斯燃料吹风机，其中，在该金属薄片（113）的一端设有一燃烧室（115），该燃烧室（115）与混合室（112）相通连。

19. 如权利要求18所述的瓦斯燃料吹风机，其中，所述点火装置（3）设置在该燃烧室（115）内。

20. 如权利要求1所述的瓦斯燃料吹风机，其中，送风机（20）设置于管部（11）内的尾端。

21. 如权利要求20所述的瓦斯燃料吹风机，其中，该送风机（20）具有一马达（21）和一叶片（22），其中马达（21）位于靠近管部（11）前端的一侧，而叶片（22）位于靠近管部（11）尾端的一侧。

22. 如权利要求 20 所述的瓦斯燃料吹风机，其中，该送风机（20）还具有一温度传感器（23），该温度传感器（23）装设于靠近加热室（111）的管部（11）上，可于电源开关（51）关毕后保持送风机（20）送风，将加热室（111）冷却至一定温度始停止送风机（20）运转。

23. 如权利要求 1 所述的瓦斯燃料吹风机，其中，该喷嘴（40）装设于本体（10）管部（11）内，而位于送风机（20）与混合室（112）之间。

1.2　第一次审查意见通知书

专利代理人收到的第一次审查意见通知书中引用了一篇在本申请的申请日前授权公告的中国专利文件作为本申请各项权利要求不具备新颖性或创造性的对比文件，且认为本申请不具有授权前景。

对比文件 1 中附图 1 如图 3-35 所示：

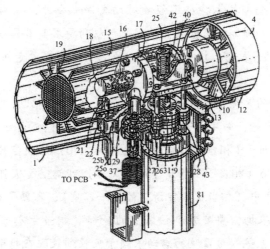

图 3-35　对比文件 1 附图

第一次审查意见通知书的正文如下。

本申请涉及一种瓦斯吹风机，尤其是涉及具有安全装置的瓦斯燃料吹风机。其要解决的技术问题是现有的瓦斯燃料吹风机燃烧不充分，火焰容易被吹出，温控不稳定等问题。经审查，具体意见如下：

1. 权利要求 1 不具备《专利法》第 22 条第 2 款规定的新颖性。

权利要求 1 请求保护一种瓦斯燃料吹风机。对比文件 1 也公开了一种无绳干发器（相当于本申请中的瓦斯燃料吹风机），其中具体公开了（参见对比文件 1 的说明书第 2 页第 3 行至第 3 页第 11 行，第 4 页第 6 行至第 6 页第 19 行以及附图 1-4）以下技术特征：干发器由一外壳、一风扇（相当于本申请中的送风机）、一热交换器、一点火装置、一调节器、一操作器、一开关和电子器件构成；由容器所提供的气体流过一调节器，在流过调节器组件之后，燃料流入操作器组件；操作器组件包括上述的电磁阀（相当于本申请中的磁控杆），当提供足够电流时，阀才打开，然后气体进入文氏管 25a（相当于本申请中的混合室），在文氏管 25a 中，高速气体将空气吸入气流；气体和空气混合以形成一股气流，然后进入燃烧管 18，气体经过燃烧管孔流出并进入点火和燃烧区（相当于本申请中的加热室），为了点燃气体，燃烧管 18 外部设置了一个点火组件（相当于本申请中的点火装置）；燃烧着的气体产生大量的热量，这可使流过干发器的空气加热；空气流在其流动时由热交换器 15 加热，由风扇驱动，流出排气格栅 6，而流向使用者头发；当燃料开关打开时，干发器中的微处理机（相当于本申请中的安全切换器）可感知且测量燃烧区中的温度，当温度增加时，微处理机按程序打开风扇马达，当温度由于故障而没有升高时，在预定的一段时间之后，电磁阀将关闭并且燃料流将中断；因此，在没有点火的情况下，燃料将不会继续输送到燃烧区。同时该申请还记载了其他可能使得微处理机关闭电源和阻断燃料电磁阀的情况。可见，权利要求 1 的全部技术特征已经被对比文件 1 公开，且两者属于同一技术领域，解决的技术问题和预期效果也相同，因此，权利要求 1 不具备新颖性。

2. 权利要求 2~5、7~9、11~13、16、18~23 不具备《专利法》第 22 条第 2 款规定的新颖性。

对比文件 1 公开的无绳干发器中还具体公开了（参见对比文件 1 的说明书第 2 页第 3 行至第 3 页第 11 行，第 4 页第 6 行至第 6 页第 19 行，第 10 页第 21~24 行以及附图 1-4）：一进气网 4（相当于本申请中尾部的通孔）可使空气流进入干发器的后部，并且一排气格栅 6（相当于本申请中的集风罩）可使空气从前方排出；电池 46 都罩在一容器/电池盖 7 中（相当于本申请中的第一容室）；容器 7 滑入干发器 1，如图 2 所示；一气体罐可根据需要安装到该装置的底部（相当于本申请中的第二容室）；所述气体罐有一存储系统，该系统的启动依赖于吸收到装配在携带器中的纤维棉中的液态丁烷；一旦吸收，丁烷仅作为气体排出；由容器所提供的丁烷气体流过一调节器（相当于本申请中的调节阀），在流过调节器组件之后，燃料流入操作器组件；微机控制器可进行马达控制和气体电磁阀控制；在该装置中，电子控制和风扇马达都是由相同的电池驱动的；当两个阀打开时，丁烷气体高速退出小孔 29 而进入文氏管 25a 的弯曲部；在文氏管 25a 中，高速气体将空气吸入气流；丁烷气体和空气混合以形成一股气流，该气流所含空气比丁烷多 30 倍以上；此混合物退出文氏管 25a 顶部的一个小孔，并且通入后热罩 17，然后进入燃烧管 18；交换器 15 是圆柱形结构（较佳的是铝材冲压成型），并且具有径向风翼（相当于本申请中的金属薄片），以将热量均匀地导向流动空气；风扇装置由一风扇 10 构成，该风扇具有一普通结构的风扇轮毂（图中未示出），风扇封罩在风扇罩 12 中；风扇由马达 13 驱动，该马达由电池盒 7 中的电池驱动；干发器中的微处理机可感知且测量燃烧区中的温度；当温度增加时，微处理机按程序打开风扇马达；当温度由于故障而没有升高时，在预定的一段时间之后，电磁阀将关闭并且燃料流将中断；当机械热敏电阻测出一过热状态时，进入过热工作状态；在过热工作状态，系统关闭气体电磁阀和马达。可见，权利要求 2~5、7~9、11~13、16、18~23 的附加技术特征都分别已经被对比文件 1 公开，且其在对比文件中的作用和在本申请中的作用相同，因此当被引用的权利要求 1 不具备新颖性时，权利要求 2~5、7~9、11~13、16、18~23 也不具备新颖性。

3. 权利要求 6 不具备《专利法》第 22 条第 3 款规定的创造性。

在内装气体罐或者电池的手柄上设置盖子，并形成开启或闭合状态是本领域的公知常识，本领域的技术人员为了方便更换其中的电池或气体罐等部件，很容易想到使用这种设置盖子的方式从而使第一容室与第二容室形成开启或闭合状态。而且，这种方案并没有给本发明带来任何预料不到的技术效果。由此可见，权利要求 6 请求保护的技术方案是显而易见的，没有突出的实质性特点和显著的进步，因此，当其引用的权利要求 4 不具备新颖性时，权利要求 6 不具备创造性。

4. 权利要求 10 不具备《专利法》第 22 条第 3 款规定的创造性。

电子点火装置通过电驱动点火已经是公知常识，本领域的技术人员为了方便控制点火装置的开关，很容易想到将点火开关电连接于点火装置。而且，这种方案并没有给本发明带来任何预料不到的技术效果。由此可见，权利要求 10 请求保护的技术方案是显而易见的，没有突出的实质性特点和显著的进步，因此，当其引用的权利要求 1 不具备新颖性时，权利要求 10 不具备创造性。

5. 权利要求 14 和 15 不具备《专利法》第 22 条第 3 款规定的创造性。

对比文件 1 公开的无绳干发器中还具体公开了（参见对比文件 1 的说明书第 2 页第 22~24 行，第 5 页第 25~28 行以及附图 2-4）以下特征：燃料流通过一小孔（否则会被第二阀堵住）形成气体射流，并引入到一文氏管中，在文氏管 25a 中，高速燃料气体将空气吸入气流；燃料气体和空气混合以形成一股空气比丁烷多 30 倍以上的混合气流；此混合物退出文氏管 25a 顶部的一个小孔，并且通入后热罩 17，然后进入燃烧管 18；此空气燃料混合物可以通过使用者启动一压电点火器将其点燃。其中描述的文氏管结构即公开了本申请中混合室靠近加热室的一端形成缩口这一特征，且与本申请中的作用完全相同。而权利要求 14 与对比文件 1 的上述特征的区别在于该缩口口径比燃料进入混合器的孔的口径小。根据文氏管的工作原理以及本领域的公知常识，本领域的技术人员很容易想到让燃料进入混合室的通道口径大于流出混合室的通道口径，从而使进入的燃料气体速度更快，以便从吸入口 117 吸入空气使燃料充分燃烧。可见权利要求 14 的附加技术特征一部分被对比文件 1 公开，其余部分是公知常识。同时，从上述描述中可以看出，权利要求 15 的附加技术特征也已经全部被对比文件 1 公开，由此可见，当被引用的权利要求 1 不具备新颖性时，权利要求 14 不具备创造性，进而，权利要求 15 也不具备创造性。

6. 权利要求 17 不具备《专利法》第 22 条第 3 款规定的创造性。

权利要求 17 限定部分的触媒即催化剂，为了使化学反应（例如燃烧）更加充分

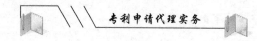

而使用催化剂是本领域的公知常识，本领域的技术人员为了减少不充分燃烧产生的一氧化碳，很容易想到使用固体催化剂的方式提高燃烧效率并阻挡明火。而且，这种方案并没有给本发明带来任何预料不到的技术效果。由此可见，权利要求 17 请求保护的技术方案是显而易见的，没有突出的实质性特点和显著的进步，因此，当其引用的权利要求 1 不具备新颖性时，权利要求 17 不具备创造性。

基于上述理由，本申请的权利要求 1~5、7~9、11~13、16、18~23 都不具备新颖性，权利要求 6、10、14、15 和 17 都不具备创造性。同时本申请的说明书中也没有记载任何可以取得专利权的实质性内容，因而即使申请人对权利要求进行重新组合和/或根据说明书记载的内容作进一步限定，本申请也不具备授予专利权的前景。除非申请人能够在本通知书规定的答复期限内提出表明本申请能够克服以上缺陷的充分理由，否则将依据《专利法》第 38 条驳回本申请。

1.3　向申请人转达审查意见通知书

收到审查意见通知书后，应当认真地阅读审查意见通知书和对比文件，并将本申请的内容与对比文件作仔细对比，分析通知书中的审查意见是否正确，以便在向申请人转达审查意见通知书时提出合适的建议。

就本案例而言，通过仔细阅读对比文件 1 和本申请说明书的内容，认为对比文件 1 揭示了权利要求 1 的大部分技术特征，其区别仅仅是电池的安装位置不同：本申请的电池设置于柄部，而对比文件 1 设置于管部下方。两者的这一区别很小，即使不能认定为惯用手段的直接转换，也可以认为两者是等效手段的替换，因此以电池的安装位置不同来说明本申请权利要求 1 具备新颖性和创造性的理由是难以被审查员接收的。因此，在转达审查意见通知书时应当建议申请人对权利要求书作必要的修改。

至于如何修改权利要求书，通过对审查意见通知书的后几个审查意见的分析，意识到本申请大多数从属权利要求限定部分的技术特征已经被对比文件 1 公开，另一部分从属权利要求限定部分的技术特征又是本领域经常采用的公知手段，因此将这些从属权利要求改写成独立权利要求似乎仍无法证明其具备新颖性和创造性。由于专利代理人对本申请和对比文件的技术方案的理解没有困难，为此可以仔细阅读本申请说明书以便从中发现相对于对比文件 1 和本领域公知常识有可能具备创造性的技术方案。经仔细阅读本申请说明书和对比文件后，认为对比文件 1 管部内的结构和点火装置的位置与对比文件 1 不同，即技术特征"该加热室装设有一金属薄片，在金属薄片的一端设有一燃烧室，该燃烧室与混合室相通连"、"点火装置装设在管部的燃烧室中"未被对比文件 1 揭示，且这些技术特征的加入能为本发明带来更好的技术效果"确保点火引燃"，因而将这些技术特征加入到独立权利要求 1 中有可能说明其相对于对比文件 1 和本领域的公知常识具备创造性。在这种情况下，可以向申请人了解这些技术手段是否为本领域解决相应技术问题的惯用手段，即是否为本领域的公知常识。如果这些技术手段不是本领域的公知常识，可以建议申请人考虑采用将这些已在原权利要求16、18、19中有体现的技术特征加入到独立权利要求1中的修改方式，并请申请人从技术角度说明这些技术特征如何为本发明带来更好的技术效果，尤其是在原说明书中已经提到的技术效果；相反，如果这些技术手段是本领域的公知常识，由于未能发现其他有可能对本发明创造性作出贡献的技术特征，应当请申请人在将本申请与对比文件1仔细对比的基础上提出如何修改独立权利要求的具体意见，并针对修改的独立权利要求从技术角度提供其相对于对比文件1和本领域的公知常识具备创造性的理由。

1.4　按照申请人的指示答复审查意见通知书

在答复审查意见通知书时，专利代理人最后需要完成的工作就是按照申请人的指示对审查意见通知书作出答复。

就本申请案来说，申请人同意专利代理人提出的建议，因此根据申请人的上述指示向国家知识产权局提交修改后的权利要求书，并以此修改的权利要求书为基础撰写意见陈述书。

在最后修改的权利要求书中，将从属权利要求16、18和从属权利要求19限定部分的技术特征加入到独立权利要求1中，并对这些技术特征适当进行改写；与此同时删去原权利要求16、18和原权利要求19。为节省篇幅，下面仅给出修改后的独立权利要求1，为帮助读者更清楚地知道哪些是新加入的技术特征，对于这些新加入的技术特征用下划线加以标注。

1. 一种瓦斯燃料吹风机，其特征在于，包括：

一本体（10），本体（10）内设有一送风机（20）和一喷嘴（40），该本体（10）包括一管部（11）和一柄部（12），管部（11）内设有一加热室（111）和一混合室（112），<u>其中该加热室（111）装设有一金属薄片（113），在金属薄片（113）的一端设有一燃烧室（115），该燃烧室（115）与混合室（112）相连通</u>，该柄部（12）内设有一电池组（121）和一瓦斯罐（122）；

一点火装置（30），装设于管部（11）的<u>燃烧室（115）</u>内；

一开关组（50），其设于本体（10）上，该开关组（50）包括一电源开关（51）和一点火开关（53）；

一安全切换器（60），其与开关组（50）电性连接，可于设定的情况下遮断电池组（121）的电源或阻绝瓦斯罐（122）供气；

由此，电源开关（51）启动安全切换器（60），使喷嘴（40）喷出瓦斯于混合室（112）内，而混合室（112）内的气体流入加热室（111），以点火开关（53）启动点火装置（30）引燃气体形成热源，送风机（20）将加热室（111）的热量送出本体（10）外。

针对此修改的权利要求书所撰写的意见陈述书正文如下。

第三章

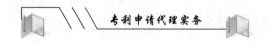

意见陈述书正文

申请人认真阅读并仔细研究了国家知识产权局于×××年××月××日针对申请号为×××××××××××.×的发明专利申请发出的第一次审查意见通知书。针对通知书中指出的本申请权利要求不符合专利法有关规定的缺陷，申请人对权利要求书作出了修改，并对说明书发明内容部分作了相适应的修改。现随此意见陈述书附交修改后的权利要求书全文和说明书第×页的修改替换页。

一、申请文件修改说明

为消除审查意见通知书所指出的本申请不具备新颖性和创造性的缺陷，现对申请文件作了下述四方面的修改：

1. 将原从属权利要求16、18和19限定部分的技术特征补入原权利要求1中，并对修改后的权利要求1的技术特征进行适当组合，以使其更清楚、简要地限定要求专利保护的范围。鉴于修改后的权利要求1中新增加的技术特征已记载在原权利要求16、18和19中，且修改后的权利要求1的技术方案已体现在原说明书第×页第×行至第×行中，因此所作修改未超出原说明书和权利要求书记载的范围。

2. 删除原权利要求16、18、19。

3. 修改权利要求的编号和引用关系。

4. 对说明书和摘要进行适应性修改。

上述第一方面的修改是针对审查意见通知书中指出的本申请不具备新颖性和创造性的审查意见作出的修改，且所作修改未超出原说明书和权利要求书记载的范围；而后三方面的修改是在第一方面作出修改后对说明书、摘要和权利要求书中的其他权利要求作出相适应的修改，因此上述修改符合《专利法》第33条的规定，也符合《专利法实施细则》第51条第3款的规定。

二、修改后的权利要求1及其从属权利要求具备新颖性和创造性

修改后的权利要求1与对比文件1相比具有明显区别。

首先，对比文件1未揭示本申请权利要求1的管部内的结构，即未披露"其中该加热室（111）装设有一金属薄片（113），在金属薄片（113）的一端设有一燃烧室（115），该燃烧室（115）与混合室（112）相连通"这部分技术特征。此外，本申请权利要求1的点火装置30与对比文件1的电极22的安装位置不同：本申请修改后的权利要求1"点火装置（30），装设于管部（12）的燃烧室（115）内"；而在对比文件1中，"电极21与燃烧管18分开设置"。

正由于权利要求1的技术方案与对比文件1中存在上述区别，采用本发明的结构就能确保点火引燃。在对比文件1中，由于"电极21与燃烧管18分开设置"，从而就会出现对比文件1第5页最后一段至第6页第1段所指出的"会出现点不着火"的问题；而在本发明中，正如本申请说明书第8页最后一段的内容所指出的，通过将点火装置30设置于燃烧室115内，可以确保点火后立即引燃瓦斯，即采用本申请权利

要求1中的结构后，将有助于点火引燃，不会有点不着火的问题。

由上述可知，对比文件1未揭示本申请修改后的权利要求1的技术方案，且能带来更好的技术效果，因此本申请修改后的权利要求1相对于对比文件1不是同样的发明创造，具备《专利法》第22条第2款规定的新颖性。

此外，对比文件1中的其他技术方案中也未披露上述技术特征，这些技术特征也不是本领域解决确保点火引燃这一技术问题的公知手段，即现有技术未给出将上述技术特征应用于对比文件1以得到权利要求1技术方案的结合启示，因此由对比文件1和本领域的公知常识得到修改后的权利要求1的技术方案对本领域的技术人员来说是非显而易见的，也就是说权利要求1具有突出的实质性特点。此外，由于上述技术特征使本申请修改后的权利要求1的技术方案相对于对比文件1来说能确保点火后立即引燃瓦斯，具有有益的技术效果，即修改后的权利要求1具有显著的进步。综上所述，修改后的权利要求1相对于对比文件1和本领域的公知常识具备《专利法》第22条第3款规定的创造性。

从属权利要求2至20从结构上对修改后的权利要求1的技术方案作出进一步限定，因而当修改后的独立权利要求1相对于对比文件1和本领域的公知常识具备新颖性和创造性时，这些从属权利要求相对于对比文件1和本领域的公知常识也具备《专利法》第22条第2款和第3款规定的新颖性和创造性。

如上所述，申请人已经对第一次审查意见通知书中指出的所有问题进行了答复。请针对以上修改和意见陈述继续进行审查并早日授予专利权。如果认为本申请仍有不符合专利法有关规定之处，恳请再次来函或来电告知申请人，给予申请人再次修改和陈述的机会。

1.5 第二次审查意见通知书的转达

针对上述修改的权利要求书和意见陈述书，国家知识产权局发出了第二次审查意见通知书。在第二次审查意见通知书中指出了权利要求14存在未清楚地限定要求专利保护范围的问题，且指出说明书中部分语句也存在不清楚的情形。

下面给出第二次审查意见通知书的正文。

申请人于×××年××月××日针对第一次审查意见通知书提交了意见陈述书以及经过修改的权利要求书和说明书相应替换页，在阅读了上述文件后，对本申请继续进行审查，具体审查意见如下：

1. 权利要求14不符合《专利法》第26条第4款的规定

权利要求14限定部分的附加技术特征中记载有"喷头"一词，但本权利要求及其引用的权利要求中都未曾提到过吹风机中具有"喷头"，本领域技术人员无法确定该权利要求中的"喷头"所指代的是哪个部件。此外，权利要求14中还记载"其口径比靠近喷头的一端为小"，表述不清楚。此处使用了"为"作为动词，使得前面可

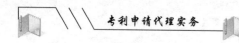

以理解为一个整体主语，即"口径比"（一个比值）在靠近喷头的一端为小：也可以理解为其（指缩口）比靠近喷头一端小，这两种理解显然不同，而且某个部件比它自己的某一部分小也使人无法理解，显然表述不清，也就是说，权利要求14的文字描述容易产生歧义。由上述两方面的存在的问题可知，权利要求14未能清楚地限定其要求专利保护的范围，因此，权利要求14不符合《专利法》第26条第4款的规定。

2. 本申请说明书不符合《专利法实施细则》第17条第3款的规定

说明书第6页第7行记载"开设于燃烧室115周围的吸入口117……"而根据本申请说明书其他部分（参见本申请说明书第6页第6~12行以及附图3-6）的记载应为吸入口117开设于混合室112上，并非是开设于燃烧室115上。由此可见，说明书中上述位置记载的内容前后不一致，因此，本申请说明书不符合《专利法实施细则》第17条第3款有关说明书应当语句清楚的规定。

基于上述原因，本申请按照目前的文本还不能被授予专利权。申请人在本通知书规定的答复期限内应当对申请文件进行修改，以克服上述缺陷。同时，所做的修改应当符合《专利法》第33条的规定，并提交正式的修改替换页一式两份，以及相应修改对照表或者在原文复印件作出修改的对照页，且保证两者在内容上相互一致。

通过阅读第二次审查意见通知书可知，所指出的权利要求14未清楚地限定要求专利保护的范围是一个实质性缺陷，但是经过分析考虑，明确该实质性缺陷实际上是用词不准确造成的，对该权利要求的修改不会影响其保护范围，尤其是消除这一缺陷后将有助于授权后专利权的稳定，因此应当对该权利要求作出修改。此外，通知书中指出的第二个缺陷是形式缺陷。综合上述分析，在向申请人转达第二次审查意见通知书时，应当建议申请人针对通知书指出的两方面缺陷对申请文件进行修改，以便本申请能早日被授权；就本申请而言，专利代理人对通知书中所指出的缺陷以及本发明能正确而清楚地理解，因而可以采用对权利要求书作出修改后请申请人给予确认的转达方式。

1.6 对第二次审查意见通知书的答复

申请人同意对权利要求书的修改意见，并请专利代理人代为撰写意见陈述书。

下面为向国家知识产权局提交的第二次意见陈述书的正文。

第二次意见陈述书正文

申请人认真阅读并仔细研究了国家知识产权局于×××年××月××日针对申请号为×××××××××××．×的发明专利申请发出的第二次审查意见通知书，同意通知书中作出的审查意见。为此，针对通知书中所指出的申请文件所存在的两个缺陷，对申请文件作出如下修改。

1. 根据说明书第5页第18行记载的内容，将权利要求14限定部分的技术特征"该混合室（112）靠近加热室（111）的一端形成一缩口，其口径比靠近喷头的一端为小"改为"该混合室（112）靠近加热室（111）的一端形成一缩口，该缩口的口径呈渐缩状",从而使权利要求 14 清楚地限定了要求专利保护的范围,符合《专利法》第 26 条第 4 款的规定。

2. 在说明书第 6 页第 7 行中,根据说明书第 6 页第 6~12 行以及附图 3-6 所记载的内容,将"开设于燃烧室 115 周围的吸入口 117"改为"开设于混合室 112 周围的吸入口 117",从而使本申请的说明书符合《专利法实施细则》第 17 条第 3 款的规定。

上述两处修改均是针对第二次审查意见通知书指出的缺陷进行的修改,且修改的内容均取自原说明书中记载的内容,因此上述修改符合《专利法》第 33 条的规定,也符合《专利法实施细则》第 51 条第 3 款的规定。

通过上述修改,已消除了第二次审查意见通知书中指出的所有缺陷,为此请针对以上修改和意见陈述继续进行审查并早日授予专利权。

本申请案,申请人对权利要求书和说明书作出上述修改后,国家知识产权局在新修改的权利要求书和说明书的基础上作出了授予发明专利权的决定。

2 案例二:后排气式气动钉枪

本案例是一件名称为"后排气式气动钉枪"的发明专利申请,申请人针对国家知识产权局发出的第一次审查意见通知书对权利要求书进行了修改,所作修改消除了第一次审查意见通知书指出的缺陷,但是其对说明书所作的删除修改导致超出原说明书和权利要求书记载的范围,因而国家知识产权局又发出第二次审查意见通知书,针对此审查意见申请人将说明书的这一部分内容又恢复原状,于是本申请被授予专利权。

2.1 申请案情况简介

本申请涉及一种后排气式气动钉枪,其主要结构如图 3-36 所示。

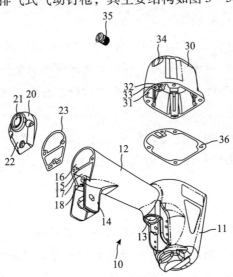

图 3-36 本申请附图

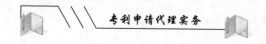

本申请的原权利要求书共有20项权利要求，其中权利要求1和权利要求2为独立权利要求，权利要求3至权利要求20为从属权利要求。

1. 一种后排气式气动钉枪，其特征在于，包括：

一本体（10），其具有一气缸（11）和一握柄（12），该握柄（12）自该气缸（11）的一侧延伸而出，且该气缸（11）与该握柄（12）之间设有一扳机部（13），该握柄（12）内轴向设有一隔板（15），该隔板（15）一体成型于该握柄（12）内，且该隔板（15）将该握柄（12）内区隔为一供高压气体进入该气缸（11）内的进气道（16）和一供该气缸（11）内的高压气体排出的排气道（17），该握柄（12）在靠近该扳机部（13）的一侧形成有一与该排气道（17）相通连的缺口（18）；

一底座（20），其装设于该握柄（12）相对于该气缸（11）的另一端，该底座（20）的一侧开设有一连接孔（21），该连接孔（21）用于接设一气体供应源，并使高压气体导入该握柄（12）的进气道（16）；

一上盖（30），装设在该本体（10）的气缸（11）上，并使该气缸（11）形成一封闭空间。

2. 一种后排气式气动钉枪，其特征在于，包括：

一本体（10），其具有一气缸（11）和一握柄（12），该握柄（12）自该气缸（11）的一侧延伸而出，且该气缸（11）与该握柄（12）之间设有一扳机部（13），该握柄（12）内轴向设有一隔板（15），该隔板（15）一体成型于该握柄（12）内，且该隔板（15）将该握柄（12）内区隔为一供高压气体进入该气缸（11）内的进气道（16）和一供该气缸（11）内的高压气体排出的排气道（17）；

一底座（20），其装设于该握柄（12）相对于该气缸（11）的另一端，该底座（20）的一侧开设有一连接孔（21），该连接孔（21）用于接设一气体供应源，并使高压气体导入该握柄（12）的进气道（16）；

一上盖（30），装设在该本体（10）的气缸（11）上，并使该气缸（11）形成一封闭空间，该上盖（30）枢设有一用于调整排气流量的调整件（35）。

3. 如权利要求1或2所述的后排气式气动钉枪，其中，该隔板（15）位于该握柄（12）内横截面的中间处。

4. 如权利要求3所述的后排气式气动钉枪，其中，该进气道（16）位于该握柄（12）内靠近该上盖（30）的一侧，该排气道（17）则位于该握柄（12）内远离该上盖（30）的一侧。

5. 如权利要求1所述的后排气式气动钉枪，其中，该握柄（12）相对于该气缸（11）的另一端向下突设有一用于组接装钉匣的脚部（14）。

6. 如权利要求5所述的后排气式气动钉枪，其中，该缺口（18）形成于该排气道（17）与该脚部（14）之间，该缺口（18）使该排气道（17）与该脚部（14）之间形成导通状态。

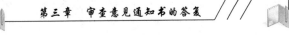

7. 如权利要求 2 所述的后排气式气动钉枪，其中，该握柄（12）相对于该气缸（11）的另一端向下突设有一用于组接装钉匣的脚部（14）。

8. 如权利要求 7 所述的后排气式气动钉枪，其中，该握柄（12）在靠近该扳机部（13）的一侧形成有一与该排气道（17）相通连的缺口（18），该缺口（18）形成于该排气道（17）与该脚部（14）之间。

9. 如权利要求 1 或 8 所述的后排气式气动钉枪，其中，该底座（20）对着该握柄（12）的排气道（17）的一侧形成一阻挡部（22），使该排气道（17）仅以位于其下方的缺口（18）与外界相连通。

10. 如权利要求 9 所述的后排气式气动钉枪，其中，该底座（20）与该本体握柄（12）之间还设有一用于确保该底座（20）与该本体握柄（12）之间气密关系的密封件（23）。

11. 如权利要求 10 所述的后排气式气动钉枪，其中，该底座（20）螺锁固定于该握柄（12）上。

12. 如权利要求 1 或 2 所述的后排气式气动钉枪，其中，该上盖（30）在靠近该握柄（12）的一侧设有一入气道（31）、一流道（32）和一泄气道（33）。

13. 如权利要求 12 所述的后排气式气动钉枪，其中，该上盖（30）在顶端还开设有一调整孔（34），该调整孔（34）与该泄气道（33）相连通。

14. 如权利要求 13 所述的后排气式气动钉枪，其中，该调整孔枢设有一用于调整该泄气道（33）流量的调整件（35）。

15. 如权利要求 12 所述的后排气式气动钉枪，其中，该入气道（31）与该进气道（16）相通连，供气体自该进气道（16）流经该入气道（31）而导入该气缸（11）内。

16. 如权利要求 12 所述的后排气式气动钉枪，其中，该流道（32）与该扳机部（13）相通连，而该扳机部（13）连通于该进气道（16）的一侧，从而气体自该进气道（16）流经该扳机部（13）并经该流道（32）而导入该上盖（30）内。

17. 如权利要求 12 所述的后排气式气动钉枪，其中，该泄气道（33）与该排气道（17）相通连，供气缸（11）内的气体自该泄气道流经该排气道（17），并自该排气道（17）下方排出于大气中。

18. 如权利要求 12 所述的后排气式气动钉枪，其中，该上盖（30）与该本体气缸（11）之间还装设有一用于确保该上盖（30）与该本体气缸（11）之间气密关系的密封件（36）。

19. 如权利要求 18 所述的后排气式气动钉枪，其中，该上盖（30）螺锁固定于该气缸（11）上。

20. 如权利要求 4 所述的后排气式气动钉枪，其中，该隔板（15）设有一与该扳机部（13）相通连的气阀孔。

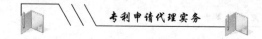

2.2 第一次审查意见通知书

专利代理人收到的第一次审查意见通知书中引用了一篇在本申请的申请日前授权公告的日本发明专利申请公开文件作为本申请独立权利要求 1 不具备新颖性及其大部分从属权利要求不具备创造性的对比文件 1。

对比文件 1 中附图 1 如图 3 - 37 所示：

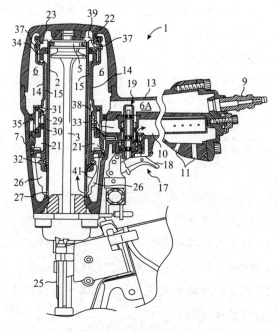

图 3 - 37 对比文件 1 附图 1

第一次审查意见通知书中指出独立权利要求从属权利要求 1 相对于对比文件 1 不具备新颖性，从属权利要求 3 ~ 6、9 ~ 11 和从属权利要求 20 相对于对比文件 1 和本领域的公知常识不具备创造性，并指出权利要求 11 和权利要求 19 未清楚地限定权利要求的保护范围，并告知申请人必要时应当修改专利申请文件，否则该专利申请难以获得授权。

下面给出第一次审查意见通知书的正文。

本申请涉及一种后排气式气动钉枪。经审查，现提出如下的审查意见。

1. 权利要求 1 所要求保护的技术方案不具备《专利法》第 22 条第 2 款规定的新颖性。

权利要求 1 请求保护一种后排气式气动钉枪，而对比文件 1（JP2004195558A）也公开了一种后排气式气动钉枪，并具体公开了（参见该对比文件的说明书的第 0009 段至第 0015 段，附图 1-3）以下技术特征：该装置包括一本体（4），其具有一气缸（2）与一握柄（13），该握柄自该气缸的一侧延伸而出，且该气缸与该握柄之间设有一扳机部（17），该握柄内轴向设有一隔板，该隔板一体成型于该握柄内，且该隔板将该握柄内区隔为一供高压气体进入该气缸内的进气道（6A）与一供该气缸内的高压气体排出的排气道（10），该握柄在靠近该扳机部的一侧形成有一与该排气道相通连的缺口（11）；一底座，其装设于该握柄相对于该气缸的另一端，该底座的一侧开设有一连接孔，该连接孔可用于接设一气体供应源（9），并使高压气体导入该握柄的进气道；一上盖，装设于该本体的气缸上，并使该气缸形成一封闭空间。由此可见，对比文件1已经公开了该权利要求的全部技术特征，两者的技术方案相同，且对比文件1所公开的技术方案与该权利要求所要求保护的技术方案属于相同的技术领域，能够解决相同的技术问题，并能产生相同的技术效果，因此该权利要求所要求保护的技术方案不具备新颖性。

2. 权利要求3是权利要求1和2的从属权利要求，其附加技术特征为：该隔板位于该握柄内横截面的中间处。要解决的技术问题是使进气量和排气量相当，但为了达到这个目的而使该隔板位于该握柄内横截面的中间处，这对于本领域普通技术人员而言是不需要付出创造性劳动的，这些特征是所述技术领域中的常用技术手段，这些常用技术手段的使用对本领域的技术人员来说是显而易见的，因此，在对比文件1的基础上结合该公知常识得出该权利要求1所要求保护的技术方案，对本领域的技术人员来说是显而易见的。由此可知，在从属权利要求3所引用的权利要求1不具备新颖性的情况下，该从属权利要求3不具备《专利法》第22条第3款规定的创造性。

3. 权利要求4是权利要求3的从属权利要求，其附加技术特征已被对比文件1公开（参见该对比文件的说明书的第0009段至第0015段，附图1-3）：该进气道位于该握柄内靠近该上盖的一侧，该排气道则位于该握柄内远离该上盖的一侧。因此，在从属权利要求4所引用的权利要求3不具备创造性的情况下，该从属权利要求4也不具备《专利法》第22条第3款规定的创造性。

4. 权利要求5是权利要求1的从属权利要求，其限定部分的技术特征"该握柄相对于该气缸的另一端向下突设有一脚部"已在对比文件1中公开（参见对比文件1中的说明书的第0009段至第0015段，附图1-3），而为了便于装钉匣的携带将该脚部组接装钉匣是所述技术领域中的常用技术手段，这些常用技术手段的使用对本领域的技术人员来说是显而易见的，因此，在对比文件1的基础上结合该公知常识得出该权利要求所要求保护的技术方案，对本领域的技术人员来说是显而易见的。由此可知，在从属权利要求5所引用的权利要求1不具备新颖性的情况下，该从属权利要5求不具备《专利法》第22条第3款规定的创造性。

5. 权利要求6是权利要求5的从属权利要求，其附加技术特征已被对比文件1公开（参见该对比文件的说明书的第0009段至第0015段，附图1-3）：该缺口形成于该排气道与该脚部之间，该缺口使该排气道与该脚部之间形成导通状态。因此，在从属权利要求6所引用的权利要求5不具备创造性的情况下，该从属权利要求6也不具备《专利法》第22条第3款规定的创造性。

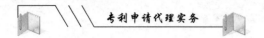

6. 权利要求9是权利要求1的从属权利要求，其附加技术特征是：该底座对着该握柄的排气道的一侧形成一阻挡部，使该排气道仅以位于其下方的缺口与外界相连通。为了使高压气体经由该缺口向下排出，"在该底座对着该握柄的排气道的一侧形成一阻挡部，使该排气道仅以位于其下方的缺口与外界相连通"是所述技术领域中的常用技术手段，这些常用技术手段的使用对本领域的技术人员来说是显而易见的，因此，在对比文件1的基础上结合该公知常识得出该权利要求所要求保护的技术方案，对本领域的技术人员来说是显而易见的。由此可知，在从属权利要求9所引用的权利要求1不具备新颖性的情况下，该从属权利要求9不具备《专利法》第22条第3款规定的创造性。

7. 权利要求10是权利要求9的从属权利要求，其附加技术特征是：该底座与该本体握柄之间还设有一用于确保该底座与该本体握柄之间的气密关系的密封件。在需要密封的地方设置密封件是所述技术领域中的常用技术手段，这些常用技术手段的使用对本领域的技术人员来说是显而易见的，因此，在对比文件1的基础上结合该公知常识得出该权利要求所要求保护的技术方案，对本领域的技术人员来说是显而易见的。由此可知，在从属权利要求10所引用的权利要求9不具备创造性的情况下，该从属权利要求10也不具备《专利法》第22条第3款规定的创造性。

8. 权利要求11是权利要求10的从属权利要求，其附加技术特征"底座螺锁固定于握柄上"已被对比文件1公开（参见该对比文件的附图1），因此，在从属权利要求11所引用的权利要求10不具备创造性的情况下，该从属权利要求11也不具备《专利法》第22条第3款规定的创造性。

9. 权利要求20是权利要求4的从属权利要求，其附加技术特征"该隔板设有一可与该扳机部相通连的气阀孔"已被对比文件1公开（参见该对比文件的说明书的第0009段至第0015段，附图1），因此，在权利要求20所引用的权利要求4不具备创造性的情况下，该从属权利要求20也不具备《专利法》第22条第3款规定的创造性。

10. 从属权利要求11限定部分中对特征"底座螺锁"作了进一步限定，但该特征在其引用的权利要求10的技术方案中并没有出现，因而该从属权利要求未清楚地限定要求专利保护的范围，不符合《专利法》第26条第4款的规定。申请人应当对此进行修改。

11. 从属权利要求19限定部分中对特征"上盖螺锁"作了进一步限定，但该特征在其引用的权利要求18的技术方案中并没有出现，因而该从属权利要求未清楚地限定要求专利保护的范围，不符合《专利法》第26条第4款的规定。申请人应当对此进行修改。

基于上述理由，申请人应当在本通知书指定的答复期限内对本通知书提出的问题逐一进行答复，必要时应修改专利申请文件，否则本申请将难以获得批准。申请人对申请文件的修改应当符合《专利法》第 33 条的规定，不得超出原说明书和权利要求书记载的范围。

2.3　向申请人转达审查意见通知书

收到审查意见通知书后，通过仔细阅读对比文件 1 和本申请权利要求书和说明书的内容，认为审查意见通知书中有关独立权利要求 1 不具备新颖性的审查意见正确，且有关独立权利要求 1 的从属权利要求不具备创造性的审查意见也是正确的，因此应当建议申请人修改权利要求书。

由审查意见通知书表格部分所填写的内容和通知书正文最后一段文字可知，本通知书对本申请的倾向性意见为授权前景尚不确定，也就是说将根据申请文件的修改情况确定是否可授予专利权。考虑到通知书中对独立权利要求 2 的新颖性和创造性未作评述，也未指出其他方面的实质性缺陷，这意味着该独立权利要求 2 及其相应的从属权利要求符合《专利法》《专利法实施细则》及《专利审查指南 2010》的规定，因此若删除原独立权利要求 1、仅引用独立权利要求 1 的从属权利要求以及直接或间接引用两项独立权利要求的从属权利要求中仅与独立权利要求 1 有关的技术方案，就可以消除通知书中有关本申请不具备新颖性或创造性的缺陷。此外，考虑到原独立权利要求 2 与原独立权利要求 1 相比，并未包含权利要求 1 中的技术特征"该握柄在靠近该扳机部的一侧形成有一与该排气道相通连的缺口"，可将该技术特征作为附加技术特征撰写成直接引用原独立权利要求 2 的从属权利要求，与此相应对原独立权利要求 2 的部分从属权利要求的引用关系和限定部分的技术特征应当进行调整。

对于通知书中指出的权利要求 11、19 未清楚限定要求专利保护范围的缺陷，经分析认为审查意见的理解有误：权利要求 11 限定部分的技术特征中的"底座螺锁"并非是一个技术特征，而是指底座通过常规的螺钉连接方式固定在握柄上；同样，权利要求 19 限定部分的技术特征中的"上盖螺锁"并非是一个技术特征，而是指上盖通过常规的螺钉连接方式固定在气缸上。但是若对这两项权利要求限定部分的文字描述作出修改，会使这两项权利要求 11 更清楚地限定要求专利保护的范围，因此可建议申请人修改这两项权利要求，以避免在答复审查意见通知书直接指出审查意见存在明显错误。

通过上述分析，在向申请人转达审查意见通知书时，除了给出具体分析意见和修改建议外，就本申请案来说，最好请申请人对拟提交的修改后的权利要求书进行确认。

下面为请申请人确认的拟提交的权利要求书。

1. 一种后排气式气动钉枪，其特征在于，包括：

一本体（10），其具有一气缸（11）和一握柄（12），该握柄（12）自该气缸

（11）的一侧延伸而出，且该气缸（11）与该握柄（12）之间设有一扳机部（13），该握柄（12）内轴向设有一隔板（15），而该隔板（15）一体成型于该握柄（12）内，且该隔板（15）将该握柄（12）内区隔为一供高压气体进入该气缸（11）内的进气道（16）和一供该气缸（11）内的高压气体排出的排气道（17）；

一底座（20），其装设于该握柄（12）相对于该气缸（11）的另一端，该底座（20）的一侧开设有一连接孔（21），该连接孔（21）用于接设一气体供应源，并使高压气体导入该握柄（12）的进气道（16）；

一上盖（30），装设在该本体（10）的气缸（11）上，并使该气缸（11）形成一封闭空间，该上盖（30）枢设有一用于调整排气流量的调整件（35）。

2. 如权利要求1所述的后排气式气动钉枪，其中，该握柄（12）在靠近该扳机部（13）的一侧形成有一与该排气道（17）相通连的缺口（18）。

3. 如权利要求2所述的后排气式气动钉枪，其中，该握柄（12）相对于该气缸（11）的另一端向下突设有一用于组接装钉匣的脚部（14），该缺口（18）形成于该排气道（17）与该脚部（14）之间。

4. 如权利要求1至3中任一项所述的后排气式气动钉枪，其中，该隔板（15）位于该握柄（12）内横截面的中间处。

5. 如权利要求4所述的后排气式气动钉枪，其中，该进气道（16）位于该握柄（12）内靠近该上盖（30）的一侧，该排气道（17）位于该握柄（12）内远离该上盖（30）的一侧。

6. 如权利要求5所述的后排气式气动钉枪，其中，该底座（20）对着该握柄（12）的排气道（17）的一侧形成一阻挡部（22），使该排气道（17）仅以位于其下方的缺口（18）与外界相连通。

7. 如权利要求6所述的后排气式气动钉枪，其中，该底座（20）与该本体握柄（12）之间还设有一用于确保该底座（20）与该本体握柄（12）之间气密关系的密封件（23）。

8. 如权利要求6所述的后排气式气动钉枪，其中，该底座（20）以螺钉连接方式固定在该握柄（12）上。

9. 如权利要求5所述的后排气式气动钉枪，其中，该隔板（15）设有一与该扳机部（13）相通连的气阀孔。

10. 如权利要求1至3中任一项所述的后排气式气动钉枪，其中，该上盖（30）在靠近该握柄（12）的一侧设有一入气道（31）、一流道（32）和一泄气道（33）。

11. 如权利要求10所述的后排气式气动钉枪，其中，该上盖（30）在其顶端还开设有一调整孔（34），该调整孔（34）与该泄气道（33）相连通，所述用于调整排气流量的调整件（35）枢设在该调整孔（34）中。

12. 如权利要求10所述的后排气式气动钉枪，其中，该入气道（31）与该进气道

（16）相通连，供气体自该进气道（16）流经该入气道（31）而导入该气缸（11）内。

13. 如权利要求 10 所述的后排气式气动钉枪，其中，该流道（32）与该扳机部（13）相通连，而该扳机部（13）连通于该进气道（16）的一侧，从而气体自该进气道（16）流经该扳机部（13）并经该流道（32）而导入该上盖（30）内。

14. 如权利要求 10 所述的后排气式气动钉枪，其中，该泄气道（33）与该排气道（17）相通连，供气缸（11）内的气体自该泄气道（33）流经该排气道（17），并自该排气道（17）下方排出于大气中。

15. 如权利要求 10 所述的后排气式气动钉枪，其中，该上盖（30）与该本体气缸（11）之间还装设有一用于确保该上盖（30）与该本体气缸（11）之间的气密关系的密封件（36）。

16. 如权利要求 15 所述的后排气式气动钉枪，其中，该上盖（30）以螺钉连接方式固定在该气缸（11）上。

2.4 按照申请人的指示答复审查意见通知书

申请人收到转来的第一次审查意见通知书和权利要求书的的修改建议后，及时给出了指示：基本同意对第一次审查意见通知书的分析和对权利要求书的修改建议，但又指出权利要求 8、9 和 16（即原权利要求 11、20 和 19）限定部分的技术特征为本领域的惯用手段，对本发明创造性的贡献不大，因此在修改后的权利要求书中可以不再保留这三项从属权利要求。此外，还告知专利代理人，在删去从属权利要求 8 和 16（相当于原权利要求 11 和 19）的同时，可以将说明书具体实施方式中有关这两项权利要求的相关内容删去。

根据申请人的上述指示，最后向国家知识产权局提交的修改后的权利要求书共有 13 项权利要求：独立权利要求 1 和从属权利要求 2 至 13。该修改后的权利要求书如下。

1. 一种后排气式气动钉枪，其特征在于，包括：

一本体（10），其具有一气缸（11）和一握柄（12），该握柄（12）自该气缸（11）的一侧延伸而出，且该气缸（11）与该握柄（12）之间设有一扳机部（13），该握柄（12）内轴向设有一隔板（15），而该隔板（15）一体成型于该握柄（12）内，且该隔板（15）将该握柄（12）内区隔为一供高压气体进入该气缸（11）内的进气道（16）和一供该气缸（11）内的高压气体排出的排气道（17）；

一底座（20），其装设于该握柄（12）相对于该气缸（11）的另一端，该底座（20）的一侧开设有一连接孔（21），该连接孔（21）用于接设一气体供应源，并使高压气体导入该握柄（12）的进气道（16）；

一上盖（30），装设在该本体（10）的气缸（11）上，并使该气缸（11）形成一

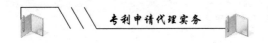

封闭空间，该上盖（30）枢设有一用于调整排气流量的调整件（35）。

2. 如权利要求1所述的后排气式气动钉枪，其中，该握柄（12）在靠近该扳机部（13）的一侧形成有一与该排气道（17）相通连的缺口（18）。

3. 如权利要求2所述的后排气式气动钉枪，其中，该握柄（12）相对于该气缸（11）的另一端向下突设有一用于组接装钉匣的脚部（14），该缺口（18）形成于该排气道（17）与该脚部（14）之间。

4. 如权利要求1至3中任一项所述的后排气式气动钉枪，其中，该隔板（15）位于该握柄（12）内横截面的中间处。

5. 如权利要求4所述的后排气式气动钉枪，其中，该进气道（16）位于该握柄（12）内靠近该上盖（30）的一侧，该排气道（17）位于该握柄（12）内远离该上盖（30）的一侧。

6. 如权利要求5所述的后排气式气动钉枪，其中，该底座（20）对着该握柄（12）的排气道（17）的一侧形成一阻挡部（22），使该排气道（17）仅以位于其下方的缺口（18）与外界相连通。

7. 如权利要求6所述的后排气式气动钉枪，其中，该底座（20）与该本体握柄（12）之间还设有一用于确保该底座（20）与该本体握柄（12）之间气密关系的密封件（23）。

8. 如权利要求1至3中任一项所述的后排气式气动钉枪，其中，该上盖（30）在靠近该握柄（12）的一侧设有一入气道（31）、一流道（32）和一泄气道（33）。

9. 如权利要求8所述的后排气式气动钉枪，其中，该上盖（30）在其顶端还开设有一调整孔（34），该调整孔（34）与该泄气道（33）相连通，所述用于调整排气流量的调整件（35）枢设在该调整孔（34）中。

10. 如权利要求8所述的后排气式气动钉枪，其中，该入气道（31）与该进气道（16）相通连，供气体自该进气道（16）流经该入气道（31）而导入该气缸（11）内。

11. 如权利要求8所述的后排气式气动钉枪，其中，该流道（32）与该扳机部（13）相通连，而该扳机部（13）连通于该进气道（16）的一侧，从而气体自该进气道（16）流经该扳机部（13）并经该流道（32）而导入该上盖（30）内。

12. 如权利要求8所述的后排气式气动钉枪，其中，该泄气道（33）与该排气道（17）相通连，供气缸（11）内的气体自该泄气道（33）流经该排气道（17），并自该排气道（17）下方排出于大气中。

13. 如权利要求8所述的后排气式气动钉枪，其中，该上盖（30）与该本体气缸（11）之间还装设有一用于确保该上盖（30）与该本体气缸（11）之间的气密关系的密封件（36）。

针对此修改的权利要求书所撰写的意见陈述书正文如下。

意见陈述书正文

申请人认真阅读并仔细研究了国家知识产权局于×××年××月××日针对申请号为×××××××××××.×的发明专利申请发出的第一次审查意见通知书。针对通知书中的上述审查意见，申请人对权利要求进行了修改，并对说明书发明内容部分和具体实施方式部分作了相适应的修改。现随此意见陈述书附交修改后的权利要求书全文以及说明书第 2 页至第 5 页的修改替换页。

一、申请文件的修改

为消除审查意见通知书所指出的本申请不具备新颖性、创造性以及权利要求未清楚地限定要求专利保护范围的缺陷，现对申请文件作了下述六方面的修改。

1. 删除原独立权利要求 1，删去仅属于原权利要求 1 的从属权利要求 5 和 6，对于直接或间接引用原两项独立要求的从属权利要求 3、4、9、10、12～18 中直接或间接引用原独立权利要求 1 的技术方案。

2. 删除原权利要求 7、11、19 和 20。

3. 保留原独立权利要求 2，但调整其编号，改为修改后的独立权利要求 1。

4. 将原权利要求 1 中的技术特征"该握柄（12）在靠近该扳机部（13）的一侧形成有一与该排气道（17）相通连的缺口（18）"作为附加技术特征，改写成直接引用修改后的独立权利要求 1 的从属权利要求 2。

5. 对拟保留的从属权利要求或者从属权利要求中拟保留的技术方案进行改写，调整其编号和引用关系。具体说来，作了如下修改：将原权利要求 8 改写成修改后的从属权利要求 3，并对其引用关系作了调整，即引用修改后的权利要求 2；将原权利要求 3 和 4 限定部分的技术特征作为附加技术特征改写成修改后的从属权利要求 4 和 5，并对其引用关系作了调整，即修改后的权利要求 4 引用修改后的权利要求 1 至 3 中任一项，修改后的权利要求 5 引用修改后的权利要求 4；将原权利要求 9 和 10 限定部分的技术特征作为附加技术特征改写成修改后的从属权利要求 6 和 7，并对其引用关系作了调整，即修改后的权利要求 6 引用修改后的权利要求 5，修改后的权利要求 7 引用修改后的权利要求 6；将原权利要求 12、15 至 18 五项权利要求限定部分的技术特征作为附加技术特征改写成修改后的权利要求 8、10 至 13，并对其引用关系作了调整，即修改后的权利要求 8 引用修改后的权利要求 1 至 3 中任一项，而修改后的权利要求 10 至 13 均仅引用修改后的权利要求 8；对于原权利要求 13 和 14 限定部分的技术特征，考虑到在修改后的独立权利要求 1 中已出现"调整件"这一技术特征，因而将这两项权利要求 13 和 14 限定部分的技术特征进行合并、并去除与权利要求 1 中相重复的内容后作为附加特征改写成仅引用修改后的权利要求 8 的从属权利要求 9。

6. 对说明书作了如下修改：其一，说明书第 2 至第 4 页发明内容部分相应于修改后的权利要求 1 至 13 作了适应性修改；其二，考虑到通知书中指出的权利要求 11 和

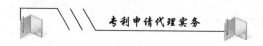

19 的文字表述不清楚的缺陷且在修改权利要求书时已删去这两项权利要求，因此对说明书具体实施方式部分作出了修改，删除了说明书第 5 页中相类似的文字表述"该底座 20 螺锁固定于该握柄 12 上"和"该上盖 30 螺锁固定于该气缸 11 上"。

修改后的独立权利要求 1 即原独立权利要求 2，修改后的各项权利要求的技术方案均已记载在原说明书第 5 页至第 7 页中，对说明书所作修改是针对修改后的权利要求书作出的适应性修改，因此上述修改均未超出原说明书和权利要求书的记载范围。此外，上述修改是针对通知书中指出的本申请不具备新颖性和创造性或者权利要求未清楚限定要求专利保护范围的缺陷进行的。由此可知，上述修改符合《专利法》第 33 条和《专利法实施细则》第 51 条第 3 款的规定。

二、修改后的申请文件已消除了审查意见通知书中指出的全部缺陷

1. 关于原权利要求 1 不具备新颖性的缺陷

在修改后的权利要求书中删除了原独立权利要求 1，因此，克服了审查意见中指出的权利要求 1 不具备新颖性的缺陷。

2. 关于原权利要求 3~6、9~11、20 不具备创造性的缺陷

在修改后的权利要求书中，删除了从属权利要求 5、6、11 和 20，且删去了权利要求 3、4、9 和 10 中直接或间接引用原独立权利要求 1 的技术方案，从而克服了审查意见中指出的原权利要求 3~6、9~11、20 不具备创造性的问题。至于所保留的权利要求 3、4、9、10 中直接或间接引用原独立权利要求 2 的技术方案，并不存在不具备创造性的缺陷，有关这些技术方案具备创造性的理由将在后面作出进一步说明。

3. 关于原权利要求 11、19 不清楚的缺陷

在修改后的权利要求书中已将原权利要求 11、19 删除，因此，克服了审查意见中指出的权利要求未清楚限定要求专利保护范围的缺陷。

4. 修改后的权利要求 1 至 13 具有《专利法》第 22 条第 2 款和第 3 款规定的新颖性和创造性

鉴于审查意见通知书中并未针对原独立权利要求 2 相对于通知书中引用的对比文件指出其不具备新颖性和创造性，这就意味着原独立权利要求 2 相对于通知书中引用的对比文件和本领域的公知常识具备新颖性和创造性，现将原独立权利要求 2 改写成修改后的独立权利要求 1，因此该独立权利要求 1 相对于通知书中引用的对比文件和本领域的公知常识具备新颖性和创造性。

至于修改后的权利要求 2 至权利要求 13，均为修改后的权利要求 1 的从属权利要求，从结构上对修改后的权利要求 1 作出进一步限定，因此当修改后的独立权利要求 1 具备新颖性和创造性时，这些直接或间接引用独立权利要求 1 的从属权利要求也具备新颖性和创造性。

综上所述，申请人已经针对通知书在第一次审查意见通知书中指出的所有缺陷对申请文件进行了修改，从而克服了通知书中所指出的所有缺陷。请针对以上修改的申

请文件和意见陈述继续进行审查，并希望本申请早日被授予专利权。如果继续审查时认为本申请仍有不符合专利法有关规定之处，恳请再次来函或来电告知申请人，给予申请人再次修改和陈述的机会。

2.5　第二次审查意见通知书的转达与答复

针对上述修改的权利要求书和意见陈述书，国家知识产权局发出了第二次审查意见通知书。由第二次审查意见通知书的内容可知，其接受了申请人对权利要求书所作的修改和针对修改后的权利要求书所作的意见陈述；但也指出说明书的修改中有一部分内容超出了原说明书和权利要求书记载的范围。

下面给出第二次审查意见通知书正文。

申请人于×××年××月××日针对第一次审查意见通知书提交了意见陈述书以及经过修改的权利要求书和说明书相应替换页，针对上述提交文件对本申请继续进行审查，现给出如下具体审查意见：

申请人在提交的说明书修改文本中，将原说明书中所记载的"本实施例中该底座20 螺锁固定于该握柄12 上"和"于本实施例中该上盖30 螺锁固定于该气缸11 上"（分别参见修改后的说明书的第5 页第9～10 和17～18 行）删除了，删去这部分内容之后的技术方案和原技术方案相比有实质性的区别，不能由原说明书和权利要求书所记载的信息中直接地、毫无疑义地确定，因此修改超出了原说明书和权利要求书记载的范围（参见《专利审查指南2010》第二部分第八章第5.2.3.3 节），这样的修改不符合《专利法》第33 条的规定，是不允许的。

基于上述理由，本申请按照目前的文本还不能被授予专利权。如果申请人按照本通知书提出的审查意见对申请文件进行修改，克服所存在的缺陷，则本申请可望被授予专利权。对申请文件的修改应当符合《专利法》第33 条的规定，不得超出原说明书和权利要求书记载的范围。

收到上述第二次审查意见通知书后，虽然认为该审查意见可以商榷，但是考虑到原说明书所作的修改必要性也不大，因此为了能早日取得授权，在向申请人转达第二次审查意见通知书时，建议将说明书这部分内容按原说明书的内容加以恢复，并说明给出此建议的理由。

申请人在指示中同意建议，委托专利代理人对第二次审查意见通知书进行答复。最后提交给国家知识产权局的第二次意见陈述书正文如下。

第二次意见陈述书正文

申请人认真阅读并仔细研究了国家知识产权局于×××年××月××日针对申请号为×××××××××.×的发明专利申请发出的第二次审查意见通知书。针对通知书中的上述审查意见，申请人对说明书进行修改和意见陈述如下：

申请人恢复原说明书第5 页中记载的内容，撤消在答复第一次审查意见通知书时

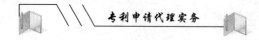

对说明书第 5 页的修改，以克服第二次审查意见通知书正文中所指出的说明书修改超范围的缺陷，从而符合《专利法》第 33 条的规定。

经过本次修改后，本申请文件已消除了两次审查意见通知书中所指出的缺陷，希望能早日对本申请给予授权。

对本申请案，经过对两次审查意见通知书的答复和申请文件的修改，国家知识产权局在新修改的权利要求书和说明书的基础上作出了授予发明专利权的决定。

第三章

第四章　专利申请文件的修改

　　申请人提出发明专利申请时所撰写的申请文件难免会出现权利要求保护范围不恰当、用词不严谨、表述不准确、打印错误等缺陷，因此大多数申请文件在被授予专利权之前都需要或多或少地进行补正和修改，使其在授权之后具有明确的保护范围，准确地向公众传递专利信息，便于专利权的实施和保护。基于上述考虑，《专利法》第33条首先规定了申请人可以修改其专利申请文件。但是，这种修改不允许在申请文件中增加超出原说明书和权利要求书记载范围的内容，否则对于以申请日作为判断申请先后标准的专利制度而言，可能导致申请人通过修改来获取不正当的利益，同时也会损害社会公众对申请日形成的专利信息的信赖利益，破坏申请人和公众之间的利益平衡关系。

　　此外，专利审查是一种行政程序，在保证公正的前提下，还应当兼顾行政效率，因而《专利法实施细则》第51条第1款和第3款对修改的时机和方式作出了规定。

　　在上述涉及专利申请文件修改的相关法条中，《专利法》第33条赋予申请人修改申请文件的权利，同时对修改的内容与范围作出了限制；而《专利法实施细则》第51条第1款和第3款是在《专利法》第33条的基础上，进一步规定了申请文件的修改时机和方式，其中《专利法实施细则》第51条第1款规定的是主动修改的时机，第51条第3款规定的是答复审查意见通知书时的修改方式。本章围绕专利代理实务中申请文件修改的重点、难点和热点，在第一节和第二节中先进行理论介绍，再在第三节中通过具体案例说明专利申请实践中如何正确理解《专利法》第33条的规定以及如何在修改申请文件时满足《专利法》第33条规定的要求。

第一节　专利申请文件修改的时机和方式

　　申请人对专利申请文件的修改通常包括两种方式：一种是申请人主动对专利申请文件作出的修改，下称主动修改；另一种是申请人针对审查意见通知书中指出的缺陷对申请文件作出修改，下称被动修改。这两种修改方式应当分别符合《专利法实施细则》第51条第1款和第3款的规定。

1　主动修改

　　《专利法实施细则》第51条第1款规定："发明专利申请人在提出实质审查请求

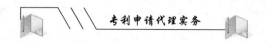

时以及在收到国务院专利行政部门发出的发明专利申请进入实质审查阶段通知书之日起的 3 个月内,可以对发明专利申请主动提出修改。"上述条款限制了申请人主动修改发明专利申请文件的时机。符合该修改时机规定的修改将依据请求原则被接受,不符合该修改时机规定的修改原则上不被接受。因此,若申请人希望主动修改,应尽可能地在《专利法实施细则》第 51 条第 1 款规定的时机之内提出,否则所作的主动修改有可能不被接受。下面针对该条款的内容释义和适用分别进行介绍。

1.1 《专利法实施细则》第 51 条第 1 款释义

《专利法实施细则》第 51 条第 1 款之所以规定发明专利申请的主动修改时机,是考虑到发明专利申请的申请人在申请日之后经过一段时间,可能主动发现了其申请文件中存在的一些缺陷,并希望能够通过修改申请文件来消除这些缺陷。而在实质审查开始之前给予申请人这种修改机会,就可以在发明专利申请的实质审查过程中针对更能反映申请人意愿的申请文件进行审查,既更好地保护申请人的利益,又能够节省审查时间、缩短审查周期。

对上述条款的理解应注意把握三个关键点:"一个时间点和一个时间段"、"可以"和"主动"。

第一个关键点是"一个时间点和一个时间段",其中"一个时间点"是指提出实质审查请求时,"一个时间段"是指收到国家知识产权局专利局发出的发明专利申请进入实质审查阶段通知书之日起的 3 个月内。《专利法实施细则》第 51 条第 1 款规定的修改时机可以形象地用图 4 - 1 表示(横轴为时间轴):

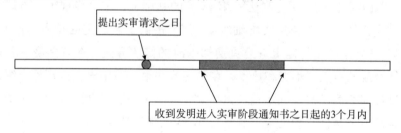

图 4 - 1　主动修改时机示意图

第二个关键点是"可以",这是对申请人主动修改权的赋予,申请人在符合上述时机规定的情况下,有作出修改或不作任何修改的选择权。

第三个关键点是"主动",这里的"主动"是相对其他涉及专利申请文件修改的法律法规而言的。例如,《专利法实施细则》第 51 条第 3 款规定答复审查意见通知书时的修改应当针对审查意见通知书指出的缺陷进行,《专利法实施细则》第 61 条第 1 款规定在复审程序中修改应当仅限于消除驳回决定或者复审通知书指出的缺陷。相比之下,在《专利法实施细则》第 51 条第 1 款规定的主动修改时机内,申请人可以自主地决定对哪部分内容进行修改。当然,其所作的修改内容与范围只有在符合《专利法》第 33 条规定的情况下才能被允许。

1.2 　《专利法实施细则》第 51 条第 1 款适用

申请人在《专利法实施细则》第 51 条第 1 款规定的主动修改时机内修改申请文件，具有较大的自由度，只要不超出原说明书和权利要求书记载的范围即可；但缺点在于时间较短，"一个时间点和一个时间段"的机会转瞬即逝，因此申请人应当特别注意把握时机。

首先，根据《专利法实施细则》第 51 条第 1 款的规定，申请人可以在上述"一个时间点和一个时间段"的时机内多次提交主动修改文件。如果实质审查开始时，申请人所提交的最后一次修改文件是其在上述时机内提交的主动修改文件，那么无论该修改在内容和范围上是否超范围，进行实质审查时将以申请人的经过该主动修改的申请文件作为审查文本。申请人在上述时机先后多次提交主动修改文件的，将以最后一次提交的申请文件为审查文本❶。

例如，申请人在申请日提交的申请文件包括权利要求第 1～10 项、说明书第 0001～0045 段❷和说明书摘要。申请人于 2010 年 2 月 1 日提出实审请求，同时提交申请文件修改内容的相关替换部分，即此次修改中将权利要求书修改为权利要求第 1～20 项，并将原说明书第 0005～0012 段修改为 0005～0018 段（与此相应原说明书第 0013～0045 段应当向后推至第 0019～0051 段）；于 2011 年 8 月 20 日收到发明进入实质审查阶段通知书，当天修改了说明书第 0013～0018 段，又于 2011 年 8 月 30 日修改了说明书摘要。此后，未再进行主动修改。那么，实质审查一开始所针对的审查文本将是申请人 2010 年 2 月 1 日提交的权利要求第 1～20 项，说明书第 0005～0012 段，2011 年 8 月 20 日提交的说明书第 0013～0018 段、申请日提交的说明书第 0001～0004 段和第 0013～0045 段（相当于最后的说明书中的第 0019～0051 段），以及 2011 年 8 月 30 日提交的说明书摘要。

其次，《专利法实施细则》第 51 条第 1 款并没有限制申请人主动修改的方式，符合该修改时机规定的主动修改即使扩大了权利要求的保护范围或者增加了新的权利要求，也会被接受作为审查基础。例如，申请人认为权利要求请求保护的范围过小，希望主动扩大保护范围，如删除独立权利要求中的某个技术特征，或者把某技术特征由下位概念修改为原说明书中记载的上位概念；或者，申请人认为权利要求项数过少或请求保护的主题类型不够全面，希望根据原说明书的内容补充权利要求，如在已有方法权利要求的基础上新增产品权利要求，或者将某一实施例的内容新增为从属权利要求等。作出这些主动修改只要符合《专利法实施细则》第 51 条第 1 款规定的修改时机，则应该被接受作为审查基础。

---

❶　参见《专利审查指南 2010》第二部分第八章 4.1 的规定。

❷　目前国家知识产权局对于电子申请的说明书允许以"段"的方式替换提交，而对于纸件申请仍允许以"页"的方式替换提交。

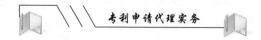

例如，原始权利要求1为：

1. 一种组合式钢床，其特征在于：床柱的侧面或者棱角上至少有两排榫孔，横梁和侧梁的两端与榫架连接，榫架上有榫头与床柱中的榫孔配合，床柱由中空型材制成。

申请人后来考虑到床柱由中空型材制成不是权利要求1的必要技术特征，故在提出实质审查请求时提交了权利要求1的修改替换页，删除了"床柱由中空型材制成"这一特征。由于其修改时机符合《专利法实施细则》第51条第1款的规定，该文件将被接受，作为继续审查的基础。

由此可见，主动修改可以更大程度地体现申请人的意愿，但是这种修改方式受到《专利法实施细则》第51条第1款规定的修改时机的限制。因此，如果申请人希望作出如《专利审查指南2010》第二部分第八章5.2.1.3所述的"不能被视为是针对审查意见通知书指出的缺陷进行的修改"的五种情形的修改，其最佳策略是在主动修改时机内提出。

再次，符合《专利法实施细则》第51条第1款规定的主动修改文本被接受作为审查基础之后，在修改的内容和范围方面还必须符合《专利法》第33条的规定，否则不被允许。这里应注意修改文本是否被接受与修改的内容和范围是否被允许之间的区别。符合《专利法实施细则》第51条第1款规定的修改只表明该修改文本的提交时间符合主动修改时机的规定，该修改文本应被接受并作为继续审查的基础，至于其中所作修改在内容和范围上是否符合《专利法》第33条的规定，还将在实质审查程序中进一步审查。

需要说明的是，主动修改文本被接受作为审查基础之后，如果在审查过程中发现该文本的修改不符合《专利法》第33条的规定，则会在第一次审查意见通知书中指出该修改超出了原说明书和权利要求书记载的范围，不被允许。这种情况下的第一次审查意见通知书可能根据不同情况采取两种不同的处理方式。一种是本着程序节约的原则，除了在第一次审查意见通知书中指出修改不符合《专利法》第33条规定外，还指出本申请存在的可能导致驳回的实质性缺陷或撰写形式方面缺陷，这样的处理方式往往有利于申请人在较为充分的时间内（第一次审查意见通知书的答复期限4个月）更加全面地修改申请文件。例如，对该主动修改文本之前最近一次提交的、且符合《专利法实施细则》第51条第1款和《专利法》第33条规定的文本提出审查意见，指出其中存在的可能导致驳回的实质性缺陷或撰写形式方面缺陷，或者对于最后一次提交的符合《专利法实施细则》第51条第1款规定的文本，针对其中修改符合《专利法》第33条规定的部分（如权利要求书）指出其存在的可能导致驳回的实质性缺陷或撰写形式方面的缺陷，同时对修改的其他部分（如说明书）指出其不符合《专利法》第33条的规定。在认为申请文件修改方向不明确的情况下，审查员也可能采用另一种处理方式，即，第一次审查意见通知书中仅仅指出作为审查基础的文本中存在不符合《专利法》第 33 条规定的缺陷，待申请人提交修改文本之后再进一步审查。对申请人而言，这就意味着可能不得不在答复中间审查意见通知书的较短期限内对进一步审查提出的新颖性、创造性问题进行处理（中间审查意见通知书的答复期限为 2 个月），而在答复第一次审查意见通知书的 4 个月期限内，仅针对修改是否超出原权利要求书和说明书记载的范围发表意见，这样不仅延长了审查程序，也浪费了第一次审查意见通知书的答复期限。

因此，为了尽可能避免出现后一种情况，专利代理人在提交主动修改文本时，不仅要注意《专利法实施细则》第 51 条第 1 款关于时机的规定，还要核实修改的内容和范围，使其符合《专利法》第 33 条的规定。在提交专利申请文件修改的同时，尽可能地对所作修改进行具体说明，论述修改符合上述两个条款规定的理由。

最后，申请人在上述规定的主动修改时机之外对申请文件进行主动修改，通常都不会被审查员接受，但考虑到专利审查的效率，《专利审查指南 2010》还规定了一种例外情况❶：申请人作出的修改虽然不符合《专利法实施细则》第 51 条第 1 款的规定，但是该修改消除了原申请文件存在的应当消除的缺陷，又符合《专利法》第 33 条的规定，且申请具备授权前景，由于在该修改的基础上进行审查有利于节约审查程序，因此可以接受该修改文本。在本节 "2.1《专利法实施细则》第 51 条第 3 款释义" 和 "2.2《专利法实施细则》第 51 条第 3 款适用" 中，还将对此情形作进一步说明。上述例外情形的条件相对严格，在修改自由度上受到很大的限制，所以对申请人来说，主动修改应当尽可能在《专利法实施细则》第 51 条第 1 款规定的 "一个时间点和一个时间段" 内提交。

2 被 动 修 改

《专利法实施细则》第 51 条第 3 款规定："申请人在收到国务院专利行政部门发出的审查意见通知书后对专利申请文件进行修改的，应当针对通知书指出的缺陷进行修改。"上述条款是对申请人在答复审查意见通知书时修改申请文件方式的规定：针对通知书指出的缺陷进行修改。相对于主要受时机限制的主动修改而言，被动修改的特点是在修改的内容方面进一步受到审查意见通知书内容的限制，因此被动修改的局限性更大。下面仍然分为释义和适用两个方面对该条款内容进行介绍。

2.1 《专利法实施细则》第 51 条第 3 款释义

《专利法实施细则》第 51 条第 3 款规定的关键在于 "应当针对通知书指出的缺陷进行修改" 这一要求。将修改限制在 "针对通知书指出的缺陷" 上，是因为在答复审查意见通知书时专利审查部门已经开始对专利申请进行实质审查，审查员对申请文件

---

❶ 参见《专利审查指南 2010》第二部分第八章 4.1 的规定。

进行了阅读、理解、检索和评价，相应地在审查意见通知书中指出审查过程中发现的问题。如果申请人不针对指出的问题进行修改，而是按照自己的意愿任意地修改申请文件，不仅不利于解决审查中已发现的问题，而且还有可能造成新的问题，导致审查程序的延长和行政资源的浪费。

因此，如果申请人答复审查意见通知书时所作的修改不是"针对通知书指出的缺陷"进行的，通常不会被接受。但是，也存在例外情形：申请人的修改方式虽然与审查意见通知书所指出的缺陷无关，但是其修改的内容和范围既没有超出原说明书和权利要求书记载的范围，客观上又消除了申请文件存在的缺陷，且申请具备授权前景。由于这种修改有利于提高审查效率和节约审查程序，因此申请文件的修改文本可能会被接受。需要特别提请申请人和专利代理人注意的是，《专利审查指南2010》第二部分第八章 5.2.1.3 中列出了五种不能被视为是"针对通知书指出的缺陷"进行修改的情形：

① 主动删除独立权利要求中的技术特征，扩大了该权利要求请求保护的范围；

② 主动改变独立权利要求中的技术特征，导致扩大了请求保护的范围；

③ 主动将仅在说明书中记载的与原来要求保护的主题缺乏单一性的技术内容作为修改后权利要求的主题；

④ 主动增加新的独立权利要求，该独立权利要求限定的技术方案在原权利要求书中未出现过；

⑤ 主动增加新的从属权利要求，该从属权利要求限定的技术方案在原权利要求书中未出现过。

可以看出，上述五种情形有一个共同的特点，即它们是在审查员已经审查过的权利要求书的基础上主动"另起炉灶"，或是新增了权利要求，或是"主动"扩大了独立权利要求的保护范围，这些新增加的内容是在此之前的审查过程中没有审查过的，所以不是针对审查意见通知书中所指出的缺陷作出的修改，不能被接受。

2.2 《专利法实施细则》第 51 条第 3 款适用

如果申请人答复审查意见通知书时的修改方式不符合《专利法实施细则》第 51 条第 3 款的规定，那么这样的修改通常不被接受，不能作为继续审查的文本。但存在前面所述的例外情形也可能被接受，即所作修改虽然不是针对审查意见通知书所指出的缺陷进行的，但其既没有超出原说明书和权利要求书记载的范围，客观上又消除了申请文件存在的缺陷且申请具备授权前景的情形，那么该修改仍可能被接受。需要说明的是，对这种例外情况有相当严格的限制，因此，申请人答复审查意见通知书时，如需修改申请文件，应当尽可能地使所作修改与审查意见通知书中给出的审查意见相对应。

现仍以前面的组合式钢床一案为例加以说明。原申请文件中的权利要求 1 为：

1. 一种组合式钢床，其特征在于：床柱的侧面或者棱角上有例如至少两排榫孔，横梁和侧梁的两端与榫架连接，榫架上有榫头与床柱中的榫孔配合，床柱由中空型材制成。

第一次审查意见通知书中指出该独立权利要求 1 不具备新颖性。对此，申请人对该独立权利要求 1 作了如下三方面的修改：①将榫头的形状结构进一步限定为"榫架上的榫头由榫架直角棱角或面上的开孔片构成，开孔片一边与榫架相连，并从此向外张开，开孔片呈平滑过渡的弧形或锥形"，由此克服通知书中所指出的不具备新颖性的缺陷；②删除了权利要求 1 中的"例如"，以消除原权利要求 1 所存在的权利要求未清楚限定要求专利保护范围的缺陷；③删除了权利要求 1 中的非必要技术特征"床柱由中空型材制成"。

上述三处修改中，第①项修改是针对审查意见通知书所指出的缺陷进行的，可以被接受。而第②、③两项修改都不是针对审查意见通知书所指出的缺陷进行的，通常不能被接受。但在上述案例中，第②项修改，即删除权利要求中"例如"一词，既没有超出原说明书和权利要求书记载的范围，又消除了原权利要求存在的未清楚限定要求专利保护范围的缺陷，同时有利于节约审查程序，故很可能会被接受，因此这种情况下的上述修改也是专利代理人可以考虑的。而对于上述第③项修改，即使该修改没有超出原说明书和权利要求书记载的范围，也不可能被接受，因为该修改方式属于"主动删除独立权利要求中的技术特征，扩大了该权利要求请求保护的范围"的情况，即《专利审查指南 2010》第二部分第八章 5.2.1.3 列出的五种"不能被视为是针对通知书指出的缺陷进行的修改"的情形之一。

在修改文本不予接受的情况下，审查员会发出审查意见通知书，说明不接受该修改文本的理由，要求申请人在指定期限内提交符合《专利法实施细则》第 51 条第 3 款规定的文本。到指定期限届满日为止，若申请人所提交的文本仍然不符合上述规定，则审查员将针对修改前的文本继续审查，如作出授权或驳回决定。[1] 例如，审查员针对申请人在 A 日提交的申请文件发出第 N 次审查意见通知书，申请人在答复该通知书时（B 日）提交了申请文件的修改替换页，审查员收到该答复文件后发出第 N + 1 次审查意见通知书，告知 B 日所提交的修改文件不是针对第 N 次审查意见通知书指出的缺陷进行的，不符合《专利法实施细则》第 51 条第 3 款的规定。那么，如果申请人在答复第 N + 1 次通知书的期限内再次提交的文件仍然不符合《专利法实施细则》第 51 条第 3 款的规定，则审查员将针对之前 A 日提交的文本继续进行审查，例如可以直接作出授权或驳回决定。所以，尽管《专利法实施细则》第 51 条第 3 款不属于《专利法实施细则》第 53 条规定的可驳回条款，但如果申请人已经被告知过某修改文本不符合《专利法实施细则》第 51 条第 3 款规定，且在该修改文本之前可以接受的

---

[1] 参见《专利审查指南 2010》第二部分第八章 5.2.1.3。

第四章

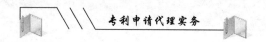

文本存在已经告知过的可驳回缺陷，若再次修改的文本仍然不符合《专利法实施细则》第51条第3款的规定，审查员可以直接依据之前可以接受的文本作出驳回决定。

相比之下，申请人在《专利法实施细则》第51条第1款规定的主动修改时机内修改申请文件具有较大的自由度，只要不超出原说明书和权利要求书记载的范围即可，缺点在于时机比较短暂；而在《专利法实施细则》第51条第3款规定的时间内，申请人将再次获得修改机会，但此时修改受到较大的限制，不可"另起炉灶"，否则修改文件很可能不被接受，导致审查程序的延长。

第二节　专利申请文件修改的内容和范围

正如前面所指出的，《专利法》第33条对专利申请文件修改的内容和范围作出了具体规定，不论是申请人的主动修改，还是针对国家知识产权局专利局发出的审查意见通知书所指出的缺陷作出的被动修改，都应当符合《专利法》第33条的规定，因此对于申请人和专利代理人来说，正确理解《专利法》第33条的释义和适用范围是十分重要的。

1　《专利法》第33条释义

《专利法》第33条规定："申请人可以对其专利申请文件进行修改，但是，对发明或者实用新型专利申请文件的修改不得超出原说明书和权利要求书记载的范围，对外观设计专利申请文件的修改不得超出原图片或者照片表示的范围。"

上述规定既赋予了申请人修改专利申请文件的权利，又对申请人修改专利申请文件的内容和范围作出了限制。在本章开篇已经提到，《专利法》第33条的立法本意一方面是赋予申请人修改的权利，以免申请文件中表述不准确、保护范围不恰当等缺陷妨碍专利信息的传播利用并影响专利权的稳定性，提高专利申请文件的质量，确保专利制度的应有价值；另一方面又要对修改的内容和范围进行限制，以防申请人在修改专利申请文件时加入新的内容获取不正当利益，违背我国专利制度所立足的先申请原则。

对《专利法》第33条规定的理解应当注意以下三个方面。

首先，《专利法》第33条规定中的"原"是指申请日提交的申请文件，不包括作为优先权基础的在先申请文件。对于国际申请来说，申请人在申请日向受理申请的国际局递交的申请文件即为原始申请文件。因此，国际申请进入中国国家阶段之后，如果发现译文错误，在办理改正译文错误手续后，可以依据原始提交的国际申请的内容进行修改。

其次，《专利法》第33条规定中的"说明书和权利要求书"，包括权利要求书和

第四章

说明书的文字部分以及说明书附图部分，但不包括说明书摘要。

最后，根据《专利审查指南2010》第二部分第八章5.2.1.1的规定，《专利法》第33条的"原说明书和权利要求书记载的范围"的含义包括两部分：原说明书和权利要求书文字记载的内容；根据上述文字记载的内容以及说明书附图（以下可简称为原申请记载的信息，或者简称为原说明书和权利要求书记载的信息）能直接地、毫无疑义地确定的内容。对于"不得超出原说明书和权利要求书记载的范围"这一要求的评价标准，《专利审查指南2010》第二部分第八章5.2.3进一步规定："如果申请的内容通过增加、改变和/或删除其中的一部分，致使所属技术领域的技术人员看到的信息与原申请记载的信息不同，而且又不能从原申请记载的信息中直接地、毫无疑义地确定，那么，这种修改就是不允许的"。换言之，如果修改后的内容或者修改时增加的内容在原说明书和权利要求书中有记载，或者虽无文字记载但能从原说明书和权利要求书记载的信息中直接地、毫无疑义地确定，那么所作修改就没有超出原说明书和权利要求书记载的范围，符合《专利法》第33条的规定。

2　《专利法》第33条适用

《专利法》第33条的适用，重点和难点在于掌握"直接地、毫无疑义地确定"这一判断标准。下面先从判断主体、判断客体以及与"得到说明书支持"的判断标准的区别等三个方面对这一判断标准进行理论层面的解读，在第三节"案例"中，再结合具体案例更加直观、形象地解读上述判断标准。

（1）判断主体

虽然《专利法》第33条的规定中没有提到判断主体，但是从立法本意来看，专利申请文件的理解应当站在所属技术领域的技术人员的角度，因此判断能否"直接地、毫无疑义地确定"的主体也应当与判断创造性、判断说明书是否充分公开发明等问题的主体一致，即其判断主体也应当是"所属技术领域的技术人员"。

（2）判断客体

一项权利要求请求保护的技术方案是由技术特征组成的，通过增加、删除和/或改变技术特征，可以形成不同的技术方案。因此判断修改是否超出原说明书和权利要求书记载的范围时，仅核实单个技术特征是否在原权利要求书和说明书中有记载是不够的，还必须以修改后的各技术特征的总和——技术方案为对象，判断该技术方案是否超出原说明书和权利要求书记载的范围。

例如，申请人在修改后的权利要求书中新增加一项从属权利要求8，其限定部分的技术特征是"所述底板为金属"，经核实申请文件，虽然在原说明书中确实存在着"底板是金属"的文字记载，但此处是针对具体实施方式A的情形说明可采用金属底板，而新增加的从属权利要求8的引用关系决定了它对应的是具体实施方式B，并且根据原申请文件的记载，A 与 B 是两个相互独立的技术方案，在具体实施方式 B 中写明其底板为陶瓷材料，且此底板材料的选择与该实施方式 B 中该产品的结构密切相关，因此所属领域技术人员并不能直接地、毫无疑义地确定在具体实施方式 B 情形下仍然有可能使用金属底板。由此可知，虽然上述从属权利要求 8 限定部分的技术特征本身在原说明书中有相同的文字记载，但修改后的技术方案仍然超出了原说明书和权利要求书记载的范围。

（3）与"得到说明书支持"的判断标准的区

实践中，一些申请人会在答复审查意见通知书的意见陈述书中强调其修改后的权利要求得到了说明书的支持。然而，应当注意的是，"得到说明书支持"说明其满足《专利法》第 26 条第 4 款所规定的"权利要求书以说明书为依据"的要求，但其与《专利法》第 33 条规定所涉及的判断标准不完全相同。得到说明书支持与否，仅针对权利要求书而言，判断标准是"权利要求书能够从说明书充分公开的内容中得到或概括得出"；而"修改超出原说明书和权利要求书记载的范围"涉及的判断标准是"所作修改能够从原说明书和权利要求书记载的信息中直接地、毫无疑义地确定"。所以对于申请人和专利代理人来说，在针对"不符合《专利法》第 33 条规定"的审查意见时，不要以"修改后的权利要求得到说明书的支持"作为争辩"所作修改未超出原说明书和权利要求书记载的范围"的依据，而应当从"所作修改能够从原说明书和权利要求书记载的信息中直接地、毫无疑义地确定"这一角度说明所作修改符合《专利法》第 33 条的规定。

第三节　案　例

前面第一节和第二节从理论上对《专利法》第 33 条和《专利法实施细则》第 51 条第 1 款和第 3 款进行了阐述。在发明专利申请的实质审查过程中，审查员对于上述法律法规的适用顺序是：首先判断修改的时机和方式是否符合《专利法实施细则》第 51 条的相关规定，符合规定的修改文本予以接受，作为审查基础，然后再根据《专利法》第 33 条的规定判断该修改的内容和范围是否超出原申请说明书和权利要求书记载的范围。不符合《专利法实施细则》第 51 条第 1 款或第 3 款规定的文本将不予接受，可以不再进一步判断其修改是否符合《专利法》第 33 条的规定。

鉴于"不符合《专利法》第 33 条的规定"是《专利法实施细则》第 53 条所规定的可驳回条款之一，专利申请实践中如何掌握专利申请文件的修改是否超出原说明书和权利要求书记载范围的判断标准近来已成为专利申请人和专利代理人关注的热点问题之一。本节针对机械领域常见的几种修改情形（增加内容、删除内容、基于附图信息的修改等）通过一些案例来解读专利代理实务中对《专利法》第 33 条的理解和适用，以帮助专利申请人和专利代理人掌握修改是否超出原说明书和权利要求书记载范围的判断标准。

需要说明的是：在下述各种情形中，不考虑修改时机和方式是否符合《专利法实施细则》第 51 条第 1 款或第 3 款的规定，仅涉及判断修改的内容和范围是否符合《专利法》第 33 条的规定。

1　增加内容

增加内容是专利申请实践中常见的修改情形，所增加的内容既可以出现在权利要求书中，也可以出现在说明书部分，甚至出现在说明书附图中。对于这种增加内容的修改，总的判断原则是：如果申请人补充的信息在原说明书和权利要求书中已有完全相同的记载，或者虽无完全相同的记载，但所属技术领域的技术人员由原说明书和权利要求书文字记载的内容以及说明书附图可以直接地、毫无疑义地确定，那么该修改符合《专利法》第 33 条的规定；反之，则不符合《专利法》第 33 条的规定。

【案例 4 – 1】[1]

本申请涉及一种极谱传感器，原从属权利要求 24 为：

24. 按照权利要求 23 所述的装置，其中丙三醇的浓度为 5% ~ 20%。

原申请文件的说明书中也没有明确上述百分比是以什么为计量基础。

申请人为了使上述百分比含义更加清楚，主动将上述权利要求修改为：

24. 按照权利要求 23 所述的装置，其中丙三醇的浓度为 5% ~ 20% 体积比。

【分析】

虽然按照所属技术领域惯常的方式，液体溶液的浓度习惯采用体积比，但这种所属技术领域的"惯常认识"不等同于"直接地、毫无疑义地确定的信息"，不能由此说明所属技术领域的技术人员根据现有技术和原始文件的记载能够直接地、毫无疑义地确定上述百分数一定就是体积比或者重量比。因为以百分数表示的溶液浓度可以表示多种含义，例如质量/质量，质量/体积，体积/体积，物质的量/物质的量等，而本案例中申请人并没有提供合理的理由来说明其技术方案中的丙三醇浓度只可能取体积比，不存在取其他单位比的可能性。因此，上述修改实际上是将原申请文件中没有明确说明的内容明确化，而这种明确不具有唯一可能性，在原申请文本没有明确记载的情况下，所属技术领域的技术人员并不能直接地、毫无疑义地确定原权利要求 24 记载的"5% ~ 20%"就是指体积比，上述修改不符合《专利法》第 33 条的规定。

在实践中，像本案例这种增加内容的修改方式非常常见。往往是申请人发现原申请文件记载的内容不够详细充分，而向其中补充自认为是公知常识的信息。但是，如果所补充的信息是所属技术领域公知常识中所采用的最常见技术手段之一，那么由于

---

❶　该案例改编自专利复审委员会第 11490 号复审请求审查决定。

该信息对所属技术领域的技术人员而言并不是唯一的选择可能性，这种增加内容的修改也是不允许的。在专利代理实践中，专利代理人若遇到这种情况时，可以协助申请人确认，其所想补充的信息是否为所属技术领域公知常识中的唯一技术手段，只有证明其是唯一可能选择的手段才可以补充到申请文件，此时最好能够同时提供相关的证据证明，或者能够提供充分的理由予以说明。否则，建议申请人不要补充，而是在审查员提出质疑时再在意见陈述书中进行解释；当然，如果申请人想补充到申请文件中的内容既不是所属技术领域公知常识中的唯一技术手段，且不补充到申请文件中又会影响所属技术领域的技术人员对技术方案的理解，则建议申请人删除相关的技术方案，或者先不主动修改，待审查员指出相关缺陷之后再作删除。

【案例 4 - 2】

本申请涉及一种往复式压缩机结构，原权利要求中记载的一个特征为"采用填料函密封"，审查意见通知书中指出"填料函"含义不清楚。

申请人在修改文本的说明书中增加了以下内容："填料函密封是指借助填料阻塞泄漏通路的密封方式，可用于往复或旋转运动的接触式动密封，主要包括软填料密封和硬填料密封两类。"

【分析】

由于填料函密封是机械领域的一个公知术语，并且其就是如上述的含义，因此修改内容可以直接地、毫无疑义地确定，所作修改未超出原说明书和权利要求书的记载范围。

在理解本案例时需要注意的是，并非所有的公知常识内容均可加入申请文件中。如【案例 4 - 1】的情形，虽然增加内容也属于公知常识，但并不是公知常识中唯一可能的技术手段，因此也不符合直接地、毫无疑义地确定这一判断标准。一般情况下，有关公知常识中唯一可能的技术手段的内容在加入申请文件前后并不会导致申请文件内容的实质性变化，因而在修改申请文件时为了避免争议，尽可能不将其补充到申请文件中为宜。对本案例而言，完全不必在说明书中主动增加上述修改内容，即使当通知书中指出该权利要求书因"填料函"导致该权利要求未清楚限定保护范围时，也倾向于不采用将有关内容补入说明书的修改方式，而是通过举证说明"填料函密封"是所述技术领域公知的、且具有唯一确定含义的技术名词。

【案例 4 - 3】

本申请涉及一种杯子，原权利要求 1 和 2 为：

1. 一种杯子，带有弹性材料制成的防滑手柄。

2. 一种杯子，带有由隔热材料制成的保温盖。

原说明书中记载"根据本发明第一个要解决的技术问题，提供了一种具有弹性防滑手柄的杯子……根据本发明另一个要解决的技术问题，还可以使杯子具有隔热保温盖"，并分别给出两个实施方式，对应于上述两个权利要求。在具体实施方式部分，没有给出同时带有弹性材料制成的防滑手柄和由隔热材料制成的保温盖的杯子的实施方式，只是在说明书的最后提及，本发明的上述两个实施方式中解决技术问题的技术手段可以组合使用，以同时解决两个技术问题。

审查员指出两个权利要求之间不具备单一性后，申请人将权利要求1、2修改为：

1. 一种杯子，带有弹性材料制成的防滑手柄。

2. 如权利要求1所述的杯子，其还带有由隔热材料制成的保温盖。

【分析】

与前面两个案例不同，本案例中新增加的权利要求2不是单纯地补充原申请文件未记载过的信息，而是将原申请文件中记载的几个分离的特征进行组合。这也是实践中一种常见的修改形式，例如，将仅在一个实施方式中描述的某个特征增加到其他实施方式中，或者在一个独立权利要求中增加原本并不引用该独立权利要求的某一权利要求中的某个特征，从而组合形成一个新的技术方案。

对于这种情形，判断修改是否超出原说明书和权利要求书记载范围时需要注意的是，构成修改后的技术方案的各个特征本身在原申请文件中有记载，并不意味这些特征重新组合后的技术方案不超出原说明书和权利要求书记载的范围，需要根据原申请文件记载的信息判断能否直接地、毫无疑义地确定由这些分离特征组合在一起构成的修改后的技术方案。也就是说，重点在于判断这种新增加的组合关系是否能够从原说明书和权利要求中直接地、毫无疑义地确定。如果将原申请文件中的几个分离的特征，改变成一种新的组合，而原申请文件中没有明确提及这些分离特征彼此间的关联，则这种修改得到的组合技术方案是超出原说明书和权利要求书记载范围的。

在本案例中，对杯盖和杯柄的改进分别记载在两个具体实施方式中，但在说明书最后提及的内容明示了带有弹性材料制成的防滑手柄和带有由隔热材料制成的保温盖可以组合使用，而且对于本技术领域的技术人员而言，上述两个改进措施并不矛盾，显然可以并存，因此修改后的权利要求2的技术方案可以从原说明书和权利要求书记载的内容直接地、毫无疑义地确定，符合《专利法》第33条的规定。

在理解这个案例时，应当注意原申请文件中是否明确提及分离特征之间的组合关系。如果未提及分离特征之间的组合关系，且所属技术领域的技术人员也不能直接地、毫无疑义地确定它们之间的关系，则将其改变成新的组合，是超出原说明书和权利要求书记载范围的。对于重新组合的技术方案是否超出原说明书和权利要求书记载范围的判断，可参见后面的【案例4-17】。

这里从撰写角度给专利代理人提出一个建议，如果申请人提出的技术方案相对于现有技术作出了多个改进之处，而这些改进之处既可以单独存在，也可以组合在一起使技术方案更加完善，则在说明书中除了记载包含单个改进之处的方案之外，最好再明确说明各改进之处可以具有组合关系，并尽可能提供一些将这些改进之处组合使用的实施方式，以便为后续审查程序中的修改留有余地。

第四章

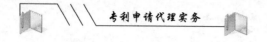

2 删除内容

通常而言，删除原申请文件中记载的多个并列技术方案中的一个或几个是允许的，而删除一个整体技术方案中的个别技术特征会导致相关技术方案的内涵扩大。因此，在删除一个技术方案中的个别技术特征时，应当仔细阅读原申请文件，仅仅当删除该内容后所形成的技术方案在原说明书和权利要求书中有记载或者能够从原说明书和权利要求书记载的信息中直接地、毫无疑义地确定时，才可以从该技术方案中删除该技术特征。

如果从独立权利要求中删除原申请文件中明确认定为必要技术特征的那些技术特征，即删除在原说明书中始终作为发明的必要技术特征加以描述的那些技术特征，则这种删除会导致出现不包含该必要技术特征的技术方案，而这一方案并未记载在原说明书和权利要求书中，也不能由原说明书和权利要求书记载的信息直接地、毫无疑义地确定，所以是不允许的。如果删除的内容在原申请文件中并未明确认定为必要技术特征，例如从权利要求中删除一个限定性术语，或者从权利要求中删除关于方案具体应用范围的限定性内容，则需要结合原说明书和权利要求书中对该被删除内容在相关技术方案中存在必要性等描述，判断删除后形成的方案是否能够由原说明书和权利要求书记载的信息直接地、毫无疑义地确定。

【案例 4 - 4】

本申请涉及一种原子能发电设备，原始申请文件中均指明其中细孔是在"$0.45\mu m$ 以下"，而没有单独出现"细孔"，申请人在提出实质审查请求时把权利要求 1 中的特征"$0.45\mu m$ 以下的细孔"修改为"细孔"。

【分析】

本案例中，原申请文件中"$0.45\mu m$ 以下的"这一定语始终修饰"细孔"一词，且由原说明书记载的内容来看，本发明的改进与细孔直径的选择密切相关，因而删除"$0.45\mu m$ 以下的"这一限定扩大了权利要求的保护范围，这种扩大引入了原申请文件中未记载的新信息，显然不能由原说明书和权利要求书记载的内容直接地、毫无疑义地确定。专利代理人应当注意在实践中避免采用这种修改方式。

【案例 4 - 5】

本申请涉及一种用于光纤端面加工的掩膜板，原权利要求 1 为：

1. 一种用于光纤端面加工的掩膜板，主要包括玻璃基板（1）、Au/Cr 层（2）、镀镍层（3），玻璃基板（1）在最上层，中间为 Au/Cr 层（2），下层为镀镍层（3），玻璃基板（1）、Au/Cr 层（2）、镀镍层（3）之间通过胶联或键合连接，其特征在于：该掩膜板还包括微孔（4），该微孔（4）位于镀镍层（3）上。

从原申请文件中背景技术和所要解决的技术问题来看，均是针对光纤端面加工应用的掩模板设计。

申请人在主动修改时将权利要求的保护主题修改为"一种掩模板"。

【分析】

在本案例中，从原说明书记载来看，"用于光纤端面加工的"是"掩模板"的具体应用范围，该应用范围的限定也是技术方案中的必要技术特征，而删除该具体应用范围特征则将"掩模板"扩大到一切可能的应用范围，引入了原申请文件中未记载的新信息，显然所作修改超出了原申请文件记载的范围，不符合《专利法》第 33 条的规定。在专利代理实践中，申请人和专利代理人应当避免作出这种修改。

【案例 4 - 6】

本申请涉及一种汽车同步器齿圈坯件及其加工方法，原权利要求 1 和 2 为：

1. 一种汽车同步器齿圈坯件，其特征在于：以圆钢为坯料，通过锻压辗环加工，制得成品齿圈坯件，该成品齿圈坯件的内径为 50 ~ 78mm，壁厚为 10 ~ 15mm，高度为 45 ~ 60mm。

2. 一种加工如权利要求 1 所述的汽车同步器齿圈坯件的方法，其特征在于包括以下步骤：

a. 下料，依据成品齿圈坯件的尺寸计算其净重量，在该净重量的基础上加上火耗 2% ~ 5% 和冲孔连皮消耗 70 ~ 80 克，确定下料重量；

……

审查意见通知书指出，权利要求 1 的产品不具备创造性，为了克服通知书指出的权利要求 1 不具备创造性缺陷，申请人删除了权利要求 1，并适应性地删除权利要求 2 与权利要求 1 的引用关系。修改后的权利要求为：

1. 一种加工汽车同步器齿圈坯件的方法，其特征在于包括以下步骤：

a. 下料，依据成品齿圈坯件的尺寸计算其净重量，在该净重量的基础上加上火耗 2% ~ 5% 和冲孔连皮消耗 70 ~ 80 克，确定下料重量；

……

【分析】

在原权利要求书中，权利要求 1 中的产品特征会对权利要求 2 的方法产生限定作用，权利要求 2 的方法与权利要求 1 中成品齿圈坯件的产品尺寸具有一定的对应关系，例如，权利要求 2 中的特征"在该净重量的基础上加上火耗 2% ~ 5% 和冲孔连皮消耗 70 ~ 80 克"，适用于权利要求 1 限定的"内径为 50 ~ 78mm，壁厚为 10 ~ 15mm，高度为 45 ~ 60mm"的汽车同步器齿圈坯件，而对于更小的汽车同步器齿圈坯件（例如用于微型车等的汽车同步器齿圈坯件）或更大的汽车同步器齿圈坯件（例如用于重型车辆等的汽车同步器齿圈坯件），其所需考虑的火耗和冲孔连皮消耗显然不可能相同，因此，申请人将原权利要求 2 直接上升为权利要求 1 时删除了其中引用的产品特征，得到的技术方案不能由原始申请文件中记载的技术方案直接地、毫无疑义地确

第四章

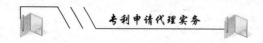

定，也属于不符合《专利法》第 33 条规定的修改。

【案例 4 - 7】

本申请涉及一种圆跳动量具，原权利要求 1 为：

1. 一种端面对基准孔圆跳动量具，它包括固定测头（3）、支架（5）、芯轴（6）和百分表（7），其特征在于：支架（5）用其内孔和螺栓（1）固定在芯轴（6）的上端，百分表（7）装在支架（5）与其对应的开槽孔中，通过拧紧螺栓（2）将其固定，固定测头（3）装在支架（5）另一端与百分表孔相对于芯轴轴线对称的螺纹孔中，用螺母（4）将其固定在适当的位置，芯轴（6）在基准孔 Φ 中应能自由滑动和转动，配合间隙按 H8/g6。

申请人在主动修改时将"配合间隙按 H8/g6"从权利要求 1 中删除，作为新增加的从属权利要求 2 限定部分的技术特征。

原说明书的部分具体实施方式中没有使用上述配合间隙。

【分析】

根据原说明书实施方式的记载，可以直接地、毫无疑义地确定，"配合间隙按 H8/g6"对权利要求 1 所保护的圆跳动量具并不是必要技术特征，不含该特征的方案已经在说明书中的部分实施方式中有所记载，因此删除上述非必要技术特征是允许的。

反之，《专利审查指南 2010》中明确规定，删除原申请始终作为发明的必要技术特征出现的特征，是不允许的。这里的必要技术特征不仅仅是指说明书中声称的发明相对于现有技术的改进之处，以下几种情况都属于一旦删除就可能造成技术方案修改超范围的必要技术特征：①原申请中明示该技术特征是必要技术特征；②根据发明所要解决的技术问题，可以直接地、毫无疑义地确定该特征是达到发明效果所必不可少的；③该特征与技术方案当中记载的其他特征密切关联，删除该特征后还需改进其他特征进行弥补，以实现未删除该特征时发明获得的技术效果❶。上述三种情况都是申请人拟删除技术方案中的特征时需要考虑的。

【案例 4 - 8】

本申请涉及一种紧固系统，原权利要求 1 为：

1. 一种用来以预定量值的夹紧载荷把结构工件固定在一起的紧固系统，包括：
……

一个紧固件，包括……支撑套管（146），其长度（L1）略小于所述凸缘（114，116）之间的内部距离（D1）。

审查意见通知书中指出权利要求 1 中的"略小于"一词不清楚，申请人在修改时

---

❶ 这种情况同样适用于从属权利要求中的附加技术特征，如果从属权利要求限定部分的两个附加技术特征对于进一步解决的技术问题是密不可分的技术手段，则删去其中一个技术特征会造成该权利要求的保护范围不清楚，在这种情况下国家知识产权局也会认为修改超出了原说明书和权利要求书的记载范围。

删除了其中的"略"字。

根据说明书的记载，支撑套管 146 的作用是支撑在上下两个凸缘 114 与 116 之间，工作时凸缘 114 和 116 卡在被紧固对象上，通过螺丝拧紧加固。

紧固系统如图 4 – 2 所示：

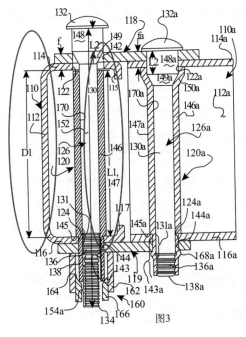

图 4 – 2　紧固系统剖视图

【分析】

从紧固系统的工作原理可知，"略"一词在本申请权利要求中的的含义是，支撑套管 146 的长度 L1 比凸缘 114、116 之间的内部距离 D1 稍微小一点，以达到支撑凸缘进行紧固的技术效果，所以"略"并没有导致权利要求的保护范围不清楚，反而是一种必要的限定。删除"略"一词后，特征变为"包括……支撑套管（146），其长度（L1）小于所述凸缘（114，116）之间的内部距离（D1）"，包含了 L1 比 D1 小很多的情形，这导致紧固系统不能够有效地实现其紧固功能，并且修改后的技术方案与修改之前明显不同，超出了原申请文件记载的范围。

提请专利代理人注意，本案例中，审查意见通知书指出的权利要求 1 不清楚的缺陷是不正确的，"略"是该技术方案所必须的限定词，专利代理人应当在意见陈述书中作出说明，对权利要求 1 不作修改。

【案例 4 – 9】❶

本申请涉及一种骨折复位固定导向器，原权利要求 1 和 2 为：

---

❶　该案例改编自专利复审委员会第 31983 号复审请求审查决定。

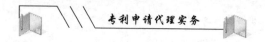

1. 一种骨折复位固定导向器，它有复位定位器，其特征在于，在复位定位器上装有导向器，其中导向器的一端连接在复位定位器上，另一端与复位定位器的定位端相应对准。

2. 如权利要求 1 所述的骨折复位固定导向器，其特征在于所述的复位定位器可是复位钳或复位钩，在复位钳或复位钩上安装导向器即可构成钳式复位固定导向器或钩式复位固定导向器。

为克服审查意见通知书中指出的说明书对"复位钩"的结构公开不充分的缺陷，申请人将权利要求 2 中有关"复位钩"的并列技术方案删除，修改后的权利要求 2 如下：

2. 如权利要求 1 所述的骨折复位固定导向器，其特征在于所述的复位定位器是复位钳，在复位钳上安装导向器构成钳式复位固定导向器。

【分析】

删除并列可选择的技术方案通常不会在申请文件中引入新的信息。本案例中的钳式复位固定导向器和钩式复位固定导向器属于并列选择关系的技术特征，相应地构成了并列可选择的技术方案，在其中某个并列技术方案公开不充分的情况下，申请人删除与之相应的技术特征，相当于从该权利要求中删除未充分公开的技术方案，因此所作删除方式的修改是允许的，符合《专利法》第 33 条的规定。

3 基于附图信息的修改

附图作为一种工程语言，往往能够比文字更形象地描述事物，也是大多数机械领域专利申请文件的重要组成部分。基于附图信息对申请文件的文字内容进行修改时，应当非常慎重，因为在很多情况下由图形给出的信息不能唯一地、确定地得到修改后文字所表达的信息，即修改后引入的文字表述不能由附图直接地、毫无疑义地确定。

鉴于附图是说明书的一个组成部分，其作用在于利用图形补充说明书文字部分的描述，因而在专利代理实践中，对于根据附图信息对申请文件的文字内容进行修改的情况，应当从以下三个方面来认定附图所给出的信息：

① 在说明书附图中，同一附图通常应当采用相同比例绘制，这是对申请文件附图的常规要求，如果申请文件中不存在让人有理由怀疑附图未采用相同比例绘制的文字描述或图示标记，就应当认定同一附图采用相同比例绘制，对于这样的附图，如果所属技术领域的技术人员结合说明书的内容可以直接地、毫无疑义地确定出附图所示部件之间的相对位置、相对大小等定性关系，则上述内容应当认为是说明书记载的信息。

② 附图中的相关部分如果在申请文件中没有作出特别的说明，则应当按照所属技术领域通常图示的含义来理解，一般可以通过作为现有技术的技术词典、技术手册、教科书、国家标准、行业标准等文献记载的相关图示含义，理解附图中相应部分在所属技术领域的通常图示含义；

③ 修改申请文件时，不允许增加通过测量附图得出的尺寸参数技术特征，即，不能仅根据申请文件的附图的图示内容直接地、毫无疑义地确定出附图中相关部分的具体尺寸参数等定量关系特征。

【案例 4 - 10】

本申请请求保护一种误动作防止开关，原申请的权利要求 1 为：

1. 一种误动作防止开关，包括：按照可进行反转的方式保持的波动型开关把手（2）；外罩（6），该外罩（6）具有设置于开关把手（2）的外侧的周壁（5）和与该周壁（5）的内侧卡合的筒部（7）；设置于外罩（6）的较低面上的开关把手（2）的反转防止部（8）；设置于所述筒部（7）上的孔盖板（11）。

修改后的权利要求 1 增加了一个技术特征："外罩（6）的周壁（5）的外侧具有供改锥前端部插入的缺口（13）。"并在说明书附图中所示出的外罩 6 上增加了附图标记 13。

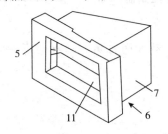

图 4 - 3　修改前的附图

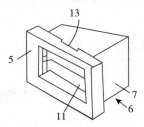

图 4 - 4　修改后的附图

【分析】

本案例中，虽然在修改前的附图中在外罩 6 的周壁 5 的外侧上示出有缺口，但从原申请文件中记载的内容无法得知"该缺口是供改锥插入用的缺口"这一技术信息。即便通过改锥取下外罩是所属技术领域公知的惯用技术手段，但仍然不能从附图中所示内容直接地、毫无疑义地确定外罩周壁外侧上的缺口就是供改锥前端部插入用的。所作修改仍然属于将原申请文件中不明确的内容明确化，而这种明确不仅很难使得技术方案具备新颖性或创造性，更容易造成修改超出原说明书和权利要求记载范围的缺陷，因此在这种情况下，专利代理人最好建议申请人尽可能不做这样的修改。

从本案例可以看出：即使是公知的惯用技术手段，仍不能仅仅根据其技术特征本身为公知惯用技术手段的事实而将该技术特征加入到申请文件中，也就是说，不能以根据附图所示内容补入的技术特征是公知常识作为申请文件修改未超出原说明书和权利要求书记载范围的依据，只有由附图所示内容能够直接地、毫无疑义地确定的技术内容才可补入到申请文件中。

【案例 4 - 11】❶

本申请涉及一种热交换器，原权利要求 1 如下：

---

❶　该案例改编自专利复审委员会第 37936 号复审请求审查决定。

1. 一种用于在三种或多种流体之间进行热能交换的微通道热交换器（10），该热交换器包括：

一个第一端面；

一个第二端面，该端面与第一端面基本相对，并与其相间隔；

一个用于第一流体流动的第一微通道（12a），该第一微通道（12a）位于所述第一端面与第二端面之间，其入口和出口分别位于该两端面处；

一个位于第一微通道·(12a) 一侧、且用于第二流体流动的第二微通道（12b），第二微通道（12b）位于所述第一端面与第二端面之间，其入口和出口分别位于该两端面处；以及

至少一个与第二微通道（12b）在同一侧、且用于第三流体流动的第三微通道（12c），第三微通道（12c）位于所述第一端面与第二端面之间，其入口和出口分别位于该两端面处；

其中，第二流体在第二微通道（12b）中的流动方向与第一流体在第一微通道（12a）中的流动方向相反。

说明书附图 1a～1d 如图 4-5 所示：

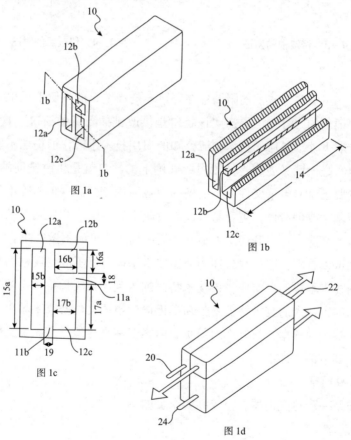

图 4-5　本申请热交换器的图 1a～1d

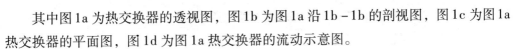

其中图 1a 为热交换器的透视图，图 1b 为图 1a 沿 1b－1b 的剖视图，图 1c 为图 1a 热交换器的平面图，图 1d 为图 1a 热交换器的流动示意图。

申请人根据上述附图在权利要求 1 中增加了特征："第一微通道（12a）的高度（15a）和宽度（15b）不同于第二微通道（12b）的高度（16a）和宽度（16b）。"

【分析】

本案例申请文件中不存在让审查员怀疑附图未采用相同比例绘制的理由，故应当认为该说明书附图 1a～1d 是采用相同比例绘制的，并且四幅图显示的是同一技术方案。对于这样的附图，如果所属技术领域的技术人员能够确定出附图所示部件的相对位置、相对大小等定性关系，则这些定性关系属于能够从附图中直接地、毫无意义地确定的技术特征。本案中所属技术领域技术人员从附图 1a～1d 中可以确定，第一微通道的高度和宽度不同于其他两个微通道的高度和宽度，此处的"不同于"是仅基于相对大小就能得出的结论，无需测量即可断定，属于定性关系，因此基于附图修改增加的上述技术特征没有超出原说明书和权利要求书记载的范围，上述修改符合《专利法》第 33 条的规定。

【案例 4－12】❶

本申请涉及一种背光组件，原权利要求 1 为：

1. 一种背光组件，包括：

一外框；

一光源，该光源设置于该外框上；以及

至少一光学薄膜，其边缘具有四定位凸块，其中两个定位凸块位于另外两个定位凸块的联线的两侧，该四定位凸块的边缘用以抵住该外框的边缘，借此在至少三个相互垂直的方向上将该光学薄膜固定于该外框中。

修改后的权利要求 1 为：

1. 一种背光组件，包括：

一外框，边缘具有多个定位凹部；

一光源，该光源设置于该外框上；以及

至少一光学薄膜，其边缘具有四定位凸块，其中两个定位凸块位于另外两个定位凸块的联线的两侧，该四定位凸块的边缘用以抵住该外框的边缘，并且该四定位凸块与外框边缘上的定位凹部接合，借此该光学薄膜固定于该外框中，该光学薄膜可在平行于光学表面的方向上从该外框的边缘滑进或滑出该外框。

原申请文件没有"定位凹部"的文字记载，只在某实施方式中提到、附图中示出过"定位孔"、"缺口"，另外，原申请文件中记载了"光学薄膜可以从外框边缘处滑

---

❶　该案例改编自专利复审委员会第 15323 号复审请求审查决定。

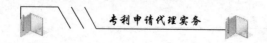

进或滑出"、"光学薄膜沿着 y 方向从外框边缘处滑进外框 31 中"。

说明书附图如图 4 – 6 所示。

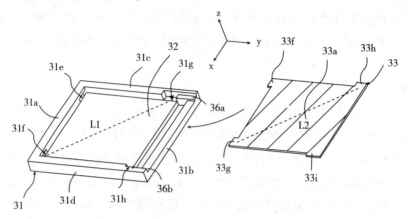

图 4 – 6   背光组件的外框与光学薄膜

其中 31 为外框，31a、31b、31c、31d 为外框边缘，31e、31f 为定位孔，31g、31h 为缺口，33 为光学薄膜，33f、33g、33h、33i 为定位凸块，36a、36b 为引导光学薄膜滑入外框中的轨道，光学表面是指外框 31 内安装好光学薄膜 33 后光学薄膜所在的表面。

【分析】

该案例的权利要求 1 中进行了两方面的修改。

第一方面的修改是对外框这一技术特征作了进一步限定："边缘具有多个定位凹部"，并进一步限定光学薄膜上的四定位凸块"与外框边缘上的定位凹部接合"。其中"定位凹部"与原申请文件中的"定位孔"和"缺口"技术内涵一致，根据原权利要求中的记载"四定位凸块的边缘用以抵住该外框的边缘"可以直接地、毫无疑义地确定，定位孔和缺口都是用于与光学薄膜上的定位凸块相接合的，故"定位凹部"及其"与定位凸块相接合"的修改应该是允许的。但是，原申请文件中没有说明定位凹部的数量为"多个"，原申请文件附图中仅仅显示了在外框边缘左侧两个角设置定位孔、右侧两个角设置缺口这样一种具体的结构，且根据原权利要求 1 的记载，光学薄膜上的定位凸块为四个，故将定位凹部的数量限定为"多个"不能从原申请文件中直接地、毫无疑义地确定，不符合《专利法》第 33 条的规定。此时，专利代理人可以建议申请人将上述进一步限定的技术特征明确修改为"边缘具有四个定位凹部"。

第二方面的修改是增加了技术特征"该光学薄膜可在平行于光学表面的方向上从该外框的边缘滑进或滑出该外框"。原申请文件中仅记载了光学薄膜是沿 y 方向滑进外框内，结合附图来看，引导光学薄膜 33 进入外框 31 的轨道 36a、36b 与光学表面并不在一个水平面上，而是略高于光学表面，因而说明书中所述的 y 方向只是对光学薄膜滑动方向的大体描述，由此描述并不能直接地、毫无疑义地确定滑进或滑出过程中的光学薄膜处于与光学表面相平行的方向上。因此该技术特征的修改超出了原说明书和权利要求书记载的范围，不符合《专利法》第33条的规定。在这种情况下建议申请人尽可能地援引原申请文件中使用的语言来描述附图信息。

4 其他类型

除了以上三种修改情形之外，实践中对专利申请文件的修改还有许多形式，下面主要介绍修改申请文件中存在的文字打印错误、概括和改变术语三种情形下对于《专利法》第33条规定的适用，希望读者从中体会并熟练掌握该规定的判断原则，举一反三，在纷繁复杂的具体实践中能够独立作出判断。

（1）修改申请文件中存在的文字打印错误

申请文件中难免会出现一些文字打印错误，对于这些文字打印错误往往需要在专利申请审批过程中加以改正。对这类文字打印错误来说，如果该错误是所属技术领域的技术人员一旦看到就能够发现其存在，并且根据原说明书和权利要求书记载的内容能够清楚知道所存在的唯一改正方式，则应当允许对该错误进行修改。反之，如果某些文字表达不能为所属技术领域技术人员确认为错误，或者虽然能够被所属技术领域的技术人员确认为错误，但根据原说明书和权利要求书记载的内容并不知道其改正方式或者改正的方式不唯一时，则不允许进行修改，因为改正后的内容不能从原申请文件直接地、毫无疑义地确定。

【案例4-13】❶

本申请涉及一种装饰裂纹布制作工艺，原说明书中记载：将腻子（如原子灰及其类似的物质）加入2%~5%（重量）的固化剂，涂刮于基材上，涂层厚度最好是小于5cm，基材可以是天然纤维布、人造纤维布、尼龙布、玻纤布等。晾干后将涂层打磨平整，从不同方向将基材往背面（没有涂层的一面）折叠、扭曲、卷曲、揉折等，然后再从不同方向往正面（有涂层的一面）折叠、扭曲、卷曲、揉折等，使基材的表面产生纹路。

申请人在审查过程中将原权利要求书和说明书中的所有厚度单位"cm"均修改为"mm"，并认为原申请文件中的"cm"单位是撰写时的文字打印错误。

【分析】

在本案例中，对所属技术领域的技术人员来说，装饰裂纹布的厚度一般都是"mm"量级，而不是"cm"或其他量级，若腻子涂层的厚度为"cm"量级以上，则仅靠涂刮是无法使涂层固定在基材表面；此外，从该申请装饰裂纹布的用途而言，由于其主要用在壁画、家具表面上，腻子涂层厚度的量级显然不应当为厘米量级。同

---

❶ 该案例改编自专利复审委员会第5870号复审请求审查决定。

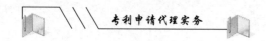

理，纤维布、裂纹布的厚度亦不可能为"μm"量级以下，结合本申请所采用的技术手段来看，将涂层直接涂刮在基材上后，需折叠、扭曲涂层以形成裂纹，采用"cm"量级以上或"μm"量级以下显然都无法达到制造裂纹的技术效果。因此，所属技术领域的技术人员通过阅读说明书并结合所属技术领域的技术常识显然能判断出，原申请中涉及纤维布和涂层厚度时的厚度单位"cm"，都应该为"mm"，该错误属于所属技术领域的技术人员能够识别出的申请文件中存在的打印错误，且其修改后的内容根据原说明书和权利要求书记载的内容和所属技术领域技术人员的技术常识能够唯一地、毫无疑义地确定，因此专利代理人可以通过补正对该打印错误作出修改，该修改符合《专利法》第33条的规定。

【案例4-14】❶

本申请涉及一种利用玉米胚芽提取制备纳米活性物质的方法，原权利要求1为：

1. 一种利用玉米胚芽提取制备纳米活性物质的方法，在于将分子量在32 000以下玉米胚芽提取物纳米化处理，玉米胚芽活性物质分子量可在200～50。

原说明书中对相关技术方案的表述与权利要求一致。

申请人在审查过程中，将申请文件中的表述"玉米胚芽活性物质分子量可在200～50"修改为"玉米胚芽活性物质粒径为200～50nm"。申请人认为，原说明书和权利要求书中"玉米胚芽活性物质分子量可在200～50"为笔误，实际应为"玉米胚芽活性物质粒径为200～50nm"。并提交了四份附件，其中附件1、2证明多肽的分子量最小为132，不可能再小，附件3、4证明采用的纳米对撞机（即纳米匀质机）或超音速纳米射流系统可以获得纳米级粒径的粒子产物，因此本申请中分子量为200～50是不合理的，而粒径为200～50nm是合理的。

【分析】

与【案例4-13】不同，本案例中分子量是本申请说明书中始终提到的术语。在阅读说明书后，所属技术领域技术人员即使认为本发明的技术方案不完整，存在未充分公开的缺陷，但很难确定该缺陷是由"分子量可在200～50"的玉米胚芽活性物质的表述存在错误造成的；即使从其大小来看，有理由怀疑此处有误，也无从知晓正确内容应当是什么。虽然申请人陈述了一种可实施的、合理的方案，将"玉米胚芽活性物质"的"分子量"改为"粒径"，但是修改后的技术方案在原说明书和权利要求书中均没有记载，尤其是对该数值范围原申请文件中也未给出其单位，因此所属技术领域的技术人员在阅读本申请的说明书后无法确定对"玉米胚芽活性物质"的粒径进行限定才是唯一合理的修改结果。因此，这种修改无法从原说明书和权利要求书记载的内容中直接地、毫无疑义地确定，超出了原说明书和权利要求书记载的范围。

---

❶ 该案例改编自专利复审委员会第13801号复审请求审查决定。

本案例中出现的上述错误是由于撰写专利申请文件过程中的疏忽大意造成的，并且该错误在专利申请的审批过程中没有修改余地，最终导致说明书未充分公开发明、技术方案无法实施而被驳回。由此可见，有时候专利申请文件中的文字表述错误虽小，却会造成无法授权的严重后果。基于此，专利代理人不仅有提醒申请人在提供技术交底书和申请文件时尽可能地避免出现这种错误的责任，而且还应当在撰写申请文件时能主动发现这类明显的错误而请申请人加以核实改正。

（2）概括

在撰写专利申请文件时，为了获得较大的专利权保护范围，通常权利要求中会采用对原说明书公开的具体内容进行概括的技术特征，形成较为上位的技术方案。对于包含有概括方式表征的技术特征的权利要求，只要所属技术领域的技术人员可以确定权利要求所涵盖的所有具体实施方式均能够解决发明或者实用新型所要解决的技术问题，并达到相同的技术效果，就认为该权利要求符合《专利法》第 26 条第 4 款有关权利要求书以说明书为依据的规定。

但是，如果申请日提交的说明书和权利要求书中只记载了一种或几种具体实施方式，没有对这个或这些具体实施方式进行归纳概括，而是在修改过程中才将这种具体实施方式提取其共性进行概括，形成较为上位的技术方案，或者直接以某个或某些具体手段所实现的功能代替对这些具体手段的描述，或者对具体实施方式中的特征进行删减和重组，形成新的技术方案，则这种上位概括、功能性概括或重新组合的修改很有可能会引入在原说明书和权利要求书中没有记载的信息，造成不符合《专利法》第 33 条规定的缺陷。

对于上位概念概括和功能性概括的修改而言，根据《专利审查指南 2010》的规定，权利要求中用上位概念表述的特征包括了该上位概念范畴内的所有下位概念，权利要求中所包含的功能性限定的技术特征应理解为覆盖了所有能够实现所述功能的实施方式，所以在申请日之后进行上述概括方式修改，往往就是在申请文件当中增加原申请文件中没有记载的下位概念或具体实施方式。对这种修改是否超出原说明书和权利要求书记载的范围的判断，就是判断新增加的下位概念或具体实施方式能否根据原申请文件直接地、毫无疑义地确定，而对于这种情况目前想要得到肯定的结论相当困难。

对于重新组合方式的修改而言，需要判断该重新组合的技术方案是否是原说明书中清楚记载的一个完整的技术方案，如果在采用重新组合方式进行修改后的权利要求中，仅将密不可分的多个技术特征中的一部分技术特征写入技术方案，那么该技术方案未清楚地限定发明，目前国家知识产权局认定该技术方案不能从原申请文件直接地、毫无疑义地确定，因而所作修改不符合《专利法》第 33 条的规定。对于专利代理人来说，这种仅将密不可分的技术特征中的一部分补入技术方案肯定不能被允许，因此在专利实践中应当注意尽可能避免出现这种不可能被授权的修改方式。

第四章

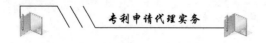

【案例 4 – 15】❶

本申请涉及一种垂直式扫描型显微镜用悬臂,原始申请文件说明书中关于"悬臂突出部"的形状记载为:长方体状、三棱柱状、圆柱状、圆锥台状,但独立权利要求1中未对其悬臂突出部的形状加以限定。

悬臂突出部的具体结构是本申请相对于现有技术的改进之处之一,为克服审查意见通知书指出的独立权利要求1不具备创造性的问题,申请人修改时将独立权利要求1中的悬臂突出部的形状限定为"不具有尖锐前端的柱状或台状"。

【分析】

本案例是典型地将几个下位概念提取其共性概括为上位概念的修改情形,除了所列下位概念为上位概念的穷举情况之外,大多数的情况下,这种概括式修改都会引入新的技术信息。在本案例中,"不具有尖锐的前端的柱状或台状"不仅仅包含原申请文件中列举的几种特定形状,还包含一切不具有尖锐前端的柱状或台状,修改后内涵扩大,因此不能根据原申请文件记载的范围直接地、毫无疑义地确定。在实践中,如果原申请文件没有明确记载上位概念,建议在修改时尽可能不对原申请文件中列举的下位概念进行上位概括,直接采用原申请文件中的表述方式为宜。

【案例 4 – 16】

本申请涉及一种脱粒机,原申请文件中仅记载在其脱粒离合手柄下方设置有限位开关。

申请人根据上述内容在权利要求中增加一个技术特征:"所述离合手柄下方设有终止位置检测部件"。

【分析】

根据《专利审查指南 2010》第二部分第八章 5.2.3.2 "不允许的改变"的规定,改变说明书中的某些特征,使得改变后反映的技术内容不同于原申请记载的内容,超出了原说明书和权利要求书记载的范围。具体地,若申请文件中只记载了具体特征,例如只记载了"螺旋弹簧支持物",则不能由原申请文件直接地、毫无疑义地确定出对应于该具体特征的一般特征"弹性支持物",事实上上述改变将一个具体的螺旋弹簧支持方式扩大到了一切可能的弹性支持方式,使所反映的技术内容不同于原申请记载的内容,超出了原说明书和权利要求书记载的范围。

本案例与《专利审查指南 2010》中列举的上述情况类似,原申请文件中仅记载了"限位开关"这样一种具体特征,而修改后的权利要求将其改变为"终止位置检测部件"这样的一般特征,对所属技术领域技术人员而言,"终止位置检测装置"显然包含了更宽泛的含义,上述修改将一个具体的限位开关扩大到了所有能够实现终止位置检测的部件,使得所反映的技术内容不同于原申请记载的内容,也不能从原申请记

---

❶ 该案改编自专利复审委员会第 22368 号复审请求审查决定。

载的内容中直接地、毫无疑义地确定，超出了原说明书和权利要求书记载的范围，不符合《专利法》第 33 条的规定。为了给这类概括式修改留有余地，专利代理人在撰写申请文件时就应当注意对技术方案中采用的手段进行归纳概括，特别是对于发明改进点的内容更应如此。例如在本案例中，在说明书具体实施方式描述时若采用以下方式描述："脱粒离合手柄下方设置终止位置检测的部件，例如限位开关"，则为之后的修改解除了超出原说明书和权利要求书记载范围的顾虑。

【案例 4－17】

本申请涉及一种用于确定塑料物件的老化的指示器装置，原权利要求 1 和 2 如下：

1. 一种用于确定塑料物件的老化的指示器装置，所述装置包括载体材料，所述载体材料用于安置在所述塑料物件上或结合在所述塑料物件内，其特征在于：所述指示器装置包括设置在载体材料内的颜料，所述颜料能够在紫外线的辐射下退化，所述塑料物件中的载体材料的颜色跟随包含在其中的颜料的退化而逐渐退化。

2. 根据权利要求 1 所述的指示器装置，其中为了使颜料逐步退化，其载体材料厚度沿着其表面变化。

原说明书具体实施方式中记载了一种颜料退化的具体方式：所述载体材料设置成具有不同的厚度，随着颜料的退化，其颜色将逐渐消失，其中在较薄部分的边缘处消失最快，最厚部分消失最迟，从而指示塑料物件的剩余寿命。

修改后的权利要求 1 如下：

1. 一种用于确定塑料物件的老化的指示器装置，所述装置包括：载体材料，所述载体材料用于安置在所述塑料物件上或结合在所述塑料物件内；设置在载体材料内的颜料，所述颜料能够在紫外线的辐射下退化；其中，所述载体材料设置成具有不同的厚度，因此，当曝露在紫外线辐射下时，颜料将会发生退化，从而在载体材料的表面上产生不同的颜色变化，以指示塑料物件的剩余寿命。

审查意见通知书认为，在原说明书中记载的具体技术方案中，"所述载体材料设置成具有不同的厚度，随着颜料的退化，其颜色将逐渐消失，其中在较薄部分的边缘处消失最快，最厚部分消失最迟"，即写明了退化的先后顺序与材料厚度的对应关系；而修改后权利要求 1 中的技术特征"所述载体材料设置成具有不同的厚度，因此，当曝露在紫外线辐射下时，颜料将会发生退化，从而在载体材料的表面上产生不同的颜色变化，以指示塑料物件的剩余寿命"中没有限定不同厚度处的退化顺序，即其仅写明了原申请文件记载的技术方案中的一部分技术特征，是对原申请文件记载的技术方案的重新组合。由于该重新组合的技术方案在原申请中是没有记载的，且不能从中直接、毫无疑义地得出，因此，上述修改超出了原申请文件记载的范围，不符合《专利法》第 33 条的规定。

---

❶ 该案改编自专利复审委员会第 41399 号复审请求审查决定。

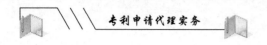

【分析】

在本案例中，修改后的权利要求 1 是将原说明书中记载的一种具体实施方式"所述载体材料设置成具有不同的厚度，随着颜料的退化，其颜色将逐渐消失，其中在较薄部分的边缘处消失最快，最厚部分消失最迟"进一步限定到原权利要求 1 中。虽然修改后的权利要求 1 在作进一步限定时仅选取了其中的部分技术特征，并未如具体实施方式那样写明颜色的退化顺序，但原权利要求 1 和 2 中也只是分别记载了"载体材料的颜色跟随颜料的退化而退化"和"为了使颜料逐步退化，其载体材料厚度沿着其表面变化"，并未限定颜色的退化顺序，也就是说修改后的权利要求 1 的技术方案在实质上与原权利要求 2 的技术方案相一致，因此，修改后的权利要求 1 可以从原申请文件中直接地、毫无疑义地确定。

此外，本案例中，颜料在载体材料的"较薄部分的边缘处消失最快，最厚部分消失最迟"这种退化顺序实际上也可以认为已经暗含在了修改后的权利要求 1 之中，因为该权利要求 1 的限定表明，指示器装置的载体材料具有不同的厚度与其内部颜料退化在载体表面上产生的颜色变化之间具有因果关系。所属技术领域的技术人员显然能够理解，上述因果关系就是指载体材料越厚处的颜色退化消失越迟，越薄处消失越快。

以上两个理由，分别足以说明修改后的权利要求 1 符合《专利法》第 33 条的规定，审查意见通知书的观点是不正确的，专利代理人可以在意见陈述书中分层次地论述修改未超出原说明书和权利要求书记载范围的理由。

（3）改变术语

在发明专利申请过程中，申请人可能为了消除专利申请文件中某些表述不准确、用词不严谨的问题而主动地改变某个（些）术语的表述方式，也可能针对审查意见通知书指出的某些术语含义不清楚的缺陷，试图通过改变术语的表述方式来消除该缺陷。

改变术语时，应当首先核实修改前后的术语含义的异同，包括术语本身的含义是否相同，以及术语在技术方案中的理解是否相同。如果改变后的术语使得技术方案中引入了新的信息，而该新的信息不能从原申请文件中直接地、毫无疑义地确定，则不允许作出这种改变。

【案例 4 – 18】❶

本申请涉及一种离子传感器，原申请文件的权利要求 1 和 2 如下：

1. 一种离子传感器，它包括：试样溶液流经的流路；离子交换膜，它与上述试样流路中的试样接触；内部溶液，它设在所述离子交换膜的不与试样接触的那个面上并与之接触；内部电极，它与所述内部溶液接触；这些构成部分安置在密封的容器中，

---

❶ 该案例改编自专利复审委员会第 10048 号复审请求审查决定。

其特征在于，所述离子交换膜的不与试样接触的表面上涂布有反应型胶粘剂。

2. 一种离子传感器，它包括：试样溶液流经的流路；离子交换膜，它与上述试样流路中的试样接触；内部溶液，它设在所述离子交换膜的不与试样接触的那个面上并与之接触；内部电极，它与所述内部溶液接触；这些构成部分安置在密封的容器中，其特征在于，所述离子交换膜的不与试样接触的表面上涂布有两种液体混合的环氧树脂。

审查意见通知书中指出本申请说明书中对解决技术问题所采用的关键技术手段，即"两种液体混合的环氧树脂"未作出清楚、完整的说明，不符合《专利法》第26条第3款的规定。

申请人将申请文件中的"两种液体混合的环氧树脂"先修改成"双组分环氧树脂胶粘剂"，后又修改成"作为反应型胶粘剂的两种液体混合的环氧树脂"，并认为上述用语具有相同的含义，从本申请同时并列给出的"两种液体混合的环氧树脂"和"反应型胶粘剂"的技术方案也可以知道，两者具有相同的发明构思，因此都属于胶粘剂。而"双组分环氧树脂胶粘剂"是市场上可以买到的产品，申请人还提供了几篇附件用以证明"双组分环氧树脂胶粘剂"产品是现有的。

【分析】

在本案例中，说明书中同时涉及了在离子交换膜的不与试样接触的表面上涂布"反应型胶粘剂"和"两种液体混合的环氧树脂"的两个技术方案，而这两个技术方案在原说明书和权利要求书中是并列列出的，原说明书和权利要求书中并没有明确表示或者暗示这两种技术方案之间是上下位的概念，也没有明确涂布有"两种液体混合的环氧树脂"是用于粘合，而一件专利申请中两个并列技术方案是否属于同一发明构思与修改后的内容能否根据原申请文件的记载直接地、无疑义地确定无关。

而且，所属技术领域技术人员都熟知环氧树脂的用途十分广泛，除了用作粘合剂之外，还广泛地应用于涂料、复合材料、封灌料等领域，故"环氧树脂"和"环氧树脂胶粘剂"是不同的概念。请求人提供的参考文件附件中使用的术语均为"环氧树脂胶粘剂"，不是本申请中使用的"环氧树脂"或"两种液体混合的环氧树脂"。并且本申请中从未提到或启示所述"环氧树脂"或"两种液体混合的环氧树脂"是"胶粘剂"或"反应型胶粘剂"，因此所属领域技术人员仅根据本申请原说明书和权利要求书的记载很难想到该技术方案中采用的"两种液体混合的环氧树脂"就是一种"反应型胶粘剂"，也就是市场上出售的"双组分环氧树脂胶粘剂"。

综上所述，申请人所作的上述修改不能从原始申请文件所记载的内容直接、毫无疑义地确定，进而权利要求2中的关键特征"两种液体混合的环氧树脂"没有被充分公开，这种情况下专利代理人可以建议申请人删除与权利要求2相关的技术方案。

对于本案例而言，由于说明书中完全没有公开"两种液体混合的环氧树脂"这一

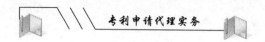

关键术语，导致相关技术方案没有授权前景。如果原始申请文件中采用的是所属领域通用的术语，即"双组分环氧树脂胶粘剂"，或者记载了该"两种液体混合的环氧树脂"在技术方案中的作用，即"作为反应型胶粘剂"，则在申请日之后对专利申请文件进行修改，就非常有利，上述修改方式很有可能被审查员接受。

【案例4-19】❶

在本案例中，对于电子设备中数据线（参见图4-7，6a）与该数据线上的氮化膜（401）位置关系的特征，在原申请说明书中描述的内容为"在上述数据线的表面上具备有氮化膜"。从说明书的记载可知，氮化膜起到保护数据线的作用，使数据线与空气隔绝，防水防潮。

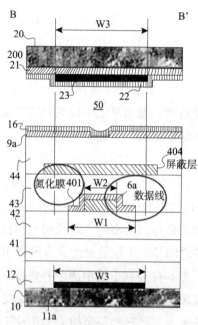

图4-7 电子设备中数据线和氮化膜位置关系示意图

在审查过程中申请人将其修改为"氮化膜，其以覆盖上述数据线的表面的方式形成"。

上述修改除了调整语序之外，主要是将描述数据线（6a）与氮化膜（401）位置关系的词语"具备"修改为"覆盖"。

审查意见通知书指出，原说明书中记载的"在上述数据线的表面上具备有氮化膜"，含有氮化膜与数据线表面接触的含义，附图中也可以看出，氮化膜与数据线表面接触；但是，"氮化膜，其以覆盖上述数据线的表面的方式形成"中使用的"覆盖"，并没有与数据线表面必须接触的含义，因此两者词义并不等同，即词语含义的变化导致了修改超出原说明书和权利要求书记载的范围。

---

❶ 该案例改编自专利复审委员会第15733号复审请求审查决定。

【分析】

修改术语时，应当核实修改前后的术语含义异同，不仅是本身的含义（字面含义），还有其在技术方案中体现的技术含义。同一个词在不同语境下的内涵可能不同，对于专利申请文件中词语的理解，不能只局限于该词语的一种字面含义，而应当站在所属技术领域技术人员的角度，结合该词语所处的语境来理解该词语的含义，考虑该词语在申请文件中实际反映的内涵，同时合理排除该词语字面含义中那些在所属技术领域技术人员看来在相关技术方案中不可能具有的含义。

本案例中，"覆盖"一词仅就字面含义来说，既包括与被覆盖物体的接触式包覆又包括与被覆盖物的不接触式罩覆；但是，本申请中使用的"覆盖"一词是用于描述数据线（6a）与氮化膜（401）之间位置关系，并且从上下文可知，设置氮化膜的目的是为了保护数据线，使数据线与空气隔绝，防水防潮，因此，对于所属技术领域的技术人员而言，文中的"覆盖"一词只能理解为接触式的包覆，否则不能达到其设置目的。因此，"数据线表面上具备有氮化膜"和"氮化膜覆盖数据线的表面"所表达的技术含义在本案例中实质上是相同的，修改没有超出原说明书和权利要求书记载的范围，符合《专利法》第33条的规定。

实际上，在本案例中，修改前的术语含义也是清楚的，没有必要作此修改，在按原术语表述方式可以清楚理解且不产生歧义的情况下，专利代理人应当建议申请人不作修改。

第四章

第五章 案　　例

为帮助读者、尤其是专利代理人更好地提高机械领域专利申请文件的撰写能力和答复审查意见通知书的实务能力，本章给出四个案例供读者、尤其是专利代理人学习时进行模拟练习。其中案例一要求保护的客体既涉及产品，又涉及方法，因此只能作为发明专利申请文件的撰写案例；而案例二和案例三要求保护的客体仅涉及产品，且为有形状构造的产品，因此既可以作为发明专利申请文件的撰写案例，又可作为实用新型专利申请文件的撰写案例；而案例四不仅涉及申请文件的撰写，还涉及发明专利申请在实质审查期间对审查意见通知书的答复。

第一节　案例一：油炸食品及其制作方法和制作设备

本案例的素材来自 2008 年全国专利代理人资格考试专利代理实务的试题，但具体内容作了较大的改动，因此在阅读该案例的材料时应当摒弃对原试题的印象，认真地阅读该案例中申请人所提供的技术交底书，以此为出发点考虑如何与申请人作进一步的沟通，并结合进一步沟通所获得的信息撰写权利要求书和说明书。

1　申请人提供的技术交底书

申请人提供的技术交底书中对发明创造涉及的技术内容作了如下介绍。

【0001】油炸食品、特别是油炸马铃薯薄片因其具有松脆口感而成为人们喜爱的小吃食品。现有油炸食品通常是这样制得的：先将食品原料制成所需的形状，例如，将马铃薯加工成薄片状；再将食品原料、如马铃薯薄片放入油炸器皿中油炸，油炸温度大体控制在 170～190℃；将已炸好的油炸食品取出沥油后进行离心去油。按照此油炸方法得到的油炸食品一般含有 32%～35%（重量百分比）的油脂，显然这样的油炸食品含油量过高，对食用者的健康不利，且不便长期保存，尤其是高温油炸会在油炸食品中产生对人体有害的物质。

【0002】本发明创造得到了一种低油脂含量的油炸食品，如油炸马铃薯薄片、油炸玉米薄饼、油炸丸子、油炸春卷、油炸排叉、油炸蔬菜、油炸水果等，其含油量至少可以降至 20%～25%（重量百分比），优选为 16%～20%（重量百分比），尤其是14%～16%（重量百分比）。

【0003】为得到这种低油脂含量的油炸食品，可以在油炸之前先对食品原料进行焙烤；然后在真空条件下对经过焙烤过的食品原料进行油炸，此后再对经过油炸后的食品进行离心脱油处理，从而可得到低油脂含量的油炸食品。

【0004】为了制得这种低油脂含量的油炸食品，相应地设计出能实现上述油炸方法的设备。

【0005】下面以油炸马铃薯薄片为例，对本发明制作油炸食品的方法、制作油炸食品的设备以及所制得的油炸食品作详细说明。

【0006】在本发明制作油炸马铃薯薄片的方法中，首先在油炸之前对马铃薯薄片进行焙烤。在焙烤过程中，由于马铃薯薄片局部脱水，会在其表面结成一个个小鼓泡。焙烤之后再进行油炸，可使小鼓泡继续膨胀，形成较大鼓泡，从而改善马铃薯薄片的口感。通常可以采用常规烤箱对马铃薯薄片进行焙烤。

【0007】本发明制作油炸马铃薯薄片方法中的油炸过程在真空条件下进行，真空度可以在较宽的数值范围内选取，因为在常规的真空条件下，就可以明显降低油温，这不仅有助于防止产生对人体有害的物质，还可降低油炸食品的油脂含量，例如，真空油炸后的马铃薯薄片通常含有约20%~25%（重量百分比）的油脂。通过大量的实验表明，真空度保持在0.02MPa~0.08MPa较为适宜，其可以使油脂沸腾温度降低至80~110℃，除了可以有效地防止产生对人体有害的物质外，油炸马铃薯薄片的油脂含量可以降低到20%~23%（重量百分比），而且还能达到所需的油炸效果。

【0008】在真空条件下对马铃薯薄片油炸之后，对油炸后的马铃薯薄片进行离心处理。通过离心处理，可以将油炸后留在马铃薯薄片表面上的油脂脱去，进一步降低其油脂含量。如前所述，在真空度0.02MPa~0.08MPa的条件下进行真空油炸，马铃薯薄片的油脂含量可达到20%~23%（重量百分比）；经离心处理后，马铃薯薄片的油脂含量还可以进一步降低至约18%~20%（重量百分比）。由此可知，在本发明制作油炸马铃薯薄片的方法中，经过离心处理后可以制得更低油脂含量、且表面具有鼓泡的油炸马铃薯薄片。

【0009】但是，在实践中发现，对经过油炸的马铃薯薄片立即在常压条件下进行离心处理，容易导致马铃薯薄片破碎，致使无法获得具有完整外形的油炸食品。为解决这一问题，将经过油炸的马铃薯薄片在真空条件下进行离心脱油处理，从而有效地防止马铃薯薄片破碎，使其保持完整外形。另外，还发现，在真空条件下进行离心脱油处理，可以使油炸马铃薯薄片表面上的油脂不易渗入薄片内部，这样有利于进一步改善离心脱油效果并提高脱油效率。通过真空离心处理，马铃薯薄片油脂含量可进一步降低至约14%~18%（重量百分比），其中在优选真空度0.02MPa~0.08MPa的条件下进行油炸的油脂含量可降低到14%~16%（重量百分比）。

【0010】另外，在油炸过程中容易出现马铃薯薄片之间相粘连的现象，也容易出现油脂起泡现象。马铃薯薄片之间相粘连会影响油炸效果，油脂起泡则容易造成油脂

飞溅，因此，应当尽量避免油炸过程中出现前述两种现象。为此，在本发明制作油炸马铃薯片的方法中还可以在油脂中添加一种新组配成的组合物。这种组合物由防粘剂、消泡剂和风味保持剂组成。其中，所述防粘剂可以选自卵磷脂、硬脂酸中的一种或者它们的混合物；消泡剂可以选自有机硅聚合物、二氧化硅中的一种或者它们的混合物；风味保持剂可以选自乌苷酸二钠、肌苷酸二钠中的一种或者它们的混合物。这种组合物中含有30%~40%（重量百分比）防粘剂、40%~50%（重量百分比）消泡剂和10%~20%（重量百分比）风味保持剂。

【0011】为实现上述油炸马铃薯薄片的制作方法，设计了如图J-1、图J-2两种结构的制作油炸马铃薯薄片的设备。为简化起见，在图J-1和图J-2中仅示出了与本发明制作方法内容密切相关的必要组成部分，而略去了例如注油装置、加热装置等其他组成部分。其中101和101′为原料供应装置，102和102′为油炸设备的进料阀，103和103′为油炸装置，104和104′为抽真空装置，105和105′为油槽，106和106′为传送带，107和107′为传送带驱动装置，108为油炸装置的排出阀，108′为油炸食品制作设备的出料阀，109和109′为离心装置，110和110′为油炸马铃薯薄片成品送出装置。

下面两幅附图是申请人随该技术交底书附上的油炸食品制作设备示意图。

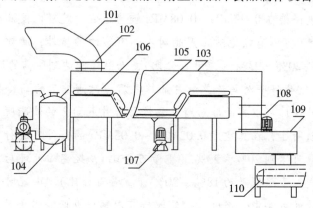

图 J-1　第一种油炸食品制作设备示意图

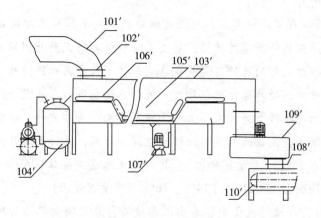

图 J-2　第二种油炸食品制作设备示意图

第五章

2　对申请人提供的技术交底书中的发明创造的理解

作为专利代理人在阅读技术交底书时通常应当考虑如下几方面的问题。

① 本发明创造涉及哪几项主题，其中申请人明确要保护哪几项主题，这几项主题分别可以采用哪一种专利类别给予保护？

② 对这几项主题进行初步分析，其相对于申请人所提供的现有技术作了哪几方面的改进，初步判断其有无授权前景。

③ 通过阅读技术交底书后认为有哪些内容需要与申请人作进一步沟通：例如哪些内容需要请申请人作出进一步清楚的说明？为提出专利申请，还需要申请人补充哪些技术内容？

④ 对该发明创造申请专利的初步设想。

2.1　对技术交底书的阅读和研究

通过对上述技术交底书的阅读和研究，可以初步得出如下几点看法，以及其中需要进一步与申请人进行沟通的内容。

① 申请人对本发明创造要求保护三个主题：油炸食品（见【0002】【0005】【0008】【0009】）、油炸食品制作方法（见【0003】以及【0005】至【0010】）和油炸食品制作设备（见【0011】及图 J－1 和图 J－2）。从介绍的材料来看，这三个主题均与技术内容有关，属于专利法的保护客体。在这三个主题中，油炸食品制作方法只属于发明专利的保护客体，只能申请发明专利；油炸食品制作设备这一主题属于发明专利和实用新型专利的保护客体，既可以申请发明专利，又可以申请实用新型专利；而对于油炸食品本身而言，就其在表面形成鼓泡这一技术特征而言，属于形状构造特征，因此这样的油炸食品既可以申请发明专利，又可以申请实用新型专利，但是对于其油脂含量而言，则包含有对材料本身的改进，如果将此也作为限定所要求保护的油炸食品的技术特征，则该油炸食品只能申请发明专利，不能申请实用新型专利。

② 按照技术交底书【0010】段中的介绍，其还新组配了一种可用于添加到制作油炸食品的油脂中的组合物，其既可以作为本发明油炸食品制作方法中的一项技术措施，但也有可能作为一个主题要求给予保护。但是，该主题涉及一种新材料，不属于实用新型专利的保护客体，因此不能申请实用新型专利，只能申请发明专利。

此外，根据技术交底书所介绍的内容来看，有关该组合物的说明存在着一些不清楚之处，例如，现有技术中是否存在着消泡剂、防粘剂和风味保持剂？作为新发明的组合物是否仅在于组分的选择还是包括其含量的选配？该组合物的制备有无特殊要求？该组合物中作为消泡剂、防粘剂和风味保持剂所选择的原料是否为食品工业加工过程中允许采用的添加剂，即这些添加剂的选用是否符合食品卫生法的规定？此外，未针对组合物的不同组分及其含量给出足够的实施例，需要请申请人作补充说明。

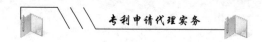

③ 由技术交底书【0001】【0008】【0009】中介绍的内容可知，该油炸食品的油脂含量明显低于现有技术中的油炸食品，且表面形成鼓泡，因而可以初步认为其具备新颖性和创造性，可以作为要求保护的主题。

④ 由技术交底书【0006】至【0010】段中介绍的内容可知，油炸食品制作方法主要采取了四项措施：油炸前的焙烤、真空油炸、油炸后离心脱油处理或者真空离心脱油处理、向油脂中添加组合物。通过对该发明技术内容的理解，其相对于申请人所了解的现有技术来说，其主要技术手段首选是真空油炸，离心脱油处理是该制作油炸食品方法的一种优选措施，而其中真空离心脱油是其进一步优选的离心脱油方式，而向油脂中添加新组配的组合物是一种辅助手段。至于油炸前的焙烤，从技术交底书的介绍方式来看，似乎是一种必要的技术手段，但从其所起的作用来看，相对于技术交底书中所写明的本发明目的，可以将其作为一种辅助手段，这一点应当在与申请人沟通时请申请人予以认定。

此外，对于真空油炸这一步骤，技术交底书【0007】段中写明，真空油炸过程中真空度保持在 0.02MPa～0.08MPa 较为适宜，相应的油脂沸腾温度降低为 80～110℃。对此，在与申请人沟通时，需要了解真空度与油炸温度两者之间的对应关系，是否存在使油脂温度维持在 80～110℃ 的其他措施。

⑤ 技术交底书对油炸食品制作设备仅提供了两幅图，初步分析来看，图 J–1 中的油炸食品制作设备是在真空条件下进行油炸，而离心脱油并不是在真空条件下进行的，而在图 J–2 中在离心脱油装置之后设置了出料阀，油炸装置与离心脱油装置之间未设置阀门，从而抽真空装置同时对油炸装置和离心脱油装置抽真空，使油炸装置和离心脱油装置同时保持在真空运行状态。以上仅是对附图的初步分析，需要与申请人进行沟通予以确认，必要时可以请申请人对该两种结构的油炸食品制作设备作一简单介绍说明。

此外，在技术交底书【0006】段中对制作方法的描述部分说明焙烤通常在常规烤箱中进行，这并不表示其局限于常规烤箱，还可以是其他焙烤装置。但是，这两幅油炸食品制作设备的附图中均未出现焙烤装置，因此需要向申请人了解该焙烤装置是否必须另行配备，还是也可以作为油炸食品制作设备的组成部件之一。

⑥ 申请人要求保护的三个主题，都针对油炸食品提出，尽管技术交底书【0002】段中列举了该油炸食品可以是油炸马铃薯薄片、油炸玉米薄饼、油炸丸子、油炸春卷、油炸排叉、油炸蔬菜、油炸水果等，但在技术交底书【0005】至【0010】段中仅针对油炸马铃薯薄片作了具体说明，而缺少对其他油炸食品的说明，为了防止在审批或无效程序中认为权利要求所限定的保护客体未以说明书为依据，应当要求申请人补充其他油炸食品的实施例。

⑦ 通过对上述四项主题的分析，如果作为一件发明专利申请，确定最主要的主题可以有两种方式，一种是以油炸食品制作方法为最主要的主题，因为本发明实质是针

对油炸食品制作方法作出的改进，另两个主题是实现该油炸食品制作方法的设备和由该油炸食品制作方法所制得的油炸食品。另一种是以油炸食品为最主要的主题，另两个主题为这种油炸食品的制作方法和设备。就这三项主题而言，三者属于一个总的发明构思，因而可以在一件发明专利申请中合案申请。但是，添加到油脂中的新组配的组合物这一主题与这三项主题没有相同或相应的特定技术特征，因此与这三项主题不属于一个总的发明构思。

2.2 请申请人补充有关资料的信函

针对上述分析结果，向申请人发出进行沟通的信函。

尊敬的××先生：

很高兴得知贵方委托我所代为办理有关油炸食品的专利申请案，我方对该案件的编号为：×××××××××。

我方认真地研读了贵方寄来的技术交底文件，对本发明创造有了初步了解，但仍存在着需要与贵方作进一步沟通的内容，具体内容如下：

1. 我方对本发明创造的理解

（1）从目前提供的技术交底书中对发明内容的介绍来看，贵方要求保护油炸食品、油炸食品的制作方法和制作设备三项主题，这三项主题均属于可以向专利局提出专利申请的保护主题。

（2）由技术交底书介绍的内容可知，该油炸食品的油脂含量明显低于现有技术中的油炸食品，且表面形成鼓泡，因而可以初步认为其具备新颖性和创造性，可以作为要求保护的主题。

（3）由技术交底书介绍的内容可知，油炸食品制作方法相对于现有技术主要采取了四项措施：油炸前的焙烤、真空油炸、油炸后离心脱油处理或者真空离心脱油处理、油炸前或油炸过程中向油脂中添加组合物。通过对该发明技术内容的理解，其相对于申请人所了解的现有技术来说，其主要技术手段首选是真空油炸，油炸前的焙烤和离心脱油处理分别是该制作油炸食品方法的一种优选措施，而其中真空离心脱油是其进一步优选的离心脱油方式，而向油脂中添加新组配的组合物是一种辅助手段。

（4）技术交底书对油炸食品制作设备仅提供了两幅图，初步分析来看，图J-1中的油炸食品制作设备是在真空条件下进行油炸，而离心脱油并不是在真空条件下进行的；而在图J-2中在离心脱油装置之后设置了出料阀，油炸装置与离心脱油装置之间未设置阀门，从而抽真空装置同时对油炸装置和离心脱油装置抽真空，使油炸装置和离心脱油装置同时保持在真空运行状态。

（5）按照技术交底书的介绍，其还新组配了一种可用于添加到制作油炸食品的油脂中的组合物，其既可以作为本发明油炸食品制作方法中的一项技术措施，但也有可能作为一项专利申请的保护主题要求给予保护。

第五章

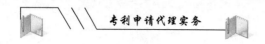

2. 需要请贵方对下述几方面内容作出进一步说明

（1）至于油炸食品制作方法中的焙烤步骤，从技术交底书的介绍方式来看，油炸前的焙烤似乎是一种必要的技术手段，但从其所起的作用（形成鼓泡、改善口感）来看，相对于技术交底书中所写明的本发明目的，可以将其作为一种辅助手段，不知我方的理解是否正确，请贵方给予确认。同理，目前提供的油炸食品制作设备的图中并无焙烤装置，技术交底书中仅写明通常为烤箱，应当不局限于烤箱；对于此焙烤装置，是否必须另行配备，还是也可以作为油炸食品制作设备的组成部件之一。

（2）对于油炸食品制作方法中的真空油炸步骤来说，技术交底书中写明，真空油炸过程中真空度保持在 0.02MPa～0.08MPa 较为适宜，相应的油脂沸腾温度降低为 80～110℃。请贵方告知，真空度与油炸温度两者之间是否存在着明确的对应关系，是否还存在着使油脂温度维持在 80～110℃ 的其他措施。

（3）对于油炸食品制作方法，就真空油炸步骤所添加的组合物而言，目前技术交底书中所介绍的内容存在着一些不清楚之处，例如，现有技术中是否存在着消泡剂、防粘剂和风味保持剂？作为新发明的组合物是否仅在于组分的选择还是包括其含量的选配？该组合物的制备有无特殊要求？此外，该组合物中作为消泡剂、防粘剂和风味保持剂所选择的原料是否为食品工业加工过程中允许采用的添加剂，即这些添加剂的选用是否符合食品卫生法的规定？

3. 需要请贵方补充的具体内容

（1）贵方要求保护的三个主题，都针对油炸食品提出，尽管列举了该油炸食品可以是油炸马铃薯薄片、油炸玉米薄饼、油炸丸子、油炸春卷、油炸排叉、油炸蔬菜、油炸水果等，但仅针对油炸马铃薯薄片作了具体说明，而缺少对其他油炸食品的说明，为防止在审批或无效程序中认为权利要求所限定的保护客体未以说明书为依据，请贵方补充其他油炸食品的实施例，以便写入说明书中。

（2）技术交底书中对于真空油炸时所添加的组合物来说，列举了该组合物中消泡剂、防粘剂和风味保持剂所选择的具体材料以及这三种组分的含量，但是未针对组合物的不同组分及其含量给出具体实施例，为使撰写的权利要求书得到说明书的支持，请贵方补充足够的反映该组合物不同组分及其含量的实施例。

（3）前面已经说明了对技术交底书中所给出的两种油炸食品制作设备的理解，不知所作分析是否正确，如有可能的话，请贵方对这两种油炸食品制作设备的具体结构作进一步说明，最好简略说明一下其工作过程。

4. 我方对本专利申请的初步设想

就贵方在技术交底书所想要求保护的上述三项主题而言，若合案申请的话应当申请发明专利，其中最主要的主题可以有两种方式：一种是以油炸食品制作方法为最主要的主题，因为本发明实质是针对油炸食品制作方法作出的改进，另两个主题是实现该油炸食品制作方法的设备和由该油炸食品制作方法所制得的油炸食品；另一种是以

油炸食品为最主要的主题，另两个主题为这种油炸食品的制作方法和制作设备。当然，在这三个主题中，对油炸食品制作设备还可单独提出实用新型专利申请。

但是，添加到油脂中的新组配的组合物这一主题与贵方想要求保护的三项主题所解决的技术问题不同，因此与这三项主题不属于一个总的发明构思。如果贵方认为也需要针对该主题提出专利申请的话，则有两种考虑方式：如果贵方急于取得本专利授权的话，可以针对这一主题（包括以添加组合物为主要改进措施的油炸食品制作方法这一主题）另行提出一件发明专利申请；如果贵方不急于取得本专利授权的话，也可以先作为本专利申请中的一项要求保护的主题，当审查时审查员提出两者不具有单一性时再从本专利申请的权利要求书中删去这一主题，并根据当时情况再确定要否提出分案申请。

此外，为了能更好地确定本专利申请的保护范围，建议针对本发明创造要保护的主题进行一次补充检索。

3 申请人对技术交底书的补充说明

在与申请人进行沟通后，申请人同意以油炸食品的制作方法、油炸食品的制作设备和油炸食品作为要求保护的三项主题提出发明专利申请，并确定以油炸食品的制作方法作为最主要的主题，并同意对这三项主题进行补充检索。

此外，申请人还就沟通信函中提出的问题给出如下六方面的说明，并补充了相关材料。

① 对于油炸前焙烤马铃薯薄片这一工艺步骤，申请人明确了是一种可选择的步骤，由于焙烤起到了在马铃薯薄片表面产生小鼓泡，从而在油炸后形成较大的鼓泡以改善口感，从降低油炸食品的油脂含量来看并不是必经的步骤。此外，油炸前的焙烤步骤仅适用于油炸马铃薯薄片、油炸苹果片等经焙烤后表面能形成小鼓泡的油炸食品，而不适用于如油炸素丸子这种焙烤后表面不会形成鼓泡的油炸食品，也不适用于如油炸排叉这种烤熟后不便油炸的油炸食品。

② 对于真空油炸过程中真空度保持在 $0.02MPa \sim 0.08MPa$ 与相应的油脂沸腾温度降低为 $80 \sim 110℃$ 两者之间是否有对应关系，申请人告知本发明就是通过控制真空度将油脂温度维持在较低温度，真空度与油脂沸腾温度之间为对应的关系。

③ 针对技术交底书中对新组配的组合物存在的不清楚之处，在沟通时申请人作了下述补充说明：对本领域技术人员来说防粘剂、消泡剂和风味保持剂是已知的，且本发明中作为消泡剂、防粘剂和风味保持剂所选择的原料是食品工业加工过程中允许采用的添加剂，符合食品卫生法的规定。但现有技术中只是分别使用，而未将他们组合在一起使用，本发明通过试验发现，将这三种成分按照技术交底书中所给出的重量百分比混合而成的组合物可以在防粘、消泡和保持风味三个方面同时取得较好的效果；

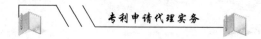

技术交底书中对于防粘剂、消泡剂和风味保持剂这三种成分的组分选择还可以选用现有技术中的其他已知的防粘剂、消泡剂和风味保持剂，技术交底书中给出的是优选；这种组合物的制备并无特殊要求，按常规的方式将这三种组分混合在一起即可。

④ 在与申请人沟通后，申请人针对该新组配的组合物补充了多种不同组分、不同含量组合物的实施例，以支持其在技术交底书中针对这三种成分给出的组分选择和含量选择的范围。

⑤ 在与申请人沟通后，为了支持其在技术交底书中要求保护制作油炸食品的方法和设备这两个保护范围较宽的技术主题，申请人进一步补充了油炸排叉、油炸素丸子和油炸苹果片的实施例，并整理成反映其工艺条件及成品性能的表 J-1，其中对马铃薯薄片和苹果片分别给出两个实施例，其中之一为在常压下进行离心脱油，另一个为在真空条件下进行离心脱油。

表 J-1　不同食品原料在相应油炸工艺中所得到的油炸食品性能测试结果

食品原料	马铃薯薄片	马铃薯薄片	排叉	素丸子	苹果片	苹果片
主要加工步骤	焙烤 真空油炸且添加组合物 离心脱油	焙烤 真空油炸且添加组合物 真空离心脱油	真空油炸且添加组合物 真空离心脱油	真空油炸且添加组合物 真空离心脱油	焙烤 真空油炸且添加组合物 真空离心脱油	焙烤 真空油炸 离心脱油
真空度	0.02MPa	0.02MPa	0.02MPa	0.08MPa	0.08MPa	0.10MPa
成品油脂含量	18%（重量）	14%（重量）	15%（重量）	16%（重量）	15%（重量）	20%（重量）
成品性状	松脆 风味口感 不粘连	松脆 风味口感 完整 不粘连	较松脆 风味口感 完整 不粘连	较松脆 风味口感 完整 不粘连	松脆 风味口感 完整 不粘连	松脆

⑥ 针对两种油炸食品制作设备的结构，通过与申请人的沟通，根据申请人的介绍，整理成如下相关内容。

图 J-1 示出了本发明第一种油炸马铃薯薄片制作设备的结构。如图 J-1 所示，油炸食品制作设备包括原料供应装置 101、进料阀 102、油炸装置 103、抽真空装置 104、油槽 105、传送带 106、传送带驱动装置 107、油炸装置的排出阀 108、离心脱油装置 109、产品送出装置 110。其中，油炸装置 103 的一侧设有输入口，通过进料阀 102 与原料供应装置 101 的出料口密封固定连接；油炸装置 103 的另一侧设有输出口，通过油炸装置 103 的排出阀 108 与离心脱油装置 109 的输入口密封固定连接。油炸装置 103 内部设有具有一定宽度的传送带 106，由正对油炸装置 103 输入口下方的位置延伸到邻近油炸装置 103 输出口上方的位置，其中间部位沉降到用于容纳油脂的下凹油槽 105 中。使油炸装置保持在真空条件下的抽真空装置 104 和传送带驱动装置 107 设置在油炸装置 103 外部。产品送出装置 110 设置在离心脱油装置 109 的下方，其输

入口与离心脱油装置109的输出口相连接。

上述油炸马铃薯片制作设备的工作过程为：将油槽105中的油脂预加热并保持在约80~110℃。打开进料阀102，使原料供应装置101中经过焙烤的马铃薯薄片落到传送带106上。然后关闭进料阀102和排出阀108，使油炸装置103呈密闭状态。启动抽真空装置104，使油炸装置103内达到并保持稳定的真空度。之后，启动传送带驱动装置107，传送带106将其上的马铃薯薄片送入油槽105内的油脂中进行油炸。油炸完毕后，打开排出阀108，使油炸装置内恢复大气压，经过油炸的产品通过排出阀108进入离心脱油装置109，在其中通过离心脱油处理将油炸马铃薯薄片表面上的油脂除去。离心脱油处理后的马铃薯薄片经产品送出装置110排出。

至于对油炸马铃薯薄片适用的焙烤步骤来说，既可以先放在独立的焙烤装置（如常规烤箱）中焙烤，焙烤后将表面已形成小鼓泡的待油炸马铃薯薄片运送到本发明油炸食品制作设备的原料供应装置101中，也可以是本发明油炸食品制作设备本身包括一个位于油炸装置103之前、用于对需要焙烤的待油炸马铃薯薄片进行焙烤的焙烤装置，油炸装置103的输入口通过进料阀102与焙烤装置的输出口相连接，原料供应装置101的输出口与焙烤装置的输入口相连接。

在图J-2示出的本发明油炸马铃薯片制作设备的第二种结构与上述第一种结构的不同之处仅在于：去掉油炸装置103'输出口处的排出阀108，而将油炸装置103'输出口直接与离心脱油装置109'输入口密封固定连接；与此同时，在离心脱油装置109'输出口处以密封连接方式设置了出料阀108'。在油炸和离心脱油过程中，关闭进料阀102'和出料阀108'，即油炸和离心脱油过程均在真空条件下进行。油炸和离心脱油处理结束后，打开出料阀108'，使马铃薯薄片经产品送出装置110'排出。

4 补充检索到的现有技术

通过检索，找到两篇申请日前的现有技术：对比文件1和对比文件2。下面给出这两篇对比文件所公开的内容。

4.1 对比文件1公开的内容

对比文件1公开了如下内容。

本发明提供一种油炸薯片的制备方法，包括将准备好的马铃薯片送入油炸装置内，油炸装置内保持约0.08MPa~0.10MPa的真空度，油炸温度约为105~130℃；将经过油炸的马铃薯片送入离心脱油装置中进行脱油；经脱油处理的马铃薯片最后被排出，该马铃薯片的含油量可降低到20%~22%（重量百分比）。

本发明还提供一种实现上述油炸薯片制备方法的设备。如图D1-1所示，本发明设备包括进料装置、油炸装置、输送网带、离心脱油装置、出料室和抽真空装置等。油炸装置包括一个外壳，在该外壳上设有输入口和输出口。油炸装置外壳输入口通过

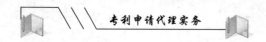

一进料阀与进料装置的出料口密封固定连接，油炸装置外壳输出口通过一排出阀与离心脱油装置的输入口密封固定连接。可采用任何常规的抽真空装置使油炸装置外壳内保持真空状态。在油炸装置中设置有输送网带，输送网带的输入端正对于外壳输入口，其输出端正对于外壳输出口（即离心脱油装置输入口）。离心脱油装置的输出口与出料室的输入口连接。最终通过出料室输出口将经过离心脱油处理的油炸薯片排出。

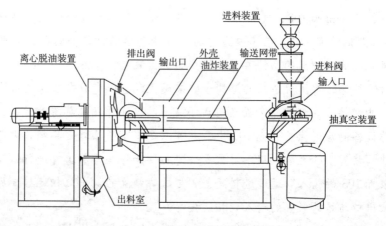

图 D1 – 1

本发明设备的工作过程如下：打开进料阀，使经切片和预成型的物料落到油炸装置中的输送网带上。然后关闭进料阀和排出阀，使油炸装置呈密闭状态。启动抽真空装置，使油炸装置外壳内达到并保持稳定的真空度。启动输送网带使其连续运转，其上的物料被带入油锅中进行油炸。油炸完毕后，打开排出阀，使油炸装置内恢复大气压。经过油炸的产品通过排出阀被送入离心脱油装置进行离心脱油处理。离心脱油处理后的产品经出料室被排出。

4.2 对比文件 2 公开的内容

对比文件 2 公开了如下内容。

本发明涉及一种制备油炸马铃薯薄片的方法。该方法包括以下步骤：①将马铃薯加工成薄片状；②将马铃薯薄片进行焙烤；③将经焙烤的马铃薯薄片引入油炸器中进行油炸；④使经油炸的马铃薯薄片与过热蒸汽接触，以达到去除部分油脂的目的；⑤对与过热蒸汽接触过的马铃薯薄片进行脱水处理。

可采用任何常规方法对马铃薯薄片进行焙烤。在焙烤过程中，会在马铃薯薄片表面结成一个个小鼓泡。之后对马铃薯薄片进行油炸，适宜的油炸温度为约 165 ~ 195℃，优选油温为约 175 ~ 180℃。在油炸过程中，马铃薯薄片表面的小鼓泡会继续膨胀，形成较大鼓泡，从而改善马铃薯薄片口感。

将经过油炸的马铃薯薄片送入脱油箱使其与过热蒸汽接触，以便从马铃薯薄片表面去除油脂。过热蒸汽温度优选保持在约 150 ~ 175℃。通过使油炸马铃薯薄片与过热

蒸汽相接触，可以明显降低马铃薯薄片的含油量。一般说来，常规的在油炸之后采用离心脱油方法生产的油炸马铃薯薄片含有约 26%～30%（重量百分比）的油脂，且成品容易破碎。根据本发明所述方法，可以生产出含油量约为 13%～18%（重量百分比）的油炸马铃薯薄片，而且所生产的油炸马铃薯薄片表面具有鼓泡。

5 对本发明与现有技术进行比较分析的初步看法

在将本发明与两篇对比文件所披露的内容进行比较时，首先应当将技术交底书中所涉及的主题中那些明显不具备新颖性或创造性的主题（包括某一主题中明显不具备新颖性或创造性的具体方案）从本专利申请拟要求专利保护的主题中排除。其次，对于有可能取得专利权的另外几个主题需要分别分析其相对于现有技术作出哪几方面改进，并按照这几方面改进之间的关系（包括几个主题合案申请应当满足单一性的要求）考虑本专利申请中的这几个主题分别应当以哪一方面改进为主，在此基础上确定本专利申请的策略。通过分析后，如果认为有必要的话，例如当某一主题有几方面的改进处于大体同等重要的地位时，还应当与申请人作进一步沟通。

就本案来说，通过对比分析，可得出如下几点看法。

① 低油脂含量（油脂含量约为 13%～18% 重量百分比）、且表面有鼓泡的油炸马铃薯片已被对比文件 2 公开，因此技术交底书中有关油炸食品的主题相对于对比文件 2 中的油炸马铃薯片不具备新颖性，因此初步认为在本专利申请中应当将油炸食品这一主题去除，除非申请人能提供本发明制作方法所得到的油炸食品能与对比文件 2 中的油炸食品明显区分开来，且带来预料不到的有益效果。

② 就油炸食品制作方法这一主题而言，对比文件 1 已公开了在真空度为 0.08MPa～0.10MPa 条件下对马铃薯片进行油炸以及对经油炸过的马铃薯片进行离心脱油处理的内容，因此对该主题的改进不能仅确定为对食品原料进行真空油炸和油炸后对其离心脱油，若如此确定其要求保护的主题，则该主题相对于对比文件 1 不具备新颖性而不能授予专利权。此外，在对比文件 2 中，为了使油炸马铃薯薄片形成较大鼓泡而改善其口感，在油炸之前先对马铃薯薄片进行焙烤以在表面形成小鼓泡，由此可知，即使该主题的改进再增加油炸前焙烤的内容，则该主题将会因其相对于现有技术（即相对于这两篇对比文件）不具备创造性而不能授权。通过上述分析可知，对于油炸食品制作方法来说，应当从油炸在更高的真空度（小于 0.08MPa）下进行、在真空条件下进行离心脱油处理、以及向油脂中添加新组配的组合物这三个方面加以选择。

③ 对于油炸食品制作设备这一主题而言，由于技术交底书中介绍的第一种结构已经被对比文件 1 公开，即这种结构的油炸食品制作设备相对于对比文件 1 不具备新颖性，因此应当将这种结构的油炸食品制作设备排除在要求保护的主题之外，即仅针对第二种结构的油炸食品制作设备要求专利保护。但是，在这种情况下，该设备权利要

第五章

求的改进内容明显不多，需要与申请人就该设备的技术内容作进一步沟通，例如，本发明油炸食品制作设备相对于现有技术中的设备还有哪一些未被现有技术披露的改进内容，另外还有哪些可以替代的结构也能使该制作设备实现真空离心脱油。

④ 鉴于现有技术中未给出有关由防粘剂、消泡剂和风味保持剂组成，用作油脂添加剂的组合物的技术内容，因而可针对这一主题要求专利保护，有必要在与申请人沟通时提出有关这方面的建议。

⑤ 正如前面所指出的，补充检索后，已确定将无新颖性的油炸食品这一主题从要求保护的客体中去除，因此应当将油炸食品制作方法作为本专利申请最主要的主题。

⑥ 在确定油炸食品制作方法作为本专利申请最主要的主题后，需要分析申请人技术交底书中提到的另一个主题油炸食品制作设备以及在理解技术交底书时新发现的另一个有可能授权的主题"用作油脂添加剂的组合物"与油炸食品制作方法之间是否属于一个总的发明构思。此分析结果与油炸食品制作方法这一主题改进点的确定有关。若将油炸食品制作方法的改进点确定为在更高真空度条件下（小于0.08MPa）进行油炸，则第二种结构的油炸食品制作设备（改进点是为了确保离心脱油处理在真空条件下进行而设计的特定结构）与该制作方法这两项主题之间就会因不存在相同或相应的特定技术特征而不属于一个总的发明构思，不能与该制作方法合案申请；同样，用作油脂添加剂的组合物（改进点是针对油炸过程中出现粘连和油脂起泡现象而添加的防粘剂、消泡剂等）也与该制作方法之间不存在相同或相应的技术特征，因而也不属于一个总的发明构思，不能与该制作方法合案申请。若将油炸食品制作方法的改进点确定在真空离心脱油，则第二种结构的油炸食品制作设备具有与油炸食品制作方法中的真空离心脱油步骤相应的特定结构，因此这两个主题之间属于一个总的发明构思；但是用作油脂添加剂的组合物仍然与该制作方法之间不存在相同或相应的技术特征，与第二种结构的油炸食品制作设备也没有相同或相应的特定技术特征，因而不能与该油炸食品制作方法和油炸食品制作设备合案申请。若将油炸食品制作方法的改进点确定在向油脂中添加组合物，则第二种结构的油炸食品制作设备与油炸食品制作方法这两个主题之间不存在相同或相应的特定技术特征，不属于一个总的发明构思，因而不能与该制作方法合案申请；但是在这种情况下，用作油脂添加剂的组合物与该制作方法之间具有"新组配的组合物"这一相同的特定技术特征，因此属于一个总的发明构思，可以合案申请。

⑦ 通过上述对三个主题是否属于一个总的发明构思的分析可知，该油炸食品制作方法的改进点应当在真空脱油离心处理和向油脂中添加组合物两者之间选择，通常应当在与申请人沟通后请申请人定夺。但是，考虑到申请人在技术交底书中的原意，也可以先将本发明专利申请有关油炸食品制作方法的改进点确定为在真空条件下进行离心脱油处理，与此同时应当请申请人针对真空离心脱油这一步骤有无进一步的改进措施作出补充说明，并针对进一步改进措施补充必要的实施例（包括应当反映出真空油

炸和真空离心处于相同真空条件和不同真空条件下的实施例）的试验数据。而对于另一种可能性，可在与申请人沟通时告知申请人，以便申请人确定要否另行提出一件专利申请。同样，在与申请人沟通时，还应当将改进点确定在更高真空度下进行油炸的技术方案告知申请人，请申请人进一步研究分析更高真空度是否产生特别有效的技术效果，若采用更高真空度能产生预料不到的技术效果，申请人可考虑再提出一件专利申请，若未产生预料不到的技术效果，则这样的技术方案将会因相对于现有技术不具备创造性而不能授予专利权，因此就不必再另行提出一件专利申请。

6　与申请人进一步就本发明创造进行沟通后所获得的信息

根据上述分析结果与申请人就本发明创造再次进行沟通，在这次沟通后又获得如下三方面信息。

① 与申请人沟通后，申请人决定本件专利申请作为发明专利申请提出，在这件专利申请中，仍确定以油炸食品制作方法和油炸食品制作设备这两个主题为要求保护的客体，因此，如前面分析的那样，出于单一性的考虑，将真空离心脱油处理作为制作油炸食品的方法这一主题的主要改进之处，而其他几方面作为本专利申请中对该主题的进一步改进。此外，申请人还同意另提出一件发明专利申请，包含两个要求保护的主题：该新组配的组合物和该新组配组合物在油炸食品中作为油脂添加剂的应用，或者以向油脂中添加新组配的组合物为主要改进之处的油炸食品制作方法和该新组配的组合物❶；至于以更高真空度为主要改进之处的油炸食品制作方法这一主题，考虑到这一技术方案并未产生预料不到的技术效果，因此申请人不准备另行提出一件专利申请。

② 对于油炸食品制作设备，申请人表示随技术交底书所附上的图 J-2 所示油炸食品制作设备的结构具有结构简单和操作方便的优点。但也可以有其他替代方式，例如在油炸装置的输出口和离心脱油装置的输入口之间再设置一个隔离阀，将用于使油炸装置保持真空油炸状态的抽真空装置同时用作该离心脱油装置的抽真空装置；当然在此时也可以为该离心脱油装置另配设一个抽真空装置。就后两种结构油炸食品制作设备而言，可以使真空油炸装置和真空离心脱油装置在不同的真空条件下运行。

此外，申请人在沟通时还告知对该油炸食品制作设备的离心脱油装置还作出了一些改进：为使马铃薯薄片从离心脱油装置中顺利排出，并进一步提高对马铃薯薄片进行离心脱油的效率，离心脱油装置的旋转轴线以相对于垂直方向倾斜的方式设置。经

---

❶ 为简化起见，以下仅针对本申请撰写权利要求书和说明书，不再针对另一件申请撰写权利要求书和说明书。但是，需要提请注意的是，该另行提出的专利申请应当与本申请同日提出，否则在先提出的专利申请有可能会成为在后提出的申请的抵触申请。

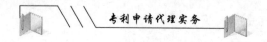

试验发现，离心脱油装置的旋转轴线相对于垂直方向倾斜25°～35°的角度为最佳。❶

③ 对于油炸食品制作方法，申请人补充作如下说明：其离心脱油的真空条件可以选择得与真空油炸的真空条件相同，从而可采用图 J－2 所示油炸食品制作设备的结构，这种油炸食品制作设备结构简单、操作更为方便。但是，对于真空离心脱油而言，其真空条件为 0.04MPa～0.06MPa 时成品完整度最好，而从真空油炸而言真空度越高，含油量越小，因此上述油炸食品制作设备的两种替代结构就适用于真空油炸装置和真空离心脱油装置在不同的真空条件下运行。此外，就真空离心脱油来说，为得到较好的离心脱油效果，希望脱油时间较长，而从保持油炸食品成品完整考虑，真空离心脱油时间较短为好，通过长期实践的摸索，其真空离心脱油时间在 15 秒至 25 秒能取得最好的效果。与此相应，申请人还补充了有关不同工艺条件下加工所获得产品的性能数据，在此基础上与申请人一起整理成下述反映不同食品原料在相应油炸工艺中所得到的油炸食品性能测试结果的表 J－2。

表 J－2　不同食品原料在相应真空油炸和真空离心工艺中所得到的油炸食品性能测试结果

食品原料	马铃薯薄片	马铃薯薄片	排　叉	素丸子	苹果片	苹果片
主要加工步骤	焙烤 真空油炸且添加组合物 真空离心脱油	焙烤 真空油炸且添加组合物 真空离心脱油	真空油炸且添加组合物 真空离心脱油	真空油炸且添加组合物 真空离心脱油	焙烤 真空油炸且添加组合物 真空离心脱油	焙烤 真空油炸 真空离心脱油
油炸真空度	0.02MPa	0.04MPa	0.02MPa	0.08MPa	0.08MPa	0.10MPa
离心真空度	0.04MPa	0.04MPa	0.06MPa	0.06MPa	0.08MPa	0.08MPa
离心时间	25 秒	15 秒	20 秒	20 秒	25 秒	15 秒
成品油脂含量	14%（重量）	15%（重量）	15%（重量）	16%（重量）	15%（重量）	16%（重量）
成品性状	松脆 风味口感 完整　不粘连	松脆 风味口感 完整　不粘连	较松脆 风味口感 完整　不粘连	较松脆 风味口感 完整　不粘连	松脆 风味口感 完整　不粘连	松脆 风味口感 完整

7　权利要求书的撰写

鉴于与申请人沟通后已确定本专利申请要求保护的两个主题是油炸食品制作方法

---

❶ 针对申请人在沟通时作出的上述说明，还可以请申请人补充一幅反映离心脱油装置旋转轴线倾斜设置结构的附图，以适应该专利申请向其他国家（如美国）提出专利申请的需要，因为美国对专利申请在附图方面的要求较高。现因原申请案中没有这方面的附图，在编写案例时难以提供合适的附图，而我国在这方面并不像美国要求较高，因此未再要求申请人补充反映离心脱油装置旋转轴线倾斜设置结构的附图。

和油炸食品制作设备，现分别针对这两个主题撰写权利要求书。如前面分析所述，本专利申请要求保护的最主要的主题是油炸食品的制作方法，因此先针对这一主题说明如何撰写独立权利要求和从属权利要求。

7.1 对油炸食品制作方法主题撰写独立权利要求和从属权利要求

由于前面在阅读和理解技术交底书、对现有技术的检索和调研、以及与申请人沟通时已对油炸食品制作方法这一主题以及补充检索到现有技术进行了充分的分析，下面以此为基础撰写权利要求书。

7.1.1 对油炸食品制作方法主题所涉及的技术特征的分析

由前面分析可知，油炸食品制作方法这一主题包括下述特征：[1]

① 油炸前对食品原料进行焙烤的步骤；

② 在真空条件下进行油炸的步骤；

③ 真空油炸步骤中的真空度保持在 0.02MPa～0.08MPa[2]；

④ 向真空油炸所使用的油脂中添加由防粘剂、消泡剂和风味保持剂组成的组合物；

⑤ 在该组合物中，防粘剂为 30%～40%（重量百分比），消泡剂为 40%～50%（重量百分比），风味保持剂为 10%～20%（重量百分比）；

⑥ 防粘剂选自卵磷脂、硬脂酸中的一种或者它们的混合物；

⑦ 消泡剂选自有机硅聚合物、二氧化硅中的一种或者它们的混合物；

⑧ 风味保持剂选自鸟苷酸二钠、肌苷酸二钠中的一种或者它们的混合物；

⑨ 将经过真空油炸的油炸食品进行离心脱油处理的步骤；

⑩ 上述离心脱油处理是在真空条件下进行的；

⑪ 上述真空离心脱油处理与真空油炸时的真空条件相同；

⑫ 上述真空离心脱油处理的真空度保持在 0.04MPa～0.06MPa；

⑬ 上述真空离心脱油处理的时间为 15～25 秒；

⑭ 上述油炸食品为油炸马铃薯片、油炸排叉、油炸素丸子或油炸苹果片。

7.1.2 确定最接近的现有技术及本发明要解决的技术问题

显然，申请人在技术交底书中所说明的现有技术、对比文件 1 和对比文件 2 三者

---

[1] 在分析技术特征过程中，对于制作油炸食品的方法只列出了三个步骤：焙烤、真空油炸和离心脱油，并未包括"将食品原料送入"和"将油炸食品排出"这两个步骤，这是因为对于"将食品原料送入"和"将油炸食品排出"这种现有技术必定存在的步骤，与本发明的改进并不密切相关，按照《专利审查指南 2010》第二部分第二章 3.3.1 的规定，可以不写入独立权利要求的前序部分，因而在进行技术特征分析时不再列入，与此相应，对于该油炸食品制作方法所涉及的步骤应当采用"开放式"的表述方式。

[2] 通过与申请人的沟通，明确了真空度与油脂沸腾温度之间为对应关系，即真空度保持在 0.02MPa～0.08MPa 时油脂沸腾温度就必定降低到 80～110℃，且在本发明中仅仅通过控制真空度将油脂维持在较低温度，因此以真空度保持在 0.02MPa～0.08MPa 为制作油炸食品方法的一个技术特征后，就不必再将油脂沸腾温度为80～110℃确定为油炸食品制作方法的一个技术特征。

与本发明专利申请中的油炸食品制作方法都属于相同的技术领域。对比文件 1 公开的现有技术与申请人技术交底书中所说明的现有技术相比或者与对比文件 2 公开的现有技术相比，还披露了真空油炸和离心脱油的内容，由此可知对比文件 1 与另两项现有技术相比披露了本发明更多的技术特征。对比文件 2 与另两项现有技术相比，就其所解决的技术问题——降低油炸食品的油脂含量来说，所达到的技术效果与本发明更为接近。因此，可以从对比文件 1 和对比文件 2 中确定一篇最接近的现有技术。但就本发明油炸食品制作方法的主要改进而言，对比文件 1 相对于对比文件 2 披露了本发明油炸食品制作方法中的两个重要的技术特征：真空油炸和离心脱油，因此确定对比文件 1 是本发明油炸食品制作方法的最接近的现有技术。

确定本发明油炸食品制作方法的最接近现有技术为对比文件 1 后，进一步确定本发明相对于对比文件 1 所解决的技术问题。对比文件 1 中油炸食品制作方法相对于技术交底书中现有技术油炸食品制作方法来说，减少了油炸食品的油脂含量，但本发明油炸食品制作方法在真空条件下离心脱油所得到的油炸食品的油脂含量更低，因此将本发明油炸食品制作方法相对于最接近现有技术所要解决的技术问题初步确定为提供一种能得到油脂含量更低、例如油脂含量为 14% ~ 18%（重量百分比）的油炸食品制作方法。

7.1.3 确定本发明油炸食品制作方法主题的必要技术特征

在确定本发明要解决的技术问题之后，就本发明中对降低油脂含量起作用的几个主要技术特征（真空油炸、离心脱油和真空离心脱油）与申请人进行了一次沟通，并请申请人考虑本发明可否将发明点确定为常压油炸后进行真空离心脱油以得到较低油脂含量的油炸食品。申请人明确告知，本发明中其油脂含量的降低主要借助真空油炸来实现，通过真空油炸可减少约 12% 的油脂含量，而通过真空离心脱油这一步骤油脂含量约减少 6%，因而对于本发明，从降低油脂含量角度来看，真空油炸是最重要的技术措施，在常压油炸后进行真空离心脱油并不能得到较低油脂含量的油炸食品。❶

下面具体分析本发明油炸食品制作方法中的哪些技术特征是制得含油量更低的油炸食品的必要技术特征。

本发明油炸食品制作方法包括三个步骤：焙烤、真空油炸和离心脱油，即前面分析中列出的①、②和⑨三个技术特征。但是，由对技术交底书中技术内容的分析可知，"油炸前对油炸食品的原料进行焙烤"是为了使最后得到的油炸食品表面形成较

---

❶ 目前在为客户撰写专利申请文件时有一种倾向，不考虑申请人发明创造的发明点而一味追求更宽的保护范围，最后写成的权利要求书偏离了原发明创造的发明点，在这种情况下，一旦专利申请在审批期间或者在专利授权后出现不利的结果时，将会引起客户的不满。因此在撰写专利申请文件时，应当首先考虑在原有发明创造的发明点的基础上撰写权利要求书；如果通过分析，确实认为发明创造变更发明点能为申请人争取更宽的保护范围，则应当与客户进行沟通，向客户提出必要的建议，由客户自行决定申请策略；在这种情况下，一定不要将专利代理人的主张强加给客户，一定要尊重客户的意见。在本案例中，客户已经明确不同意专利代理人变更发明点的建议，因此应当按照客户的意见来撰写独立权利要求。

大的鼓泡而改善口感，与降低油炸食品油脂含量无关，因此不是解决上述技术问题的必要技术特征。这一点在与申请人沟通时得到了确认，因而应当将"油炸前对油炸食品的原料进行焙烤"的步骤排除在本发明油炸食品制作方法这一主题的必要技术特征之外。而对于真空油炸和离心脱油这两个步骤，其作用是为了降低油炸食品的油脂含量，因此这两个步骤是油炸食品制作方法这一主题的必要技术特征。

此后，再对其他技术特征进行分析。通过对技术交底书内容的分析可知，前述第③至第⑧个技术特征是对真空油炸步骤的进一步限定，其中第④到第⑧个技术特征是有关添加组合物的技术内容，正如前面所分析的那样，这些技术特征所起的作用是为了防粘、防油溅和保持风味，与降低油炸食品的油脂含量并无直接关系，因此这几个特征也不是本发明制作油炸食品方法为解决油炸食品油脂含量过高这一技术问题的必要技术特征。至于第③个技术特征"真空油炸步骤中的真空度保持在 0.02MPa ~ 0.08MPa"虽然也起到了降低油炸食品油脂含量的作用，但从技术交底书中介绍的材料来看，在常规的真空度下进行油炸，只要离心脱油步骤是在真空条件下进行，就能得到更低油脂含量的油炸食品，因此这一技术特征中所保持的真空度是一种优选方案，不应当将其作为本发明油炸食品制作方法的必要技术特征。

至于上述第⑩个技术特征是将离心脱油步骤进一步限定在真空条件下进行，由技术交底书介绍的内容来看，这一技术特征的作用是既能防止油炸食品破碎，又可提高脱油效率，即该技术特征相对于本发明要解决的技术问题来看也可进一步降低油炸食品的油脂含量。鉴于对比文件1已披露了真空油炸和离心脱油这两个步骤，因此为使本发明油炸食品制作方法相对于对比文件1中的方法具备新颖性、创造性以及得到油脂含量更低的油炸食品，应当将这一个技术特征作为本发明油炸食品制作方法的必要技术特征。尤其是考虑到该技术特征作为必要技术特征加入后，还可以起到防止油炸食品破碎的作用，因此可以考虑将本发明要解决的技术问题进一步确定为提供一种能得到具有完整外形、不易破碎、且油脂含量更低的油炸食品制作方法。

至于上述第⑪至第⑬个技术特征是对真空离心脱油条件的进一步限制，是优选措施，因此不应当将其作为本发明油炸食品制作方法的必要技术特征。

上述第⑭个技术特征是对食品原料的限定，与申请人沟通后，申请人已补充了足够多的不同食品原料的实施例。由此可知，食品原料的限定并不是特定的，为使本发明油炸食品制作方法取得更宽保护范围，不应当将对食品原料进行限定的这一技术特征作为必要技术特征。

通过上述分析可知，前面所列出的 14 个技术特征中，仅仅②、⑨、⑩这三个技术特征是本发明油炸食品制作方法这一主题的必要技术特征。在此基础上撰写独立权利要求。

7.1.4 撰写油炸食品制作方法的独立权利要求

在确定了本发明油炸食品制作方法的必要技术特征之后，将其与对比文件1所公

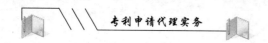

开的油炸食品制作方法进行对比分析。由于对比文件 1 中油炸食品制作方法也公开了上述第②个技术特征"真空油炸"和第⑨个技术特征"离心脱油",即这两个技术特征是本发明油炸食品制作方法与对比文件 1 共有的技术特征,因此将这两个技术特征写入到独立权利要求 1 的前序部分中;而第⑩个技术特征"离心脱油在真空条件下进行"在对比文件 1 中没有公开,可知这一个技术特征是本发明相对于对比文件 1 的区别技术特征,则将它写入到独立权利要求的特征部分。由此完成独立权利要求 1 的撰写:

　　1. 一种油炸食品制作方法,该方法包括如下步骤:

　　将待油炸的食品原料在真空条件下进行油炸,

　　然后对所述经过油炸的食品进行离心脱油处理,

　　其特征在于:所述离心脱油处理步骤在真空条件下进行。

7.1.5　撰写油炸食品制作方法的从属权利要求

下面针对前面列出的其他附加技术特征撰写油炸食品制作方法独立权利要求的从属权利要求。

本发明油炸食品制作方法相对于最接近的现有技术作出的改进是在真空条件下进行离心脱油,上述技术特征⑪、⑫和⑬涉及真空离心脱油的优选条件,因此先针对这三个附加技术特征撰写从属权利要求:其中对离心脱油真空条件的两个优选措施撰写成两个并列的从属权利要求 2 和 3;而对真空离心脱油处理时间作进一步限定的优选方案撰写成引用权利要求 1 至 3 中任一项的多项从属权利要求 4。在此基础上,再针对其他附加技术特征撰写从属权利要求。

上述第③个技术特征将真空油炸步骤中的真空度限定在 0.02MPa ~ 0.08MPa 范围,与离心脱油的真空条件有一定关联性,因而先针对油炸真空条件撰写一项从属权利要求 5,基于权利要求 4 已是一项多项从属权利要求,为满足《专利法实施细则》第 22 条第 2 款有关多项从属权利要求不得作为另一项多项从属权利要求基础的规定,该项从属权利要求的引用部分仅引用了权利要求 1 至 3 中的任一项权利要求,而未再引用权利要求 4。

上述第①个技术特征限定在真空油炸步骤前先对食品原料进行焙烤,但该油炸前的焙烤步骤仅适用于油炸马铃薯薄片、油炸苹果片等经焙烤后表面能形成小鼓泡的油炸食品,而不适用于如油炸素丸子这种焙烤后表面不会形成鼓泡的油炸食品,也不适用于如油炸排叉这种烤熟后不便油炸的油炸食品,因此在针对该附加技术特征撰写从属权利要求时应当先对油炸食品原料加以限定,即该从属权利要求限定部分的技术特征应当撰写成如下方式:"对于适于在油炸前进行焙烤的油炸食品原料,在真空油炸之前,先对所述油炸食品原料进行焙烤",同样为满足多项从属权利要求不得引用另一项多项从属权利要求的规定,所撰写的从属权利要求 6 也只引用了权利要求 1 至 3 中的任一项权利要求,而未再引用权利要求 4 和 5;紧接着针对马铃薯片、苹果片等

适于在油炸前进行焙烤的食品原料作具体限定，撰写从属权利要求7，由于这种食品原料的选择是对权利要求6的技术方案的进一步限定，因而引用部分仅引用了权利要求6，鉴于申请人只提供了马铃薯片、苹果片两种可在油炸前进行焙烤的食品原料的实施例，该权利要求7的限定部分对食品原料仅限定为马铃薯片或苹果片。

最后针对第④到第⑧这一组向油脂中添加组合物的技术特征撰写从属权利要求。首先，应当在所撰写的从属权利要求8中写入第④个技术特征，向真空油炸所使用的油脂中添加由防粘剂、消泡剂和风味保持剂组成的组合物；考虑到申请人在沟通时明确告知现有技术中已经出现过防粘剂、消泡剂和风味保持剂，但只是分别使用，而未将他们组合在一起使用，本发明通过试验发现，将这三种成分按照技术交底书中给出的重量百分比混合而成的组合物可以在防粘、消泡和保持风味三方面同时取得较好的效果，因而，在该项从属权利要求8中还应当对这三种成分的含量加以限定，即还应当写入第⑤个技术特征：该组合物中，防粘剂为30%～40%（重量百分比），消泡剂为40%～50%（重量百分比），风味保持剂为10%～20%（重量百分比）。出于与前面权利要求5和权利要求6同样的理由，该项权利要求8引用部分也仅引用了权利要求1至3中的任一项权利要求，而未再引用权利要求4、5和6。在此之后，再针对该项从属权利要求8分别从组分选择撰写更下一层的从属权利要求9至11。

最后，针对油炸食品制作方法撰写的10项从属权利要求如下。

2. 按照权利要求1所述的油炸食品制作方法，其特征在于：所述真空离心脱油处理所保持的真空条件与所述真空油炸所保持的真空条件相同。

3. 按照权利要求1所述的油炸食品制作方法，其特征在于：所述真空离心脱油处理所保持真空条件的真空度为0.04MPa～0.06MPa。

4. 按照权利要求1至3中任一项所述的油炸食品制作方法，其特征在于：所述真空离心脱油处理的时间为15～25秒。

5. 按照权利要求1至3中任一项所述的油炸食品制作方法，其特征在于：所述真空油炸过程所保持真空条件的真空度为0.02MPa～0.08MPa。

6. 按照权利要求1至3中任一项所述的油炸食品制作方法，其特征在于：对于适于在油炸前进行焙烤的油炸食品原料，在油炸之前，先对所述油炸食品原料进行焙烤。

7. 按照权利要求6所述的油炸食品制作方法，其特征在于：所述油炸食品原料为马铃薯片或者苹果片。

8. 按照权利要求1至3中任一项所述的油炸食品制作方法，其特征在于：在用于油炸的油脂中添加由防粘剂、消泡剂和风味保持剂组成的组合物，其中防粘剂占30%～40%（重量百分比），消泡剂占40%～50%（重量百分比），风味保持剂占10%～20%（重量百分比）。

9. 按照权利要求8所述的油炸食品制作方法，其特征在于：所述防粘剂选自卵磷

第五章

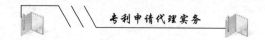

脂、硬脂酸中的一种或者它们的混合物。

10. 按照权利要求8所述的油炸食品制作方法，其特征在于：所述消泡剂选自有机硅聚合物、二氧化硅中的一种或者它们的混合物。

11. 按照权利要求8所述的油炸食品制作方法，其特征在于：所述风味保持剂选自鸟苷酸二钠、肌苷酸二钠中的一种或者它们的混合物。

7.2 对油炸食品制作设备这一技术主题撰写独立权利要求和从属权利要求

本案例的油炸食品制作设备具有三种不同结构，因此在针对这三种不同结构的设备撰写权利要求时，需要根据这三种设备之间的关系来确定产品权利要求撰写的总体安排。

7.2.1 分析三种油炸食品制作设备之间的关系以确定产品权利要求的总体安排

对于具有多种不同结构的产品权利要求而言，在撰写独立权利要求和从属权利要求时，首先应当分析这些不同结构的产品之间的关系。

如果这些不同结构的产品之间的区别使他们之间形成并列的、且满足单一性要求的技术方案，则应当尽可能对这些不同结构的产品之间的区别采用概括方式（上位概念或者功能性限定）的技术特征加以限定，从而撰写一项将这些不同结构的产品都纳入其要求专利保护范围的独立权利要求，从而使该专利申请得到比较充分的保护；在此基础上再分别针对这些不同结构的产品的区别撰写相应的从属权利要求。但是，在某些情况下，无法针对这些不同结构的产品撰写成一项将这些产品都纳入其要求专利保护范围的独立权利要求，则可以分别针对这些具有不同结构的产品分别撰写独立权利要求。当然，有时还可能出现介于其中的情况，例如，共有四种不同结构的产品，虽然不能针对这四种不同结构的产品概括撰写成一项独立权利要求，但可以针对其中一部分产品，如其中的三种不同结构的产品概括撰写成一项将这三种产品都纳入专利保护范围的独立权利要求，此时就可针对这三种不同结构的产品撰写一项独立权利要求，而对另一种无法概括到其中的产品单独撰写一项独立权利要求。

如果这些不同结构的产品之间有主从关系，即这几种不同结构的产品以其中一种结构的产品为基础，而其他几种结构的产品是在这种产品的基础上通过增加（注意：不是替代）某一部件或某些部件作出的进一步改进，就可针对这种结构的产品撰写独立权利要求，而将其他几种结构的产品作为该独立权利要求的从属权利要求撰写。但是，需要注意的是，在这种结构的产品的基础上通过替代方式作出进一步改进，就不能采用这种撰写方式，针对其他几种结构的产品撰写的从属权利要求就会成为假从属权利要求；尤其要特别注意，在有些情况，表面上看是增加部件，实际上是一种结构的替代，同样也不能采用这种撰写方式。对于这种部件替代或结构替代的多种不同结构的产品，仍应当按照前面所说的几种不同结构产品形成并列的技术方案那样来撰写独立权利要求和从属权利要求。

当然，如果几种不同结构的产品是并列的技术方案，且彼此之间不属于一个总的发明构思，则只能分别以独立权利要求方式撰写，当然他们合案申请必定不满足单一性的要求。

就本案例来说，根据客户所补充的材料可知，可在真空条件下进行离心脱油的油炸食品制作设备有三种结构。通过对这三种不同结构的油炸食品制作设备的分析比较，应当认为这三种结构为彼此并列、且具有单一性的技术方案。❶

但是，如果不给予足够注意的话，会误认为这三种结构是主从关系的技术方案，即认为申请人对油炸食品制作设备所补充说明的替代结构是在技术交底书中的图 J－2 所示油炸食品制作设备的基础上通过增加组成部件（隔离阀和相应的连接管道或另一个抽真空装置）来实现的，因而可以先针对图 J－2 所示油炸食品制作设备来撰写独立权利要求，而其替代结构作为其从属权利要求。若按照此思路来撰写，最后所写出的独立权利要求和从属权利要求分别为：

1. 一种油炸食品制作设备，包括油炸装置，对经油炸的食品进行离心脱油的离心脱油装置，用于使油炸装置保持于真空条件的抽真空装置；以及以密封连接方式设置在所述油炸装置输入口处的进料阀，其特征在于：所述油炸装置的输出口与所述离心脱油装置的输入口直接连通并密封连接，在所述离心脱油装置的输出口处以密封连接方式设置出料阀。

2. 按照权利要求 1 所述的油炸食品制作设备，其特征在于：在所述油炸装置的输出口和所述离心脱油装置的输入口之间设置密封隔离阀，所述抽真空装置还用于使所述离心脱油装置保持在真空条件下进行离心脱油。

3. 按照权利要求 1 所述的油炸食品制作设备，其特征在于：在所述油炸装置的输出口和所述离心脱油装置的输入口之间设置密封隔离阀，该制作油炸食品的设备还包括一个用于使所述离心脱油装置保持在真空条件下进行离心脱油的抽真空装置。

若对所撰写成的三项权利要求进行仔细分析，可知所撰写的后两项权利要求并不是独立权利要求的从属权利要求。因为在针对图 J－2 所示第一种结构油炸食品制作设备的独立权利要求时，为体现其与最接近现有技术的区别，必须在区别特征中明确写明"油炸装置的输出口与离心脱油装置的输入口直接连通并密封连接"，而在此两项从属权利要求中为"在油炸装置的输出口和离心脱油装置的输入口之间设置密封隔离阀"，由此可知，在这两项权利要求中的这一技术特征并不是相对于独立权利要求增加的技术特征，而是替代了独立权利要求中"油炸装置的输出口与离心脱油装置的输入口直接连通并密封连接"这一技术特征，因此该两项权利要求实质上是一种以替代方式表述的假从属权利要求，即实质上是独立权利要求。由此可知，将这三种不同

❶ 本段以下针对三种结构油炸食品制作设备按照主从关系的技术方案撰写一项独立权利要求和两项从属权利要求的内容，以具体说明为什么不应采用这种安排方式。

第五章

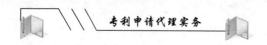

结构的油炸食品制作设备作为主从关系的技术方案来撰写独立权利要求和从属权利要求是不合适的。

既然这三种不同结构的油炸食品制作设备是彼此并列的技术方案，那么首先应当考虑针对这三种不同结构的油炸食品制作设备撰写一项概括的、能将这三种产品都纳入专利保护范围的独立权利要求，在此基础上再针对其不同结构撰写从属权利要求。如果通过分析，对于这三种结构的不同部分难以用上位概念或者功能性限定的特征加以概括，就要考虑可否针对其中两种不同结构的油炸食品制作设备撰写一项能将这两种制作设备纳入专利保护范围的独立权利要求，若皆不可能的话，就只能针对三种结构分别撰写独立权利要求。

7.2.2 对三种结构油炸食品制作设备所涉及的技术特征的分析

针对这三种油炸食品制作设备进行技术特征分析时，应当先列出这三种结构所共有的各个主要部件、这些部件本身的重要共有结构以及这些部件之间共有的连接关系或者其他关系：

① 原料供应装置，用于将油炸食品原料或者经过焙烤的油炸食品原料送到油炸装置的输入口；

② 油炸装置，用于对油炸食品原料或者经过焙烤的油炸食品原料进行油炸；

③ 用于使油炸装置保持于真空条件的抽真空装置；

④ 用于对经油炸的食品进行离心脱油的离心脱油装置；

⑤ 用于将经真空离心脱油后的油炸食品成品送出的产品送出装置；

⑥ 以密封连接方式设置在油炸装置输入口处的进料阀；

⑦ 以密封连接方式设置在离心脱油装置输出口处的出料阀；

⑧ 该油炸装置包括对油炸食品原料进行油炸的油槽，将来自原料供应装置的油炸食品原料送往油槽、且在油炸完成后将经油炸的食品送往离心脱油装置的传送带，以及该传送带的驱动装置；

⑨ 为提高离心脱油效率并确保马铃薯薄片从离心装置中全部排出，离心脱油装置的旋转轴线以相对于垂直方向倾斜的方式设置，优选其旋转轴线相对于垂直方向倾斜 $25°\sim35°$。

这三种结构的油炸食品制作设备之间存在如下两个区别：

（ⅰ）在第一种结构油炸食品制作设备中，油炸装置的输出口与离心脱油装置的输入口直接连通并密封连接，而在后两种替代结构油炸食品制作设备中，油炸装置的输出口和离心脱油装置的输入口之间设置密封隔离阀；

（ⅱ）在第一种结构油炸食品制作设备中，由于油炸装置的输出口与离心脱油装置的输入口直接连通并密封连接，则用于使油炸装置保持在真空条件下的抽真空装置也使离心脱油装置保持在真空条件下对经油炸的食品进行离心脱油；而在第二种结构油炸食品制作设备中，离心脱油装置保持在真空条件下对经油炸的食品进行离心脱油

第五章

是通过在离心脱油装置和使油炸装置保持在真空条件下的抽真空装置之间设置连接通道来实现的；在第三种结构油炸食品制作设备中，离心脱油装置保持在真空条件下运行是通过为该离心脱油装置配置单独的抽真空装置来实现的。

由于优选对油炸食品制作设备采用概括三种不同结构制作设备的独立权利要求，就应当首先对这三种制作设备在结构上的不同之处进行分析。正如前面分析时所指出的本发明油炸食品制作设备相对于现有技术的改进为离心脱油装置在真空条件下运行，上述三种制作设备的两个不同之处都与此改进之处密切相关，因此应当探讨可否对这三种制作设备的两个不同之处采用概括的技术特征加以表述。

现分析可否针对上述两个不同之处采用概括的技术特征加以表述。对前两种制作设备，用于使离心脱油装置在真空条件下运行采用了同一个抽真空装置，对上述两个不同之处可以采用功能性限定的技术特征"用于使油炸装置保持于真空条件下的抽真空装置还用于使离心脱油装置保持在真空条件下运行"来表述，但后一种结构油炸食品制作设备却另设置了专用于对离心脱油装置抽真空的抽真空装置，因此对前两种结构的油炸食品制作设备的不同之处所采用的上述概括表述方式对于后一种结构的油炸食品制作设备不适用；对后两种结构的油炸食品制作设备，两者的共同之处是"在油炸装置的输出口和离心脱油装置的输入口之间设置一个隔离阀"，这一技术措施相对于第一种结构油炸食品制作设备所采用的技术措施"油炸装置的输出口与离心脱油装置的输入口直接连通并密封连接"是一种替代手段，因此对第一种结构的油炸食品制作设备不适用。由上述分析可知，似乎对这三种结构油炸食品制作设备，难以采用上位概念或功能性限定的技术特征将这三种设备中的与本发明设备主要改进之处有关的不同之处加以概括。因此可以考虑对这三种结构的油炸食品制作设备是采用分别撰写独立权利要求的方式还是对其中两种结构的油炸食品制作设备采用概括表述方式。正如前面分析所指出的，对前两种结构的油炸食品制作设备的不同之处可以采用功能性限定的技术特征，因此可考虑撰写一项将前两种制作设备概括在内的独立权利要求，而对第三种制作设备另撰写一项独立权利要求。

但是，对这三种结构的制作设备与最接近现有技术相比之后，会认识到其有一个区别特征为"在离心脱油装置输出口处以密封连接方式设置出料阀"，因而在此基础上可以采用与上述区别特征相匹配的、描述离心脱油装置工作状态的技术特征来表征上述三种结构制作设备的不同之处，即采用"所述离心脱油装置在真空条件下进行离心脱油"这一个对三种结构制作设备均适用的技术特征。这样一来，对于这三种结构的制作设备可以撰写一项将这三种制作设备均纳入专利保护范围的独立权利要求了。不过，需要说明的是，对于这样概括的独立权利要求，在审查时有可能会被认为这一技术特征仅表示离心脱油装置的工作状态，未采用结构特征加以限定，从而得出其不符合《专利法实施细则》第 26 条第 4 款规定。为此，在采用这种方式撰写独立权利要求时，应当至少在说明书中写明针对前两种结构进行概括的技术特征，从而为专利

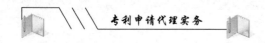

申请文件的修改提供了退路。当然在权利要求书中包括一项概括前两种制作设备的从属权利要求就更好了。

7.2.3 确定最接近的现有技术及本发明要解决的技术问题

与前面对油炸食品制作方法的分析相类似，对比文件1中的油炸马铃薯片制作设备和本发明油炸食品制作设备属于相同的技术领域，其要解决的技术问题与本发明油炸食品制作设备更接近，且披露了本发明油炸食品制作设备更多的技术特征（离心脱油装置），因此对比文件1中的油炸马铃薯片制作设备是本发明油炸食品制作设备的最接近的现有技术。

同样类似于前面的分析，本发明油炸食品制作设备相对于该最接近的现有技术所要解决的技术问题是提供一种能得到具有完整外形、不易破碎、且油脂含量更低的油炸食品的制作设备。

7.2.4 确定本发明油炸食品制作设备主题的必要技术特征

为方便对本发明前两种结构的油炸食品制作设备分析其解决上述技术问题的必要技术特征，现将前面所列出的三种食品制作设备的九个共同技术特征以及针对两个不同之处对三种结构制作设备所采用概括表述方式的技术特征再罗列于后。

① 原料供应装置，用于将油炸食品原料或者经过焙烤的油炸食品原料送到油炸装置的输入口；

② 油炸装置，用于对油炸食品原料或者经过焙烤的油炸食品原料进行油炸；

③ 用于使油炸装置保持在真空条件的抽真空装置；

④ 用于对经油炸的食品进行离心脱油的离心脱油装置；

⑤ 用于将经真空离心脱油后的油炸食品成品送出的产品送出装置；

⑥ 以密封连接方式设置在油炸装置输入口处的进料阀；

⑦ 以密封连接方式设置在离心脱油装置输出口处的出料阀；

⑧ 该油炸装置包括对油炸食品原料进行油炸的油槽，将来自原料供应装置的油炸食品原料送往油槽，且在油炸完成后将经油炸的食品送往离心脱油装置的传送带，以及该传送带的驱动装置；

⑨ 离心脱油装置的旋转轴线以相对于垂直方向倾斜的方式设置，优选其旋转轴线相对于垂直方向倾斜25°~35°；

⑩ 离心脱油装置保持在真空条件下进行离心脱油。

按照技术交底书中所给出的图J-2所示的油炸食品制作设备的结构以及在与申请人沟通时申请人所作出的补充说明，本发明的油炸食品制作设备主要包括原料供应装置、油炸装置、离心脱油装置、抽真空装置、进料阀、出料阀和产品送出装置，即前面所列出的①至⑦这七个特征中所涉及的组成部件。在这七个组成部件中，"原料供应装置"和"产品排出装置"并不是与本发明要解决的技术问题有密切关系的组成部件，按照《专利审查指南2010》第二部分第二章3.3.1的规定，可以不写明这些组成部件，与此相应采用"包括"的表述方式。更为重要的是，上市销售的油炸食品制作设备可以用"产品收集盘"来代替"产品排出装置"，或者销售的设备根本没有"产品排出装置"，而由购买者自行配备"产品排出装置"或"产品收集盘"，因此"产品排出装置"不是本发明解决其技术问题的必要技术特征，若将"产品排出装置"写入独立权利要求就会使该要求保护的主题得不到充分的保护；同样，上市销售的该设备也可以不包括"原料供应装置"，而由购买者自行配置，因此"原料供应装置"也不是本发明解决其技术问题的必要技术特征，独立权利要求不写入"原料供应装置"可以得到更充分的保护，更何况销售的设备还包括焙烤装置时，则该原料供应装置就不是将油炸食品的原料送到油炸装置的输入口了。出于上述考虑，在撰写制作油炸食品设备的独立权利要求时，不应当将"原料供应装置"和"产品排出装置"作为必要技术特征写入独立权利要求，即上述特征①和⑦不是解决上述技术问题的必要技术特征。

上述特征②至⑥这五个特征中所涉及的组成部件是与本发明油炸食品制作设备所解决的上述技术问题密切相关的组成部件，因此应当是本发明油炸食品制作设备这一主题的必要技术特征，同样为清楚限定该权利要求的保护范围，还应当清楚写明这五个特征中所涉及的这些组成部件之间的关系。

上述特征⑧是油炸装置的具体结构，其与本发明油炸食品制作设备所解决的上述技术问题无关，更何况对本发明油炸食品制作设备来看，该油炸装置还可以采用与此不同的其他结构，因此不应当将该特征作为本发明的必要技术特征。

上述特征⑨是本发明油炸食品制作设备中离心脱油装置的优选结构，因此不是本发明油炸食品制作设备解决上述技术问题的必要技术特征。

上述特征⑩限定本发明油炸食品制作设备中的离心脱油装置在真空条件下运行，其确保该设备所生产的油炸食品具有完整外形、不易破碎、且具有更低的油脂含量，因此是解决上述技术问题的必要技术特征。

7.2.5 撰写油炸食品制作设备的独立权利要求

鉴于本发明油炸食品制作设备的产品独立权利要求是针对前面的油炸食品制作方法而设计的，且也仅是实现上述油炸食品制作方法的设备，因此该独立权利要求的主题名称最好写明其与方法独立权利要求之间的关系。由于该设备独立权利要求中不包含有焙烤装置，也未反映其添加由防粘剂、消泡剂和风味保持剂组成的组合物的结构，因此将其主题名称确定为"一种实现权利要求 1 至 5 中任一项所述油炸食品制作方法的设备"。

此外，在撰写独立权利要求时应当将与对比文件 1 中制作油炸马铃薯片设备的共同技术特征写入独立权利要求的前序部分，而将反映使其离心装置在真空条件下运行的结构部分的特征写入特征部分，以体现其与油炸食品制作方法的独立权利要求之间属于一个总的发明构思。

第五章

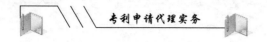

此外，对于产品权利要求，最好在其部件名称之后标注上带括号的相应附图标记。

最后撰写成的油炸食品制作设备的独立权利要求如下。

12. 一种用于实现权利要求 1 至 5 中任一项所述油炸食品制作方法的设备，包括油炸装置（3），对经油炸的食品进行离心脱油的离心脱油装置（5），用于使所述油炸装置（3）保持于真空条件的抽真空装置（4）；以及以密封连接方式设置在所述油炸装置（3）输入口处的进料阀（2），其特征在于：在所述离心脱油装置（5）的输出口处以密封连接方式设置出料阀（6），所述离心脱油装置（5）保持在真空条件下进行离心脱油。❶

显然，所撰写的这一项设备独立权利要求 12 的特定技术特征是"使该设备中的离心脱油装置在真空条件下进行离心脱油"，与方法独立权利要求 1 中的特定技术特征"离心脱油处理步骤在真空条件下进行"是相应的特定技术特征，因此这项设备独立权利要求 12 和方法独立权利要求 1 属于一个总的发明构思，满足单一性的要求，因此可以合案申请。

7.2.6 撰写油炸食品制作设备的从属权利要求

首先，应当针对三种结构的油炸食品制作设备的不同之处分别撰写一项从属权利要求，但正如前面所指出的，为在上述独立权利要求未被接收时修改的权利要求未超出原说明书和权利要求书的记载范围，最好先针对前两种结构的油炸食品制作设备撰写一项能将这两种制作设备纳入保护范围的从属权利要求。该从属权利要求可以撰写如下：

13. 按照权利要求 12 所述的油炸食品制作设备，其特征在于：所述离心脱油装置（5）进行离心脱油所保持的真空条件由所述用于使油炸装置（3）保持于真空条件的抽真空装置（4）来提供。

然后针对前两种结构的油炸食品制作设备的不同之处分别撰写一项从属权利要求，由于两者是并列的技术方案，因此这两项从属权利要求均只引用权利要求 13。下面给出所撰写成的这两项从属权利要求 14 和 15。

14. 按照权利要求 13 所述的油炸食品制作设备，其特征在于：所述抽真空装置（4）向所述离心脱油装置（5）提供进行离心脱油的真空条件是通过将所述离心脱油装置（5）的输入口与所述油炸装置（3）的输出口直接连通并密封连接来实现的。

---

❶ 鉴于技术交底书中的第一种结构的制作油炸食品设备相对于对比文件 1 不具备新颖性，因此所撰写的专利申请文件的说明书中将不再包含第一种结构的制作油炸食品设备的附图，而只包含第二种结构的制作油炸食品设备的附图，与此相应，说明书附图中将表示第二种结构的制作油炸食品设备附图的附图标记右上角的"'"号去掉，因此下面撰写的权利要求中的附图标记也不带有右上角的"'"号。此外，为结合附图对本发明具体实施方式的描述更方便一些，将所有附图标记进行统一调整编号，参见最后完成的权利要求书和说明书的参考文本中的图 1 至图 3。

15. 按照权利要求 13 所述的油炸食品制作设备，其特征在于：所述抽真空装置 (4) 向所述离心脱油装置 (5) 提供进行离心脱油的真空条件是通过下述方式来实现的，在所述油炸装置 (3) 的输出口和所述离心脱油装置 (5) 的输入口之间以密封连接方式设置隔离阀 (8)，在所述抽真空装置 (4) 与所述离心脱油装置 (5) 之间设置了用于使所述离心脱油装置 (5) 在真空条件下运行的连接通道 (41)。

此后，针对后一种结构油炸食品制作设备的不同之处撰写一项从属权利要求，由于其与前两种结构的制作设备是并列的技术方案，因此所撰写的从属权利要求 16 仅引用了权利要求 12：

16. 按照权利要求 12 所述油炸食品制作方法的设备，其特征在于：在所述油炸装置 (3) 的输出口和所述离心脱油装置 (5) 的输入口之间以密封连接方式设置隔离阀 (8)，所述离心脱油装置 (5) 进行离心脱油所保持的真空条件是由为所述离心脱油装置 (5) 单独配置的抽真空装置 (9) 提供的。

根据技术交底书的介绍，真空油炸前的焙烤过程可以在单独的常规烤箱中进行，当然也可以在该制作油炸食品的设备中将焙烤装置组装在真空油炸装置之前，因此针对这种带有焙烤装置的油炸食品制作设备撰写一项从属权利要求。由于这一改进对独立权利要求 12 以及从属权利要求 13 至 16 中的技术方案都能适用，因此将该从属权利要求写成以择一方式引用这五项权利要求的从属权利要求。

17. 按照权利要求 12 至 16 中任一项所述的油炸食品制作设备，其特征在于：该设备还包括设置在所述油炸装置 (3) 之前的焙烤装置，所述油炸装置 (3) 的输入口通过所述进料阀 (2) 与所述焙烤装置的输出口相连接。

考虑到在与申请人进行沟通时还了解到该油炸食品制作设备相对于现有技术中的油炸马铃薯片制作设备，还作出了使油炸食品成品从离心脱油装置中顺利排出和进一步提高离心脱油效率的改进措施：离心脱油装置的旋转轴线相对于垂直方向倾斜设置，因此将离心脱油装置旋转轴线倾斜设置以及其优选倾斜角度作为附加技术特征写成两项从属权利要求 18 和 19。尽管这一改进对独立权利要求 12 和从属权利要求 13 至 17 这六项权利要求的技术方案都能适用，但由于权利要求 17 是一项多项从属权利要求，为了满足《专利法实施细则》第 22 条第 2 款规定的"多项从属权利要求不得作为另一项多项从属权利要求的基础"这一规定，权利要求 18 未引用权利要求 17，而仅以择一方式引用了独立权利要求 12 以及权利要求 13 至 16 这四项从属权利要求，而权利要求 19 仅引用权利要求 18。

18. 按照权利要求 12 至 16 中任一项所述的油炸食品制作设备，其特征在于：所述离心脱油装置 (5) 的旋转轴线以相对于垂直方向倾斜的方式设置。

19. 按照权利要求 18 所述的油炸食品制作设备，其特征在于：所述离心脱油装置 (5) 的旋转轴线相对于垂直方向倾斜的角度为 25°~35°。

第五章

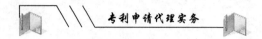

7.2.7 按照不同的权利要求安排方式所撰写的权利要求书

下面针对油炸食品制作设备给出另两种备选的按照不同的权利要求安排方式所撰写成的独立权利要求和从属权利要求。供读者作为以不同权利要求安排方式撰写权利要求书时的参考。

前一种是针对前两种结构油炸食品制作设备以功能限定方式撰写独立权利要求和相应的从属权利要求，然后对第三种结构的油炸食品制作设备另单独撰写了一项独立权利要求，此后再以这三种结构共有的附加技术特征撰写相应的从属权利要求。

12. 一种用于实现权利要求1至5中任一项所述油炸食品制作方法的设备，包括油炸装置（3），对经油炸的食品进行离心脱油的离心脱油装置（5），用于使所述油炸装置（3）保持于真空条件的抽真空装置（4）；以及以密封连接方式设置在所述油炸装置（3）输入口处的进料阀（2），其特征在于：在所述离心脱油装置（5）的输出口处以密封连接方式设置出料阀（6），所述抽真空装置（4）还用于使所述离心脱油装置（5）保持在真空条件下进行离心脱油。

13. 按照权利要求12所述的油炸食品制作设备，其特征在于：所述抽真空装置（4）还用于使所述离心脱油装置（5）保持在真空条件下进行离心脱油是通过将所述离心脱油装置（5）的输入口与所述油炸装置（3）的输出口直接连通并密封连接来实现的。

14. 按照权利要求12所述的油炸食品制作设备，其特征在于：所述抽真空装置（4）还用于使所述离心脱油装置（5）保持在真空条件下进行离心脱油是通过下述方式来实现的，在所述油炸装置（3）的输出口和所述离心脱油装置（5）的输入口之间以密封连接方式设置隔离阀（8），在所述抽真空装置（4）与所述离心脱油装置（5）之间设置了用于使所述离心脱油装置（5）在真空条件下运行的连接通道（41）。

15. 一种用于实现权利要求1至5中任一项所述油炸食品制作方法的设备，包括油炸装置（3），对经油炸的食品进行离心脱油的离心脱油装置（5），用于使油炸装置（3）保持于真空条件的抽真空装置（4），以密封连接方式设置在所述油炸装置（3）输入口处的进料阀（2），以及以密封连接方式设置在所述油炸装置（3）的输出口和所述离心脱油装置（5）的输入口之间的隔离阀（8）❶；其特征在于：在所述离心脱油装置（5）的输出口处以密封连接方式设置出料阀（6），该制作油炸食品的设备还包括用于使所述离心脱油装置（5）保持在真空条件下进行离心脱油的抽真空装置（9）。

16. 按照权利要求12至15中任一项所述的油炸食品制作设备，其特征在于：该

---

❶ 本发明专利申请油炸食品制作设备两种替代方式中的以密封连接方式设置的隔离阀就是最接近现有技术中的排出阀，仅仅是采用了不同的技术名词，因此应当认为该技术特征是这两种替代方式与最接近现有技术中共有的技术特征，因此写在该独立权利要求的前序部分中。

设备还包括设置在所述油炸装置（3）之前的焙烤装置，所述油炸装置（3）的输入口通过所述进料阀（2）与所述焙烤装置的输出口相连接。

17. 按照权利要求 12 至 15 中任一项所述的油炸食品制作设备，其特征在于：所述离心脱油装置（5）的旋转轴线以相对于垂直方向倾斜的方式设置。

18. 按照权利要求 17 所述的油炸食品制作设备，其特征在于：所述离心脱油装置（5）的旋转轴线相对于垂直方向倾斜的角度为 25°～35°。

第二种是针对三种结构的油炸食品制作设备分别撰写一项独立权利要求，然后以这三种结构共有的附加技术特征撰写这几项独立权利要求的从属权利要求。

12. 一种用于实现权利要求 1 至 5 中任一项所述制作油炸食品方法的设备，包括油炸装置（3），对经油炸的食品进行离心脱油的离心脱油装置（5），用于使油炸装置（3）保持于真空条件的抽真空装置（4），以及以密封连接方式设置在所述油炸装置（3）输入口处的进料阀（2）；其特征在于：所述油炸装置（3）的输出口直接与所述离心脱油装置（5）的输入口密封固定连接，在所述离心脱油装置（5）的输出口处以密封连接方式设置出料阀（6）。

13. 一种用于实现权利要求 1 至 5 中任一项所述制作油炸食品方法的设备，包括油炸装置（3），对经油炸的食品进行离心脱油的离心脱油装置（5），用于使油炸装置（3）保持于真空条件的抽真空装置（4），以密封连接方式设置在所述油炸装置（3）输入口处的进料阀（2），以及以密封连接方式设置在所述油炸装置（3）的输出口和所述离心脱油装置（5）的输入口之间的隔离阀（8）❶；其特征在于：在所述离心脱油装置（5）的输出口处以密封连接方式设置出料阀（6），所述使油炸装置（3）保持于真空条件的抽真空装置（4）还用于使所述离心脱油装置（5）保持在真空条件下进行离心脱油。

14. 一种用于实现权利要求 1 至 5 中任一项所述制作油炸食品方法的设备，包括油炸装置（3），对经油炸的食品进行离心脱油的离心脱油装置（5），用于使油炸装置（3）保持于真空条件的抽真空装置（4），以密封连接方式设置在所述油炸装置（3）输入口处的进料阀（2），以及以密封连接方式设置在所述油炸装置（3）的输出口和所述离心脱油装置（5）的输入口之间的隔离阀（8）❷；其特征在于：在所述离心脱油装置（5）的输出口处以密封连接方式设置出料阀（6），该制作油炸食品的设备还包括用于使所述离心脱油装置（5）保持在真空条件下进行离心脱油的抽真空装

---

❶ 本发明专利申请油炸食品制作设备第一种替代方式中的以密封连接方式设置的隔离阀就是最接近现有技术中的排出阀，仅仅是采用了不同的技术名词，因此应当认为该技术特征是这两种替代方式与最接近现有技术中共有的技术特征，因此写在该独立权利要求的前序部分中。

❷ 本发明专利申请油炸食品制作设备第二种替代方式中的以密封连接方式设置的隔离阀就是最接近现有技术中的排出阀，仅仅是采用了不同的技术名词，因此应当认为该技术特征是这两种替代方式与最接近现有技术中共有的技术特征，因此写在该独立权利要求的前序部分中。

第五章

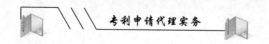

置（9）。

15. 按照权利要求12至14中任一项所述制作油炸食品的设备，其特征在于：该设备还包括设置在所述油炸装置（3）之前的焙烤装置，所述油炸装置（3）的输入口通过所述进料阀（2）与所述焙烤装置的输出口相连接。

16. 按照权利要求12至14中任一项所述制作油炸食品的设备，其特征在于：所述离心脱油装置（5）的旋转轴线以相对于垂直方向倾斜的方式设置。

17. 按照权利要求16所述制作油炸食品的设备，其特征在于：所述离心脱油装置（5）的旋转轴线相对于垂直方向倾斜的角度为25°～35°。

8 说明书的撰写

本节先对说明书各个组成部分如何撰写作出说明，然后分析说明书中保留技术秘密的利弊得失。

8.1 说明书各组成部分的撰写

以下重点说明在撰写说明书各个组成部分时应当注意什么，读者可结合附在此后的推荐的说明书的具体内容来加深理解。

（1）名称

由于本专利申请的权利要求书中涉及两项独立权利要求，前一项的主题名称为油炸食品制作方法，后一项的主题名称为油炸食品制作设备，因此发明名称应当反映这两项独立权利要求的主题名称，建议写成"油炸食品制作方法和实现该方法的设备"或者写成"油炸食品制作方法和制作设备"。

（2）技术领域

同样，由于本专利申请的前一项方法独立权利要求的技术方案与后一项产品独立权利要求的技术方案具有不同的主题名称，因此应当反映这两类具有不同主题名称的独立权利要求的技术领域。对于每一类独立权利要求的技术领域，既应当反映其主题名称，也可以包括其前序部分的全部或一部分技术特征，但不要写入区别技术特征。建议可写成：

本发明涉及一种油炸食品制作方法，包括真空油炸步骤和离心脱油处理步骤。

本发明还涉及一种实现上述油炸食品制作方法的设备，包括油炸装置，对经油炸的食品进行离心脱油的离心脱油装置和用于使油炸装置保持于真空条件的抽真空装置。

（3）背景技术

在这一部分至少应当对最接近的现有技术作出说明，对本专利申请来说，至少应当在这部分引用对比文件1，并简要说明该对比文件1中所公开的油炸食品制作方法的主要步骤和油炸食品制作设备的主要结构，然后相对于本发明专利申请客观地指出

其所存在的问题。如果认为必要的话，还可以对比较重要的其他现有技术作简要说明；但是，对本专利申请而言，由于对比文件 2 中的油炸食品制作方法与本专利申请差别较大，且未公开油炸食品制作设备的结构，因此在背景技术部分可以不再对检索到的对比文件 2 作出具体说明。

（4）发明内容部分

在这一部分包括三部分的内容，其一是本发明要解决的技术问题，其二是本发明的技术方案，其三是有益技术效果。对本发明专利申请的情况，倾向于采用如下的撰写方式：首先针对两项主题写明本发明要解决的技术问题是提供一种能得到具有完整外形、不易破碎、且油脂含量更低的油炸食品的制作方法和制作设备；其次针对油炸食品制作方法的独立权利要求给出其技术方案，在此基础上说明该技术方案带来的有益技术效果，在这之后再另起段写明该独立权利要求的几项重要的从属权利要求的技术方案，并结合这些技术方案说明其进一步带来的有益技术效果；最后再针对油炸食品制作设备的三种不同结构所撰写的独立权利要求给出其技术方案，在此基础上说明其带来的有益技术效果，同样在此之后另起段写明该制作设备独立权利要求的从属权利要求的技术方案及进一步带来的有益技术效果。

（5）附图及附图说明

鉴于技术交底书中给出的反映第一种制作油炸食品设备的结构（即图 J-1 所示的制作油炸食品设备）相对于补充检索到的对比文件 1 不具备新颖性，在说明书中就不应当再将这种结构的油炸食品设备称作本发明的实施方式，因而在说明书中应当不再包括技术交底书中的图 J-1，而仅保留技术交底书中的图 J-2 作为本发明专利申请说明书的附图 1。在这种情况下，应当对原技术交底书图 J-2 中的附图标记进行修改，去掉附图标记右上角的"'"号，并对附图标记进行了规范调整。此外，考虑到在与申请人进行沟通时申请人对该制作油炸食品的设备给出了两种替代结构，由于在此替代结构中既具有一个设置在油炸装置输出口和离心脱油装置输入口之间的隔离阀，又具有一个设置在离心脱油装置输出口处的出料阀，因此建议增加两幅反映油炸食品制作设备替代结构的附图，与此同时对所增加的两幅附图中的附图标记也与原附图 2 一样进行了规范调整。在这种情况下，说明书附图说明部分对这三幅附图作出说明。

当然，还可以采用另一种处理方式：将技术交底书中的图 J-1，作为本发明制作油炸食品设备的最接近现有技术加以说明；然后再针对技术交底书中的图 J-2 及新增加的两幅附图对本发明制作油炸食品设备的三种结构作具体详细说明，此时在附图说明和具体实施方式部分不能再将与技术交底书中的图 J-1 相应的附图称作本发明的具体实施方式，而应当明确写明为现有技术中的制作油炸食品设备的示意图。但从本案例来看，还是采用前一种处理方式（即不再保留技术交底书中的图 J-1）为好。

（6）具体实施方式

具体实施方式部分所描述的内容一定要将本发明充分公开，并且应当支持所撰写

第五章

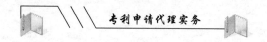

的权利要求书中所限定的每一项技术方案的保护范围。

对于本案例来说，除了根据技术交底书提供的本发明具体技术内容进行描述外，还应当包括与申请人在沟通后所补充的必要技术内容：例如，有关清楚说明新组配组合物的内容；为支持新组配组合物中有关组分选择、含量范围所补充的技术内容；为支持独立权利要求保护范围所补充的有关油炸排叉、油炸素丸子和油炸苹果片的技术内容；油炸食品制作设备的两种替代结构的技术内容；以及油炸食品制作设备中有关离心脱油装置旋转轴倾斜设置的内容等。其中，有关需要实施例支持权利要求保护范围的内容涉及化学领域中有关组分选择和含量选择的内容，可采用化学领域中列举实施例的方式来加以说明；而对于不同油炸食品原料，从简化角度出发，可以采用列表给出实施例的方式；对于所补充的油炸食品制作设备的替代结构可结合新增加的两幅附图加以具体说明。补充了上述内容和实施例后，已清楚地公开了本发明专利申请要求保护的各个主题，并足以支持权利要求的保护范围。

此外，在撰写具体实施方式时，还应当为审批阶段对权利要求书进行修改做好准备，即对审批阶段修改权利要求时可能出现的权利要求的技术方案，也应当在具体实施方式部分给出明确说明。

（7）说明书摘要

说明书摘要部分首先写明本发明专利申请的名称，然后重点对制作油炸食品方法独立权利要求和制作油炸食品设备独立权利要求的技术方案的要点作出说明，在此基础上进一步说明其解决的技术问题和主要用途。

此外，还应当将原技术交底书中的图 J-2 作为说明书摘要附图。

8.2 保留技术秘密的利与弊

就本案例而言，油炸食品的制作设备并不存在可以作为技术秘密保存的内容，但就油炸食品的制作方法而言，其中向油脂中添加组合物可以作为技术秘密加以保留。

但是，申请人并未提出希望保留技术秘密的要求，鉴于保留技术秘密对于申请人来说既有有利的一面（可使己方采用保留技术秘密而上市的产品所具有的优点而占据市场优势），但也存在两方面的风险（保留技术秘密后发明创造因相对于现有技术不具备新颖性或创造性而不能授权；一旦第三方独立研究发现此技术秘密并以此技术秘密作为发明的改进点而取得专利权后己方的产品需要扩大规模时需经过具有该改进专利的权利人的许可），因此对于接受常规专利申请代理业务的专利代理机构来说，如果申请人未主动提出有关技术内容在专利申请时可否作为技术秘密保留的问题，通常无需主动提出这一问题，除非确有把握认为某些技术内容作为技术秘密保留对申请人十分有利。但是，如果该专利代理机构承担某企业的专利顾问的工作，则应当帮助申请人分析本专利申请中的有关内容要否作为技术秘密保留。

为确定是否作为技术秘密保留通常应当与申请人一起做好三方面的工作：确定有

关拟作为技术秘密保留的技术内容在自己实施本发明创造后或转让给他人实施该发明创造后是否仍然为技术秘密；确定该技术内容被第三方独立研究获知的难易程度；进行充分的检索后以确定本发明专利申请在保留技术秘密后是否仍能授权且授权后是否相当稳定。通常，仅仅在有关拟作为技术秘密保留的技术内容在自己实施本发明创造后或转让给他人实施该发明创造后仍能成为技术秘密，该技术内容难以被第三方独立研究获知，以及充分检索后有足够的把握认定本发明专利申请将上述技术内容作为技术秘密保留后仍可授权且授权后相当稳定的情况下，才作为技术秘密加以保留。

9 最后完成的权利要求书和说明书的参考文本❶

按照上述分析，完成权利要求和说明书文本的撰写，下面给出最后完成的权利要求书和说明书文本。

---

❶ 对于沟通后需要申请人补充的有关组合物实施例，具体涉及化学领域的撰写要求，对于机械领域的代理人，只需要掌握应当补充哪些方面的具体内容，在实践中遇到这类问题时告知申请人，请申请人根据要求加以补充，因此在最后完成的说明书中仅仅说明在哪些位置需要补充些什么内容，以及为使其支持权利要求的保护范围应当补充哪些实施例，而未再具体给出所补充的内容。

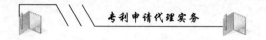

权 利 要 求 书

1. 一种油炸食品制作方法，该方法包括如下步骤：

将待油炸的食品原料在真空条件下进行油炸，

然后对所述经过油炸的食品进行离心脱油处理，

其特征在于：所述离心脱油处理步骤在真空条件下进行。

2. 按照权利要求1所述的油炸食品制作方法，其特征在于：所述真空离心脱油处理所保持的真空条件与所述真空油炸所保持的真空条件相同。

3. 按照权利要求1所述的油炸食品制作方法，其特征在于：所述真空离心脱油处理所保持真空条件的真空度为0.04MPa～0.06MPa。

4. 按照权利要求1至3中任一项所述的油炸食品制作方法，其特征在于：所述真空离心脱油处理的时间为15～25秒。

5. 按照权利要求1至3中任一项所述的油炸食品制作方法，其特征在于：所述真空油炸过程所保持真空条件的真空度为0.02MPa～0.08MPa。

6. 按照权利要求1至3中任一项所述的油炸食品制作方法，其特征在于：对于适于在油炸前进行焙烤的油炸食品原料，在油炸之前，先对所述待油炸食品原料进行焙烤。

7. 按照权利要求6所述的油炸食品制作方法，其特征在于：所述油炸食品原料为马铃薯片或者苹果片。

8. 按照权利要求1至3中任一项所述的油炸食品制作方法，其特征在于：在用于油炸的油脂中添加由防粘剂、消泡剂和风味保持剂组成的组合物，其中防粘剂占30%～40%（重量百分比），消泡剂占40%～50%（重量百分比），风味保持剂占10%～20%（重量百分比）。

9. 按照权利要求8所述的油炸食品制作方法，其特征在于：所述防粘剂选自卵磷脂、硬脂酸中的一种或者它们的混合物。

10. 按照权利要求8所述的油炸食品制作方法，其特征在于：所述消泡剂选自有机硅聚合物、二氧化硅中的一种或者它们的混合物。

11. 按照权利要求8所述的油炸食品制作方法，其特征在于：所述风味保持剂选自乌苷酸二钠、肌苷酸二钠中的一种或者它们的混合物。

12. 一种用于实现权利要求1至5中任一项所述油炸食品制作方法的设备，包括油炸装置（3），对经油炸的食品进行离心脱油的离心脱油装置（5），用于使所述油炸装置（3）保持于真空条件的抽真空装置（4）；以及以密封连接方式设置在所述油炸装置（3）输入口处的进料阀（2），其特征在于：在所述离心脱油装置（5）的输出口处以密封连接方式设置出料阀（6），所述离心脱油装置（5）保持在真空条件下进行离心脱油。

第五章

13. 按照权利要求 12 所述的油炸食品制作设备，其特征在于：所述离心脱油装置（5）进行离心脱油所保持的真空条件由所述用于使油炸装置（3）保持于真空条件的抽真空装置（4）来提供。

14. 按照权利要求 13 所述的油炸食品制作设备，其特征在于：所述抽真空装置（4）向所述离心脱油装置（5）提供进行离心脱油的真空条件是通过将所述离心脱油装置（5）的输入口与所述油炸装置（3）的输出口直接连通并密封连接来实现的。

15. 按照权利要求 13 所述的油炸食品制作设备，其特征在于：所述抽真空装置（4）向所述离心脱油装置（5）提供进行离心脱油的真空条件是通过下述方式来实现的，在所述油炸装置（3）的输出口和所述离心脱油装置（5）的输入口之间以密封连接方式设置隔离阀（8），在所述抽真空装置（4）与所述离心脱油装置（5）之间设置了用于使所述离心脱油装置（5）在真空条件下运行的连接通道（41）。

16. 按照权利要求 12 所述油炸食品制作方法的设备，其特征在于：在所述油炸装置（3）的输出口和所述离心脱油装置（5）的输入口之间以密封连接方式设置隔离阀（8），所述离心脱油装置（5）进行离心脱油所保持的真空条件是由为所述离心脱油装置（5）单独配置的抽真空装置（9）提供的。

17. 按照权利要求 12 至 16 中任一项所述的油炸食品制作设备，其特征在于：该设备还包括设置在所述油炸装置（3）之前的焙烤装置，所述油炸装置（3）的输入口通过所述进料阀（2）与所述焙烤装置的输出口相连接。

18. 按照权利要求 12 至 16 中任一项所述的油炸食品制作设备，其特征在于：所述离心脱油装置（5）的旋转轴线以相对于垂直方向倾斜的方式设置。

19. 按照权利要求 18 所述的油炸食品制作设备，其特征在于：所述离心脱油装置（5）的旋转轴线相对于垂直方向倾斜的角度为 25°~35°。

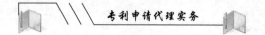

说 明 书

油炸食品制作方法和实现该方法的设备

技术领域

　　本发明涉及一种油炸食品制作方法，包括真空油炸步骤和离心脱油处理步骤。

　　本发明还涉及一种油炸食品制作设备，包括油炸装置，对经油炸的食品进行离心脱油的离心脱油装置和用于使油炸装置保持于真空条件的抽真空装置。

背景技术

　　油炸食品、尤其是油炸马铃薯片、油炸排叉、油炸薄脆等因其具有松脆口感而成为人们喜爱的小吃食品。最初的油炸食品是这样制得的：先将食品原料制成所需要的形状，如将马铃薯加工成薄片状，或者将已揉好的面团擀平分切成条状、必要时再折叠成所需形状；再将制成所需形状的食品原料放入油炸器皿中油炸，油炸温度大体控制在 170～190℃；然后将已炸好的油炸食品取出沥油去油。按照此油炸方法得到的油炸食品一般含有 32%～35% 重量百分比的油脂，显然这样的油炸食品含油量过高，对食用者的健康不利，且不便长期保存，尤其是高温油炸会在油炸食品中产生对人体有害的物质。

　　为此，近十年来，人们一直在致力于对油炸食品制作方法的改进，例如，在真空条件下对油炸食品进行油炸以降低油温，在油炸后将已炸好的油炸食品进行离心脱油，从而可使油炸食品的油脂含量降低到 25%（重量百分比）以下。中国发明专利申请公布说明书 CN1××××××××A 公开了一种油炸薯片的制作方法，包括将准备好的马铃薯片送入油炸装置内，油炸装置内保持约 0.08MPa～0.10MPa 的真空度，油炸温度约为 105～130℃；将经过油炸的马铃薯片送入离心脱油装置中进行常压脱油；经脱油处理的马铃薯片最后被排出。在该发明说明书中还公开了一种实现上述油炸薯片制作方法的设备，该设备主要包括进料装置、油炸装置、对经油炸的食品进行离心脱油的离心脱油装置、出料室以及用于使油炸装置保持于真空条件的抽真空装置等。在上述油炸薯片制作方法和油炸薯片制作设备中所制得的油炸马铃薯片的含油量可降低到 20%～22%（重量百分比）。但是，这样制得的油炸马铃薯片存在容易破碎的缺陷，不能使其保持完整外形，不仅影响油炸食品的外观，也影响油炸食品的口感。

发明内容

　　为克服上述油炸食品制作方法和制作设备所存在的缺陷，本发明所要解决的技术问题是提供一种能得到具有完整外形、不易破碎、且油脂含量更低的油炸食品的制作

第五章

方法。

　　与此相应，本发明另一个要解决的技术问题是提供一种能得到具有完整外形、不易破碎、且油脂含量更低的油炸食品的制作设备。

　　就油炸食品制作方法而言，本发明解决上述技术问题的制作方法包括如下步骤：将待油炸的食品原料在真空条件下进行油炸，然后对经过油炸的食品在真空条件下进行离心脱油处理。

　　由于经油炸的食品在真空条件下进行离心脱油处理，就能有效地防止油炸食品破碎，使其保持完整外形；更何况在真空条件下进行离心脱油处理，可以使油炸食品表面上的油脂不易渗入其内部，这样有利于改善离心脱油效果并提高脱油效率，例如，对于马铃薯薄片的油脂含量进一步降低到约 14%～18%（重量百分比）。

　　作为油炸食品制作方法的改进，其真空离心脱油可以与真空油炸处于相同的真空条件下进行，从而可使采用这种油炸食品制作方法的制作设备结构简单、操作方便。但是，也可以使真空离心脱油和真空油炸处于不同的真空条件下进行，以使真空油炸和真空离心脱油分别在其优选条件下运行：例如，当真空油炸过程的真空度保持在 0.02MPa～0.08MPa，最终制得的油炸食品的油脂含量可进一步降低到 14%～16%（重量百分比）；而真空离心脱油处理所保持真空条件的真空度为 0.04MPa～0.06MPa 时，所制得的低油脂含量的油炸食品成品不易破碎，能完全保持完整外形。

　　作为油炸食品制作方法的进一步改进，真空离心脱油处理的时间为 15～25 秒，既能得到较好的离心脱油效果，又使油炸食品成品保持完整外形。

　　本发明的油炸食品制作方法适用于制作油炸马铃薯薄片、油炸玉米薄饼、油炸丸子、油炸春卷、油炸排叉、油炸蔬菜、油炸苹果片等油炸食品。除了如油炸素丸子这种焙烤后表面不会形成鼓泡或者如油炸排叉这种原料烤熟后不便油炸的油炸食品外，对于其他如马铃薯片和苹果片这些适于在油炸前进行焙烤的油炸食品原料，本发明油炸食品制作方法可作出进一步改进：在真空油炸之前，先对待油炸食品原料进行焙烤。在焙烤过程中，会在待油炸食品原料（如马铃薯片或苹果片）的表面形成一个个小鼓泡，焙烤之后再进行真空油炸，可使小鼓泡继续膨胀，形成较大鼓泡，从而进一步改善油炸马铃薯片或苹果片的口感。

　　作为本发明油炸食品制作方法的另一种改进，还可以在用于油炸的油脂中添加由防粘剂、消泡剂和风味保持剂组成的组合物，其中防粘剂占 30%～40%（重量百分比），消泡剂占 40%～50%（重量百分比），风味保持剂占 10%～20%（重量百分比）。由于加入的组合物中包含有防粘剂，从而可防止油炸食品原料粘接在一起而影响其油炸效果；由于加入的组合物中包含有消泡剂，从而在真空油炸时不会出现油脂起泡，也就不会引起油脂飞溅，减少油脂的损失；由于加入的组合物中包含有风味保持剂，可以保持油炸食品独特的口感。通过上述三种组合物组分含量的搭配，可以同时在这三方面达到较好的效果。

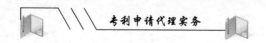

对于这种组合物中的防粘剂，可以优选自卵磷脂、硬脂酸中的一种或者它们的混合物；对于其中的消泡剂，可以优选自有机硅聚合物、二氧化硅中的一种或者它们的混合物；而对于其中的风味保持剂，可以选自鸟苷酸二钠、肌苷酸二钠中的一种或者它们的混合物。

就油炸食品制作设备而言，本发明为解决所述技术问题的油炸食品制作设备包括油炸装置，对经油炸的食品进行离心脱油的离心脱油装置，用于使油炸装置保持于真空条件的抽真空装置，以密封连接方式设置在油炸装置输入口处的进料阀，以及在离心脱油装置的输出口处以密封连接方式设置出料阀；该离心脱油装置保持在真空条件下进行离心脱油。

上述结构的油炸食品制作设备可以使油炸后的食品在真空条件下进行离心脱油，正如前面所指出的那样，不仅有效地防止油炸食品破碎，使其保持完整外形，而且改善离心脱油效果并提高脱油效率，使最后制得的油炸食品的油脂含量降低到约 14% ~ 18%（重量百分比）。

在上述油炸食品制作设备中，离心脱油装置进行离心脱油所保持的真空条件可以由用于使油炸装置保持于真空条件的抽真空装置来提供。

上述由用于使油炸装置保持于真空条件的抽真空装置向所述离心脱油装置提供进行离心脱油的真空条件，可以通过将离心脱油装置的输入口与油炸装置的输出口直接连通并密封连接来实现。采用这种结构的油炸食品制作设备，由于油炸装置与离心装置直接密封连接，无需增加其他部件就可使离心脱油装置也在真空条件下运行，因此其结构简单，操作方便。

上述由用于使油炸装置保持于真空条件的抽真空装置向所述离心脱油装置提供进行离心脱油的真空条件，也可以按下述方式来实现：在油炸装置的输出口和离心脱油装置的输入口之间以密封连接方式设置隔离阀，在上述抽真空装置与离心脱油装置之间设置了用于使离心脱油装置在真空条件下运行的连接通道。采用这种结构的油炸食品制作设备，真空离心脱油与真空油炸可以根据需要选择在不同的真空条件下运行。

在上述油炸食品制作设备中，离心脱油装置进行离心脱油所保持的真空条件通过下述方式来实现的：在油炸装置的输出口和离心脱油装置的输入口之间以密封连接方式设置隔离阀；离心脱油装置进行离心脱油所保持的真空条件由为离心脱油装置单独配置的抽真空装置来提供。在这种油炸食品制作设备中，由于为离心脱油装置单独配置了抽真空装置，因此该设备的真空离心脱油与真空油炸可以根据需要选择在不同的真空条件下运行。

作为本发明油炸食品制作设备的改进，该设备还包括设置在油炸装置之前的焙烤装置，油炸装置的输入口与焙烤装置的输出口相连接。采用这种结构的油炸食品设备，在真空油炸之前先对油炸食品原料进行焙烤，正如前面所指出的那样，这种设备所制得的油炸食品表面形成较大的鼓泡，进一步改善油炸食品的口感。

作为本发明油炸食品制作设备的进一步改进，离心脱油装置的旋转轴线以相对于垂直方向倾斜的方式设置，采用这种结构的制作油炸食品的设备，可确保油炸食品从离心脱油装置中顺利排出，且可提高对油炸食品离心脱油的效率；尤其优选离心脱油装置的旋转轴线相对于垂直方向倾斜的角度为25°～35°，可确保油炸食品从离心脱油装置中全部排出。

附图说明

图1是本发明制作油炸食品设备第一种实施方式的示意图；

图2是本发明制作油炸食品设备第二种实施方式的示意图；

图3是本发明制作油炸食品设备第三种实施方式的示意图。

具体实施方式

下面先以油炸马铃薯薄片为例，对本发明的具体实施方式进行描述。

本发明制作油炸马铃薯薄片的方法主要包括三个步骤：对油炸食品的原料马铃薯薄片进行焙烤，对马铃薯薄片进行真空油炸以及将经油炸的马铃薯薄片进行真空离心脱油。但是，在这三个步骤中，对马铃薯薄片进行焙烤的步骤并不是必需的，只是一个优选的步骤。

本发明制作油炸食品的方法优选在真空油炸之前对马铃薯薄片进行焙烤。在焙烤过程中，由于马铃薯薄片局部脱水，会在其表面形成一个个小鼓泡。之后，再对其进行油炸，可使小鼓泡继续膨胀，形成较大鼓泡，从而改善油炸马铃薯薄片的口感。这一焙烤过程可以在独立的焙烤装置如在常规烤箱中完成，再将经焙烤的马铃薯薄片送往制作油炸食品的设备，在该设备中进行真空油炸和真空离心脱油。当然也可以将焙烤装置作为整个油炸设备的一个组成部分，先在该制作油炸食品设备的焙烤装置中对马铃薯薄片进行焙烤，再将经焙烤的马铃薯薄片输送到真空油炸装置进行真空油炸。

本发明制作油炸食品方法中的油炸过程维持在真空条件下进行是必要的。真空度可以在较宽的数值范围内选取，因为在常规的真空条件下，就可以明显降低油温，这不仅有助于防止产生对人体有害的物质，还可降低油炸食品的油脂含量。通过大量的实验表明，真空度保持在0.02MPa～0.08MPa较为适宜，可以使油脂沸腾温度降低至80～110℃，既可以有效地防止产生对人体有害的物质和降低油炸马铃薯薄片的油脂含量，又可以达到所需的油炸效果。

在真空条件下对马铃薯薄片油炸之后，需要对油炸后的马铃薯薄片进行脱油处理。在实践中发现，对经过油炸的马铃薯薄片立即在常压条件下进行离心处理，虽然马铃薯薄片的油脂含量可以降低至18%～20%（重量百分比），但是油炸后的马铃薯薄片十分易碎，致使无法获得完整的油炸食品。为解决这一问题，在本发明的制作方法中，对油炸的马铃薯薄片的离心脱油处理也是在真空条件下进行的，这样一来可以有效地防止马铃薯薄片破碎，使其保持完整外形。另外，还发现在真空条件下进行离心脱油处理，可以使油炸马铃薯薄片表面上的油脂不易渗入薄片内部，这样有利于进一步改善离心脱油效果并提高脱油效率；也就是说，对经过真空油炸的马铃薯薄片进行真空离心处理，可以使马铃薯薄片具有完整外形、不易破碎，且油脂含量进一步降低至约 14% ~18%（重量百分比）。

真空油炸过程和真空离心脱油处理可以在相同的真空度条件下完成，也可以分别在其优选的真空条件下进行。在优选真空度 0.02MPa ~0.08MPa 的条件下进行油炸，最后制得的具有完整外形且不易破碎的油炸马铃薯薄片的油脂含量可降低到 14% ~ 16%（重量百分比）；若进一步在优选真空度 0.04MPa ~0.06MPa 的条件下进行离心脱油，则可以得到油脂含量为 14% ~15%（重量百分比）、并具有完整外形且不易破碎的油炸马铃薯薄片。

此外，控制真空离心脱油的时间可以既确保油炸马铃薯片成品保持更完整的外形，又使油炸马铃薯片具有更低的油脂含量，经过大量试验证明，真空离心脱油的时间为 15~25 秒能得到两者兼顾的配合效果。

在真空油炸过程中，会出现马铃薯薄片之间相粘连的现象，还会出现油脂起泡现象。马铃薯薄片之间相粘连会影响油炸效果，油脂起泡则容易造成油脂飞溅，为尽量避免油炸过程中出现上述两种现象，在本发明制作油炸马铃薯薄片的方法中还可以向油脂中添加一种由油炸过程中常用的防粘剂、消泡剂和风味保持剂组成的组合物。经过实践得知，当这种组合物中含有 30% ~40%（重量百分比）防粘剂、40% ~50%（重量百分比）消泡剂和 10% ~20%（重量百分比）风味保持剂时，在真空油炸过程中不仅马铃薯薄片之间不会出现相粘结，从而不会影响油炸效果，而且也不会出现油脂起泡，避免油脂飞溅而浪费油脂，还可以使制得的油炸马铃薯薄片具有所想要的独特风味口感。在这种组合物中，防粘剂可以选自卵磷脂、硬脂酸中的一种或者它们的混合物；消泡剂可以选自有机硅聚合物、二氧化硅中的一种或者它们的混合物；风味保持剂可以选自鸟苷酸二钠、肌苷酸二钠中的一种或者它们的混合物。

（注：为使权利要求中的技术方案得到说明书的支持，在此处应当补充至少三组不同组合物组分和含量的实施例，当然给出更多组更好。在每一个实施例中对这三个组分分别给出具体的组分选择和含量，例如该组合物由 30% 卵磷脂、50% 二氧化硅以及 20% 鸟苷酸二钠和肌苷酸二钠的混合物组成，且针对每一个实施例给出在添加了这种组合物进行真空油炸后所得到的油炸马铃薯片所具有的良好性能。而就所有的实施例而言，对于防粘剂，既有以卵磷脂为防粘剂的，也有以硬脂酸为防粘剂的，还有以卵磷脂和硬脂酸的混合物为防粘剂的，且其含量至少有 30% 和 40% 的，当然还可以有 35% 的；对于消泡剂，既有以有机硅聚合物为消泡剂的，也有以二氧化硅为消泡剂的，还有以有机硅聚合物和二氧化硅的混合物为消泡剂的，且其含量至少有 40% 和 50% 的，当然还可以有 45% 的；对于风味保持剂，既有以鸟苷酸二钠为风味保持剂的，也有以肌苷酸二钠为风味保持剂的，还

第五章

有以乌苷酸二钠和肌苷酸二钠的混合物为风味保持剂的，且其含量至少有10%和20%的，当然还可以有15%的。为了满足化学物质充分公开的要求，最好在描述实施例时给出一种该组合物的制备方法。）

本发明制作油炸食品的方法，除了应用于油炸马铃薯薄片外，还应用于其他油炸食品，如油炸玉米薄饼、油炸丸子、油炸春卷、油炸排叉、油炸蔬菜、油炸水果等油炸食品。下面表1给出有关油炸马铃薯薄片、油炸排叉、油炸素丸子和油炸苹果片这四种具体油炸食品原料在不同真空油炸和真空离心工艺（包括是否在油炸前进行焙烤）条件下所得到的油炸食品性能测试结果，共给出了六组测试数据。

表1　不同食品原料在相应真空油炸和真空离心工艺条件所得到的油炸食品性能测试结果❶

食品原料	马铃薯薄片	马铃薯薄片	排 叉	素丸子	苹果片	苹果片
主要加工步骤	焙烤 真空油炸且添加组合物 真空离心脱油	焙烤 真空油炸且添加组合物 真空离心脱油	真空油炸且添加组合物 真空离心脱油	真空油炸且添加组合物 真空离心脱油	焙烤 真空油炸且添加组合物 真空离心脱油	焙烤 真空油炸 真空离心脱油
油炸真空度	0.02MPa	0.04MPa	0.02MPa	0.08MPa	0.08MPa	0.10MPa
离心真空度	0.04MPa	0.04MPa	0.06MPa	0.06MPa	0.08MPa	0.08MPa
离心时间	25秒	15秒	20秒	20秒	25秒	15秒
成品油脂含量	14%（重量）	15%（重量）	15%（重量）	16%（重量）	15%（重量）	16%（重量）
成品性状	松脆 风味口感 完整　不粘连	松脆 风味口感 完整　不粘连	较松脆 风味口感 完整　不粘连	较松脆 风味口感 完整　不粘连	松脆 风味口感 完整　不粘连	松脆 风味口感 完整

图1示出了本发明制作油炸食品设备第一种实施方式的结构。如图1所示，制作油炸食品的设备包括原料供应装置1、进料阀2、油炸装置3、抽真空装置4、油槽31、传送带32、传送带驱动装置33、离心脱油装置5、出料阀6、产品送出装置7。其中，油炸装置3的一侧设有输入口，通过进料阀2与原料供应装置1的出料口密封固定连接；油炸装置3的另一侧设有输出口，该输出口直接与离心脱油装置5输入口密封固定连接，出料阀6密封设置在离心脱油装置5输出口处。油炸装置3内部设有具有一定宽度的传送带32，由正对油炸装置3输入口下方的位置延伸到邻近油炸装置3输出口上方的位置，其中间部位沉降到用于容纳油脂的下凹油槽31中。使油炸装置3和离心脱油装置5保持在真空条件下的抽真空装置4和传送带驱动装置33设置在油

---

❶　鉴于编者专业领域的局限，本表中给出的内容并不一定准确，只是作为一种推荐的撰写格式供参考。

炸装置3和离心脱油装置5外部。产品送出装置7设置在由离心脱油装置5的下方，其输入口与离心脱油装置5输出口相连接，从而可以将从离心脱油装置5的输出口排出的油炸食品及时送走；当然，该制作油炸食品的设备也可以用一个置于离心脱油装置5输出口下方的产品收集盘来代替产品送出装置7，待产品收集盘装满后将此产品收集盘运走，而在此处再放置另一个产品收集盘。

此外，为使油炸食品从离心脱油装置5中顺利排出，还可以将离心脱油装置5的旋转轴线以相对于垂直方向倾斜一定角度的方式设置，而且还能提高对油炸食品进行离心脱油的效率。经试验发现，离心脱油装置5的旋转轴线相对于垂直方向倾斜25°～35°的角度能取得更佳的效果。

上述制作油炸食品设备的工作过程为：将油槽31中的油脂预加热并保持在约80～110℃。打开进料阀2，使原料供应装置1中的油炸食品原料落到传送带32上。然后关闭进料阀2和出料阀6，使油炸装置3和离心脱油装置5呈密闭状态。启动抽真空装置4，使油炸装置3和离心脱油装置5内达到并保持稳定的真空度。之后，启动传送带驱动装置33，传送带32将其上的油炸食品原料送入油槽31内的油脂中进行油炸。油炸完毕后，再通过传送带32将已油炸过的食品送入离心脱油装置5，在其中通过离心脱油处理将油炸食品表面上的油脂除去。离心脱油完毕后，打开出料阀6，使油炸装置3和离心脱油装置5内恢复大气压，经过油炸的产品经出料阀6进入产品送出装置7排出。在本发明上述油炸食品制作设备中制得的油炸食品（如油炸马铃薯薄片、玉米薄饼、油炸丸子、油炸春卷、油炸排叉、油炸蔬菜、油炸水果等）具有完整外形、不易破碎，且油脂含量更低。

在图1所示的本发明制作油炸食品设备中，油炸装置3的输入口直接与原料供应装置1的出料口密封固定连接。对于那些可以在真空油炸前先进行焙烤的食品原料，如马铃薯片或苹果片，可以先放在独立的焙烤装置、如在常规烤箱中进行焙烤，完成焙烤后将表面已形成小鼓泡的待油炸食品原料运送到本发明制作油炸食品设备的原料供应装置1中，再由原料供应装置1送入到油炸装置3中。但是，本发明制作的油炸食品设备也可以包括一个位于油炸装置3之前、用于对需要焙烤的待油炸食品原料进行焙烤的焙烤装置（图1中未示出），油炸装置3的输入口通过进料阀2与焙烤装置的输出口相连接，原料供应装置1的输出口与焙烤装置的输入口相连接。在这种带有焙烤装置的制作油炸食品设备中，原料供应装置1先将食品原料（如马铃薯片或苹果片）送入焙烤装置进行焙烤，此时进料阀2是关闭的。焙烤完成后，打开进料阀2，并将经过焙烤后表面已形成小鼓泡的食品原料（如马铃薯片或苹果片）送入油炸装置3，然后再关闭进料阀2和出料阀6，使油炸装置3和离心脱油装置5呈密闭状态。启动抽真空装置4，使油炸装置3和离心脱油装置5内达到并保持稳定的真空度。随后如同前面所述那样进行真空油炸和真空离心脱油，直到将油炸食品成品经出料阀6送至产品送出装置7排出或者送至产品收集盘，从而得到所需要的具有完整外形、不易

破碎、表面形成较大鼓泡、且油脂含量更低的油炸食品（油炸马铃薯片或苹果片）。

图2示出了本发明制作油炸食品设备的第二种实施方式的结构，与图1所示的制作油炸食品设备相比，其不同之处是在油炸装置3的输出口和离心脱油装置5的输入口之间以密封方式设置一个隔离阀8，且上述使油炸装置3保持于真空条件的抽真空装置4的抽气口还通过连接通道41与离心脱油装置5相连通，即该抽真空装置4还用于使离心脱油装置保持在真空条件下进行离心脱油。在这种实施方式的油炸食品制作设备中，当待油炸的食品原料送入到油炸装置后，在进行真空油炸前，先将进料阀2和位于油炸装置3和离心脱油装置5之间的隔离阀8关闭，启动抽真空装置4，使油炸装置3达到并保持稳定的真空度，之后，启动传送带驱动装置33，传送带32将其上的油炸食品原料送入油槽31内的油脂中进行油炸。油炸完毕后，打开隔离阀8，将经真空油炸后的油炸食品送入离心脱油装置5后，再关闭隔离阀8和出料阀6，并启动抽真空装置4，使离心脱油装置5达到并保持稳定的真空度，对经真空油炸后的油炸食品进行真空离心脱油。离心脱油完毕后，打开出料阀6，经过真空油炸和真空离心脱油的产品经出料阀6进入产品送出装置7或产品收集盘。

当然，作为本发明油炸食品制作设备的第三种实施方式是在如图2所示在油炸装置3的输出口和离心脱油装置5的输入口之间以密封方式设置一个隔离阀8的基础上，如图3所示为离心脱油装置5另外配置一台用于使其保持在真空条件下进行离心脱油的抽真空装置9，其工作过程与前面所述第二种实施方式相同，在此不再作重复说明。

图1所示的本发明油炸食品制作设备第一种实施方式与图2和图3所示的本发明油炸食品制作设备第二种和第三种实施方式各有其优点：图1所示的本发明油炸食品制作设备的结构比图2和图3所示的两种油炸食品制作设备的结构简单，且操作更为方便，但是其真空油炸与真空离心脱油两个步骤在相同的真空条件下完成；而在图2和图3所示的两种油炸食品制作设备中，真空油炸与真空离心脱油两个步骤可以根据需要选择不同的真空条件。

上面结合附图对本发明优选的具体实施方式和实施例作了详细说明，但是本发明并不限于上述实施方式和实施例，在本领域技术人员所具备的知识范围内，还可以在不脱离本发明构思的前提下作出各种变化。

第五章

说 明 书 附 图

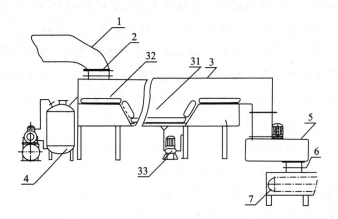

图 1

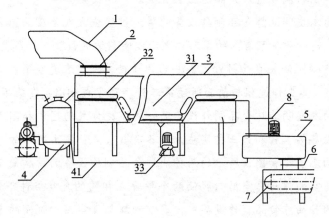

图 2

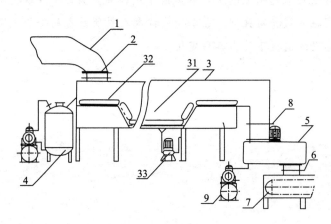

图 3

第五章

说 明 书 摘 要

　　本发明涉及制作油炸食品的方法和实现该方法的设备。制作油炸食品的方法包括如下步骤：将食品原料在真空条件下油炸，然后再在真空条件下离心脱油。实现该方法的设备包括油炸装置（3），对经油炸食品离心脱油的离心装置（5），以密封连接方式设置在油炸装置输入口处的进料阀（2），以及以密封连接方式设置在离心装置输出口处的出料阀（6）；此外，该设备还包括用于使油炸装置和离心装置同时保持于真空条件的抽真空装置（4）或者使油炸装置和离心装置分别保持于真空条件的抽真空装置。采用本发明制作油炸食品的方法和设备制得的油炸食品油脂含量可降低到14%～18%（重量百分比），且成品不易破碎，保持完整外形。

摘 要 附 图

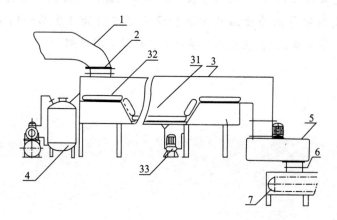

第二节 案例二：旋转脱水的拖把

本案例素材来自于实际案例，但是对具体技术内容、实施例的数量、与申请人的沟通环节、权利要求的概括和总结等方面进行了较大的改动，请读者不要与实际案例对号入座。本案例技术较为复杂，部件数量较多，设置本案例的目的在于锻炼专利代理人扩展说明书内容、提高文字描述的能力。

1 申请人提供的技术交底书

申请人提供的技术交底书中对发明创造涉及的技术内容主要作了如下介绍。

【0001】传统拖把具有一个拖把头和一个拖把杆，为了将拖把头拧干，需要使用者一手抓住拖把头，另外一只手扭转拖把杆，挤出拖把头吸附的水。这种方式的缺点是使用者的手直接接触拖把头，造成手部不卫生。

【0002】为了消除此缺点，在市场上出现一种脚踏式沥水篮，脚踏板带动齿轮后，使沥水篮产生快速的旋转，将置于沥水篮的拖把毛的水甩干。该装置由于使用者需要以一只脚不断对脚踏板踩踏，另一只脚保持平衡，因此不但操作麻烦，还会发生使用者跌倒的问题。

【0003】本发明提供一种全新的拖把。如图 J－1 所示，本发明的拖把包括下杆体 10 和上杆体 20。上杆体 20 供使用者握持，其顶端套设有护套 22；下杆体 10 的下端与拖把头相连接，在图 J－1 中，拖把头包括圆盘 60 和圆盘上的拖把毛。上杆体 20 可沿着下杆体 10 外周作升降滑动。在上杆体 20 和下杆体 10 连接处设有驱动件 50、制动件 40、卡合件 30。驱动件 50 通过位于其顶部的固定块 51 固定在上杆体 20 内部，与上杆体 20 同步升降。卡合件 30 固定在下杆体 10 的顶端，使用环体 33 及固定套 34 将卡合件 30 套置固定于下杆体 10 的顶端。卡合件 30 外壁设置有凸缘体 31，用于将卡合件 30 定位在下杆体 10 的开口上。卡合件 30 的内壁设有凹槽

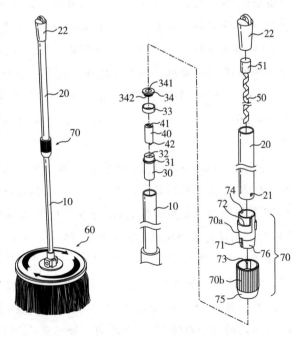

图 J－1　发明人提供的拖把整体示意图以及部件分解图

第五章

32，固定套34的本体外周设有环绕的突肋342，突肋342能卡合于该卡合件30的凹槽32而构成固定套34与卡合件30之间的固定。该固定套34上端面设有通孔341，用于供驱动件50穿过。

【0004】此外，如图J-2所示，该卡合件30的底部内表面上设有朝上的棘齿35。制动件40设置在卡合件30的中空空间内，其顶端设置槽口41，由于驱动件50的表面为螺旋状，当驱动件50穿过槽口41上下运动时，能带动制动件40在卡合件30内转动。制动件40的底面设有朝下的棘齿42，棘齿42的大小与棘齿35基本相同，形状相匹配。驱动件50向下移动时，制动件40底面的棘齿42与卡合件30底面上的棘齿35啮合，制动件40随驱动件50向下运动而旋转（如顺时针旋转）时，同步带动卡合件30顺时针旋转，卡合件30带动下杆体10旋转，从而固定在下杆体10下端的盘体60也随之旋转，实现了对盘体60上的拖把毛的甩干。反之，当向上拉驱动件50时，带动制动件40略向上移动，朝上的棘齿35与朝下的棘齿42脱离啮合关系，此

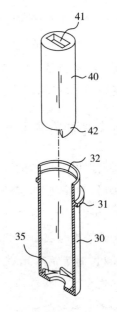

图J-2 发明人提供的制动件
与卡合件配合关系示意图

时驱动件50带动该制动件40逆时针旋转，由于解除了啮合关系，制动件40空转，卡合件30不受驱动，因而下杆体10和圆盘60在惯性作用下继续顺时针旋转。由于上杆体20可沿着下杆体10外周作升降滑动，因而当使用者握持上杆体20向下推，就能驱动下杆体10进行旋转，从而实现拖毛脱水；上杆体20向上拉恢复原状的过程中，下杆体10继续按照原方向旋转。由此可知，在本发明中，借助驱动件50、制动件40、卡合件30，就可将上杆体20相对于下杆体10的直线移动转换为下杆体10的旋转运动。

【0005】拖把上杆体20和下杆体10之间还设置有锁合结构70，用于将上杆体20和下杆体10置于锁固位置，或者释放为可相对滑动位置。如图J-1所示，该锁合结构70包括束套70a和旋筒70b。束套70a的上部与上杆体20相连接（例如，该束套70a的上端设有数个间隔排列的卡钩74，并在上杆体20设有对应的开孔21，使卡钩74穿设于上杆体20所设的开孔21），中部外周设置有倾斜的滑动台阶72，下部76设有沿轴向贯通周壁的剖沟71；旋筒70b套置在该束套70a外周，其内壁面的上部设有凸体73，凸体73可沿着束套70a中部倾斜的滑动台阶72滑动。旋转旋筒70b，凸体73沿倾斜的滑动台阶72向上滑动，带动旋筒70b向上移动，这样旋筒70b的下部锥形管紧紧地箍住束套70a的剖沟71的外周并迫使其产生局部向内的弹性变形，使锁合结构70中的束套70a下部箍紧下杆体10，从而将上杆体20和下杆体10锁合，两者

之间不会发生相对滑动，可以正常进行拖地。反之，在拖把涮洗后需要脱水时，则逆向旋转旋筒 70b，凸体 73 沿倾斜的滑动台阶 72 向下滑动，带动旋筒 70b 向下移动，这样旋筒 70b 松开束套 70a 的剖沟 71 处的外周部位，从而锁合结构处于松弛状态，就可通过上杆和下杆之间的相对运动来拧干拖把。

【0006】本发明还对拖把的操作方法进行了改进。如图 J-3 所示，当需要拧干拖把时，将盘体 60 放置于脱水桶 80 内的沥水槽 81 上，使用者向下按压上杆体 20，带动该下杆体 10 及盘体 60 顺时针旋转，进而以离心力将附着于盘体 60 拖把毛的水甩出。接着，当上杆体 20 上拉时，下杆体 10 不受影响，仍然按照惯性力而持续顺时针旋转。这样，使用者仅需用手将上杆体 20 下压及上拉两三下，即可使下杆体旋转十数圈以上。由于沥水槽 81 呈自由转动状态地设于脱水桶 80 内，当盘体 60 被下杆体 10 驱动旋转时，可同步带动沥水槽 81 转动，而对盘体 60 的拖把毛 61 进行离心脱水，并由该脱水桶 80 承接所甩出的水。

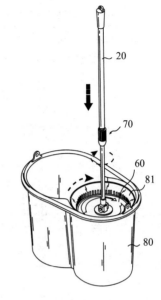

图 J-3　发明人提供的拖把与
脱水桶配合关系示意图

【0007】需要拧干拖把时，使用者只需要手握拖把杆使上杆体相对于下杆体上下位移，即可使下杆体底端的盘体旋转，将拖把所附着的水甩干，使用便捷，更为安全，成本低，结构简单，故障率少，提高产品使用寿命。

2　申请人提供的现有技术

除技术交底书外，申请人还提供了其本人以前申请过的专利 CN2×××××××A（以下称对比文件 1）作为本发明的背景技术，该对比文件 CN2×××××××A 的公开日：2008 年 1 月 1 日。下面给出该对比文件中的说明书第 2 页第 5 行至第 4 页第 8 行的内容，并在图 D1～D4 给出说明书附图中的四幅相应附图。

本实用新型提供一种杆体上下移动、从而带动拖把头旋转的拖把。

本实用新型的拖把 30 包括主套管 32、握持杆管 34、单向轴承 40、导向件 42、螺旋形杆件 44、顶杆 36、握把套管 50、弹簧 46、拖把头 38 等部件。

主套管 32 的管壁上具有上下延伸的沟槽 70，拖把头 38 中央具有通孔，并固定于主套管 32 的下端，顶杆 36 设置于主套管 32 内部，握把套管 50 套接于主套管 32 外部，通过沟槽 70 连接顶杆 36。

需要甩除刷毛的水分时，使用者握住握把套管 50 向下推，握把套管 50 沿沟槽 70 自上而下移动，可使顶杆自主套管 32 中通过拖把头的通孔伸出于拖把头 38 下方，可将顶杆 36 向下伸出以顶住水桶的底部。当使用者要恢复拖把结构 30 时，使用者需握住握把套管 50 向上提，握把套管 50 会沿沟槽 70 自下而上移动，使顶杆 36 收纳进入主套管 32 中。

握持杆管 34 在主套管 32 的上端套接于主套管 32，握持杆管 34 可套接在主套管 32 的外侧来回滑动，当握持杆管 34 滑动至相对主套管 32 最下部时称为第一状态，当握持杆管 34 滑动至相对主套管 32 最上部时（几乎与主套管 32 叠在一起）称为第二状态，拖把 30 反复处于第一状态以及第二状态，会使拖把头 38 快速旋转，可利用离心力来脱除刷毛 3802 的水份。

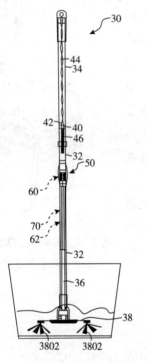

图 D1　现有技术握持杆第一状态示意图　　　图 D2　现有技术握持杆第二状态示意图

第五章

握持杆管 34 内设置有螺旋形杆件 44，螺旋形杆件 44 的上端固定于握持杆管 34 的内部上端，向下通过握持杆管 34 和导向键 42 的狭缝孔 4202 再伸入主套管 32 中，并穿过弹簧 46 的内部，螺旋形杆件 44 的下端与弹簧 46 的下端固定，弹簧 46 的上端在导向键 42 的下端活动连接（可旋转连接）。

单向轴承 40 固定于主套管 32 的上端内侧。导向键 42 设置于单向轴承 40 内侧的空处。单向轴承包括外环体、滚柱容置环槽、十几个滚柱、内环件等 4 个金属元件，是现有公开销售的部件。

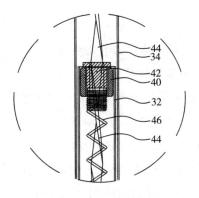

图 D3　现有技术单向轴承示意图

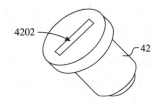

图 D4　现有技术导向键示意图

推送握持杆管 34 上下来回运动（反复于第一状态和第二状态），使螺旋形杆件 44 上下来回运动，因为螺旋形杆件 44 的螺旋状杆体以旋转方式干涉狭缝孔 4202 的内壁，因而会带动导向键 42 来回转动。再因为单向轴承 40 对导向键 42 的单向干涉，单向轴承 40 仅以单向来转动，并因为单向轴承 40 固定于主套管 32，而使主套管 32 也随着单向转动，进而带动拖把头 38 也单向地快速旋转，而能以离心力甩除拖把头 38 上刷毛 3802 中多余的水份。

当握持杆管 34 位于第一状态时，螺旋形杆件 44 被推至最底部，弹簧 46 处于拉伸状态，随后推动握持杆管 34 的手微微放松时，弹簧 46 的恢复力会辅助握持杆管 34 向上运动，令操作者能轻松地推动握持杆管 34 反复于第一状态与第二状态间。

顶杆 36 进入或者伸出主套管 32 都需要定位，通过设置在主套管 32 上端的定位孔 60、主套管 32 下端的定位孔 62、握把套管 50 在主套管 32 内部的定位块 64、握把套管 50 上的按钮，实现锁定或者活动定位。

3　对技术交底书的理解

专利代理人在收到申请人提供的技术交底书后，应当尽快开始阅读，针对技术交底书存在的问题与申请人进行沟通。即便专利代理人工作繁忙，不能立即着手撰写新申请，也应当先进行技术沟通，以便为发明人修改技术交底书提供充足时间。

3.1　阅读技术交底书时应当思考的问题

专利代理人在阅读技术交底书的过程，应当思考如下几个问题：

① 本发明创造涉及几项主题？以合案形式撰写，还是分开撰写？

② 本发明创造与现有技术相比的区别体现在哪里？适合申请实用新型专利还是发明专利？

③ 技术内容是否描述清楚、充分，能否根据目前的技术交底书撰写申请文件？哪些内容需要与申请人作进一步沟通获得更多的技术信息？哪些地方需要提示申请人提供更多的实施例？

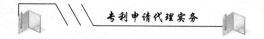

3.2 理解技术交底书

专利代理人通过阅读本案例的技术交底书，至少可以得出如下几点看法。

（1）发明创造的主要内容以及主要部件之间的驱动连接关系

从【0003】和【0004】段的描述可知，本申请主要想要保护的主题"拖把"相对于客户提供的现有技术作出的核心改进之处是通过由制动件的主动棘齿和卡合件的从动棘齿形成的离合结构来实现单向啮合。具体来说：设置在拖把上杆体内的螺旋形驱动件 50 随着上杆体相对于下杆体向下运动时通过制动件 40 顶部的槽口，从而带动中空圆柱状制动件 40 旋转；中空圆柱状制动件 40 的底部设置有朝下的主动棘齿，与此相应圆筒状的卡合件 30 底面设置朝上的从动棘齿，随着上杆体向下运动，制动件 40 的主动棘齿与卡合件 30 的从动棘齿相啮合，从而当驱动件 50 带动制动件 40 在顺时针方向（也可以是逆时针）上旋转时，制动件 40 带动卡合件 30 顺时针旋转。相反，驱动件 50 随着上杆体相对于下杆体向上运动而上升，驱动件 50 带动制动件 40 反方向旋转，但此时制动件 40 的棘齿和卡合件 30 的棘齿脱离啮合，这样卡合件 30 在惯性力的作用下继续按照原方向旋转。

在撰写申请文件、尤其是在撰写说明书时，需要对这部分部件的连接关系、驱动原理作出清楚描述，因此应当请申请人加以确认。此外，为获得较宽的保护范围，还需要请申请人提供更多的实施方式或实施例。

（2）确定发明专利申请要求保护的主题类型

由技术交底书【0006】段的内容可知，申请人认为对拖把的操作方法也作出了改进。但是，由于对操作方法的改进是由拖把结构改进而带来的，通过保护产品的结构足以保护相应的操作方法，因此在撰写专利申请文件时，对专利申请要求保护的主题类型（即权利要求的类型）只需要确定为产品即可，没有必要针对操作方法作为要求保护的主题另外撰写权利要求。

（3）产品发明涉及两项可要求专利保护的主题

从技术交底书【0005】段的内容可以看出，本申请要求保护的主题"拖把"还同时对上杆和下杆之间的锁合结构作出了改进，并在【0005】段中对锁合结构的具体构造作了详细说明。该拖把在锁合结构作出的改进与其上下杆体之间单向离合结构的改进是两项彼此无关的并列改进之处，需要与申请人就申请专利时如何处理两者之间的关系进行沟通，以便确定专利申请的策略。

由技术交底书【0006】段的内容可知，本发明创造还涉及一种脱水桶，虽然申请人在技术交底书中未明确表示要求保护脱水桶这一主题，且对脱水桶的旋转机构未作详细描述，作为专利代理人应当意识到，若该脱水桶相对于现有技术具备新颖性和创造性，也可作为一项要求专利保护的主题，因此应当向申请人了解有关情况，以便确定是否将脱水桶作为要求保护的主题。

第五章

（4）理解对比文件公开的内容

申请人提供的现有技术（即本人的在先申请）描述得不够清楚，主要部件之间的作用关系也不够清楚。专利代理人对现有技术没有必要完全理解，只需要理解到以下几点即可：

① 拖把杆体也至少有两个管段，即握持杆管 34 和主套管 32；

② 握持杆管 34 和主套管 32 作上下相对移动时，通过螺旋杆 44 与导向键 42 的配合驱动主套管 32 旋转；

③ 通过单向轴承 40 实现主套管 32 的单向旋转。

（5）对本申请是否具备创造性作出初步判断

在申请人提供的现有技术中，握持杆管 34（相当于本申请中的上杆体 20）带动螺旋杆 44（相当于本申请中的驱动件 50）直线位移，螺旋杆 44 驱动导向键 42（相当于本申请的制动件 40）旋转，导向键 42 作用于单向轴承 40（相当于本申请的卡合件 30，但是具体结构不同），单向轴承 40（本申请是制动件和卡合件的棘齿及其离合空间）控制主套管 32（相当于本申请的下杆体 10）单向旋转，主套管 32 驱动拖把头 38 旋转。

与现有技术的驱动方式相比，新申请的主要特点体现在：通过棘齿实现制动件和卡合件这两个部件的啮合与脱离啮合。

初步判断技术方案具备创造性，为使这一主题具有足够的创造性高度，需要与申请人进一步沟通。也就是说，为了在撰写的申请文件中能充分说明本发明与现有技术的区别，以体现本申请具有足够的创造性，需要请申请人就本发明与该现有技术的不同之处、尤其是该不同之处为本发明带来的优点作出补充说明。

（6）需要补充的内容

申请人所提供的技术交底书内容较少，为了在说明书中对本发明作出清楚描述，至少需要申请人补充如下几方面的材料：

① 为清楚描述本发明，应当对部件形状、结构和连接关系作出进一步补充；

② 补充卡合件与制动件之间啮合方式的实施方式或实施例，以支持最后撰写成的独立权利要求具有较宽的保护范围；

③ 补充锁合结构的实施方式或实施例，以便在以锁合结构作为附加技术特征撰写从属权利要求时使相应的从属权利要求具有较宽的保护范围；

④ 本申请涉及较多部件，且这些部件之间的位置关系和连接关系比较复杂，需要结合附图加以说明，但目前申请人仅提供了三幅附图，需要补充附图，如反映锁合部件与上、下杆体之间位置关系和连接关系的附图。

（7）技术交底书中明显的错误

部件名称属于技术用语，只要不产生歧义就可以采用。但是，在本申请的技术交底书中存在着明显的用词不当的错误，例如，"制动"在机械领域的含义是使运动物

第五章

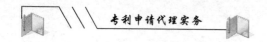

体减速或停止运动，而在本申请的技术交底书中，"制动件"是指带动卡合件运动的部件；又如，从附图来看，"固定套"并非套体，而应当是盖体。因此，这两个技术用语明显选用不当，应当建议申请人作出修改，或者提出修改意见请申请人确认。

4 给客户的信函

与申请人进行沟通，通常可以采用信函或电子邮件的方式。给客户的信函通常应当包括如下几方面的内容：

① 专利代理人对发明创造的理解；

② 专利代理人对发明创造撰写申请文件时的总体考虑，例如，主题的选择等；

③ 阅读技术交底书后需要请申请人补充或者修改的内容：需要对哪些部件进行扩展、补充；针对技术交底书中描述不清楚的部件进行补充说明；补充必要的附图；技术交底书所描述的技术内容有误或者用词不当之处要求作补充说明或者进行修改等。

下面结合本案例（基于前面理解技术交底书时所认定需要与申请人进行沟通的内容）给出一份写给申请人信函的推荐样本。

尊敬的××先生：

很高兴贵方委托我所代为办理有关拖把的专利申请案，我方对该案件的编号为×××××××××。

我所专利代理人认真地研读了贵方的技术交底文件，对本发明创造有了初步了解，但仍存在需要与贵方作进一步沟通的内容，具体内容如下。

一、对技术内容的理解

本发明创造的核心内容是在拖把的上杆体和下杆体的连接处设置离合驱动机构，包括螺旋形驱动件50，顶部带有槽口、底部设置有向下棘齿的中空圆柱状制动件40以及底部内表面上设置有向上棘齿的圆筒状卡合件30。驱动件50随着上杆体相对于下杆体向下运动时，以其螺旋状条带通过制动件40的槽口而使制动件40顺时针方向（也可以是逆时针）旋转，且使制动件的主动棘齿与卡合件的从动棘齿啮合，这样制动件带动卡合件顺时针旋转。相反，随着驱动件50上升，驱动件50带动制动件40反方向逆时针旋转，制动件40的主动棘齿和卡合件的从动棘齿脱离啮合，这样卡合件仍然是顺时针旋转，不受制动件的影响。因此，本件申请要保护的主题"拖把"的主要改进之处是制动件与卡合件通过棘齿实现单向啮合。

对本发明的上述理解是否正确，请贵方予以核定。

二、对专利申请类型以及主题的规划

1. 专利申请类型

本案的主题为产品，既可以申请实用新型专利，也可以申请发明专利。实用新型只进行初步审查，因此授权较快，授权后需要维权时，可请求专利局作专利权评价报告。

发明专利需要进行实质性审查，审批周期较长，存在因创造性不足而被驳回的风险。

如果申请人希望获得较长的保护期限，同时又希望早日获权以行使专利权，可同时申请实用新型与发明专利。

2. 拖把使用方法问题

按照技术交底书所介绍的内容，贵方认为本发明不仅对拖把的结构作出了改进，还对拖把的操作方法也作出了改进，似乎对本发明来说，可以既要求保护产品发明，又要求保护方法发明。

但是，该产品的操作方法是由产品结构决定的，因此从维权角度看，如果以产品制造厂家为被告，产品权利要求已经足以涵盖该产品的特征；而对于操作方法而言，使用的主体是普通消费者，维权过程中，由于普通消费者并不是生产经营为目的而使用该产品拖把，因此以普通消费者作为起诉对象是不能取得胜诉的。由此可知，以拖把的操作方法作为要求保护的主题没有实际意义，因此，建议只撰写产品权利要求即可。请贵方就本专利申请是否还以拖把的操作方法作为要求保护的主题给出明确指示。

3. 有关锁合结构的改进

除上述核心内容外，本发明创造还对该拖把的锁合结构进行了改进。对锁合结构的改进和棘齿单向啮合的改进是针对现有技术中的拖把采取的两项并列改进措施，因而针对本发明要求保护的主题"拖把"如何申请专利有四种处理方式：

（1）在本专利申请的权利要求书中，对于要求保护的主题"拖把"，将有关单向啮合结构的技术内容作为拖把的最主要的改进，针对此改进撰写独立权利要求，而将对锁合部件采取的改进措施作为进一步的改进措施，即将其作为附加技术特征撰写成该项独立权利要求的从属权利要求。这样处理的优点是节省费用，权利要求布置有层次，增加专利授权的可能性。但是这样的权利要求的缺点是，如果有其他人在其拖把产品中仅采用本件发明创造中的锁合部件结构，而没有使用单向啮合部件结构，就不会构成专利侵权。

（2）对于要求保护的主题"拖把"，还可以将锁合部件本身结构的改进措施作为主要改进技术手段，另行提出一件实用新型或者发明专利申请，以获得最大程度的保护；

（3）也可以先按照第一种方式撰写本件申请，然后根据市场运行情况，如果发现有针对"以锁合部件本身结构的改进措施作为主要改进之处的拖把"单独提出专利申请的必要，可以在本件申请办理授权登记手续以前提出分案申请；

（4）在本申请中，针对"拖把"这一主题，分别以"棘齿单向啮合"和"锁合结构"作为主要改进之处各撰写一项独立权利要求。这种方式的优点是保护比较充分，缺点是会延长审查程序。这是因为在专利申请的过程中，审查员比如会指出以"棘齿单向啮合"作为主要改进的独立权利要求与以"锁合结构"作为主要改进的独

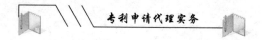

立权利要求之间不具有单一性，不能合案申请。

以上述哪种方式提出专利申请，请尽快给出明确指示。

三、需要补充的技术内容

1. 有关新申请与已申请专利的区别问题

由于申请人的在先专利申请已经公开了将拖把杆的直线运动转换为拖把头旋转运动的结构（导向件 42 和单向轴承 40 之间的配合，单向轴承能使拖把头只向一个方向旋转），因此单向离合这种功能已经被现有技术公开。

请申请人针对本申请提出的制动件与卡合件之间的离合啮合结构与在先专利申请中采用单向轴承的结构进行对比分析，具体说明两者的不同之处，尤其是该不同之处为本发明带来的优点是什么？这些内容需要清楚地写入申请文件中，以便己方在发明专利申请的实质审查过程中或者发明或实用新型在授予专利权后的无效程序中争辩本申请具备创造性时更为主动。

2. 对脱水桶的技术补充

拖把在使用的过程中，使用者的手握持拖把的上杆体，由于下杆体高速旋转，使用者的手不能握持下杆体，下杆体必须要支撑在脱水桶的沥水篮上。这样，脱水桶对本发明来说似乎是必不可少的内容。但目前的技术交底书未清楚地说明脱水桶沥水篮如何实现旋转的具体结构，请对该脱水桶的沥水篮结构作出详细描述。

3. 实施方式

目前的技术交底书只提供了一种实施方式，因此难以概括出更宽的保护范围，请申请人尽可能多地提供不同的实施方式。例如，对于卡合件和制动件之间的离合啮合方式，除了棘齿，是否还有其他方式？对于锁合结构，是否可以提供更多的变形方式？

4. 对发明内容给予必要的扩充

目前说明书对部件的描述过于简略，大部分部件只有名称和所起的作用，而没有进一步的具体结构和连接关系。这样专利代理人很难充分理解发明创造的内容。例如，驱动件 50 的形状是否限于螺旋状？环体 33 的作用是什么？环体的尺寸有无特殊要求？

5. 附图问题

目前只有三幅附图，有些重要的部件未能在图中清楚显示。例如，应当至少再提供能够显示锁合部件与上杆体、下杆体之间相互关系的附图，并能显示出锁合部件倾斜状的滑动台阶。附图应当单独做成一个文件，按照图 1、图 2……的顺序排布。

四、需要澄清的技术内容

目前技术交底书中部分部件的名称表述与本领域技术人员习惯用法不相符。例如，"制动"在机械领域的含义是使运动物体减速或停止运动，而在本申请的技术交底书中，"制动件"是指带动卡合件运动的部件，此技术用语明显选用不当，因此建

第五章

议将"制动件"修改为"致动件"。此外，从附图中看，"固定套"并非套体，应当是盖体，建议修改为"固定盖"。对于上述两部件名称的修改，请贵方在回复时告知是否同意或者给出贵方所认为的合适修改方式。

此外，部分部件没有名称，例如标记 76 所代表的部件可否取名为内锥形套管，75 所代表的部件可否取名为外锥形套管？

请贵方尽快就上述几方面的问题给出答复，在补充具体技术内容的同时，明确告知贵方的具体决策意见。

××专利事务所×××

××××年××月××日

5 申请人的回复

申请人针对上述信函作出回答，其主要意见如下。

1. 同意来函中对两部件名称的修改建议：即将"制动件"修改为"致动件"，将"固定套"修改为"固定盖"。

2. 来函中对发明改进点的理解正确，即本发明的核心在于：螺旋形的驱动件 50 驱动致动件 40 旋转，致动件 40 与卡合件 30 单向啮合。由于致动件 40 底部设置朝下棘齿，卡合件 30 底面设置朝上的棘齿，从而致动件只能单向驱动卡合件。对于这种离合啮合结构，还可以提供另外两种实施方式，将在后面第 11 点中作出具体说明。

3. 拟对本发明创造同时申请实用新型专利和发明专利。

4. 对于锁合结构，同意按照来函中的第（3）种方式处理，将来根据市场情况决定是否提出分案申请。

5. 对脱水桶未作改进，可以采用现有的沥水篮可转动的脱水桶，只需取消脚踏板即可，甚至还可以继续保留脚踏板作为两用脱水桶。

6. 本发明的致动件 40 与卡合件 30 的离合啮合结构与在先申请中单向轴承两者之间区别较大：单向轴承是公知组件，其单向转动包含滚柱等技术部件，单向旋转是单向轴承本身结构造成的，而本发明采用注塑成型的制品，其单向转动是由致动件的主动棘齿与卡合件的从动棘齿配合来实现；其次，单向轴承成本相对较高，且因其材料为金属，使用在有水的环境容易锈蚀而丧失性能，卡合件为注塑成型的塑料制品，其成本低且不会有锈蚀的困扰；另就机构作动而言，单向轴承长度较短，与主套管相接触的面积小，两者之间容易因滑动而降低转动的稳定性，本发明的卡合件，其长度为单向轴承的三倍以上，与下杆体的接触面积大，其回转力量不致因零件间的相互滑动而丧失，转动稳定性相对较高。

7. 现提供与本发明有关的附图（包括与下面所增加的各种实施方式有关的附图）14 幅（参见图 J2 - 1 至图 J2 - 14），请根据需要选择提交，若还认为需要提供其他附

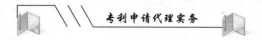

图，请再与申请人联系，将按需要给予补上。

8. 有关本发明部件"环体"的作用：申请人经过长时间设计试验后发现，当上杆体20下压或者上拉时，下杆体10同时在上杆体20内升降及旋转，此时，如果下杆体10的外径D2（见图J2-4）与上杆体20的内径D3间过于紧密，则会产生极大的摩擦力，致使上、下杆体的伸缩运转不畅且操作上非常费力。但是，如果将下杆体10与上杆体20间的间隙加大，则两者之间会形成不稳定状态，易产生晃动及偏斜，甚至发生很大的噪音。为解决这一问题，本发明设计环体33的外径D1（见图J2-4）大于下杆体10的外径D2，但是小于上杆体的内径D3。这样，环体33填充上杆体20与下杆体10之间的间隙，有助于减少上、下杆体之间的晃动，并不会阻塞上杆体20与下杆体10之间的旋转。

9. 对驱动件50结构的补充说明：驱动件50除了原图J-1提供的螺旋状外，还可以如图J2-2所示，形成螺纹柱状，也可以形成为螺纹杆（此时槽口要改为螺纹口）。此外，如图J2-7以及图J2-2所示，本发明驱动件50的底部设置一个缓冲环52以及一个定位件53。缓冲环52位于卡合件30的下方，对卡合件30进行缓冲。定位件53位于缓冲环52的下方，定位件52的下方设置橡皮筋以使驱动件50末端具有限位功能，防止卡合件30脱离驱动件50的底部。

10. 补充卡合件与致动件之间的长度关系：如图J2-7所示，致动件40的顶端与固定盖34的底部之间有供致动件40移动的升降行程S，升降行程S的高度略大于从动棘齿35的高度，这样在致动件40向上移动时，可以给致动件40留出向上移动的空间。

11. 补充两个单向啮合的实施方式。

（1）致动件40底部设置若干个向下凸起，例如3~5个，卡合件30底部也设置相应数量的向上凸起。当下压驱动件50时，致动件40受到驱动而沿顺时针方向旋转，且向下凸起与向上凸起相互啮合，从而同步带动卡合件30顺时针方向旋转；反之，当向上拉驱动件50时，带动该致动件40逆时针旋转，并且致动件40在上拉力的带动下，向上移动，从而向上凸起和向下凸起脱离啮合关系，此时致动件40的向下凸起相对于卡合件30的向上凸起呈未卡制的空转，从而卡合件30仍沿顺时针方向旋转，致动件40逆时针旋转，使得驱动件50恢复到原位。

（2）如图J2-14所示，还可以将致动件40侧面下部形成至少2个凸齿42'，卡合件内侧面下部也形成凸齿35'。当下压驱动件50时，致动件40受到驱动，凸齿35'与凸齿42'相互啮合，从而同步带动卡合件30顺时针方向旋转；反之，当向上拉驱动件50时，并且致动件40在上拉力的带动下，略向上移动，从而相邻凸齿脱离啮合关系，此时致动件40相对于卡合件30呈未卡制的空转，卡合件30仍沿顺时针方向旋转，致动件40逆时针旋转，使得驱动件50恢复到原位。

12. 补充一个锁合结构的实施方式，且以此实施方式作为主要使用方式。

如图J2-2所示，锁合结构70包括内束套70a、外夹筒70b和U形扳体70c。

内束套70a上段71用于供上杆体20的底端插入固定，下段形成内锥形套管73。在内锥形套管73上设置剖沟74，所述剖沟74为轴向延伸，优选至少设置2个剖沟。内套管71上段的侧壁上形成有两个定位孔72，供下文将要详细描述的扳体的枢转轴79插入。

外夹筒70b套置于内束套70a的外周，形状与内束套70a对应。其上段75两侧相对于两个定位孔72的位置设置有两个套孔76，供下文将要描述的扳体的偏心凸轮78穿过。套孔76为矩形孔，套孔76中心与定位孔72的中心不同轴，从而使偏心凸轮78在套孔76内形成偏心推顶功能。

在U形扳体70c的两臂内侧设有呈凸柱状的偏心凸轮78，在偏心凸轮78上一体形成枢转轴79，但是二者不同轴；偏心凸轮78可嵌入外夹筒70b的套孔76，枢转轴79可嵌入内束套70a的定位孔72；枢转轴79与偏心凸轮78及U形扳体70c一体注塑成型。

如图所示，当U形扳体70c向下压时，锁合装置松弛，这样上杆体20以及下杆体10呈可伸缩状态。当U型扳体70c向上拉起，则外夹筒70b下降，使得上杆体20以及下杆体10呈锁紧定位状态。

附：申请人所提供的与本发明有关的14幅附图（图J2-1至图J2-14）如下。

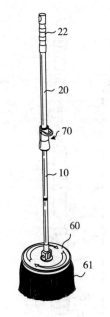

图J2-1　拖把第一实施
方式整体示意图

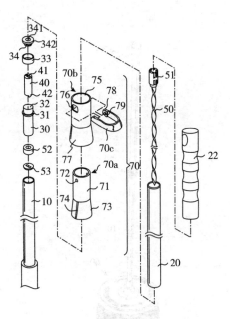

图J2-2　拖把第一实施方式
部件分解示意图

第五章

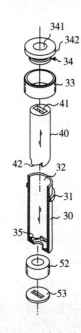

图 J2-3 卡合件与致
动件局剖透视图

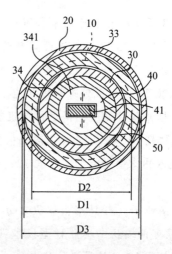

图 J2-4 卡合件与致动件
横截面图

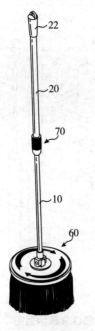

图 J2-5 第二实施方式
整体示意图

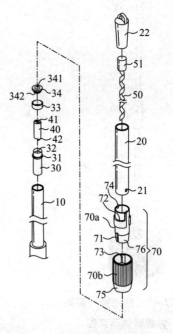

图 J2-6 第二实施方式部件
分解示意图

第五章

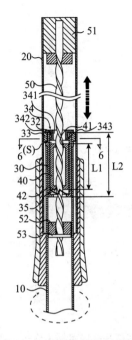

图 J2－7 驱动结构剖视图

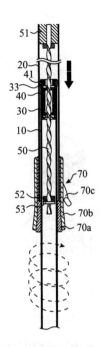

图 J2－8 驱动下压状态剖视图

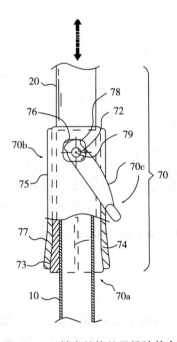

图 J2－9 锁合结构处于松弛状态

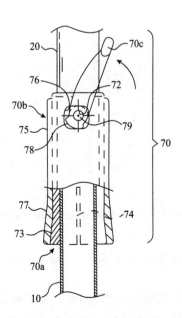

图 J2－10 锁合结构处于锁紧状态

第五章

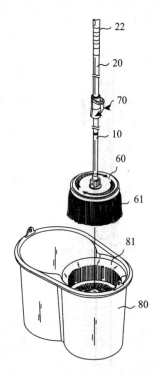

图 J2 – 11 拖把与脱水桶示意图

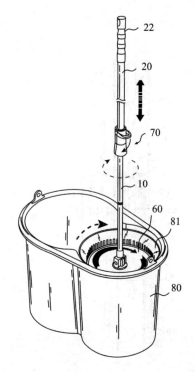

图 J2 – 12 拖把头在脱水桶中旋转示意图

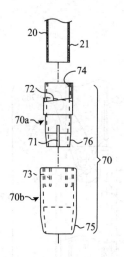

图 J2 – 13 锁合结构第二实施方式示意图

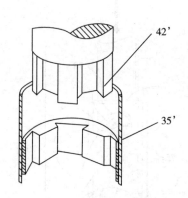

图 J2 – 14 单向啮合结构第二实施方式示意图

6 说明书具体实施方式部分的初步撰写

　　对于发明创造比较简单、且理解发明创造技术内容比较容易的发明或实用新型专利申请案，通常可以先撰写权利要求书，然后根据已撰写的权利要求书来撰写说明书。然而，对于结构相对比较复杂的发明或实用新型专利申请案，通常可以先对说明书具体实施方式部分进行撰写，以期通过具体实施方式部分的初步撰写更好地掌握发

明创造的技术内容，在此基础上再着手撰写权利要求书，最后再根据所撰写的权利要求书撰写说明书各个部分。

就本申请案而言，鉴于本发明拖把的结构比较复杂，因此在撰写专利申请文件时，可以根据前面确定的以有关单向啮合结构的技术内容作为核心方案的前提下，先着手撰写说明书的具体实施方式部分，与此同时从申请人提供的附图中选择合适的附图，并结合附图对本发明的具体实施方式作出具体说明，从而完成对说明书具体实施方式部分的初步撰写。通过这一部分的初步撰写可以更好地理解本发明拖把的具体技术内容，在此基础上再完成权利要求书的撰写。完成权利要求书的撰写后，再完成说明书的名称、技术领域、背景技术、发明内容这几个部分的撰写，最后再根据完成的权利要求书对说明书具体实施方式部分进行完善，使其支持权利要求书中各项权利要求所要求保护的范围。

6.1 具体实施方式部分的撰写要求

具体实施方式部分所描述的内容一定要将本发明充分公开，并且应当支持最后完成的权利要求书中所限定的每一项技术方案的保护范围。对于本案例来说，除了根据技术交底书提供的本发明具体技术内容进行描述外，还应当包括与申请人在沟通后所补充的技术内容。此外，在撰写具体实施方式时，还应当为审批阶段对权利要求书进行修改做好准备：即对于在审批阶段修改权利要求时可能出现的权利要求的技术方案，也应当在具体实施方式部分给出明确说明。

具体实施方式的撰写应当注意多个实施方式之间的逻辑关系。从申请人提供的技术交底书以及申请人答复时对发明内容作出的补充说明来看，可以根据这些交底材料进行具体实施方式部分的撰写。但是，专利代理人应当注意，技术交底材料中对很多部件仅列出了纲领性描述，具体的技术细节只能从附图中获得，专利代理人应当根据附图显示的内容在具体实施方式中对部件的结构、连接关系进行补充说明。

6.2 具体实施方式部分的撰写顺序和布局

在撰写具体实施方式这个部分时，应先描述拖把的整体构造（上杆体、下杆体、盘体、锁合结构），再按部件之间的驱动顺序，描述部件的具体构造（驱动件、致动件、卡合件、驱动方式）。锁合结构是一个相对独立的部件，且有两个实施方式，可以在描述拖把的整体构造之后再描述。在介绍清楚机械结构后，描述拖把的甩水过程。具体说来，可按照如下顺序和布局进行撰写。

① 从拖把的整体结构开始，按照从整体到局部的顺序描述；

② 对于将上下杆相对直线移动转换成下杆旋转运动中的转换机构，按照从上到下的驱动顺序，依次描述驱动件、致动件、卡合件的主要结构；

③ 描述完驱动件、致动件、卡合件的主要结构以及相互驱动关系，再描述与这三个部件有关的其他部件；

第五章

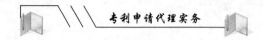

④ 在对部件之间的连接关系描述清楚后，说明拖把的工作原理；

⑤ 对单向啮合装置的替代实施方式或实施例作出说明；

⑥ 在对单向啮合装置这一发明改进点作出具体说明后，再对本发明中锁合结构改进点作出具体说明，考虑到申请人在回复中强调以补充的实施方式作为主要使用方式，先针对此作出说明；

⑦ 对锁合结构的替代实施方式作出说明；

⑧ 结合脱水桶对本发明旋转式拖把的工作方式加以说明；

⑨ 最后采用具体实施方式的通用格式段，说明本发明的保护范围不局限于上述具体实施方式。

6.3　说明书附图的选用和调整

根据具体实施方式撰写的整体构思，调整说明书附图的顺序并对附图标记作出修改：

① 锁合结构两个实施方式中，同样的附图标记代表了不同部件，因此应当对锁合结构的部件的附图标记进行修改，因申请人补充说明中提供的锁合结构作为主要使用方式，因而保持附图标记不变，而对第一次技术交底书中的锁合结构部件的附图标记进行修改；

② 在最初的技术交底书和与此相应的图 J2-6 中，附图标记 32 表示凹槽，而在申请人回复的补充说明和相应的图 J2-2 中，附图标记 32 表示开口，因此应当将图 J2-6 中的附图标记 32 改为 38。

③ 目前附图共 14 张，其中图 J2-8 显示的技术内容分别在图 J2-7、图 J2-9 中体现，可以删除，图 J2-11 显示的内容与图 J2-12 重复，可以删除图 J2-11。

④ 调整附图顺序，使其与说明书具体实施方式部分的撰写顺序和布局相应。具体说来，按照如下顺序排布附图（调整后的附图请见向国家知识产权局提交的申请文件参考文本，即本节第 9 部分"最后完成的权利要求书和说明书的参考文本"）：

拖把的整体视图（图 J2-1 不变，为专利申请说明书中的图 1）；

拖把主要零部件结构图（图 J2-2 不变，为专利申请说明书中的图 2）；

致动件与卡合件的分解示意图（图 J2-3 不变，为专利申请说明书中的图 3）；

显示致动件在卡合件中升降行程 S 的附图（图 J2-7 作为说明书中的图 4）；

显示环体与致动件、卡合件之间关系的附图（图 J2-4 作为说明书中的图 5）；

致动件与卡合件啮合结构的另一种实施方式（图 J2-14 作为说明书中的图 6）；

第一种锁合结构处于松开状态的示意图（图 J2-9 作为说明书中的图 7）；

第一种锁合结构处于锁紧状态的示意图（图 J2-10 作为说明书中的图 8）；

具有第二种锁合结构的旋转脱水拖把的立体图（图 J2-5 作为说明书中的图 9，附图标记 70 改为 90）；

具有第二种锁合结构的旋转脱水拖把主要部件的分解示意图（图 J2 - 6 作为说明书中的图 10，修改附图标记 32 为 38，并修改了锁合结构部分的附图标记）；

第二种锁合结构各部件的分解示意图（图 J2 - 13 作为说明书中的图 11，并对附图标记作了修改）；

拖把脱水使用状态图（图 J2 - 12 作为说明书中的图 12）。

6.4 对重要部件的描述

在具体实施方式部分，对于理解发明创造特别重要的部件，应当在申请人提供的文字说明的基础上进行扩充描述，必要时还需要对具体部件的描述顺序进行调整。为帮助专利代理人掌握这两方面的能力，下面结合本申请案对这两方面分别作出说明。

（1）对重要部件的描述进行扩充

对于机械装置的组成部件，特别是涉及重要部件，除部件名称外，特别注意将附图中显示的形状、连接关系和作用描述出来。

下面举三个例子，说明如何补充部件形状、连接关系和作用。

【例 1】卡合件

申请人提供的技术交底书中，对卡合件与其他部件的配合描述较多，但对卡合件本身的结构描述和位置关系只有一句话：

卡合件 30 固定于下杆体 10 的顶端。

上面的这一句话并没有将卡合件特点描述清楚，应对卡合件的描述给予补充，建议补充的内容如下：

中空长桶状（增加对卡合件形状的描述）卡合件 30 的上端具有开口，供致动件 40 进入卡合件的中空内腔（补充了卡合件与其他部件的连接关系），卡合件 30 的下端通过过盈配合固定地设在下杆体 10 的顶端开口内，这样卡合件就可以带动下杆体 10 作同步旋转（补充了卡合件的作用）。

【例 2】致动件

申请人提供的技术交底书中对致动件描述为（其中的制动件已按申请人答复时的说明修改为致动件）：

致动件 40 设置在卡合件 30 的中空空间内，其顶端设置槽口 41，由于驱动件 50 的表面为螺旋状，当驱动件 50 穿过槽口 41 上下运动时，能带动致动件 40 在卡合件 30 内转动。

致动件是一个承上启下的部件，致动件在其上部承接驱动件，在其下部驱动卡合件，在说明书中，除了将致动件本身的形状、作用描述清楚外，更重要的是描述清楚部件之间的驱动连接关系。为此，对于致动件的描述也应当给予补充，建议可修改如下：

致动件 40 呈带中心通孔的长柱体（增加对致动件形状的描述），驱动件 50 能够穿过致动件 40，并将驱动件 50 的直线移动转换为致动件 40 的旋转运动（从总体上写明致动件与驱动件之间的作用关系）。在致动件 40 顶端开有长条形开口 41，螺旋形长柱体（增加对驱动件形状的描述）的驱动件 50 穿过长条形开口 41，借助于驱动件 50 的螺旋形表面与开口 41 边缘之间产生力的作用，驱动件 50 在随着上杆体 20 向上或向下移动时就会带动致动件 40 旋转（补充了与其他部件的具体连接关系和彼此间的作用关系）。

【例 3】锁合结构

在申请人答复信函的补充说明中，对锁合结构 70 的内束套 70a 和外夹筒 70b 作出如下描述（参见图 J2－2）：

内束套 70a 上段 71 用于供上杆体 20 的底端插入固定，下段形成内锥形套管 73。在内锥形套管 73 上设置剖沟 74，所述剖沟 74 为轴向延伸……

外夹筒 70b 套置于内束套 70a 的外周，形状与内束套 70a 对应。其上段 75 两侧相对于……

显然，上述描述未清楚地反映其形状、连接关系和其作用，应给予扩充，建议作出如下修改：

内束套 70a 的上段为圆筒形（增加了对内束套上段的形状描述）内套管（补充了内束套上段的名称）71，上杆体 20 的底端插入内套管 71，通过过盈配合的方式固定；内束套 70a 的下段为内锥形套管 73，从上到下逐渐扩张（增加了对内束套下段的形状及其名称的描述），供下杆体的顶端插入（写明内束套下段与下杆体的连接关系），并对下杆体进行锁紧或松开（写明内束套下段对下杆体所起的作用）。在内锥形套管 73 上设置贯通周壁的剖沟（更清楚地写明剖沟的形状）74，所述剖沟 74 沿轴向延伸……

外夹筒 70b 套置于内束套 70a 的外周，其上段相对于内束套 70a 的内套管 71 的部分为外套管 75（增加了对外夹筒上段名称以及其与内束套上段之间配合关系的描述），下段为外锥形套管 77（增加了对外夹筒上段和下段名称的描述），其形状尺寸与内锥形套管 73 的形状相匹配，从上到下逐渐扩张（补充了对外锥形套管形状的描述），外锥形套管 77 可紧紧地套在内锥形套管 73 之外（写明外锥形套管与内锥形套管之间的配合关系）。在外套管 75 的两侧相对于……

经过上述修改，部件的形状、位置、连接关系明显清晰，将附图显示的信息改为文字，使得技术内容有所扩充。

（2）对具体部件的描述顺序进行调整

按照先简单后复杂，先描述主要结构后描述技术细节的逻辑顺序描述，逐步深入，可以将复杂的机械构造描述清楚。

现以其中的卡合件为例加以说明。在申请人提供的技术交底书中，对卡合件 30 按照下述方式作了描述（其中的固定套已按申请人答复时的说明修改为固定盖，且凹

槽的附图标记也作了调整，由32修改为38）：

卡合件30固定于下杆体10的顶端，使用环体33及固定套34将卡合件30套置固定于下杆体10的顶端。卡合件30外壁设置有凸缘体31，用于将卡合件30定位在下杆体口上。卡合件30的内壁设有凹槽38，固定盖34的本体外周设有环绕的突肋342，突肋342能卡合于该卡合件30的凹槽38而构成固定盖34与卡合件30之间的固定。该固定盖34上端面设有通孔341，用于供驱动件50穿过。

卡合件本身的结构比较复杂，而且与卡合件相关的部件非常多，如棘齿、环体、固定盖、凸缘体、环形突肋、通孔、凹槽。如果将这些部件以及这些部件与其他部件的连接关系都在一个段落中进行描述，会导致部件的描述没有层次、部件之间的配合关系混乱，读者不易理解发明创造的内容。

为此，应当对其内容进行调整，具体实施方式对卡合件的描述分为三个层次：卡合件的整体结构；卡合件主要起作用的部件——棘齿；将有配合关系的其他部件另起段进行描述。

中空长桶状卡合件30的上端具有开口32，供致动件40进入卡合件的中空内腔，卡合件的下端通过过盈配合（当然也可采取现有技术中的其他方式，例如用粘合剂粘合）固定地设在下杆体10的顶端开口内，这样卡合件30就可以带动下杆体10作同步旋转。（第一层次：对卡合件30整体结构的描述）

如图3所示，中空长桶状卡合件30的底部具有开孔，用于使上文描述的驱动件50穿过。底部内表面围绕开孔设置有多个从动棘齿35，如图2和图3所示，每个从动棘齿均为朝上设置，沿中空长桶状卡合件底部的圆周方向形成具有斜坡顶面的齿状凸起。……（第二层次：对卡合件重要部件棘齿的描述）

如图2和图3所示，卡合件30的侧壁外部靠近上端形成有一圈凸缘体31，凸缘体31的下边沿搭接在下杆体10的顶端开口处，凸缘体31的上边沿上设置环体33。……（第三层次之一：将其侧壁上设有凸缘体以及与凸缘体配合的环体放在一个段落中加以描述）

如图3和图4所示，本发明中还设置有固定盖34，该固定盖34具有圆盘形盖体和从盖体上凸出来的凸体，凸体的侧壁上形成环形凸肋342。……如图3所示，先将致动件40放入卡合件30的桶体内，然后将环体33放置在凸缘体31的上边沿，再将固定盖34盖在卡合件30的上端口予以套置固定。这样，在向上拉动驱动件50时，致动件40不会从卡合件30中脱离出来。（第三层次之二：将固定盖的结构以及其与卡合件侧壁的配合放在一个段落中描述）

经过如上方式的调整，能够使得本领域技术人员在阅读专利说明书时，更清楚地了解发明创造的内容。

6.5 具体实施方式部分撰写示例

在本节第6.2小节中已对具体实施方式部分的撰写顺序和布局作出说明，现以其中第②方面的内容（对于将上下杆相对直线移动转换成下杆旋转运动中的转换机构，按照从上到下的驱动顺序，依次描述驱动件、致动件、卡合件的主要结构）为例说明如何具体撰写。

在这一部分，用六个自然段依次描述驱动件、致动件、卡合件的主要结构。

在第一段中，从上杆体20出发，分别描述上杆体20上端部的护套以及上杆体20内设置的驱动件50：

如图1所示，上杆体20上部顶端套设有护套22，设置护套是为方便使用者手持或者悬挂拖把。如图2所示，在上杆体20的内部，设置驱动件50。在图2中，驱动件50为螺旋形的柱体，用于驱动下文将要详细描述的致动件40旋转。在另一个实施方式中，如图10所示，驱动件也可是长条的螺旋片。此外，驱动件还可以是螺纹杆。在本实施方式中，驱动件50通过其顶端的固定块51卡固在该上杆体20的上端管内，也可利用固定元件或铆固方式（图中未示），将其固定在上杆体管内。随着上杆体20的上升或者下降，驱动件50也随之上升或者下降。

紧接着，在第二段由下杆体出发说明在下杆体顶端安装有卡合件和容纳于卡合件中的致动件，为此后依次说明致动件和卡合件作铺垫：

在下杆体10的顶端管内设置有下文将要作进一步说明的卡合件30，卡合件30呈中空的长桶状，其中容纳有可在其中升降的致动件40。

此后，在第三段描述与驱动件50有驱动关系的致动件40：

致动件40呈带中心通孔的圆柱形状，驱动件50能够穿过致动件40，并将驱动件50的直线移动转换为致动件40的旋转运动。如图2和图3所示，在致动件的顶端开有长条形开口41，供驱动件50穿过。在图2的实施方式中，螺旋形长柱体的驱动件50穿过长条形开口41，借助于驱动件50的螺旋形表面与开口41的开口边缘之间产生力的作用，驱动件50在随着上杆体20向下或向上移动时就会带动致动件40旋转。需要说明的是，当驱动件50为螺杆状时，则开口41应为螺纹槽口。通过本发明驱动件50与开口41的驱动配合，当上杆体20向下直线位移，或者向上直线位移时，驱动件50带动致动件40逆时针或者顺时针转动。如图3所示，致动件40底面设有朝下的主动棘齿42，主动棘齿42与下文将要描述的卡合件30内腔底部的从动棘齿35相对设置，两者的形状相匹配。

然后，在第四段描述容纳致动件40的卡合件30：

中空长桶状卡合件30的上端具有开口32，供致动件40进入卡合件的中空内腔，卡合件的下端通过过盈配合（当然也可采取现有技术中的其他方式，例如用粘合剂粘合）固定地设在下杆体10的顶端开口内，这样卡合件30就可以带动下杆体10作同步旋转。

在第五段描述本发明的核心内容：由棘齿构成的单向啮合机构。在这一段的内容中，在技术交底书给出的有关棘齿内容的基础上，补充了棘齿的数量与尺寸，有关这方面补充的内容需要请申请人核定❶：

如图3所示，中空长桶状卡合件30的底部具有开孔，用于使上文描述的驱动件50穿过。中空内腔的底部围绕开孔设置有多个从动棘齿35，如图2及图3所示，每个从动棘齿均为朝上设置，沿中空长桶状卡合件底部的圆周方向形成具有斜坡顶面的齿状凸起。棘齿最高处距离底面为0.3～1 cm，优选0.4～0.6 cm。设置在致动件40底面上朝下的主动棘齿42的形状、大小与从动棘齿35相同，设置方向相反，形状匹配。为了使卡合件30的从动棘齿35与致动件40的主动棘齿42仅在致动件40随上杆体20向下运动时形成单向啮合，将棘齿的顶面设计为斜坡，从而驱动具有方向性。例如，棘齿的方向设置成使致动件40仅能顺时针驱动旋转卡合件30。在下文中，为了描述方便，以驱动件50下移时致动件30驱动卡合件30顺时针旋转做为示例。本领域技术人员可以理解，改变棘齿的方向以及驱动件50螺旋的方向，也可以设置成驱动件50下移时致动件40驱动卡合件30递时针方向旋转。

第六段，在描述本发明的核心内容后，对照现有技术说明优点。技术交底书中，只描述了卡合件30的长度为单向轴承的三倍以上，但是没有具体数据。这样卡合件加长这一特征难以体现在权利要求中，也难以用于说明创造性。因此在这一段中补充了卡合件长度约3～6 cm，有关这一补充内容应当请申请人加以核实：

与现有技术的单向轴承相比，本发明的卡合件30为注塑成型部件，成本低，结构简单，而且卡合件30的长度为单向轴承的三倍以上，约3～6 cm，这样卡合件30与下杆体10的接触面积较大，其传递的力矩也比较大，力矩的传递不会因零件间的相互滑动而丧失，转动稳定性相对较高。

为节省篇幅，对本节第6.2小节中具体实施方式部分其余八个方面的内容如何具体撰写不再作具体说明，有关这八个方面的内容请参见向国家知识产权局提交的申请文件参考文本（即本节第9部分"最后完成的权利要求书和说明书的参考文本"）说明书中的具体实施方式部分。

7　权利要求书的撰写

由于前面在阅读和理解技术交底书、对现有技术的检索和调研以及与申请人沟通时已对发明的主题以及补充检索到的现有技术进行了充分的分析，下面以此为基础撰写权利要求书。

7.1　对旋转脱水拖把所涉及技术特征的分析

通过分析可知，旋转脱水拖把包括以下技术特征：

---

❶　对于这类技术内容把握不准的地方，可以用红色字体或者下划线标示出来，以便在完成申请文件撰写后请申请人确认时提醒申请人对作出标识的部分加以重点核实。

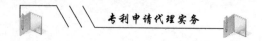

① 杆体分为上杆体（手持部分）和下杆体（下杆体下端连接着拖把头）；

② 锁合结构，用于连接上杆体和所述下杆体，并使两者之间处于锁紧状态或松开状态；

③ 上杆体的底端与下杆体的上端套接，且上杆体和下杆体可相对呈直线伸缩位移；

④ 驱动件，呈具有螺旋形表面的长条状，设于该上杆体内，并与上杆体同步升降位移；

⑤ 致动件，呈带中心通孔的圆柱状，驱动件穿过致动件并带动致动件旋转，致动件底部设置有主动啮合部件；

⑥ 卡合件，呈中空长桶状，设于下杆体的顶端开口内，用于容纳致动件，卡合件内腔底面设置可与致动件底部的主动啮合部件相啮合的从动啮合部件；

⑦ 上杆体向下位移时，致动件下端的主动啮合部件与卡合件底部的从动啮合部件啮合，驱动件以直线运动带动致动件以及卡合件同时旋转，从而驱动下杆体旋转；上杆体向上位移时，致动件下端与卡合件之间的啮合解除，下杆体继续惯性旋转；

⑧ 固定盖，具有圆盘形盖体和从盖体上向下伸出的凸柱，凸柱的侧壁上形成环形凸肋，环形凸肋卡在卡合件内壁上，固定盖中心设有通孔，供驱动件穿过；

⑨ 卡合件内壁上部设有凹槽，向下伸出凸柱的侧壁上形成环形凸肋的固定盖以其环形凸肋卡合于该卡合件的凹槽内；

⑩ 致动件底面的主动啮合部件为朝下的主动棘齿，沿致动件底部的圆周方向设置，棘齿的顶面为斜坡形，卡合件内腔底部的从动啮合部件为朝上的从动棘齿，沿卡合件底部的圆周方向设置，从动棘齿顶面也为斜坡形；

⑪ 致动件底面设置朝下的凸起，卡合件内腔底部设置朝上的凸起；

⑫ 致动件下部的外侧面设置向外伸出的凸齿；卡合件下部的内侧面设置向内伸出的凸齿；

⑬ 所述致动件在所述卡合件中的升降行程略大于所述卡合件的从动啮合部件与主动啮合部件的的啮合高度；

⑭ 卡合件的高度为 3 ~ 6 cm；

⑮ 卡合件和致动件分别为一次注塑成型件；

⑯ 卡合件的侧壁外部靠近上端形成有一圈凸缘体，凸缘体的下边沿搭接在下杆体的顶端开口处，凸缘体的上边沿上设置环体；

⑰ 环体的外径大于下杆体的外径，略小于上杆体的内径；

⑱ 在驱动件的末端设置一个缓冲环以及一个定位件；

⑲ 拖把头为带拖把毛的圆盘；

⑳ 锁合结构第一种结构的具体部件和连接关系（参见第二次技术交底书和最后完成的相应从属权利要求）；

㉑ 锁合结构第二种结构的具体部件和连接关系（参见第一次技术交底书和最后完成的从属权利要求）。

7.2 确定最接近的现有技术及本发明要解决的技术问题

显然，申请人在技术交底书中所说明的现有技术和随技术交底书提供的已公开的本人在先申请（以下称为对比文件 1）与本发明专利申请都属于相同的技术领域。但是，对比文件 1 公开的现有技术与申请人技术交底书中所说明的现有技术相比还披露了：上杆体可沿下杆体直线移动，驱动件能使致动件旋转，从而可方便地对拖把进行脱水。由此可知对比文件 1 所解决的技术问题、技术效果和用途与本发明更接近，且披露了本发明更多的技术特征。因此确定对比文件 1 是本发明的最接近的现有技术。

确定本发明旋转拖把的最接近现有技术为对比文件 1 后，进一步确定本发明相对于对比文件 1 所解决的技术问题。本发明相对于对比文件 1 作出了两方面的改进：其一为本发明采用离合啮合结构代替单向轴承来实现单向啮合，从而无需成本较高、结构较为复杂的单向轴承；其二采用了方便操作的锁合结构。从而本发明可分别针对这两方面的改进确定要解决的技术问题。鉴于申请人已确定将前一方面的改进作为本发明的核心内容，因此针对第一方面的改进来确定要解决的技术问题。尽管本发明的拖把针对第一方面的改进相对于对比文件 1 公开的采用单向轴承的拖把而言具有成本低和结构简单的优点，但为了取得更有利的保护仅将提供一种结构更简单的旋转脱水拖把作为要解决的技术问题。

当然作为本发明进一步的改进，还可以将提供一种成本较低的旋转脱水拖把以及提供一种锁合操作更方便的旋转脱水拖把作为本发明进一步解决的技术问题。

7.3 确定解决本发明技术问题的必要技术特征

专利代理人考虑必要技术特征的角度与审查员不同，应当为申请人争取较宽的保护范围。

本发明为了实现拖把头单向旋转，在上杆体内设置驱动件 50，上杆体向下移动时，带动驱动件 50 下移，驱动件 50 下移的过程中，驱动致动件 40 旋转，致动件 40 与卡合件 30 啮合，从而带动卡合件 30 旋转，卡合件 30 带动下杆体旋转；上杆体向上移动时，致动件 40 与卡合件 30 脱离啮合。

由此可知，拖把分为上杆体和下杆体，驱动件、致动件、卡合件的主要结构和相互驱动关系（即本节第 7.1 小节中列出的特征①、③~⑦）是解决技术问题采取的必要手段。

在确定必要技术特征时应当注意下述几点。

（1）对于具有多个不同结构的部件应当尽可能采用上位概括以争取较宽保护范围

对于主动棘齿和从动棘齿，申请人答复函的补充说明中还给出了两种替代实施方式，一种是下突的凸齿，另外一种是侧突的凸齿。为获取较宽的保护范围，可以进行上位概括。考虑到主动棘齿以及替代方式是设置在致动件上的零部件，从动棘齿以及替代方式是设置在卡合件上的零部件，因此可以将主动棘齿以及替代方式概括为"主

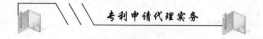

动啮合部件",从动棘齿以及替代方式概括为"从动啮合部件"。

（2）锁合结构不是必要技术特征

对于图示的产品而言，锁合结构确实是必不可少的，没有锁合结构将使拖把无法正常工作。但是，对于权利要求所要解决的技术问题而言，锁合结构及对该锁合结构进一步限定的技术特征（即本节第7.1小节中列出的特征②以及特征⑳和㉑）并不是解决本发明技术问题的必不可少的特征。因此，不必将其作为必要技术特征写入独立权利要求中。

（3）脱水桶不属于必要技术特征

在脱水的过程中，使用者的手握持上杆体，而下杆体高速旋转，使用者无法握持，必须在支撑体的支撑下才能完成脱水。因此可能会认为脱水桶属于必要技术特征。但经过仔细分析，就能想到可以使用现有技术中的脱水桶或者申请人本人在先申请中的顶杆来实现对拖把头的支撑；此外，虽然起支撑作用的脱水桶或者顶杆对拖把的正常使用必不可少，但是与本发明所要解决的技术问题没有直接关系；尤其是拖把和桶是可以分开制造、销售的产品，如果同时写入独立权利要求，会造成无法用于制止单独制造、销售拖把的情况。从这三方面考虑，应当认为脱水桶不属于必要技术特征，不应当将其写入独立权利要求中。

（4）本节第7.1小节中列出的特征⑧~⑲不属于必要技术特征

在本节第7.1小节中列出的特征⑧~⑲中，有的是为了取得更有利技术效果而增设的部件（如固定盖和环体），有的是为了取得更有利效果对某些部件采用的优选结构（例如致动件上主动啮合部件和卡合件上从动啮合部件的形状、卡合件的高度），有的是某些部件现有技术中的常用结构之一（如拖把头呈圆盘状），因此这些技术特征不是解决本发明技术问题的必要技术特征。

需要提请注意的是，为了防止在实质审查过程中更便于向国家知识产权局说明这些技术特征不是必要技术特征，在撰写说明书的实施方式部分时，应当用文字表示出上述特征是优选特征，而非必要技术特征。例如，在说明书描述拖把头为圆盘时，应当补充说明，在本发明的具体实施方式中，拖把头是盘体60，盘体60具有拖把毛61，但是，任何形状、结构的拖把头都可以用在本发明的拖把中。说明书中作出这样的描述就足以证明"拖把头呈圆盘状"这一技术特征不应当是本发明的必要技术特征。

（5）对技术特征进行必要的简化

本节第7.1小节中列出的特征⑦清楚地写明了部件之间的动作关系，但是如果直接写入至权利要求中则过于详细，为了满足《专利法》第26条第4款中权利要求应当清楚简要地限定要求专利保护范围的规定，可以对特征⑦进行简化：随着致动件在卡合件内升降，致动件的主动啮合部件与卡合件的从动啮合部件构成离合结构，使致动件的旋转运动单向带动卡合件旋转。此外，有关驱动件、致动件和卡合件的特征④~⑥也需要进行简化。

（6）给部件添加附图标记

为了使权利要求的内容与说明书的描述对应，建议按照《专利法实施细则》第19条第4款规定在权利要求中写入附图标记。

7.4 完成独立权利要求的撰写

将本节第7.3小节中所确定的本发明旋转拖把的必要技术特征与最接近的现有技术（即申请人本人的在先申请对比文件1）中的旋转拖把进行分析对比，将其中与最接近的现有技术共有的必要技术特征写入独立权利要求的前序部分，将区别于最接近的现有技术的必要技术特征写入特征部分，从而完成独立权利要求的撰写。

1. 一种旋转脱水的拖把，包括：

下端连接有拖把头的下杆体（10）；

下端与所述下杆体（10）上端套接、且可相对所述下杆体（10）作直线伸缩位移的上杆体（20）；

固定地设置于所述上杆体（20）内、且与所述上杆体（20）作同步升降位移的驱动件（50），所述驱动件（50）纵向贯穿致动件（40），当所述驱动件（50）作升降运动时，其螺旋形作用面带动所述致动件（40）进行旋转；

其特征在于：

所述致动件（40）的底部设置有主动啮合部件（42；42′）；

所述下杆体的上端口固定地设置有用于容纳所述致动件（40）的卡合件（30），所述卡合件（30）内腔的底部设置有从动啮合部件（35；35′）；

随着所述致动件（40）在所述卡合件（30）内升降，所述致动件（40）的主动啮合部件（42；42′）与所述卡合件（30）的从动啮合部件（35；35′）构成离合结构，使所述致动件（40）单向带动所述卡合件（30）旋转。

7.5 常见的几种撰写不当的独立权利要求

为了更好地帮助专利代理人掌握独立权利要求的撰写，现结合本申请案给出几种常见的撰写不当的独立权利要求。

（1）仅罗列部件名称，未针对这些部件写明必要的形状结构以及这些部件之间必要的连接关系或配合关系

1. 一种旋转脱水的拖把，其特征在于，包括：上杆体、下杆体、锁合结构、圆盘、驱动件、致动件、卡合件，其中驱动件底面设置向上的棘齿，卡合件底部设置向上的棘齿。

存在问题分析：只罗列了部件名称，没有具体的结构和连接关系，不仅未清楚地限定要求专利保护的范围，而且由于描述过于简略，很有可能会相对于现有技术丧失创造性。除此之外，独立权利要求中还包含了非必要技术特征"锁合结构"和"圆盘"，使其保护范围过窄，不能得到充分保护。

第五章

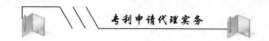

（2）未体现出发明的主要改进点，从而未清楚地反映出与现有技术的区别

1. 一种旋转脱水拖把，其特征在于，包括：

下杆体，其下端连接有带拖把毛的盘体；

上杆体，其下端与下杆体的上端套接，并可相对呈线性伸缩位移；

卡合件，设于下杆体的顶端开口内；

驱动件，呈长条状设于上杆体内，并与该上杆体同步升降位移；

致动件，设于该卡合件内，用以承接该驱动件，且受该驱动件驱动时，仅能单向带动该卡合件；

锁合结构，设于该上杆体，用以控制上、下杆体呈定位或呈可相对伸缩状态。

存在问题分析：没有写明发明相对于最接近的现有技术的主要改进点：由设置在致动件底部的主动啮合部件和设置在卡合件内腔底部的从动啮合部件构成离合机构以实现致动件单向带动卡合件旋转，也就是说该独立权利要求的技术方案未体现出本发明旋转式拖把的主要改进点，因而未清楚地反映出其技术方案与现有技术的区别。此外，在该权利要求中有关卡合件、驱动件和致动件撰写顺序不当，导致层次不清，逻辑性差。同样，该独立权利要求中也包含了非必要技术特征"锁合结构"，使其保护范围过窄，不能得到充分保护。

（3）针对最佳实施方式撰写独立权利要求，从而使本发明不能得到充分的保护

1. 一种驱转脱水的拖把，包括：

圆管状的上杆体（20）；

下端与圆盘状拖把头相连接的圆管状下杆体（10），上杆体（20）的底端与该下杆体（10）的上端套接，并可相对呈线性伸缩位移；

驱动件（50），呈螺旋长条状，并固定地设于该上杆体（20）内，并与上杆体（20）同步升降位移；

其特征在于，还包括：

致动件（40），呈柱状，驱动件（50）穿过致动件（40）上与螺旋部分配合的开口，并带动致动件旋转，致动件的下部设置朝下的棘齿；

卡合件（30），呈中空长桶状，固定设于下杆体（10）的顶端开口内，中空空间用于容纳致动件（40），卡合件（30）的底部设置朝上的棘齿。

存在问题分析：不少申请人由于缺乏专利知识，总认为应当将其最优选的技术方案写入独立权利要求，以体现其发明创造的高度；也有的申请人急于获得发明专利授权，或者实用新型专利需要维权使用，不希望专利权评价报告出现影响新颖性或创造性的文件的情况，因而希望将最优选的、拟上市产品的具体结构写入独立权利要求。在这种思想指导下所撰写的独立权利要求虽然容易获得授权，但会使本发明不能得到有效的保护，因为竞争对手可以很容易地采取既利用了本发明构思，但又规避侵权的其他结构以绕开该专利权的保护范围。作为专利代理人，面对这种情况时，应当耐心

第五章

地向申请人作出说明，明确告知若这样撰写独立权利要求，即使申请被授予专利权，本发明也得不到有效的保护。

7.6 撰写从属权利要求

说明书中各项技术内容比较多，如果全部内容都总结为权利要求，不但增加了客户的经济负担，在实际的审查、无效、侵权中可能也不会产生应有的作用。专利代理人可以将非必要技术特征进行分类，从重要程度上或功能结构等方面考虑哪些技术特征需要写入从属权利要求以及这些从属权利要求的先后排布顺序。

就本申请案来说，首先，应当针对本发明主要改进点的关键部件（致动件和卡合件）本身作出的进一步改进（即本节第7.1小节中列出的特征⑩～⑮）撰写从属权利要求，在此之后针对其他与这两个关键部件有关的改进（即本节第7.1小节中列出的特征⑧、⑨、⑯和⑰）撰写从属权利要求，最后针对本发明的次要改进点锁合结构（即本节第7.1小节中列出的特征⑳和㉑）撰写从属权利要求。至于本节第7.1小节中列出的另外两个特征⑱和⑲所涉及其他部件（缓冲环和定位件）或对其他部件的进一步限定（拖把头为带拖把毛的圆盘），综合考虑这些特征能否为发明带来创造性以及权利要求的数量这两个因素后，不再撰写以这两个特征作为附加技术特征的从属权利要求。

（1）针对致动件、卡合件本身的改进撰写从属权利要求2～7

在本节第7.1小节列出的特征⑩～⑮中，特征⑬有关致动件在卡合件中的升降行程是最为重要的，因此，先以该特征作为附加技术特征来撰写从属权利要求2。

2. 根据权利要求1所述的旋转脱水的拖把，其特征在于：所述致动件（40）在所述卡合件（30）中的升降行程（S）大于所述致动件的主动啮合部件（42；42′）与所述卡合件（30）的从动啮合部件（35；35′）之间的啮合高度。

其次，说明书中对于主动啮合部件和从动啮合部件给出了三种实施方式，这三种实施方式对于专利的保护都很重要，可针对这三种实施方式的技术特征（即本节第7.1小节列出的特征⑩～⑫）分别撰写一项从属权利要求。显然，其中第一种采用棘齿的实施方式为优选结构，以其为附加技术特征撰写从属权利要求3，然后针对另两种实施方式分别撰写从属权利要求4和5。由于这三项从属权利要求3、4、5是并列的技术方案，因此这三项权利要求分别引用权利要求1或2。

3. 根据权利要求1或2所述的旋转脱水的拖把，其特征在于：所述致动件（40）的主动啮合部件是沿其底面圆周方向分布设置、向下伸出的主动棘齿（42），所述卡合件（30）的从动啮合部件是沿其内腔底部圆周方向分布设置、向上伸出、且与所述致动件（40）的主动棘齿（42）构成可离合啮合结构的从动棘齿（35），所述主动棘齿（42）的下表面和所述从动棘齿（35）的顶表面为斜坡状。

4. 根据权利要求1或2所述的旋转脱水的拖把，其特征在于：所述致动件

（40）的主动啮合部件是沿其底面圆周方向分布设置、向下伸出的凸起，所述卡合件（30）的从动啮合部件是沿其内腔底部圆周方向分布设置、向上伸出的凸起，所述致动件（40）向下伸出的凸起的下表面和所述卡合件（30）向上伸出的凸起的顶表面为平面。

5. 根据权利要求1或2所述的旋转脱水的拖把，其特征在于：所述致动件（40）的主动啮合部件是沿其下部外侧面分布设置、向外伸出的凸齿（42′），所述卡合件（30）的从动啮合部件是沿其下部内侧面设置、向内伸出的凸齿（35′）。

然后，卡合件的尺寸和材质是两项无依从关系的改进措施，因此可以针对其尺寸和材质（即本节第7.1小节列出的特征⑭～⑮）分别撰写一项从属权利要求，即权利要求6和7。虽然这两个改进措施对于前面五个权利要求的技术方案均可适用，为使撰写的从属权利要求符合《专利法实施细则》第22条第2款有关多项从属权利要求不得作为另一项多项从属权利要求基础的规定，因此这两项从属权利要求均只引用了权利要求1或2，而未再引用权利要求3～5中任一项。同样出于这一考虑，虽然对卡合件材质的进一步改进也可以是针对其尺寸的改进作出的进一步改进，但权利要求7也未再引用权利要求6。最后撰写成的从属权利要求6和7如下：

6. 根据权利要求1或2所述的旋转脱水的拖把，其特征在于：所述卡合件（30）的高度为3～6cm。

7. 根据权利要求1或2所述的旋转脱水的拖把，其特征在于：所述卡合件（30）和所述致动件（40）为注塑成型件。

（2）针对与卡合件和致动件相关联的其他改进撰写从属权利要求

本节第7.1小节列出的特征中有关部件环体的特征⑯和⑰是比较重要的改进措施，且这两个特征对于确保上下杆体间能够顺畅地作相对直线位移是密不可分的改进措施，因此以这两个特征作为附加技术特征撰写从属权利要求8。与前面权利要求6和7相同的理由，该项权利要求8仅引用了在前的权利要求1或2：

8. 根据权利要求1或2所述的旋转脱水的拖把，其特征在于：所述卡合件（30）的侧壁外部靠近上端形成有一圈凸缘体（31），所述凸缘体（31）的下边沿搭接在所述下杆体（10）的顶端开口处；所述凸缘体（31）的上边沿上设置环体（33），所述环体（33）的外径大于所述下杆体（10）的外径，略小于所述上杆体（20）的内径。

在本节第7.1小节列出的特征中，有关部件固定盖及其与卡合件配合结构的特征⑧和⑨是两项并列的改进措施，因此以这两个特征分别作为附加技术特征各撰写一项从属权利要求，即权利要求9和10。为使撰写的从属权利要求符合《专利法实施细则》第22条第2款有关多项从属权利要求不得作为另一项多项从属权利要求基础的规定，这两项权利要求9和10仅引用了在前的权利要求1或2，而未引用在前的权利要求3～8中的任一项。此外，由于这两项从属权利要求9和10是并列的技术方案。

因此权利要求 10 不得引用权利要求 9。最后撰写成的从属权利要求 9 和 10 如下：

9. 根据权利要求 1 或 2 所述的旋转脱水的拖把，其特征在于：在所述卡合件（30）的顶部设置一个固定盖（34），所述固定盖（34）具有圆盘形盖体和从该圆盘形盖体向下凸出的凸柱，其中，所述圆盘形盖体具有供所述驱动件（50）穿过的中心通孔（341），所述凸柱的侧壁上形成环形凸肋（342），所述环形凸肋（342）与所述卡合件（30）的内壁形成压紧配合。

10. 根据权利要求 1 或 2 所述的旋转脱水的拖把，其特征在于：在所述卡合件（30）的顶部设置一个固定盖（34），所述固定盖（34）具有圆盘形盖体和从该圆盘形盖体向下凸出的凸柱，其中，所述圆盘形盖体具有供所述驱动件（50）穿过的中心通孔（341），所述凸柱的侧壁上形成环形凸肋（342），所述卡合件（30）内壁设有凹槽（38），所述固定盖（34）的环形凸肋（342）卡合在所述卡合件（30）内壁上的凹槽（38）中。

（3）针对锁合结构撰写从属权利要求

说明书中的具体实施方式中描述了两种锁合结构（即本节第 7.1 小节列出的特征⑳和㉑），且日后可能会针对锁合结构进行分案申请，因此在撰写从属权利要求时，先针对这两种锁合结构撰写一项概括这两种锁合结构的从属权利要求是十分必要的，因为在本申请案此后对审查意见通知书作出答复时或者提出分案申请时，按照目前国家知识产权局对申请文件修改的要求，通常不允许进行二次概括。也就是说，为了避免在此后修改权利要求书时，确保修改未超出原说明书和权利要求书记载的范围，在撰写的权利要求书中，凡是可以进行概括的技术方案尽量反映在其一项权利要求中。

分析两个锁合结构的实施方式，共同点是包括外套和内套两个部分，在内套下端设置剖沟，外套上升或者下降对内套收紧或者松弛。这样，针对这两个锁合结构实施方式概括而成的从属权利要求 11❶ 如下：

11. 根据权利要求 1 或 2 所述的旋转脱水的拖把，其特征在于：

所述上杆体（20）和所述下杆体（10）之间设置有锁合结构（70，90）；

所述锁合结构包括内套（70a；90a）和外套（70b；90b），所述外套（70b；90b）套装在所述内套（70a；90a）外侧；

所述内套（70a；90a）固定于所述上杆体（20）的下端，所述内套（70a；90a）下段锥形周壁上形成有贯通的剖沟（74；91）；

所述外套（70b；90b）套装在所述下杆体（10）的上部，其下段具有与所述内套（70a；90a）的锥形周壁可相对轴向移动配合的锥形部分；

---

❶ 为使撰写的从属权利要求符合《专利法实施细则》第 22 条第 2 款有关多项从属权利要求不得作为另一项多项从属权利要求基础的规定，权利要求 11 也仅引用了在前的权利要求 1 或 2，而未引用在前的权利要求 3～10 中的任一项。

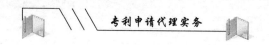

所述锁合结构还具有使所述外套（70b；90b）相对所述内套（70a；90a）轴向移动的结构，当所述外套（70b；90b）相对于所述内套（70a；90a）轴向移动时，所述外套（70b；90b）通过所述内套（70a；90a）的下段锥形周壁对所述下杆体（10）锁紧或松开。

然后针对两种锁合结构的具体结构分别撰写一项从属权利要求12和13。鉴于这两项权利要求为并列的技术方案，并且都是对权利要求11技术方案的具体限定，因此这两项权利要求分别只引用了权利要求11：

12. 根据权利要求11所述的旋转脱水的拖把，其特征在于：

所述内套为内束套（70a），上段为圆筒形内套管（71），其上形成有所述贯通剖沟（74）的下段锥形周壁为内锥形套管（73）；

所述外套为外夹筒（70b），套置于所述内束套（70a）的外周，其上段为圆筒形外套管（75）；其下段锥形部分为外锥形套管（77），所述外锥形套管（77）可将所述内束套（70a）的内锥形套管（73）缩紧；

所述使外套相对内套轴向移动的结构为供使用者手持推顶外夹筒（70b）的扳体（70c），所述扳体（70c）具有相对的两臂，两臂内侧设有呈凸柱状的偏心凸轮（78），在所述偏心凸轮（78）上一体形成枢转轴（79）；与此相应，在所述内束套（70a）的内套管（71）的侧壁上形成有两个供所述扳体（70c）的枢转轴（79）插入的定位孔（72），在所述外夹筒（70b）的外套管（75）的两侧相对于所述两个定位孔（72）的位置上设置有两个供所述扳体（70c）的偏心凸轮（78）穿过的通孔（76）。

13. 根据权利要求11所述的旋转脱水的拖把，其特征在于：

所述内套为束套（90a），呈中空圆套体，其上形成有所述贯通剖沟（91）的下段锥形周壁为内锥形套管（96）；

所述外套为套置在所述束套（90a）上的旋筒（90b），其下段锥形部分为外锥形套管（95），该外锥形套管（95）套设于所述束套（90a）的内锥形套管（96）的外部；

在所述束套（90a）的外侧壁上靠近中间的部位设有倾斜的滑动台阶（92），在所述旋筒（90b）内侧壁上相对于所述束套（90a）的滑动台阶（92）的位置处设置有凸体（93），所述凸体（93）可沿着滑动台阶（92）滑动，从而所述束套（90a）外侧壁上的滑动台阶（92）和所述旋筒（90b）内侧壁上的凸体（93）构成所述使外套相对内套作轴向移动的结构。

最后，还可以将说明书第二种实施方式中有关锁合结构中束套和上杆体之间通过卡钩与开孔的配合结构作为附加技术特征撰写从属权利要求14：

14. 根据权利要求13所述的旋转脱水的拖把，其特征在于：所述束套（90a）在上端部内壁设有多个间隔排列的卡钩（94），并在所述上杆体（20）上设有对应的开孔（21），所述卡钩（94）穿设于所述上杆体（20）所设的开孔（21）中。

第五章

8 说明书的撰写

在完成权利要求书的撰写之后，就可着手撰写除具体实施方式之外的说明书其他各个组成部分。以下重点对撰写说明书各个组成部分时应当注意的问题作出说明，读者可结合本节 9（"最后完成的权利要求书和说明书的参考文本"）之中的说明书推荐文本的具体内容来加深理解。

（1）名称

由于本专利申请的权利要求书的主题为"旋转脱水的拖把"，因此发明名称应写成："旋转脱水的拖把"。

（2）技术领域

技术领域部分应当反映其主题名称，也可以包括其前序部分的全部或一部分技术特征，但不要写入区别技术特征。建议写成：

本发明涉及一种拖把，尤其涉及一种将杆体的上下直线移动转换成拖把头单向旋转的旋转脱水的拖把。

（3）背景技术

在这一部分至少应当对最接近的现有技术作出说明，对本专利申请来说，至少应当在这部分引用对比文件 1（写明出处），并说明该对比文件 1 中所公开的与本发明有关的结构，然后相对于本发明专利申请客观地指出其所存在的问题。

（4）发明内容部分

这一部分包括三方面的内容：其一是本发明要解决的技术问题（注意不可将发明内容写入技术问题）；其二是本发明的技术方案（技术方案部分至少应当包含独立权利要求的所有内容）；其三是有益技术效果。

（5）附图及附图说明

经过专利代理人筛选，本发明共采用 12 张附图。图 1 显示了拖把的整体结构图，图 2 显示了重要部件的分解视图，图 3 主要显示致动件与卡合件组成一个单元，图 4 显示离合驱动装置与锁合部件的纵向剖视图，图 5 显示离合驱动装置与锁合部件的横向剖视图，图 6 显示离合驱动装置的第二种实施方式的剖开示意图，图 7 与图 8 显示锁合部件第一种实施方式分别处于锁合或松开状态的示意图，图 9 至图 11 分别显示了具有第二种锁合结构的拖把的整体结构图、重要部件分解视图和其中锁合结构各部件分解示意图，图 12 显示拖把在脱水桶中脱水的视图。以上附图能够全面反映发明创造的部件结构、活动连接关系，不必进一步补充附图。

（6）具体实施方式

根据完成的权利要求，需要对前一阶段撰写好的具体实施方式进行调整。

① 考虑到今后可能出现的分案申请，应当对锁合结构应用于一般拖把的情况作出

说明。

② 为避免其他技术特征被审查员认为是必要技术特征，在说明书中做如下说明：

（ⅰ）圆盘形拖把头并非必须采用的结构，可以有其他实施方式；

（ⅱ）脱水桶并非必须采用的结构，可以有其他实施方式；

（ⅲ）上杆体套在下杆体外面并非必须采用的结构，也可以下杆体套在上杆体外面。

（7）说明书摘要

说明书摘要部分首先写明本发明专利申请的名称，然后重点对独立权利要求的技术方案的要点作出说明，在此基础上进一步说明其解决的技术问题和有益效果。此外，还应当将说明书中的图2（即申请人在答复信函时补充提交的图J2 - 2）作为说明书摘要附图。

9 最后完成的权利要求书和说明书的参考文本

按照上述分析，完成权利要求和说明书文本的撰写，下面给出最后完成的权利要求书和说明书参考文本。

权 利 要 求 书

1. 一种旋转脱水的拖把，包括：

下端连接有拖把头的下杆体（10）；

下端与所述下杆体（10）上端套接、且可相对所述下杆体（10）作直线伸缩位移的上杆体（20）；

固定地设置于所述上杆体（20）内、且与所述上杆体（20）作同步升降位移的驱动件（50），所述驱动件（50）纵向贯穿致动件（40），当所述驱动件（50）作升降运动时，其螺旋形作用面带动所述致动件（40）进行旋转；

其特征在于：

所述致动件（40）的底部设置有主动啮合部件（42；42′）；

所述下杆体的上端口固定地设置有用于容纳所述致动件（40）的卡合件（30），所述卡合件（30）内腔的底部设置有从动啮合部件（35；35′）；

随着所述致动件（40）在所述卡合件（30）内升降，所述致动件（40）的主动啮合部件（42；42′）与所述卡合件（30）的从动啮合部件（35；35′）构成离合结构，使所述致动件（40）单向带动所述卡合件（30）旋转。

2. 根据权利要求1所述的旋转脱水的拖把，其特征在于：所述致动件（40）在所述卡合件（30）中的升降行程（S）大于所述致动件的主动啮合部件（42；42′）与所述卡合件（30）的从动啮合部件（35；35′）之间的啮合高度。

3. 根据权利要求1或2所述的旋转脱水的拖把，其特征在于：所述致动件（40）的主动啮合部件是沿其底面圆周方向分布设置、向下伸出的主动棘齿（42），所述卡合件（30）的从动啮合部件是沿其内腔底部圆周方向分布设置、向上伸出、且与所述致动件（40）的主动棘齿（42）构成可离合啮合结构的从动棘齿（35），所述主动棘齿（42）的下表面和所述从动棘齿（35）的顶表面为斜坡状。

4. 根据权利要求1或2所述的旋转脱水的拖把，其特征在于：所述致动件（40）的主动啮合部件是沿其底面圆周方向分布设置、向下伸出的凸起，所述卡合件（30）的从动啮合部件是沿其内腔底部圆周方向分布设置、向上伸出的凸起，所述致动件（40）向下伸出的凸起的下表面和所述卡合件（30）向上伸出的凸起的顶表面为平面。

5. 根据权利要求1或2所述的旋转脱水的拖把，其特征在于：所述致动件（40）的主动啮合部件是沿其下部外侧面分布设置、向外伸出的凸齿（42′），所述卡合件（30）的从动啮合部件是沿其下部内侧面设置、向内伸出的凸齿（35′）。

6. 根据权利要求1或2所述的旋转脱水的拖把，其特征在于：所述卡合件（30）的高度为 3～6 cm。

7. 根据权利要求1或2所述的旋转脱水的拖把，其特征在于：所述卡合件（30）和所述致动件（40）为注塑成型件。

8. 根据权利要求 1 或 2 所述的旋转脱水的拖把，其特征在于：所述卡合件（30）的侧壁外部靠近上端形成有一圈凸缘体（31），所述凸缘体（31）的下边沿搭接在所述下杆体（10）的顶端开口处；所述凸缘体（31）的上边沿上设置环体（33），所述环体（33）的外径大于所述下杆体（10）的外径，略小于所述上杆体（20）的内径。

9. 根据权利要求 1 或 2 所述的旋转脱水的拖把，其特征在于：在所述卡合件（30）的顶部设置一个固定盖（34），所述固定盖（34）具有圆盘形盖体和从该圆盘形盖体向下凸出的凸柱，其中，所述圆盘形盖体具有供所述驱动件（50）穿过的中心通孔（341），所述凸柱的侧壁上形成环形凸肋（342），所述环形凸肋（342）与所述卡合件（30）的内壁形成压紧配合。

10. 根据权利要求 1 或 2 所述的旋转脱水的拖把，其特征在于：在所述卡合件（30）的顶部设置一个固定盖（34），所述固定盖（34）具有圆盘形盖体和从该圆盘形盖体向下凸出的凸柱，其中，所述圆盘形盖体具有供所述驱动件（50）穿过的中心通孔（341），所述凸柱的侧壁上形成环形凸肋（342），所述卡合件（30）内壁设有凹槽（38），所述固定盖（34）的环形凸肋（342）卡合在所述卡合件（30）内壁上的凹槽（38）中。

11. 根据权利要求 1 或 2 所述的旋转脱水的拖把，其特征在于：

所述上杆体（20）和所述下杆体（10）之间设置有锁合结构（70,90）；

所述锁合结构包括内套（70a；90a）和外套（70b；90b），所述外套（70b；90b）套装在所述内套（70a；90a）外侧；

所述内套（70a；90a）固定于所述上杆体（20）的下端，所述内套（70a；90a）下段锥形周壁上形成有贯通的剖沟（74；91）；

所述外套（70b；90b）套装在所述下杆体（10）的上部，其下段具有与所述内套（70a；90a）的锥形周壁可相对轴向移动配合的锥形部分；

所述锁合结构还具有使所述外套（70b；90b）相对所述内套（70a；90a）轴向移动的结构，当所述外套（70b；90b）相对于所述内套（70a；90a）轴向移动时，所述外套（70b；90b）通过所述内套（70a；90a）的下段锥形周壁对所述下杆体（10）锁紧或松开。

12. 根据权利要求 11 所述的旋转脱水的拖把，其特征在于：

所述内套为内束套（70a），上段为圆筒形内套管（71），其上形成有所述贯通剖沟（74）的下段锥形周壁为锥形套管（73）；

所述外套为外夹筒（70b），套置于所述内束套（70a）的外周，其上段为圆筒形外套管（75）；其下段锥形部分为锥形套管（77），所述锥形套管（77）可将所述内束套（70a）的锥形套管（73）缩紧；

所述使外套相对内套轴向移动的结构为供使用者手持推顶外夹筒（70b）的扳体（70c），所述扳体（70c）具有相对的两臂，两臂内侧设有呈凸柱状的偏心凸轮

（78），在所述偏心凸轮（78）上一体形成枢转轴（79）；与此相应，在所述内束套（70a）的内套管（71）的侧壁上形成有两个供所述扳体（70c）的枢转轴（79）插入的定位孔（72），在所述外夹筒（70b）的外套管（75）的两侧相对于两个定位孔（72）的位置上设置有两个供所述扳体（70c）的偏心凸轮（78）穿过的通孔（76）。

13. 根据权利要求 11 所述的旋转脱水的拖把，其特征在于：

所述内套为束套（90a），呈中空圆套体，其上形成有所述贯通剖沟（74）的下段锥形周壁为锥形套管（96）；

所述外套为套置在所述束套（90a）上的旋筒（90b），其下段锥形部分为锥形套管（95），该锥形套管（95）套设于所述束套（90a）的内锥形套管（96）的外部；

在所述束套（90a）的外侧壁上靠近中间的部位设有倾斜的滑动台阶（92），在所述旋筒（90b）内侧壁上相对于所述束套（90a）的滑动台阶（92）的位置处设置有凸体（93），所述凸体（93）可沿着所述滑动台阶（92）滑动，从而所述束套（90a）外侧壁上的滑动台阶（92）和所述旋筒（90b）内侧壁上的凸体（93）构成所述使外套相对内套作轴向移动的结构。

14. 根据权利要求 13 所述的旋转脱水的拖把，其特征在于：所述束套（90a）在上端部内壁设有多个间隔排列的卡钩（94），并在所述上杆体（20）上设有对应的开孔（21），所述卡钩（94）穿设于所述上杆体（20）所设的开孔（21）中。

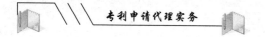

说 明 书

旋转脱水的拖把

技术领域

本发明涉及一种拖把，尤其涉及一种将杆体的上下直线移动转换成拖把头单向旋转的旋转脱水的拖把。

背景技术

传统拖把主要具有一个拖把头和一个拖把杆，为了将拖把头拧干，需要使用者固定拖把头的一端，扭转拖把杆，挤出拖把头吸附的水。这种方式的缺点是使用者的手直接接触拖把头，造成手部不卫生。

为了解决此缺点，目前市场上出现一种脚踏式沥水篮，脚踏板带动齿轮后，使沥水篮产生快速的旋转，将于沥水篮的拖把毛的水甩干。该装置虽然可改善传统需要拧干拖把毛的麻烦，但是由于使用者需要以一只脚不断对脚踏板踩踏，另一只脚保持平衡，因此不但操作麻烦，还会发生使用者跌倒的问题。

中国专利CN×××××××A公开了一种拖把，包括握持杆管、主套管、握把套管及拖把头。握持杆管带动螺旋杆，螺旋杆驱动导向键旋转，导向键作用于单向轴承，单向轴承驱动主套管旋转，主套管驱动拖把头旋转。其中，握把套管套接于主套管的外部，握把套管通过沟槽连接一顶杆。握把套管上设有按钮，按钮按下时，握把套管脱离主套管带动顶杆下移。

但是，上述现有技术中拖把的旋转机构中的单向轴承非常复杂，包括外环体、滚柱容置环槽、十几个滚柱、内环件等四个金属元件，成本非常高，而且单向轴承中有铁质部件以及弹簧，长时间使用后会锈蚀，影响拖把的使用。鉴于此，克服上述现有技术所存在的缺陷是本技术领域亟待解决的问题。

发明内容

本发明要解决的技术问题是提供一种结构更简单的旋转脱水的拖把。

本发明更进一步解决的技术问题是提供一种锁合结构简单、锁合操作方便的旋转脱水拖把。

为使结构更简单，本发明的旋转脱水的拖把包括：下端连接有拖把头的下杆体；下端与所述下杆体上端套接、且可相对所述下杆体作直线伸缩位移的上杆体；固定地设置于所述上杆体内、且与上杆体作同步升降位移的驱动件，所述驱动件纵向贯穿致动件，当驱动件作升降运动时，其螺旋形作用面带动所述致动件进行旋转；所述致动

第五章

件的底部设置有主动啮合部件；所述下杆体的上端口固定地设置有容纳所述致动件的卡合件，该卡合件内腔的底部设置有从动啮合部件；随着所述致动件在所述卡合件内升降，所述致动件的主动啮合部件与所述卡合件的从动啮合部件构成离合结构，使所述致动件单向带动所述卡合件旋转。

本发明的旋转脱水的拖把，与上述现有技术中的旋转脱水的拖把相比，不再需要结构复杂的单向轴承，也不再需要顶杆，因此结构更为简单，尤其在使用时无需将顶杆伸出作为下杆体旋转的支撑点，因而可以十分方便地将上杆体的直线位移转换为下杆体的旋转运动。

作为本发明上述旋转脱水拖把的改进，所述致动件在所述卡合件中的升降行程大于所述致动件的主动啮合部件与所述卡合件的从动啮合部件之间的啮合高度。

对于上述旋转脱水的拖把，所述致动件的主动啮合部件可以是沿其底面圆周方向分布设置、向下伸出的主动棘齿，所述卡合件的从动啮合部件是沿其内腔底部圆周方向分布设置、向上伸出、且与所述致动件的主动棘齿构成可离合啮合结构的从动棘齿，所述主动棘齿的下表面和所述从动棘齿的顶表面为斜坡状；或者所述致动件的主动啮合部件是沿其底面圆周方向分布设置、向下伸出的凸起，所述卡合件的从动啮合部件是沿其内腔底部圆周方向分布设置、向上伸出的凸起，所述致动件向下伸出的凸起的下表面和所述卡合件向上伸出的凸起的顶表面为平面；或者所述致动件的主动啮合部件是沿其下部外侧面分布设置、向外伸出的凸齿，所述卡合件的从动啮合部件是沿其下部内侧面设置、向内伸出的凸齿。

作为本发明上述旋转脱水的拖把的进一步改进，其中的卡合件的高度为 3～6 cm，这种卡合件的高度大于单向轴承的高度，这样一来，与采用单向轴承的旋转脱水的拖把相比，增大了卡合件与下杆体的接触面积，两者之间不易出现滑动，从而提高了其旋转部件转动的稳定性。

作为本发明上述旋转脱水的拖把的进一步改进，所述卡合件和所述致动件为注塑成型件，在这种情况下，本发明的旋转脱水的拖把与采用单向轴承的旋转脱水的拖把相比，不仅可进一步降低成本，而且旋转部件不易锈蚀。

作为本发明上述旋转脱水的拖把的更进一步改进，所述卡合件的侧壁外部靠近上端形成有一圈凸缘体，该凸缘体的下边沿搭接在所述下杆体的顶端开口处；该凸缘体的上边沿上设置环体，该环体的外径大于所述下杆体的外径，略小于所述上杆体的内径。采用这种结构的旋转脱水的拖把，确保下杆体的外径与上杆体的内径之间具有一个合适的间隙，既不会使上下杆体之间的相对转动产生过大的摩擦力，也不会使上下杆体之间产生晃动，从而确保两者之间的相对转动顺畅。

对于本发明的上述旋转脱水的拖把，还可在所述卡合件的顶部设置一个固定盖，该固定盖包括圆盘形盖体和从该圆盘形盖体向下的凸柱，其中，该圆盘形盖体具有供所述驱动件穿过的中心通孔，该凸柱的侧壁上形成环形凸肋，所述环形凸肋与所述卡

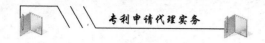

合件的内壁形成压紧配合或者卡合在所述卡合件内壁上的凹槽中。

为了使本发明旋转脱水拖把上下杆之间的锁合操作更为方便且简化其锁合结构，本发明旋转脱水拖把中设置在上下杆之间的锁合结构包括内套和外套，外套套装在内套外侧，内套固定于上杆体的下端，内套下段锥形周壁上形成有贯通的剖沟，外套套装在下杆体的上部，其下段具有与内套的锥形周壁可相对轴向移动配合的锥形部分；该锁合结构还具有使外套相对内套轴向移动的结构，当外套相对于内套轴向移动时，外套通过内套的下段锥形周壁对下杆体锁紧或松开。

作为对本发明旋转脱水拖把的锁合结构的进一步改进，其内套为内束套，上段为圆筒形内套管，其上形成有所述贯通剖沟的下段锥形周壁为内锥形套管，其外套为外夹筒，套置于内束套的外周，其上段为圆筒形外套管，其下段锥形部分为外锥形套管，该外锥形套管可将内束套的内锥形套管缩紧，使外套相对内套轴向移动的结构为供使用者手持推顶外夹筒的扳体，该扳体具有相对的两臂，两臂内侧设有呈凸柱状的偏心凸轮，在偏心凸轮上一体形成枢转轴，与此相应，内束套的内套管的侧壁上形成有两个供扳体的枢转轴插入的定位孔，在外夹筒的外套管的两侧相对于两个定位孔的位置上设置有两个供扳体的偏心凸轮穿过的通孔。

作为对本发明旋转脱水拖把的锁合结构的另一种进一步改进，其内套为束套，呈中空圆套体，其上形成有贯通剖沟的下段锥形周壁为内锥形套管，其外套为套置在束套上的旋筒，其下段锥形部分为外锥形套管，从上到下逐渐收缩，该外锥形套管套设于束套的内锥形套管的外部，在束套外侧壁上靠近中间的部位设有倾斜的滑动台阶，在旋筒内侧壁上相对于该束套的滑动台阶的位置处设有凸体，凸体可沿着滑动台阶上滑动，从而束套的外侧壁上的滑动台阶和旋筒内侧壁上的凸体构成使外套相对内套作轴向移动的结构。

作为对本发明旋转脱水拖把的锁合结构更进一步的改进，在束套上端的内壁设有多个间隔排列的卡钩，上杆体上设有与之对应的开孔，卡钩穿设于上杆体所设的开孔中。

本发明的旋转脱水拖把，在拧干拖把时，可以很方便地松开锁合结构，手握住拖把杆上下直线移动，即可使底端的拖把头旋转，将拖把头所附着的水甩干。也就是说，本发明的旋转脱水拖把不仅使用便捷、安全，而且成本低，结构简单。此外，由于旋转机构部件采用了注塑成型件，不仅降低了成本，还克服了现有技术的拖把长时间使用后会锈蚀的缺陷，提高了产品使用寿命。

除了上面所描述的本发明解决的技术问题、构成技术方案的技术特征以及由这些技术方案的技术特征所带来的优点之外，本发明旋转脱水拖把所能解决的其他技术问题、技术方案中包含的其他技术特征以及这些技术特征带来的优点，将结合附图作出进一步详细的说明。

附图说明

图 1 是本发明旋转脱水拖把的外观立体示意图。

图 2 是本发明旋转脱水拖把主要部件的分解立体示意图；

图 3 是本发明旋转脱水拖把中致动件与卡合件的分解示意图；

图 4 是反映本发明旋转脱水拖把主要部件组装后的内部构造的纵向剖视图；

图 5 是本发明沿图 4 中剖开线 5－5 线的横向剖视图；

图 6 示出了本发明旋转脱水拖把中致动件与卡合件啮合结构的另一种实施方式；

图 7 是本发明旋转脱水拖把的第一种锁合结构处于松开状态的示意图；

图 8 是本发明旋转脱水拖把的第一种锁合结构处于锁紧状态的示意图；

图 9 是本发明具有第二种锁合结构的旋转脱水拖把的外观立体示意图；

图 10 是图 9 所示旋转脱水拖把主要部件的分解示意图；

图 11 是图 10 中锁合结构各部件的分解示意图；

图 12 示出本发明旋转脱水拖把脱水使用状态的示意图。

具体实施方式

下面结合附图对本发明的具体实施方式作进一步说明。在此需要说明的是，对于这些实施方式的说明用于帮助理解本发明，但并不构成对本发明的限定。此外，下面所描述的本发明各个实施方式中所涉及的技术特征只要彼此之间未构成冲突就可以相互组合。

在图 1 和图 2 所示的本发明旋转脱水拖把的第一种实施方式中，该旋转脱水拖把包括杆体和拖把头，其中杆体分为两个部分，以图 1、图 2 所示拖把的使用状态下的方向为准，位于上方的是上杆体 20，供使用者手持，位于下方的是下杆体 10，用于连接拖把头。在图 1 和图 2 中，拖把头是盘体 60，盘体 60 具有拖把毛 61，但是，任何形状、结构的拖把头都可以用在本发明的旋转脱水拖把中，甚至可以将拖把毛直接固定在下杆体 10 上，而不是通过盘体连接到下杆体 10 上。

上杆体 20 和下杆体 10 都由中空圆杆构成，其材质可以是金属或非金属，例如铝管或塑胶管体。上杆体 20 和下杆体 10 之间可以通过下文详细说明的锁合结构 70 或 90 相连接。在图 1 所示实施方式中，上杆体 20 的内径略大于下杆体 10 的外径，从而，使用者握持上杆体 20，可使上杆体 20 沿着下杆体 10 的外周升降。也可设计成上杆体 20 的外径略小于下杆体 10 的内径，从而上杆体 20 可沿着下杆体 10 的内壁升降。

如图 1 和图 9 所示，上杆体 20 上部顶端套设有护套 22，设置护套是为方便使用者手持或者悬挂拖把。如图 2 所示，在上杆体 20 的内部，设置驱动件 50。在图 2 中，驱动件 50 为螺旋形的长柱体，用于驱动下文将要详细描述的致动件 40 旋转。在本发明图 9 和图 10 所示的本发明旋转脱水拖把的另一个实施方式中，驱动件 50 也可以如图 10 所示为长条的螺旋片。此外，驱动件 50 还可以是长螺纹杆。在本实施方式中，该驱动件 50 通过其顶端的固定块 51 卡固在该上杆体 20 的上端管内，也可利用固定元件或铆固方式（图中未示）将其固定在上杆体管内其他部位。随着上杆体 20 的上升或者下降，驱动件 50 也随之上升或者下降。

在下杆体 10 的顶端管内设置有下文将要作进一步说明的卡合件 30，卡合件 30 呈中空的长桶状，其中容纳有可在其中升降的致动件 40。

致动件 40 呈带中心通孔的圆柱形状，驱动件 50 能够穿过致动件 40，并将驱动件 50 的直线移动转换为致动件 40 的旋转运动。如图 2 和图 3 所示，在致动件 40 的顶端开有长条形开口 41，供驱动件 50 穿过。在图 2 的实施方式中，螺旋形长柱体的驱动件 50 穿过长条形开口 41，借助于驱动件 50 的螺旋形表面与开口 41 的开口边缘之间产生力的作用，驱动件 50 在随着上杆体 20 向下或向上移动时就会带动致动件 40 旋转。需要说明的是，当驱动件 50 为螺杆状时，则开口 41 应为螺纹槽口。通过本发明驱动件 50 与开口 41 的驱动配合，当上杆体 20 向下直线位移，或者向上直线位移时，驱动件 50 带动致动件 40 逆时针或者顺时针转动。如图 3 所示，致动件 40 底面设有朝下的主动棘齿 42，主动棘齿 42 与下文将要描述的卡合件 30 内腔底部的从动棘齿 35 相对设置，两者的形状相匹配。

中空长桶状卡合件 30 的上端具有开口 32，供致动件 40 进入卡合件 30 的中空内腔，卡合件 30 的下端通过过盈配合（当然也可采取现有技术中的其他方式，例如用粘合剂粘合）固定地设在下杆体 10 的顶端开口内，这样卡合件 3 就可以带动下杆体 10 作同步旋转。

如图 3 所示，中空长桶状卡合件 30 的底部具有开孔，用于使上文描述的驱动件 50 穿过。中空内腔的底部围绕开孔设置有多个从动棘齿 35，如图 2 和图 3 所示，每个从动棘齿 35 均为朝上设置，沿中空长桶状卡合件底部的圆周方向形成具有斜坡顶面的齿状凸起。棘齿最高处距离底面为 0.1 ~ 1 cm，优选 0.3 ~ 0.5 cm。设置在致动件 40 底面上朝下的主动棘齿 42 的形状、大小与从动棘齿 35 相同，设置方向相反，形成匹配。为了使卡合件 30 的从动棘齿 35 与致动件 40 的主动棘齿 42 仅在致动件 40 随上杆体 20 向下运动时形成单向啮合，将棘齿顶面设计成斜坡，从而驱动具有方向性。例如，棘齿的方向设置成使致动件 40 仅能顺时针驱动旋转卡合件 30。在下文中，为了描述方便，以驱动件 50 下移时致动件 40 驱动卡合件 30 顺时针旋转作为示例。本领域技术人员可以理解，改变棘齿的方向以及驱动件 50 螺旋的方向，也可以设置成驱动件 50 下移时致动件 40 驱动卡合件 30 逆时针方向旋转。

与现有技术的单向轴承相比，本发明的卡合件 30 为注塑成型部件，成本低，结构简单，而且卡合件 30 的长度为单向轴承的三倍以上，约 3 ~ 6 cm，这样卡合件 30 与下杆体 10 的接触面积较大，其传递的力矩也比较大，力矩的传递不会因零件间的相互滑动而丧失，转动稳定性相对较高。

如图 2 和图 3 所示，卡合件 30 的侧壁外部靠近上端形成有一圈凸缘体 31。凸缘体31的下边沿搭接在下杆体10的顶端开口处，凸缘体31的上边沿上设置环体33。发明人经过长时间试验后发现，如图4和图5所示，当上杆体20下压或者上拉时，下杆体10在上杆体20内升降及旋转，此时，如果下杆体10的外径D2与上杆体20的内径D3间过于紧密，则会产生极大的摩擦力，致使上、下杆体的伸缩运转不畅且操作上非常费力。但是，如果将下杆体10与上杆体20间的间隙加大，则两者之间会形成不稳定状态，易产生晃动及偏斜，甚至发生很大的噪音。为解决这一问题，本发明设置有环体33部件，并设计环体33的外径D1略大于下杆体10的外径D2，但是略小于上杆体的内径D3，环体33的外表面打磨光滑。这样，环体33填充上杆体20与下杆体10之间的间隙，起导向作用，有助于减少上、下杆体之间的晃动，并不会阻塞上杆体与下杆体之间的旋转。

如图3和图4所示，本发明中还设置有固定盖34，该固定盖34具有圆盘形盖体和从盖体上向下凸出的凸柱，凸柱的侧壁上形成环形凸肋342。如图4所示，环形凸肋342卡在卡合件内壁上。固定盖中心设有通孔341，供驱动件50自由出入。如图3所示，先将致动件40放入卡合件30的桶体内，然后将环体33放置在凸缘体31的上边沿，再将固定盖34盖在卡合件30的上端口予以套置固定，这样，在向上拉动驱动件50时，致动件40不会从卡合件30中脱离出来。

此外，还可以如图10所示，卡合件30侧壁内部靠近上端形成有一圈凹槽38，凹槽38中用于容纳固定盖34的凸肋342。当固定盖34的向下突出的侧壁扣入卡合件30时，固定盖34的凸肋342能卡合于该卡合件30的凹槽38而构成固定。

进一步，还可以如图2和图3所示，在本发明驱动件50的底部设置一个缓冲环52以及一个定位件53。其中，缓冲环52为具有通孔的圆柱体，通孔能使驱动件50穿过。定位件53是具有长条开口的片状体，长条开口可以使驱动件50穿过并固定在其末端。当缓冲环52碰到卡合件30的下端时，能够阻碍驱动件50进一步向上移动。为防止驱动件50脱离下杆体10，可在定位件53的下方设置阻止其脱离驱动件50的其他固定部件。

如图4所示，卡合件30内部的高度L2大于致动件40的高度L1。当致动件40放入卡合件30内部，盖上固定盖34后，致动件40的顶端与固定盖34的底部之间有供致动件40移动的升降行程S，升降行程S的高度略大于致动件40的主动棘齿42和卡合件30的从动棘齿35之间的啮合高度，从而使致动件40随着驱动件50上升时，在行程S的距离内上移，从动棘齿35与主动棘齿42脱离啮合。

对于采用这种啮合结构的本发明旋转脱水的拖把，在脱水时，向下压上杆体20，带动驱动件50向下移动，致动件40受到驱动，进行顺时针方向旋转，此时，致动件40的主动棘齿42与卡合件3的从动棘齿35相互啮合，从而致动件40同步带动卡合件30顺时针方向旋转，卡合件30带动下杆体10顺时针旋转；相反，向上拉上杆体20，带动驱动件50向上移动，致动件40随着驱动件50向上移动，从而致动件40的

第五章

主动棘齿 42 与卡合件 30 的从动棘齿 35 脱离啮合，此时驱动件 50 带动该致动件 40 逆时针旋转，呈未卡制的空转，亦即卡合件 30 依然顺时针惯性旋转，致动件 40 逆时针旋转，使得驱动件 50 得以恢复到原位。

因此，本发明的卡合件 30 及致动件 40 的啮合部件之间形成一种单向传动机构，其能够完成现有技术中单向轴承的功能。但是，本发明的卡合件和致动件都是注塑成型部件，制造成本比单向轴承低，且不会产生长时间使用后的锈蚀问题。

此外，本发明的单向驱动啮合的方式不限于使用棘齿，也可以采取凸起的结构来替代棘齿。也就是说，在致动件 40 底部设置若干个向下凸起，例如三至五个，卡合件 30 内腔的底部也设置相应数量的向上凸起。当下压驱动件 50 时，致动件 40 受到驱动，向下凸起与向上凸起相互啮合，从而同步带动卡合件 30 顺时针方向旋转；反之，当向上拉驱动件 50 时，带动该致动件 40 逆时针旋转，并且致动件 40 在上拉力的带动下，向上移动，从而向上凸起和向下凸起脱离啮合关系，此时致动件 40 的向下凸起相对于卡合件 30 的向上凸起呈未卡制的空转，从而卡合件 30 仍沿顺时针方向旋转，致动件 40 逆时针旋转，使得驱动件 50 得以恢复到原位。但在上述各种结构中，顶面设计成斜坡的棘齿是优选结构。

如图 6 所示，还可以在致动件 40 下部的外侧面形成至少二个凸齿 42′，卡合件 30 内腔下部内侧面也形成形状匹配的凸齿 35′。当下压驱动件 50 时，致动件 40 受到驱动，与此同时，凸齿 35′与凸齿 42′相互啮合，从而同步带动卡合件 30 顺时针方向旋转；反之，当向上拉动驱动件 50 时，并且致动件 40 在向上拉力的带动下，略向上移动，从而凸齿 42′和凸齿 35′脱离啮合关系，此时致动件 40 相对于卡合件 30 呈未卡制的空转，从而卡合件 30 仍沿顺时针方向旋转，致动件 40 逆时针旋转，使得驱动件 50 得以恢复到原位。

本发明旋转脱水拖把的锁合结构至少有两个实施方式。这两种锁合结构不但可以用于本发明的旋转脱水的拖把，而且可以用于其他杆体分为两截或者两截以上的拖把的锁合固定。本发明的拖把的所述锁合结构包括内套 70a、90a 和外套 70b、90b，外套 70b、90b 套装在内套 70a、90a 外侧；所述内套 70a、90a 固定于该上杆体 20 的下端，内套 70a、90a 下段锥形周壁上形成有贯通的剖沟，所述外套 70b、90b 套装在下杆体 10 的上部，该锁合结构具有使外套 70b、90b 相对内套 70b、90b 轴向移动的结构，当外套 70b、90b 相对于内套 70b、90b 轴向移动时，外套 70b、90b 通过内套 70b、90b 对下杆体 10 锁紧或松开。

如图 2、7、8 所示，在本发明锁合结构的第一种实施方式中，内套为内束套 70a，外套为外夹筒 70b，使外套 70b 相对内套 70a 轴向移动的结构是 U 形扳体 70c。

内束套 70a 的上段为圆筒形内套管 71，上杆体 20 的底端插入内套管 71，通过过盈配合的方式固定；内束套 70a 的下段为内锥形套管 73，图中所示为从上到下逐渐扩张，当然也可以采用从上到下逐渐收缩的形状。所述内锥形的下部开口供下杆体 10

的顶端插入，并对下杆体 10 进行锁紧或松开。在内锥形套管 73 上设置贯通周壁的剖沟 74，所述剖沟 74 沿轴向延伸，优选至少设置两个剖沟。内套管 71 上部的侧壁上形成有两个定位孔 72，供下文将要详细描述的 U 形扳体 70c 的枢转轴 79 插入。

外夹筒 70b 套置于内束套 70a 的外周，其上段相对于内束套 70a 的内套管 71 的部分为外套管 75，下段为外锥形套管 77，其形状尺寸与内锥形套管 73 的形状相匹配，图中所示为从上到下逐渐扩张（当内束套 70a 下段的内锥形套管 73 采用从上到下逐渐收缩的结构时，相应地该外锥形套管 77 也从上到下逐渐收缩），外锥形套管 77 可紧紧地套在内锥形套管 73 之外。在外套管 75 的两侧相对于内套管 71 上两个定位孔 72 的位置，设置有两个通孔 76，供下文将要描述的 U 形扳体 70c 的偏心凸轮 78 穿过。在本实施方式中，通孔 76 可以为矩形孔，但是不限于此。通孔 76 的中心与定位孔 72 的中心不同轴，从而使偏心凸轮 78 在通孔 76 内形成偏心推顶功能。

U 形扳体 70c 整体呈 U 形，供使用者手持推顶外夹筒 70b，U 形扳体 70c 相对的两臂内侧设有呈凸柱状的偏心凸轮 78，在偏心凸轮 78 上一体形成枢转轴 79，但是两者不同轴；偏心凸轮 78 可嵌入外夹筒 70b 的外套管 75 的通孔 76 内，枢转轴 79 可嵌入内束套 70a 的内套管 71 的定位孔 72；本实施方式中的枢转轴 79 与偏心凸轮 78 及 U 形扳体 70c 一体注塑成型。

当操作 U 形扳体 70c 以该枢转轴 79 为轴心而扳动时，利用该偏心凸轮 78 在该通孔 76 内的偏移，进而带动该外夹筒 70b 移动。如图 7 所示，当 U 形扳体 70c 向下压时，外夹筒 70b 在该内束套 70a 外周上升，使该外夹筒 70b 的外锥形套管 77 相对于该内束套 70a 的内锥形套管 73 呈现未压迫松弛状态，内锥形套管 73 不产生变形，未对下杆体 10 形成压紧力，这样上杆体 20 以及下杆体 10 呈可伸缩状态。如图 8 所示，当 U 形扳体 70c 向上拉起，则外夹筒 70b 下降，外夹筒 70b 的外锥形套管 77 紧紧地箍住内束套 70a 的内锥形套管 73，由于内锥形套管 73 上形成有剖沟 74，在外力作用下，内锥形套管 73 产生变形，紧紧地箍住在下杆体 10 的外表面上，使上杆体 20 与下杆体 10 呈锁紧定位状态。

如果内锥形套管 73 和外锥形套管 77 采取从上到下逐渐收缩的形状，则外锥形套管向上移动时，对内锥形套管 73 产生压紧作用，外锥形套管向下移动时，内锥形套管 73 呈松弛状态。

图 9、10、11 示出的本发明旋转脱水拖把与图 2 所示的本发明旋转脱水拖把相比，主要体现在锁合结构有所不同。图 10 示出的第二种锁合结构 90 同样设置在上杆体 20 和下杆体 10 之间，用以控制该上杆体 20、下杆体 10 呈定位或呈可相对伸缩状态。

如图 10 和图 11 所示，该锁合结构 90 中，内套是束套 90a，外套是旋筒 90b，使外套相对内套轴向移动的结构是设置于旋筒 90b 内的凸体 93 和设置于束套 90a 外侧壁的滑动台阶 92。

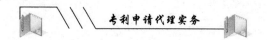

束套 90a 呈中空圆套体，束套 90a 的上端固定于该上杆体 20 的下端部，下端套设在下杆体 10 的外侧，可在下杆体 10 外侧滑动或者锁紧。束套 90a 的下段为内锥形套管 96，图中所示内锥形套管 96 从上到下逐渐收缩，当然也可以采用从上到下逐渐扩张的结构，内锥形套管 96 上设有贯通周壁的剖沟 91，束套 90a 外侧壁上靠近中间的部位设有倾斜的滑动台阶 92，滑动台阶 92 的倾斜的起始端具有向上延伸的止挡柱 97。

旋筒 90b 套置在该束套 90a 外周，其内侧壁相对于该束套 90a 的滑动台阶 92 的位置处设有凸体 93，凸体 93 可在滑动台阶 92 上滑动，旋筒 90b 的下段形成外锥形套管 95，外锥形套管 95 的形状与内锥形套管 96 的形状相应，也是从上到下逐渐收缩（当束套 90a 的内锥形套管 96 采用从上到下逐渐扩张的结构时，相应地该外锥形套管 95 也从上到下逐渐扩张），外锥形套管 95 可套设于内锥形套管 96 的外部。

旋筒 90b 沿不同的方向旋转可对束套 90a 进行锁紧或松开，从而使上杆体 20、下杆体 10 处于锁合位置以利于拖地使用，或使该下杆体 10 呈可转动状态，以利该拖把毛 61 的脱水。

具体来说，锁合结构处于松开位置时，凸体 93 靠在停止柱 97 侧边。需要锁紧缩合结构时，旋转旋筒 90b，凸体 93 沿滑动台阶 92 向上滑动，带动旋筒 90b 向上移动，这样旋筒 90b 下段的外锥形套管 95 紧紧地箍住束套 90a 下段的内锥形套管 96，由于内锥形套管 96 上设置有剖沟 91，在外力作用下，内锥形套管 96 产生变形，紧紧地箍住下杆体 10，从而锁合结构 90 将上、下杆锁定。反之，需要松开锁合结构时，逆向旋转旋筒 90b，凸体 93 沿滑动台阶 92 向下滑动直到停止柱 97，带动旋筒 90b 向下移动，这样旋筒 90b 松开束套 90a 的剖沟 91，从而使锁合结构处于松开状态，于是该束套 90a 不再夹紧下杆体 10，使得上杆体 20 相对于下杆体 10 可呈直线位移。

如果内锥形套管 96 和外锥形套管 95 采取从上到下逐渐扩张的形状，则外锥形套管向下移动时，对内锥形套管 96 产生压紧作用，外锥形套管向上移动时，内锥形套管 96 呈松弛状态。

此外，束套 90a 可以如图 11 所示固定在上杆体 20 下端：该束套 90a 的上端内表面设有数个间隔排列的卡钩 94，并于上杆体 20 上设有对应的开孔 21，卡钩 94 穿设于上杆体 20 所设的开孔 21 并钩持于开孔 21，以构成束套 90a 与上杆体 20 之间的定位。

除了上面描述的通过凸体在台阶上移动来推动旋筒，还可以通过其他方式使得旋筒在束套的外侧旋转。例如：在束套的外侧壁上设置螺纹凸肋，旋筒相对应位置也设置螺纹凸肋，使用者握住旋筒可使旋筒相对束套旋转滑动。

如图 12 所示，可为本发明的旋转脱水拖把配设脱水桶 80，沥水槽 81 呈自由转动状态设于脱水桶 80 内，当盘体 60 被下杆体 10 驱动旋转时，可同步带动沥水槽 81 转动，而对盘体 60 的拖把毛 61 进行离心脱水，并由该脱水桶 80 承接所甩出的水。具有上述结构的沥水篮只是作为示例，任何结构的可自由转动的水桶或水槽均可与本发明的旋转脱水拖把配合使用。

第五章

在锁合结构 70 或 90 呈松开状态时，将拖把的盘体 60 以及拖把毛 61 置于脱水桶 80 内的沥水槽 81 上，向下压上杆体 20，驱动下杆体 10 及盘体 60 顺时针驱动旋转，进而以离心力将附着于盘体 60 上的拖把毛 61 的水甩出。

接着，向上拉上杆体 20，下杆体 10 在惯性力的作用下继续顺时针旋转。这样，使用者仅需用手将上杆体 20 下压及上拉两三下，即可使拖把头旋转十数圈以上，迅速将拖把毛的水甩干。

需要说明的是，除了上述结构的锁合结构外，本发明上下杆体之间还可以通过其他任何锁合结构进行锁定和松开。

以上结合附图对本发明的实施方式作出详细发明，但本发明不局限于所描述的实施方式。对于本领域的技术人员而言，在不脱离本发明的原理和精神的情况下对这些实施方式进行多种变化、修改、替换和变型仍落入在本发明的保护范围内。

第五章

说 明 书 附 图

图 1

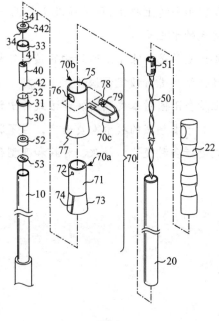

图 2

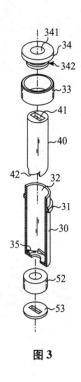

图 3

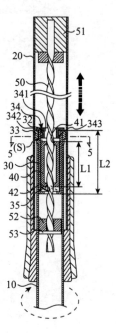

图 4

第五章

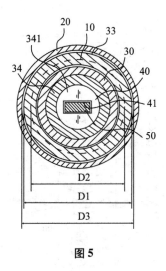

图 5

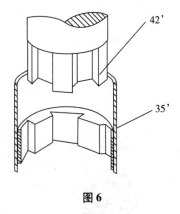

图 6

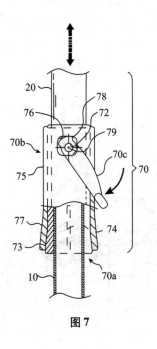

图 7

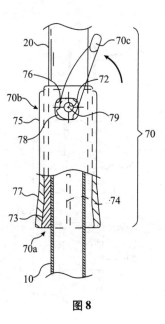

图 8

第五章

图 9

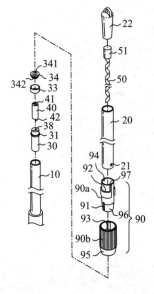

图 10

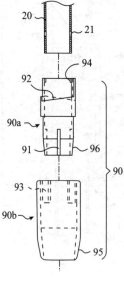

图 11

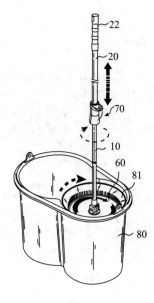

图 12

第五章

说　明　书　摘　要

　　本发明提供一种旋转脱水的拖把，包括：手持上杆体（20）；与拖把头连接的下杆体（10）；上下杆体之间可相对作直线伸缩位移；驱动件（50）呈螺旋形并固定在上杆体内，驱动件穿过致动件（40）顶面上的长条状开口（41），并带动致动件旋转；致动件的底部设置主动啮合部件（42）；卡合件（30）固设于下杆体的顶端开口内，容纳致动件，卡合件内腔的底部设置从动啮合部件；致动件上的主动啮合部件与卡合件上的从动啮合部件构成离合结构。需要拧干拖把时，手握住拖把的上下杆使其作上下相对位移，就可借助此离合结构将上下两杆之间的直线位移运动转换为下杆件底端的盘体作单向旋转运动，从而将拖把所附着的水甩干，使用便捷，结构简单。

第五章

摘　要　附　图

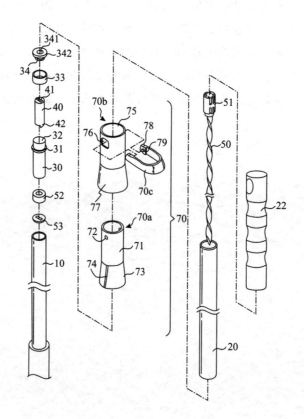

第五章

第三节 案例三：按压式高速涡轮牙钻手机

在专利代理的实际工作中，经常会遇到这样的情况：申请人仅仅拿着一张不规范的图纸和现有的实物，来找专利代理人要求申请专利保护，基本上没有详细的具体文字说明。这种情况下往往需要专利代理人引导启发申请人提供与发明创造有关的技术交底书，从而为后续专利申请文件的撰写打好基础。本节给出的案例三"按压式高速涡轮牙钻手机"即属于此种情况。

1 相关背景技术简介

申请人提供的现有技术为两把高速涡轮牙钻手机实物，一把按压式高速涡轮牙钻手机、一把一次性高速涡轮牙钻手机，根据两把高速涡轮牙钻手机结构及申请人介绍，整理出如下相关背景技术。

本案例涉及医院口腔科进行钻牙、磨牙等手术用的手持医疗器械——高速涡轮牙钻手机。目前在医院口腔科经常使用的高速涡轮牙钻手机主要有两类：按压式高速涡轮牙钻手机和一次性高速涡轮牙钻手机（即插拔式高速涡轮牙钻手机）。

为帮助读者更好地理解本案例发明创造的内容，在对高速涡轮牙钻手机的工作原理作出说明之后，先简单介绍按压式高速涡轮牙钻手机，然后简单介绍一次性高速涡轮牙钻手机。

1.1 高速涡轮牙钻手机简介

图 D1 – 1、图 D1 – 2 和图 D1 – 3 分别为高速涡轮牙钻手机的示意图、纵剖图和横剖图。

如图 D1 – 1 所示，高速涡轮牙钻手机包括手柄和机头，手柄一端连接机头，另一端与牙钻机连接。

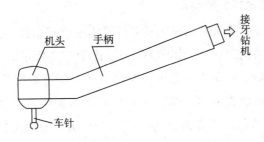

图 D1 – 1 高速涡轮牙钻手机示意图

第五章

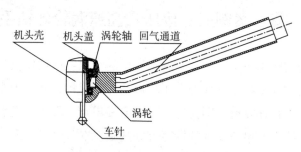

图 D1 -2　高速涡轮牙钻手机纵剖图

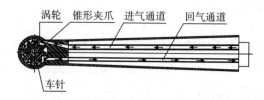

图 D1 -3　高速涡轮牙钻手机横剖图

由图 D1 -2 和图 D1 -3 可知，机头包括机头壳及其上的机头盖，机头壳内设有涡轮轴，涡轮轴上设有涡轮，涡轮轴孔中设有用于夹持车针的夹持机构。手柄内设有通向机头的进气通道和回气通道，上述进气通道、回气通道分别与牙钻机的压缩空气源和回气排放口连通。

牙钻手机的工作过程如下：开通压缩空气，压缩空气由进气通道进入机头，驱动涡轮旋转，涡轮通过涡轮轴带动车针旋转。其中压缩空气的压力为 180 ~ 300kPa，带动涡轮的转速达每分钟 30 万转。高速旋转的车针对要修复或治疗的牙部位进行钻磨。一次治疗过程需要使用不同的车针进行钻磨，需要多次更换车针。车针装卸方式通常有两种，即按压式和插拔式。根据不同的车针装卸方式，分别称为按压式高速涡轮牙钻手机或插拔式高速涡轮牙钻手机。

1.2　按压式高速涡轮牙钻手机简介

按压式高速涡轮牙钻手机采用按压式夹持机构来装卸车针。按压式夹持机构主要包括按压机构和夹持机构两部分，如图 D2 -1、图 D2 -2 所示。

按压机构的结构如下：在机头壳上，螺纹卡环将按压盖旋拧卡扣在机头壳顶部，螺纹卡环与机头壳之间形成滑槽，按压盖卡在滑槽内能够上下滑动，按压盖由其下方的按压盖复位弹簧复位。工作方式为：按下按压盖，所施加的压力克服按压盖复位弹簧的弹力，使按压盖下移，松开按压盖，按压盖复位弹簧的弹力将按压盖顶起。

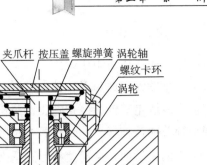

图 D2 - 1　按压式高速涡轮牙钻手机机头部分纵剖图
（按压盖处于未按下位置，锥形夹爪处于夹紧状态）

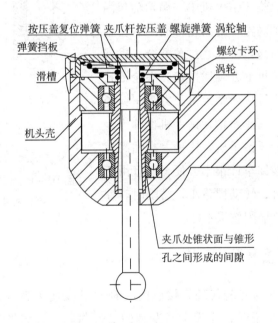

图 D2 - 2　按压式高速涡轮牙钻手机机头部分纵剖图
（按压盖处于按下位置，锥形夹爪处于松弛状态）

　　夹持机构的结构如下：在涡轮轴内设涡轮轴孔，涡轮轴孔呈锥形，其下端孔径大于上端孔径；涡轮轴孔内设锥形夹爪，锥形夹爪的锲形面与涡轮轴孔的锥形孔之间滑动配合，锥形夹爪上端连接夹爪杆，夹爪杆上部伸出涡轮轴孔连接弹簧挡板，在夹爪杆外周、涡轮轴与弹簧挡板之间套设螺旋弹簧，锥形夹爪、夹爪杆和弹簧挡板是一体

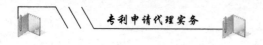

结构。

按压工作过程为：向按压盖施压，按压盖压下弹簧挡板，锥形夹爪随弹簧挡板和夹爪杆下滑，锥形夹爪的锲形面与涡轮轴内锥形孔之间形成间隙，锥形夹爪处于松弛状态，此时可以插入或取走车针；停止施压，按压盖复位弹簧使按压盖复位，与此同时，螺旋弹簧弹力顶着弹簧挡板上移，锥形夹爪随弹簧挡板和夹爪杆上滑，涡轮轴内锥形孔压紧锥形夹爪的锲形面，从而使锥形夹爪夹紧车针。

按压式夹持机构装卸车针非常方便，但都是金属部件。为了方便伸入口腔进行治疗，机头尺寸应尽可能小，其中涡轮轴外径一般仅 3mm，在如此细的轴内设按压式夹持机构，需要采用昂贵的材料，进行精密的加工，导致成本很高。

1.3　一次性高速涡轮牙钻手机简介

目前国内的一次性高速涡轮牙钻手机都采用插拔式装卸车针。所谓一次性高速涡轮牙钻手机，就是该手机一般只有轴承是金属材料制成，其他部件均由塑胶材料注塑而成，价格很低，一般治疗一次后即丢弃。如图 D3 - 1 所示，在一次性高速涡轮牙钻手机中，涡轮轴与涡轮是一体结构的连轴涡轮，沿涡轮轴向的涡轮轴孔是阶梯孔，车针与涡轮轴孔是过盈配合，也就是说，车针由牙钻手机下方硬插进塑胶涡轮轴孔内，卸除车针时用顶针从牙钻手机上方将车针顶出，所以这种一次性高速涡轮牙钻手机也称为一次性插拔式高速涡轮牙钻手机。这种一次性高速涡轮牙钻手机不仅装卸车针很不方便，而且由于其连轴涡轮是塑胶件，转动惯量小，磨削时转速迅速下降，使用起来磨削效果不好。

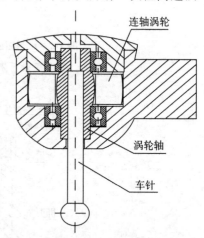

连轴涡轮

涡轮轴

车针

**图 D3 - 1　一次性高速涡轮牙钻
手机机头部分纵剖图**

2　第一次技术交底材料

申请人在第一次与专利代理人接触时，针对其发明创造仅提供了一张简单的图纸和非常少的文字说明，作为申请专利的交底材料。在该图纸中给出本发明一次性按压式高速涡轮牙钻手机的示意剖面图，在文字说明部分仅说明本发明一次性按压式高速涡轮牙钻手机带来哪些优点，并未结合所提供的附图对一次性按压式高速涡轮牙钻手机的结构作出具体说明，仅在附图中给出了含义不清的五个词组（共八个字）。

申请人提供的简单图纸如图 J-1 所示。

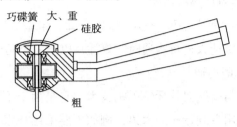

图 J-1 发明人提供的技术交底材料中给出的一次性按压式高速涡轮牙钻手机结构示意图

申请人提供的简单文字说明如下：

"一次性按压式高速涡轮牙钻手机，它能够防止治疗牙病时的交叉感染，而且使用起来非常顺手、好用、不用消毒。使用一种便宜弹簧，恰到好处，既做到价格低廉，又不出现飞针，比现在市场使用的进口牙钻手机都好。"

3 对发明内容的初步理解以及与申请人的沟通

本案申请人虽然仅提供简单的图纸和简短的文字说明，但是还是能够判断本发明改进点较多，这样就需要充分理解发明内容。理解发明内容主要是理解发明解决的技术问题、为解决该技术问题所采用的技术方案，以及由该技术方案所取得的有益效果。其中在理解所采用的技术方案时应当包括理解构成该技术方案的各个技术特征，尤其是体现发明改进点的各个区别技术特征所实现的功能和达到的效果。在机械领域，技术特征通常表现为机械零部件以及零部件的位置和连接关系；发明改进点通常表现为机械零部件以及零部件的位置和连接关系的改变，这些发明改进点对技术方案解决了什么技术问题、产生怎样的有益效果；这些发明改进点实现的功能、达到的效果，通常是发明改进点直接实现的功能、直接达到的效果。

对于图 J-1 中"粗"、"大、重"、"巧碟簧"及"硅胶"等关键词来说，需要弄清楚其是对技术方案中改进部件的描述，还是对解决的问题的描述？作为技术方案，需要弄清楚这些改进的零部件和其他与这些改进的零部件相连接的零部件之间的连接关系，以及与这些改进的零部件有联动的其他零部件的联动关系。这些发明改进点实现什么功能？达到了什么效果？

对于申请人提供的文字说明部分中出现的"防止交叉感染"、"顺手"、"好用"及"不用消毒"等关键词，估计是改进的部件所实现的功能以及取得的有益效果。针对这些关键词，需要弄清楚这些改进部件是如何实现这些功能的，即这些改进部件通过什么样的具体结构来实现上述功能或者效果？

由此可知，为更好地理解发明创造，需要与申请人进行必要的沟通，引导申请人用附图和文字对其发明创造作出更具体的说明，进一步提供符合要求的技术交底书，以充分反映其发明主题和发明内容，为后续进行专利申请文件撰写做好准备。

第五章

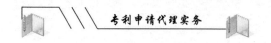

3.1 与申请人沟通时应当注意的问题

由申请人提供的图纸和文字说明过于简单可知,申请人对于专利缺乏足够的了解,在这种情况下,与申请人进行沟通时需要注意以下三个问题。

(1) 避免用专利术语沟通

由于专利代理业务与高速涡轮牙钻手机技术本身是两个不同的领域,因此在与申请人交流时,最好不使用专利行业的术语,例如不要采用技术方案、技术特征等专利术语。这些术语都有比较确定的法律含义,没有经过专门的专利知识培训的技术人员,不容易明白这些术语的确定含义,用这些术语很难沟通。就本案而言,在与申请人沟通时,可以采用一般机械行业通俗易懂的术语,如牙钻手机的整体结构、部件、材料,本发明的技术手段、技术效果、优点等。

(2) 重点了解发明创造的技术信息

作为专利代理人来说,往往不了解发明创造所涉及的专业知识,因此在与申请人交流沟通时,主要是理解发明创造的技术信息,就本案例来说,重点了解现有高速涡轮牙钻手机的技术背景以及本发明创造相对于现有高速涡轮牙钻手机所作出的技术改进。对于这样的技术信息,申请人能够提供的是:现有高速涡轮牙钻手机的结构、原理以及不足之处;本发明一次性按压式高速涡轮牙钻手机的结构、原理及其优点;本发明与现有其他牙钻手机的不同之处,这些不同之处即发明改进点,这些发明改进点可完成哪些功能,达到什么技术效果。

这些内容需要申请人结合附图加以说明,并要求申请人提供的附图线条清晰,能够区别出不同的零部件,以便可作为申请文件说明书中的附图。

(3) 必要时请申请人提供帮助理解发明创造的公知常识

基于专利代理与技术发明本身是两个不同的领域,因此申请人会认为其熟知的一些技术内容是本技术领域的公知常识,便不作具体说明;而专利代理人不是本领域的技术人员,对这些内容就无法理解,因此在与申请人进行沟通时需要提请申请人注意,在提供技术交底书时,不要省略发明涉及该技术领域的公知常识。例如本案例第一次交底材料给出的文字说明中就出现了"飞针"字样,因此有必要请申请人对本领域技术人员公知的技术名词"飞针"的具体含义作出解释说明。当然在必要时,还应当请申请人介绍高速涡轮牙钻手机技术领域的其他基本知识(如现有的按压式高速涡轮牙钻手机和一次性高速涡轮牙钻手机如何实现装卸车针以及这两种现有的高速涡轮牙钻手机所存在的问题)。

3.2 本案例沟通时需要重点了解的问题

对于本案例来说,需要向申请人重点了解下面列出的九个问题。为了申请人能清楚地理解所提问题并作出回答,正如前面所指出的那样,提出问题时应当采用通俗的语言,避免使用专利术语。

① 图 J-1 中"粗"指向夹持机构部件，夹持机构不止一个部件，具体什么部件粗，是涡轮轴粗、夹爪杆粗，还是锥形夹爪粗？该部件为什么要加"粗"？在什么情况下需要加"粗"？加"粗"之后有什么作用和好处？回答了这些问题，也就回答了"粗"这个改进的技术特征实现的功能、达到的效果，以及改进的技术特征在发明中解决的问题，达到的技术效果。

② 图 J-1 中"大、重"指向弹簧挡板，弹簧挡板"大、重"的具体含义是什么？在什么条件下可以将弹簧挡板加大加重？弹簧挡板加大加重之后带来什么好处？

③ 图 J-1 中"巧碟簧"究竟巧在何处？靠什么具体结构来实现"巧"？在什么条件下可以采用"巧碟簧"？"巧碟簧"如何进行安装？"巧碟簧"带来什么好处？

④ 图 J-1 中"硅胶"指向按压盖，为什么要用"硅胶"？采用"硅胶"之后的机头壳按压盖有什么优点？

⑤ 文字说明中写明能够防止治疗牙病时的交叉感染，本发明通过什么手段来防止交叉感染？

⑥ 现有牙钻手机不顺手、不好用的原因是什么？本发明采用什么样的结构使得本发明的高速涡轮牙钻手机用起来顺手、好用？

⑦ 本发明通过什么手段可以做到不用对高速涡轮牙钻手机进行消毒？

⑧ 文字说明中对弹簧写明为"便宜弹簧"，而在提供的附图中标注为"巧碟簧"，两者是同一个含义还是不同的含义？如果"便宜弹簧"与"巧碟簧"不是一码事，那么"便宜弹簧"是指什么结构的弹簧？

⑨ 简要说明中写明的"飞针"的具体含义是什么？本发明依靠什么手段来保证不会出现"飞针"？

上述问题涉及本发明要解决的问题、技术特征和技术手段，实现的功能，取得的效果等，申请人思考上述问题并进行回答后，根据技术交底书撰写模板的要求，一般就能提供比较完整的技术交底书。

3.3 请申请人按照要求提供技术交底书

为了让申请人提供符合要求的交底材料，可以请申请人按照技术交底书的撰写模板来提供技术交底书。

技术交底书通常应当包括如下六方面的内容。

① 申请人希望保护的主题名称，对本案例来说为希望保护的产品的名称。

② 所希望保护主题的技术领域，对本案例来说为该发明产品直接应用的具体领域。

③ 介绍背景技术，对本案例来说，介绍与发明相同点最多的现有产品及其所存在的问题。

④ 本发明解决了什么技术问题？即本发明产品相对于上述现有产品解决了什么技术问题？

第五章

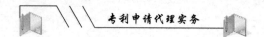

⑤ 本发明为解决这些技术问题采取了什么技术措施？对本案例来说，本发明产品为解决这些技术问题采用了什么样的具体结构？就本案例而言，应当对于该产品的活动部分和不活动部分分别加以说明；并在这两个部分的说明中指出本发明创造的产品相对于现有产品作了哪些改进，且应当就发明改进点结合所解决的技术问题作出详细说明：结合附图说明作出改进的零部件与其他零部件的连接关系以及这些部件之间的联动关系，以及这些改进如何实现相应的功能和达到相应的效果。

⑥ 本发明带来的技术效果，对于本案例来说，说明本发明产品相对于现有产品带来哪些技术效果，即相对于现有产品具有哪些优点。

4 第二次技术交底材料

申请人根据沟通时提出的具体要求提供了按照技术交底书撰写模板格式所撰写的技术交底书，并随此技术交底书提供了反映本发明技术内容的附图，此外还对沟通时所提出的问题作出了解释。

4.1 申请人提供的技术交底书

申请人提供的技术交底书及随技术交底书提交的两幅附图如下。

技术交底书

（1）希望保护的产品名称

一次性按压式高速涡轮牙钻手机。

（2）发明产品直接应用的具体领域

牙科医生治疗牙病需要磨削牙齿时使用的手持医疗器具。

（3）与发明有关的背景技术及其存在的问题

与发明有关的背景技术为按压式高速涡轮牙钻手机和一次性高速涡轮牙钻手机。

......❶

现有技术中的一次性高速涡轮牙钻手机，其转动惯量小，磨削时转速迅速下降，使用效果不好；现有技术中的按压式高速涡轮牙钻手机的旋转部件是金属件，这种高速涡轮牙钻手机价格非常高。目前市场上尚没有既能一次性又能以按压方式装卸车针的高速涡轮牙钻手机。

（4）发明解决的技术问题

本发明在不增大现有机头外形的情况下，用塑料零件代替金属零件，大幅度降低现有按压式高速涡轮牙钻手机的成本。

---

❶ 申请人在此对现有技术中这两种现有产品的结构结合附图作出了具体说明，其内容即为本节之"1 相关背景技术简介"中所写明的内容，为节省篇幅在此不再作重复说明，请参见前面相应部分。

（5）为解决这些技术问题采用的技术手段

针对现有产品作出了如下五方面的改进：

① 塑胶螺纹卡环将硅胶按压盖旋拧卡紧在机头壳体上；

② 套装在夹爪杆上的螺旋弹簧采用碟簧；

③ 碟簧挡板直径比原有弹簧挡板的直径大；

④ 减小原轴承座厚度，采用大一号的轴承，轴承内径由 3 mm 增大到 4 mm；

⑤ 用塑胶材料制造的连轴涡轮的涡轮轴加粗到 4 mm，涡轮轴孔壁加厚；夹爪、夹爪杆及碟簧挡板用塑胶材料制造为一体结构，其中夹爪加厚，夹爪杆加粗。

现结合图 J-2、图 J-3 对本发明一次性按压高速涡轮牙钻手机的具体结构作出说明。图 J-2 为本发明一次性按压高速涡轮牙钻手机机头部分的纵剖图；图 J-3 是图 J-2 沿 B-B 剖视结构示意图。

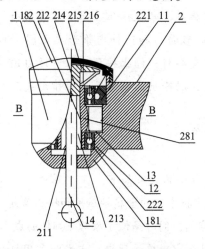 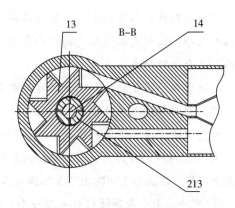

图 J-2　本发明一次性涡轮牙钻　　　　　图 J-3　图 J-2 沿 B-B 剖视
　　手机机头部分纵剖图　　　　　　　　　　　结构示意图

图 J-2 和图 J-3 中的部件标号分别为：机头壳 1，机芯 2，机头壳壁 181，硅胶按压盖 182，涡轮 13，涡轮轴 281，上轴承 221，下轴承 222，上轴承座 11，下轴承座 12，涡轮轴孔 211，锥形孔 212，锥形夹爪 213，连接杆 214，碟簧挡板 215，碟簧 216，车针 14。

一次性按压高速涡轮牙钻手机由手柄以及与手柄连接的机头构成。如图 J-2 所示，机头由机头壳、设置在机头壳腔体内的机芯以及按压机构（将在下面作进一步说明）构成。其中的机芯由连轴涡轮、位于涡轮上下两侧且套设在涡轮轴上的上下两个轴承以及车针夹持机构（将在下面作进一步说明）构成，其中下轴承固定在机头壳内对应的下轴承座上，上轴承固定在环状上轴承座上，环状上轴承座以螺纹连接方式固定在机头壳腔体内。

机头部分按压机构的结构如下：在机头壳体内腔的上端设置一个向上伸出的环状

台阶，其上设置一个塑胶螺纹卡环，该塑胶螺纹卡环上端具有向内伸出的台阶，且旋拧在机头壳体上端，两者的台阶之间形成环形槽。硅胶按压盖周边置于环形槽内，随着塑胶螺纹卡环旋拧，塑胶螺纹卡环向内凸出的台阶下压将硅胶按压盖周边卡死在卡槽内不能够移动。该按压机构的工作方式如下：在硅胶按压盖的中部向下按压硅胶按压盖，手指向下的压力克服硅胶自身的弹力，将硅胶按压盖的中部压下；不再向硅胶按压盖中部施压时，硅胶的弹力使硅胶按压盖复位。

机芯部分夹持机构的结构如下：涡轮轴内设有涡轮轴孔，涡轮轴孔呈锥形，其下端孔径大于上端孔径；涡轮轴孔内设置锥形夹爪，锥形夹爪的锲形面与涡轮轴孔的锥形孔之间为滑动配合，锥形夹爪上端连接夹爪杆，夹爪杆上部伸出涡轮轴孔连接碟簧挡板，在夹爪杆外周、涡轮轴上端与碟簧挡板之间套设碟簧，碟簧大口挡在碟簧挡板上，碟簧小口挡在涡轮轴上端，锥形夹爪、夹爪杆和碟簧挡板是一体结构。

按压夹持机构的工作过程如下：按压硅胶按压盖，硅胶按压盖压下碟簧挡板，锥形夹爪随碟簧挡板和夹爪杆下滑，锥形夹爪的锲形面与涡轮轴内锥形孔之间形成间隙，锥形夹爪处于松弛状态，此时可以插入或取走车针；停止按压，碟簧弹力顶着碟簧挡板上移，锥形夹爪随碟簧挡板和夹爪杆上滑，涡轮轴内锥形孔压紧锥形夹爪的锲形面，从而使锥形夹爪夹紧车针。

上述零部件除了轴承和碟簧之外，都是塑胶件。

（6）发明取得的技术效果

本发明的上述五方面的改进能实现的功能和取得的效果如下：

① 借助硅胶的自弹力，用硅胶按压盖替代现有技术中的金属按压盖和按压盖复位弹簧两个部件，在机头上部腾出了复位弹簧占位的空间，同时降低了原两个部件的成本；

② 另外，由于原弹簧挡板直径较小，按压时会出现硌手现象，本发明利用机头上部腾出的空间，同时加大弹簧挡板的直径，使其成为能够阻挡碟簧的碟簧挡板，与用原有尺寸使用塑胶材料相比，既增加了转动惯量，也避免了对按压盖施压时出现的硌手现象；

③ 利用机头上部腾出的空间，同时利用碟簧挡板，以碟簧代替进口弹簧，不仅降低了成本，也增加了转动惯量；

④ 减小原轴承座厚度，采用大一号的轴承，轴承内径由 3 mm 增大到 4 mm，为加粗涡轮轴提供了空间；

⑤ 利用轴承内径增大腾出的空间，将塑胶材料制造的连轴涡轮的涡轮轴加粗到 4 mm，涡轮轴孔壁加厚；夹爪、夹爪杆及碟簧挡板用塑胶材料制造为一体结构，其中夹爪加厚，夹爪杆加粗，与在原有尺寸上使用塑胶材料相比，既增加了强度和转动惯量，同时也降低了涡轮轴、夹爪、夹爪杆及碟簧挡板的成本。

由此可知，本发明在不增大现有机头外形的情况下，用塑胶螺纹卡环将硅胶按压盖旋拧固定在机头壳体上替代原金属按压盖和按压盖复位弹簧，采用由塑胶材料制造的机头壳体、手柄和连轴涡轮，采用塑胶材料一体化制造的夹爪、夹爪杆和碟簧挡板，以及用碟簧代替进口螺旋弹簧，大大降低了现有按压式高速涡轮牙钻手机按压机构和夹持机构的成本。如不计模具费用，每只牙钻手机的成本能够控制在18元人民币之内，相对于几千元人民币的现有按压式高速涡轮牙钻手机，极大地降低了成本，同时解决了其零部件直接替换为塑胶材料而引起的强度降低、转动惯量减小的问题。

4.2 申请人对沟通时提出问题的解释

申请人对专利代理人在沟通时提出的问题在第二次交底材料中作出了如下的解释。

①关于图 J-1 中"硅胶"指向按压盖，是指按压盖由硅胶制成。由于硅胶具有弹性，当其周边被塑胶螺纹卡环固定后，施压后可借助其自身的弹性复位，从而可以省去复位弹簧，在机头上方腾出了空间，从而可以加大弹簧挡板的直径，加大弹簧挡板的重量。

②关于图 J-1 中"大、重"的问题，是针对弹簧挡板作出的改进。正由于按压盖采用硅胶后可省去复位弹簧，从而可加大弹簧挡板的直径，从而可以防止按压时出现硌手，而且加大弹簧挡板直径必然加大了弹簧挡板的重量，这样就加大机芯的转动惯量。关于图 J-1 中"粗"的问题，是指通过加大轴承内径后可使夹爪杆加粗，从而也加大机芯的转动惯量。加大机芯的转动惯量，就可以保证其磨削时具有较高的转速，从而保证具有良好的磨削效果。

③关于图 J-1 中"巧碟簧"巧在何处的问题，之所以说巧，是由于按压式夹持机构碟簧的弹力不能太大也不能太小，太大容易拉断夹爪，太小夹持力不够，这两种情况都容易引起文字说明中提到的"飞针"，造成事故，本发明采用单片碟簧，夹持力适中，配合特殊的涡轮轴及特殊的夹爪材料，使得夹持机构既容易夹持牢固，又不拉断夹爪。此问题做了很多实验才找到，具体的内容想保护，但是又不想让别人知道得十分具体。

④关于文字说明中"便宜弹簧"的问题，"便宜弹簧"是指采用了碟簧后降低了成本。

⑤关于文字说明中的"防止交叉感染"、"顺手"、"好用"及"不用消毒"问题，"防止交叉感染"与"不用消毒"指降低成本后牙钻手机为一次性使用的牙钻手机，从而可以防止交叉感染，因而也无须消毒；"顺手"是指按压盖自身带用弹性，因而使用方便；"好用"是指一次性牙钻手机通过加大加重弹簧挡板和加粗夹爪杆后，增加了转动惯量，确保磨削时具有较高的转速，因而具有良好的磨削效果。

⑥关于文字说明中"飞针"的问题，是指夹爪夹持不紧或者断裂时，在每分钟30~40万转的情况下车针飞出造成医疗事故。

申请人第二次提供的技术交底材料基本上清楚地说明了发明内容，也表达了保留技术秘密的愿望。

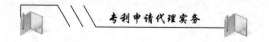

5 对申请人提供的发明技术内容的梳理

专利代理人通过与申请人的沟通和对申请人提供的技术交底书的理解，基本上了解了发明的技术内容，此时需要做的一项工作是对申请人提供的发明技术内容作进一步梳理，即确定本发明相对于现有技术解决了哪些技术问题，为解决这些技术问题分别采用了哪些技术手段，取得了哪些技术效果。只有理清这些问题，才能为后续权利要求书和说明书的撰写奠定基础。

（1）本发明解决的技术问题

就本发明而言，其背景技术包括由金属部件构成的按压式高速涡轮牙钻手机以及大部分构件为塑胶材料的一次性高速涡轮牙钻手机。

对于按压式高速涡轮牙钻手机，其主要缺陷是全部采用金属件，成本高，价格昂贵，因此本发明一次性按压式高速涡轮牙钻手机相对于现有的按压式高速涡轮牙钻手机所解决的技术问题，是在不增大现有机头外形和手机功能的情况下，用塑料零件代替金属零件，大幅度降低现有按压式高速涡轮牙钻手机的成本；此外，由于按压盖采用了具有弹力的硅胶，就可省去复位弹簧，从而简化了按压机构的结构，降低了成本，且按压时不会出现硌手。

对于一次性高速涡轮牙钻手机，其主要缺陷是转动惯量小，导致磨削效果不好，此外更换车针很不方便。本发明一次性按压式高速涡轮牙钻手机相对于现有的一次性高速涡轮牙钻手机所解决的技术问题是不仅可以方便地装卸车针，而且机芯具有足够的转动惯量，保证磨削时具有较高的转速，从而取得较好的磨削效果。

（2）为解决这些技术问题采用的技术手段以及这些技术手段所带来的技术效果

本发明一次性按压式高速涡轮牙钻手机通过下述手段来解决上述各个技术问题。

① 用塑胶螺纹卡环将硅胶按压盖旋拧卡紧在机头壳体上，相对于现有的一次性高速涡轮牙钻手机增加了按压机构，从而可以方便地装卸车针，相对于现有的按压式高速涡轮牙钻手机采用了具有弹性的硅胶按压盖，施压后可借助其自身的弹性复位，从而省去复位弹簧，简化了按压机构的结构，降低了成本。

② 由于省去复位弹簧，在机头上方腾出了空间，就可以加大弹簧挡板的直径，从而向按压盖施压时不会出现硌手，同时增加了机芯的转动惯量。

③ 由于加大了弹簧挡板的直径，可以采用价格低廉的碟簧来代替进口的螺旋弹簧，从而大大降低了成本。

④ 上述零部件除了轴承和碟簧之外，都是塑胶件，从而相对于现有的按压式高速涡轮牙钻手机大大降低了成本，使其成为一次性按压式高速涡轮牙钻手机。

⑤ 采用比现有一次性高速涡轮牙钻手机中的轴承大一号的轴承，即轴承内径由3mm加大到4mm，从而可使涡轮轴的孔壁和夹爪加厚，使夹爪杆加粗，从而相对于现

有的一次性涡轮牙钻手机提高了机芯的转动惯量，确保其具有较高的磨削转速，得到较好的磨削效果。

6 发明技术方案的挖掘、拓展

申请人在技术交底书中描述的发明内容，通常只是最佳的实施方式，也就是达到最好效果的技术方案，如果直接将这样的技术方案撰写为独立权利要求，其保护范围很小。因此，通常需要专利代理人在撰写专利申请文件时与申请人一起进行技术方案的挖掘、拓展。

发明技术方案的挖掘、拓展，通常由专利代理人请申请人提供最佳实施方式中的替代技术手段、并针对这些技术手段进行合理上位概括来实现。但是，专利代理人在对发明内容的理解和梳理的基础上先行挖掘和拓展技术方案后由申请人确认，也是专利代理实务中常用的方式。

专利代理人在代理专利申请案时积累挖掘、拓展技术方案的经验，能够从两个方面更好地为当事人服务：在撰写专利申请方面，通过拓展技术方案，使发明获得更好的保护；如果发现竞争对手的专利在申请时未进行充分拓展，就可以针对该专利拓展出不侵权的新技术方案加以实施，从而规避了专利侵权。

6.1 通过改变技术手段的方式拓展技术方案

在本发明的最佳实施方式中，采用碟簧来代替现有按压式高速涡轮牙钻手机中的螺旋弹簧，且在该最佳实施方式中，碟簧大口挡在碟簧挡板上，碟簧小口挡在涡轮轴上端，即限定了一端大另一端小的单个碟簧的设置方式。这样的设置方式，存在调整碟簧设置方式的空间，首先从碟簧的数量来说，可否采用两个碟簧？第一种情况，两个碟簧小口扣合的方式，由于两个碟簧的大口向外，涡轮轴上端不能支撑碟簧，这种方式不能实现应有功能；那么两个碟簧大口扣合呢？两个碟簧大口扣合如图 J–4 所示，两个碟簧的小口分别支撑在原有小弹簧挡板及涡轮轴上端，显然也可以，而且不需要加大原弹簧挡板，仅利用省略原按压盖复位弹簧的空间，在这样的实施方式中，可以不必加大原弹簧挡板，与碟簧大口挡在直径加大的碟簧挡板上的具体实施方式相比，是完全不同的实施方式。专利申请要求保护的技术方案应当将这些拓展的实施方式包括在权利要求中，以扩大专利的保护范围。

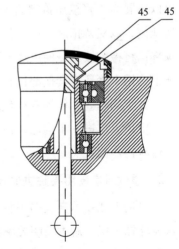

图 J–4 本发明采用双碟簧时的结构示意图

对于本案例，专利代理人在技术方案的拓展中还可以考虑如下的问题：

第五章

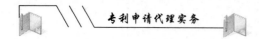

① 硅胶按压盖材料的种类能否拓展？具体怎么拓展？

② 硅胶按压盖直接固定在机头壳体上是否可行？是否还有其他固定方式？

③ 可否用塔形弹簧或者大直径的螺旋弹簧来代替原有的螺旋弹簧？

关于问题①，由于本发明的产品是医疗器械，而硅胶不但具有恢复原形状的自弹力，而且具有食品级的用途，价格也适中，作为本发明的按压盖是优选材料。但是，还应当拓展一下思维，考虑其他具有恢复原形状的自弹力的医用材料是否可以的问题，通过网上搜索得知，其他具有恢复原形状的自弹力的医用材料有聚氨酯、乳胶，这些材料从技术层面考虑，和硅胶一样，完全能够实现硅胶的功能，达到硅胶的效果，只是本发明中使用聚氨酯、乳胶与使用硅胶相比，性价比稍低。这种情况下，应当将按压盖材料为聚氨酯或乳胶也纳入本发明的保护范围。进一步考虑，具有恢复原形状自弹力的其他材料是否也能够实现硅胶的功能，达到硅胶的效果？因而可以将其扩展到包括硅胶、聚胺酯和乳胶在内的橡胶材料，单纯从技术层面考虑，不考虑材料对人体的影响，所有橡胶都能够实现硅胶的功能，达到硅胶的效果，只是其他橡胶材料在产品注册时需要验证对人体的影响，比较麻烦。这种情况，不影响本发明解决的问题，也不影响本发明达到的技术效果，可以将技术方案拓展到按压盖材料为橡胶的情况。

关于问题②，考虑塑胶螺纹卡环的功能，就是将橡胶按压盖周边固定的一种方式，只要将橡胶按压盖周边固定在机头壳体顶端，都能够实现塑胶螺纹卡环的功能，达到塑胶螺纹卡环的效果，所以用塑胶螺纹卡环将按压盖周边固定的具体固定方式就可以拓展为"将按压盖周边固定"的上位概念，拓展之后，需要在说明书中补充相应实施例，以支持拓展后的上位概念，例如：卡套卡环将橡胶按压盖卡紧在机头壳体的顶部；将橡胶按压盖的周边与机头壳体粘接固定在一起；将橡胶按压盖套接在机头壳体上，用卡簧环绕套接部位将两者箍紧在一起，或者用铁丝将两者箍紧在一起等。

关于问题③，作为专利代理人，根据所提供的材料可能还无法作出判断，这就需要与申请人作进一步沟通，请申请人确认，有关这方面的内容将在下面与申请人进行沟通时再作出说明。

6.2　通过对本发明要解决的技术问题的合理调整拓展技术方案

申请人在技术交底书中将本发明要求保护的主题的名称确定为一次性按压式高速涡轮牙钻手机，对本发明要解决的技术问题写明为"本发明在不增大现有机头外形的情况下，用塑料零件代替金属零件，大幅度降低现有按压式高速涡轮牙钻手机的成本"。若确认此为本发明要解决的技术问题，则其技术方案中必然包括有反映除轴承和碟簧是金属外其余部件均为塑胶件的技术特征。但是，仅在这方面作出改进则未体现出与现有一次性高速涡轮牙钻手机的区别，因而还必须考虑采取消除现有一次性高速涡轮牙钻手机存在问题的技术手段，如增加按压机构（其中的按压盖材料为橡胶）

来实现方便装卸车针，或者增加转动惯量来提高磨削性能。前面对本发明技术内容的梳理中已指出，增加转动惯量来提高磨削性能仅适用于一次性高速涡轮牙钻手机，不适用于按压式高速涡轮牙钻手机，因此从本发明得到更充分的保护出发，应当以增加按压机构（其按压盖材料为橡胶）作为本发明的主要改进点。在这种情况下，应当对本发明要求保护的主题名称以及要解决的技术问题进行调整，对于要求保护的主题名称，不应当确定为"一次性按压式高速涡轮牙钻手机"，对于本发明要解决的技术问题，不应当确定为"大幅度降低现有按压式高速涡轮牙钻手机的成本"，否则就不得不将反映除轴承和碟簧是金属外其余为塑胶件的技术特征写入到独立权利要求中，这样势必会大大缩小本发明的专利保护范围。

在这种情况下如何调整本发明要解决的技术问题呢？正如前面对本发明技术内容的梳理部分所指出的，前一方面的改进采取了多个措施：周边被固定在机头上端的按压盖由橡胶材料制成，用碟簧来代替进口螺旋弹簧，加大弹簧挡板的直径和重量等。显然，后两个措施是在前一措施的基础上作出的进一步改进，因而应当针对前一措施所带来的技术效果合理地确定本发明要解决的技术问题。由于采用周边被固定的橡胶按压盖，对其施压后可借助按压盖自身的弹性自行复位，从而省去了金属按压盖复位弹簧，这样一来，就可以简化结构，并降低了成本。通过上述分析，将本发明要解决的技术问题调整为简化其按压机构的结构、降低其按压机构的成本。

针对这一技术问题所采取的技术方案可以摆脱除弹簧和轴承为金属外其余部件均为塑胶件的限制，也就是说，在现有按压式高速涡轮牙钻手机的基础上，只要用橡胶材料按压盖替代了金属按压盖，并省去按压盖复位弹簧就能解决上述技术问题。对于这样的权利要求限定的技术方案，还可以在其基础上作出进一步改进，例如在原有按压盖复位弹簧所占空间内，通过加大弹簧挡板直径，使得弹簧挡板能够阻挡碟簧的大口，碟簧的小口阻挡在涡轮轴上端，用碟簧代替了进口螺旋弹簧，不但降低了成本，而且碟簧能够产生大的弹力，使得替换后弹力不减小，就保持了原有功能。当然还可以在此基础上再作出更进一步的改进，例如限定其机头壳体、手柄、涡轮、涡轮轴为塑胶件，加大涡轮轴的外径等，有关这方面的分析将在后面撰写本发明权利要求书中的从属权利要求部分作出详细说明。

当然，在按上述方式调整了本发明要解决的技术问题后并与申请人作进一步沟通以确定拓展的技术方案时，还应当就"本发明仅通过增加轴承内径以及加厚夹爪和加粗夹爪杆来提高一次性高速涡轮牙钻手机的磨削效果"是否另行提出一件专利申请征求申请人的意见。

7 再次与申请人沟通

在对发明的技术方案进行挖掘和拓展之后，往往还需要与申请人作进一步沟通，

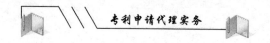

请申请人确认所挖掘和拓展的技术方案。

7.1 请申请人确认挖掘、拓展的技术方案

对于初次申请专利的申请人，专利代理人可以启发申请人去提供更多的替代技术方案，而对于由专利代理人挖掘、拓展的技术方案，必须要由申请人进行确认。

就上述挖掘、拓展的技术方案来说，申请人在进一步沟通时作出如下指示：

① 用碟簧大口扣合的成对碟簧来代替单碟簧是一种可行的方案；

② 同意将硅胶材料的替换方案纳入本发明要求专利保护的范围；

③ 用塔形弹簧或者大直径的螺旋弹簧代替原有螺旋弹簧根本行不通，因为使用橡胶按压盖后，腾出来的是径向的空间，轴向空间没有增大，这样弹簧钢丝的直径就不能加大，相同直径的弹簧钢丝制作的不同直径的弹簧，弹簧直径越小，弹力越大，所以用塔形弹簧或者大直径的螺旋弹簧的弹力只能小于原有螺旋弹簧，就不能替代原有螺旋弹簧；

④ 不明白为什么不将本发明的多个改进点都写入到最重要的独立权利要求中，反而将其中一部分改进点分别写入不同的从属权利要求中。此外，既然已将增加涡轮轴外径这一改进点写成一项从属权利要求，为什么还要针对这方面的改进另行提出一件专利申请。

专利代理人认真分析了申请人的意见，首先尊重申请人的第③点意见，用塔形弹簧或者大直径的螺旋弹簧代替原有螺旋弹簧的技术方案不再写入专利申请文件。

其次，对于申请人的第④点意见，进一步向申请人作出了说明：对于一项权利要求，写入的技术特征越多，其保护范围越窄，如果将所有改进点都写入到独立权利要求中，则保护范围很窄，使本发明不能得到真正的保护，竞争对手生产的产品只要不包含独立权利要求中的任何一个改进点，就不会构成侵权。与此相应，独立权利要求中只写入了其中一个改进点，而把其他的改进点分别写成几项权利要求，这样的写法增加了权利要求布局的层次，同时也是一种防御措施，如果独立权利要求不能被授权或者在无效程序中被宣告无效，那么还有几项从属权利要求做后备，这样不仅加大了专利申请被授权的概率，更重要的是增加了维持专利权部分有效的可能性。对于以加大涡轮轴直径为进一步改进的从属权利要求来说，由于其是一项从属权利要求，其还包含有写入到独立权利要求中的改进点，而以增加涡轮轴外径为改进点另申请一件专利，则其独立权利要求仅包含这一改进点，因此其保护范围要比本申请中包含有加大涡轮轴直径这一改进点的从属权利要求的保护范围宽。

申请人理解了专利代理人所作的说明后，同意本件发明专利申请中将要求保护的主题名称确定为"按压式高速涡轮牙钻手机"，要解决的技术问题为简化其结构、降低其成本。此外，还同意以增加涡轮轴外径为改进点另行提出一件有关一次性高速涡

第五章

轮牙钻手机的专利申请。❶

7.2 平衡发明充分公开与保留技术秘密之间的关系

由申请人提供第二次技术交底材料时对附图涉及的"巧碟簧"问题作出的解答可知，"巧碟簧"是指合适地选择碟簧的弹力，既不能太大，也不能太小，太大则可能拉断夹爪，太小就有可能导致夹持力不够，这两种情况下都容易引起飞针，造成医疗事故。本发明的碟簧，夹持力适中，配合特殊的涡轮轴材料及特殊的夹爪材料，使得夹持机构既容易夹持牢固，又不会拉断夹爪，为此进行了大量的实验才找到其最佳的选择。对于所选择的碟簧弹力，既想得到保护，但又不愿公开，因而就会出现如何平衡发明充分公开与保留技术秘密之间的关系。为了正确平衡和处理两者的关系，专利代理人应当与申请人一起弄清楚两个问题：区分适合技术秘密保护的技术和适合专利保护的技术；正确判断采用技术秘密保护和专利保护的利弊。

7.2.1 区分适合技术秘密保护的技术和适合专利保护的技术

对于一项技术，是采用专利保护，还是采用商业秘密中的技术秘密保护，主要取决于包含该技术的载体。如果包含该技术的载体是产品，首先取决于能否通过反向研究获取该技术；如果能，就不适合以技术秘密保护；如果通过反向研究不能获取该技术，该技术适合以技术秘密保护；如果包含该技术的载体是工艺、方法，就要看企业的保密措施是否可行，如果可行，该技术适合以技术秘密保护。上述过程中如果出现一个相反的情况，那么该技术就不适合技术秘密保护，而适合专利保护。

对于本案例来说，该技术方案中夹持机构的夹持力来源于弹簧的弹力，而弹簧的弹力是能够用弹簧测试仪测定的，因此该产品上市后就能测出该弹簧的弹力，也就是说，弹簧弹力的选择不可能作为技术秘密得到保护。但是，本案例中，弹簧的弹力的选择与涡轮轴的材料和夹爪的材料有关，如果涡轮轴和夹爪的材料是自制的改性塑料，且反向过程不能获知该改性塑料的成分，则采取相应的保密措施，就可以作为技术秘密保护；相反，如果涡轮轴和夹爪的材料是外购塑料，则很难保密。申请人告知专利代理人，涡轮轴的材料和夹爪的材料是分别通过对两种塑料进行改性后得到的，改性时采用了石油方面的微量添加剂和水泥方面的微量添加剂，改性后的两种塑料，分别用在涡轮轴和夹爪上，使得涡轮轴和夹爪的接触面之间，能够很好的滑动，而且夹爪又能承受很大的拉力，碟簧的弹力是 2.8 ~ 3.2 千克，该数值范围的弹力，使得夹爪能够很好的抓紧车针，同时又远远小于夹爪断裂的临界力。基于"对两种塑料改性，改性用的是石油方面的微量添加剂和水泥方面的微量添加剂，改性后的两种塑料，分别用在涡轮轴和夹爪上"的情况，这两种材料适合作为技术秘密保护；碟簧弹

---

❶ 为了节省篇幅，本案例下面部分仅针对本发明专利申请撰写权利要求书和说明书，不再给出另行提出的有关一次性高速涡轮牙钻手机的专利申请的权利要求书和说明书。在这里，需要提请注意的是，这两件专利申请应当在同日提出，以避免在前提出的专利申请成为在后提出的专利申请的抵触申请。

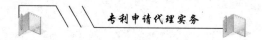

力的数值范围，在人体工学中单手拇指按压力数值范围之内，已经被公开，不可能作为技术秘密保护。

此外，对于一项发明创造中的技术内容，申请人想既用技术秘密保护又想用专利保护有时会出现矛盾：作为技术秘密保护的内容会导致专利保护的内容未充分公开。遇到这种问题，可以明确告诉申请人，该专利申请由于违反了《专利法》第 26 条第 3 款的规定而不可能被授权，即使被授予专利权，仍然有可能在无效程序中被宣告该专利权无效，导致该专利长期处于被无效的风险之中。

7.2.2　技术秘密保护与专利保护的利弊

利用反不正当竞争法律制度对技术秘密保护的利弊，在此不予讨论；在此主要讨论技术秘密保护与专利保护相结合的保护形式的利弊。

技术秘密保护与专利保护相结合的保护形式，主要存在于技术秘密的实施基于专利实施这样的情况，这时，技术秘密处于秘密状态，别人就不知道包含技术秘密效果的产品怎么制造，使自己处于非常有利地位，但是要时时把握将技术秘密转化为专利的时机，一般来说，在竞争对手将要研究出自己的技术秘密时，就要将自己的技术秘密申请专利，使自己处于双重专利保护的有利地位；如果技术秘密被竞争对手研究出来，这就延误了技术秘密申请专利的时机，就出现了风险，这种情况下，技术秘密被公开，由于技术秘密的实施基于专利的实施，仍然可以由专利保护，就能减小技术秘密被公开的风险；但是如果技术秘密被他人申请专利，自己只有先用权，若想扩大生产，就要交叉许可，就对自己产生损害；如果技术秘密被窃取，这分为技术秘密被申请专利的情况以及被公开的情况，技术秘密若是别人申请专利，就是专利权属纠纷及赔偿的问题，技术秘密若是泄露出去公开，就只能要求赔偿，这两种情况，从理论上讲能够维权，但是存在维权成本和维权风险。

就本案来说，假设两种改性塑料的技术秘密泄密，如果技术秘密被公开，那么使用两种改性塑料制造本专利产品的部件，进而制造本专利产品，就构成侵权，这种情况，还有专利这道墙；技术秘密如果被别人申请专利，自己仍然享受原有范围制造的权利，想扩大生产，就要交叉许可；所以对于本案例总体来说，利大于弊。

8　权利要求书的撰写

按照《专利法》第 59 条的规定，发明和实用新型专利的保护范围以权利要求的内容为准。由此可知，权利要求书撰写的好坏不仅会影响该件专利申请是否能被授予专利权，而且也会直接影响该件专利能否得到充分的保护。鉴于此，在具体撰写各项权利要求之前，应当根据本发明各个发明改进点之间的关系和重要性，梳理各个技术方案之间的层次关系，在此基础上撰写独立权利要求和从属权利要求。

8.1　根据发明改进点之间的关系和重要性，梳理技术方案的层次关系

在机械领域，涉及多个发明改进点的产品发明创造，需要理清各个改进点之间的

关系：不利用其他发明改进点而直接解决技术问题的，为主要改进；在其他改进基础上作出进一步改进的，或者解决采取主要改进的技术方案所存在的某些缺陷，则为次要改进，或者称作从属改进。作为保护范围最大的独立权利要求，只需要记载直接解决发明技术问题的主要发明改进点，以及必须与该主要发明改进点配合解决该技术问题的必要技术特征；而在该主要改进的基础上作出的次要改进通常会给包含主要改进的技术方案带来更好的技术效果，则针对这些次要改进（即从属改进）撰写从属于该独立权利要求的从属权利要求；以此类推。

下面就本案例各个发明改进点，分析这些发明改进点之间的关系，以便梳理各技术方案的层次关系。为叙述方便，对各个发明改进点采用了简化表述方式。

① 将橡胶按压盖周边固定在机头壳体上端，该改进的直接效果是减小按压机构占用腔体的容积，腾出机头上部空间，并省去了按压盖复位弹簧，简化了结构，降低了成本。

② 按压盖的橡胶材料优选为硅胶、乳胶、聚氨酯材料，采用医用橡胶材料对人体更为安全。

③ 按压盖周边借助螺纹卡环旋拧卡紧固定在机头壳体的上端，采用这种方式可以很方便地将按压盖周边固定。

④ 加大弹簧挡板直径，不仅采用按压方式装卸车针时不会感到硌手，而且允许采用碟簧。

⑤ 采用碟簧来代替进口螺旋弹簧，降低了成本。

⑥ 采用大口扣合成对碟簧，无需加大弹簧挡板直径就可以代替进口螺旋弹簧以降低成本。

⑦ 只有弹簧和轴承为金属材料，其他部件均为塑胶，从而大大降低成本，成为一次性按压式高速涡轮牙钻手机。

⑧ 减小原轴承座厚度，采用大一号的轴承，增大轴承内径（轴承内径由 3 mm 增大到 3.6 ~ 4.2 mm），与此相应连轴涡轮的涡轮轴加粗到 4 mm，并可加厚夹爪、加粗夹爪杆，从而提高了一次性按压式高速涡轮牙钻手机的转动惯量，改善其磨削性能。

上述改进①采用周边固定的橡胶按压盖，没有利用其他发明改进点就能简化按压式高速涡轮牙钻手机的结构，降低其成本，因此可以将其确定为主要发明改进点，针对其撰写独立权利要求。

上述改进②是对按压盖的橡胶材料进行优选，是在改进①的基础上作出的进一步改进，应当针对这进一步改进撰写成独立权利要求的从属权利要求。

上述改进③采用旋拧卡紧方式固定按压盖周边，是对改进①中橡胶按压盖周边固定方式的优选，应当针对这一改进撰写成该独立权利要求的从属权利要求。

上述改进④为加大弹簧挡板直径，这是在采用橡胶按压盖省去复位弹簧后腾出机头上部空间后才能采用的技术手段，进一步解决按压时硌手的缺陷，因此这一改进是

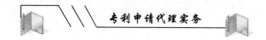

在改进①基础上作出的进一步改进，因此针对这进一步改进应当撰写成独立权利要求的从属权利要求；

上述改进⑤采用碟簧代替进口螺旋弹簧，由于其大端需要抵靠在大直径弹簧挡板上，因此这一改进是在改进④的基础上作出的进一步改进，因此应当针对这进一步改进撰写成包含改进④相关技术特征在内的从属权利要求的从属权利要求。

上述改进⑥采用大口扣合成对碟簧，既可在加大弹簧挡板直径的情况下采用，也可以在未加大弹簧挡板直径的情况下采用，因而针对这一改进可撰写成独立权利要求的从属权利要求，也可撰写成包含改进④相关技术特征的从属权利要求的从属权利要求。

上述改进⑦为除弹簧和轴承为金属件外其余部件均为塑胶材料，这一改进虽然可以单独采用，但这样的改进方案相对于现有的一次性高速涡轮牙钻手机不具备新颖性，因此不应将其写成独立权利要求；但是该处改进与改进①相结合的技术方案相对于现有的一次性高速涡轮牙钻手机能够方便地装卸车针，因此可以针对改进⑦撰写成独立权利要求的从属权利要求。

上述改进⑧增大轴承内径、加粗涡轮轴以及加厚夹爪和加粗夹爪杆是针对改进⑦作出的进一步改进，因此应当针对此改进⑧撰写成包含改进⑦相关技术特征的从属权利要求的从属权利要求。需要说明的是，在这个技术方案中，由于轴承内径与涡轮轴加粗是对应联动的技术特征，轴承内径增大，涡轮轴必须加粗，涡轮轴若不加粗，涡轮轴就悬空，实现不了高速涡轮牙钻手机的功能，因此在撰写该从属权利要求时需要写明反映轴承内径加大的技术特征，并写明涡轮轴的外径与轴承内径相配合。此外涡轮轴加粗，涡轮轴的孔壁及夹爪就存在加厚的可能，夹爪杆就存在加粗的可能，因此在该从属权利要求不必写明有关涡轮轴孔壁和夹爪加厚以及夹爪杆加粗这一技术特征。

通过对本发明所解决的各个技术问题的技术手段的分析可知，在上述技术手段中关键改进点有两个：其一，采用硅胶按压盖来实现车针的装卸；其二，对于主要由塑胶件构成的机头采用大一号的轴承。考虑到前一关键改进点既是针对一次性高速涡轮牙钻手机作出的改进，又是针对按压式高速涡轮牙钻手机作出的改进；而后一关键改进点仅是针对一次性高速涡轮牙钻手机作出的改进，因此为使本发明能得到更充分的保护，可考虑将前一关键改进点作为解决本发明技术问题的必要技术特征写入到独立权利要求中，而其他技术手段将用从属权利要求进行保护。对于一次性高速涡轮牙钻手机仅以后一关键改进点作为主要改进的技术方案是否采用专利保护，在与申请人作进一步沟通时申请人已明确表示同意另行提出专利申请。

8.2 根据发明改进点的主从关系，撰写独立权利要求和从属权利要求

现根据上述对各个发明改进点进行梳理的分析结果，撰写本发明专利申请的独立

权利要求和从属权利要求。

（1）与主要发明改进点"橡胶按压盖"（即改进①）对应的独立权利要求

对于此独立权利要求，可以有两种撰写方式。

第一种撰写方式：

1. 一种按压式高速涡轮牙钻手机，

包括机头以及与该机头连接的手柄构成；

所述机头包括机头壳体（10）、位于机头壳体（10）顶部的按压机构（30）和设置在机头壳体（10）的腔体内的机芯（20）；

所述机芯（20）包括涡轮（21）、与所述涡轮（21）相连接的涡轮轴（23）和车针夹持机构（25），支承所述涡轮轴（23）的轴承（271、272）固定在所述机头壳体（10）的轴承座（273、274）上；

所述车针夹持机构（25）包括位于所述涡轮轴（23）的锥形孔（232）中的锥形夹爪（251）、与所述锥形夹爪（251）顶部相连接的夹爪杆（253）以及与所述夹爪杆（253）顶部相连接的弹簧挡板（255），在所述弹簧挡板（255）与所述涡轮轴（23）顶部之间的夹爪杆（253）上套装有弹性件（257，257′，257″）；

其特征在于：所述按压机构（30）为橡胶按压盖（31），其周边被固定在所述机头壳体（10）的顶部。❶

第二种撰写方式：

1. 一种按压式高速涡轮牙钻手机，

包括机头以及与该机头连接的手柄；

所述机头包括机头壳体（10）、位于机头壳体（10）顶部的按压机构（30）以及设置在所述机头壳体（10）腔体内的机芯（20）；

其特征在于：所述按压机构（30）为橡胶按压盖（31），其周边被固定在所述机头壳体（10）的顶部。

上述两种撰写方式，第一种撰写方式，较严格按照《专利法实施细则》第21条第1款的规定，在前序部分中，将与要求保护的发明最接近的现有技术共有的必要技术特征表述清楚，保护范围比较清晰，避免以后发生较大争议，是保守的撰写方式；第二种撰写方式，按照《专利审查指南2010》的规定，在前序部分中，仅写明与发明技术方案密切相关的、共有的必要技术特征，很简要，但是，该权利要求中没有述及的其他与现有技术共有的必要技术特征，有待以后确定，专利的保护范围存在不确定因素。

---

❶　独立权利要求1及其后各从属权利要求中的附图标记均已按照最后完成的说明书参考文本中各附图的附图标记进行了调整，有关附图标记的调整说明参见本节之9（"说明书的撰写"）中的（5）所给出的说明。

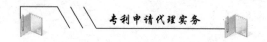

本案例选择第二种撰写方式❶。

（2）针对改进②～⑥（橡胶按压盖材料的优选、橡胶按压盖周边固定方式的优选、大直径弹簧挡板、碟簧、大口扣合成对碟簧）撰写从属权利要求。

鉴于橡胶按压盖材料的优选、橡胶按压盖周边固定方式的优选分别与其他改进之间的关系是独立的，而碟簧和大口扣合成对碟簧与是否加大弹簧挡板之间有从属关系，因此先针对加大弹簧挡板直径撰写从属权利要求，再针对碟簧和大口扣合成对碟簧撰写从属权利要求，最后再针对橡胶按压盖材料的优选、橡胶按压盖周边固定方式的优选撰写从属权利要求。

显然，针对"加大弹簧挡板直径"这一发明改进点撰写从属权利要求时，由于第二种撰写方式中的独立权利要求中并未出现过弹簧挡板这一技术特征，因此应当首先将该权利要求限定到出现弹簧挡板这个技术特征；此外，对于加大弹簧挡板这一改进而言，若采用加大的表述方式，则缺少相对比较的对象，就会导致该权利要求未清楚地限定要求专利保护的范围，因此应当具体写明将其加大到什么程度，且为了使其具有较宽的范围，对加大的程度给出一个数值范围，最后该技术特征表述成"弹簧挡板的直径为橡胶按压盖内径的50%～98%"。当然，作为第一项从属权利要求，其引用部分仅引用独立权利要求1。最后撰写成的从属权利要求2为：

2. 如权利要求1所述的按压式高速涡轮牙钻手机，其特征在于：所述机芯（20）包括涡轮（21）、与所述涡轮（21）相连接的涡轮轴（23）和车针夹持机构（25）；所述车针夹持机构（25）包括位于所述涡轮轴（23）的锥形孔（232）中的锥形夹爪（251）、与所述锥形夹爪（251）顶部相连接的夹爪杆（253）以及与所述夹爪杆（253）顶部相连接的弹簧挡板（255），在所述弹簧挡板（255）与所述涡轮轴（23）之间设置有弹性件（257，257′，257″）；所述弹簧挡板（255）的直径为所述橡胶按压盖（31）内径的50%～98%。

然后针对"碟簧"和"大口扣合成对碟簧"这两个发明改进点分别撰写从属权利要求3和4，正如前面分析，采用碟簧是在加大弹簧挡板直径之后作出的进一步改进，因此该从属权利要求只能引用从属权利要求2，不能引用独立权利要求1。而对于"大口扣合成对碟簧"这一改进，其在加大弹簧挡板直径或者未加大弹簧挡板直径挡板均能适用，即其可以引用独立权利要求1，也可以引用从属权利要求2。但是，

---

❶ 对于这两种独立权利要求的撰写方式，究竟哪一种更为合适，尚有不同的意见。从逻辑上讲，同样的发明，适用同样的法律法规，只要严格按照规定撰写，两种独立权利要求撰写方式的保护范围相同；但是第一种撰写方式要求专利代理人必须完全了解该技术领域，准确确定与要求保护的发明最接近的现有技术共有的必要技术特征，必要技术特征确定不准，将造成缩小保护范围的结果，而第二种撰写方式仅写明与发明技术方案密切相关的、共有的必要技术特征，不必确定不密切相关的必要技术特征，不会出现缩小保护范围的结果。本教材根据多数编写人员的意见，在最后完成的权利要求书中采用了第二种撰写方式来撰写独立权利要求。此外，为了更好地保护申请人的利益，专利代理人也可以通过与申请人作进一步沟通以尝试将"橡胶按压盖"上位成"弹性按压盖"。

为了防止后面撰写权利要求5和权利要求6时出现不符合《专利法实施细则》第22条第2款有关"多项从属要求""不得作为另一项多项从属权利要求的基础"规定的情况，该从属权利要求的引用部分最好仅引用其中一项权利要求，考虑到大口扣合成对碟簧更适用于未加大弹簧挡板直径的情况，因此该从属权利要求4仅引用独立权利要求1。但是，由于此项附加技术特征是对弹性件的选择，而在第二种方式撰写的独立权利要求中并未出现弹性件这一技术特征，因此应当类似于从属权利要求2那样，先将该权利要求限定到出现弹簧件这个技术特征，再对该弹性件作进一步限定。此外，由于采用碟簧和采用大口扣合成对蝶簧是两个并列的技术手段，因此这两项从属权利要求之间不能彼此引用。最后，撰写成的从属权利要求3和4如下：

3. 如权利要求2所述的按压式高速涡轮牙钻手机，其特征在于：所述弹性件为碟簧（257″）。

4. 如权利要求1所述的按压式高速涡轮牙钻手机，其特征在于：所述机芯（20）包括涡轮（21）、与所述涡轮（21）相连接的涡轮轴（23）和车针夹持机构（25）；所述车针夹持机构（25）包括位于所述涡轮轴（23）的锥形孔（232）中的锥形夹爪（251）、与所述锥形夹爪（251）顶部相连接的夹爪杆（253）以及与所述夹爪杆（253）顶部相连接的弹簧挡板（255），在所述弹簧挡板（255）与所述涡轮轴（23）之间设置有弹性件；所述弹性件为大口相扣合的成对碟簧（257′）。

此后，针对橡胶按压盖的两种优选分别撰写一项从属权利要求。首先，由于这两种优选都可以作为权利要求1~4这四项技术方案的改进，而权利要求2~4都不是多项从属权利要求，因此这两项从属权利要求都可以表述成引用权利要求1~4的多项从属权利要求。需要说明的是，这两项从属权利要求之间并不是并列关系，因而从属权利要求6还可以引用从属权利要求5，但是为了满足《专利法实施细则》第21条第2款有关"多项从属权利要求""不得作为另一项多项从属权利要求的基础"的规定，撰写的从属权利要求6也仅引用了权利要求1~4，而未再引用权利要求5。

5. 如权利要求1~4中任一项所述的按压式高速涡轮牙钻手机，其特征在于：所述橡胶按压盖（31）周边固定在所述机头壳体（10）的顶部是借助螺纹卡环（32）通过旋拧将其卡紧固定。

6. 如权利要求1~4中任一项所述的按压式高速涡轮牙钻手机，其特征在于：所述橡胶按压盖（31）的材料是硅胶橡胶、乳胶橡胶或者聚氨酯橡胶。

（3）针对改进⑦和改进⑧撰写从属权利要求

正如前面所指出的那样，改进⑦和改进①两者之间彼此无关，可以针对该改进⑦也撰写一项独立权利要求。但是，由于仅仅针对改进⑦撰写的独立权利要求相对于现有的一次性高速涡轮牙钻手机不具备新颖性，这样撰写的独立权利要求不可能被授权，于是可以考虑将改进⑦作为对上面所写成的独立权利要求1的进一步改进，即针对这一改进写成独立权利要求1的从属权利要求7，使该从属权利要求的技术方案所保护的客体成为一次性按压式高速涡轮牙钻手机，但是由于在独立权利要求1的第二种撰写方式中未出现涡轮、涡轮轴、锥形夹爪、夹爪杆和弹簧挡板等技术特征，因此将该权利要求7写成引用权利要求2～4中任一项的从属权利要求。至于改进⑧，是针对权利要求7所要求保护的一次性按压式高速涡轮牙钻手机作出的进一步改进，因此针对改进⑧撰写成从属权利要求7的从属权利要求8❶。最后撰写成的从属权利要求7和权利要求8如下：

7. 如权利要求2～4中任一项所述的按压式高速涡轮牙钻手机，其特征在于：所述机头壳体（10）、手柄、涡轮（21）、涡轮轴（23）的材料均为塑胶，所述锥形夹爪（251）、夹爪杆（253）及弹簧挡板（255）为一体塑胶件。

8. 如权利要求7所述的按压式高速涡轮牙钻手机，其特征在于：所述涡轮（21）、涡轮轴（23）为连轴涡轮，所述涡轮轴（23）的外径为3.6～4.2 mm，支承所述涡轮轴（23）的轴承（271、272）的内径与所述涡轮轴（23）的外径相配合。

9　说明书的撰写

完成权利要求书的撰写之后，着手撰写说明书。在撰写权利要求书的分析过程中，专利代理人通过与申请人的沟通对发明有了更进一步的理解，并请申请人进一步对技术交底书的内容作了一些补充，在此基础上完成说明书的撰写。

（1）名称

由于本申请权利要求书中只包括一项要求保护的主题，因此说明书名称只需要反映该项要求保护主题的名称即可。

前面在确定本发明要求保护的主题时已经指出，为使本发明得到充分的保护，将要求专利保护的主题名称调整为按压式高速涡轮牙钻手机，因此说明书的名称就采用这一主题名称："按压式高速涡轮牙钻手机"。

（2）技术领域

按照国际专利分类表的最低位置参照行业标准的内容确定本发明所属技术领域。

由于本专利申请仅包括一项要求保护的主题，因此可以仅针对该项要求保护的主题撰写技术领域：

本发明涉及医院口腔科进行钻牙、磨牙等手术用的手持按压式高速涡轮牙钻手机，由机头以及与该机头连接的手柄构成。

（3）背景技术

对这部分内容，背景技术不必罗列过多的现有技术，一般来说提供最接近的现有

---

❶ 正如前面所指出的，针对改进⑦和改进⑧，可以再另行提出一件专利申请，在该件专利申请中，将改进⑦和改进⑧结合起来撰写一项独立权利要求，然后再针对其他发明改进点撰写从属权利要求，需要提请注意的是，这两件专利申请应当在同日提出，以避免在前提出的专利申请成为在后提出的专利申请的抵触申请。

技术就可以了。必要时还可以写明其他相关的现有技术。

对于本申请而言，在撰写权利要求书时已指出本发明的最接近的现有技术是按压式高速涡轮牙钻手机，因此应当在背景技术部分对按压式高速涡轮牙钻手机作出说明。但是，由技术交底书可知，申请人是针对一次性高速涡轮牙钻手机作出的改进，更何况在本申请中要涉及"连轴涡轮"的术语，而该术语来源于一次性高速涡轮牙钻手机的技术，因此在背景技术部分还有必要对一次性高速涡轮牙钻手机作出说明。此外，为更便于对这两类高速涡轮牙钻手机作出说明，在此之前先简单介绍一下高速涡轮牙钻手机的总体结构和工作原理。

针对每项现有技术的说明，通常应当包括三个部分：给出该项现有技术的出处，通常采取引用对比文件的方式；简要地对该项现有技术的结构作出说明；针对本发明要解决的技术问题客观地指出该项现有技术所存在的问题。

就本申请而言，申请人对现有技术的介绍是通过提供当前医院口腔科所使用的两种高速涡轮牙钻手机加以说明的；且在动手撰写说明书和权利要求书之前，专利代理人曾询问过申请人要否对现有技术进行补充检索，申请人明确告知无需再进行检索，就以所提供的两种高速涡轮牙钻手机的实物作为介绍背景技术的依据，因此在本申请的背景技术部分不是通过引用对比文件的方式来给出现有技术的出处，而是通过指出其公开使用的方式给出现有技术的出处。

对于本申请现有技术所存在的问题，申请人在最后提交的技术交底书中虽然作出了说明，但是内容过于简单，仅分别指出两种现有技术所存在的问题，在此基础上说明不存在既是一次性又能通过按压方式装卸车针的高速涡轮牙钻手机，而没有分析将现有一次性高速涡轮牙钻手机与按压装卸车针的高速涡轮牙钻手机相结合仍可能存在的技术问题，因此在完成说明书背景技术部分时应当作出补充说明。

至于本申请说明书背景技术这一部分所描述的具体内容，请参见后面给出的"最后完成的权利要求书和说明书参考文本"，在此不再作重复说明。

（4）发明内容

在这一部分包括三部分的内容，其一是本发明要解决的技术问题，其二是解决该技术问题的技术方案，其三是有益技术效果。

对于本发明要解决的技术问题，通常只需要写明独立权利要求所解决的技术问题。对本申请而言，仅有一项独立权利要求，因而仅需写明该项独立权利要求所解决的技术问题。由前面撰写独立权利要求时所作分析可知，本发明要解决的技术问题建议写成：

本发明要解决的技术问题是提供一种结构更简单、成本更低的按压式高速涡轮牙钻手机。

对于本发明解决该技术问题的技术方案和有益技术效果可以结合起来加以说明。在这一部分首先写明独立权利要求的技术方案；其次从独立权利要求的区别技术特征"按压机构为橡胶按压盖，其周边被固定在机头壳体顶部"出发分析说明该技术方案

第五章

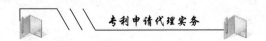

带来的技术效果；然后针对其重要的从属权利要求给出本发明进一步的技术方案，并结合其附加技术特征说明这些进一步的技术方案所带来的技术效果；最后，在对独立权利要求和重要的从属权利要求的技术方案作出说明之后，再综合说明这些技术方案所带来的技术效果。

至于这一部分有关技术方案和有益技术效果所描述的具体内容，请参见后面给出的"最后完成的权利要求书和说明书参考文本"，在此不再作重复说明。

（5）附图及附图说明

对于本申请来说，说明书附图首先选用申请人在提供正式技术交底书时同时提供的两幅附图，即图 J－2 和图 J－3，其中图 J－3 主要用于说明按压式高速涡轮牙钻手机的工作原理，图 J－2 作为本发明的最佳实施方式的局剖示意图。此外，为清楚、且有条理地说明本发明各个改进点，建议再增加三幅附图，其中一幅为仅仅将金属按压盖改为橡胶按压盖、且省去按压盖复位弹簧的机头部分局剖示意图，另一幅为在此基础上又加大弹簧挡板直径的机头部分局剖示意图，再一幅为未加大弹簧挡板而采用大口扣合成对碟簧的机头部分局剖示意图（即前面在对技术方案拓展时给出的图 J－4）。

对于这五幅附图的顺序，可以这样安排：以图 J－3 作为图 1，以便在具体实施方式部分首先结合此图来说明按压式高速涡轮牙钻手机的工作原理。然后按照具体实施方式逐个说明其改进点的先后作为另外四幅附图的排列顺序。最后这五幅附图的排列顺序为：

图 1 为表示按压式高速涡轮牙钻手机工作原理的剖视图；

图 2 为表示本发明按压式高速涡轮牙钻手机的机头内部结构的局剖示意图；

图 3 为表示本发明采用大口扣合设置碟簧的高速涡轮牙钻手机的机头内部结构的局剖示意图；❶

图 4 为表示本发明采用加大直径弹簧挡板的按压式高速涡轮牙钻手机的机头内部结构的局剖示意图；

图 5 为表示本发明最佳实施方式（即采用加大直径弹簧挡和单碟簧）的按压式高速涡轮牙钻手机的机头内部结构的局剖示意图。❷

在申请人提供的附图中，标注零部件的附图标记既有个位数，又有两位数与三位数的，其间编号比较杂乱且无规律性。为此，在撰写专利申请文件时，对说明书附图中的附图标记进行了重新编号。即按照各个部件的层级关系进行编号：对于直接属于机头部分的部件为第一级，编号为 10、20、30、40；其下一级的部件（即第二级部件）为两位数，其十位数与其所属第一级的十位数相同，其个位数为这一级部件的编号；再下一级的部件（即第三级部件为三位数），将其所属第二级部件十位数和个位数作为其编号的百位数和十位数，其编号的个位数按这一级部件的编号。对于第二级

---

❶ 图 3 即为前面对技术方案拓展时给出的图 J－4。

❷ 图 5 即为技术交底书中的图 J－2。

部件和第三级部件可以采用个位数隔号编号的方式，以便于撰写过程中发现有某一部件或技术特征遗漏编附图标记时可方便地插入一个编号。按这种编号方式，全部编号体系整体逻辑性与从属关系上比较清晰，从任一编号即可知其结构关系。

最后确定的编号为：机头壳体 10，机芯 20，按压机构 30，车针 40；对于机头壳体 10，其中的进气通道为 11，回气通道为 12；对于机芯 20，其中的涡轮为 21，涡轮轴为 23，涡轮轴 23 上下两段直孔为 231，中间的锥形孔为 232，车针夹持机构为 25，其中锥形夹爪为 251，夹爪杆为 253，弹簧挡板为 255，螺旋压缩弹簧为 257，成对碟簧为 257′，单碟簧为 257″，至于轴承和轴承座，将其作为机芯的一部分，但由于不再将其归纳成二级部件，直接编为三级部件，则上轴承为 271，下轴承为 272，上轴承座为 273，下轴承座为 274；对于按压机构 30，硅胶按压盖为 31，螺纹卡环为 32。

（6）具体实施方式

这部分需要尽可能的详细，包括技术特征实现的功能，达到的技术效果，以及发明内容的其他技术问题和技术效果，以及本发明的原理与工作过程等，都需要尽可能详细阐述，以便理解发明内容，也有利于以后审查程序中对审查意见的答复。作为专利代理人在此需要注意的是，不能出现技术事实方面矛盾或者错误的内容，这些情况不但会导致发明内容不清楚，而且解释权利要求时受到限制。

对于本申请来说，这一部分可以先结合图 1 和图 2 说明按压式高速涡轮牙钻手机的工作原理。

在说明按压式高速涡轮牙钻手机工作原理之后，结合图 2 说明仅仅将金属按压盖改为橡胶按压盖、且省去按压盖复位弹簧的机头内部的具体结构；然后，结合图 3 说明采用大口扣合成对碟簧的高速涡轮牙钻手机的机头内部的具体结构；此后，结合图 4 说明采用加大直径弹簧挡板的按压式高速涡轮牙钻手机的机头内部的具体结构；再后，结合图 5 说明本发明最佳实施方式（即采用加大直径弹簧挡和单碟簧）的按压式高速涡轮牙钻手机的机头内部的具体结构。其中，在结合图 2 进行描述时，应当比较详细，以充分公开本发明，而结合图 3 ~ 5 进行描述时，对于与图 2 相同的部分，无需再作重复描述，只需指出这些具体结构之间的不同之处即可。

在结合图 2 ~ 5 说明了这四种按压式高速涡轮牙钻手机的机头内部结构之后，为支持独立权利要求的保护范围以及从属权利要求的优选方式，需要指出硅胶作为橡胶按压盖材料的其他替换材料，硅胶按压盖固定在机头壳体顶部的其他固定方式，以及螺旋压缩弹簧作为弹性件的其他替换部件。

最后，应当比较详细地对采用上述四种结构的一次性按压式高速涡轮牙钻手机的机头所采取的进一步改进措施作出说明，尤其对于其相对于现有一次性插拔式高速涡轮牙钻手机作出的改进"加粗涡轮轴"作出具体说明。

至于具体实施方式这一部分所描述的具体内容，请参见后面给出的"最后完成的权利要求书和说明书参考文本"，在此不再作重复说明。

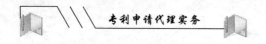

（7）说明书摘要和摘要附图

说明书摘要部分首先写明本发明的名称，然后重点对按压式高速涡轮牙钻手机的技术方案的要点作出说明，在此基础上进一步说明其解决的技术问题和主要用途。

由于本发明的独立权利要求1比较简单，因此在说明了独立权利要求的技术方案及其技术效果后，还应当对比较重要的从属权利要求（如从属权利要求3和从属权利要求8）的技术方案的要点和技术效果作出说明。

此外，还应当将申请人随正式技术交底书提供的图 J - 2（即说明书附图中的图5）作为摘要附图。

10　最后完成的权利要求书和说明书参考文本

按照上述分析，完成权利要求和说明书文本的撰写，下面给出最后完成的权利要求书和说明书文本。

第五章

权 利 要 求 书❶

1. 一种按压式高速涡轮牙钻手机，包括：

机头以及与该机头连接的手柄；

所述机头包括机头壳体（10）、位于机头壳体（10）顶部的按压机构（30）、以及设置在所述机头壳体（10）腔体内的机芯（20）；

其特征在于：所述按压机构为橡胶按压盖（31），其周边被固定在所述机头壳体（10）的顶部。

2. 如权利要求1所述的按压式高速涡轮牙钻手机，其特征在于：所述机芯（20）包括涡轮（21）、与所述涡轮（21）相连接的涡轮轴（23）和车针夹持机构（25）；所述车针夹持机构（25）包括位于所述涡轮轴（23）的锥形孔（232）中的锥形夹爪（251）、与所述锥形夹爪（251）顶部相连接的夹爪杆（253）以及与所述夹爪杆（253）顶部相连接的弹簧挡板（255），在所述弹簧挡板（255）与所述涡轮轴（23）之间设置有弹性件（257，257′，257″）；所述弹簧挡板（255）的直径为所述橡胶按压盖（31）内径的50%～98%。

3. 如权利要求2所述的按压式高速涡轮牙钻手机，其特征在于：所述弹性件为碟簧（257″）。

4. 如权利要求1所述的按压式高速涡轮牙钻手机，其特征在于：所述机芯（20）包括涡轮（21）、与所述涡轮（21）相连接的涡轮轴（23）和车针夹持机构（25）；所述车针夹持机构（25）包括位于所述涡轮轴（23）的锥形孔（232）中的锥形夹爪（251）、与所述锥形夹爪（251）顶部相连接的夹爪杆（253）以及与所述夹爪杆（253）顶部相连接的弹簧挡板（255），在所述弹簧挡板（255）与所述涡轮轴（23）之间设置有弹性件；所述弹性件为大口相扣合的成对碟簧（257′）。

5. 如权利要求1～4中任一项所述的按压式高速涡轮牙钻手机，其特征在于：所述橡胶按压盖（31）周边固定在所述机头壳体（10）的顶部是借助螺纹卡环（32）通过旋拧将其卡紧固定。

6. 如权利要求1～4中任一项所述的按压式高速涡轮牙钻手机，其特征在于：所述橡胶按压盖（31）的材料是硅胶橡胶、乳胶橡胶或聚氨酯橡胶。

7. 如权利要求2～4中任一项所述的按压式高速涡轮牙钻手机，其特征在于：所述机头壳体（10）、手柄、涡轮（21）、涡轮轴（23）材料均为塑胶，并且所述锥形夹爪（251）、夹爪杆（253）及弹簧挡板（255）为一体塑胶件。

8. 如权利要求7所述的按压式高速涡轮牙钻手机，其特征在于：所述涡轮（21）、涡轮轴（23）为连轴涡轮，所述涡轮轴（23）的外径为3.6～4.2 mm，支承所述涡轮轴（23）的轴承（271、272）的内径与所述涡轮轴（23）的外径相配合。

---

❶ 权利要求书中的附图标记均已按照最后完成的说明书参考文本中各附图的附图标记进行了调整，有关附图标记的调整已在本节之9中的（5）中作出说明。

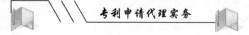

说 明 书

按压式高速涡轮牙钻手机

技术领域

本发明涉及医院口腔科进行钻牙、磨牙等手术用的手持按压式高速涡轮牙钻手机，由机头以及与该机头连接的手柄构成。

背景技术

目前在各医院口腔科使用的手持高速涡轮牙钻手机由手柄和机头构成，手柄一端连接机头，手柄另一端与牙钻机连接。机头包括机头壳体和设置在机头壳体内腔的机芯。其中机芯包括涡轮、与涡轮固定连接的涡轮轴和车针夹持机构；机头壳体内设轴承座，支承所述涡轮轴的轴承置于轴承座内，涡轮轴内孔中设置用于夹持车针的夹持部件，涡轮轴孔与车针夹持部件构成车针夹持机构。由于高速涡轮牙钻手机的机头要伸入口腔进行治疗，因此要求其有较小的尺寸，机头的直径不超过 12 mm，否则将遮挡视线，难以使用；与此相应，其使用的轴承通常是内径为 3 mm 的标准轴承。手柄内设有通向机头的进气通道和回气通道，上述进气通道、回气通道通过手柄分别连通压缩空气源和回气排放口。

高速涡轮牙钻手机的工作原理如下：打开压缩空气源阀门，压缩空气由进气通道进入机头，驱动涡轮旋转，涡轮通过涡轮轴带动车针旋转。压缩空气的压力为 180 ~ 300kPa，带动涡轮的转速达每分钟 30 万 ~40 万转。由于一次治疗过程需要使用不同的车针进行磨削，就要多次更换车针。现有的车针装卸方式有两种：按压式和插拔式。

采用按压式装卸车针的高速涡轮牙钻手机称作按压式高速涡轮牙钻手机，在国内外各大医院的口腔科得到广泛的应用。该手机还包括位于机头壳体上部的按压机构，该按压机构与机芯部分中的车针夹持机构一起构成了按压式更换车针机构。该按压机构包括借助螺纹卡环旋拧卡扣在机头壳体上的按压盖和置于上轴承座和按压盖之间的按压盖复位弹簧，螺纹卡环与机头壳体之间形成滑槽，从而按压盖可以卡在滑槽内上下滑动。车针夹持机构包括锥形夹爪、与该锥形夹爪的顶部相连接的夹爪杆以及与夹爪杆顶部相连接的弹簧挡板，锥形夹爪设置于涡轮轴内孔中，涡轮轴上下两端各有一段直孔，下端直孔的孔径大于上端直孔的孔径，两不同孔径之间由锥形孔过渡连通；设置在涡轮轴孔内的锥形夹爪的锥形面与涡轮轴孔的锥形孔之间轴向滑动配合，在夹爪杆外、涡轮轴顶部与弹簧挡板之间套设弹簧，锥形夹爪、夹爪杆和弹簧挡板是一体结构。车针夹持机构的安装是通过将车针夹持部件的锥形夹爪收紧从上向下穿过弹簧后再插入涡轮轴孔内。

按压式高速涡轮牙钻手机的更换车针工作过程如下：向下推压按压盖，按压盖向下运动从而带动弹簧挡板向下运动，锥形夹爪随弹簧挡板下滑，从而锥形夹爪的锥形面与涡轮轴内锥形孔之间形成间隙，使锥形夹爪处于松弛状态，此时可取下用过车针，更换新车针；这时，停止推压按压盖，按压盖复位弹簧的弹力使按压盖恢复原位，与此同时套设在涡轮轴与弹簧挡板之间的弹簧顶着弹簧挡板上移，锥形夹爪随弹簧挡板上滑，涡轮轴内锥形孔压紧锥形夹爪的锥形面，从而使锥形夹爪夹紧更换的新车针，完成车针的更换。

按压式更换车针机构装卸车针非常方便，但都是金属部件，其还需借助按压盖的复位弹簧进行复位，这不仅使其按压机构包括了两个部件，而且占用了机头壳体内腔体的容积，从而导致涡轮轴外径仅 3 mm，在如此细的涡轮轴内设置车针夹持机构，需要采用昂贵的材料，进行精密的加工，导致成本很高。

在国内的医院口腔科为降低高速涡轮牙钻手机的成本，开始采用一次性高速涡轮牙钻手机，其中采用了插拔式更换车针方式。所谓一次性高速涡轮牙钻手机是指该手机只有轴承是金属材料，其他部件均是塑胶材料注塑而成，涡轮轴与涡轮是一体结构的连轴涡轮，沿涡轮轴向的涡轮轴孔是阶梯孔，车针与涡轮轴孔是过盈配合，也即车针由下方硬插进塑胶涡轮轴孔内，卸除车针时用顶针从上方将车针顶出，这种方式装卸车针很不方便。此外，由于这种一次性高速涡轮牙钻手机的连轴涡轮是塑胶件，导致该牙钻手机转动惯量小，磨削时转速迅速下降，使用效果不好。

上述按压式高速涡轮牙钻手机，使用非常方便，但是价格非常高。针对按压装卸车针的高速涡轮牙钻手机来说，由于机头的直径不超过 12 mm，直接与现有一次性高速涡轮牙钻手机相结合，仅仅能解决按压式高速涡轮牙钻手机的手柄、机头壳体及连轴涡轮替代为低成本塑胶的问题，而主要的按压机构以及最精密部件夹持机构的高成本问题无法解决，尤其是夹持机构直接用塑料替代金属材料会出现强度降低、转动惯量减小的问题。

发明内容

本发明要解决的技术问题是提供一种结构简单、成本更低的按压式高速涡轮牙钻手机。

为解决上述技术问题，本发明提供了一种按压式高速涡轮牙钻手机，包括机头以及与该机头连接的手柄；该机头包括机头壳体、位于机头壳体顶部的按压机构和设置在机头壳体的腔体内的机芯；该按压机构为橡胶按压盖，其周边被固定在机头壳体的顶部。

在上述按压式高速涡轮牙钻手机中，由于采用了其周边被固定在机头壳体上的橡胶按压盖，借助该按压盖自身的弹性复位能力，就可省去现有技术按压式高速涡轮牙钻手机中的按压盖复位弹簧，既简化了结构、降低了成本，还减小了按压机构占用的腔体容积。

作为本发明按压式高速涡轮牙钻手机的一种改进，该机芯包括涡轮、与涡轮相连接的涡轮轴和车针夹持机构，车针夹持机构包括位于涡轮轴的锥形孔中的锥形夹爪、与锥形夹爪顶部相连接的夹爪杆以及与夹爪杆顶部相连接的弹簧挡板，在弹簧挡板与所述涡轮轴之间设置有弹性件；而弹簧挡板的直径为按压盖内径的50%～98%。这样的弹簧挡板相对于现有技术中的弹簧挡板加大了直径，从而为更换车针而用手指推压按压盖时，手指通过橡胶按压盖与弹簧挡板的接触面积加大了，因而使用时不会感到硌手。

对于上述已加大弹簧挡板直径的按压式高速涡轮牙钻手机，其中套设在涡轮轴顶部与弹簧挡板之间的夹爪杆上的弹性件可选用碟簧，与现有技术中所采用的进口弹簧相比，大大降低了成本。

作为本发明按压式高速涡轮牙钻手机的另一种改进，其弹性件为大口相扣合的成对碟簧，这种大口相扣合的成对碟簧也适用于弹簧挡板直径较小的情况，其与现有技术中所采用的进口弹簧相比，也降低了成本。

作为本发明按压式高速涡轮牙钻手机又一种改进，橡胶按压盖周边固定在机头壳体的顶部是借助螺纹卡环通过旋拧将其卡紧固定在机头壳体顶部。采用这样的结构，在清洗牙钻手机时可以十分方便地拆装橡胶按压盖。

作为本发明按压式高速涡轮牙钻手机的再一种改进，橡胶按压盖的材料是硅胶橡胶、乳胶橡胶或聚氨酯橡胶。选用这种医用橡胶材料制成的按压盖，对人体没有任何危害。

作为本发明按压式高速涡轮牙钻手机更进一步的改进，机头壳体、手柄、涡轮、涡轮轴材料均为塑胶，并且锥形夹爪、夹爪杆及弹簧挡板为一体塑胶件。这样的按压式高速涡轮牙钻手机的成本可降低到数十元，大大降低了成本，从而可得到一次性按压式高速涡轮牙钻手机。

在上述机头壳体、手柄、涡轮、涡轮轴及车针夹持机构由塑胶制成的按压式高速涡轮牙钻手机中，优选涡轮、涡轮轴为连轴涡轮，涡轮轴的直径为3.6～4.2 mm，支承该涡轮轴的轴承内径与该涡轮轴的外径相配合。采用这种结构的按压式高速涡轮牙钻手机，所选用的塑胶材料价格较低，同时也加大一次性按压式高速涡轮牙钻手机的转动惯量，保持良好的磨削性能，而且弹力适中，既保持有足够的弹力，使弹簧挡板带动夹爪杆和锥形夹爪复位而夹紧车针，又不致拉断夹爪杆而造成飞针。

综上所述，本发明在不增大现有机头外形的情况下，橡胶按压盖固定在机头壳体上，使用橡胶材料按压盖替代了金属按压盖，利用橡胶材料的回复性能，省略了金属按压盖复位弹簧，降低了按压机构的成本，也简化了按压机构的结构。以碟簧替代进口弹簧，在保持弹力的情况下降低了车针夹持机构成本。只有轴承、弹簧及其优选的碟簧是金属，大大降低现有按压高速涡轮牙钻手机按压机构和夹持机构成本，如不计

模具费用，每只的成本能够控制在 18 元人民币之内，相对于几千甚至上万元人民币的按压高速涡轮牙钻手机，极大地降低了成本，同时也克服了零部件直接替换为塑胶材料而引起的强度降低、转动惯量减小的缺陷。

附图说明

　　图 1 为表示按压式高速涡轮牙钻手机工作原理的剖视图；

　　图 2 为表示本发明按压式高速涡轮牙钻手机的机头内部结构的局剖示意图；

　　图 3 为表示本发明采用大口扣合设置碟簧的按压式高速涡轮牙钻手机的机头内部结构的局剖示意图；

　　图 4 为表示本发明采用加大直径弹簧挡板的按压式高速涡轮牙钻手机的机头内部结构的局剖示意图；

　　图 5 为表示本发明最佳实施方式（即采用加大直径弹簧挡板和单碟簧）的按压式高速涡轮牙钻手机的机头内部结构的局剖示意图。

具体实施方式

　　以下结合附图对本发明的具体实施方式作进一步具体说明，以便对本发明的构思、所解决的技术问题、构成技术方案的技术特征和带来的技术效果有更进一步的了解。但是，需要说明的是，对这些实施方式的说明是示意性的，并不构成对本发明的具体限定。

　　由图 1 和图 2 可知，高速涡轮牙钻手机由机头以及与机头相连的手柄构成。

　　本发明按压式高速涡轮牙钻手机与现有技术一样，如图 2 所示，与手柄相连接的机头包括机头壳体 10、设置在机头壳体 10 的腔体内的机芯 20 以及按压机构 30，其中的机芯包括涡轮 21、涡轮轴 23 和车针夹持机构 25。

　　在图 1 中，涡轮 21 与涡轮轴 23 为连轴涡轮，车针夹持机构 25 中的用于夹紧车针 40 的锥形夹爪 251 位于涡轮轴 23 的锥形孔 232 中。当打开牙钻手机的压缩气源后，压缩空气由位于手柄中的进气通道经过机头壳体 10 上的进气通道 11 进入机头的腔体内，驱动涡轮 21 旋转，涡轮 21 通过与其成连体的涡轮轴 23 及位于其涡轮轴 23 的锥形孔 232 中的锥形夹爪 251 带动车针 40 高速旋转，然后释放了能量的压缩气体再通过位于机头壳体 10 上的回气通道 12 经手柄中的回气通道排出。

　　本发明按压式高速涡轮牙钻手机的机芯 20 的结构及其在机头壳体中的布置与现有技术中的按压式高速涡轮牙钻手机基本相同。涡轮 21 固定在涡轮轴 23 上，涡轮 21 上下两侧的涡轮轴 23 上对应套设用于支承涡轮轴 23 的上轴承 271 和下轴承 272，下轴承 272 固定在机头壳体 10 内对应的下轴承座 274 上，上轴承 271 固定在环状上轴承座 273 上，环状上轴承座 273 以螺纹连接方式固定在机头壳体 10 内。沿着涡轮轴 23 的轴线设置有通孔，其上下两端各有一段直孔 231，下端直孔的孔径大于上端直孔的孔径，两不同孔径之间由锥形孔 232 过渡连接。车针夹持机构 25 包括锥形夹爪 251、夹爪杆 253 和弹簧挡板 255，锥形夹爪 251 的顶部连接夹爪杆 253，夹爪杆 253 上部伸出涡轮轴 23 上端通孔 231 部分的顶部连接弹簧挡板 255，锥形夹爪 251、夹爪杆 253 及弹簧挡板 255 为一体结构，其中的锥形夹爪 251 套装于涡轮轴 23 的锥形孔 232 中，其锥形外表面与涡轮轴 23 的锥形孔 232 之间滑动配合，所述弹簧挡板 255 与所述涡轮轴 23 顶部之间的夹爪杆 253 上套装有螺旋式压缩弹簧 257，作为可使车针夹持机构 25 复位的弹性件，当施加在弹簧挡板的作用力释放后，该螺旋式压缩弹簧 257 借助其弹性恢复力带动夹爪杆 253 和锥形夹爪 251 向上移动，从而锥形夹爪 251 在涡轮轴 23 的锥形孔 232 的作用下向内收缩，牢牢地夹紧车针 40。

本发明与现有技术中的按压式高速涡轮牙钻手机的主要区别首先在于按压机构 30：用硅胶按压盖来代替现有技术中的金属按压盖，并省去了现有技术中的按压盖复位弹簧。

如图 2 所示，按压机构 30 中的硅胶按压盖 31 借助螺纹卡环 32 以旋拧卡紧的方式将其周边卡压固定在机头壳体 10 的顶部。此处卡紧是指螺纹卡环 32 与机头壳体 10 之间形成卡槽，硅胶按压盖 31 被卡死在卡槽内不能移动，这样一来，硅胶按压盖 31 沿其周边被固定在机头壳体 10 上。由于硅胶本身有弹性复位性能，因此采用了硅胶按压盖 31 后，就无需再像现有技术那样在按压盖下方设置按压盖复位弹簧，也就是说利用硅胶自身的弹力，就可以用硅胶按压盖 31 替代原金属按压盖和按压盖复位弹簧两个部件，这不仅简化了结构和降低了成本，还在机头壳体 10 的内腔上部腾出了按压盖复位弹簧占用的空间。

本发明的按压式高速涡轮牙钻手机更换车针 40 工作过程如下：向下推压硅胶按压盖 31，硅胶按压盖 31 中部向下移动从而带动弹簧挡板 255 向下移动，夹爪杆 253 和锥形夹爪 251 随弹簧挡板 255 下滑，从而锥形夹爪 251 的锥形外表面与涡轮轴 23 内的锥形孔 232 之间形成间隙，使锥形夹爪 231 处于松弛状态，此时可取下旧车针 40，更换新车针 40。在安装上新车针 40 后，松开硅胶按压盖 31，借助硅胶自身的弹性复位性能，硅胶按压盖 31 的中部恢复原位，与此同时套设在涡轮轴 23 与弹簧挡板 255 之间的夹爪杆 253 上的螺旋式压缩弹簧 257 顶着弹簧挡板 255 上移，锥形夹爪 251 随弹簧挡板 255 上滑，涡轮轴 23 内的锥形孔 232 压紧锥形夹爪 251 的锥形外表面，使锥形夹爪 251 向内收紧，从而夹紧新安装的车针 40，完成车针 40 的更换。

在图 2 所示的按压式高速涡轮牙钻手机中，涡轮轴 23 顶部与弹簧挡板 255 之间套设的弹性件是螺旋式压缩弹簧 257。由于无需再在硅胶按压盖 31 下方设置按压盖复位弹簧，就腾出了机头壳体内腔上部的空间，因而还可以如图 3 所示那样用成对碟簧 257′ 来代替螺旋式压缩弹簧，此成对碟簧 257′ 采用了大口扣合的方式。采用这种大口相扣合的成对碟簧 257′，与现有技术中所采用的进口螺旋式压缩弹簧相比，大大降低了成本。

在图 2 所示的按压式高速涡轮牙钻手机中弹簧挡板 255 直径较小，硅胶按压盖 31

较软，按压硅胶按压盖31时会感觉到弹簧挡板255硌手。为此，在图4所示的本发明按压式高速涡轮牙钻手机的另一种实施方式中，加大弹簧挡板255的直径，使其为硅胶按压盖31内径的50%~98%。对于这种加大直径的弹簧挡板255的情况，还可如图5所示本发明最佳实施方式的按压式高速涡轮牙钻手机那样，在涡轮轴23顶部与弹簧挡板255之间套设大口朝向弹簧挡板255放置的碟簧257″。同样，采用这种单碟簧257″，与现有技术中所采用的进口螺旋式压缩弹簧相比，也大大降低了成本。

前面所给出的各种按压式高速涡轮牙钻手机中采用了硅胶按压盖31，但也可以用乳胶、聚氨酯橡胶来代替硅胶，这些都是很好的医用橡胶，单纯从技术的角度来说，其他橡胶或者类似橡胶的弹性材料都可以。此外，在上述各种按压式高速涡轮牙钻手机中，硅胶按压盖31沿周边固定在机头壳体10的顶部是由螺纹卡环32将硅胶按压盖31旋拧卡紧在机头壳体10的顶部来实现的，但是也可以用其他方式来固定：例如，用卡套卡环将硅胶按压盖31卡紧在机头壳体10的顶部；将硅胶按压盖31的周边与机头壳体1粘接固定在一起；将硅胶按压盖31套接在机头壳体10上，用卡簧环绕套接部位将两者箍紧在一起，或者用铁丝将两者箍紧在一起等。当然，在前面各种按压式高速涡轮牙钻手机中，弹性件为螺旋式压缩弹簧257、碟簧257″或大口相扣合的成对碟簧257′，但也可以采用其他压缩弹簧，如板簧。

对于一次性按压式高速涡轮牙钻手机，也可以采用上述结构。也就是说，对于上述各种按压式高速涡轮牙钻手机，除轴承271、272和弹性件257、257′、257″外，机头壳体10、手柄、涡轮21、涡轮轴23及锥形夹爪251、夹爪杆253和弹簧挡板255均由塑胶材料制成。尤其是涡轮21和涡轮轴23为一次注塑的连轴涡轮，锥形夹爪251、夹爪杆253和弹簧挡板255为一次注塑部件。除轴承271、272和弹性件257、257′、257″外，按压式高速涡轮牙钻手机的其他部件均采用塑胶材料，就可使其成本降低到每只成本（不包括模具本身）能够控制在18元人民币之内，相对于几千甚至上万元人民币的按压高速涡轮牙钻手机，极大地降低了成本，成为价廉物美的一次性按压式高速涡轮牙钻手机。

对于这种一次注塑的连轴涡轮，可以将涡轮轴23的外径由3 mm增大到3.6~4.2 mm。与此相应，用于支承涡轮轴23的上轴承271和下轴承272的内径，也相应增大，使二者能够配合，通常选用国际标准轴承或中国标准轴承。随着涡轮轴23增粗，涡轮轴23的孔壁随之能够相应加厚20%~40%，所述车针夹持机构的锥形夹爪251也能够相应加厚20%、夹爪杆253能够加粗20%~40%。采用这种加大涡轮轴23外径的结构不仅可以便于注塑成型，而且有助于增加转动惯量，改善一次性按压式高速涡轮牙钻手机的磨削性能。

以上所述仅为本发明的优选实施方式而已，并不用于限制本发明，对于本领域的技术人员来说，本发明可以有各种更改和变化。凡在本发明的精神和原则之内，所作的任何修改、等同替换、改进等，均应包含在本发明的保护范围之内。

第五章

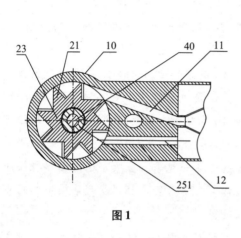

图 1

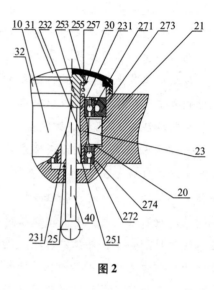

图 2

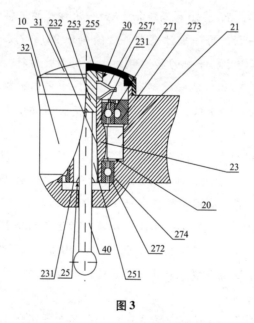

图 3

第五章

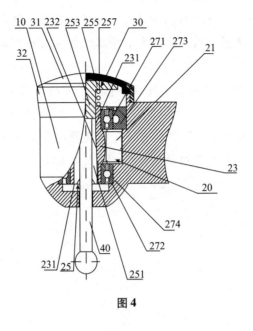

图 4

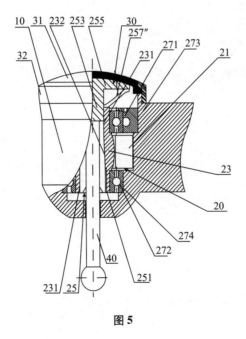

图 5

第五章

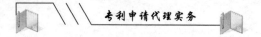

说 明 书 摘 要

　　本发明涉及按压式高速涡轮牙钻手机，其按压机构为橡胶按压盖（31），周边固定在机头壳体（10）顶部。采用橡胶按压盖，可借助其自身弹力而不再需要按压盖复位弹簧，既简化结构、又降低成本，还减小按压机构占用的腔体容积。鉴于此，可优选将弹簧挡板（255）直径加大到橡胶按压盖内径的 50%~98%，再将弹簧挡板与涡轮轴（23）之间的弹性件选用价格比进口弹簧低得多的单碟簧（257″），可进一步降低成本。尤其对这种牙钻手机，除轴承和弹性件外的材料均选用塑胶材料，且涡轮（21）和涡轮轴（23）为连轴涡轮，并将涡轮轴直径加大到 3.6~4.2 mm，可使此一次性按压式高速涡轮牙钻手机提高强度，增大转动惯量。

摘 要 附 图

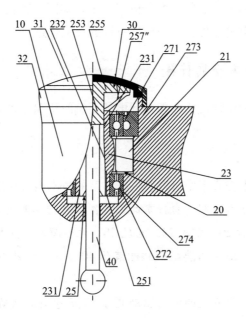

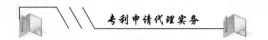

第四节　案例四：自行车的电动驱动装置

本案例的素材来自实际的案例，但具体内容作了较大的改动。本案例的内容包括"申请文件的撰写"和"审查意见通知书的答复"两个部分。在申请文件撰写这一部分，应当认真阅读申请人所提供的技术交底材料，并以此为出发点考虑如何与申请人作进一步的沟通，并结合进一步沟通所获得的信息撰写权利要求书和说明书；在答复审查意见通知书这一部分，需要仔细分析实质审查期间审查员给出的审查意见，在此基础上考虑如何修改申请文件，并作出针对性的意见陈述。

1　申请人提供的技术交底材料

申请人在委托专利代理机构办理专利申请手续时提供了两份材料：技术交底书及相关背景技术简介。

1.1　技术交底书

申请人提供的技术交底书中对发明创造涉及的技术内容作出了如下简单说明。

【0001】图 J-1 是本发明的自行车的侧视图。自行车具有车架体 8、前叉 12、车把组装体 16、驱动机构 20、前轮 24、后轮 28、电动驱动装置 53。

【0002】驱动机构 20 具有脚蹬曲柄组装体 40、前拨链器 46、前变速器 44、后变速器 50。

【0003】图 J-2 是本发明的电动驱动装置 53 示意图，电动驱动装置 53 用来对可变速到多个变速挡位之中的任一挡位的后拨链器 52 进行电动驱动。电动驱动装置 53 包括：具有输出轴 206a 的电机 206；具有安装在输出轴 206a 上的蜗杆 207 以及与蜗杆 207 啮合的蜗轮 208；以电机 206 的驱动力对后拨链器 52 进行驱动的减速机构 210；用来防止输出轴 206a 相对于蜗轮 208 移动的支撑部件 209。

【0004】电机 206 的输出轴 206a 从电机主体 206b 向外伸出，在输出轴 206a 的自由端安装有支撑部件 209。支撑部件 209 包括螺纹杆 226 和与螺纹杆所接触的滚珠轴承 222。

【0005】支撑部件 209 是为了防止电机 206 的输出轴 206a 向离开减速齿轮机构 210 的方向挠曲而设置的。螺纹杆通过滚珠轴承 222 对输出轴的自由端 206a 形成支撑。螺纹杆的轴线与输出轴 206a 的轴线大致正交。

【0006】调整支撑杆，能够从电动驱动装置 53 的外部调整接触螺纹杆自由端 224 的位置，从而调整电机的输出轴自由端的位置。

下面两幅附图是申请人随该技术交底书附上的示意图。

第五章

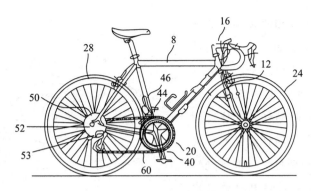

图 J-1 带有电动驱动装置的自行车的侧视图

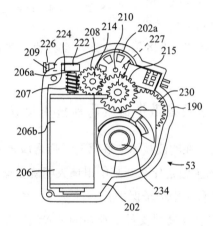

图 J-2 电动驱动装置的示意图

1.2 相关背景技术简介

申请人提供的背景文件1❶公开了如下内容。

一种用于自行车换挡的控制装置，该控制装置使用来自电机的动力对自行车的换挡控制部件进行操作。该控制装置包括：驱动部件，其至少可移动到空挡位置、换高速挡位置和换低速挡位置；驱动部件位置传感器，其连接到驱动部件上；连接到该驱动部件上的电机；以及控制单元，连接到驱动部件位置传感器和该电机上，以便使驱动部件移动到空挡位置、换高速挡位置和换低速挡位置中的至少一个位置。（参见图 D1-1）

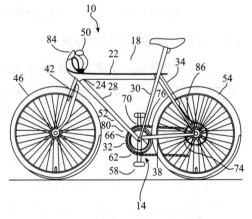

图 D1-1 已有变速的自行车示意图

❶ 由于本案例还涉及审查意见通知书的答复，考虑到审查意见通知书中所引用的文件称作"对比文件"，故在撰写申请文件部分将申请人提供的现有技术称作"背景文件"，以示区分。

已有的自行车换挡的控制装置如图 D1 - 2 所示，电机 804 的动力通过多级传动副向外输出以带动驱动部件移动。其中，当动力从安装在电机 804 输出轴 808 上的蜗杆 824 传递到蜗轮 828 上时，由于蜗杆齿呈螺旋形状，就会在轴向和径向受到来自蜗轮 828 的作用力，从而对该电机的输出轴形成负荷，致使电机的输出轴 808 向离开蜗轮 828 的方向挠曲。一旦电

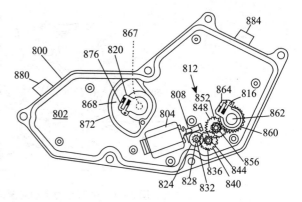

图 D1 - 2　已有电动驱动装置的示意图

机 804 的输出轴 808 在离开蜗轮 828 的方向上发生挠曲，就有可能出现蜗杆 824 被锁死或者磨损蜗杆齿等现象。

2　对申请人提供的技术交底书中的发明创造的理解

作为专利专利代理人，在阅读技术交底书时，通常应当考虑如下几方面的问题：

① 本发明创造涉及的主题是什么？其中申请人明确要保护哪几项主题，这几项主题分别可以采用哪一种专利类别给予保护？

② 申请人提供的现有技术背景文件 1 存在的技术问题是什么？

③ 对发明要保护的主题进行初步分析，其相对于申请人所提供的现有技术作了哪些改进，通过阅读技术交底书后认为有哪些内容需要与申请人作进一步沟通：例如哪些内容需要请申请人作出进一步清楚的说明？为提出专利申请，还需要申请人补充哪些技术内容？

④ 初步判断要求保护的主题有无授权前景。

2.1　对技术交底书的阅读和研究

通过对上述技术交底书的阅读和研究，初步认为技术交底书过于简单，但又有许多与发明不相关的内容，相反具体实施方式过少，且对具体实施方式给出的信息不全面，此外还有一些内容需要进一步与申请人进行沟通。

现将阅读研究技术交底书所得出的上述几个方面的看法归纳如下。

① 对技术内容的理解：由技术交底书介绍的内容可知，本发明创造所要解决的问题是防止电机的输出轴（即蜗杆轴）朝向离开蜗轮的方向挠曲；为解决这一问题，本发明设置支撑部件，支撑部件对电机的输出轴进行支撑，从而防止电机的输出轴朝向蜗轮离开的方向挠曲。

② 申请人对本发明创造要求保护一个主题，即电动驱动装置（见【0003】至【0006】和图 J - 2)），就这一主题而言，既可以申请发明专利，也可以申请实用新型

专利。

③ 本发明创造的关键改进之处为支撑部件，而目前的技术交底书针对此改进之处只给出了一种实施方式，且在此具体实施方式中改进内容太少，因而需要与申请人就本发明创造的技术内容作进一步沟通。例如，本发明支撑部件除了技术交底书中给出的具体结构外，还有哪些可以替代的结构也能使该装置实现防止电机输出轴挠曲，此外本发明的电动驱动装置相对于现有技术中的装置还有哪一些未被现有技术披露的改进内容。总之，为了使所撰写的权利要求书所要求保护的主题具有较宽的保护范围，并能得到说明书的充分支持，且在审批或无效程序中被认为权利要求所限定的保护范围未以说明书为依据时处于主动地位，应当要求申请人尽可能补充一些同样能解决本发明技术问题的其他实施方式。

④ 为了体现本发明对现有技术作出的贡献，以便在本申请的实质审查阶段涉及有关创造性等问题的争辩时更容易说服审查员而得到授权，或者在无效程序中与对方进行辩论时更容易让专利复委员会接受己方观点而使获得的专利权更加稳定，应当要求申请人针对已给出的实施方式和补充的实施方式具体说明各个改进措施所带来的优点。

⑤ 申请人随技术交底书提供的两幅图中未清楚显示出支撑部件的具体结构，需要建议申请人补充支撑部件与电机输出轴相配合的放大结构图。同样，在补充其他实施方式时，也应当补充与各实施方式相对应的附图。

⑥ 为了突出本发明创造的改进点是通过"支撑部件"来"防止电机的输出轴挠曲"，因此在申请文件中应当重点说明支撑部件通过什么样的具体结构来支撑电机输出轴，以防止电机输出轴挠曲。与此相反，与该改进关系不大的自行车结构无需作出详细说明，初步考虑申请文件中不采用图 J-1，这一想法可以在与申请人进行沟通时告知申请人以征求申请人的意见。

在作出上述分析后，就可与申请人进行沟通，例如以信函方式请申请人补充必要的材料。

2.2　请申请人补充有关资料的信函

就本案而言，与申请人进行沟通的信函中，应当包括如下三方面的内容。

① 专利代理人对发明创造的理解。

② 阅读技术交底书后需要请申请人补充或者修改的内容：提示申请人可以对哪些部件进行扩展和补充；对于补充后的所有的实施方式，请申请人指出他认为哪个实施方式最重要最想保护；对于描述不清楚的部件，请申请人补充描述；补充必要的附图。

③ 对本申请的初步设想。

下面为向申请人发出的沟通信函。

第五章

尊敬的××先生：

很高兴贵方委托我所代为办理有关自行车电动驱动装置的专利申请案，我方对该案件的编号为：×××××××××。

我方认真地研读了贵方寄来的技术交底文件，对本发明创造有了初步了解，但仍存在着需要与贵方作进一步沟通的内容，具体内容如下：

1. 我方对本发明创造的理解

从目前提供的技术交底书中对发明内容的介绍来看，贵方要求保护的自行车电动驱动装置主要涉及支撑部件209，支撑部件209支撑电机206的输出轴206a的自由端，从而防止电机206的输出轴206a向着离开蜗轮208的方向挠曲。支撑部件209中包括螺纹杆226和滚珠轴承222，螺纹杆226的自由端与装在电机输出轴206a自由端上的滚珠轴承222外环相接触，以形成对电机输出轴206a自由端的支撑。

2. 专利代理人阅读技术交底书后，认为贵方应当对以下内容作出进一步说明或补充具体内容：

（1）本申请的发明主题暂定为自行车的电动驱动装置，请问是否有必要将自行车的电动驱动装置进行进一步扩展为非机动车的或其他运输机械的电动驱动装置？

（2）就支撑部件对电机输出轴进行支撑这一技术内容，可否补充或扩展更多能够防止电机输出轴挠曲的其他实施方式，例如，螺纹杆通过与滚珠轴承相接触来支撑电机输出轴的方式是否有其他可替代的结构，螺纹杆本身是否可用其他部件替代等，以便专利代理人在撰写权利要求书时能够概括出较宽的保护范围？

（3）图J-2不能清楚地显示出支撑部件与电机输出轴的配合关系，建议补充放大剖视图，以清楚地显示螺纹杆如何通过滚珠轴承支撑电机输出轴。

（4）为体现本发明对现有技术作出的贡献，请对已给出的支撑部件支撑电机输出轴的具体结构以及补充和扩展的其他实施方式相对于现有技术的改进措施带来的优点和效果作更详细的说明，以便在本申请的实质审查阶段涉及有关创造性等问题的争辩时更容易说服审查员而得到授权，或者在无效程序中与对方进行辩论时更容易让专利复委员会接受己方观点而使获得的专利权更加稳定。

（5）图J-2中安装在电机输出轴上的蜗杆以及与其相啮合的蜗轮可否采用其他类似的机械结构？这些结构在本领域中习惯上的统称是什么？

（6）目前的图J-1以及相关描述都是现有自行车的结构，与本申请主题关联性不大，为突出发明要求保护的主题，在本申请中没有必要作出详细说明，因此在本申请中不再将图J-1作为说明书附图，请告知贵方是否同意这一意见。

3. 专利代理人对本专利申请的初步设想

对于贵方在技术交底书所想要求保护的主题"自行车的电动驱动置"而言，不仅可以申请发明专利，也可以申请实用新型专利。鉴于该产品上市后很容易被第三方仿制，为了尽早取得保护，还可以考虑同日同时提出发明专利申请和实用新型专利申

请，因为实用新型专利的审批周期比较短，申请人在实用新型专利授权后根据需要再决定发明是否要实质审查，这样兼顾及早获得专利权和获得稳定的高质量专利，但是申请两件的费用比单独申请一项发明要多一些，请申请人定夺。

此外，目前尚不能确定贵方提供的背景文件是否为最接近本发明的现有技术，为了能更好地确定本专利申请的保护范围，最好针对本发明创造要保护的主题进行一次补充检索。补充检索的好处是保证最后提交的申请文件中的权利要求书具有合适的保护范围，但这需要花费时间和另交检索费用。

××专利事务所×××

××年××月××日

3　申请人对技术交底书的补充说明

在与申请人进行沟通后，申请人决定以自行车的电动驱动置作为要求保护的主题同时提出发明专利申请和实用新型专利申请，但不同意对这主题进行补充检索。

此外，申请人还就沟通信函中提出的问题作出如下说明，并补充了相关材料。

（1）关于发明创造主题

对于发明创造主题，本申请涉及的电动驱动装置用在具有变速器的自行车中，而且这个电动驱动装置可以驱动自行车其他部件，例如闸片或者其他动作机构，因此本发明电动驱动装置仅用在安装有变速装置的自行车类车辆中，不适用于非机动车或其他运输机械。鉴于此，同意专利代理人将本发明或实用新型专利申请要求保护的主题确定为自行车电动驱动装置。

（2）关于替代结构

支撑部件以及蜗杆和蜗轮可以采用其他结构来替代。

① 就支撑部件而言，其作用是支撑电机输出轴，其中的螺纹杆可以用其他类似杆件代替，如销钉杆，同样其中的滚珠轴承也可以采用套块来替代。有关支撑部件防止电机输出轴挠曲的具体结构在补充的实施方式中作出详细说明。

② 套在电机输出轴上的蜗杆及与其相啮合的蜗轮为电动驱动装置中减速机构的第一传动副，其中蜗杆为主动传动件，蜗轮为从动传动件。该蜗杆及蜗轮可以用其他类似的传动副来代替，如伞齿轮或螺旋齿轮。

（3）关于附图的调整

对于原技术交底书中的图 J-1，申请人表示同意来函中的意见：为简明和突出本发明创造的重点内容，在申请文件中不必结合图 J-1 对自行车的常规结构作出具体说明，因此提交的专利申请文件中的说明书附图不再包括这一幅附图。

为了清楚说明已给出的支撑部件（螺纹杆和滚珠轴承）结构（以下称作第一种结构）如何起到防止电机输出轴挠曲的作用，申请人已按要求补充了一幅反映其具体结

第五章

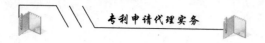

构的放大剖视图，即图 J-3。

为了便于对补充的支撑部件防止电机输出轴挠曲的其他三种结构作出详细说明，申请人又提供了三幅反映这三种结构的附图，即图 J-4 至图 J-6。

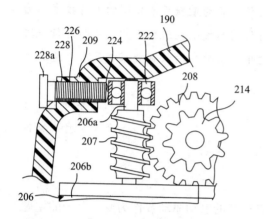

图 J-3　由螺纹杆和轴承构成的支撑部件
对电机输出轴进行支撑的放大剖视图

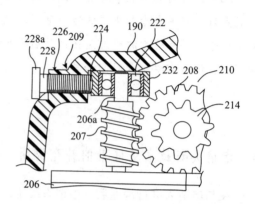

图 J-4　由螺纹杆和轴承外套构成的支撑部件
对电机输出轴进行支撑的放大剖视图

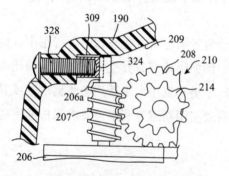

图 J-5　由螺纹杆和套块构成的支撑部件
对电机输出轴进行支撑的放大剖视图

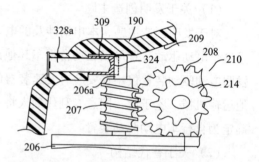

图 J-6　由销钉和套块构成的支撑部件
对电机输出轴进行支撑的放大剖视图

（4）针对技术交底书中已给出的支撑部件结构及其优点补充的内容

为了清楚地对技术交底书中已给出的支撑部件第一种结构作出清楚的说明，在补充的附图 J-3 中给出了反映原技术交底书图 J-2 中的支撑部件结构的放大剖面图。

图 J-2 所示电动驱动装置 53 外壳 190 内部为容纳空间 202，容纳空间中设置有电机 206 和由多个传动副组成的减速机构 210。电机 206 的输出轴 206a 上套装有作为减速机构 210 的第一传动副的蜗杆 207，在蜗杆 207 的一侧设置有与蜗杆 207 相啮合的蜗轮 208。通过该减速机构 210 的多级传动副将电机 206 的旋转传递到驱动轴 234，由此驱动轴 234 来带动设置在电动驱动装置外部的自行车的后拨链器，后拨链器驱动链条移动至选定的链轮，从而达到自行车变速的目的。

如图 J-2 和图 J-3 所示，在与电机 206 的输出轴 206a 自由端位置上设置有支撑部件 209，支撑部件 209 包括螺纹支撑杆 226 和轴承 222。该轴承 222 可以为滚珠轴承，但也可以用其他类型的轴承替代，其安装在电机输出轴 206a 的自由端。如图 J-3 所示，本发明的电动驱动装置 53 的外壳 190 对应于电机输出轴 206a 自由端的位置上形成有螺纹通孔，螺纹支撑杆 226 从外壳 190 的外部伸入外壳内部。螺纹支撑杆 226 包括圆柱形长支撑杆本体 228 和头部 228a，支撑杆本体 228 上形成有螺纹，支撑杆本体 228 穿过电动驱动装置 53 的外壳 190，头部 228a 位于电动驱动装置 53 的外部，旋转头部 228a 就能够从电动驱动装置的外部调整螺纹支撑杆 226 的位置，支撑杆本体 228 的接触自由端 224 与图 2 中的滚珠轴承 222 的外环外表面接触，与该自由端 224 相适配的接触端面可以是平面或凹曲面或 V 字形状表面或类似形状。在本实施方式中，支撑杆 226 的进退方向与输出轴 206a 的轴向大致垂直，这样一来，当电机 206 的输出轴 206a 通过蜗杆 207 受到来自蜗轮 208 的作用力而向离开蜗轮 208 的方向挠曲时，螺纹支撑杆 226 通过滚珠轴承 222 向电机输出轴 206a 施加一个反向支撑力，以防止电机输出轴 206a 挠曲。在上述实施方式中，螺纹支撑杆 226 与设置在电机输出轴 206a 自由端的轴承 222 接触，能够避免电机输出轴 206a 磨损。

（5）针对补充的实施方式及其优点作出的说明

图 J-4 为本发明支撑部件对电机输出轴进行支撑的第二种结构的放大剖视图。在这种结构中，支撑部件由螺纹支撑杆 226、轴承 222 和轴承外套 232。

如图 J-4 所示，在电机输出轴 206a 的自由端设置轴承 222，在轴承 222 外部套设轴承外套 232，螺纹支撑杆 226 以与第一种结构相同的方式从电动驱动装置 53 的外部穿过其外壳 190，其接触自由端 224 与轴承外套 232 接触。轴承外套 232 优选对着螺纹支撑杆 226 的一面为平面，以便与接触自由端部为平头的螺纹支撑杆 226 具有较大的接触面，从而其支撑效果更好、更为稳定，为此该轴承外套 232 的截面外周边可设计成正方形、矩形或者其中朝向螺纹支撑杆的一边为直线的其他形状。同样，为取得更好的支撑效果，可以将轴承外套 232 的一个端面沿着外壳 190 的内壁安装，因而可以稳定地调节电机输出轴 206a。

图 J-5 为本发明支撑部件对电机输出轴进行支撑的第三种结构的放大剖视图。与前两种结构不同的地方在于，其螺纹支撑杆 328 并非通过轴承来支撑电机输出轴 206a，而是设计成通过套块 324 来支撑电机输出轴 206a。螺纹支撑杆 328 的自由端与套块 324 相套接，螺纹支撑杆 328 通过套块 324 顶在输出轴 206a 的自由端上。套块 324 远离螺纹支撑杆 328 的一端为与输出轴 206a 的自由端外周面支撑接触的接触部分，该接触部分具有与输出轴 206a 的自由端外周面相配合的凹曲圆弧面。这样，就能够以简单的结构防止输出轴 206a 向着离开蜗轮 208 的方向挠曲。为了防止套块 324 磨损电机输出轴 206a，套块 324 的硬度应当小于电机输出轴 206a 的硬度，但是也不应当选用不耐磨的材料，优选由耐磨的合成树脂或者金属制成，例如四氟树脂或铜锡合金制成的块体，尤其可以采用自润滑材料。采用这种结构的支撑部件对电机输出轴进行支撑，由于套块与电机输出轴自由端为面接触，提高了支撑电机输出轴的稳定性；而且该支撑部件的安装和拆卸与前两种包含有轴承的支撑部件相比更为方便。

图 J-6 为本发明支撑部件对电机输出轴进行支撑的第四种结构的放大剖视图。第四种结构是在第三种结构的基础上略作变化而成，其与上述第三种结构不同的地方在于，用销钉杆 328a 来代替第三种结构中的螺纹支撑杆，也就是说，支撑部件由销钉杆 328a 和套块 309 构成。这种结构除了具有第三种结构的优点外，由于销钉杆 328a 的自由端与套块 309 的内孔采用紧配合结构，从而使套块 309 端面对电机输出轴 206a 的支撑更为稳定；此外，由于支撑杆采用了销钉杆，使得套块内孔加工省去了攻丝的工序，降低了加工成本。

（6）补充提供一份现有技术

申请人表示急于申请专利，因此不想再进行检索。与此相应，为了便于撰写专利申请文件，申请人又提供了背景文件 2 作为对现有技术的补充。

该背景文件 2 主要公开了如下内容。

如图 D2-1 和图 D2-2 所示，自行车变速设备包括一个后变速器装置 14 和一个前变速器装置 15，后变速器装置 14 包括一个连接到自行车框架上的第一主体 16 和一个通过包括两条臂 18 和 19 的平行四边形连杆装置连接到第一主体 16 上的第二主体 17，臂 18 的两端 20、21 和臂 19 的两端 22、23 铰接到两主体 16 和 17 上。第二主体 17 与承托传动链轮 25 和 26 的摇臂 24 相连接。

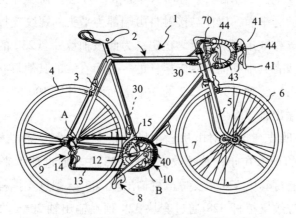

图 D2-1 自动控制自行车传动装置位置示意图

在图 D2-2 中，电促动器 27 为与减速齿轮结合的电动马达，减速齿轮直接装入后变速器装置 14 中，以驱动第二主体 17 移位，随后驱动摇臂 24 在链条 3 与链轮 11 的多个结合位置之间移位。

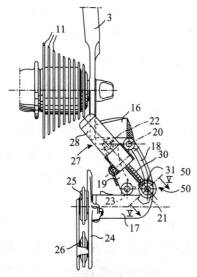
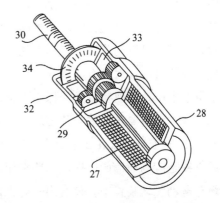

图 D2-2　自动控制自行车传动装置结构示意图　　　　**图 D2-3　马达和减速齿轮组件示意图**

图 D2-3 以放大的横截面图示出了马达和减速齿轮组件 28。马达和减速齿轮组件 28 不仅包括马达 27，还包括与从电动马达 27 中伸出的主轴相连的外摆线减速齿轮 29。该外摆线减速齿轮 29 驱动螺杆 30 转动。

如图 D2-2 所示，马达和减速齿轮组件 28 中的驱动螺杆 30 的内端与平行四边形连杆装置中的臂 19 的一端 22 一起以铰链连接方式连接到变速器装置的第一主体 16 上，而螺杆 30 另一端套装有螺帽 31，该螺帽 31 的主体与平行四边形连杆装置中的臂 18 的一端 21 以铰接方式安装在变速器装置的第二主体 17 上。这样一来，马达和减速齿轮组件 28 位于平行四边形连杆装置的对角线上，且当马达的转动通过外摆线齿轮 29 引起螺杆 30 相应转动而导致螺帽 31 沿螺杆移动时，从而使平行四边形连杆装置中臂 18 的端部 21 和臂 19 的端部 22 之间距离拉长或缩短。由此可知，通过马达 27 的转动将驱动后变速器装置 14 的第二主体 17 移位，从而驱动摇臂 24 在链条 3 与链轮 11 的多个结合位置之间移位。

最后，申请人在补充说明中表示，请专利代理人根据需要对申请人提供的材料进行必要的增删，并对附图作出必要的调整。

4　对本发明与现有技术进行比较分析后的初步看法

在将本发明与两篇对比文件所披露的内容进行比较时，对于有可能取得专利权的主题需要分析其相对于现有技术作出哪几方面改进，考虑本专利申请中的这几个改进

第五章

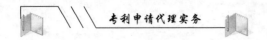

分别应当以哪一方面改进为主，在此基础上确定本专利申请的策略。通过分析后，如果认为有必要的话，还应当与申请人作进一步沟通。

就本案来说，通过对比分析，可得出如下几点看法：

① 对于自行车电动驱动装置这一主题而言，由于技术交底书中介绍的防止电机输出轴挠曲的第一种支撑结构以及对技术交底书中补充的第二种至第四种支撑结构既没有被背景文件 1 公开，也没有被背景文件 2 公开，也就是说，包括上述任一种支撑结构的自行车电动驱动装置分别相对于背景文件 1 或背景文件 2 中公开的现有技术来说具备新颖性，而且就目前所了解的这两篇背景文件所反映的现有技术和本领域的公知常识而言，可以初步认为包括上述任一种支撑结构的自行车电动驱动装置也具备创造性，因此可以针对具有上述任一种支撑结构的自行车电动驱动装置要求专利保护。为了争取本申请能取得较宽的保护范围，应当将这四种支撑结构的自行车电动驱动装置都纳入本申请要求保护的范围之中。

② 鉴于申请人在技术交底书仅介绍了第一种支撑结构的自行车电动驱动装置，而后三种是应沟通信函所提出的要求作出的补充，因而可初步认为这四种支撑结构的自行车电动驱动装置中，具有第一种支撑结构的自行车电动驱动装置是申请人最想得到保护的内容，就这一点可以请客户加以确认。至于后三种支撑结构，为了安排从属权利要求的撰写顺序，也可以请申请人对后三种支撑结构的重要性排一下顺序。

③ 申请人表示打算就同样的内容同时申请发明专利申请和实用新型专利申请，因此应当分别撰写一份申请文件。就本案而言，两者的内容基本相同，仅仅其中一份称作"本发明"，另一份称作"本实用新型"❶。为防止一件申请成为另一件申请的抵触申请，这两件专利申请应当同日向国家知识产权局提出申请。此外，为了使这两件专利申请先后均能被授予专利权，即需要使其符合《专利法》第 9 条第 3 款和《专利法实施细则》第 41 条第 2 款的规定，就应当在申请时分别说明对同样的发明创造已申请了另一专利。并在发明专利申请授予专利权时声明自授予发明专利权公告之日起放弃在先已授予的实用新型专利权。

在与申请人作进一步沟通时，申请人明确了具有第一种支撑结构的自行车电动驱动装置最重要，因为在这种结构为减少磨损而采用的轴承为标准件，成本低且耐用，其相对于具有第二种支撑结构的自行车电动驱动装置而言，减少了部件，从而相对于后者降低了成本。

其次，具有第二种支撑结构的自行车电动驱动装置比较重要，虽然其在第一种支撑结构的基础上增加了轴承套，即零件的数量增加了，但由于轴承套的端面可以紧邻外壳内壁安装，就可以提高支撑电机输出轴的稳定性。

具有第三种支撑结构或第四种支撑结构的自行车电动驱动装置也比较重要。在这

---

❶ 正由于两件专利申请文件内容基本相同，下面仅针对发明专利申请说明如何撰写权利要求书和说明书。

两种结构中，均采用了套块来支撑电机输出轴自由端，由于套块与电机输出轴的接触面为相配的曲面，以简单的支撑结构不仅增加了支撑电机输出轴的稳定性，而且装拆也比较方便；但是，对套块的材料有特殊要求。就第四种支撑结构与第三种支撑结构相比，各有其利弊：对第四种支撑结构来说，采用了销钉杆来代替螺纹支撑杆，从而套块内孔加工省去了攻丝的工序，加工成本降低；但是，第四种支撑结构的装拆就不如第三种支撑结构方便。

5 权利要求书的撰写

在将发明与申请人提供的两份背景文件所反映的现有技术进行比较分析的基础上与申请人作了进一步沟通之后，就可着手撰写专利申请文件。

就本申请而言，技术内容相对简单，几个实施方式比较清楚，因而可以先撰写权利要求书，然后根据权利要求书的内容撰写说明书。当然，在撰写完说明书后，还可对先撰写的权利要求书作进一步完善加工。

5.1 撰写独立权利要求

在撰写独立权利要求之前，首先要构建权利要求书的整体构架，布局独立权利要求的类型和数量，其次考虑如何布局从属权利要求，然后再动笔撰写具体的权利要求。

权利要求的类型分为产品权利要求和方法权利要求，由于本发明要求保护的主题是自行车电动驱动装置，为产品发明，因此独立权利要求的类型为产品权利要求。考虑到可以对本发明中的四种支撑结构采用支撑部件的上位概括方式，因此可以将这四种具有不同支撑结构的自行车电动驱动装置（相当于四个实施方式）概括成一个较宽的技术方案，所以针对本发明撰写一组产品权利要求（一项产品独立权利要求和若干项从属权利要求）。

在撰写独立权利要求之前，首先需要对其主题所涉及的技术特征作出分析，对本申请而言，就是对自行车电动驱动装置所涉及的技术特征进行分析。

5.1.1 对该自行车电动驱动装置所涉及的技术特征的分析

在对一项发明的技术特征进行分析之前，首先需要确定该要求保护主题的主题名称，然后再对该主题涉及的技术特征进行分析。

（1）确定要求保护主题的主题名称

申请人在技术交底书的补充说明中已经明确告知，本发明电动驱动装置仅用在安装有变速装置的自行车类车辆中，不适用于非机动车或其他运输机械，因此同意将本申请要求保护主题的主题名称确定为自行车的电动驱动装置。

（2）对主题所涉及技术特征的分析

综合技术交底书中给出的内容以及与申请人沟通获悉的内容可知，本发明中用于

第五章

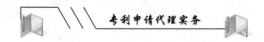

防止电机输出轴挠曲的支撑结构共有四种：在第一种结构，支撑部件包括螺纹杆和轴承；在第二种结构中，支撑部件包括螺纹杆、轴承和轴承外套；在第三种结构中，支撑部件包括螺纹杆和套块；在第四种结构中，支撑部件包括销杆杆和套块。因此，在撰写独立权利要求时，可以对上述几种结构进行上位概括：设置有对输出轴的自由端进行支撑的支撑部件。

此外，根据申请人对技术交底书的补充说明可知，作为第一级传动副的蜗杆和蜗轮还可以用伞齿轮或者螺旋齿轮来代替，鉴于此考虑，可以对其采用上位概括的方式，即概括为主动传动件和从动传动件。

在进行上述上位概括后，自行车的电动驱动装置这一主题包括下述几个特征：

① 具有外壳；

② 外壳内设置有电机，电机具有输出轴；

③ 外壳内设置有减速机构，其中的第一级传动副包括主动传动件和从动传动件，主动传动件安装在电机的输出轴上，该主动传动件与从动传动件啮合，通过减速机构以后各级传动副将动力传送至自行车后轮的后变速器；

④ 位于电动驱动装置的外壳与输出轴之间的支撑部件；

⑤ 支撑部件包括穿过外壳伸入外壳内部的支撑杆（优选为螺纹支撑杆）以及套装在所述输出轴的自由端上的轴承，支撑杆的自由端与轴承的外表面接触形成轴端部支撑；

⑥ 支撑部件包括穿过外壳伸入外壳内部的支撑杆（优选为螺纹支撑杆）、套装在所述输出轴的自由端上的轴承以及套装在所述轴承上的轴承外套，所述支撑杆的自由端与所述轴承外套的外表面接触形成轴端部支撑；优选之一为该轴承外套朝向支撑杆的外表面为平面，优选之二为该轴承外套的一个端面与外壳内壁接触；

⑦ 支撑部件包括支撑杆（优选为螺纹支撑杆或者优选为销钉杆）及嵌套在该支撑杆上的套块；套块具有与电机输出轴的自由端外表面相适配的端面，其与电机输出轴的自由端接触形成轴端支撑；

⑧ 套块的材料为硬度小于电机输出轴硬度的耐磨材料；

⑨ 套块的材料是自润滑材料，优选为四氟树脂、铜锡合金；

⑩ 减速机构的第一级传动副中的主动传动件为蜗轮，从动传动件为蜗杆；

⑪ 控制装置及车把上的调挡开关；

⑫ 后变速器及其后变速器的链轮组链条。

5.1.2　确定最接近的现有技术及本发明要解决的技术问题

在对本申请要求保护的主题作出技术特征分析后，就需要针对所了解的现有技术（对本申请而言，为申请人提供的两份背景文件）来确定本申请最接近的现有技术，在此基础上进一步确定本申请相对于最接近现有技术所解决的技术问题。

从技术领域来看：背景文件 1、背景文件 2 与本申请都是自行车电动驱动装置，因此这两份背景文件与本申请都属于相同的技术领域。

就解决的技术问题、技术效果和用途来看：背景文件1、背景文件2与本申请都是专门用于控制自行车链传动变速机构中的换挡机构进行移位，因此这两份背景文件与本申请接近的程度差不多。

从披露本申请的技术特征来看：在背景文件1公开的自行车电动驱动装置中，采用电机作为驱动部件，通过减速机构驱动换挡机构；其中减速机构的第一级传动副为蜗轮蜗杆机构，与本申请优选结构相同；而背景文件2的自行车电动驱动装置虽然也公开了电机和减速机构，但未公开减速机构的第一级传动副为蜗轮蜗杆结构。由此可知，背景文件1披露的本申请的技术特征比背景文件2多。

综上考虑，背景文件1和背景文件2与本申请属于相同的技术领域，两者解决的技术问题、技术效果和用途与本申请接近的程度差不多，但背景文件1披露了本申请更多的技术特征，因此应当以背景文件1作为本申请最接近的现有技术。

申请人在介绍背景文件1时明确指出该现有技术存在着电机输出轴会朝着偏离蜗轮方向挠曲的缺陷，而本发明正是采用了支撑部件来防止电机输出轴的挠曲，因此本申请相对于背景文件1所解决的技术问题是提供一种自行车电动驱动装置，它能防止电机的输出轴向着离开从动传动件的方向挠曲。

5.1.3 确定本发明解决上述技术问题的必要技术特征

在本书第二章"专利申请文件撰写流程"第三节2.1"确定独立权利要求的保护范围"中已经指出，独立权利要求应当包含尽可能少的技术特征，除必要技术特征之外，其他技术特征不要放在独立权利要求中，以尽可能地扩大独立权利要求的保护范围。必要技术特征是与要解决的技术问题密切相关的、为解决技术问题不可缺少的技术特征。确定必要技术特征时，可先将涉及某个主题的所有技术特征一一列出，进行分析，确定哪些是必要技术特征，哪些可作为附加技术特征。

在前面5.1.1节中已对本申请的自行车电动驱动装置这一要求保护的主题的所有技术特征一一列出，下面具体分析上述列出的所有技术特征中的哪些技术特征是防止电机输出轴挠曲的必要技术特征。

为了解决电机的输出轴向离开从动传动件的方向挠曲这一技术问题，本发明的电动驱动装置必须的结构包括电动驱动装置的基本结构，即涉及电动驱动装置的主要部件及他们之间的关系。具体说来，应当包括所列出的特征①外壳；特征②设置在该外壳中的电机，电机具有输出轴，特征③设置在外壳内的减速机构，其第一级传动副的主动传动件安装在电机输出轴上，第一级传动副的从动传动件与此主动传动件相啮合；特征④支撑在电动驱动装置的外壳与电机输出轴之间的支撑部件等。因为去掉上述①、②、③和④之一，就不能完成发明任务，因为防止电机的输出轴向着离开从动传动件的方向挠曲的技术方案必定要涉及位于外壳内电机和该电机的输出轴，涉及减速机构的第一级传动副（主动传动件和从动传动件），必定要涉及位于外壳与电机输出轴之间的支撑部件。由此可知，上述这些技术特征是本发明的必要技术特征。但是，需要说明的是，其中有一部分部件（例如减速机构的其他几级传动副）由于与本发明的改进没有直接的关系，因此按照《专利审查指南 2010》第二部分第二章 3.3.1 节的规定，可以不写入独立权利要求的前序部分。

上述⑤至⑦三个技术特征给出了支撑部件几种不同的具体结构，属于可以选择的具体结构，因而不是本发明的必要技术特征，如果将其中任何一个写入独立权利要求中，就会导致独立权利要求保护范围过窄，他人就可以很容易地绕过本发明的保护范围而利用本发明的构思来解决本发明所解决的技术问题。在该独立权利要求 1 中，仅需保留概括这些具体结构的上位概念支撑部件（即前面所写明的特征④），并具体写明该支撑部件与电机输出轴之间所形成的位置关系。

上述⑧和⑨两个特征分别是对上述特征⑦这种支撑部件结构中的套块材料的限定或优选措施，既然特征⑦不是本发明的必要技术特征，那么这两个特征也不应当是本发明的必要技术特征。

上述特征⑩是特征③中第一级传动副的优选方案，因此也不是本发明的必要技术特征。

特征⑪和⑫与本发明的改进之处不是密切相关的，所以按照《专利审查指南 2010》第二部分第二章 3.3.1 的规定，不必写入独立权利要求的前序部分。

通过上述分析可知，前面所列出的 12 个技术特征中，仅仅①、②、③和④这四个技术特征以及反映支撑部件与电机输出轴位置关系的特征是本发明自行车电动驱动装置这一主题的必要技术特征，应当将这些技术特征写入独立权利要求中。

5.1.4 完成独立权利要求的撰写

在确定了本发明的必要技术特征之后，将其与最接近的现有技术背景文件 1 所公开的自行车电动驱动装置进行对比分析，将其中背景文件 1 已公开的共有技术特征写入独立权利要求的前序部分，其余的写入独立权利要求的特征部分。

由于背景文件 1 公开了自行车电动驱动装置的外壳、电机及其输出轴、主动传动件、从动传动件，即上述特征①、②和③是本发明与背景文件 1 共有的技术特征，因此将这三个技术特征写入到独立权利要求 1 的前序部分中；将概括⑤至⑦三种具体支撑部件结构的技术特征，即特征④和反映支撑部件与电机输出轴位置关系的技术特征（在外壳对应于所述电机输出轴的自由端设置有支撑部件，支撑部件位于电机输出轴的、与从动传动件相对的另一侧上）作为本发明相对于背景文件 1 的区别技术特征，写入到独立权利要求的特征部分。由此完成独立权利要求 1 的撰写。

1. 一种自行车的电动驱动装置，具有：

外壳（190）以及设置在所述外壳（190）内的电机（206）和减速机构（210）；

所述电机（206）具有输出轴（206a）；

所述减速机构（210）的第一级主动传动件（207）固定在所述输出轴（206a）上，与设置在所述输出轴（206a）一侧的第一级从动传动件（208）配合；

其特征在于：

在所述外壳（190）对应于所述电机输出轴（206a）的自由端设置有支撑部件（209；309），所述支撑部件（209；309）位于所述输出轴（206a）与所述从动传动件（208）相对的另一侧上。

5.2 撰写从属权利要求

下面针对前面列出的其他附加技术特征撰写从属权利要求。

在撰写从属权利要求时，首先应当考虑针对⑤至⑦这三种支撑部件的具体结构撰写从属权利要求。在针对每一种支撑部件结构撰写从属权利要求时，可以再针对其中的优选措施进一步撰写这种支撑部件结构从属权利要求的从属权利要求，但是对于其中三种支撑部件结构共同的优选措施则在此之后再作为这三种支撑部件结构从属权利要求的多项从属权利要求。

第一种支撑部件的具体结构是申请人认为最重要的、最想保护的内容，则应当先以这种支撑部件的具体结构（支撑杆通过套装在电机输出轴自由端的轴承支撑电机输出轴）作为限定部分的附加技术特征来撰写从属权利要求2。由于这种支撑部件结构的优选措施对三种支撑部件结构均适用，则放在完成三种支撑部件结构的从属权利要求之后再撰写。最后完成的从属权利要求2如下。

2. 根据权利要求1所述的自行车的电动驱动装置，其特征在于：所述支撑部件（209）包括穿过所述外壳（190）伸入所述外壳（190）内部的支撑杆（226）以及套装在所述输出轴（206a）的自由端上的轴承（222），所述支撑杆（226）的自由端（224）与所述轴承（222）的外表面接触形成轴端支撑。

此后，以第二种支撑部件的具体结构（支撑杆通过套装在电机输出轴自由端的轴承和轴承外套支撑电机输出轴）作为限定部分的附加技术特征来撰写从属权利要求3，由于该从属权利要求3与从属权利要求2是并列的两项技术方案，因此，其引用部分仅引用了权利要求1，不能引用权利要求2。在这种支撑具体结构中，有两个仅适用于该结构的优选措施（该轴承外套朝向支撑杆的外表面为平面、该轴承外套的一个端面与外壳内壁接触）分别作为附加技术特征各撰写一项从属权利要求4和一项从属权利要求5。由于这两项从属权利要求均是针对第二种支撑部件结构的进一步限定，因此其引用部分引用了权利要求3，而不能引用权利要求1或2。当然权利要求5也可以再同时引用权利要求4，但是这样的话就成为一项多项从属权利要求了，由于后面还要针对同时适用三种不同支撑部件结构的优选措施撰写从属权利要求，为符合《专利法实施细则》第2条第2款规定的"多项从属权利要求……不得作为另一项多项从属权利要求基础"的规定，该权利要求5仅引用了权利要求3，而不再引用权利要求4，至于引用权利要求3而不引用权利要求4的原因是出于无效程序中修改专利文件可以采用权利要求合并式的修改方式。最后撰写成如下从属权利要求3至5。

3. 根据权利要求1所述的自行车的电动驱动装置，其特征在于：所述支撑部件

第五章

（209）包括穿过所述外壳（190）伸入所述外壳（190）内部的支撑杆（226），套装在所述输出轴（206a）的自由端上的轴承（222）以及套装在所述轴承（222）上的轴承外套（232）；所述支撑杆（226）的自由端（224）与所述轴承外套（232）的外表面接触形成轴端支撑。

4. 根据权利要求 3 所述的自行车的电动驱动装置，其特征在于：所述支撑杆（226）的自由端（224）的端面为平面，所述轴承外套（232）的截面外周边为正方形、矩形或者其中朝向所述支撑杆（226）的一边为与所述支撑杆（226）轴线相垂直的直线的其他形状。

5. 根据权利要求 3 所述的自行车的电动驱动装置，其特征在于，所述轴承外套（232）的一个端面与所述外壳（190）内壁接触。

随后，以第三种支撑部件的具体结构（支撑杆通过套块支撑电机输出轴）的两种不同结构（支撑杆分别为螺纹支撑杆或销钉杆）作为限定部分的附加技术特征来撰写从属权利要求6，在撰写该项从属权利要求6时，考虑到套块本身相对外壳是静止的，而该套块所接触的轴是高速转动的，所以为了减少磨损，减少摩擦所产生的热量，同时重点保护电机输出轴，应当让套块材料的硬度小于电机输出轴材料的硬度，从而先磨损的是可作为易损件及时更换的套块。鉴于此，应当将特征⑧同时写入从属权利要求6。此后，针对优选的套块材料，即以上述特征⑨中的两种优选作为附加技术特征各撰写一项引用权利要求6的从属权利要求7和8。此外，对于支撑杆的两种不同结构中的螺纹支撑杆是三种支撑部件结构的共同优选措施，将作为三种不同支撑部件结构的共同优选措施来撰写，而销钉杆仅是这种支撑部件结构的优选手段，因此先将支撑部件为销钉杆作为对第三种支撑部件结构的进一步限定写成一项从属权利要求9，且出于与前面撰写权利要求5同样的理由，该从属权利要求9也仅引用了从属权利要求6，最后撰写成如下从属权利要求6至9。

6. 根据权利要求 1 所述的自行车的电动驱动装置，其特征在于：所述支撑部件（309）包括穿过所述外壳（190）伸入所述外壳（190）内部的支撑杆（328；328a）及嵌套在该支撑杆（328；328a）上的套块（324），所述套块（324）具有与所述输出轴（206a）的自由端外表面相适配的端面，其与所述输出轴（206a）的自由端接触形成轴端支撑；所述套块（324）的材料为硬度小于所述输出轴（206a）硬度的耐磨材料。

7. 根据权利要求 6 所述的自行车的电动驱动装置，其特征在于：所述套块（309）的材料是自润滑材料。

8. 根据权利要求 6 所述的自行车的电动驱动装置，其特征在于：所述套块（309）的材料是四氟树脂或、铜锡合金。

9. 根据权利要求 6 所述的自行车的电动驱动装置，其特征在于：所述支撑杆为销钉杆（328a）。

在针对三种不同支撑部件结构及其各自优选措施撰写了从属权利要求后，就可针

对三种不同支撑部件结构的共同优选措施撰写多项从属权利要求，即分别针对支撑杆为螺纹支撑杆以及第一级传动副为蜗杆和蜗轮各撰写一项多项从属权利要求。由于螺纹支撑杆这一优选措施对权利要求 2 至 8 中的技术方案均适用，且前面各项从属权利要求均为仅引用一项在前权利要求的从属权利要求，因此针对这一优选措施写成的从属权利要求 10 的引用部分引用了权利要求 2 至 8 中任一项。至于第一级传动副为蜗杆和蜗轮这一优选措施，尽管其对权利要求 1 至 10 的技术方案都适用，但由于权利要求 10 为一项多项从属权利要求，为了符合《专利法实施细则》第 22 条第 2 款有关多项从属权利要求不得作为另一项多项从属权利要求的基础的规定，针对这一优选措施撰写成的权利要求 11 的引用部分未再引用权利要求 10，而仅引用权利要求 1 至 9 中的任一项。最后完成的权利要求 10 和 11 如下。

10. 根据权利要求 2 至 8 中任一项所述的自行车的电动驱动装置，其特征在于：所述支撑杆为在所述外壳（190）外部进行调节的螺纹支撑杆（226；328）。

11. 根据权利要求 1 至 9 中任一项所述的自行车的电动驱动装置，其特征在于：所述主动传动件（207）为蜗杆，从动传动件（208）为蜗轮。

至于特征⑪控制装置及车把上的调挡开关和特征⑫后变速器及其后变速器的链轮组链条属于本领域的公知常识，且与本发明要解决的技术问题没有直接联系，所以，不必再以这两个特征作为附加技术特征撰写从属权利要求。

完成权利要求书的撰写之后，要仔细核对权利要求之间的逻辑关系是否合理，例如检查限定部分是否存在缺乏引用基础的情况、每一项权利要求的各个技术特征之间是否存在矛盾的情况、每一项权利要求中的并列选择技术方案中是否存在上下位技术特征并列出现的情况、引用部分是否存在非择一引用的情况、引用部分是否存在多项从属权利要求引用多项从属权利要求的情况等。

6 说明书的撰写

按照《专利法实施细则》第 17 条的规定，说明书包括名称、技术领域、背景技术、发明内容、附图说明、具体实施方式和附图几大部分。下面先结合本申请简要说明除具体实施方式以外的说明书各个部分应当如何撰写，然后重点对具体实施方式部分的撰写作比较详细的说明。至于说明书各个部分如何具体撰写请参见下一部分所给出的最后完成的说明书参考文本。

6.1 简要说明本申请除具体实施方式部分以外说明书的各个部分如何撰写

下面对说明书除具体实施方式部分以外的各个部分（名称、技术领域、背景技术、发明内容、附图和附图说明、说明书摘要）应当如何撰写作简要说明。

（1）名称

发明名称应当反映独立权利要求的主题名称，对本申请而言，由于只有一项独立

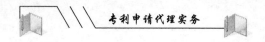

权利要求，该独立权利要求的主题名称为自行车的电动驱动装置，因此发明名称建议写成："自行车的电动驱动装置"。

（2）技术领域

技术领域至少应当反映其主题名称，可以包括其前序部分的全部或一部分技术特征，也可以反映其应用的内容，但不要写入与区别技术特征有关的内容。例如，不要写成"本发明涉及一种对其电机输出轴自由端进行支撑的一种电动驱动装置……"

对本申请来说，建议写成：

本发明涉及一种自行车的电动驱动装置，用于对安装在自行车上的传动装置进行电动驱动。

或者写成：

本发明涉及一种自行车的电动驱动装置，包括外壳，设置在外壳中的电机和减速机构，减速机构的第一级主动传动件设置在电机的输出轴上，并与位于电机输出轴一侧的第一级从动传动件相配合。

（3）背景技术

在这一部分至少应当对最接近的现有技术作出简要说明，即写明申请人提供的背景文件1中的自行车的电动驱动装置的主要结构，并针对本发明所作改进客观地指出其所存在的问题：当动力从套装在电机输出轴上的蜗杆传递到位于电机输出轴一侧的蜗轮上时，由于蜗杆齿呈螺旋形状，就会在轴向和径向受到来自蜗轮的作用力，从而对该电机的输出轴形成负荷，致使电机的输出轴向离开蜗轮的方向发生挠曲，就有可能出现蜗杆被锁死或蜗杆齿磨损等现象。此外，最好给出背景文件1的出处，如专利文献的公开号或公告号，期刊文献的文章名称和所属期刊的名称卷号，等等，这样该文献的内容就都被视为本申请的现有技术。

（4）发明内容❶

在这一部分包括三方面的内容，其一是本发明要解决的技术问题，其二是本发明的技术方案，其三是有益技术效果。

对于本发明要解决的技术问题来说，通常写明独立权利要求所解决的技术问题，由前面撰写独立权利要求时所作分析可知，本发明要解决的技术问题建议写成：

本发明要解决的技术问题是提供一种自行车的电动驱动装置，其可以防止电机的输出轴向离开从动传动件的方向挠曲。

本发明的技术方案和有益技术效果可以结合起来加以说明。这一部分至少写明独立权利要求的技术方案，然后从独立权利要求的区别技术特征出发分析说明该技术方案带来的技术效果：由于在外壳和电机输出轴之间设置了对电机输出轴自由端进行支撑的支撑部件，可以使安装有主动传动件的电机输出轴不会向着离开从动传动件的方

---

❶ 对于实用新型新型申请的说明书，这部分的标题应当为"实用新型内容"。

第五章

向移动，即使主动传动件有离开从动传动部件的趋势也会受到抑制，也就是说，本发明的电动驱动装置能够尽可能抑制电机的输出轴在朝向离开从动传动件的方向挠曲，进而防止了传动件被锁死或磨损齿等现象，延长了电动驱动装置的使用寿命。在此之后，最好另起段针对重要的从属权利要求（即体现三种不同支撑部件结构的从属权利要求）的技术方案作出说明，并分别说明这三种不同支撑部件结构进一步带来的有益技术效果。

当然，也可以在对独立权利要求和重要的从属权利要求的技术方案作出说明之后，另起段说明这些技术方案所带来的技术效果。

在后面给出的说明书推荐参考文本中是按照前一种方式撰写的。

（5）附图及附图说明

申请人在对技术交底书进行补充说明时又提供了图 J2 - 3 至图 J2 - 6 四幅附图，并在补充说明时同意本申请中不再采用随技术交底书提供的两幅附图中的图 J2 - 1，并表示在本申请中可采用这两幅附图中的图 J2 - 2 和补充提供的四幅附图。鉴于这五幅附图（即图 J2 - 2 至图 J2 - 6）能够清楚显示发明创造的结构，遂将这五幅附图分别作为本申请说明书的附图，对这五幅附图采用阿拉伯数字顺序编号，并在说明书的附图说明部分给出这五幅附图的图名。

在附图的布置顺序上，通常先给出反映发明整体技术方案的附图，若有可能，应当能够反映独立权利要求的技术方案；然后给出反映某一局部或部件的附图，这些附图根据所涉及技术特征的重要程度依序布置或者采用与说明书具体实施方式描述内容相应的顺序布置。对本申请而言，首先将反映本发明自行车电动驱动装置整体结构的图 J2 - 2 作为本申请说明书的图 1，然后再将反映三种不同支撑部件结构的局部放大图（即图 J2 - 3 至图 J2 - 6）依据重要程度分别作为本申请说明书的图 2 至图 5。

为了清楚地表示各部件之间的位置关系、传动或运动关系等，说明书附图需要标注零部件的附图标记，说明书具体实施方式部分需要结合附图并针对这些附图标记所表示的部件从技术上作出相应的说明，按照《专利法实施细则》第 19 条第 5 款的规定，权利要求书中也可以引用说明书附图中相应的标记，但需将其放在括号之中。附图标记在申请文件各部分中必须保持一致性，例如：图 1 至图 5 中的蜗轮、蜗杆分别用附图标记 208、207 表示，在权利要求书中应当表示成"蜗轮（208）、蜗杆（207）"。而附图标记的编号方式应体现出规律性与逻辑性，即不同的部件采用不同的附图标记，同一附图标记应当表示同一部件。为了清楚地反映不同类型的实施方式，同一部件在不同类型的实施方式中可以采用不同的附图标记，例如螺纹支撑杆在图 2 和图 3 这两种包含有轴承的支撑部件中，采用了附图标记 226，而在图 4 这一种包含有套块的支撑部件中，采用了附图标记 328。

对附图说明和附图的要求详见《专利法实施细则》第 17 条和第 18 条的规定，在此不再作重复说明。

第五章

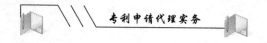
（6）说明书摘要

说明书摘要部分首先写明本发明的名称，然后重点对自行车的电动驱动装置的技术方案的要点作出说明，在此基础上进一步说明其解决的技术问题和主要用途。

此外，还应当将申请人对技术交底书作补充说明时提供的图 J－3（即说明书附图中的图 2）作为说明书摘要附图。

6.2 说明书具体实施方式的撰写

具体实施方式部分所描述的内容一定要将本发明充分公开，并且应当支持所撰写的权利要求书中所限定的每一项技术方案的保护范围。

对于本案例来说，除了根据技术交底书提供的本发明具体技术内容进行描述外，还应当包括与申请人在沟通后所补充的必要技术内容：例如在技术交底书及其补充说明中，申请人描述了多种实施方式，专利代理人应当先对多种具体实施方式进行概括描述，然后针对补充说明的内容对多种实施方式分别作出说明。具体实施方式部分所描述的内容一定要将本发明充分公开，并且应当支持将来撰写的权利要求书中所限定的每一项技术方案的保护范围。此外，在撰写具体实施方式时，还应当为审批阶段对权利要求书进行修改做好准备：即对于在审批阶段修改权利要求时可能出现的权利要求的技术方案，也应当在具体实施方式部分给出说明。

具体实施方式的撰写应当注意多个实施方式之间的逻辑关系。专利代理人应当注意，技术交底书中对很多部件仅列出了纲领性描述，具体的技术细节只能从附图中获得，专利代理人应当根据附图显示的内容分析各部件的结构和连接关系，在此基础上与申请人进行沟通加以确认后写入具体实施方式部分，或者先将分析理解的内容补充到说明书具体实施方式部分后再请申请人对撰写完成的说明书进行确认。

下面对撰写具体实施方式部分时应当考虑的几个具体问题作出进一步说明。

（1）对不同结构所采用的部件进行梳理概括

对于权利要求书出现的概括技术特征，除了在说明书发明内容部分需加以说明外，最好在具体实施方式部分结合各个不同结构作出具体说明时还应当表述成概括技术特征的优选。

就本申请而言，在针对这四种不同支撑部件结构分别作出描述时，应当反映其为支撑部件的一种优选，例如在结合图 2 对支撑部件结构进行说明时，可以表述成："如图 1 和图 2 所示，在本发明自行车电动驱动装置的外壳上相对于电机输出轴自由端位置所设置的支撑部件包括螺纹支撑杆和轴承。……采用由螺纹支撑杆和轴承构成的支撑部件不仅起到了对电机输出轴的自由端进行支撑的作用，可防止电机输出轴 206a 向着从动传动部件离开的方向挠曲，而且……"另外，在结合图 1 对电动驱动装置中减速机构的第一级传动副蜗轮和蜗杆作出说明后，还可进一步说明对于该蜗杆和蜗轮，还可以采用能够传递旋转力的任何构造的齿轮（如斜齿轮或伞齿轮那样的具有斜齿啮合的齿轮）来作为第一传动副的主动传动件和从动传动件。

（2）布局安排

对于一件申请具有多个实施方式的情况，通常先针对申请人认为最重要的实施方式描述，因此会与权利要求书中权利要求的布局，尤其是重要的从属权利要求的布局相适应。在对最重要的实施方式作出详细说明后，其他实施方式中相同的内容可以简写，并指出省略的部分与前面作过说明的哪一个实施方式相同。就本申请而言，先重点对图1和图2所示的第一种实施方式作出详细说明，然后再结合图3对第二种实施方式说明与第一种实施方式的不同之处，然后再结合图4对第三种实施方式作出说明，主要说明其与第一种实施方式的不同之处，最后再结合图5对第四种实施方式说明其与第三种实施方式的不同之处。

对于每种实施方式，按照先整体后局部，先简单后复杂，先描述主要结构后描述技术细节的逻辑顺序描述，逐步深入，可以将复杂的机械构造描述清楚。当然，也可以依照动力传动的顺序，从动力源到执行机构的逻辑顺序描述。在描述到发明改进点时，描述要具体，且需要将各结构本身以及结构之间的运动关系描述清楚。对于本申请来说，四种实施方式的整体结构部分是相同的，因此可以先结合图1说明这四种实施方式的整体结构，描述时可以兼顾各部件的位置关系和动力传递关系顺序展开加以说明。然后针对本发明的主要改进之处"支撑部件"分别作出详细说明，包括将申请人针对各个实施方式中各个技术手段所带来的技术效果写入，这些技术效果既可以在提到该技术手段时加以说明，也可以在各个实施方式之后，集中加以说明。

综上所述，在具体实施方式部分，应当遵循先简单，后复杂，先整体介绍，后详细描述，先重要部件，后其他改进的顺序，从多个角度入手，可以比较迅速地完整描述发明创造。

有关本申请最后撰写成的具体实施方式部分请参见此后给出的最后完成的说明书的参考文本，在此不再作具体说明。

7 最后完成的权利要求书和说明书的参考文本

按照上述分析，完成权利要求书和说明书文本的撰写，下面给出最后完成的权利要求书和说明书参考文本。

第五章

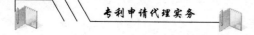

权 利 要 求 书

1. 一种自行车的电动驱动装置，具有：

外壳（190）以及设置在所述外壳（190）内的电机（206）和减速机构（210）；

所述电机（206）具有输出轴（206a）；

所述减速机构（210）的第一级主动传动件（207）固定在所述输出轴（206a）上，并与设置在所述输出轴（206a）一侧的第一级从动传动件（208）配合；

其特征在于：

在所述外壳（190）对应于所述电机输出轴（206a）的自由端设置有支撑部件（209；309），所述支撑部件（209；309）位于所述输出轴（206a）的与所述从动传动件（208）相对的另一侧上。

2. 根据权利要求1所述的自行车的电动驱动装置，其特征在于：所述支撑部件（209）包括穿过所述外壳（190）伸入所述外壳（190）内部的支撑杆（226）以及套装在所述输出轴（206a）的自由端上的轴承（222），所述支撑杆（226）的自由端（224）与所述轴承（222）的外表面接触形成轴端支撑。

3. 根据权利要求1所述的自行车的电动驱动装置，其特征在于：所述支撑部件（209）包括穿过所述外壳（190）伸入所述外壳（190）内部的支撑杆（226），套装在所述输出轴（206a）的自由端上的轴承（222）以及套装在所述轴承（222）上的轴承外套（232）；所述支撑杆（226）的自由端（224）与所述轴承外套（232）的外表面接触形成轴端支撑。

4. 根据权利要求3所述的自行车的电动驱动装置，其特征在于：所述支撑杆（226）的自由端（224）的端面为平面，所述轴承外套（232）截面外周边为正方形、矩形或者其中朝向所述支撑杆（226）的一边为与所述支撑杆（226）轴线相垂直的直线的其他形状。

5. 根据权利要求3所述的自行车的电动驱动装置，其特征在于：所述轴承外套（232）的一个端面与所述外壳（190）内壁接触。

6. 根据权利要求1所述的自行车的电动驱动装置，其特征在于：所述支撑部件（309）包括穿过所述外壳（190）伸入所述外壳（190）内部的支撑杆（328；328a）及嵌套在该支撑杆（328；328a）上的套块（324），所述套块（324）具有与所述输出轴（206a）的自由端外表面相适配的端面，其与所述输出轴（206a）的自由端接触形成轴端支撑；所述套块（324）的材料为硬度小于输出轴（206a）硬度的耐磨材料。

7. 根据权利要求6所述的自行车的电动驱动装置，其特征在于：所述套块（309）的材料是自润滑材料。

8. 根据权利要求6所述的自行车的电动驱动装置，其特征在于：所述套块（309）的材料是四氟树脂或铜锡合金。

9. 根据权利要求 6 所述的自行车的电动驱动装置，其特征在于：所述支撑杆为销钉杆（328a）。

10. 根据权利要求 2 至 8 中任一项所述的自行车的电动驱动装置，其特征在于：所述支撑杆为在所述外壳（190）外部进行调节的螺纹支撑杆（226；328）。

11. 根据权利要求 1 至 9 中任一项所述的自行车的电动驱动装置，其特征在于：所述主动传动件（207）为蜗杆，所述从动传动件（208）为蜗轮。

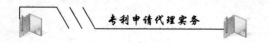

说　明　书

自行车的电动驱动装置

技术领域

[0001] 本发明涉及一种自行车的电动驱动装置，用于对安装在自行车上的传动装置进行电动驱动。

背景技术

[0002] 在安装有变速装置的自行车领域中，可采用电机对变速装置进行驱动。例如，日本专利申请公开说明书JP××××××A公开了一种用于自行车换挡控制设备的控制装置，该控制装置使用来自电机的动力对自行车换挡控制部件进行操作。该控制装置包括驱动部件、驱动部件位置传感器以及连接到该驱动部件上的电机。控制单元连接到驱动部件位置传感器和该电机上，以便使驱动部件移动到空挡位置、换高速挡位置和换低速挡位置中的至少一个位置。

[0003] 在上述自行车换挡控制设备的控制装置中，当动力从套装在电机输出轴上的蜗杆传递到位于电机输出轴一侧的蜗轮上时，由于蜗杆齿呈螺旋形状，就会在轴向和径向受到来自蜗轮的作用力，从而对该电机的输出轴形成负荷，致使电机的输出轴向离开蜗轮的方向挠曲。一旦电机的输出轴在离开蜗轮的方向上发生挠曲，就有可能出现蜗杆被锁死或蜗杆齿磨损等现象。

发明内容

[0004] 本发明所要解决的技术问题是提供一种自行车的电动驱动装置，其可以防止电机的输出轴向离开从动传动件的方向挠曲。

[0005] 为解决上述技术问题，本发明提供了一种自行车的电动驱动装置，其具有外壳以及设置在外壳内的电机和减速机构，该电机具有输出轴，减速机构的第一级主动传动件固定在此输出轴上，与设置在该输出轴一侧的第一级从动传动件配合，在该装置外壳对应于电机输出轴的自由端设置有支撑部件，该支撑部件位于输出轴的、与所述从动传动件相对的另一侧上。

[0006] 在上述本发明的自行车的电动驱动装置中，由于在外壳和电机输出轴之间设置了对电机输出轴自由端进行支撑的支撑部件，可以使安装有主动传动件的电机输出轴不会向着离开从动传动件的方向移动，即使主动传动件有离开从动传动件的趋势也会受到抑制，也就是说，本发明的电动驱动装置能够尽可能抑制电机的输出轴朝向离开从动传动件的方向挠曲，进而防止了传动件被锁死或磨损齿等现象，延长了电动驱动装置的使用寿命。

[0007] 作为本发明的第一种优选结构，所述支撑部件包括穿过外壳伸入其内部

的支撑杆以及套装在电机输出轴自由端上的轴承，支撑杆的自由端与轴承的外表面接触形成轴端支撑。在这种优选结构中，由于螺纹支撑杆与设置在电机输出轴自由端的轴承接触，能够避免电机输出轴磨损。尤其是当螺纹支撑杆的接触自由端具有与轴承的外环外表面相适配的接触端面，则两者可形成更稳定的支撑结构。

[0008] 作为本发明的第二种优选结构，所述支撑部件包括穿过外壳伸入其内部的支撑杆、套装在电机输出轴自由端上的轴承以及套装在该轴承上的轴承外套，支撑杆的自由端与轴承外套的外表面接触形成轴端支撑。这种结构与前一种优选结构一样能够避免直接磨损电机输出轴。在这种优选结构中，如果支撑杆的自由端为平面，且轴承外套的截面外周边为正方形、矩形或者其朝向支撑杆的一边为与支撑杆的轴线相垂直的直线的其他形状，则支撑杆与轴承外套形成更稳定的端部支撑。尤其是当轴承外套的一个端面与外壳内壁相接触时，就能取得更好的支撑效果。

[0009] 作为本发明的第三种优选结构，所述支撑部件包括穿过外壳伸入其内部的支撑杆以及嵌套在该支撑杆上的套块，套块具有与电机输出轴的自由端外表面相适配的端面，其与电机输出轴的自由端接触形成轴端支撑，且套块的硬度小于电机输出轴的硬度。采用这种结构的支撑部件对电机输出轴进行支撑，由于套块与电机输出轴自由端为面接触，提高了支撑电机输出轴的稳定性；由于套块的硬度小于电机输出轴的硬度，能确保减少对电机输出轴的磨损；而且该支撑部件的安装和拆卸与前两种包含有轴承的支承部件相比更为方便。在这种优选结构中，套块的材料可以优选为自润滑材料，以改善两者之间的耐磨性能；尤其是优选四氟树脂或铜锡合金，其软硬度十分合适，不仅不会对电机输出轴形成磨损，而且自身也耐磨。

[0010] 在本发明上述三种优选结构中，其中的支撑杆优选为螺纹支撑杆，从而可在外壳外部调节螺纹支撑杆以便使其自由端与电机输出轴之间形成良好的轴端支撑。当然，对于上述第三种优选结构中，支撑杆也可以采用销钉杆，其相对于螺纹支撑杆来说，对套块内孔加工时就不再需要攻丝，从而降低了加工成本。

附图说明

[0011] 图1是本发明自行车的电动驱动装置第一种实施方式的剖视图；

[0012] 图2是图1所示本发明第一种实施方式中支撑杆通过轴承支撑电机输出轴的放大剖视示意图；

[0013] 图3是本发明第二种实施方式的支撑杆通过轴承外套和轴承支撑电机输出轴的放大剖视示意图；

[0014] 图4是本发明第三种实施方式的螺纹支撑杆通过套块支撑电机输出轴的放大剖视示意图；

[0015] 图5是本发明第三种实施方式的替代结构（以销钉杆替代螺纹支撑杆）的放大剖视示意图。

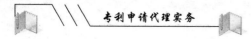

具体实施方式

[0016] 本发明涉及安装有变速装置的自行车，采用具有电机的电动驱动装置来对变速装置进行电驱动。在本发明中，变速装置是可变速到多个变速挡位之中任一挡位的后拨链器。

[0017] 如图1所示，自行车电动驱动装置174具有外壳190，外壳190内部为容纳空间202，容纳空间202中设置有电机206和由多个传动副组成的减速机构210。电机206位于外壳190内部的一侧，通过减速机构210向变速装置提供动力。电机206的顶端具有伸出的输出轴206a。减速机构210第一级传动副中的蜗杆207为具有螺旋形外齿的中空杆状体，固定地套装在电机206的输出轴206a上。第一传动副中的蜗轮208设置在蜗杆207的一侧，其外侧具有一圈外齿，与蜗杆207的螺旋形外齿啮合，以接受由蜗杆207传送过来的电机206的旋转动力。蜗杆207在电机206的旋转动力作用下，驱动蜗轮208旋转，而该蜗轮208再继续向减速机构210的第二级传动副传送旋转动力，如此逐级传递，直到将电机206的旋转动力传递到设置在电动驱动装置外部的变速装置（后拨链器），后拨链器驱动链条移动至选定直径的链轮，从而达到自行车变速的目的。需要说明的是，虽然图1以及此后的图2至图5中所示的减速机构第一传动副都是蜗杆207和蜗轮208，但是可以采用其他能够传递旋转力的任何构造的齿轮（如斜齿轮或伞齿轮那样的具有斜齿啮合的齿轮）来作为第一传动副的主动传动件和从动传动件。

[0018] 本发明为了防止电机输出轴206a受到来自蜗轮208对蜗杆207施加的作用力而发生朝向离开蜗轮208方向的偏移，在外壳190上与电机206的输出轴206a自由端位置相对应处，设置了用于支撑电机输出轴206a自由端的支撑部件209，该支撑部件209位于输出轴206a与蜗轮208相对的另一侧上。

[0019] 图1和图2示出了本发明自行车电动驱动装置第一种实施方式的具体结构。如图1和图2所示，在本发明自行车电动驱动装置的外壳190上相对于电机206的输出轴206a自由端位置所设置的支撑部件209包括螺纹支撑杆226和轴承222。该轴承222可以为滚珠轴承，但也可以用其他类型的轴承替代，其安装在电机输出轴206a的自由端。如图2所示，本发明的电动驱动装置174的外壳190对应于电机输出轴206a自由端的位置上形成有螺纹通孔，螺纹支撑杆226从外壳190的外部伸入外壳190内部。螺纹支撑杆226包括圆柱形长支撑杆本体228和头部228a；圆柱形长支撑杆本体228上形成有螺纹，穿过电动驱动装置174的外壳；而头部228a位于电动驱动装置174的外部，旋转头部228a就能够从电动驱动装置的外部调整支撑杆的位置，螺纹支撑杆226远离其头部228a的一端为接触自由端224，其与图2中的滚珠轴承222的外环外表面接触，滚珠轴承222外表面上与该接触自由端224相适配的接触面可以是平面、凹曲面、V形表面或者其他与接触自由端224端的端面相配的形状。在本实

施方式中，支撑杆 226 的进退方向与输出轴 206a 的轴向大致垂直。在这种实施方式中，这种采用由螺纹支撑杆和轴承构成的支撑部件不仅起到了对电机输出轴的自由端进行支撑的作用，可防止电机输出轴向着离开动传动件的方向挠曲，而且由于螺纹支撑杆与设置在电机输出轴自由端的轴承接触，能够避免电机输出轴磨损。

[0020] 具有如上结构的自行车电动驱动装置在进行调高挡变速或者调低挡变速时，电机 206 旋转，其旋转由蜗杆 207、蜗轮 208 构成的第一级传动副起逐级传递到驱动轴 234 上。在该旋转力传递过程中，由于负荷作用，蜗杆 207 的轴受到蜗轮 208 承受力的作用，从而发生挠曲偏移。由于在本发明中设置了由螺纹支撑杆 226 和轴承 222 构成的、用于支撑电机输出轴 206a 的支撑部件 209，且该支撑部件 209 位于输出轴 206a 与蜗轮 208 相对的另一侧上，从而该支撑部件 209 施力作用在输出轴 206a 与蜗轮 208 相对的另一侧上，即该支撑部件 209 提供的支撑力或支撑力的合力朝向电机输出轴 206a 的轴线，这样一来，就可使电机输出轴 206a 不会朝着离开蜗轮的方向偏移。由此可知，这种结构的电动装置具有良好的防止电机输出轴挠曲效果。

[0021] 图 3 示出本发明自行车电动驱动装置第二种实施方式的具体结构。这种实施方式与第一种实施方式的区别在于采用了不同结构的支撑部件 209，其他结构均与第一种实施方式相同，故不再作重复说明。在这种实施方式中，支撑部件 209 包括螺纹支撑杆 226、轴承 222 以及轴承套 232。其中，轴承 222 与第一种实施方式一样也安装在电机输出轴 206a 的自由端，在轴承 222 外部套设轴承外套 232，螺纹支撑杆以与第一种实施方式相同的方式从电动驱动装置 174 的外部穿过其外壳 190，其接触自由端 224 接触轴承外套 232。也就是说，螺纹支撑杆 226 通过轴承外套 232 和轴承 222 支撑电机的输出轴 206a，从而防止电机输出轴 206a 的自由端朝向离开蜗轮流 08 的方向挠曲。轴承外套 232 的形状可以为常规的短圆管形，螺纹支撑杆 226 自由端 224 的接触端面与轴承外套 232 外表面的配合可以采用与第一种实施方式中螺纹支撑杆 226 的自由端与轴承 222 外表面一样的平面、凹曲面、V 形表面或类似形状。但是，轴承外套 232 的外形优选对着螺纹支撑杆 226 的一面为平面，以便与接触自由端部为平头的螺纹支撑杆 226 具有较大的接触面，从而使其得到更好、更为稳定的支撑效果。也就是说，该轴承外套 232 横截面外周边优选为正方形、矩形或者其中朝向螺纹支撑杆 226 的一边为与螺纹支撑杆轴线相垂直的直线的其他形状。图 3 中，还给出轴承外套 232 的一种优选结构，即该轴承外套 232 的一个端面可以沿外壳的内壁 202a 安装，因此螺纹支撑杆 226 通过轴承外套 232 和轴承 222 对电机输出轴 206a 的支撑更为稳定。

[0022] 图 4 示出本发明自行车电动驱动装置第三种实施方式的具体结构。在这种实施方式中，支撑部件 309 包括螺纹支撑杆 328 以及套块 324，套块 324 套接在螺纹支撑杆 328 的自由端上，从而固定在外壳的内壁上。由此可知，这种实施方式与第一种实施方式的区别在于用套块 324 来代替第一种实施方式中的轴承 222，也就是说，螺纹支撑杆 328 不是通过轴承来支撑电机输出轴 206a，而是通过套块 324 来支撑电机

输出轴206a。为此，套块324应当具有与电机输出轴206a的自由端外表面相适配的端面，即套块324与电机输出轴206a自由端相接触的端面为圆弧面，其曲率与电机输出轴206a自由端外表面的曲率相同。套块324应当选用耐磨材料，尤其是自润滑材料，但其硬度应当小于电机输出轴206a的硬度，因此往往由合成树脂或者金属制成，例如四氟树脂或铜锡合金制成。采用这种实施方式，就能够以简单的结构防止输出轴206a自由端向着离开蜗轮的方向挠曲，而且支撑部件的装拆与前两种实施方式相比更为方便。

[0023] 图5所示本发明自行车电动驱动装置第四种实施方式是图4所示第三种实施方式的一种替代结构。在这种实施方式中，支撑部件309包括销钉328a以及套块324，套块324套接在销钉328a的自由端上。对套块324端面形状的要求以及对套块324的硬度和材料的要求与前面第三种实施方式相同。这种实施方式与第三种实施方式一样，能够以简单的结构防止输出轴206a自由端向着离开蜗轮的方向挠曲；除此之外，由于销钉杆328a的自由端与套块309的内孔采用紧配合结构，从而使套块309端面对电机输出轴206a的支撑更为稳定。至于采用套块324的两种实施方式而言，各有其利弊：采用螺纹支撑杆的实施方式相对于采用销钉的实施方式，便于装拆、且可以进行调节；采用销钉的实施方式，就无需在套块内孔进行攻丝，降低了加工成本。

[0024] 当然，对于本发明自行车电动驱动装置的第三种实施方式，支撑部件也可以没有支撑杆，而直接采用粘接、螺丝固定等方式将套块324固定在外壳190的内壁上。

[0025] 本发明的电动驱动装置并不限于驱动变速器，还可以驱动自行车中的其他辅助执行装置。

[0026] 尽管上面已经示出和描述了本发明的多个实施方式，对于本领域的普通技术人员而言，可以理解在不脱离本发明的原理和精神的情况下对这些实施方式进行多种变化、修改、替换和变型，本发明的保护范围由各项权利要求及其等同范围限定。

第五章

说 明 书 附 图

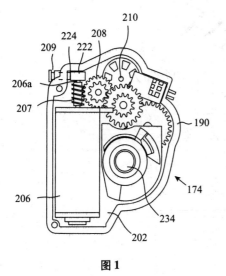

图1

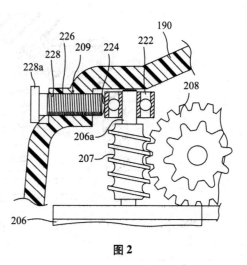

图2

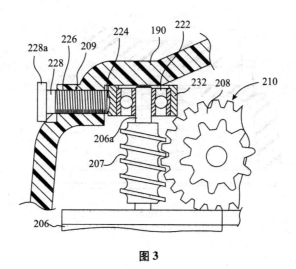

图3

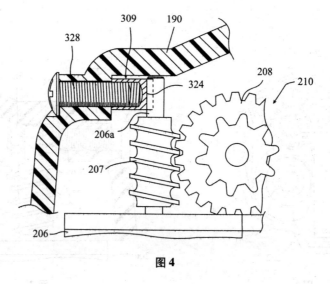

图 4

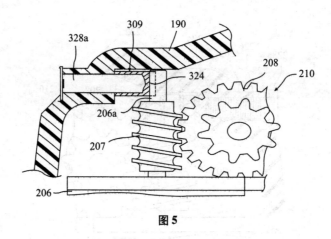

图 5

说　明　书　摘　要

　　本发明提供一种自行车的电动驱动装置，对安装在自行车上的执行装置进行电动驱动。该电动驱动装置具有外壳（190），在外壳内设置有电机（206）、减速机构，电机具有输出轴（206a），减速机构的第一级主动传动件（207）安装在电机的输出轴上，并与位于电机输出轴一侧的第一级从动传动件（208）啮合，将电机的驱动力通过减速机构向执行装置进行传递。本发明在所述外壳对应于所述电机输出轴的自由端设置有支撑部件（209），所述支撑部件位于所述输出轴的与所述从动传动件相对的另一侧上。采用本发明的电动驱动装置的支撑部件，能够尽可能地抑制电机的输出轴朝向离开从动传动件的方向产生的挠曲。

摘 要 附 图

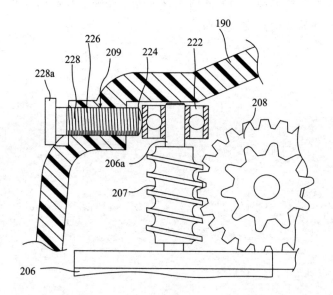

第五章

8　答复审查意见通知书

在本发明专利申请案实质审查的实际过程中，经过三次对审查意见通知书的答复后，本申请被授予专利权。鉴于第三次审查意见通知书中仅涉及形式缺陷和不重要的实质性缺陷，为简明起见，现对本申请案例实质审查的有关内容作了改动，仅涉及两次审查意见通知书，以便更清楚说明问题。

这一部分的内容包括对审查员两次审查意见通知书的理解和意见转达，权利要求书的修改以及意见陈述书的撰写；其中的重点是如何针对审查意见通知书有关本申请不具备创造性的审查意见进行争辩，修改专利申请文件时如何避免修改超出原说明书和权利要求书的记载范围，以及通过实质审查过程中的实践反思专利申请文件撰写的过程中有哪些改进之处。

8.1　对第一次审查意见通知书的答复

专利代理人将经过申请人确认的专利申请文件向国家知识产权局提交并受理且在法定期限内提交了符合要求的实质审查请求书之后，专利代理人经过一段时间就会收到国家知识产权局发出的第一次审查意见通知书。

8.1.1　第一次审查意见通知书的主要内容

国家知识产权局所发出的第一次审查意见通知书中引用了两篇对比文件，并指出本专利申请的各项权利要求相对于这两份对比文件不具备创造性。

鉴于本案例答复审查意见通知书时权利要求书的修改以及意见陈述书中有关具备创造性争辩的实质内容均仅涉及独立权利要求 1，因此为突出想说明的问题，下面仅摘录第一次审查意见通知书中有关独立权利要求 1 的论述内容。

本申请涉及一种自行车的电动驱动装置。经审查，现提出如下审查意见：

1. 独立权利要求 1 要求保护一种自行车的电动驱动装置。对比文件 1（CN×××××××A）公开了一种自行车的电动驱动装置，并具体公开了以下技术特征（参见说明书第 2 页第 18 行至第 3 页第 30 行，附图 5 和 6）：该自行车用电动驱动装置 56 对安装在自行车上的变速装置进行电动驱动，其具有电机 262 和减速机构，电机 262 具有输出轴，减速机构具有安装在前述电机输出轴上的驱动齿轮（相当于本发明中的主动传动件）及与前述驱动齿轮啮合的从动传动件，借助前述电机 262 的驱动力对变速装置进行驱动。

权利要求 1 与对比文件 1 的区别在于：在所述外壳对应于所述电机输出轴的自由端设置有支撑部件，所述支撑部件位于所述输出轴的与所述从动传动件相对的另一侧上。

对比文件 2（JP×××××××A）公开了一种机动车使用的电动驱动装置，并公开了上述区别技术特征（参见说明书第 2 栏第××行至第××行和第 4 栏第××行至第××行，附图1-2）：所述电动驱动装置具有螺纹件30（相对于本申请的支撑部件），螺纹件30通过壳体上的通孔进入电动驱动装置的内部，电机10的输出轴28上套设轴承套29，螺纹件30在所述输出轴28与所述从动传动件相对的另一侧上支承轴承套29，且这些技术特征在对比文件2和本发明中都起到了阻止电机输出轴向着离开从动传动件的方向挠曲的作用，即对比文件2给出了将上述区别技术特征用于对比文件1的启示。从而，在对比文件2的启示下，将对比文件2公开的电动驱动装置的支撑装置设置在对比文件1公开的自行车用电动驱动装置中，得到权利要求1要求保护的技术方案，对本领域技术人员来说是显而易见的。因此，独立权利要求1不具备突出的实质性特点和显著的进步，不具备《专利法》第22条第3款规定的创造性。

......

综上所述，本申请的全部权利要求（权利要求1~11）不具备创造性，本申请不具有授权前景。

审查意见通知书中所引用的对比文件1（CN×××××××A）说明书第2页第18行至第3页第30行及相应的附图5和附图6（即图SD1-1和图SD1-2）公开了如下内容。

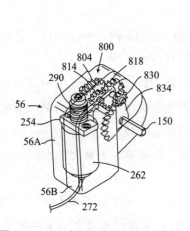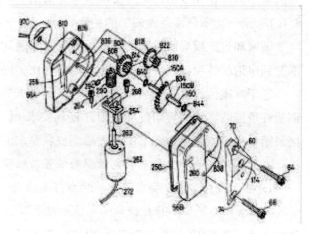

图SD1-1 对比文件1中的电动驱动装置的透视图

图SD1-2 对比文件1中的电动驱动装置的部件分解图

如图5、图6所示，电机单元外壳56包括第一外壳部分56A，第二外壳部分56B，和位于第一外壳部分56A和第二外壳部分56B之间的垫圈250。电机单元外壳56内设置有安装支架254，该支架位于第一外壳部分56A上的槽258和第二外壳部分56B上的槽260之内。具有驱动轴263的电机262由螺丝264和268刚性地固定在安装支架254上。电机262由来自电气总线272上的接收信号控制，蜗杆290通过固定螺丝263固定在电机驱动轴263上，以通过齿轮减速单元800驱动摆动轴150。齿轮减速单元800包括与蜗杆290啮合的大直径齿轮804。大直径齿轮804通过摆动轴808可摆动地安装在第一外壳部分 56A 上,摆动轴 808 则位于在第一外壳部分 56A 上形成的凹槽 810 内。小直径齿轮 814 不可摆动地与大直径齿轮 804 固定在一起,并与另一个大直径齿轮 818 啮合。大直径齿轮 818 通过一摆动轴 822 可摆动地安装在第一外壳部分 56A 上,摆动轴 822 则位于在第一外壳部分 56A 上形成的凹槽 826 内。另一小直径齿轮 830 不可摆动地固定在摆动轴 822 上并与一扇齿轮 834 啮合,后者不可转动地固定在摆动轴 150 上。摆动轴 150 通过第一外壳部分 56A 上的孔 836 并通过第二外壳部分 56B 上的孔 838 延伸。在扇齿轮 834 的相对侧面上绕摆动轴 150 设置有 O 形密封圈 840 和 844,以防污物通过开孔 836 和 838 进入电机单元外壳 56。电位计 870 安装在摆动轴 150 的轴段 150A 上,以检测摆动轴 150 的转动位置及可动件 158 的转动位置。

审查意见通知书中所引用的对比文件 2(JP×××××××A)说明书第 2 栏第××行至第××行以及第 4 栏第××行第××行及相应的附图 1 和附图 2(即图 SD2 - 1)公开了如下内容。

本发明的原理是,支承螺纹件沿着相对于轴承轴线横向延伸的线接触在轴承套上,此时从输出轴作用到轴承体上的横向力大致垂直于和其平面部分共同作用的圆锥面的母线,所以能够由该支承螺纹件的圆锥面承受该横向力,从而能防止轴承套的从动运动。因此,为了补偿多个轴承体的对心误差,设置支承螺纹件 30 防止电机带动轴承套 29 向同一方向旋转(参见图 2)。

······

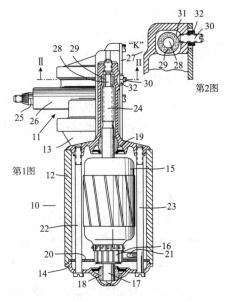

图 SD2 - 1 对比文件 2 中反映电动驱动装置的支承螺纹件结构的图 1 和图 2

本发明提供一种电动机的电动驱动装置,电动机通过由齿轮组成的减速机构,将动力传递给驱动装置。如图 1 和图 2 所示,电机具有贯穿的电机轴 17,由两个球帽形的轴承 18、19 支撑,电机轴 17 的伸出部分 28 上装有蜗杆 24;驱动支承螺纹件 30 的支承端呈圆锥形,与安装在输出轴上的轴承套 29 的外周的平面部分 31 共同作用。支承螺纹件 30 的自由端沿着相对于输出轴的轴心横向延伸的线接触轴承套 29。······

8.1.2 向申请人转达审查意见通知书以及申请人的回复意见

在收到审查意见通知书后,应当及时向申请人转送审查意见通知书。通常在转送审查意见通知书之前,需要认真阅读和分析审查意见,并根据分析结果初步考虑答辩策略以及采用此答辩策略的优点和风险,在转送审查意见通知书的同时将上述分析结果告知申请人,并给出必要的建议以供申请人在确定具体答复意见时作参考。

第五章

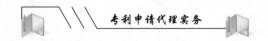

(1) 对审查意见的分析

在本书第三章审查意见通知书的答复中指出，针对审查意见通知书的内容可根据其倾向性结论意见分为三种：肯定性、否定性和不定性的结论意见，并针对不同的审查意见通知书倾向性结论意见给出了不同的具体答复方式。

对于本案例的"第一次审查通知书"来说，其最后的结论是"本申请的全部权利要求……不具备创造性，本申请不具有授权前景"，属于否定性结论意见。对于否定性结论意见，应当认真分析审查意见，以确定审查意见是否正确，即从"事实认定"和"法律适用"两个方面考虑审查意见是否有值得商榷之处，以便为本申请案寻求对申请人最有利的审批结果。

审查意见通知书中以对比文件1作为本申请的最接近的现有技术，在此基础上得出独立权利要求1相对于对比文件1和对比文件2不具备创造性的结论。

经过将独立权利要求1与这两篇对比文件1公开的内容进行对比分析，认为审查意见通知书中有关对比文件1所披露内容的事实认定正确，即其披露了独立权利要求1前序部分的技术特征，因此其所认定的"独立权利要求1与对比文件1的区别技术特征"是正确的。此外，审查意见通知书中有关"对比文件2公开了与电机输出轴自由端相接触的螺纹件"这一事实认定也是正确的。

但是，通过仔细阅读对比文件2的内容可知，支承螺纹件30的自由端沿着相对于输出轴的轴心横向延伸的线接触轴承套29（见说明书第4栏第××行第××行），结合图2可知，该接触位置相对于输出轴的轴心位于其横向延伸的位置，并不是象本发明中那样位于输出轴与从动传动件相对的另一侧上，因而在该位置所设置的螺纹件30在该对比文件2所起的作用正如该对比文件2第2栏第××行第××行所指的那样，是为了"防止电机带动轴承套29向同一方向旋转"。而本发明将支撑部件设置在输出轴与从动传动件相对的另一侧上，当电机输出轴受到由蜗轮通过蜗杆所施加的朝向离开蜗轮方向的作用力时，该支撑部件向电机输出轴施加了与此相反的力，从而起到了防止电机输出轴向着离开蜗轮的方向挠曲的作用。由此可知，审查意见通知书中有关"对比文件2中设置的螺纹件的作用与本发明支撑部件的作用相同"这一事实认定并不正确，从而其据此得出的"对比文件2给出了将上述区别技术特征用于对比文件1的启示"是缺乏依据的，也就是说，其得出的"独立权利要求1相对于对比文件1和对比文件2不具有《专利法》第22条第3款规定的创造性"的结论意见是可以商榷的。

通过上述分析结果可知，并不同意第一次审查意见通知书中有关本申请不具备创造性的审查意见，因此应当在转送审查意见通知书的同时用信函的方式将上述分析意见告知申请人，必要时在该信函中给出有关答辩策略的建议，并说明所采用的答辩策略的利弊，以供申请人作出决策时参考。

(2) 转送第一次审查意见通知书时给申请人的信函

下面给出在转送第一次审查意见通知书时写给申请人的信函。在该信函中除了包

第五章

括前面所述的内容外，还应当写明申请人最迟给出答复指示的期限，以确保在审查意见通知书指定的期限内向国家知识局提交对第一次审查意见通知书作出的答复意见。

尊敬的申请人：

关于上述申请，我方已收到国家知识产权局专利局发出的第一次审查意见通知书，具体内容详见随后的附件。

在该审查意见通知书中认为本申请的全部权利要求不具备《专利法》第22条第3款规定的创造性。

我方对审查意见进行了分析和研究后，提出以下初步的意见和建议，供贵方参考：

专利代理人分析了对比文件1和对比文件2的技术内容后，认为对比文件1只公开了本发明的背景技术，其公开的内容与本发明背景技术中提到的日本专利申请公开说明书JP×××××××A公开的内容大致相同。对比文件2中公开的电动驱动装置也包含有与轴承套相接触的支承螺纹件，其设置的位置、设置方式、结构与本发明的支撑部件有相近之处，因此是一篇与本申请十分相关的对比文件。

但是，仔细对比本发明的支撑部件与对比文件2中的支承螺纹件，就能得知两者还是有本质区别的。对比文件2中的支承螺纹件30是为了防止电机输出轴带动轴承套29旋转而设置的。为了承受横向力，必须要将支撑杆件设置在沿横向延伸的线上（如对比文件2的图2所示，设置在与轴承体29的水平径向面相错开的位置上）。而本发明中设置支撑部件是为了防止电机的输出轴向着离开蜗轮的方向挠曲，因此支撑部件的受力方向应当正对着电机输出轴（206a）的轴线。由此可知，两者相比，由于其所要解决的技术问题不同，因而两者在结构上存在着区别。鉴于此，本领域的技术人员在见到对比文件2中的支承螺纹件不会想到将此支承螺纹件应用到对比文件1中来解决防止电机输出轴挠曲这一技术问题，也就是说，本领域的技术人员根据对比文件1和对比文件2公开的内容不会很容易地得到本申请独立权利要求1的技术方案。由此可知，审查意见通知书中认为本申请的独立权利要求1相对于对比文件1和对比文件2不具备创造性的绪论是可以商榷的。

基于上述分析结果，在答复第一次审查意见通知书时有两种处理方式：前一种是在意见陈述书中具体说明对比文件1和对比文件2所公开的内容并不能否定原申请独立权利要求1的新颖性和创造性，而对权利要求书不作修改，采用这一种应对方式的好处是一旦说服审查员，可以获得较宽的保护范围，但是一旦审查员不同意意见陈述书中的主张时，就可能会立即对本申请给予驳回；另一种是修改权利要求，在原独立权利要求1的基础上对支撑部件的施力方向加以限定，以更清楚地体现出本发明中支撑部件与对比文件2中的支承螺纹件的区别，这种方案的好处是比较容易说服审查员，增加授权机率，即使审查员认为修改后的独立权利要求1仍然不具备创造性，也不能立即驳回，还需要再发一次审查意见通知书，但是由于对原独立权利要求1作了

第五章

进一步限定，就会缩小专利权的保护范围。

就本申请而言，由于原申请独立权利要求 1 中的文字并未清楚地反映本发明中的支撑部件与对比文件 2 中支承螺纹件两者在结构上的区别，如果在权利要求 1 中作出这一限定，实质上影响原独立权利要求 1 的保护范围极小，而增加这一限定后，更容易论述修改后的权利要求 1 相对于对比文件 1 和对比文件 2 具备创造性，因此答复时采用第二种应对方式似乎更为合适。

若采用第二种答复方式，建议对独立权利要求 1 作出如下修改：

"一种自行车的电动驱动装置，具有：

外壳（190）以及设置在所述外壳（190）内的电机（206）和减速机构（210）；

所述电机（206）具有输出轴（206a）；

所述减速机构（210）的第一级主动传动件（207）固定在所述输出轴（206a）上，并与设置在所述输出轴（206a）一侧的第一级从动传动件（208）配合；

其特征在于：在所述外壳（190）上对应于所述电机输出轴（206a）的自由端处设置支撑部件（209，309），所述支撑部件（209，309）施力作用在所述输出轴（206a）的与所述从动传动件（208）相对的另一侧上。"

以上两种答复方式提供申请人参考，请申请人考虑究竟采用哪一种方式来答复第一次审查意见通知书。第一次审查意见通知书的答复期限为四个月，因此并请在×年×月×日前给出明确指示。

××专利事务所×××

××年××月××日

（3）申请人的回复意见

申请人按照转文信函中的时间要求作出了回复，在回复函中作出了如下指示：

同意贵所在转文信函中对审查意见通知书中有关权利要求 1 的分析。

对于两种答复方式，同意采用第二种答复方式，因为对权利要求 1 所作修改清楚地反映了本申请中支撑部件的施力方向与与对比文件 2 中支承螺纹件的施力方向不同，从而清楚地说明了本发明支撑部件与对比文件 2 中的支承螺纹件两者所起的作用和解决的技术问题不同。

同意对权利要求 1 的具体修改方案，请专利代理人代为对审查意见通知书作出答辩。

8.1.3　针对第一次审查意见通知书的意见陈述书

收到申请人的指示后，就可以根据修改后的权利要求书动手撰写意见陈述书。在针对全面否定的审查意见通知书作出答复时，为了使审查员能够接受己方的观点，在撰写意见陈述书时应该注意下述三点：

① 不要在没有具体说明理由前就表示不同意审查员的结论，而应当首先找到双方的共同点，例如对对比文件 1 公开内容的认定、对于区别特征的认同等；

② 在双方认同内容的基础上，再指出双方意见不同之处，例如在本申请中应当指出对比文件 2 的支承螺纹杆与本申请的支撑部件两者的不同点，如技术手段上的细微差别，从而导致两者解决不同的技术问题，为了使说理更有依据，涉及对比文件 2 的内容应当给出其在文件中的具体出处；

③ 在此基础上依据《专利法》《专利法实施细则》和《专利审查指南 2010》的相关规定，具体说明修改后的权利要求 1 相对于对比文件 1 和对比文件 2 具备创造性的理由。

最后，针对第一次审查意见通知书提交的意见陈述书（节选了其中的主要部分）如下。

意见陈述书正文

现针对国家知识产权局××××年××月××日作出的上述第一次审查意见通知书，陈述意见如下：

1. 关于修改

申请人针对审查意见通知书指出的独立权利要求 1 不具备创造性的审查意见，对权利要求 1 进行了修改，将其中最后一个技术特征修改为"所述支撑部件（209，309）施力作用在所述输出轴（206a）的与所述从动传动件（208）相对的另一侧上。"这一技术特征记载于原说明书第 [0020] 段。修改后的独立权利要求 1 参见附件 1 修改后的权利要求书。

对权利要求书作出上述修改后，对说明书作出了适应性修改，即对原说明书发明内容部分第二段（即原说明书第 2 页第 [0005] 段）中的最后一句相应于独立权利要求 1 的最后一个特征作出修改。

上述对专利申请文件的修改未超出原说明书和权利要求书记载的范围，符合《专利法》第 33 条的规定；且所作修改是针对审查意见通知书中指出的缺陷进行的修改，符合《专利法实施细则》第 51 条第 3 款的规定。

2. 修改后的权利要求 1 具备创造性

申请人同意审查意见通知书中有关对比文件 1 所公开的内容的认定，由此可知修改后权利要求 1 与对比文件 1 的区别在于：在所述外壳上对应于所述电机输出轴的自由端处设置支撑部件，所述支撑部件施力作用在所述输出轴的与所述从动传动件相对的另一侧上。

正如本申请说明书中所指出的，本发明相对实际要解决的技术问题是提供一种可以防止电机的输出轴向离开从动传动件方向挠曲的自行车电动驱动装置。

申请人也同意审查意见通知书中有关对比文件 2 公开的"电动驱动装置具有螺纹件，螺纹件通过壳体上的通孔进入电动驱动装置的内部，电机的输出轴上套设轴承套，螺纹件支承轴承套"的认定。

但是，经过将本申请修改后的权利要求 1 中的支撑部件与对比文件 2 中的螺纹件仔细对比，明显存在着下述两点本质区别。

（1）从结构上看，对比文件 2 中的支承螺纹件 30 的支承端沿着相对于轴承轴线横向延伸的线接触在轴承体上（见对比文件 2 中第 4 栏第××行至第××行），即其不是正对着电机输出轴的轴线施力；而本发明的支撑部件施力作用在电机输出轴与从动传动件相对的另一侧上，因此其正对着电机输出轴的轴线施力。

（2）从功能上看，本发明的支承部件施力作用在电机输出轴上与从动传动件相对的另一侧，由于其正对着电机输出轴的轴线施力，因而其起到了防止电机输出轴向着离开从动传动件的方向挠曲的作用；而对比文件 2 中设置支承螺纹件是为了防止电机带动轴承体向同一方向旋转（见对比文件 2 中第 2 栏第××行至第××行），这是因为支承螺纹件沿着相对于轴承轴线横向延伸的线接触在轴承体上，此时从输出轴作用到轴承体上的横向力大致垂直于和其平面部分共同作用的圆锥面的母线，所以能够由该支承螺纹件的圆锥面承受该横向力，从而能防止轴承体随着电机的输出轴作从动运动，此外，由于对比文件 2 中的支承螺纹件并不是正对着电机输出轴的轴线施力，因此其并不能有效地起到阻止电机输出轴的端部变形的作用。

由于对比文件 2 中的螺纹件与本发明独立权利要求 1 中的支撑部件存在上述两点本质区别，因而当本领域的技术人员在面对着对比文件 1 中的自行车电动驱动装置所存在的技术问题（电机输出轴向着离开从动传动件方向挠曲而引起的传动部件咬死或磨损）时，即使看到了对比文件 2 所公开的有关螺纹件的内容，则由于该螺纹件在对比文件 2 中所起的作用是防止电机带动轴承体向同一方向旋转，因此没有动机会想到将对比文件 2 中的螺纹件应用到对比文件 1 中来解决对比文件 1 所存在的技术问题，也就是说，对比文件 2 未给出将其所披露的螺纹件应用到对比文件 1 中的自行车电动驱动装置中以用来防止电机输出轴向着离开从动传动件的方向挠曲的技术启示。退一步讲，即使想到将对比文件 2 的螺纹件用于对比文件 1 中的自行车电动驱动装置，由于该螺纹件与轴承套的接触位置偏离电机输出轴轴线的位置，因而仍然不能解决本申请实际解决的技术问题，还必须要将螺纹件与轴承套的接触位置偏离电机输出轴轴线的位置改变到本申请中对着电机输出轴轴线的位置而使其正对着电机输出轴的轴线施力，而这种变化也不是本领域技术人员用来防止电机输出轴向着离开从动传动件的方向挠曲的常用手段。

通过上述分析可知，对比文件 2 没有公开权利要求 1 中最后一个区别技术特征"所述支撑部件施力作用在所述输出轴的与所述从动传动件相对的另一侧上"，而且，对比文件 2 中的支承螺纹件在对比文件 2 中所起的作用为防止轴承套随着电机向同一方向旋转，与本发明权利要求 1 中支撑部件所起的作用（防止电机输出轴向着离开从动传动件的方向挠曲）不同，因此，对比文件 2 未给出将其中的螺纹件应用到对比文件 1 中来防止电机输出轴向着离开从动传动件的方向挠曲的技术结合启示；其次，即便勉强结合，即使考虑本领域技术人员的公知常识，也仍然得不到本申请修改后的权利要求 1 的技术方案。综上所述，由对比文件 1 和对比文件 2 公开的内容以及本领域的公知常识得到本申请权利要求 1 的技术方案对于本领域的技术人员来说是非显而易见的，因此修改后的独立权利要求 1 相对于对比文件 1、对比文件 2 和本领域的公知常识具有突出的实质性特点。

此外，独立权利要求 1 的技术方案中由于支撑部件施力作用在输出轴与从动传动件相对的另一侧上，能防止电机输出轴向着离开从动传动件的方向挠曲，也就是说其相对于现有技术具有有益的技术效果，因此该权利要求 1 相对于现有技术具有显著的进步。

因此，申请人认为，本申请权利要求 1 相对于对比文件 1 和对比文件 2 以及本领域技术人员的公知常识具备《专利法》第 22 条第 3 款规定的创造性。

3. 修改后的权利要求书中的权利要求 2～11 也具备创造性

……

请针对修改后的权利要求书并考虑申请人的上述陈述意见后对本申请案继续进行审查，如有疏漏之处还请进一步指出，谢谢！

申请人随此意见陈述书附交了修改后的权利要求书全文和说明书的相应替换页，并同时提交在原申请文件相应部分作出修改标识的对照页。由于在本申请第一次答复审查意见通知书时对权利要求书仅修改了独立权利要求 1，从属权利要求均未作修改，考虑到对权利要求 1 的修改与向申请人转文的信函中建议的权利要求 1 完全相同，因此在此处不再给出权利要求书的修改文本。

8.2 对第二次审查意见通知书的答复

国家知识产权局针对修改后的权利要求书和提交的意见陈述书继续进行了审查，并发出了第二次审查意见通知书。

8.2.1 第二次审查意见通知书的主要内容

下面给出经过节选的国家知识产权局发出的第二次审查意见通知书。

申请人于×××年××月××日提交了意见陈述书以及修改后的权利要求书全文和说明书替换页，审查员阅读了上述文件，认真考虑了所陈述的意见，现对本申请继续进行审查，再次提出如下审查意见。

1. 修改后的独立权利要求 1 仍然不具备创造性

申请人认为：在本申请修改后的权利要求 1 中，本申请的支撑部件施力作用在电机输出轴与从动传动件相对的另一侧上，由于其正对着电机输出轴的轴线施力，因而其起到了防止电机输出轴向着离开从动传动部件的方向挠曲的作用，而对比文件 2 中的支撑螺纹件沿着相对于轴承轴线横向延伸的线接触在轴承体上，从而能防止轴承体随着电机的输出轴作从动运动。

审查员认为：对比文件 2 设置支承螺纹件不仅能解决轴承体随着电机的输出轴作

从动运动这一个技术问题，还能起到部分阻止电机输出轴向着从动传动件方向挠曲的作用。因为对比文件2中公开的支承螺纹件与电机输出轴上的轴承体相接触，此支承螺纹件也位于电机输出轴与从动传动件相对的另一侧上，通过轴承体与输出轴间接接触，施力作用在电机输出轴与从动传动件相对的另一侧，从而也起到了部分阻止输出轴向着离开从动传动件方向挠曲的作用，因而对比文件2也给出了将所述技术特征应用于对比文件1来防止电机输出轴向着离开从动传动件的方向挠曲的技术启示，从而，在对比文件2的启示下，将对比文件2公开的电动驱动装置的支承螺纹件设置在对比文件1公开的自行车用电动驱动装置中，得到权利要求1要求保护的技术方案，对本领域技术人员来说是显而易见的。因此，独立权利要求1不具有突出的实质性特点和显著的进步，不具备《专利法》第22条第3款规定的创造性。

申请人在意见陈述书中认为，对比文件2中的支承螺纹件并不是正对着电机输出轴的轴线施力，因而并不能有效地起到阻止电机输出轴的端部变形的作用。对此，需要提请申请人注意，修改后的权利要求1中并未反映出其技术方案与该对比文件2在这方面的区别，因此申请人的上述观点不能支持修改后的权利要求1相对于对比文件1和对比文件2具备创造性这一结论。

……

综上所述，本申请的全部权利要求不具备创造性，本申请不具有授权前景。

8.2.2 对第二次审查意见通知书的分析以及给申请人的转文

由于第二次审查意见通知书的答复期限为两个月，比第一次审查意见通知书的答复期限四个月要短得多，因此在收到第二次审查意见通知书后，应当立即进行认真分析，并及时向申请人转达审查意见。

（1）对第二次审查意见通知书的分析

由第二次审查意见通知书最后给出的结论意见来看，对本申请依旧是否定性结论意见，因此应当对第二次审查意见通知书进行认真而仔细的分析，以便与申请人全面地研究应对策略，以避免本申请在答复第二次审查意见通知书后被驳回。

第二次审查意见通知书仍然坚持修改后的权利要求1不具备创造性，也就是说对第一次审查意见通知书的答复仍然没有说服审查员。但是，由其论述权利要求1不具备创造性的最后一段可知，明显承认了本申请的技术内容与对比文件2公开的内容存在着区别，只是区别并未体现在权利要求1中，致使修改后的权利要求1仍然不具备创造性。这一个意见就暗示了若将反映支撑部件和支承螺纹件两者的区别的技术特征写入到独立权利要求1中，本申请还有可能被授予专利权。

为使修改后的权利要求1不超出原始公开的范围，则在该独立权利要求中需增加的反映两者区别的技术特征"支撑部件正对着电机输出轴的轴线施力"应当在原说明书中有记载，为此需要核实该区别技术特征是否记载在原说明书中。经过核实得知，原说明书具体实施方式第五段（即［0020］段）中有如下文字记载"支撑部件提供的支撑力或支撑力的合力朝向电机输出轴的轴线",因此可以考虑将这一特征作为独立权利要求 1 中新增加的技术特征。

（2）给申请人的信函

对第二次审查意见通知书作出分析后,就将上述分析意见随着第二次审查意见通知书一起转送给申请人。

根据上述分析结果发给申请人的信函如下。

尊敬的申请人:

关于题述申请,我方已收到国家知识产权局专利局发出的第二次审查意见通知书,具体内容见附送的第二次审查意见通知书。

审查员并未认可意见陈述书中我方的意见,仍然认为全部权利要求不具备《专利法》第 22 条第 3 款规定的创造性。

通过对第二次审查意见通知书中具体审查意见的分析可知,我方在前次答复第一次审查意见通知书时虽然对独立权利要求书 1 进行了修改,但由于仍然未清楚地反映本发明中的支撑部件与对比文件 2 中的支承螺纹件在接触位置和施力位置的区别,因此继续审查的意见是该修改的权利要求 1 相对于对比文件 1 和对比文件 2 仍然不具备创造性。第二次审查意见通知书中的分析意见基本上是合理的。但是,由第二次审查意见通知书中论述权利要求 1 不具备创造性的最后一段可知,其承认本申请的技术内容与对比文件 2 公开的内容存在着区别,只是因为这些区别并未体现在权利要求 1 中,致使修改后的权利要求 1 仍然不具备创造性。这一段内容就暗示了若将反映支撑部件和支承螺纹件两者的区别的技术特征"支撑部件提供的支撑力或者支撑力的合力正对着电机输出轴的轴线"写入到独立权利要求 1 中,本申请还有可能被授予专利权。

根据上述分析,若在答复第二次审查意见通知书时不再修改权利要求 1,本申请就有很大的可能被驳回;而如果将说明书中具体实施方式第五段中所记载的、反映本发明中的支撑部件和对比文件 2 中的支承螺纹件两者区别的技术特征"支撑部件提供的支撑力或者支撑力的合力朝向电机输出轴的轴线"加入到修改后的独立权利要求 1 中,则该专利申请有望得到授权。

鉴于第二次审查意见通知书的答复期限为两个月,请在在××月××日以前对是否同意对权利要求书作出上述修改给出明确指示。

××专利事务所×××
××年××月××日

8.2.3 针对第二次审查意见通知书的意见陈述书和修改后的权利要求书

申请人回函表示同意按照转文时给出的建议对独立权利要求 1 进行修改,并委托专利代理人按照最后修改成的独立权利要求 1 撰写意见陈述书。

最后针对第二次意见陈述书提交的意见陈述书如下。

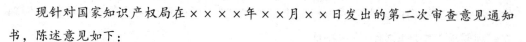
现针对国家知识产权局在××××年××月××日发出的第二次审查意见通知书，陈述意见如下：

1. 关于申请文件的修改

第二次审查意见通知书指出，修改的独立权利要求1并未反映出其技术方案中的支撑部件与对比文件2中的支承螺纹件两者所存在的区别，因而不足以证明修改后的权利要求1相对于对比文件1和对比文件2具备创造性。针对此审查意见，对上次答复时提交的修改后的权利要求1作了进一步修改，将记载在原说明书具体实施方式第五段（即原说明书第［0020］段）中、反映本发明中的支撑部件和对比文件2中的支承螺纹件两者区别的技术特征"支撑部件提供的支撑力或者支撑力的合力朝向电机输出轴的轴线"补入到该独立权利要求1中。修改后的权利要求书参见随此意见陈述书附上的修改后的权利要求书。

对权利要求书作出上述修改后，对说明书作出了适应性修改，即将上述技术特征补入到原说明书发明内容部分第二段（即原说明书第2页第［0005］段）中的最后。

由此可知，上述对专利申请文件的修改未超出原说明书和权利要求书记载的范围，符合《专利法》第33条的规定；且所作修改是针对审查意见通知书中指出的缺陷进行的修改，符合《专利法实施细则》第51条第3款的规定。

2. 再次作出修改的权利要求1具备创造性

再次作出修改的权利要求1相对于对比文件1的区别特征为：在所述外壳上对应于所述电机输出轴的自由端处设置支撑部件，所述支撑部件施力作用在所述输出轴的与所述从动传动件相对的另一侧上，所述支撑部件提供的支撑力或者支撑力的合力朝向电机输出轴的轴线。从而其相对于对比文件1所解决的技术问题为能提供一种能有效防止电机输出轴向着离开从动传动件方向挠曲的自行车电动驱动装置。

对比文件2中，支承螺纹件30的自由端沿着相对于输出轴的轴心横向延伸的线接触轴承套29（参见其说明书第4栏第××行和图2），从而螺纹件30对轴承套29的施力方向并不是朝向电机输出轴的轴线，因此，该对比文件2并未披露再次修改的权利要求1中的最后一个技术特征"支撑部件提供的支撑力或者支撑力的合力朝向电机输出轴的轴线"。

其次，对比文件2中的支承螺纹件30的设置是为了防止电机输出轴带动轴承套向相同方向旋转（参见其说明书第2栏第××行）。第二次审查意见通知书中指出，该螺纹件的结构也起到了部分阻止输出轴28向着离开从动传动件方向挠曲的作用，申请人认为，由于螺纹件30是沿着相对于输出轴轴心横向延伸的线接触输出轴，所以在输出轴有趋势向离开从动传动部件的方向移动时，螺纹件30的圆锥形自由端极有可能从轴承套29的外周面滑脱，因而抑制输出轴移动的效果极差，因此从对比文件2中得不到可以将支承螺纹杆与对比文件1相结合来解决本发明实际要解决的技术问题的技术启示。由此可知，由对比文件1和对比文件2所公开的内容得到再次修改的权利要求 1 的技术方案，对于本领域的技术人员来说，是非显而易见的，因此再次修改的权利要求 1 相对于对比文件 1 和对比文件 2 具有突出的实质性特点。

此外，在独立权利要求 1 的技术方案中，由于支撑部件施力作用在输出轴与从动传动件相对的另一侧上，且支撑部件朝向输出轴的轴线提供支撑力，所以能够十分有效地防止输出轴向着离开从动传动件的方向挠曲，也就是说其相对于现有技术具有有益的技术效果，因此该权利要求 1 相对于现有技术具有显著的进步。

综上所述，申请人认为，修改后的权利要求 1 相对于对比文件 1 和对比文件 2 具有突出的实质性特点和显著的进步，符合《专利法》第 22 条第 3 款有关创造性的规定。

3. 再次修改的权利要求书中的权利要求 2～11 也具备创造性

本申请的权利要求 2～11 是权利要求 1 的从属权利要求，且本专利申请并未要求优先权，所以当再次修改的权利要求 1 相对于对比文件 1 和对比文件 2 具备创造性时，权利要求 2～10 也具备创造性。

总之，申请人认为经过再次修改的专利申请文件已克服了审查员指出的所有缺陷，请审查员继续审查，并真诚感谢审查员的辛勤工作，谢谢！

随此意见陈述书提交的再次修改的权利要求书如下。

1. 一种自行车的电动驱动装置，具有：

外壳（190）以及设置在所述外壳（190）内的电机（206）和减速机构（210）；

所述电机（206）具有输出轴（206a）；

所述减速机构（210）的第一级主动传动件（207）固定在所述输出轴（206a）上，并与设置在所述输出轴（206a）一侧的第一级从动传动件（208）配合；

其特征在于：

在所述外壳（190）对应于所述电机输出轴（206a）的自由端设置有支撑部件（209，309），所述支撑部件（209，309）施力作用在所述输出轴（206a）的与所述从动传动件（208）相对的另一侧上，所述支撑部件提供的支撑力或者支撑力的合力朝向电机输出轴的轴线。

2. 根据权利要求 1 所述的自行车的电动驱动装置，其特征在于：所述支撑部件（209）包括穿过所述外壳（190）伸入所述外壳（190）内部的支撑杆（226）以及套装在所述输出轴（206a）的自由端上的轴承（222），所述支撑杆（226）的自由端（224）与所述轴承（222）的外表面接触形成轴端支撑。

3. 根据权利要求 1 所述的自行车的电动驱动装置，其特征在于：所述支撑部件（209）包括穿过所述外壳（190）伸入所述外壳（190）内部的支撑杆（226），套装在所述输出轴（206a）的自由端上的轴承（222）以及套装在所述轴承（222）上的轴承外套（232）；所述支撑杆（226）的自由端（224）与所述轴承外套（232）的外表面接触形成轴端支撑。

4. 根据权利要求 3 所述的自行车的电动驱动装置，其特征在于：所述支撑杆 (226) 的自由端 (224) 的端面为平面，所述轴承外套 (232) 截面外周边为正方形、矩形或者其中朝向所述支撑杆 (226) 的一边为与所述支撑杆 (226) 轴线相垂直的直线的其他形状。

5. 根据权利要求 3 所述的自行车的电动驱动装置，其特征在于：所述轴承外套 (232) 的一个端面与所述外壳 (190) 内壁接触。

6. 根据权利要求 1 所述的自行车的电动驱动装置，其特征在于：所述支撑部件 (309) 包括穿过所述外壳 (190) 伸入所述外壳 (190) 内部的支撑杆 (328；328a) 及嵌套在该支撑杆 (328；328a) 上的套块 (324)，所述套块 (324) 具有与所述输出轴 (206a) 的自由端外表面相适配的端面，其与所述输出轴 (206a) 的自由端接触形成轴端支撑；所述套块 (324) 的材料为硬度小于输出轴 (206a) 硬度的耐磨材料。

7. 根据权利要求 6 所述的自行车的电动驱动装置，其特征在于：所述套块 (309) 的材料是自润滑材料。

8. 根据权利要求 6 所述的自行车的电动驱动装置，其特征在于：所述套块 (309) 的材料是四氟树脂或铜锡合金。

9. 根据权利要求 6 所述的自行车的电动驱动装置，其特征在于：所述支撑杆为销钉杆 (328a)。

10. 根据权利要求 2 至 8 中任一项所述的自行车的电动驱动装置，其特征在于：所述支撑杆为在所述外壳 (190) 外部进行调节的螺纹支撑杆 (226；328)。

11. 根据权利要求 1 至 9 中任一项所述的自行车的电动驱动装置，其特征在于，所述主动传动件 (207) 为蜗杆，所述从动传动件 (208) 为蜗轮。

8.3 对本申请答复审查意见通知书工作的反思与体会

国家知识产权局针对再次修改的权利要求书及相应的说明书进行了继续审查，接受了申请人第二次意见陈述书中的观点，对本申请授予了专利权。

通过对本申请答复审查意见通知书工作的反思，总体上有如下几点体会。

① 审查意见通知书有可商榷之处时，应当分析己方判断的准确性的大小。通常对于审查意见通知书中对事实认定存在明显错误时，则可以先不修改专利申请文件，而在意见陈述书中作出争辩；如果对己方判断的准确性把握不大时，例如对于创造性的判断，除非认为审查意见通知书中的意见存在明显错误（如引用了不能作为现有技术的对比文件）不修改权利要求书外，可采取对权利要求书稍作修改，在基本上不缩小保护范围的前提下在意见陈述书中论述修改后的权利要求书已消除了审查意见通知书中指出的实质性缺陷。就本申请而言，属于后一种情况，尤其是在看到对比文件 2 后，通过分析得知原权利要求书中的独立权利要求 1 未能清楚地反映出本申请中的支撑部件和对比文件 2 中的支承螺纹件在结构上的区别，而且合理地在独立权利要求 1

中写明两者的区别完全不影响本申请的保护范围，就可考虑如何修改申请文件来体现两者的差别，以使意见陈述书中有关修改后的权利要求 1 具备创造性的论述更有说服力。

②在国家知识产权局的第二次审查意见通知书中仍然未接受申请人意见陈述书中的观点，其原因在于修改时对独立权利要求 1 的限定仍然未清楚地反映本申请中的支撑部件和对比文件 2 中的支承螺纹件在结构上的区别"支撑部件的支撑力或者支撑力的合力正对着电机输出轴的轴线"。而这一区别特征的加入也不影响本申请的保护范围，因此如果在第一次答复审查意见通知书修改独立权利要求 1 时将此特征也同时补入独立权利要求，则有可能本申请在答复第一次审查意见通知书后直接授权。

③目前给出的第二次审查意见通知书中在论述权利要求 1 不具备创造性的最后一段明确告知修改后的权利要求 1 未反映出本申请中的支撑部件和对比文件 2 中的支承螺纹件在结构上的区别，但是实际上的审查意见通知书中通常不会包括这一段内容，作为专利代理人应当能够从审查意见通知书对权利要求 1 不具备创造性的论述中看到这一点，从而作为修改权利要求书和争辩本申请具备创造性的突破点。当然，这对专利代理人提出了较高的要求，需要专利代理人不断在实践中加以总结以提高专利代理的水平。总之，对于审查意见通知书，应当充分理解通知书的内容，对通知书中引用的对比文件作事实认定时，不应限于审查员所引证的部分，还要深入理解对比文件整体上披露的技术方案，并将其与本申请的技术内容从原理、结构和效果几个方面进行对比分析，找出两者的不同之处，尤其是本发明中哪些技术内容未被对比文件披露，与此同时对本发明权利要求的文字表述仔细推敲，适时修改权利要求书，使修改后的权利要求的技术方案既能体现出与现有技术的区别，又能得到较充分的保护，以便申请人和审查员在新的权利要求的基础上达成一致意见，这正是体现专利代理人的水平和能力的地方。

④在答复第二次审查意见通知书修改独立权利要求 1 时，从原说明书第[0020]段找到了反映本申请的支撑部件和对比文件 2 中支承螺纹件两者结构区别的技术特征"支撑部件的支撑力或者支撑力的合力正对着电机输出轴的轴线"，从而修改未超出原说明书和权利要求书记载的范围。如果在原说明书第[0020]段中未写明这一技术特征，则就无法在独立权利要求 1 中补入这一技术特征，从而就难以争辩该独立权利要求 1 具备创造性。由此可知，在撰写申请文件时，在说明书具体实施方式部分应当对发明尽量作出清楚的描述，为此后专利申请文件的修改提供修改依据。

⑤就本申请案而言，申请人未同意在撰写申请文件前再对本发明作补充检索。如果申请人同意作补充检索，且找到第一次审查意见通知书中引用的对比文件 2，则撰写申请文件时应当力求使独立权利要求中有关支撑部件的描述体现出与对比文件 2 中支承螺纹件在接触位置、施力方向等方面的区别，尤其要在说明书具体实施方式中充分反映两者的区别，为本申请的授权创造更有利的条件。

第五章

参考文献

[1] 中华人民共和国国家知识产权局. 专利审查指南 2010［M］. 北京：知识产权出版社，2010.

[2] 尹新天. 中国专利法详解［M］. 北京：知识产权出版社，2011.

[3] 国家知识产权局条法司.《专利法实施细则》第三次修改导读［M］. 北京：知识产权出版社，2010.

[4] 国家知识产权局专利局审查业务管理部. 专利审查指南修订导读 2010［M］. 北京：知识产权出版社，2010.

[5] 国家知识产权局专利局审查业务管理部. 专利审查指南修订导读 2006［M］. 2 版. 北京：知识产权出版社，2006.

[6] 吴观乐，王智勇. 专利代理业务基础知识（修订本）［M］. 北京：知识产权出版社，2010.

[7] 吴观乐. 专利代理实务［M］. 2 版. 北京：知识产权出版社，2006.

[8] 国家知识产权局专利复审委员会. 专利复审委员会案例诠释——现有技术与新颖性［M］. 北京：知识产权出版社，2004.

[9] 国家知识产权局专利复审委员会. 专利复审委员会案例诠释——创造性［M］. 北京：知识产权出版社，2004.

[10] 李超. 全国专利代理人资格考试考前培训系列教材：专利代理实务分册［M］. 北京：知识产权出版社，2011.

[11] 北京路浩知识产权代理有限公司，北京御路知识产权发展中心. 企业专利工作实务［M］. 2 版. 北京. 知识产权出版社，2010.

[12] 黄贤涛，等. 专利：战略 管理 诉讼［M］. 北京：法律出版社，2008.

[13] 冯晓青. 企业知识产权战略［M］. 2 版. 北京：知识产权出版社，2005.

[14] 吴贵明. 如何在提交中国专利申请时考虑后续向国外申请专利的衔接问题［J］. 中国发明与专利，2012（1）.

[15] 中华全国专利代理人协会. 发展知识产权服务业 支撑创新型国家建设——2012 年中华全国专利代理人协会年会第三届知识产权论坛论文选编［M］. 北京：知识产权出版社，2012.

参
考
文
献